Anton Neumayr
Dichter und ihre Leiden

ANTON NEUMAYR

DICHTER

UND IHRE

LEIDEN

JEAN-JACQUES ROUSSEAU

FRIEDRICH SCHILLER

AUGUST STRINDBERG

GEORG TRAKL

Deuticke

Deutsche Erstausgabe
© 2000 Franz Deuticke Verlagsgesellschaft m. b. H.,
Wien – München
Alle Rechte vorbehalten.
http://www.deuticke.at

Fotomechanische Wiedergabe bzw. Vervielfältigung,
Abdruck, Verbreitung durch Funk, Film oder Fernsehen sowie
Speicherung auf Ton- oder Datenträger, auch auszugsweise,
nur mit Genehmigung des Verlags.

Umschlaggestaltung: Robert Hollinger
Umschlagfoto: Trakl © Inga Schnekenburger, Schiller © DPA,
Strindberg © Pressens Bild/Olle Lindeborg, Rousseau © Bildarchiv Preußischer Kulturbesitz Berlin
Lektorat: Claudia Mazanek
Satz und Layout: Paul Lanz
Druck: Wiener Verlag, Himberg
Printed in Austria
ISBN 3-216-30551-1

INHALT

VORWORT

Das große Interesse, welches dem vorangegangenen Band *Literatur und Medizin* entgegengebracht wurde und in welchem ich die bedeutenden Dichter Johann Wolfgang Goethe, Friedrich Hölderlin und Heinrich Heine als Mediziner zu erfassen versuchte, hat mich dazu bewogen, eine zweite derartige Studie zu wagen. In dem nun vorliegenden Band habe ich vier weitere Persönlichkeiten ausgewählt, die zwar sowohl als Schriftsteller wie auch als Charaktere höchst unterschiedliche Qualitäten aufweisen, deren Nachwirkung auf spätere Generationen jedoch so nachhaltig ist, dass man sie berechtigterweise zu den Großen der europäischen Kulturgeschichte zählen muss.

Jean-Jacques Rousseau steht mit der Originalität seines Werkes und der außergewöhnlichen Wirkung seiner Ideen auf spätere Generationen am Scheideweg zweier Zeitalter. Mit dem endgültigen Durchbruch der modernen Subjektivität schuf er jenes Fundament der legitimen Souveränität jedes Individuums, auf welches sich später Robespierre mit seiner Ideologie in so furchtbarer Weise berufen sollte. Doch auch Friedrich Schiller glaubte, Rousseau als dem Apostel der Tugend und dem Erwecker des sozialen Gewissens folgen zu müssen, wenn auch in einer ganz anderen Art. Hat doch Rousseau maßgeblich zum Sieg der romantischen Weltanschauung beigetragen und eine Moralphilosophie entwickelt, in der Schiller das sittliche Gesetz im Menschen zu entdecken glaubte. In den späteren Auseinandersetzungen mit Rousseau wurde allerdings auch darauf hingewiesen, dass er mit dem gefährlichen Gift seines moralischen Pathos nachfolgende Generationen verdorben hätte, weshalb man ihn vielfach sogar als den Judas unter den Aufklärungsaposteln bezeichnete. Wenn man allerdings, wie dies auch versucht wurde, sein Werk als verbale Äußerungen seiner pathologischen sozialen Unangepasstheit auffassen würde und es ursächlich mit seinen körperlichen und psychischen Gebrechen in Zusammenhang bringen zu müssen glaubte, dann wäre dies wiederum eine Verkennung von Rousseaus Gedankengebäude. An diesem Punkt schien mir eine medizinische Klarstellung dringend angezeigt, da sich aus heutiger Sicht sowohl seine organischen wie auch seine psychischen Abnormitäten sehr klar beschreiben lassen. Vor allem das Studium seiner Briefe und der Tagebücher erlaubt zusammen mit seinen literarischen Zeugnissen nicht nur eine endgültige Aufklärung seines sagenumwobenen somatischen Leidens seine Harnwege betreffend, sondern auch seiner psychiatrischen Befindlichkeit, wie dies im folgenden gezeigt werden soll.

Friedrich Schiller wurde mit seinen literarischen und philosophischen Werken schon bald nach seinem Tode zum beliebtesten Dichter deutscher Zunge und erreichte, nicht zuletzt unter dem Einfluss der politischen Geschichte, eine Dimension einmaligen Ausmaßes, indem er als Schriftsteller der späteren Befreiungskriege für mehr als ein Jahrhundert lang zum Nationaldichter der Deutschen erhoben wurde. Mit deutlichem Bezug zu Jean-Jacques Rousseau lehnte auch Schiller jede gesetzlose individuelle Selbstverwirklichung ab, wenn auch – zumindest in seinen späteren Jahren – die ursprünglichen politischen und gesellschaftlichen Probleme gegenüber den philosophischen und ästhetischen Fragestellungen in den Hintergrund gedrängt wurden. Immerhin erschien er noch bei seinem Auftritt in Sachsen-Weimar dem Herzog ebenso wie dessen Minister Goethe mit seinen direkten politischen Anklagen der schändlichen Ausbeutungsmethoden deutscher Duodezfürsten so verdächtig, dass man ihn im Geheimen observieren ließ. Aus ärztlicher Sicht konzentriert sich das Interesse für Schiller auf zwei unterschiedliche Aspekte, nämlich auf die Tatsache, dass er dem ärztlichen Stand angehörte und in dieser Eigenschaft einige nicht unbedeutende medizinische Abhandlungen verfasste, vor allem aber auf den Umstand, dass er während des letzten Drittels seines Lebens mit einer heimtückischen schweren Krankheit zu kämpfen hatte, der er trotz unsagbarer Leiden schließlich seine bedeutendsten schöpferischen Leistungen abzuringen vermochte. Um diese Krankheit und um die geheimnisumwitterten Ereignisse, die seinen so frühen Tod unmittelbar herbeigeführt haben sollen, begann sich eine Legendenbildung zu ranken, die jener bei Mozart nicht unähnlich war. Eigenartigerweise hielt der Meinungsstreit um Schillers Leiden bis in unsere unmittelbare Gegenwart hinein noch immer an, obwohl sich mit unseren heutigen medizinischen Kenntnissen die Krankengeschichte des Dichters aus der Unzahl der uns zur Verfügung stehenden Dokumente recht zuverlässig rekonstruieren lässt. Wenn auch bereits in der ersten Hälfte des 20. Jahrhunderts durch den in Jena tätigen Professor Veil die Schauergeschichten um Schillers Tod ad absurdum geführt wurden und der hartnäckig verfochtenen tuberkulösen Genese von Schillers Krankheit eine glaubhafte Absage erteilt wurde, erscheint eine abschließende medizinische Stellungnahme im Lichte unseres gegenwärtigen Wissensstandes gerechtfertigt. Das Ausmaß von Schillers Leiden und die Hilflosigkeit, mit der in jenen Tagen Arzt und Patient einer Krankheit gegenüberstanden, die heute in kürzester Zeit durch moderne Behandlungsmittel geheilt werden hätte können, lässt uns in seiner ganzen Tragik die einmalige Größe erkennen, mit der Schiller sein unabwendbares Schicksal im vollen Bewusstsein des Kommenden ertrug und bis zuletzt unbeirrbar seinem fieberhaft arbeitenden Geist die letzten Früchte abzuringen vermochte.

Ähnlich wie Rousseau und Schiller zählte auch August Strindberg zu den sozial und politisch denkenden Schriftstellern. In seiner Forderung nach einem naturalistischen Theater legte er besonders auf die psychologische Analyse der darstellenden Personen Wert und mit ihm beginnt in der Literaturgeschichte die so genannte Ich-Dramatik, basierend auf der Autobiografie, der er sich ähnlich rücksichtslos opferte, wie vor ihm Jean-Jacques Rousseau. Auch in seinen dichterischen Schöpfungen finden sich Widersprüchlichkeiten und stark wechselnde Weltanschauungen, die seinem zerrissenen äußeren und inneren Leben entsprachen. Im Verein mit seinen späteren telepathischen Anwandlungen, seinen Verfolgungsideen und einigen megalomanen Zügen wurde schon bald nach seinem Tode von einigen Ärzten der Verdacht ausgesprochen, Strindberg habe an einer echten Psychose gelitten, die eine plausible Erklärung für sein oft so auffälliges Verhalten und für seine eigenartigen Ideen bieten würde. Diese Ansicht wurde vor allem von skandinavischen Autoren bestritten, deren Entlastungsversuche allerdings einer strengen medizinischen Prüfung nicht standhalten. Aus den uns heute zur Verfügung stehenden Quellen und auf Grund des derzeitigen psychiatrischen Wissensstandes besteht, wie im Folgenden gezeigt werden soll, kein Zweifel darüber, dass Strindberg, wenigstens zeitweise, an einer Psychose gelitten hatte, wenn man sich auch der bis vor kurzem noch vertretenen Meinung nicht anschließen kann, es hätte sich dabei um eine Schizophrenie gehandelt. Eine abschließende medizinische Stellungnahme zu diesen Fragen soll unter anderem dazu dienen, jenen Denunziationen entgegenzutreten, die diesen bedeutenden Schriftsteller und packenden Dramatiker als einen perversen Verrückten darzustellen versuchten.

Über kaum einen anderen Dichter der neueren Zeit wurde aus so verschiedenen Blickpunkten heraus herumgeraten, wie über Georg Trakl, dessen Dichtung uns auch heute noch in ein rätselhaftes Dunkel gehüllt erscheint und gleichsam inselhaft innerhalb der deutschsprachigen Literatur schwebt. So ist es nicht überraschend, dass sich um die Deutung der Traumwelt Trakls nicht nur Schriftsteller, sondern auch Ärzte, ja sogar Theologen, ernsthaft bemühten. Fraglos ist die Hauptwurzel des Pathos in seinem poetischen Werk in der inzestuösen Bindung an seine jüngere Schwester zu suchen, wenngleich dieser Aspekt nicht zum alleinigen Angelpunkt aller weiteren Betrachtungen gemacht werden darf. Trakl war ja auch ein rauschgiftsüchtiger und dem Alkohol schon in seinen Pubertätsjahren verfallener Jüngling mit mannigfachen, daraus resultierenden Verirrungen und Verfehlungen, die ein übermächtiges Schuldgefühl, gepaart mit einem unbefriedigten Sühne- und Kasteiungsbedürfnis nach sich zogen und die Seele des jungen Dichters überschatteten. Die Folge waren unbeschreibliche Ängste und Schuldgefühle, die ihn sein kurzes Leben hindurch begleiteten und die ihn dazu bewogen, thematisch die dunklen Schicksale des Lebens wie Leid, Schmerz, Vergänglichkeit und Untergang in schwer zugänglichen Bildfolgen poetisch voll düsterer Farbenpracht bevorzugt zu behandeln. Trakls frühexpressionistische Lyrik entsprang aber auch der unheilschwangeren Untergangsstimmung vor dem Ausbruch des Ersten Weltkriegs, wie die prophetischen Prosavisionen seiner letzten Schaffensperiode zeigen. Die Vollkommenheit seiner Gedichte sowie die seherische Gewalt seiner späten Prosawerke ließen schon wenige Jahre nach seinem frühen Tod, zum Teil noch während der Kriegsjahre, die literarische Welt im In- und Ausland das Außergewöhnliche, ja Faszinierende an diesem Dichter erkennen, was unter anderem zu einer Reihe fremdsprachiger Übersetzungen führte. Bemühten sich zunächst vorwiegend Philologen, Philosophen und Theologen um die Erklärung des Rätselhaften und des Geheimnisvollen in Trakls Werk, so beschäftigten sich in der zweiten Hälfte des 20. Jahrhunderts zunehmend auch Mediziner mit den psychopathologischen Besonderheiten dieses Dichters, ohne allerdings bisher zu einer eindeutigen Interpretation zu gelangen. Ungeachtet des Einwurfs einiger theologischer Vertreter, man begehe mit dem Versuch einer kritischen medizinischen Analyse des Lebens und des Werkes Trakls eine gröbliche Indiskretion, ja eine Verletzung eines Tabus, erscheint die abschließende Betrachtung der Pathografie dieses bemerkenswerten Dichters unter Einbeziehung der Erkenntnisse Otto Basils, Theodor Spoerris und Francis Sharps – um nur die wichtigsten Autoren zu erwähnen – schon deshalb gerechtfertigt, weil mit der Erarbeitung einer dem heutigen Wissensstand der Psychiatrie entsprechenden, einer objektiven Wahrheit am nächsten kommenden Diagnose ein leichteres Eindringen in das so rätselhafte dichterische Werk erwartet werden kann.

Der Autor

Wien im Sommer des Jahres 2000

JEAN-JACQUES ROUSSEAU

Desenne del.   Frilley sculp.

EINLEITUNG

Will Durant leitet seine einfühlsame und wahrscheinlich beste aller Abhandlungen über J.-J. Rousseau mit den Worten ein: „Wie konnte es geschehen, dass ein Mann, der in Armut geboren war, seine Mutter bei der Geburt verlor und früh von seinem Vater verlassen wurde, der geschlagen war mit einem schmerzhaften und demütigenden Leiden, zwölf Jahre lang zwischen fremden Städten und widerstreitenden Glaubensbekenntnissen hin- und herwanderte, verstoßen von Gesellschaft und Kultur, mit Voltaire, Diderot, der ‚Enzyklopädie‘ und dem Zeitalter der Vernunft hadernd, der, von Ort zu Ort vertrieben als gefährlicher Rebell, des Verbrechens und des Wahnsinns verdächtigt wurde und in seinen letzten Monaten die Apotheose seines größten Feindes erleben mußte – wie war es möglich, dass dieser Mann nach seinem Tode über Voltaire triumphierte, die Religion neu belebte, die Erziehung umgestaltete, die Moral Frankreichs veredelte, die romantische Bewegung und die Französische Revolution inspirierte, die Philosophie Kants und Schopenhauers, die Dramen Schillers und die Romane Goethes, die Gedichte von Wordsworth, Byron und Shelley, den Sozialismus von Marx und die Ethik von Tolstoi beeinflußte und, alles in allem, eine größere Wirkung auf seine Nachwelt ausübte als alle andern Schriftsteller und Denker des achtzehnten Jahrhunderts, in dem die Schriftsteller einflußreicher waren als je zuvor?"

Es gibt wahrscheinlich nur zwei Punkte, über die sich die ungezählten Autoren in ihren Ansichten und Interpretationen zu Rousseau einig sind, nämlich über die Originalität seines Werkes und die ungewöhnliche Wirkung seiner Ideen auf die kommenden Generationen einerseits und über die enge Übereinstimmung zwischen Leben und Werk andererseits. Die sich daraus ergebende existenzielle Unmittelbarkeit seiner Gedankensysteme, mit denen er den Philosophen der französischen Aufklärung wie ein fremdartiges Wesen erschienen sein mag, machte im Grunde seine einmalige Originalität aus. Seine Philosophie ist nicht so sehr auf einem logischen Denkprozess aufgebaut, sondern ist eher das Ergebnis einer sich selbst beobachtenden und mitunter schmerzlich durchlittenen Existenz. Diese enge Verflechtung von Leben und Werk gilt nicht nur für sein fiktionales Schaffen, sondern gleichermaßen für seine geschichtsphilosophischen, pädagogischen und politischen Schriften, die von seinen persönlichen vitalen Erlebnissen und seiner psychischen Struktur nicht zu trennen sind.

Mit dem gleichen Recht, wie Droysen mit dem Auftreten Alexander des Großen das Ende einer alten und den Beginn einer neuen geschichtlichen Epoche herleitet, kann man von Rousseau behaupten, dass er mit dem endgültigen Durchbruch der modernen Subjektivität am Scheideweg zweier Zeitalter steht.

Zwischen der absoluten Subjektivität des Ich und einer Welt als außerrationale Natur trat mit Rousseau das persönliche Erlebnis als Vermittler zwischen diesen beiden Polen der modernen Zeit in Erscheinung, wodurch das Geschick der sich ankündigenden Moderne maßgeblich geprägt wurde, die sich geistig bereits um die Mitte des 18. Jahrhunderts und soziologisch mit der Französischen Revolution ankündigte. Wie ein großer Empörer, so schreibt Laaths, brach Rousseau in den aristokratischen Zeitvertreib schmachtender Schäferei ein und wurde als der „Bürger aus Genf" wie der Verkünder eines heilbringenden Evangeliums begrüßt.

Seine beiden theoretischen Hauptwerke *Emil oder Über die Erziehung* und *Der Gesellschaftsvertrag* verkörpern systematische Darstellungen einer neuen Pädagogik und Politik. Als Erzieher interessierte ihn ausschließlich das Individuum im Sinne des „natürlichen Menschen", wie er sich überhaupt sein Leben lang immer wieder mit dem Gegensatz zwischen dem „natürlichen" und dem gekünstelten Menschen der Kulturgeschichte beschäftigte. Lediglich der einzelne Mensch und nicht mehr der Typus eines bestimmten Standes erschien ihm als das Wesentliche, was nach dem endgültigen Zerfall der einstigen sozialen Ordnung des Ancien Régime und der Beseitigung der weder edlen noch überlegenen Aristokratie und Monarchie nicht überrascht. Rousseau beschränkte sich jedoch nicht nur auf das Individuum an sich, sondern sah auch den Einzelnen innerhalb einer Gemeinschaft, also den „bürgerlichen Menschen". Im *Gesellschaftsvertrag* forderte er deshalb, dass der Einzelwille freiwillig auf seine persönlichen Wünsche und Ansprüche zugunsten des Gemeinwillens verzichten müsse. Diese Freiwilligkeit adelt das Individuum zur Bürgertugend, jener „Tugend", die für Rousseau das wahrhaft legitime Fundament jeder Souveränität darstellte und auf die sich später Robespierres Ideologie in so entsetzlich entarteter Weise berufen sollte. Dieser Traum von einem utopischen irdischen Paradies, den Rousseau mit seinem Tugendideal anstrebte, barg nämlich von vornherein einen gefährlichen Widerspruch in der Art, dass der strenge Individualist wohl das Erwachen des sozialen Gewissens förderte, der „Apostel der Tugend" jedoch gleichzeitig einen schrecklichen Terror zu entfesseln vermochte. Doch nicht nur Robespierre glaubte ihm folgen zu müssen, sondern auch der junge enthusiastische Schiller, ja selbst der prophetische Hölderlin beriefen sich auf Rousseau als ihren Vorfahren.

Das politische Modell Rousseaus strebte nichts Geringeres an als „eine Neuauflage des Schöpfungsaktes" durch die Schaffung eines neuen Gemeinwesens, in welchem das Individuum sein eigenes Geschick in die Hand nimmt. In einem solchen Staatsgefüge stünde dann nicht länger das Gottesproblem und die Sorge um das Seelenheil im Vordergrund, sondern das Streben nach jenen gesellschaftspolitischen Rahmenbedingungen, die dem Menschen ein irdisches Glück verheißen. Immanuel Kant und Ernst Cassierer glaubten deshalb in der „weltbürgerlichen

Verfassung" des *Gesellschaftsvertrages* die Lösung des Theodizee-Problems, also der „Rechtfertigung Gottes" vor den Menschen, erblicken zu können, was wohl nur zum Teil zutreffen dürfte. Rousseau blieb es erspart, das Aufgehen der Saat jener diktatorischen Allmacht, mit der er seinen Gemeinwillen ausstattete, und die Praktizierung seiner Ideen noch selbst erleben zu müssen. Die unheilvolle „Verwandlung der Idee in ein Programm und der Frohbotschaft in den Terror" waren posthume politische Machenschaften, für die der geistige Urheber nicht verantwortlich gemacht werden kann. Dass jedoch erst Rousseau den „Vereinfacher" Robespierre das Denken gelehrt hat, darüber besteht kein Zweifel. Wie Jacob Burckhardt in seinen *Weltgeschichtlichen Betrachtungen* so treffend feststellte, war auch in der Großen Französischen Revolution „der Utopist schon früher dagewesen und hatte das Feuer anzünden geholfen". Deshalb bezeichnete Burckhardt den *Gesellschaftsvertrag* als ein größeres historisches Ereignis als den Siebenjährigen Krieg, denn dieses Buch mit seiner Lehre von der Freiheit und Gleichheit aller Menschen „entzündete die seither keineswegs zu ruhig wärmender Flamme gereifte Idee, sondern die immer noch flackernde Ideologie der Volkssouveränität, die anscheinend nicht oder so schwer zu verwirklichen ist, dass an ihrer Stelle und in ihrem Namen die Ausbeutung des Menschen durch den Staat offenbar wurde".

Mit dem endgültigen Durchbruch der modernen Subjektivität wurde auch die Kunst entscheidend geprägt. An die Stelle des hohen Stils trat nun eine selbstbezogene Aussage des persönlichen Welterlebnisses, eine geistige Umwandlung, die der Gefühlslage und dem veränderten Bewusstsein jener Zeit im Zeichen der „Rückkehr zur Natur" entsprach. In der Literatur begannen die Schäferspiele und die strengen klassizistischen Regeln das Publikum zu langweilen. Die endlosen, Esprit versprühenden Diskussionen und der im zu Ende gehenden Zeitalter aufgekommene „Glaube an den Unglauben" musste dem Gefühl, utopischen Träumereien und mystischer Frömmigkeit Platz machen und es war ohne Zweifel neben Rousseaus politischen und pädagogischen Theorien auch der „Lyrismus seines erlebten, natur-dithyrambischen Stils", der ihn selbst für adelige Kreise so unwiderstehlich machte. Mit dem steigenden Bedürfnis nach einer emotionalen Loslösung von den beengenden Gesetzen der Neoklassik und der überzogenen Kultur der Vernunft in der Zeit der Aufklärung entdeckte man nun die Schönheiten der Naturlandschaft und die beruhigende Atmosphäre in der Einfachheit des Landlebens. Berücksichtigt man diese allgemeine Stimmungslage während des letzten Drittels des 18. Jahrhunderts, dann versteht man auch die ungeheure Wirkung von Rousseaus Briefroman *Julie oder Die Neue Heloise,* der mit seinen in französischer Sprache bisher nicht vernommenen schwärmerischen Tönen seine Leser förmlich berauschte. Sainte-Beuve nannte ihn deshalb nicht zu unrecht den „Vater der intimen Literatur und der Interieurmalerei", der das Grün der Landschaft ins französische Schrifttum gebracht habe. Wenn ihm auch seine Gegner die Schuld für die unheilvolle Abkehr vom klassisch-gemäßigten Geist des Abendlandes zuweisen, so hat Rousseau doch mehr als jeder andere Schriftsteller zum unaufhaltsamen Siegeszug der romantischen Weltanschauung beigetragen. Trotz alledem blieb der Roman *Julie* eigentlich nur wegbereitend für spätere, reinere dichterische Gestaltungen – Goethes *Werther* oder die psychologischen Romane von Chateaubriand und Stendhal. Für die Dichter des Sturm und Drangs war Rousseau aber gleichzeitig auch der Verkünder einer ungezügelten individuellen Freiheit, wofür Karl Moor in Schillers *Räuber* ein beredtes Beispiel gibt. Für den späteren Schiller, aber auch für Immanuel Kant, stellte sich Rousseau darüber hinaus als ein Newton der Moralphilosophie dar, indem er das sittliche Gesetz im Menschen entdeckte. Hölderlin erblickte allerdings in ihm auch den inspirierten Genius, der sich kaum noch nach irdischen Gesetzen verhielt, und diese moralische Duplizität, bei der „das subjektive Gefühl jeden normativen Maßstab außer Kraft setzt", veranlasste seinen ursprünglichen Bewunderer Johann Heinrich Pestalozzi, sich später von den pädagogischen Prinzipien seines Landsmannes Rousseau zu distanzieren.

Als Wegbereiter eines neuen Naturgefühls war Rousseau aber auch ein Entdecker bisher unbekannter seelischer Landschaften, was nicht nur romantische Genies in der Literatur inspirierte, sondern gleichzeitig eine Veränderung des ästhetischen Empfindens breiter Volksschichten mit sich brachte. Klassisches Beispiel hierfür ist das Geständnis und die Beichte seines Herzens, die er als unmittelbares Selbstzeugnis mit einer fast schockierenden Offenheit und Ehrlichkeit in den *Bekenntnissen* der Welt vorlegte. Diese ebenso anspruchsvolle wie auch eitle Selbstbespiegelung bedeutet nach Laaths die Mündigkeitserklärung des autonomen Ichs, „beziehungslos revolutionär und zugleich in ihrer subjektiv wahrhaftig gemeinten Schonungslosigkeit sich selbst gegenüber ebenso impertinent wie taktlos", die das Zeitalter des Kostüms und der verlogenen Zeremonie überwältigte. In den *Bekenntnissen* wird das Problem der Schamlosigkeit offenbar, der wie jeder öffentlichen Schaustellung des eigenen Ichs ein Hauch exhibitionistischer Prostitution anhaftet. Mit der Entblößung des Allzumenschlichen und der desillusionierenden Entlarvung des Menschen in moralphilosophischer Hinsicht einerseits und der qualvollen Sehnsucht nach Wiedervereinigung der Natur mit Gott andererseits ist Rousseaus Lebensbericht durch ein Doppelantlitz geprägt, weshalb es mit Goethes Autobiografie *Dichtung und Wahrheit* ebensowenig auf eine Stufe gestellt werden kann wie mit den *Bekenntnissen* des Augustinus, in welchen eine Aussprache mit Gott in Gestalt eines Gebetes vollzogen wird.

Es wäre eine unzulässige Vereinfachung, würde man einer ernsthaften Auseinandersetzung mit Rousseau aus dem Weg gehen und ihn einfach als ein „klinisches Kuriosum, als den Judas unter den Aufklärungsaposteln oder den philosophischen Infektionsherd" betrachten, der – wie Gerhardi schreibt – die nachfolgenden Generationen mit dem Gift seines moralischen Pathos verdorben hat. Als Beispiel dafür sei nur Nietzsches Urteil über Kant als einen von der „Moral-Tarantel Rousseau" unheilbar Gestochenen angeführt. Man würde aber auch, wie Gerhardi fortfährt, den soziologisch-systematischen und revolutionär-fruchtbaren Charakter von Rousseaus Gedanken verkennen, wollte man sie lediglich als die Äußerungen seiner pathologischen sozialen Unangepasstheit oder gar als die Sublimierungen von körperlichen beziehungsweise sexuellen Gebrechen darstellen, etwa Rousseaus gesamte Sozialphilosophie auf dessen schlecht funktionierende Blase zurückzuführen, wie dies ärztlicherseits zu Anfang unseres Jahrhunderts glaubhaft zu machen versucht wurde.

Diffiziler ist die Frage zu beantworten, wieweit Rousseau – zumindest gegen Ende seines Lebens – an einer psychischen Krankheit gelitten hatte. Tatsächlich wurde er ja von seinen Gegnern aus den Reihen der Philosophen der *Enzyklopädie* wie Diderot, Grimm oder Holbach, allen voran aber von seinem späteren Feind Voltaire in seinem späteren Lebensabschnitt als wahnsinnig bezeichnet. In einer der unqualifizierten Beschimpfungen schrieb Voltaire: „Ich wünschte, Rousseau wäre nicht völlig wahnsinnig, aber er ist es. Er hat einen Brief an mich geschrieben, für den man ihm Sturzbäder und kräftige Fleischbrühe geben sollte." Auch später wurde noch häufig auf seinen Verfolgungswahn hingewiesen, wenngleich genauere Stellungnahmen nur spärlich auszunehmen sind. Am ausführlichsten hat sich zu Beginn des 20. Jahrhunderts der bekannte Psychiater Paul Möbius mit der Psyche Rousseaus beschäftigt, wobei er diagnostisch zur Auffassung gelangte, es läge eine Paranoia vor – eine Meinung, die später auch von Lange sowie von Heidenhain vertreten wurde. Spätere Autoren sprachen von einer paranoiden Schizophrenie, einer Psychopathie mit paranoischer Entwicklung oder von einem so genannten sensitiven Beziehungswahn, wie sich Kretschmer ausdrückte.

Da alle diese Stellungnahmen mit Ausnahme jener von Karl Leonhard in einer Zeit veröffentlicht wurden, in der durch die Ausweitung des Schizophreniebegriffes die klaren Vorstellungen über die vielgestaltigen Symptome dieser Krankheit weitgehend verloren gegangen sind, erscheint es angezeigt, die offensichtlich manifeste psychische Erkrankung Rousseaus aus der Perspektive unseres heutigen medizinischen Wissens neu zu beleuchten. Dabei darf man sich beim Quellenstudium nicht dazu verleiten lassen, sich ein Urteil auf Grund von Aussagen der Zeitgenossen zu verlassen, besonders dann nicht, wenn sie feindlich gesinnt waren. Man wird sich deshalb vorwiegend auf Schriftstücke, Tagebücher und Briefe des Kranken selbst stützen müssen, die wie im Falle Rousseaus am verlässlichsten Rechenschaft über seinen psychischen Zustand zu geben vermögen. Gerade er hat sich ja besonders offen und unverblümt über sich selbst geäußert. Das lag wahrscheinlich daran, dass er durch die Offenlegung seiner inneren Konflikte eine Erleichterung erzielen konnte. Aus seiner subjektiven Beschreibung kann man auch mit hoher Wahrscheinlichkeit unter Berücksichtigung des gegenwärtigen medizinischen Wissensstandes sein geheimnisumwittertes somatisches Leiden, seine Harnwege betreffend, einer Klärung zuführen.

Wenn beim Versuch, ein möglichst wahrheitsgetreues Psychogramm zu erarbeiten, auch viele intime Details seiner Seelenlandschaft offengelegt werden, dann schmälert dies in keiner Weise seine Verdienste und seine Leistungen, um so weniger, als sie teilweise bis heute vielfach noch immer unerlaubterweise mit psychischen Abnormitäten in Verbindung gebracht werden.

Bei seinen Zeitgenossen und bei den folgenden Generationen hatte doch Rousseau nicht nur Begeisterung, sondern auch Ablehnung bis hin zu ungezügeltem Hass ausgelöst. Ernst Glaeser nannte ihn anlässlich der Feiern zu seinem zweihundertfünfzigsten Geburtstag „fast einen Heiligen" und setzte seine Nachwirkungen einem Erdrutsch gleich, „hervorgerufen durch die Hand eines schwächlichen, kränklichen Menschen, der es verstand, den Hebel zu ergreifen, um den angestauten Wassern die Schleusen zu öffnen. Rousseau entfesselte Kräfte und Gefühle, die, durch eine Reihe von Generationen verdrängt, plötzlich wie eine Sturmflut hochstiegen und den Plan des Bewusstseins überschwemmten … Er war mehr als ein Reformator. Er war ein Veränderer von der Substanz und dem Weltgefühl des Menschen her, er war das Sprachrohr zahlloser Strömungen und Gefälle, die bis in unsere Zeit reichen, vom Naturrecht bis zur Jugendbewegung, von den Logen bis zu den Methoden der Psychoanalyse." Und in der Tat nahm er mit seiner Unterscheidung zwischen „moi intime" und „moi social", also zwischen dem „intimen" und dem „sozialen Ich", eine der grundlegenden Voraussetzungen der modernen Psychologie und der Freud'schen Psychoanalyse mit ihrer Dreiteilung der Persönlichkeitsstruktur in die Instanzen des Es, des Ich und des Über-Ich vorweg.

Dem gegenüber verfolgten ihn seine Gegner, allen voran Grimm und Voltaire, mit wilden Anschuldigungen. Samuel Johnson, der führende englische Kritiker und das literarische Gewissen des 18. Jahrhunderts, bezeichnete Rousseau sogar als einen niederträchtigen Kerl, der es „eher als irgendein schwerer Junge verdient hätte, in eine Strafkolonie verschickt zu werden". Martin Rang, einer der besten Kenner von Rousseaus Gedankengebäuden, führte die bis in unsere Zeit anhaltenden polemischen Angriffe darauf zurück, dass sie bei ihren Interpretationsversuchen stets vom „kranken" Menschen ausgehen und dass die angreifbaren Schwächen seines Charakters in seine Philosophie hineingetragen werden. Mit einer solchen biografisch-psychologischen Vorgangsweise gelangten die Gegner

Rousseaus, wie Rang meinte, zu ihren mehr als billigen Verdammungsurteilen. Auch diesen polemischen Schriften, in denen er als ein haltloser Psychopath und ein denkbar schlechter Charakter beschrieben wurde, kann durch eine seriöse, vorurteilsfreie medizinische Analyse dieses bedeutenden Denkers der fragwürdige Boden ihrer Argumente in vielen Bereichen entzogen werden.

BIOGRAFISCHE ANAMNESE

JUGENDZEIT

Die Familie Rousseau stammte aus Frankreich und war seit 1529 in Genf, der „kleinsten Republik Europas", ansässig. Zuvor hatten die Ahnen väterlicherseits in Paris gelebt, wo sie in der ersten Hälfte des 16. Jahrhunderts als Buchhändler tätig waren. Erst die Repressalien, denen sie als Anhänger der protestantischen Lehre ausgesetzt waren, veranlassten sie, in das calvinistisch regierte Zentrum der französischen Schweiz zu übersiedeln, wo die seit Generationen dort lebenden Familien das Bürgerrecht mit all seinen Privilegien erwerben und damit auch öffentliche Ämter bekleiden konnten. So überrascht es nicht, dass der Großvater Jean Rousseau in Genf als calvinistischer Geistlicher wirkte, wenn auch die Familie eher zu den „Libertinern" gehörte, die gelegentlich die strengen Vorschriften der calvinistischen Moral missachteten.

Der Vater Isaac Rousseau war Uhrmachermeister, der im Rahmen der Bildungsbestrebungen Calvins als Vertreter dieses Gewerbes gezwungen war, einige Jahre das „Collège" zu besuchen und sich dort eine bemerkenswerte Bildung anzueignen. Dieser überdurchschnittlich gebildete und belesene Mann liebte Bücher über alles und las später gerne gemeinsam mit seinem Sohn Jean-Jacques Romane unterschiedlichster Herkunft. Die Mutter, Suzanne Bernard, war die Nichte eines calvinistischen Geistlichen, die einen vermögenden Uhrmachermeister zum Vater hatte. Als Enkel, Sohn und Schwiegersohn eines Bürgers von Genf war Jean-Jacques mit Recht stolz darauf, sich „citoyen de Genève", also Bürger von Genf, nennen zu dürfen. Durch die Verehelichung Isaacs mit Suzanne, die aus dem Nachlass ihrer Mutter zehntausend Gulden erhalten hatte, war die junge Familie finanziell mehr als abgesichert. Das leicht entflammbare Temperament und der verletzliche Stolz des Vaters führten jedoch offenbar schon bald zu Konfliktsituationen mit den reichen Verwandten seiner Frau, deren anmaßendes Gehaben er nicht hinnehmen wollte. Schon ein Jahr nach der 1704 erfolgten Verehelichung, unmittelbar nach der Geburt seines Sohnes François, verließ er seine Frau, um sich für sechs Jahre nach Konstantinopel zu begeben, wo er angeblich als „Uhrmacher des Serail" gearbeitet haben soll.

Aus uns nicht bekannten Gründen nach Genf zurückgekehrt, war nach Jean-Jacques' eigenen Worten seine Geburt am 28. Juni 1712 „die traurige Frucht dieser Rückkehr". Leider ist die kluge, begabte und hübsche Mutter schon neun Tage nach ihrer Entbindung im Alter von erst neununddreißig Jahren einem Kindbettfieber erlegen. „Ich kam mit so geringen Lebenszeichen zur Welt, dass nur wenig Hoffnung bestand, mich am Leben zu erhalten", berichtet er selbst von diesem Ereignis, wobei er ergänzend erwähnt, dass er bereits damals „den Keim eines Leidens in sich trug". Soviel wir wissen, litt der kleine Knabe schon in seinen ersten Lebensjahren unter häufigen Schmerzen und Schwierigkeiten beim Harnlassen – ein Leiden, das ihn sein ganzes Leben begleiten sollte. Wenn er auch die Gestalt seines Vaters glorifiziert haben mag, so dürfte sich dieser tatsächlich bei der Erziehung der beiden Söhne, um die sich nach dem Tod der Mutter eine Tante väterlicherseits liebevoll bemühte, bevorzugt mit Jean-Jacques beschäftigt haben, während dessen sieben Jahre älterer und offenbar recht widerspenstiger Bruder häufig gezüchtigt wurde.

Der Vater, Isaac Rousseau

Jean-Jacques schützt seinen Bruder vor den Schlägen des Vaters

In seiner Kindheit war Jean-Jacques offensichtlich bemüht, sich den Erziehungsregeln anzupassen. Auf jeden Fall waren seine kindlichen Missetaten den Gepflogenheiten seiner Altersgenossen entsprechend, wie er selbst schildert: „Ich war geschwätzig, ein Leckermaul, log auch zuweilen … Aber ich habe nie Vergnügen daran gefunden, Bosheiten zu begehen, andere zu verleumden oder arme Tiere zu quälen. Ich erinnere mich jedoch, einmal in den Topf einer unserer Nachbarinnen gepisst zu haben, während sie in der Predigt war." Ansonsten war er schon mit Beginn seines Schulalters ein emsiger Leser. Handelte es sich zunächst um harmlose Romane, so dehnte sich das Programm seiner Lektüre allmählich auf verschiedene Sachthemen aus, wobei ihn neben populärwissenschaftlichen geschichtlichen Büchern vor allem Plutarchs Lebensbeschreibungen bedeutender Persönlichkeiten des Altertums zu fesseln begannen.

Die gemeinsamen nächtlichen Lesestunden mit seinem Vater mussten im Jahre 1722 abrupt abgebrochen werden, nachdem dieser mit einem ausgedienten Offizier in Streit geraten war und ihn dabei mit seinem Degen im Gesicht verletzt hatte. Um der drohenden Gefängnisstrafe zu entgehen, floh Isaac aus der Stadt und ließ sich in dem zwanzig Kilometer von Genf entfernt gelegenen Nyon nieder. Vier Jahre später ging er dort zum zweitenmal eine Ehe ein und kehrte bis zu seinem Tode im Jahre 1747 nie mehr in seine Heimatstadt zurück. Jean-Jacques wurde in die Obhut seines Onkels Gabriel Bernard übergeben, der ihn gemeinsam mit seinem eigenen Sohn zur Weiterbildung in die benachbarte, vom Pfarrer Lambercier geleitete Internatsschule schickte, wo er neben dem obligaten calvinistischen Katechismus auch Latein „und all den nichtigen Kram, der unter dem Namen Erziehung verstanden wird", lernen musste.

Der inzwischen elfjährige Jean-Jacques empfand für seine Lehrer aufrichtige Zuneigung, zu der dreißigjährigen Schwester des Pfarrers, Mademoiselle Lambercier, sogar so etwas wie Liebe, wenn auch auf seine eigene verschrobene Art. Sie scheute nämlich nicht davor zurück, im Notfall von den damals im Unterricht üblichen Methoden der körperlichen Züchtungen Gebrauch zu machen und Jean-Jacques bemerkte, dass es ihm förmlich einen Genuss bereitete, wenn er unter ihren Händen Schmerzen erdulden musste: „In dem Schmerz, in der Scham sogar hatte ich ein Gefühl von Sinnlichkeit entdeckt, das in mir weniger die Furcht vor der Züchtigung zurückließ als das Verlangen, sie von derselben Hand von neuem zu erfahren. Ohne Zweifel mischte sich in die Sache eine vorzeitige Regung des Geschlechtlichen, denn Züchtigungen durch ihren Bruder wären mir durchaus nicht angenehm gewesen." Es steht wohl außer Zweifel, dass diese juvenilen Erfahrungen masochistische Tendenzen in dem heranwachsenden Jüngling weckten, „die ich nie aus den durch meine Sinne entzündeten Begierden tilgen konnte", wie er in seinen *Bekenntnissen* schreibt. Und er fährt fort: „Ich habe den ersten, peinlichen Schritt in das dunkle und schmutzige Labyrinth meiner Bekenntnisse getan. Nicht das Verbrecherische ist es, dessen Eingeständnis am meisten Überwindung kostet, sondern das Lächerliche und Beschämende." Wahrscheinlich spielte bei diesen juvenilen sexuellen Empfindungen auch der Umstand mit, dass er die Hiebe offenbar auf das entblößte Hinterteil in Empfang nehmen musste, womit sich spätere exhibitionistische Neigungen erklären würden. Wie sehr sich diese vitalen Erlebnisse auf seine späteren Werbungen und Beziehungen zum weiblichen Geschlecht auswirkten, kann einem Bericht aus seinen *Bekenntnissen* entnommen werden: „Einer herrischen Geliebten zu Füßen liegen, ihren Befehlen gehorchen, Vergebung von ihr erbitten, das war mir ein süßer Genuss. Je mehr meine lebhafte Einbildungskraft mir das Blut erhitzte, desto mehr glich ich einem in reiner Liebe Verlorenen. Man begreift, dass diese Art zu werben nicht zu raschen Erfolgen führt und der Tugend derjenigen, um die man wirbt, nicht sehr gefährlich ist. Ich habe deshalb sehr selten Eroberungen gemacht, aber ich habe darum nicht weniger auf meine Art – das heißt in der Einbildung – Genuss gehabt." Schon kurze Zeit später – Mademoiselle Lambercier bemerkte die konträre Wirkung ihrer Strafmaßnahmen und unterließ sie fortan – sollte sich seine juvenile masochistische Neigung anlässlich einiger „bewegter Zusammenkünfte" mit einem um einige Jahre älteren Mädchen namens Goton bestätigen. Wie er später berichtete, willigte das Mädchen ein, die Schulmeisterin zu spielen: „Sie konnte wunderbar gebieterisch und stolz aussehen, ganz wie es zu ihrer Rolle (nach dem Vorbild der Mademoiselle Lambercier; Anm. d. Verf.) passte. Sie erlaubte sich gegen mich die größten Vertraulichkeiten, ohne mir jemals eine gegen sie zu gestatten; sie behandelte mich völlig wie ein Kind. Ich fühlte Qualen, aber ich liebte diese Qualen." Eine solche masochistische Tendenz herrschte auch bei seinen späteren Liebeserlebnissen als Erwachsener vor, was sich auch daraus ablesen lässt, dass er mit Vorliebe wesentlich ältere Partnerinnen oder Frauen bevorzugte, die ihn auf Grund ihres hohen sozialen Ranges zur freudigen Unterwerfung zwangen.

Im Jahre 1724 rief ihn sein Onkel zurück und übergab ihn einem Kupferstecher in Genf in die Lehre, nachdem er zuvor als Schreiberlehrling im Büro des Kanzlisten beim Stadtgericht kläglich versagt hatte. Dort fand er am Zeichnen und Entwerfen von Gravuren Gefallen, erregte jedoch durch sein leidenschaftliches Lesen, das er häufig auch am Werktisch fortsetzte, den Groll des Meisters, dem dafür jedes Verständnis fehlte und der viele Bücher zerriss, verbrannte oder zum Fenster hinauswarf und ihn überdies dabei stets mit einer Tracht Prügel bedachte: „Seine Tyrannei trieb mich zu Lastern, die ich von Natur aus hasste, wie Lügen, Faulenzen und Stehlen." So wurde der einst fröhliche Knabe durch die ständigen Rügen und unflätigen Beschimpfungen sowie durch die oft kaum motivierten Schläge zu einem verdrießlichen Introvertierten, der nur bei sonntäglichen Wanderungen in der Umgebung der Stadt ungehindert seinen Träumereien und Sehnsüchten nachhängen konnte. An einem Märztag des Jahres 1728 beschloss er, sich „solch einer Behandlung nicht weiter auszusetzen" und kehrte nicht mehr in die Werkstatt zurück. Völlig mittellos und bar jeder Habe außer den Kleidern auf dem Leibe begannen für den Sechzehnjährigen die Jahre der „Vagabondage".

UNSTETE WANDERJAHRE

Vorwurfsvoll schrieb er später, dass seine Angehörigen „mit meinem Unstern im Bunde standen, um mich dem Geschick, das meiner harrte, zu überliefern".

Im Frühsommer 1729 folgte Rousseau nach vorübergehender Beschäftigung als livrierter Lakai erneut dem Ruf der Landstraße, die ihn schließlich wieder nach Annecy zu Madame de Warens führte. Mit dichterischem Überschwang schildert er das Wiedersehen mit der „zärtlichsten der Mütter", die ihn huldvoll in ihrem Haus aufnahm, wo er ihre Korrespondenz führen und ihr bei ihren alchemistischen Experimenten behilflich sein sollte. Er fühlte sich unwiderstehlich zu ihr hingezogen, küsste heimlich das Bett, auf dem sie schlief, den Stuhl, auf dem sie saß und „sogar den Boden, auf den ich mich streckte, im Gedanken, dass sie über ihn gegangen war". Sie wiederum nannte ihn zärtlich „mein Kätzchen" oder „mein Kind" und überredete ihn, in das Seminar von Saint-Lazare einzutreten, um sich auf das

Rousseau und Madame de Warens

Priesteramt vorzubereiten. Obwohl es ihr „nie einfiel, mit Küssen und den zärtlichsten mütterlichen Liebkosungen sparsam zu sein", wagte er es nicht „davon Missbrauch zu machen", weshalb er in den ersten drei Jahren bei seiner „Mama" bei dem erwähnten „gefährlichen Ersatz" blieb. Sein frivol offenes Eingeständnis löste bei vielen Lesern deshalb förmlich einen Schock aus, weil Rousseau gleichzeitig auch die positiven Aspekte der Selbstbefriedigung, zumindest für seine Person, besonders betonte: „Dieses Laster, das die Scham und die Schüchternheit so bequem finden, hat außerdem einen großen Reiz für lebhafte Phantasien; nämlich den, nach Belieben über das ganze Geschlecht verfügen und die Art Schönheit, die gerade am meisten verlockt, genießen zu können, ohne deren Einwilligung zu bedürfen."

Seine Abneigung gegen einen systematischen Unterricht führte dazu, dass man ihn schon sehr bald vom Seminar wieder zurückschickte „als ein Subjekt, das noch nicht einmal zum Priester taugte". Hingegen zeigte Rousseau eine eindeutige Begabung für Musik, weshalb ihn Madame de Warens in der Musikschule der Dompfarre von Annecy ausbilden ließ. Dort erlernte er auch das Kopieren von Noten, das für ihn später häufig eine wertvolle finanzielle Grundlage zur Bestreitung seines Lebensunterhalts werden sollte.

Als Madame de Warens für längere Zeit auf Reisen ging, verließ auch Rousseau Annecy. Auf seinen Streifzügen durch die Schweiz wagte er es, in Lausanne nicht nur als Musiklehrer, sondern sogar als Komponist aufzutreten, was erwartungsgemäß mit einem Fiasko enden musste. In Paris, das ihn als europäische Kulturstadt zutiefst enttäuschte, hoffte er, Madame de Warens zu treffen, die jedoch bereits Richtung Lyon abgereist war. So setzte er sein Wanderleben fort, fand vorübergehend Arbeit als Notenkopist in Lyon, um schließlich in Chambéry zu landen, wo sich Madame de Warens inzwischen niedergelassen hatte. Überglücklich, wieder unter ihrem Dach leben zu dürfen, machte er die überraschende Entdeckung, dass seine „Mama" sich inzwischen einen um sieben Jahre jüngeren Liebhaber erwählt hatte, der als Verwalter ihres Gutes fungierte. Wie aus einer Passage in den *Bekenntnissen* hervorgeht, dürfte seine Leidenschaft für sie dadurch eine deutliche Abkühlung erfahren haben. Doch anscheinend genügte es ihm, in der Seele dieser Frau den bevorzugten Platz erobert zu haben, während er ihren körperlichen Besitz durch ihren selbsterwählten Liebhaber, sofern sie dieser nur glücklich machte, nicht gerade freudig, so doch ohne Groll hinzunehmen bereit war. Und wahrscheinlich war es für ihn damals ein Glück, neben seiner Lesefreudigkeit – er beschäftigte sich jetzt vorwiegend mit historischen und philosophischen Büchern – seine Leidenschaft für die Musik entdeckt zu haben, jene Kunst, die er „beständig zu allen Zeiten geliebt habe." In der Tat sollte er schon bald zu einem bemerkenswerten Musiker heranreifen, der nicht nur verschiedene Instrumente zu spielen vermochte, sondern auch in der Musiktheorie avancierte. Obwohl er als Musiker manche Verehrerin gewann, war er nicht imstande, sich für die eine oder andere Liebschaft zu entscheiden. Zu sehr fühlte er sich noch immer innerlich mit Madame de Warens verbunden.

Rousseau musste einundzwanzig Jahre alt werden, bis er endlich auch jene sexuellen Freuden erleben konnte, von denen er schon so lange geträumt hatte. Als nämlich eine Nachbarin sich anschickte, ihm die wahre Kunst der Liebe zu lehren, bot sich ihm überraschend Madame de Warens als Geliebte an, „unbeschadet ihrer gleichen Dienste für ihren bisherigen Liebhaber". Angeblich benötigte er eine Woche des Überlegens, ob er auf dieses verlockende Angebot eingehen sollte, da seine Gefühle ihr gegenüber während der vergangenen Jahre eher kindlich als sinnlich geworden waren. Möglicherweise empfand er aber auch Ängste, sein Harnwegsleiden könnte unerwartete Schwierigkeiten bereiten. In den *Bekenntnissen* heißt es: „Zum ersten Mal fand ich mich in den Armen einer Frau … Mir war, als hätte ich Blutschande begangen. Sie war für mich mehr wie eine Schwester, mehr als eine Mutter, mehr als eine Freundin, ja mehr als eine Geliebte … Kurz, ich liebte sie zu sehr, um sie besitzen zu wollen."

Als der Gutsverwalter 1734 überraschend starb, übernahm Rousseau die Führung der Geschäfte von Madame de Warens. Sie pflegte ihn hingebungsvoll, als er 1736 krank war und mietete schließlich eine kleine Sommerresidenz in der Vorstadt von Chambéry, genannt „Les Charmettes". Dort verlief sein Leben „in fast absoluter Heiterkeit". Hier konnte er sich in Ruhe mit der Literatur und der Wissenschaft beschäftigen und beim Umherstreifen in den Wäldern, auf den umliegenden Hügeln und in den Tälern wurde er von den Schönheiten der Natur wahrhaft berauscht. Die Nähe zur katholischen Theologie, gefärbt durch einen dunklen jansenitischen Anflug, veranlasste ihn damals, Gott für die

Das Landhaus „Les Charmettes"

Schönheit der Natur und für die glückliche Vereinigung mit „Mama" zu danken. Im Umkreis von Madame de Warens kam er auch in Kontakt mit gebildeten Menschen, die vor allem auch mit der Literatur enger vertraut waren. Zum ersten Mal war er vom Stil Voltaires entzückt, den nachzuahmen er in der Folge zunehmend anstrebte. In den Jahren, die er in „Les Charmettes" mit Unterbrechungen verbrachte, schuf er sich auf autodidaktischem Wege auch das Fundament für seine späteren Schriften.

Bei einem seiner gemeinsam mit seiner Gönnerin durchgeführten Experimenten kam es im Sommer 1737 zu einem Zwischenfall, bei dem ihm durch die Explosion eines Gefäßes Kalk und Arsen ins Gesicht geschleudert wurde, wobei er daran „fast gestorben und sechs Wochen lang blind" gewesen sei. Wenn die Schilderung wohl auch etwas aufgebauscht wurde, war dieses Ereignis doch der Anlass für ihn, in Genf einen Arzt aufzusuchen, der ihm eine längere Kur in Montpellier empfahl. Er selbst gab allerdings als Grund für diese Reise an, einen Polypen in der Nähe des Herzens vermutet zu haben, dessen Heilung erst vor kurzem in dieser Stadt gelungen sein soll. Zweifellos handelte es sich aus heutiger Sicht damals um psychosomatisch bedingte Beschwerden, wenn er sie als Kurzatmigkeit, Herzklopfen, Ohrensausen und depressive Anwandlungen beschrieb: „Ich blieb mehr daheim, und hier erfasste mich nicht die Langeweile, sondern die Schwermut; die Hypochondrie folgte auf die Leidenschaften." Rousseau litt damals aber auch an einem langwierigen Fieber, das mit Blutspucken einherging.

Nach seiner Rückkehr aus Montpellier, wo er sich mit einer „Reiseliebschaft ... der Freude der Sinnlichkeit hingab", musste er enttäuscht feststellen, dass die „Mama" inzwischen einen neuen Liebhaber aufgenommen hatte, einen „faden Blondkopf, der eitel, dumm und frech" war und mit dem er sich als Konkurrenten nicht abfinden wollte. Er verließ sein idyllisches Heim und seine „zärtlichste aller Mütter" und fand in Lyon als Erzieher der beiden Söhne eines höheren Justizbeamten namens de Mably ein neues Betätigungsfeld. In dieser Funktion entstand das erste schriftstellerische Erzeugnis, indem er in seinem *Projekt für die Erziehung* die ihm wichtigsten pädagogischen Grundsätze zusammenfasste. Nach einem Jahr, das er als Hauslehrer bei der ungewöhnlich toleranten und entgegenkommenden Familie de Mably zugebracht hatte, hielt es ihn nicht mehr länger. Möglicherweise machte ihm sein Gesundheitszustand einen Strich durch die Rechnung, denn wir wissen, dass er unmittelbar anschließend in „Les Charmettes" und unter der Obhut von Madame de Warens eine längere „Erkältungskrankheit" auskurieren musste. Aber schon bald nach überstandener Krankheit verließ er sein ehemaliges Studiendomizil, da er sich in Gegenwart des neuen Hausfreundes seiner Madame „in dem Hause, dessen Kind ich gewesen war", nicht mehr wohlfühlte. Sein Reiseziel war diesmal die Metropole Frankreichs, in welcher er im Herbst des Jahres 1741 – nach neueren Dokumenten allerdings erst im August 1742 – eintraf.

ERFAHRUNGEN IN PARIS UND VENEDIG

Schon im August 1742 unterbreitete er der Akademie von Paris mit der Unterstützung des berühmten Physikers de Réaumur, dem er durch den für ihn sorgenden Akademiesekretär Gros de Boze vorgestellt worden war, die von ihm schon in Chambéry entwickelte „Ziffernnotation", bei der die Noten durch Zahlen ersetzt werden. Wenn sie auch teilweise vom beurteilenden Gremium für Vokalmusik als bedingt geeignet erklärt wurde, erlebte sie vor allem durch die ablehnende Haltung des damals in Paris führenden Komponisten Jean-Philippe Rameau keine allgemeine Verbreitung. Die vorgelegte Denkschrift Rousseaus sorgte jedoch dafür, dass er auf diese Weise allmählich „die Bekanntschaft mit allem machte, was es in Paris in der Literatur gab". Vor allem waren es aber wieder einmal weibliche „Schutzherrinnen", die sich des jungen und charmanten Gesangslehrers und Musikpädagogen annahmen – unter diesen die Gattin des Generalsteuerpächters Dupin, eine der attraktivsten Damen von Paris, in deren Haus sich Wissenschaftler, Schriftsteller sowie höchste Würdenträger ein Stelldichein gaben. Aus diesen Kreisen wurde ihm über Vermittlung einer anderen weiblichen Gönnerin schon nach einem Jahr die Position eines Sekretärs beim französischen Botschafter in Venedig, dem Comte de Montaigu, angeboten. Dieser Graf war, wie Rousseau uns versichert, fast Analphabet, sodass es dem Sekretär oblag, nicht nur die Dokumente und Botschaften aus Paris zu entziffern, sondern sie auch dem venezianischen Senat persönlich zu überbringen. Dabei half ihm sein in Turin erlerntes Italienisch. Als Geheimnisträger in seiner Stellung an der Botschaft war ihm der Zutritt zu venezianischen Familien weitgehend verwehrt, sodass es nur selten zu intimen Begegnungen mit den schönen Frauen der Lagunenstadt kam. Aus medizinischer Sicht sind hingegen zwei Kontakte, über die er berichtet, erwähnenswert: „Ich habe immer Widerwillen gegen die öffentlichen Dirnen gehabt, aber in Venedig hatte ich keine andere Wahl." Bereits die erste Begegnung bereitete ihm sorgenvolle Nächte, da er überzeugt war, mit einer Geschlechtskrankheit angesteckt worden zu sein. „Das erste, was ich bei meiner Ankunft tat, war, den Chirurgen holen zu lassen, um ihn um Tisanen zu bitten … (Tisane, französischer Ausdruck für Ptisane: Schleimiger Arzneitrank aus Aloethee, Malz, Hafergrütze, Graupen, Brotkrume und Hirschhorn mit Zusatz verschiedener Arzneimittel, die schweiß- und harntreibend wirken sollten; Anm. d. Verf.) … Doch der Doktor redete mir ein, ich wäre so eigentümlich gebaut, dass ich nicht leicht angesteckt werden könnte." Dieser letzte Satz lässt auf eine angeborene Veränderung der Harnröhre schließen, wenngleich nähere Hinweise in diese Richtung fehlen. Eine zweite Begegnung mit einer anderen venezianischen Kurtisane endete damit, dass er „statt der Flammen, die mich verzehrten, plötzlich eine tödliche Kälte durch meine Adern laufen fühlte", also, wie er später erklärte, durch Impotenz seine Partnerin enttäuschen musste, die ihm hämisch empfahl, in Zukunft „die Frauen in Ruhe zu lassen". Das impotente Verhalten eines dreißigjährigen Mannes beim Zusammensein mit einer jener venezianischen Prostituierten, die damals wegen ihres Raffinements weithin berühmt waren – wie Georg Holmsten bemerkt – könnte ebenfalls mit anatomischen Besonderheiten im Endabschnitt der Harnwege in einen Zusammenhang gebracht werden.

Nachdem Graf Montaigu, anmaßend wie viele seiner Berufskollegen, mit dem wahrscheinlich zu selbstherrlich agierenden Sekretär in Streit geraten war, entließ er ihn kurzerhand, ohne Rousseau das ihm zustehende Gehalt auszuzahlen. Verbittert kehrte dieser nach Paris zurück, wo er von den Dupins eine Anstellung als Faktotum erhielt, die es ihm gestattete, sich als Komponist harmloser Unterhaltungsmusik und als Schriftsteller zu betätigen. Mit Hilfe der Protektion des Herzogs von Richelieu, eines Nachkommens des berühmten Kardinals, der ihn mit der Bearbeitung der *Prinzessin von Navarra* beauftragte – eines Stückes, dessen Text von Voltaire und dessen Musik von Jean-Philippe Rameau verfasst worden waren – gelang es ihm, dieses mit dem Titel *Die Feste Ramiros* abgeänderte Elaborat auf der königlichen Bühne zu Versailles mit Beifall des adeligen Auditoriums zur öffentlichen Aufführung zu bringen. Ja, er erhielt sogar vom damaligen „literarischen Monarchen Frankreichs" Voltaire eine freundliche Antwort auf seinen Brief, den er diesem im Dezember 1745 wegen seiner ihm aufgetragenen Umarbeitung des Stückes in eine Oper schrieb. Darin heißt es: „Mein Herr, Sie vereinigen in sich zwei Talente, die bis heute immer nur getrennt vorgekommen sind. Dies sind zwei gute Gründe, dass ich Sie achten und lieben sollte." Wie Will Durant treffend kommentierte, begann mit diesen Liebesbriefen ihre berühmte Feindschaft.

In dem bescheidenen Hotel Saint-Quentin, in welchem Rousseau zu Beginn seines Pariser Aufenthaltes logierte, lernte er eine junge Frau kennen, die dort als Näherin und Wäscherin arbeitete. Sie hieß Thérèse Levasseur und war ähnlich schüchtern und unbeholfen wie er. Trotzdem währte es nicht lange, bis sie im Laufe des Jahres 1746 einander in den Armen lagen. Sie beichtete ihm, dass sie nicht mehr Jungfrau sei, was er ihr mit dem Hinweis großzügig verzieh, dass eine Jungfrau von zwanzig Jahren in Paris eben eine ausgesprochene Seltenheit wäre: „Ich erklärte ihr im voraus, ich würde sie nie verlassen, aber sie auch nicht heiraten." Rousseau schildert sie als ein „gefühlvolles Mädchen, einfach und ohne Koketterie, mit einem zärtlichen und aufrichtigen Herzen und gesunden Menschenverstand". Richtig lesen, rechnen und schreiben erlernte sie allerdings nie, was ihm von den intellektuellen Frauen in den Pariser Salons vorgeworfen wurde. So konnte es später George Sand ebenso wie Madame de Staël nicht verstehen, dass er es bei einem geistig so tief stehenden Wesen so lange hatte aushalten können. Seine befreundete Gönnerin in Paris, Madame d'Épinay, bezeichnete Thérèse geringschätzig als ein „eifersüchtiges, dummes, geschwätziges und verlogenes" Mädchen. Er selbst sprach von ihr meist als von seiner „Haushälterin", die ihn bei seinen Besuchen so gut wie nie begleiten durfte. „In die größte Verlegenheit geriet er", als sie 1747 schwanger wurde. Georg Holmsten weist darauf hin, dass es damals eine Sitte des Landes gewesen sei, Kinder ins Findelhaus zu bringen und bezieht sich dabei auf Statistiken, wonach allein in den Jahren 1740 bis 1760 in Paris hunderttausend Kinder von ihren verheirateten oder unverehelichten Eltern der öffentlichen Fürsorge oder Familien übergeben wurden, die bereit waren, die Kinder aufzuziehen. Von diesen Gepflogenheiten hatte Rousseau bereits in seinen ersten Pariser Jahren bei Gesprächen, die in Lokalen nahe der Oper freizügig stattfanden, gehört und er musste erstaunt feststellen, dass „der, der am meisten das Findelhaus bevölkerte, stets der war, der am meisten beklatscht wurde. Ich sagte mir: weil es Sitte des Landes ist, so kann ich sie auch befolgen." So kam es, dass das Kind – gegen den Protest Thérèses zwar – tatsächlich ins Findelhaus geschickt wurde und die vier folgenden Kinder das gleiche Schicksal erleiden mussten. Wenn dies öffentlich auch erst nach Erscheinen seiner Lebensbeichte bekannt wurde, so war dieser Makel auf seiner Person doch bereits zu seinen Lebzeiten beliebter Gesprächsstoff für den Pariser Gesellschaftsklatsch, wie dies unter anderem das anonyme Pamphlet Voltaires beweist, in welchem dieser „die Herzlosigkeit des Vaters der Findelkinder" geißelte.

Die Unbekümmertheit, mit der Rousseau den damaligen Gepflogenheiten entsprechend seine Kinder der Obsorge anderer preisgab, verleitete manche Skeptiker zu der Annahme, er hätte nie Kinder gehabt und diese Geschichte in die Welt gesetzt, um seine Impotenz zu verbergen. Andere wieder versuchten sein schändliches Verhalten damit zu erklären, dass er aus finanziellen Gründen seine Kinder nicht selbst großziehen konnte. Letzterer Entschuldigungsversuch erscheint schon deshalb wenig glaubhaft, weil er es sich mit seinem Jahresgehalt von den Dupins und den Einkünften aus seinem Notenkopieren immerhin leisten konnte, die kostspielige aristokratische Kleidung einschließlich Perücke und Degen zu tragen, um auf diese Weise so wie andere Literaten Eingang in adelige Häuser zu erwirken. Denn nur dort konnte er neue Freunde kennenlernen, wie seine spätere Geliebte Madame d'Épinay und Männer aus dem Kreis der „Enzyklopädisten" wie Denis Diderot, Friedrich Melchior Grimm oder Baron von Holbach, in dessen „Höhle der Ungläubigen übrigens der größere Teil von Jean-Jacques' Katholizismus wieder hinwegschmolz". Aber auch die nebulose Theorie, er hätte überhaupt nie Kinder in die Welt gesetzt, wird durch seine spätere Lebensbeichte und durch einige seiner Briefe, mit denen er seine Gewissensbisse und die Vorwürfe seiner Freunde reumütig abzuschwächen versuchte, Lügen gestraft. Als Beispiel sei ein Brief an die Herzogin von Luxemburg aus dem Jahre 1761 angeführt, den er während einer ernsten Erkrankung in der Angst, vielleicht bald zu sterben, schrieb und in welchem er ihr die schwere Schuld, die auf seiner Seele lastete, anvertraute: „Seit mehreren Jahren stören die durch diese Nachlässigkeit (nämlich seine Kinder dem Findelhaus übergeben zu haben; Anm. d. Verf.) hervorgerufenen Gewissensbisse meine Ruhe. Zu meinem und der Mutter tiefsten Bedauern werde ich sterben, ohne dieses Vergehen gutmachen zu können." Doch solche reuevollen Gedanken kannte er in den ausgehenden Vierzigerjahren des 18. Jahrhunderts noch nicht.

WICHTIGE ZÄSUR IN SEINEM LEBEN

An einem Oktobertag des Jahres 1749 brachte „die Stunde der Erleuchtung" eine entscheidende Wende im Leben Rousseaus. Anlässlich eines Besuches bei seinem Freund Diderot, der wegen seiner atheistischen *Briefe über die Blinden* im Gefängnis des Schlosses Vincennes festgehalten wurde, blätterte er auf der Reise dorthin in einer Ausgabe des *Mercure de France,* worin er auf ein Preisausschreiben der Akademie von Dijon stieß mit der Frage: „Hat der Fortschritt der Wissenschaften und Künste dazu beigetragen, die Sitten zu verderben oder zu reinigen?" Seine Antwort, der *Discours über die Wissenschaften und Künste,* welcher Ende 1750 auch in gedruckter Form veröffentlicht wurde, überraschte die Preisrichter trotz mangelhafter Logik in seinen Ausführungen und sie krönten die Arbeit am 23. August 1750 mit dem ersten Preis, was Rousseau nicht nur eine Goldmedaille, sondern auch dreihundert Francs einbrachte. Der Erfolg dieses kleinen Buches, nach den Worten seines neuesten Biografen Jean Guéhenno vom „ewigen Grundsatz der Revolution inspiriert", war beispiellos. Mit seiner Antwort, dass Gelehrsamkeit ohne Tugend eine Falle sei und der Fortschritt der Wissenschaft die Moral im Volke eher verdorben als gereinigt hätte und schließlich die Kultur den Menschen aus dem Paradies einer ländlichen Einfachheit, der Unschuld und der Glückseligkeit vertrieben habe, ließ viele Pariser zweifeln, ob man diesen *Discours* überhaupt ernst nehmen sollte. Kritische Stimmen wie sein Freund Grimm wehrten sich gegen jede Forderung einer Rückkehr zur Natur, da sie nicht einsehen konnten, dass etwas, weil „es von der Natur kommt, deshalb auch gut und richtig" sein sollte. Doch obwohl er später offen bekannte, dass dieses sein erstes Opus die schwächste seiner Schriften gewesen sei, da es ihr „völlig an Logik und Ordnung mangelte", trotzte er den Vorwürfen seiner Kritiker und verteidigte heftig seine den Zeitgenossen paradox erscheinenden Vorstellungen. Um sein Abwenden von der Pariser Gesellschaft deutlich zu machen, legte er seine aristokratische Kleidung ab und nahm die einfache Tracht des Mittelstandes an. Ob Lob oder Ablehnung – auf jeden Fall war er von nun an bei den Literaten und Akademikern kein Unbekannter mehr.

Mit seinem rasch angewachsenen Bekanntheitsgrad bedrängten ihn zahlreiche neugierige Besucher, was sich belastend auf seinen labilen Gesundheitszustand auswirkte. Er klagte über Schlafstörungen und nervöse depressive Zustände und sein Harnwegsleiden verschlimmerte sich so, dass er im Dezember 1750 mehrere Wochen lang ans Bett gefesselt war. Auch die Ärzte, die ihm von seinen vermögenden Freunden geschickt wurden, vermochten nichts gegen seine Melancholie und seine Beschwerden auszurichten: „Je mehr ich mich ihren Anordnungen unterwarf, desto gelber, magerer, elender wurde ich. Meine Einbildungskraft … zeigte mir vor dem Tod nur eine Reihe von Harnverhaltungen, Nierengrieß, Stein. Alles, was die andern lindert – Tisanen, Bäder, Aderlass – verschlimmerte meine Leiden." So nahm er freudig die Einladung eines Genfer Landsmannes an, bei ihm in Passy nahe der Stadt Paris Quartier zu nehmen und dort eine Kur mit dem bekannten Heilwasser zu versuchen. In der ländlichen Ruhe wurden seine Beschwerden rasch gelindert und die arkadische Landschaft, die ihn umgab, regte ihn dazu an, Text und Musik zu einem Singspiel mit dem Titel *Der Dorfwahrsager* zu schreiben – eine kleine Oper, die sogar heute noch gelegentlich zur Aufführung gebracht wird. Damals wurde sie sogar am königlichen Hof gespielt und Rousseau berichtet, dass er von den damit erzielten finanziellen Erträgen mehrere Jahre leben konnte. Ja, er wurde sogar von König Ludwig XV. zu einer Audienz erwartet, eine Ehre, die er jedoch zur größten Überraschung der Hofbeamten ausschlug, wofür er später mehrere Gründe anführte. Zunächst quälte ihn seine „verfluchte Schüchternheit", doch noch mehr der Gedanke, sein chronisches Leiden, nämlich der schmerzhafte Harndrang, könnte ihm während der Audienz beim König einen schlimmen Streich spielen. Weniger überzeugend klingt das Argument, dass er als freier „Bürger von Genf" die ihm bei einer solchen Gelegenheit wahrscheinlich angebotene Pension nicht annehmen hätte können, ein offensichtlicher Eklat, dem er sich durch sein Fernbleiben unbeschadet entziehen konnte. Dabei hätte ihm eine solche Großzügigkeit des Königs über Schwierigkeiten hinweggeholfen, die durch den krankheitshalber erzwungenen Verzicht auf seine Stellung bei Dupin entstanden waren. So darf man mit ziemlicher Sicherheit annehmen, dass es tatsächlich sein Harnwegsleiden war, das ihn daran hinderte, der Aufforderung des Königs nachzukommen. Hatte er doch bereits früher ähnliche peinliche Situationen erlebt, wo ihn „ein häufiges Bedürfnis, den Raum zu verlassen, im Theater gequält hatte … oder wenn ich in der Galerie oder in den Gemächern des Königs unter all den Großen das Vorüberschreiten Seiner Majestät erwartete. Dies Leiden war der Hauptgrund, der mich von Gesellschaften fernhielt und mich hinderte, länger mit Frauen zusammen zu sein. Nur Leute, die diesen Zustand kennen, können über die Angst urteilen, in ihn versetzt zu werden."

Inzwischen verfertigte Rousseau für die *Enzyklopädie* Abhandlungen über Musik, die er Jahre später zu einem *Dictionnaire de la Musique* erweiterte. Wenn ihn auch Rameau dabei scharf kritisierte, so galt er unter den Zeitgenossen dennoch „als ein Musiker allererster Ordnung" und man kann ihm selbst heute nicht eine gewisse Originalität auf diesem Gebiete abstreiten. Hatte er doch mit seiner Definition der Oper Richard Wagner fast wörtlich vorweggenommen, wenn er sie als ein dramatisches und lyrisches Schauspiel charakterisierte, „das allen Zauber der schönen Künste in der Darstellung einer leidenschaftlichen Handlung zu vereinigen sucht. Die Bestandteile einer Oper sind die Dichtung, die Musik und die Dekoration: die Poesie spricht zu dem Geist, die Musik zum Ohr, die Malerei zum Auge."

Rousseau nahm 1753 neuerlich an einer Ausschreibung der Akademie von Dijon teil, deren Preisfrage den Titel trug: „Welches ist der Ursprung der Ungleichheit unter den Menschen und ist sie durch das Naturgesetz gerechtfertigt?" Hatte er sich knapp zuvor noch als liebenswürdiger Verfasser eines reizenden Singspieles ausgewiesen, überraschte er nun die Juroren als Autor einer scharfen politischen Polemik. Georg Holmsten hat sie zutreffender als „Kampfschrift" bezeichnet, sparte er doch in dieser Schrift nicht mit harten Vorwürfen gegen die Mächtigen jener Zeit, die in dem Satze gipfelten: „Es verstößt gegen das Gesetz der Natur, dass eine Handvoll Menschen im Überfluss erstickt, während es der ausgehungerten Menge am Notwendigsten fehlt." Rousseaus Theorie vom unheilvollen Einfluss des Eigentums auf die Menschen riss manche Gräben „vitaler Klassengegensätze" auf, wenn er die flammenden Worte schrieb: „Der erste, der ein Stück Land mit einem Zaun umgab und auf den Gedanken kam zu sagen ‚Dies gehört mir', und der Leute fand, die einfältig genug waren, ihm zu glauben, war der eigentliche Begründer der bürgerlichen Gesellschaft. Wie viele Verbrechen, Kriege, Morde, wieviel Elend und Schrecken wären dem Menschengeschlecht erspart geblieben, wenn jemand die Pfähle ausgerissen und seinen Mitmenschen zugerufen hätte: Hütet euch, dem Betrüger Glauben zu schenken." Dabei war sich Rousseau völlig klar darüber, dass das Ende von Privateigentum, Regierung und Gesetz die Menschen in ein Chaos stürzen würde, das schlimmer wäre als die Zivilisation, denn „niemals gelangt man wieder zurück in die Zeiten der Unschuld und Gleichheit, wenn man sich einmal von ihnen entfernt hat". All dies und Rousseaus Schwärmerei für die angeblichen Vorzüge eines Lebens im „Zustand der Natur" und für die „vornehmen Wilden" verärgerten viele Leser, allen voran Voltaire, der ausgerechnet in dieser Zeit in Genf zum Grundbesitzer und Hauseigentümer aufstieg. Er bezeichnete diesen *Discours* als ein „Buch gegen das Menschengeschlecht", das den Leser fast dazu verführen würde, „auf allen Vieren zu gehen".

Der französische Denker Voltaire

Nicht ohne Hintergedanken widmete Rousseau den *Discours* den „sehr ehrenwerten und souveränen Herren des Großen Rates" von Genf. Er spielte nämlich schon seit einiger Zeit mit dem Gedanken, der Stadt Paris den Rücken zu kehren und nach Genf zu übersiedeln. Hatte er doch nicht nur als politischer Schriftsteller, sondern auch als Musikliterat immer wieder Schwierigkeiten mit dem Publikum der Metropole Frankreichs. Schon sein Beitrag zur *Enzyklopädie*, dem von seinen Freunden Diderot und d'Alembert herausgegebenen maßgeblichen Lexikon des 18. Jahrhunderts, und noch mehr sein Brief *Über die französische Musik,* hatten eine große Anzahl von Kritikern auf den Plan gerufen, die ihn mehr und mehr an den Rand der Gesellschaft drängten. Dazu kam noch, dass ihm seine Gefährten, nicht zuletzt in der „Synagoge" der Freidenker des Baron von Holbach, seinen Katholizismus weitgehend zerstört hatten. Da er jedoch an den glaubensmäßigen Grundlagen des Christentums weiterhin festhielt, näherte er sich innerlich wieder dem Protestantismus, dem Glauben seiner Knabenzeit. Schließlich verleideten ihm noch seine Harnwegsbeschwerden zunehmend die Stunden, die er in der Pariser Gesellschaft notgedrungen verbringen musste. „Ich strafe weder mich noch sonst jemand, indem ich mich von einer Gesellschaft vieler Menschen fernhalte. Ich befreie die andern von dem traurigen Schauspiel eines leidenden Mannes oder eines unbequemen Beobachters." Der französische Schriftsteller und Mitarbeiter an der *Enzyklopädie* Jean-François Marmontel, der ihn in jenen Tagen anlässlich eines Essens im Hause d'Holbachs sah, beschrieb seine „schüchterne Höflichkeit, manchmal sogar unterwürfig und an der Grenze der Selbsterniedrigung, doch in seiner ängstlichen Zurückhaltung sah man Misstrauen, sein verdeckter Blick beobachtete alles mit argwöhnischer Aufmerksamkeit. Er griff selten in die Unterhaltung ein und öffnete uns gegenüber kaum sein Inneres." Nachdem Rousseau Wissenschaft und Philosophie gerade so vehement angegriffen hatte, fühlte er sich wohl sichtlich unbehaglich unter den maßgebenden Philosophen der Pariser Salons.

So akzeptierte er mit Freuden die Einladung, einen reichen Landsmann nach Genf zu begleiten, wo er als reumütiger verlorener Sohn willkommen geheißen wurde. Die Genfer Geistlichkeit war hocherfreut, einen Enzyklopädisten wieder dem calvinistischen Glauben zugeführt zu haben, und er selbst kommentierte seine Rückkehr zum Calvinismus mit den Worten, dass „die Sittenlehre des Evangeliums für alle Christen dieselbe ist und die Dogmen sich nur insofern unterscheiden, indem sie versuchen, das zu erklären, was ohnehin unverständlich bleiben muss ... Die Philosophie hatte mich auf das Wesentliche in der Religion verwiesen und von dem Formelkram erlöst, womit die Menschen sie verwirrt haben." Am wichtigsten war es aber für Rousseau, dass er nun als Mitglied der calvinistischen Gemeinschaft der Republik seine Bürgerrechte als „Citoyen de Genève" zurückerhielt. Die folgenden vier Monate, die er gemeinsam mit Thérèse in seiner Heimat verbrachte, zählen zu einer der seligsten Perioden seines Lebens und in einem wahren Taumel des Glücks beschloss er in seinem Inneren, seinen Haushalt in Paris aufzulösen und für immer in die kleine Republik seiner Väter zurückzukehren. Mit diesem Vorsatz trat er im Oktober 1754 die Rückreise nach Paris an.

Sein Enthusiasmus kühlte sich in Paris jedoch merklich ab, als er von der überaus reservierten Aufnahme seines *Discours über die Ungleichheit* in seiner Heimatstadt hörte. Dazu kam noch der Umstand, dass sich Voltaire, der Patriarch unter den Literaten, kurz zuvor in Genf niedergelassen hatte, indem er die Villa „Les Délices" als seine zukünftige Bleibe in Besitz nahm. Rousseau sah keine Chance, sich als schlechter Redner „gegen einen anmaßenden, reichen, durch die Anerkennung der Mächtigen emporgetragenen Mann von glänzender Beredsamkeit" behaupten zu können. Da half auch nichts, wenn er sich 1755 durch den in der *Enzyklopädie* erschienenen Artikel *Discours sur l'Economie politique* entgegen seinen früheren Abhandlungen als ein eher Konservativer vorstellte. Er, der noch soeben im Gesetz eine der Sünden der Zivilisation erblickt hatte, das eine widerstandslose Ausbeutung der Massen ermögliche, entdeckte jetzt, dass „es das Gesetz allein ist, dem die Menschen Gerechtigkeit und Freiheit verdanken" und dass die Gemeinschaft ein sozialer Organismus mit eigener Seele sei.

Seine engsten Freunde in Paris waren jetzt Diderot, Grimm und Madame d'Épinay, die Gattin eines reichen Generalpächters, die er bereits 1748 in der Familie Dupin kennen gelernt und die ihn damals nach „La Chevrette" eingeladen hatte. Sie erwies sich nicht nur als seine Mäzenin, sondern wurde ihm auch

Der Philosoph und Enzyklopädist Denis Diderot   *Der Enzyklopädist Melchior Grimm*

eine aufrichtige Freundin. Für ein Liebesverhältnis reichte es indessen aus mehreren Gründen nicht. Dies beweist schon das Bild, das er von ihr entwarf: „Es tat mir wohl, ihr kleine Dienste zu erweisen, ihr kleine, ganz brüderliche Küsse zu geben, die meine Sinnlichkeit ebenso wenig wie die ihrige erregten … Sie war sehr weiß, sehr mager, ihr Busen flach wie meine Hand. Dieser Mangel allein hätte genügt, um mich abzukühlen, nie haben mein Herz oder meine Sinne in einer Person, die keine Brüste hatte, eine Frau zu sehen vermocht." Doch ausschlaggebend dürfte die Syphilis gewesen sein, die ihr Gatte von einem seiner erotischen Abenteuer nach Hause mitgebracht hatte und die ihm stets „in ihrer Nähe ihr Geschlecht vergessen" ließ. Sieben Jahre lang war Rousseau willkommener Gast in ihrem Hause und als sie bemerkte, dass er sich in Paris immer unglücklicher fühlte, ließ sie die kleine „L'Hermitage" genannte Hütte am äußersten Ende ihres Parks hinter dem Anwesen „La Chevrette" restaurieren und stellte diese „Einsiedelei" Rousseau, seiner Thérèse und der überallhin mitziehenden Schwiegermutter als sein Refugium zur Verfügung mit den Worten: „Da sehen Sie Ihr Asyl, mein Bär. Sie selbst haben es ausgesucht, die Freundschaft bietet es Ihnen an … Ich hoffe, dass es Ihnen die grausame Idee nimmt, sich von mir zu entfernen." Seine Freunde scherzten über die verrückte Vorstellung, Rousseau könnte es in dieser Einsamkeit aushalten. Doch Rousseau war glücklicher denn je seit seinem Idyll mit Madame de Warens in „Les Charmettes". Begeistert schrieb er: „Am 9. April 1756 begann ich zu leben." Die täglichen Erlebnisse in dieser unbeschreiblich schönen Natur beflügelten ihn nicht nur zu seinen enthusiastischen, überschwänglichen dichterischen Beschreibungen eines echten Romantikers, sondern er gelangte gleichzeitig zu einer Art pantheistischer Naturreligion, die er in all den belebten und unbelebten Schöpfungen dieser Erde erfühlte und bestätigt fand.

Einen einzigen Wermutstropfen warf das Zusammenleben mit seiner Lebensgefährtin und mit der Schwiegermutter auf engstem Raum in das neugeschaffene Idyll. Thérèse war eine hingebungsvolle, treu ergebene Hausfrau, die all seine Launen geduldig ertrug, doch diese einfache Frau konnte natürlich den ungestümen Flügen seines Geistes nicht im geringsten folgen. Sie schenkte ihm, wie Durant schrieb, ihren Körper und ihre Seele und in dieser Rolle schien sie Rousseau von Beginn ihrer gemeinsamen Beziehung an gesehen zu haben, wenn er später gestand: „Ich habe vom ersten Augenblick an, wo ich sie sah, bis zu diesem Tag nie den geringsten Funken von Liebe für sie gefühlt … und die sinnlichen Bedürfnisse, die ich bei ihr gestillt habe, waren für mich einzig die des Geschlechtstriebes, ohne mit der Person etwas zu tun zu haben … Das erste, größte, stärkste, unauslöschlichste Bedürfnis erfüllte mein ganzes Herz. Es war das Bedürfnis eines vertrauten Anschlusses, so vertraut, wie er nur sein konnte." Einem Genfer

Arzt gestand er schon 1754, dass er um diese Zeit seinen ehelichen Verpflichtungen nicht mehr nachgekommen sei: „Ich war lange Zeit Opfer grausamster Leiden wegen einer unheilbaren Störung der Zurückhaltung des Urins, verursacht durch eine Blutstauung in der Harnröhre, die den Kanal so sehr blockierte, dass in ihn nicht einmal die Katheter des berühmten Dr. Daran eingeführt werden können. Bis damals (also bis 1755; Anm. d. Verf.) war ich gut gewesen; von diesem Augenblick an wurde ich tugendhaft oder zumindest in die Tugend vernarrt."

Leider hinderte es seine Freunde aus Paris nicht, ihn in seiner Einsiedelei zu besuchen, was ihn bei seiner Arbeit am *Dictionnaire de le musique* immer wieder störte. Dazu kam noch ein Gedicht Voltaires, das dieser ihm im Sommer 1756 zusandte und das den Titel trug *Poem über die Zerstörung Lissabons*. In diesem Gedicht stellte er die angeblich so wohlwollende Vorsehung Gottes ernsthaft zur Diskussion angesichts des schrecklichen Blutbades vom Allerheiligentag des Jahres 1755, an dem durch ein Erdbeben ausgerechnet zu jener Stunde, in der alle frommen Katholiken des Landes in den Kirchen beteten, rund dreißigtausend Menschen getötet wurden. Diese machtvolle Abhandlung Voltaires erregte in Rousseau heftigsten Widerstand, da er als Verfechter der Theorie von der ursprünglichen Güte des Menschen für dieses Unglück wieder einmal die Übel des zivilisatorischen Fortschritts, etwa durch die Errichtung vieler „sechs bis sieben Stock hoher Häuser", verantwortlich machte. Ohne darauf einzugehen, dass die meisten Menschen Opfer von herabfallenden Trümmern und eingestürzten Mauern der schwerst beschädigten Kirchen waren, forderte er Voltaire auf, „für die Missgeschicke der Menschheit nicht die Vorsehung zu tadeln". Fast wie ein salbungsvoll liturgische Formeln murmelnder Priester vor dem Grabe eines unschuldigen Kindes verstieg er sich zu dem Satz: „Früher Tod, wie er zu den Kindern Lissabons kam, war vielleicht ein Segen", jedenfalls sei dies alles unwichtig, „wenn es einen Gott gibt, denn er wird alle für ihr unverdientes Leiden entschädigen". Rousseau beendete diesen berühmten *Brief über die Vorsehung* mit einer versöhnlichen Übereinstimmung mit der religiösen Toleranz Voltaires. Dessen Wohlwollen hatte er sich jedoch durch seine rein gefühlsmäßige Polemik bar jeder Vernunft für immer verscherzt.

Sieht man von diesem fünfundzwanzig Seiten langen Brief an Voltaire ab, dann machte Rousseau während des ersten Sommers in der Eremitage nur einige politische Entwürfe oder er meditierte über Fragen einer modernen Erziehung – Probleme, die er in seinen bevorstehenden Hauptwerken bahnbrechend zu lösen versuchen wird. Vorerst aber beschränkte er sich darauf, die berauschenden Eindrücke der ihn umgebenden Natur aufzunehmen, „um mich in jene verführerische Schlaffheit zu versenken, für die ich geboren war". Obwohl er auf sexuellen

Verkehr wegen der ungünstigen Wirkung auf sein chronisches Harnwegsleiden scheinbar endgültig verzichtet hatte und immer mehr der Selbstbefriedigung als der Methode, die seiner Gesundheit – wie er meinte – am zuträglichsten war, den Vorzug gab, ließ seine von sinnlichen Regungen beflügelte Fantasie seine unterdrückten Sehnsüchte nicht ruhen. „Vom Bedürfnis zu lieben verzehrt, ohne es je ganz befriedigt zu haben, sah ich mich vor den Toren des Alters stehen und sterben, ohne gelebt zu haben."

Sein leidenschaftlich erhitztes Blut und seine Rückbesinnung auf erotische Jugenderlebnisse drängten ihn dazu, seine lebhaften Phantasien in der damals so beliebten Briefform zu Papier zu bringen. Und ausgerechnet zu diesem Zeitpunkt sollte sich auf der Bühne seines Lebens eine wirkliche Liebesgeschichte abspielen, nämlich die Liebe zur Comtesse d'Houdetot. Sie war die Schwägerin der Madame d'Épinay, hatte sich von ihrem Gatten, dem Grafen d'Houdetot, getrennt und war bereits seit mehreren Jahren die Maitresse des Marquis de Saint-Lambert. Ende Jänner 1757 stattete ihm diese um achtzehn Jahre jüngere, sehr geistreiche Dame einen überraschenden Besuch in seiner Eremitage ab und schon bald sollte sie ihn zu der Hauptperson des berühmtesten Romans des gesamten 18. Jahrhunderts inspirieren, der den Titel trug *Julie oder Die Neue Heloise.* Dabei fand er ihr Äußeres alles andere als schön: „Ihr Gesicht trug Spuren von Blattern und sie war nicht schön. Sie hatte etwas zu runde Augen, war kurzsichtig, aber trotzdem war ihre zugleich lebhafte und sanfte Physiognomie bestrickend. Sie hatte einen Wald von natürlich gekräuseltem, starkem schwarzen Haar, das ihr bis zu den Kniekehlen ging." Doch störte ihn das alles nicht, da er nie für ausdruckslose, leere puppenhafte Gesichter so genannter Schönheiten schwärmte. Eher überraschte ihn die Gräfin, als sie bei einem ihrer nächsten Besuche in Männerkleidung angeritten kam und ihm während eines langen Spazierganges von ihrer leidenschaftlichen Liebe zum Marquis de Saint-Lambert erzählte. Dieser attraktive Gardeoberst, der einstmals der Rivale Voltaires bei dessen berühmter Freundin Madame du Châtelet gewesen war, kam zu jener Zeit immer nur sporadisch von der Front (des Siebenjährigen Krieges) zurück. So kam es, dass Rousseau bei seinen häufigen Gegenbesuchen bei der Comtesse, die nach ihren Angaben in Eaubonne „ganz alleine" war, gelegentlich auch dort übernachtete. „Ich sah sie fast jeden Tag während drei Monaten … Ich sah meine ‚Julie' in Madame d'Houdetot, und bald sah ich nur noch Madame d'Houdetot, doch mit all den Vollkommenheiten, mit denen ich das Idol meines Herzens geschmückt hatte." Rousseau erkannte natürlich bald, dass seine Werbungen keine Chancen haben konnten, da sie ihm beteuerte, dass sie mit Leib und Seele nur Saint-Lambert angehöre. „Sie verweigerte mir nichts, was die zärtlichste Freundschaft bewilligen konnte. Doch sie gewährte mir nichts, was sie untreu machen konnte … Ich hatte die Demütigung, zu sehen, dass die Umarmungen, womit ihre leichten Gunstbezeigungen mein Blut entflammten, in das ihre nicht den geringsten Funken warfen. Wir waren beide trunken vor Liebe, sie für ihren Geliebten, ich für sie."

Als Madame d'Épinay von dem Flirt der beiden erfuhr, war sie als seine Gönnerin und Gastgeberin begreiflicherweise verletzt und sie dürfte es auch gewesen sein, die den Marquis über das Verhalten der Comtesse unterrichtet hatte. Es folgten stark emotional gefärbte briefliche Auseinandersetzungen, in die sich auch Melchior Grimm und Diderot einmengten und die zu einer

Sophie d'Houdetot in Männerkleidung bei Rousseau

merklichen Abkühlung des freundschaftlichen Verhältnisses mit ihm führten. Als Rousseau im Spätherbst auch noch die Bitte der Madame d'Épinay ablehnte, sie auf ihrem Weg nach Genf zu begleiten, wo sie sich bei Dr. Tronchin einer längeren medizinischen Behandlung unterziehen musste, kam es zum endgültigen Bruch zwischen den beiden und damit gleichzeitig auch mit Grimm, der mit Madame d'Épinay liiert war. Zur Rehabilitation Rousseaus sei erwähnt, dass er die Reisebegleitung in der Postkutsche nicht nur wegen seines Harnwegsleidens ablehnte, sondern auch im Glauben, dass seine Mäzenin eine Krankheit als Grund für ihre Reise nur vortäuschte. Er konnte nicht wissen, dass sie die Wahrheit sagte: Sie litt an Tuberkulose.

Trotz des bevorstehenden Wintereinbruches verließ Rousseau am 15. Dezember 1757 die Eremitage und übersiedelte in ein Häuschen in Montmorency, das ihm Prinz von Conti vermietete. Diese überstürzte Flucht hing sicher auch mit seinem psychischen Zustand zusammen, der nach den unliebsamen Ereignissen rund um Madame d'Houdetot durch eine depressive Komponente geprägt war, die sogar suizidale Gedanken wachrief. Schon seit Monaten hatte er den dringenden Verdacht, von „geheimen Verschwörungen, Spielen der Intrige und Bos-

Eremitage von Montmorency

heit" umgeben zu sein. Nicht nur Madame d'Épinay, sondern auch Voltaire und die Enzyklopädisten wie Grimm und Diderot, ja selbst Dr. Tronchin, der prominente Arzt in Genf, waren in seiner Einbildung seine „Feinde, betrachteten ihn als einen unrettbar verlorenen Menschen und machten sich ein Vergnügen daraus, ihn völlig zu vernichten", wie aus einem seiner Briefe hervorgeht. Dass sein depressiver Zustand mit beginnendem Winter ein besonderes Tief aufwies, hatte wahrscheinlich auch in seinen Harnwegsbeschwerden seinen Grund, die erfahrungsgemäß in den Wintermonaten häufig so arg wurden, dass er zur Einführung von Sonden gezwungen war.

In seiner bescheidenen neuen Behausung war er zunächst froh darüber, nicht länger „der Lehnsmann einer reichen Frau" zu sein und sich mit Notenkopieren seinen Lebensunterhalt selbst verdienen zu können. Nicht weit von dieser neuen Wohnstätte Rousseaus befand sich das Schloss des Herzogs von Luxemburg, der ihm ebenso wie dessen Gattin in all den Wirren seiner Launen treu geblieben war und der ihm nun für die Zeit der Instandsetzungsarbeiten seines Gartenhauses von Mont-Louis das „Kleine Schloss" als Ausweichlogis zur Verfügung stellte. In diesen beiden Gebäuden verbrachte Rousseau die nächsten fünf Jahre, in denen die Mehrzahl seiner Hauptwerke das Licht der Welt erblickte. Noch während des Jahres 1758 vollendete er seinen Roman *Julie oder Die Neue Heloise* und seinen heftig diskutierten *Brief an d'Alembert über die Schauspiele,* in welchem er auf hundertfünfzig Seiten im Wesentlichen die calvinistische Glaubenslehre seiner Heimatstadt Genf verteidigte. Es war unvermeidlich, dass in diesem Brief auch die calvinistische Auffassung vom Theaterwesen zur Sprache kommen muss- te und die Forderung d'Alemberts nach Zulassung eines Theaters in Genf aus moralischen Gründen abgelehnt wurde. Mit diesem Angriff traf Rousseau natür- lich mehr noch als d'Alembert den ihm nun feindlich gesinnten Voltaire, der in dieser provozierenden Proklamation einen gezielten Verrat erblickte, „eine Kriegserklärung an das Zeitalter der Vernunft, an die Gottlosigkeit und an die Unmoral des Frankreich der Mitte des achtzehnten Jahrhunderts", und das aus- gerechnet zu dem Zeitpunkt, in welchem die Forderung nach Unterdrückung der *Enzyklopädie* laut wurde, in der soeben Helvétius einen heftigen Angriff ge- gen den katholischen Klerus publiziert hatte. Welche Wirkung Rousseaus Brief ausübte und gemeinsam mit anderen Abhandlungen aus seiner Feder eine „fast revolutionäre Rückkehr zur Sittsamkeit unter Ludwig XVI." einleitete, beweist das endgültige Verbot einer Veröffentlichung und Verbreitung der *Enzyklopädie* durch die Regierung im Jahre 1759. Kein Wunder, dass Voltaire, der soeben in Tournay ein eigenes Theater errichten wollte, Rousseau als „vollkommen verrückt, Scharlatan, kleinen Affen, armen Pygmäen eines Menschen" und als „Lakaien des Diogenes" betitelte.

Wenn auch Voltaire den Autor des Romans *Die Neue Heloise* einen „laster- hafter Buben" nannte, so konnte er dennoch nicht verhindern, dass dieser nach dem berühmten Vorbild *Clarissa* von Richardson gestaltete Briefroman, der im Februar 1761 in Holland erschien, einen beispiellosen Erfolg brachte. Sind doch bis 1800 bereits mehr als hundert legale Auflagen gedruckt worden! Die neben den Vorlagen Richardsons und Abälards – des berühmten Scholastikers, der in seinem Werk im Stile eines fiktiven Briefwechsels sein tragisches Schicksal mit seiner geliebten Heloise schilderte – in Rousseaus Roman eingeflossenen eige- nen Erinnerungen inspirierten ihn zu einer so glaubhaften Darstellung von Ge- fühl, Leidenschaft und romantischer Liebe, dass es von nun an nicht nur in Frank- reich, sondern auch in Deutschland geradezu Mode wurde, Empfindsamkeit und Gefühl ohne Zurückhaltung und frei auszudrücken. Das betraf auch das Gefühl für die Schönheit und Erhabenheit der Natur, das Rousseau in das Liebesge- schehen mit einbezog, weshalb man ihn gerne auch als den „Pionier des Alpi- nismus und der Reiselust" bezeichnet. Für den heutigen Leser wirkt allerdings das ekstatische Schwelgen im Rausche der Gefühle übertrieben, doch beim da- maligen Publikum, insbesondere bei den Frauen, löste es Tränen der Rührung oder der Verzweiflung aus, wenngleich nicht jede Dame von dem Pathos und der Rührseligkeit des Stils hingerissen war. So schrieb die Marquise du Deffand, in deren literarischem Salon sich die Künstler von Paris ein Stelldichein gaben, über dieses aufregende Werk: „Es gibt vorzügliche Stellen in dem Buch, aber sie gehen in einem Ozean von Geschwätzigkeit unter." Am wenigsten Erfolg erzielte Rousseau bei den „Philosophen", die das nahe Ende der klassischen „Mode der Zurückhaltung, der Ordnung und der Vernunft" ahnten. Außerdem hatte bereits sein Brief an d'Alembert betreffend das Theaterwesen dazu geführt, dass sich die Enzyklopädisten von diesem krankhaft reizbaren und schwierigen Mann zurückzuziehen begannen.

Wenn man von seinem Verleger im Amsterdam, seinem Landsmann Rey, hört, dass dieser allein im Jahr 1761 an Rousseaus Roman den exorbitanten Betrag von zehntausend Livres verdient hat, dann kann man die triste Situation, in der sich der Autor angeblich damals befand, nicht recht glauben: „Drei Viertel des Jahres schwach und krank, muss ich durch die Arbeit eines Viertels die Mittel heranschaffen, um das ganze Jahr durchzukommen." Wie man den minutiösen Angaben von Louis Courtois in der *Kritischen Chronologie des Lebens und der Werke Rousseaus* entnehmen kann, dürfte er kaum mehr auf die spärlichen Einkünfte aus seiner Tätigkeit als Notenkopist angewiesen gewesen sein. Erfuhr er doch großzügige Unterstützung nicht nur durch Rey, sondern auch von dem überaus toleranten und hilfsbereiten Kammerpräsidenten de Malesherbes, der als Vorstand der königlichen Zensurstelle bemerkenswerter Weise der Verbreitung der im Ausland gedruckten, zum Teil provokanten Werke Rousseaus keine Schwierigkeiten in den Weg legte. Schließlich standen ihm noch der Herzog von Luxemburg und dessen Frau, die ihm immer wieder ihr „Kleines Schloss" uneigennützig zur Verfügung stellten, stets hilfreich zur Seite. Geduldig ertrugen sie seine Schrullen und seine krankhafte Verletzlichkeit, wenn er sich etwa über gesellschaftliche Ereignisse im Schloss seiner Gastgeber beschwerte: „Mein Herr! Ihr Haus ist reizend, der Aufenthalt dort ist köstlich. Er würde es noch mehr sein, wenn die Aufmerksamkeiten, die mir gespendet werden, mich etwas weniger merken ließen, dass ich nicht in meinem eigenen Haus bin … Herr Marschall, ich wünsche, Sie zu sehen; aber ich kann Ihnen nicht meine Zurückgezogenheit opfern." Aber auch de Malesherbes musste sich manches sagen lassen: „Ich sage es Ihnen frei heraus, der Sie aus edlem Geschlecht, Sohn eines Kanzlers von Frankreich und Präsident eines souveränen Gerichtshofes sind: Ich hasse die Großen, ich hasse ihren Stand, ihre Härte, ihre Vorurteile, alle ihre Laster; ich würde sie noch mehr hassen, wenn ich sie weniger verachtete." Solche Worte gelassen hinzunehmen, zeugt für eine wahrhaft edle Großmut und für ein erstaunliches Einfühlungsvermögen de Malesherbes' in die Welt eines genialen Außenseiters.

Wenn man die unhöflichen Worte an die herzogliche Familie liest, muss man – um einiges Verständnis dafür aufkommen zu lassen – wissen, dass Rousseau zu jener Zeit gleichzeitig an seinen zwei bedeutsamsten Werken arbeitete: am *Contrat social* und am Erziehungsroman *Émile.*

Das erste Werk, der *Gesellschaftsvertrag,* der im April 1762 in Amsterdam veröffentlicht wurde, beginnt mit einem Satz, der zur Losung eines Jahrhunderts werden sollte: „Der Mensch wird frei geboren und überall liegt er in Ketten." Mit diesem bewusst überzeichneten Aufschrei wollte Rousseau auf den Verlust der Freiheit der Menschen hinweisen, wie sie seiner Meinung nach im „primitiven Naturzustand" bestanden hätte, in welchem es keine Gesetze gab. Um diese verloren gegangene Freiheit wiederzugewinnen und zu erhalten, sei ein Gesellschaftsvertrag Voraussetzung, doch nicht von der Art, wie Thomas Hobbes sich ihn vorstellte, indem der Untertan verpflichtet sei dem Regierenden zu gehorchen. Seiner Auffassung nach sollte die oberste Macht in jedem Staat nicht bei einem einzelnen Souverän, sondern im „Gemeinwillen" der Gemeinschaft liegen, also in der Souveränität des Volkes, die zwar delegiert, jedoch niemals aufgegeben werden dürfe. Stellt das Gesetz Ausdruck des Allgemeinwillens dar, dann ist die Unterwerfung unter dieses Gesetz keine Verletzung der Freiheit, denn „Gehorsam gegen das Gesetz, das man sich selber gegeben hat, ist Freiheit". Jeder Staat ist eine Republik, wenn er durch Gesetze und nicht durch autokratische Verordnungen regiert werde und die Regierung ein exekutives Organ sei, an welches der Gemeinwille provisorisch Teile seiner Macht delegiere. Deshalb sieht Rousseau in der Erbaristokratie „die schlechteste und in der Wahlaristokratie die beste aller Regierungen", weil sie diejenige ist, bei der Gesetze von einer Minderheit periodisch gewählter Männer, die der Allgemeinheit geistig und moralisch überlegen sein sollten, erarbeitet und durchgeführt würden. Demokratie, also direkte Herrschaft des gesamten Volkes, schien ihm ein Ding der Unmöglichkeit.

Rousseaus *Gesellschaftsvertrag* ließ Privateigentum gelten, wenn dieses der allgemeinen Kontrolle unterworfen und in einem für jede Familie festzusetzenden Maximum an Reichtum zulässig war. Denn „den Menschen ist der gesellschaftliche Zustand nur solange vorteilhaft, als jeder etwas und keiner zuviel hat". Nie hingegen dachte Rousseau an einen Kollektivismus und an eine „Diktatur des Proletariats", welches er in Paris als Pöbel und Abschaum kennengelernt hatte. Religion erachtete er als unerlässlich für die Aufrechterhaltung der Moral, lehnte jedoch vehement den römisch-katholischen Klerus als Glaubensvermittler ab, da diese Kirche den Anspruch erhebe, über dem Staat zu stehen und deshalb stets nur eine „zersetzende Kraft war, welche die Loyalität des Bürgers spaltete". In Übereinstimmung mit Diderot und unter Vorwegnahme Nietzsches hielt er das Christentum, das willige Knechtschaft und gehorsames Vertrauen predigt, als wichtiges Instrument für die Tyrannei, weshalb Diktatoren seine Kooperation zu allen Zeiten willkommen hießen, denn „die aufrichtigen Christen sind dazu geschaffen, Sklaven zu sein".

Mit diesem Schrei des Protestes gegen die bestehende politische, soziale und wirtschaftliche Ordnung, die zu verändern unausweichlich radikale Konsequenzen am düsteren Horizont der europäischen Geschichte heraufbeschwören musste, wurde Rousseau zum prophetischen Verkünder einer bevorstehenden drohenden Revolution. Wörtlich schrieb er: „Ich halte es für unmöglich, dass die großen europäischen Monarchien noch eine lange Lebensdauer haben: Sie alle hatten ihre Zeit des Glanzes, danach muss es unvermeidbar bergab gehen … die Krise naht, wir stehen am Rande einer Revolution." Rousseau meinte damit nicht nur Frankreich, sondern auch weit darüber hinausreichende Veränderungen: „Das russische Zarenreich wird versuchen, Europa zu erobern, und wird selbst erobert werden. Die Tataren – ihre Untertanen oder Nachbarn – werden ihre Herren und die unsern werden, durch eine Revolution, die ich für unvermeidlich halte." Auch hier erkennt man Ähnlichkeiten mit den apokalyptischen Visionen von Nietzsche.

Es gibt wenige Werke, die so viel Kritik auslösten, wie der *Gesellschaftsvertrag* Rousseaus. Will Durant fasste zusammen: „Der Gesellschaftsvertrag ist, fast wie die ganze politische und moralische Philosophie Rousseaus, ein Echo und Reflex von Genf, formuliert von einem Bürger, der weit genug entfernt war, seine Vaterstadt zu idealisieren, ohne ihre Krallen zu spüren. Das Buch war eine Mischung von Genf und Sparta, von Calvins ,Institutio' und Platons ,Gesetzen'. „Auf

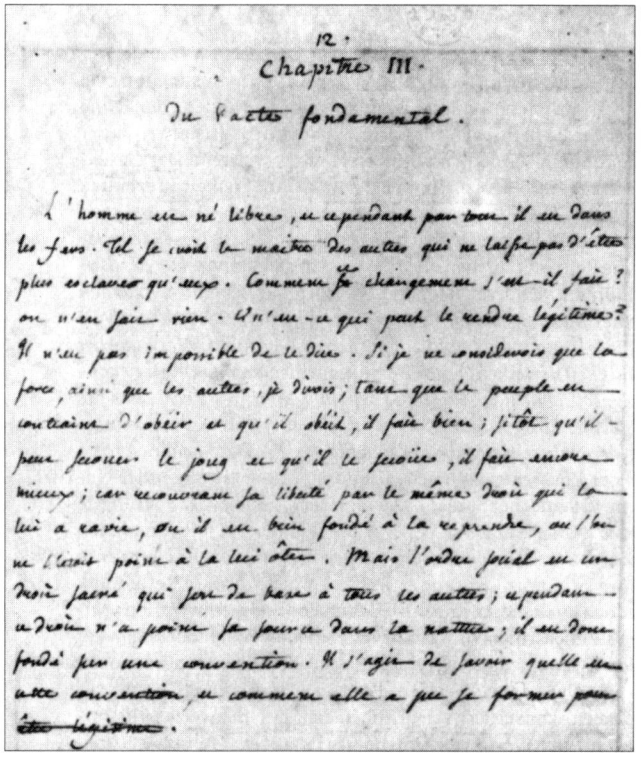

Manuskriptseite aus dem „Contrat social"

jeden Fall wurde, wie Georg Holmsten mit Recht betont, der *Contrat social* die Bibel der Jakobiner und das Buch auf dem Tische des Wohlfahrtsausschusses, dessen Seele Robespierre war. Und Robert Ingrim meinte pointiert: „Nicht umsonst nannten die Pariser Schreckensmänner Rousseau den Vater ihrer Revolution, und so können wir ihn mit gutem Recht auch als den Großvater des Bolschewismus und des Nationalsozialismus bezeichnen."

Als sein wichtigstes Werk hielt Rousseau jedoch den Erziehungsroman *Emil oder Über die Erziehung,* der im Mai 1762 nicht nur in Amsterdam, sondern durch die Intervention de Malesherbes' auch in Paris veröffentlicht wurde. Angeblich hatte dieses Werk Rousseau „zwanzig Jahre Nachdenken und drei Jahre Arbeit" gekostet. Auf jeden Fall ist es ihm gelungen, es zum interessantesten je über Erziehung verfassten Buch zu gestalten. Wird doch von Immanuel Kant berichtet, dass er von der Lektüre des *Émile* so fasziniert war, dass er sogar völlig vergaß seinen täglichen Spaziergang zu machen. Rousseau lehnte in diesem pädagogischen Roman die bisherigen Methoden der Erziehung mit der Begründung ab, dass die Kinder dabei nur zu einem gehorsamen Automaten gemacht und gehindert würden, selbstständig zu denken und zu urteilen. In seinen Augen sollte Erziehung „ein glücklicher Prozess natürlicher Entfaltung, des Lernens aus der Natur und aus der Erfahrung, der freien Entwicklung eigener Fähigkeiten zu vollem und von Freude erfülltem Leben sein". Unter dem Motto: „Lasst ihre Seele solange wie möglich in Ruhe", dürfte die intellektuelle Erziehung stets erst nach der Ausbildung des moralischen Charakters erfolgen, was etwa im zwölften Lebensjahr erwartet werden könnte. Über Religion zu sprechen, hat nach Ansicht Rousseaus überhaupt erst nach Erreichen des achtzehnten Lebensjahres Sinn und man kann sich leicht vorstellen, in welche Wut der Erzbischof von Paris versetzt wurde, wenn er lesen muss-

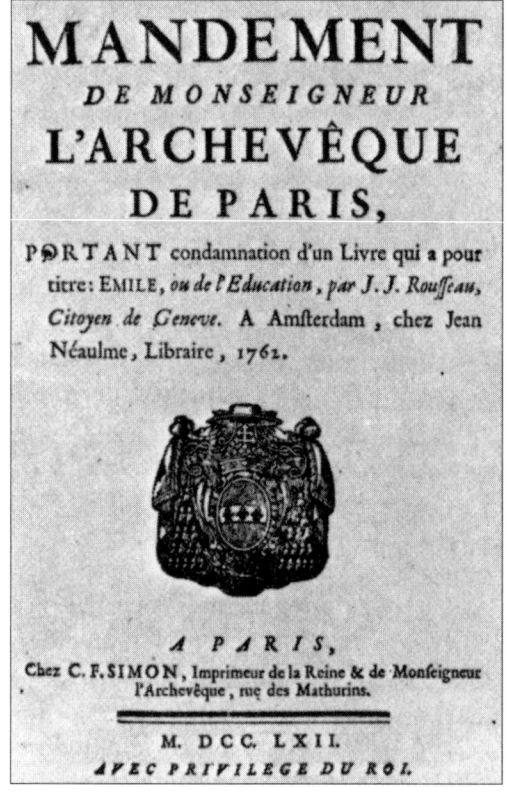

Hirtenbrief des Bischofs von Paris gegen Rousseaus „Émile"

JEAN-JACQUES ROUSSEAU

te: „Wenn ich aus einem Kind einen Idioten machen wollte, so würde ich es verpflichten, zu erklären, was es beim Aufsagen seines Katechismus sagt." Dabei verurteilte er schärfstens einen Atheismus, wie ihn die Philosophen Diderot, Helvétius und vor allem d'Holbach vertraten, und bot als Pädagoge ein alternatives „Glaubensbekenntnis" an, das ohne Aberglauben und Mythologie versprechen sollte, den freien Willen und die Unsterblichkeit zu erreichen. Alle Argumente, die auf diese Weise eine Rückkehr zur Religion ermöglichten, legte er in seinem *Émile* einem imaginären Dorfpfarrer aus Savoyen in den Mund, der mit einer gewissen Skepsis der göttlichen Inspiration der Propheten, den Wundern der Apostel und den vielen Heiligen sowie der absoluten Echtheit des Evangeliums entgegentritt. Rousseau riet zwar mit zunehmendem Alter anderen immer eindringlicher zur Religion, obwohl es bei ihm selbst kaum Anzeichen dafür gibt, dass er einem religiösen Glauben anhing oder gar denselben praktiziert hätte. Doch obwohl er sich bis zuletzt weigerte, das *Alte Testament* als Wort Gottes anzuerkennen und das *Neue Testament* „voll von unglaubwürdigen Dingen, die der Vernunft Hohn sprechen" hielt, galt ihm das Evangelium als das am meisten berührende aller Bücher.

Alles in allem stellen die pädagogischen, philosophischen und politischen Ideen, die er in die Beschreibung des Entwicklungsganges seines imaginären Zöglings Emil bis hin zum ausgereiften Mann einfließen ließ, im Grunde eine erzieherische Utopie dar. Wenn Rousseau auch, wie Hermann Weimer schreibt, „die erste Pädagogik vom Kinde aus entworfen und gezeigt habe, dass alle Erziehungsmöglichkeit im Entfaltungsdrang des werdenden Menschen wurzelt", so erwies er sich nach den Worten des Pädagogen Martin Rang letzten Endes doch nur „als der radikale Theoretiker". Dies war auch der Hauptangriffspunkt der Kritik gegen *Émile,* die ja im Wesentlichen immer wieder auf dem offensichtlichen Kontrast zwischen Leben und Werk des Autors hinwies. Hatte sich Rousseau doch nur ein knappes Jahr als Erzieher in Lyon selbst pädagogisch beschäftigt, während er später kaum mehr mit Kindern in engere Berührung kam. Vor allem aber wurde immer wieder auf seine verabscheuungswürdige Rolle als Vater seiner eigenen fünf Kinder hingewiesen, die er bemerkenswert unbekümmert und unter fast zynischen Rechtfertigungsversuchen gegen den Willen der Mutter ins Findelhaus abgeschoben hatte. Sartre stellte deshalb sarkastisch die berechtigte Frage, „wer wohl den Humanismus eines Rousseau ernst nehmen werde, da Jean-Jacques seine Kinder ins Asyl gebracht hatte … Der Leser wird sein Buch wieder weglegen und seelenruhig sagen können: Das ist ja alles bloß Literatur." Und in der Tat mussten den Leser, der den Lebensgang des Verfassers kannte, Worte wie die folgenden in höchste Verwunderung versetzen, mit denen er an die Eltern und Erzieher appellierte: „Menschen, seid menschlich! Dies ist eure erste Verpflichtung. Seid es in jeder Lage, für jedes Alter. Liebt die Kindheit; begünstigt ihre Spiele, ihre Vergnügen … Warum sollt ihr diesen unschuldigen Kleinen die Freuden rauben, die so schnell vergehen? … Sorgt dafür, dass – zu welcher Stunde Gott sie auch rufen möge – sie nicht sterben, ohne das Leben genossen zu haben." Weiß man, dass Findelhauskinder damals nur fünf Prozent Chance besaßen, das Erwachsenenalter zu erreichen, dann klingt ein so rührseliger Appell wie blanker Hohn.

Aller Kritik zum Trotz ist es eine unbestreitbare Tatsache, dass all die modernen Versuche einer antiautoritären Erziehung unserer Gegenwart auf der Rousseau'schen Forderung basieren, dass sich das Kind frei von Zwängen und Befehlen seinen Anlagen entsprechend bewegen sollte. Hermann Weimer resümiert deshalb aus pädagogischer Sicht das Wirken Rousseaus in positivem Sinne mit den Worten: „Als unverlierbare Schätze neuzeitlicher Erziehungslehre gelten seine Vorschläge und Anregungen auf dem Gebiete der Leibespflege, der Sinnesbildung (Anschauung), der Erziehung zur Selbsttätigkeit (Selbstfindenlassen, praktisches Selbstschaffen), der Sexualerziehung, ganz besonders aber seine Betonung des Entwicklungsgedankens sowie der Eigenart und des Eigenwertes der Kindesnatur."

AUSGRENZUNG UND VERFOLGUNG

Auffallenderweise konnte sein Buch *Émile* trotz des darin enthaltenen unverblümten Angriffes auf die Grundwahrheiten des Christentums die Zensur in Frankreich passieren, ohne dass Rousseau – wie andere „Ketzer" – seine Urheberschaft hinter einem Pseudonym verbergen musste. Während sein *Gesellschaftsvertrag,* also ein hochpolitisches Werk, in Frankreich erst in den Zeiten der Revolution weithin bekannt wurde, wurde sein pädagogisches Werk *Émile* unmittelbar nach dessen Erscheinen am Buchmarkt Zielscheibe heftiger Angriffe sowohl von politischer wie vor allem von klerikaler Seite. Noch im Sommer des Jahres 1762 wurde das Buch konfisziert und vom Pariser Parlament dazu verurteilt, „im Hof des Justizpalastes zerrissen und verbrannt" zu werden. Der Autor dieses Machwerkes sollte „gefasst und in das Gefängnis der Conciergerie des Palastes gebracht werden". Gleichzeitig verfasste der antijansenitische Erzbischof von Paris, Christophe de Beaumont, einen Hirtenbrief, in welchem er gegen die gotteslästerlichen Äußerungen Rousseaus wetterte, welche die „Grundlagen der christlichen Religion zu zerstören" drohten.

Seine Freunde, allen voran die herzogliche Familie von Luxemburg, drängten ihn dazu, sich der drohenden Einkerkerung durch Flucht zu entziehen, und stellten ihm dafür Geld sowie eine Kutsche zur Verfügung, die ihn auf raschestem

Wege in die Schweiz bringen sollte. Thérèse zunächst in der Obhut der Marschallin zurücklassend, verließ er noch am 9. Juni, dem Tag, an dem seine Verhaftung ausgesprochen wurde, Paris, um schon zwei Tage später Schweizer Boden zu erreichen, wo er sich für die ersten Wochen bei seinem alten Freund Roguin am Neuenburgersee einquartierte. Doch seine Freude, „ein Land der Freiheit berührt" zu haben, wurde jäh vergällt durch die Nachricht, dass sowohl sein *Émile* wie auch sein *Contrat social* vom Hohen Rat in seiner Heimatrepublik Genf wegen ihres „gottlosen, skandalösen, frechen Inhaltes, voll von Lästerungen und Beleidigungen gegen die Religon" verurteilt worden waren. Beide Bücher sollten verbrannt werden und dem Autor wurde die sofortige Verhaftung angedroht, sobald er das Territorium der Republik betreten würde. Schon kurze Zeit später erhielt Rousseau ein Schreiben aus Bern, in welchem ihm der Senat mitteilte, dass auch auf Berner Boden seine Anwesenheit nicht länger geduldet würde und er dieses Gebiet innerhalb von vierzehn Tagen zu verlassen habe, andernfalls er mit Einkerkerung zu rechnen hätte. In dieser verzweifelten Lage wollte ihm sogar Voltaire Asyl gewähren, doch lehnte dies Rousseau ab, da er ihn im Verdacht hatte, mit dem Genfer Rat gemeinsame Sache gemacht zu haben. Hingegen nahm er dankbar die Empfehlung d'Alemberts an den königlichen Lordmarschall George Keith zur Kenntnis, unter dessen Schutz er seinen Wohnsitz im Fürstentum von Neuenburg, das der Gerichtshoheit des Preussenkönigs Friedrich des Großen unterstellt war, errichten sollte. Rousseau hatte anfänglich allerdings auch in diesem Falle Bedenken, da er in seinen Schriften Friedrich als „einen Tyrannen in philosophischer Verkleidung" bezeichnet hatte. Doch der großzügige „philosophische Monarch" ging über diese Lappalie hinweg und schrieb an seinen Verwalter Keith aus dem Feldlager – er befand sich ja im Siebenjährigen Krieg – die knappen Worte: „Wir müssen diesem armen Unglücklichen helfen. Sein einziges Vergehen ist es, wunderliche Meinungen zu haben, von denen er glaubt, dass sie richtig seien. Ich werde Ihnen hundert Taler senden mit der Bitte, ihm davon soviel zu geben, wie er braucht … Wenn wir nicht im Kriege und bankrott wären, würde ich ihm eine Einsiedelei mit einem Garten einrichten, wo er so leben könnte, wie nach seiner Meinung unsere Vorfahren gelebt haben." Glücklich über diese großmütige Behandlung durch den König bezog Rousseau ein Haus in Môtiers nahe der Stadt Neuenburg und hoffte nach einer rührseligen Wiedervereinigung mit Thérèse auf eine friedliche gemeinsame Zukunft in der Zurückgezogenheit dieser neu gefundenen Einsiedelei.

Es kam allerdings anders. Zunächst klagte ihn auch dort die calvinistische Geistlichkeit öffentlich als Ketzer an und auch dort verboten die Behörden den Verkauf seines Buches *Émile.* Ob aus innerer Überzeugung oder nur mit dem Ziel, die weltlichen und geistlichen Institutionen zu beruhigen, reifte in ihm der Entschluss, sich wieder der calvinistischen Gemeinde anzuschließen und an ihren Gottesdiensten teilzunehmen. Trotzdem blieb er den einfachen Leuten in diesem Bergdorf verdächtig. Vor allem seine armenische Tracht, die er sich in Form eines Kaftan, eines langen Überrocks mit Gürtel sowie einer Pelzmütze angelegt

Rousseau in armenischer Tracht

JEAN-JACQUES ROUSSEAU

hatte, „diente dem Pöbel zum Signal. Man predigte auf den Kanzeln gegen mich, nannte mich den Antichrist und ich wurde auf dem Lande wie ein Werwolf verfolgt." Die Leute konnten ja nicht wissen, dass ihm dieses armenische Kostüm bereits in Frankreich von einem Schneider angefertigt worden war mit der Absicht, dadurch die Folgen seines häufigen unwillkürlichen Harnabganges oder den mitunter notwendigen Gebrauch eines Katheters verbergen zu können. Die Verspottungen und Beschimpfungen auf den Straßen, zuletzt auch noch die tätlichen Übergriffe, bei denen Steine durch die Fenster seiner Behausung geworfen wurden, beunruhigten schließlich ihn und seine Lebensgefährtin so sehr, dass sie Môtiers aufgaben und als Untermieter in das Haus eines Steuereinnehmers auf der Insel St. Peter im Bieler See einzogen. Dort verbrachte er, wie er später erzählte, mit Bootsfahrten, Wanderungen und mit botanischen Studien, „die meine Leidenschaft zu wecken begannen", wiederum eine der glücklichsten Zeiten seines Lebens. Hatte er doch in den vergangenen zwei Jahren in Môtiers entgegen seiner Absicht, „von der Literatur Abschied nehmen und nur noch ein ruhiges Leben führen zu wollen", schriftstellerisch erhebliche Belastungen auf sich genommen. Sieht man von dem Entwurf einer Verfassung für die Insel Korsika ab, um die ihn ein korsischer Freiheitskämpfer gebeten hatte, so ließ er sich doch bald auch wieder in heftige Kontroversen verwickeln. Zunächst war es vor allem seine Antwort auf die öffentliche Anklage durch den Erzbischof von Paris, der in seinem Hirtenbrief den *Émile* scharf verurteilt hatte. In gereizten Worten antwortete er ihm in einer ausführlichen Kampfschrift, um schließlich zu erklären: „Wären Sie ein Privatmann, dann könnte ich Sie vor einen gerechten Richterstuhl laden … Aber sie nehmen eine Stellung ein, in der man nicht gerecht zu sein braucht." Zutiefst empört darüber, dass die calvinistische Geistlichkeit von Genf in diesem Brief ebenfalls ketzerische Äußerungen erblickte, schickte Rousseau im Mai 1763 an den Großen Rat von Genf eine Erklärung, „dass ich meinem Bürgerrecht in der Stadt und Republik Genf auf immer entsage". Von vielen Genfer Bürgern wurde jedoch das Urteil über Rousseau als illegal scharf kritisiert, weshalb der öffentliche Ankläger Tronchin in seinen *Briefen vom Lande* die umstrittenen Maßnahmen des Rates verteidigen zu müssen glaubte. Wütend antwortete Rousseau mit seiner Streitschrift *Briefe vom Berge,* in welcher er sowohl den Calvinismus als auch den Katholizismus, darüber hinaus aber auch den Hohen Rat mit scharfen Worten geißelte, im vollen Bewußtsein, damit fast alle Brücken hinter sich abgebrochen zu haben. Da er unnötigerweise auch Voltaire namentlich in seiner Erwiderung, noch dazu in etwas ironischer Weise, erwähnte, folgte schließlich noch eine peinliche Kontroverse zwischen den beiden bedeutenden Philosophen, deren langer Streit eine der bedauerlichsten dunklen Stellen im Antlitz der Aufklärung ist. Voltaire veröffentlichte anonym ein gehässiges Pamphlet *Ansichten der Bürger,* worin er Rousseau einen „Narren und Verleumder" beschimpfte, der das Christentum beleidigt und seine Kinder an der Pforte eines Findelhauses abgelegt habe. Auf diese Weise wurde dieser Makel Rousseaus als Vater seiner fünf Kinder öffentlich bekannt gemacht, was den Beschuldigten zu der wenig rühmlichen Notlüge veranlasste, die er in aller Eile in einer Entgegnung im Umlauf bringen ließ und in der er von einer Verleumdung sprach.

Vergegenwärtigt man sich Rousseaus Lage in den Jahren 1762 bis 1765, dann versteht man seine Ängste, zunehmend verfolgt zu werden. Seit seiner Flucht aus Montmorency häuften sich Phasen von paranoisch gefärbten Wahnvorstellungen, wobei er hinter den vermeintlichen und wahren Ver-

Der Genfer Arzt Théodore Tronchin

folgungen „eine Verschwörung geheimnisvoller Mächte" zu erblicken glaubte. Unter den Auftraggebern vermutete Rousseau bald die Jesuiten, bald politisch hochrangige Persönlichkeiten in Paris oder Genf; aber auch manche seiner philosophischen Freunde aus dem Kreise der Enzyklopädisten, nicht zu vergessen Voltaire, gerieten in den Verdacht, in die „große Verschwörung" gegen ihn verwickelt zu sein. Zweifellos spielte ihm dabei seine überhitzte Phantasie einen üblen Streich, doch muss man fairerweise zugeben, dass seine paranoiden Wahnvorstellungen vielfach wohlbegründet durch seine tatsächlichen Verfolger verursacht waren, die ihn von Ort zu Ort und von Land zu Land jagten.

Als ihn das Gouvernement von Bern nun auch von der Insel St. Peter im Bieler See, das zum Territorium dieses Kantons gehört, auswies, wusste Rousseau zunächst nicht, wohin er sich wenden sollte. Müde von den ewigen Verfolgungen und geplagt von heftigen Schmerzen im Bereich des Unterleibs, die von Fieberschüben begleitet waren, begab er sich trotz des noch immer aufrecht erhaltenen Haftbefehls in Frankreich unter Inkaufnahme dieses Risikos nach Strassburg, also auf französisches Gebiet, wo es ihm gelang, mit Hilfe des mit dem soeben verstorbenen Herzog von Luxemburg eng befreundet gewesenen Prinzen von Conti, zugleich ein Verwandter Ludwig XV., einen Pass mit vorübergehender Aufenthaltserlaubnis in Frankreich zu erlangen. Seine aristokratischen Freunde rieten ihm jedoch dringend, nicht in Paris zu bleiben, sondern baldmöglichst ins Ausland zu fliehen. Er erhielt Einladungen von Paoli nach Korsika, von seinem Verleger Rey nach Amsterdam und von Friedrich dem Großen nach Potsdam, doch entschied sich Rousseau letztlich für die Einladung durch den damaligen Sekretär bei der Britischen Botschaft in Paris, David Hume, nach England, wo er „absolute Sicherheit vor aller Verfolgung finden könne, nicht nur durch den toleranten Geist unserer Gesetze, sondern auf Grund der Achtung, die hier jedermann für Ihren Charakter hat".

Am 3. Januar 1766 verabschiedete sich Rousseau anlässlich eines Mittagessens bei Baron von Holbach von seinen Pariser Freunden und brach am nächsten Morgen gemeinsam mit seinem ihn überallhin begleitenden Hund Sultan nach Calais auf. Beim Betreten englischen Territoriums in Dover am 10. Januar dankte er Hume, während er diesen herzlich an seine Brust drückte, ihn in ein Land der Freiheit gebracht zu haben. Am 13. Januar in London eingetroffen, schrieb Hume an Madame de Brabante, dass er „nie einen liebenswürdigeren und tugendhafteren Mann gekannt hat. Rousseau ist sanft, bescheiden, herzlich und von hochgradiger Empfindungsfähigkeit".

ROUSSEAU IN ENGLAND

In London wurde er mit Ehren empfangen und mit den angesehensten Kreisen bekannt gemacht. Hume erreichte sogar, dass der König dem berühmten Gast eine Pension verlieh, die ihm noch nach Jahren nach Frankreich nachgesandt werden sollte, auch wenn er das edle Angebot nicht angenommen hatte. Im übrigen ließen auch hier die Schwierigkeiten nicht auf sich warten. Ähnlich wie in Paris strömten in London zahlreiche Besucher in das Haus in der Buckingham Palace Road, in welchem er untergebracht war. Außerdem verursachte das feuchtkalte Klima eine Verschlimmerung seines Harnwegsleidens. Schließlich trugen noch die Verständigungsschwierigkeiten mit seiner Umgebung infolge seiner mangelnden englischen Sprachkenntnisse dazu bei, dass er sich in seiner neuen Wahlheimat zunehmend unwohl fühlte. Hume verschaffte ihm deshalb eine Unterkunft außerhalb der Stadt in Chiswick an der Themse, wohin Rousseau nun auch Thérèse nachkommen ließ in Begleitung Boswells, eines Freundes seines Gönners Hume. Wie in dessen Tagebuch – die betreffenden Seiten sind heute zerstört – vermerkt ist, verbrachte Boswell mit seiner Reisebegleiterin einige sehr leidenschaftliche Nächte, bevor er sie am 13. Februar ihrem Lebensgefährten übergab. Doch auch nach Chiswick pilgerten unaufhörlich Standespersonen aus London zu ihm, um ihn mit Einladungen zu überhäufen, sodass er auch hier dieser Aufmerksamkeit bald überdrüssig wurde und um ein weit von London entferntes Quartier auf dem Lande bat. Als Richard Davenport dies erfuhr, lud er ihn in ein Haus in Wootton, das rund zweihundertfünfzig Kilometer von der Hauptstadt entfernt liegt, ein und ließ ihn zusammen mit Thérèse mit einer Kutsche abholen. Nun zeigte sich zum ersten Mal eine eindeutige Sinnesverwirrung: Nachdem er zunächst freudig diesem Angebot zugestimmt hatte, fühlte er sich plötzlich dadurch wie ein Bettler behandelt. Wie uns David Hume, der als Verfasser der umfangreichsten *Geschichte von England* und als Philosoph hohen Ranges absolute Glaubwürdigkeit verspricht, berichtet, machte ihm Rousseau Vorwürfe: „Wenn dies tatsächlich ein Plan Davenports ist, von dem Sie wussten und dem Sie zustimmten, dann hätten Sie mir kein größeres Missvergnügen bereiten können." Doch schon eine Stunde später „setzte er sich plötzlich auf meine Knie, warf seine Arme um meinen Hals, küsste mich mit der größten Wärme und rief aus: Ist es möglich, dass Sie mir je verzeihen können, teurer Freund?" David Hume sah Rousseau nach der Abreise nach Wootton am 22. März nie mehr wieder, legte jedoch bald danach eine einfühlsame psychische Analyse seines schwierigen Gastes einem Freunde vor, die mit den Worten endet: „Rousseau besitzt in der Tat nicht viel Wissen. Er hat nur gefühlt während des ganzen Verlaufs seines Lebens; und in dieser Beziehung steigt seine Empfindlichkeit zu einer Höhe, über die hinaus ich kein Beispiel gesehen habe, doch sie lässt ihn Schmerz viel schärfer empfinden als Lust. Er ist wie ein Mensch, der nicht nur seiner Kleider, sondern auch seiner Haut beraubt wurde und in diesem Zustand auszog, um mit den rauhen und lärmenden Elementen zu kämpfen, die ständig diese Erde beunruhigen."

Das in einer lieblichen Landschaft gelegene Haus beglückte Rousseau sehr, doch hielt diese freudige Stimmung nur eine Woche lang an. Nachdem nämlich in der englischen Presse immer mehr kritische Abhandlungen über den schrulligen Philosophen mit Details, von denen er annahm, dass nur Hume sie weitergegeben haben konnte, erschienen waren, verstärkte sich sein Verdacht, dass eine „Verschwörung" gegen ihn im Gange sei. Wenn er seine alten Gegner Diderot, Grimm und Voltaire beschuldigte, für den nun plötzlich auftretenden unfreundlichen Ton in der englischen Presse verantwortlich zu sein, dann hatte er zum Teil allerdings nicht unrecht, hatte doch Voltaire einen anonymen *Brief an Dr. Jean-Jacques Pansophe* verfasst, in welchem er die teils ungünstigen Urteile über das englische Volk in seinen Schriften aufzeigte. Rousseau hielt aber auch zunehmend Hume beteiligt an dem „Werk der Finsternis", das sich gegen ihn verschworen

J . J . ROUSSEAU.

Gravé par P.G.Langlois 170

Der englische Philosoph David Hume

hatte – ein Verdacht, der auf die Tage in Chiswick zurückging, wo sich Hume bereit erklärt hatte, bei der Aussortierung der reichlichen Post, die aus Frankreich ankam, behilflich zu sein. Rousseau war überzeugt, dass nun seine Post kontrolliert werde, und er glaubte auch zu bemerken, dass er „dauernd beobachtet und auf der Straße von Agenten verfolgt" werde. Ohne auf Anschuldigungen zu antworten, gelangte Hume zu der Überzeugung, dass sich Rousseau dem Wahnsinn näherte, wie er seinem Freund Davenport in einem Schreiben vom 22. Juli 1766 berichtete. Inmitten dieses Furors hüllte sich Rousseau in düsteres Schweigen, doch beweisen briefliche Beispiele in der *Correspondance générale,* in welch erschütternder Weise sich die Verdüsterung seines Geistes und die paranoiden Wahnideen in dieser Zeit verschlimmerten. Georg Holmsten führt als Beispiel ein Schreiben Rousseaus an Lord Conway an, dem er großes Vertrauen entgegenbrachte und dem er seine ganze Verzweiflung beichtete. Darin heißt es auszugsweise: „Mit welcher Absicht man mich nach England gebracht hat, weiß ich nicht, aber dass es eine solche gibt, ist sicher. Dass aber die bedeutendsten, die vornehmsten Männer sich dazu hergeben, dass eine ganze Nation dazu bereit ist, einem Einzelnen, der einen andern verderben will, als Werkzeug zu dienen, das ist weniger begreiflich. Ich sehe wohl die Wirkung, aber die Ursache bleibt mir verschlossen, und vergeblich quäle ich mich, sie zu erforschen … alle Schrecken des Todes sind nichts gegen die, von denen ich umgeben bin … Das ist des Leidens zuviel, mein Herr. Ich bin ohne Hoffnung, ohne Plan, habe nicht einmal den Wunsch, meinen Ruf wiederherzustellen. Sie sehen einen bis zur Verzweiflung getriebenen Unglücklichen vor sich, der nichts weiter erwartet als seine letzte Stunde."

Auch Thérèse flehte ihn an, sie wieder nach Paris zu bringen, und um ihren Wunsch rascher erfüllt zu sehen, täuschte sie ihm sogar vor, dass die Dienstboten den Plan ausgeheckt hätten, ihn zu vergiften. In großer Beunruhigung schrieb er deshalb am 30. April 1767 seinem Gastgeber Davenport, bei dem er sich in herzlicher Weise für die großzügige Gastfreundschaft bedankte: „Morgen, mein

Herr, verlasse ich Ihr Haus …" Fast in einer Art Panik flohen die beiden, ihr Gepäck und das Geld für eine Jahresmiete zurücklassend, um auf abenteuerliche Weise am 22. Mai endlich Dover zu erreichen, wo sie sich nach Calais einschifften. David Hume aber bat seine Freunde in Paris schriftlich ohne Wissen Rousseaus, dem Ausgestoßenen zu helfen, der ja immer noch in Frankreich unter Haftbefehl stand.

Rückkehr nach Frankreich

Dem Wahnsinn nahe, empfand er den freundlichen Empfang, den man ihm in den Städten Frankreichs, durch die er mit Thérèse zog, bereitete, als wohltuenden Trost. Erkannte man ihn doch überall, obwohl er auf Anraten seines Gönners Prinz Conti unter dem falschen Namen Jean-Joseph Renou in Begleitung seiner „Schwester" Thérèse reiste. Trotz des Bannfluches, der noch immer auf ihm lastete, boten ihm viele Aristokraten ihr Heim an, und schließlich fand er auf Schloss Trye, das Louis-François de Bourbon, dem Prinzen Conti, gehörte, Unterkunft. Als ihm der Prinz zur Zerstreuung Musikanten schickte, fasste er dies sofort als Zeichen eines Zweifels an seinem geistigen Zustand auf und da ihn überdies Voltaire unverzeihlicherweise beschuldigte, als Betreiber hinter dem Genfer Theaterbrand vom 29. Januar 1768 zu stehen, sah er sich von jedermann als Verbrecher betrachtet. Er fürchtete ernstlich um sein Leben und floh im Juni in die Dauphiné, wo er in der Herberge zur „Goldenen Quelle" in Bourgoin Quartier bezog. Hier entschloss er sich endlich, seine treue Wegbegleiterin Thérèse zu heiraten. Am 30. August, an welchem die Ziviltrauung stattfand, schrieb er an seinen Verleger Rey: „Es war eine Pflicht, die nicht erfüllt zu haben ich mir bitter vorwerfen würde, obwohl ich vorher keine Verpflichtungen dieser Art übernommen hatte. Fünfundzwanzig Jahre der Anhänglichkeit, Dienste aller Art und die Pflege während meiner Krankheiten, ihre Freundschaft für mich würden nicht genügt haben, mich zu diesem Schritt zu veranlassen; aber dann sah ich, dass sie entschlossen ist, mein Geschick bis ans Ende zu teilen und mir überallhin in meiner bedrängten Lage zu folgen: so musste ich es tun."

Im Januar 1769 zog das Ehepaar in ein Bauernhaus in der Nähe von Grenoble, wo Rousseau in Ruhe die *Bekenntnisse* fertigstellte, an denen er ja bereits seit den Tagen in Môtiers arbeitete. Diese Memoiren stellen bis heute eine der ausgefallensten und meist diskutierten Autobiografien dar, da sie neben der Schilderung äußerer Ereignisse ihren Hauptwert darin sahen, einen Menschen einmal mit absoluter „Freimütigkeit und Aufrichtigkeit" zu beschreiben, „wie er wirklich in seinem Innern ist", also auch die „widerwärtigen Laster" nicht zu verschweigen. Jetzt bedauerte er auch, seine Kinder weggegeben und sich damit des Glückes beraubt zu haben, „seine Kinder unter seinen eigenen Augen aufwachsen zu sehen".

Im April 1770 nahmen die beiden wieder ihr Wanderleben auf. Über Lyon, Dijon und Auxerre erreichten sie am 24. Juli endlich Paris. Den Haftbefehl ignorierte Rousseau aus der Erkenntnis heraus, dass die Regierung Schriftsteller, die sich nicht zu aktuellen politischen Tagesthemen äußerten, nicht mehr behelligte. Und nur mehr in Ruhe und Frieden zu leben, war jetzt seine feste Absicht. Wie Holmsten schreibt, war „aus dem Wahrheitsfanatiker und Kritiker der Mächtigen dieser Welt ein müder, resignierter Mann geworden, der keinen Wert darauf legte, den Unwillen der Behörden oder des Klerus zu erregen". Da er zu selbstbewusst war, die ihm vom englischen König angebotene Pension in Empfang zu nehmen, lebte das Ehepaar von der Lebensrente, die Rey für Thérèse ausgesetzt hatte, sowie von den bescheidenen Einkünften aus dem Verkauf seiner Bücher und aus seiner Tätigkeit als Notenkopierer. Der romantische Dichter Bernardin de Saint-Pierre fing die beschauliche, wenn auch ärmliche Atmosphäre, die er beim Besuch der Pariser Wohnung Rousseaus vorfand, mit folgenden Worten ein: „Jean-Jacques saß mit einer weißen Mütze am Tische und kopierte Noten. Neben ihm stand ein Spinett, auf dem er von Zeit zu Zeit eine Arie versuchte. Zwei kleine Betten, eine Kommode, ein Tisch und einige Stühle bildeten das ganze Mobiliar. Seine Frau saß an einem Fenster und nähte. Ein Kanarienvogel sang in einem Bauer. Sperlinge kamen und pickten Brot an den offenen Fenstern, wo Kästen und Töpfe mit Pflanzen standen. Das ganze kleine Hauswesen trug ein Gepräge der Reinlichkeit, des Friedens und der Einfachheit." Auf die Besucher wirkte er mit seinen sechzig Jahren frühzeitig gealtert durch sein introvertiertes, ängstliches und geistig etwas absonderliches Gehabe. Körperlich hingegen machte er einen durchaus rüstigen Eindruck. Saint-Pierre beschrieb ihn als schlank, wohlgebaut, mit „stolzer Miene und feurigen Augen … tiefe Traurigkeit in den Falten seiner Stirne, und einer bitteren und sogar sarkastischen Heiterkeit". Auch wenn er der Bitte des polnischen Konvents von 1769 nachkam, Vorschläge für eine neue Verfassung auszuarbeiten und diese im Jahr 1772 inhaltlich und stilistisch völlig klar in Form einer Abhandlung mit dem Titel *Betrachtungen über die Regierung von Polen* vorlegte, so war sein Interesse für die Politik doch weitgehend abgekühlt. Seine bevorzugte Beschäftigung war jetzt die Botanik. Er schrieb kleine Aufsätze über die Pflanzenkunde und legte mit großem Eifer ein Herbarium an, was ihm von Goethe besonders angerechnet wurde. Sein kurzer, letzter Ausflug in die Politik zeigt jedoch, dass er mit derselben Klarheit wie früher und dazu noch überraschend praktisch und konservativ zu schreiben imstande war, soferne er nicht von der Idee einer „Verschwörung" gegen ihn besessen war. Leider wurden diese Wahnvorstellungen immer wieder auch durch reale Gründe wachgerufen, etwa als er auf Einladung einiger adeliger Freunde Abschnitte aus seinen *Bekenntnissen* – die ja zu seinen Lebzeiten nicht veröffentlicht wurden – in zwei Lesungen vortrug. Aus Sorge, in diesen Lebenserinnerungen könnte auch sie in einem unrühmlichen Zusammenhang erwähnt werden, erreichte Madame d'Épinay beim Polizeichef, diese Lesungen sofort zu verbieten. Dieses Rousseau völlig unverständliche Eingreifen der Polizei brachte seinen Geisteszustand gänzlich aus dem Gleichgewicht. In seinen paranoiden Vorstellungen sah er in fast jedem, dem er begegnete oder der ihn besuchte, einen Feind, vor dem er sich in Acht zu nehmen hätte.

In dieser Stimmung von Frustration und Angst unternahm Rousseau einen nochmaligen Versuch, seinen vermeintlichen oder echten Feinden zu antworten und zwar in Form des Dialoges *Rousseau als Richter von Jean-Jacques.* Mit diesem Buch, dessen Abfassung ihn mit Unterbrechungen vier Jahre lang beschäftigte und sein Gemüt immer mehr verdüsterte, versuchte er in der Form eines Zwiegespräches mit dem französischen Publikum seine Anschauungen und Taten vor sich selbst und der Gesellschaft zu rechtfertigen. Zu diesem Schritt sah er sich veranlasst, weil seiner Meinung nach während der verstrichenen fünfzehn Jahre eine Verschwörung gegen ihn bestanden hätte, die ihn zu diffamieren trachtete. Dies habe ihn zu einem Entlastungsversuch gezwungen, bevor er aus dieser Welt scheide. Wenn er auch Fehler und Unterlassungssünden begangen habe, so tröstete er sich doch mit den prophetischen Worten: „Ein Tag wird kommen, dessen bin ich sicher, da gute und ehrbare Menschen mein Andenken segnen und über mein Schicksal weinen werden." Wie weit sein Wahn fortgeschritten war, beweist jenes Kapitel, welches er dem Schlussdialog anfügte und das die Überschrift trägt: *Die Geschichte dieses Werkes.* Darin gab er seinen Entschluss bekannt, eine für die Vorsehung bestimmte Kopie des Manuskripts auf dem Hochaltar der Kathedrale von Notre-Dame zu hinterlegen, um Paris und Versailles auf sein Werk aufmerksam zu machen. In verwirrtem Zustand versuchte er am 24. Februar 1776, das Manuskript wie geplant dort zu deponieren, fand jedoch das Innere der Kathedrale durch ein Gitter abgeschlossen. Überzeugt, dass die Vorsehung die Hinterlegung seines Werkes unter dem Allerheiligsten nicht billigte, stürzte er halb wahnsinnig aus der Kirche und irrte stundenlang durch die Straßen, bis er endlich seine Wohnung wieder erreichte. Die einzige Alternative sah er nun in der Abfassung einer Bittschrift an das französische Volk *An alle Franzosen, die noch Gerechtigkeit und Wahrheit lieben,* die er vervielfältigte und auf Handzetteln in den Straßen von Paris an vorübergehende Passanten zu verteilen versuchte. Als auch dies keinen Erfolg zeitigte, da die meisten Angesprochenen die Annahme dieser Zettel verweigerten, gab er seine Bemühungen auf und resignierte.

Ähnlich erschütternd stellte sich auch sein letztes Werk dar, die unvollendet gebliebenen *Träumereien eines einsamen Spaziergängers,* die er zwischen 1777 und 1778 zu schreiben begann. Etwas unorganisch durcheinander gewürfelt, ergeht er sich darin in wehmütigen Rückerinnerungen, Selbstbespiegelungen und Angriffen gegen Agenten, die von einer Verschwörung geheimnisvoller Mächte beauftragt waren. In bejammernswerter Verzweiflung sah er sich von allen verdammt: „So bin ich denn allein auf der Erde, habe keinen Bruder, keinen, der mir nahesteht, keinen Freund, keine andere Gesellschaft als mich selbst … Speien nicht die Vorübergehenden vor mir aus, statt mich zu grüßen? Belustigt sich nicht eine ganze Gesellschaft damit, mich lebendig zu begraben?" Man fragt sich, wie ein geistig bereits so zerrütteter Mann noch so schön, klar und manchmal so heiter schreiben konnte wie in den *Träumereien,* in denen er sich an die schönste Zeit seines Lebens auf der Petersinsel im Bielersee zurückerinnerte.

DAS ENDE

In seinem letzten Lebensjahr wurde für ihn das Leben in der französischen Metropole immer bedrückender, wohl auch deshalb, weil ihm das Kopieren von Noten infolge seiner undeutlich gewordenen Schriftzüge unmöglich wurde und damit eine wichtige Einnahmequelle zu versiegen begann. Auch bedrückte ihn ganz offensichtlich der Umstand, dass er trotz ernsthafter Versuche, sein Leben durch Almosen und Trostspenden für Kranke wie ein aufrechter Christ zu gestalten, nicht glauben konnte. Seine Klage „Oh, wie glücklich der Mann, der glauben kann", beweist, wie sehr er die einfachen Menschen in der Stadt um ihren religiösen Glauben beneidete. Er wurde auch, je näher das Ende kam, versöhnlicher und milder, selbst seinem alten Feind Voltaire gegenüber. Als er noch erleben musste, wie dieser in Paris mit Ehren überschüttet wurde, empfand er wohl Eifersucht und leichte Bitternis, ließ jedoch keine abfälligen Worte zu, als die Krönung Voltaires im Französischen Theater von einigen Neidern bespöttelt wurde. Als er wenig später davon erfuhr, dass der große Philosoph der französischen Aufklärung im Ster-

Rousseaus Sterbestuhl und zwei Schlüssel, Symbol seines Verfolgungswahns

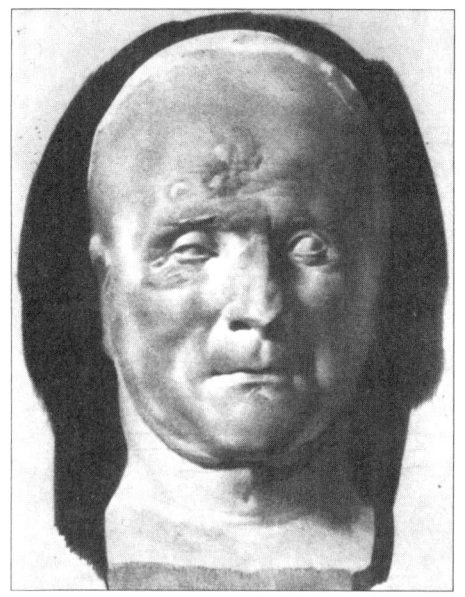

Rousseaus Totenmaske

Rousseaus Witwe Thérèse

ben lag, meinte er wehmütig: „Unsere Leben waren miteinander verbunden, ich werde ihn nicht lange überleben."

Mit Beginn des Frühlings 1778 äußerte er den sehnlichen Wunsch, der Stadt den Rücken zu kehren und wieder auf dem Lande leben zu dürfen. Der Marquis René de Girardin hörte davon und lud ihn ein, in ein etwa fünfzig Kilometer von Paris entfernt gelegenes Landhaus in der unmittelbaren Nähe seines Schlosses in Ermenonville zu übersiedeln, wo Rousseau gemeinsam mit Thérèse am 20. Mai eintraf. Zum Dank für die Gastfreundschaft erteilte er der Tochter des Marquis Musikunterricht und unternahm mit dessen Sohn Streifzüge durch die ländliche Umgebung mit der Absicht, ihn in die Welt der Botanik einzuführen. Fern vom Trubel der Großstadt verlor er in der Einsamkeit seines neuen Domizils auch weitgehend seine Angstzustände, die ihn so häufig überfallen hatten. Er spielte mit den Kindern, beschenkte die Ortsbewohner und wurde bald ein Liebling von Groß und Klein. Voller Zuversicht hoffte er, dass ihm das Schicksal noch einige Jahre des inneren Friedens schenken würde, in denen er seine Oper *Daphnis und Chloë* sowie sein pädagogisches Hauptwerk *Émile* vollenden wollte.

In den letzten Junitagen stellten sich hartnäckig anhaltende Kopfschmerzen ein, die von Schwindelgefühl begleitet wurden. Der 1. Juli war ein besonders heißer Tag. Doch Rousseau unternahm wie gewöhnlich gemeinsam mit dem Sohn des Marquis seinen botanischen Unterweisungsausflug, fühlte sich jedoch

Rousseaus Grab auf der Isle des Peupliers bei Ermenonville

schon nach kurzer Zeit nicht recht wohl, weshalb er mehrmals stehen bleiben musste. Die sich einstellenden Leibschmerzen führte er darauf zurück, dass er zuvor Erdbeeren mit Milch zu sich genommen hatte. Man kehrte vom Spaziergang zurück und am Abend verzehrte er nur ein Stück Brot mit einem Schluck Wein. Am folgenden Morgen stand er in bester Laune wie üblich um fünf Uhr früh auf, erheiterte den Barbier mit einigen Scherzen und machte einen kurzen Spaziergang im Garten. Nachdem er sich zu Thérèse an den Frühstückstisch gesetzt hatte, begann es ihn zu frösteln und es stellten sich reißende Kopfschmerzen, heftige Leibschmerzen sowie ein Stechen in der Fußsohle ein. Er wurde zusehends schwächer und schwächer, verlangte nach Karmelitergeist und wurde von seiner Frau zum Bett geleitet, wo sie ihm ein Klistier verabreichte. Nachdem sich Rousseau erhoben und auf dem Nachtstuhl Platz genommen hatte, trank er noch einige Schluck Fleischbrühe, die ihm Thérèse in einer Tasse reichte und die er ihr dann zurückgab mit den Worten: „Mein Herz verträgt nichts mehr." Unmittelbar anschließend fiel er mit dem Kopf voran auf die Steinfliesen des Bodens, wo er bewusstlos liegen blieb. Auf die Hilferufe seiner Frau hin eilte der Marquis herbei, doch konnte Rousseau nicht mehr zum Leben erweckt werden.

JEAN-JACQUES ROUSSEAU

Am 3. Juli wurde eine Leichenöffnung vorgenommen, bei der ein „Hirnödem mit zweihundertfünfzig Kubikzentimeter seröser Flüssigkeit" festgestellt werden konnte. Bei dieser Leichenöffnung fanden die Chirurgen „weder in der Blase, noch in den Harnleitern und der Harnröhre, noch in den samenbereitenden und samenführenden Organen irgend etwas von der Regel Abweichendes. Die Annahme ist daher berechtigt, dass die Schmerzen in der Blase, die Beschwerden beim Wasserlassen, die Herr Rousseau bei Lebzeiten wiederholt empfunden hat, von einem Krampfe der dem Blasenhals benachbarten Teile herrührten, oder von einem krampfartigen Zustande des Blasenhalses selbst, oder von einer Vergrößerung der Vorsteherdrüse."

Gerüchte und Spekulationen verfolgten ihn sogar über den Tod hinaus. So verbreitete Grimm ähnlich wie später Madame de Staël die Mär, Rousseau habe Selbstmord begangen, während andere wiederum überzeugt waren, dass er im voll ausgebrochenen Wahnsinn verstorben sei – eine Vermutung, die von allen, die in den letzten Tagen seines Lebens um ihn herum anwesend waren, heftig dementiert wurde. Am abenteuerlichsten war aber wohl die Vermutung J. Raspails, Rousseau sei durch die Hand seiner Gattin mit einem Hammer erschlagen worden. Vermutlich stützte er sich dabei auf die an der Totenmaske zu erkennende Stirnwunde, die Rousseau beim Sturz kopfüber auf die Steinfliesen erlitten hatte. Im übrigen sollte eine Besichtigung der Leiche am 18. Dezember 1897 das Vorliegen eines unversehrten knöchernen Schädels ergeben, wie im Protokoll mit den Worten festgehalten wurde: „Le crane était intact sans aucune trace de perforation ni de fracture."

Die sterbliche Hülle Rousseaus wurde am 4. Juli 1778 auf einer Pappelinsel in einem See nahe dem Schlosse Girardins in Ermenonville beerdigt und lange Zeit blieb diese kleine verträumte Insel das Ziel vieler Pilger einschließlich der Königin Frankreichs. Doch am 11. Oktober 1794 wurden Rousseaus sterbliche Überreste nach Paris in das Panthéon überführt, wo sie einen Ehrenplatz unmittelbar neben denen Voltaires fanden. „Aus diesem Hafen nachbarlichen Friedens", schreibt Durant, „erhoben sich ihre Geister, um ihren Kampf um die Seele der Revolution, Frankreichs und des abendländischen Menschen wiederaufzunehmen". Der Witwe aber, die erst 1801 im Alter von achtzig Jahren starb, gewährte der Nationalkonvent eine Ehrenpension.

MEDIZINISCHE BEURTEILUNG

SOMATISCHE LEIDEN

Rousseau war sein ganzes Leben hindurch ein kränkelnder Mensch, der seinen Körper stets mit hypochondrischer Genauigkeit beobachtete. Viele seiner Beschwerden waren psychosomatisch verursacht und verängstigten seine überaus empfindsame Seele so sehr, dass er bereits in jungen Jahren mitunter von der Furcht beschlichen wurde, nicht mehr lange am Leben zu bleiben. Zudem wurde sein Gesundheitszustand in der Zeit zwischen 1732 und 1736 auch objektiver Maßen empfindlich gestört. Wenn er bei der Schilderung seiner Krankheiten in den *Bekenntnissen* auch immer wieder stark übertrieb – man denke nur an sein Experimentierunglück im Sommer 1737 bei Madame de Warens, als ihm durch eine Explosion der Inhalt eines Glasgefäßes ins Gesicht geschleudert wurde und er in der Folge daran „fast gestorben und sechs Wochen lang blind" war –, so dürfte es sich bei seiner Erkrankung 1736 doch um ein ernsteres Leiden gehandelt haben. Damals bekam er „das schleichende Fieber, wurde kurzatmig ... und spie Blut". Diese Krankheit dürfte längere Zeit angehalten haben, da die ihn hingebungsvoll in dieser Zeit betreuende „Mama" de Warens schließlich sogar eine kleine Sommerresidenz mietete, die etwas außerhalb der Stadt Chambéry gelegene bessere Erholungsbedingungen versprach. Wenn wir auch keine näheren Details dieser Erkrankung kennen, dürfen wir aus den spärlichen Symptombeschreibungen in seinen Memoiren doch mit hoher Wahrscheinlichkeit auf einen fieberhaften Schub einer Lungentuberkulose schließen. Eine sichere Infektionsquelle kann angesichts der damals ungeheuren Verbreitung dieser Erkrankung nicht ausgemacht werden. Mit Sicherheit war Rousseau bereits in früher Jugend mit Tuberkulose infiziert worden, da wir wissen, dass zu jener Zeit mehr als neunzig Prozent aller Jugendlichen bereits vor ihrem achtzehnten Lebensjahr eine derartige Infektion durchgemacht hatten, die von den damaligen Ärzten in der Regel als Bronchialkatarrh gedeutet wurde. Wenn Rousseau im Alter von vierundzwanzig Jahren mit anhaltendem „schleichenden" Fieber, Kurzatmigkeit und Bluthusten erkrankte, dann handelte es sich mit Sicherheit um keine tuberkulöse Primärinfektion, sondern um ein Aufflackern durch Reaktivierung älterer Herde in der Lunge, wie sie meistens durch Herabsetzung der Widerstandsfähigkeit des Organismus zustande kommt. Ursächlich könnten hier die ungünstigen sozialen und hygienischen Umweltbedingungen eine Rolle gespielt haben, wie sie in jener Zeit des unruhigen Vagabundierens beim jungen Rousseau vorlagen. Berichtete er doch später, dass er in seinem achtzehnten Lebensjahr nur durch den unerträglich gewordenen Hunger dazu verleitet wurde, zum katholischen Glauben überzutreten, da ihn während der dreimonatigen Vorbereitungszeit in einem Hospiz für Katechumenen Unterkunft und reichliche Verpflegung erwartete. Allerdings folgten nach dieser kurzen, sorglosen Periode für den völlig Mittellosen wieder Jahre des Vagabundierens und der Unsicherheit, die sich nicht gerade positiv auf die Widerstandsfähigkeit seines Körpers ausgewirkt haben dürften.

Wenn sich auch in den darauf folgenden Jahren nach Erholung von seiner länger andauernden Erkrankung sein Befinden besserte, so blieben doch Befindlichkeitsstörungen wie Ohrensausen, Schlaflosigkeit und vor allem „Herzbeschwerden" zurück, die sich vornehmlich als Herzklopfen äußerten, das man, wie er schrieb, „sogar im Nebenzimmer hören konnte". Ein Versuch, seinen Zustand durch Wassertrinken zu heilen, bekam ihm ebenso wenig wie die Behandlungsvorschläge eines Arztes, die man seiner Erzählung entnehmen kann: „Er hielt mir lange Reden, von denen ich rein nichts verstand; dann begann er nach seiner erhabenen Theorie … die Experimentalkur, die es ihm zu versuchen beliebte. Sie war so schmerzhaft, so widerlich und nützte so wenig, dass ich ihrer bald müde wurde." Schließlich suchte Rousseau selbst in einem medizinischen Werk Aufschluss über die Ursache seiner Herzbeschwerden zu gewinnen. In angenehmen und lehrreichen Gesprächen mit Jean-Baptiste Salomon, einem seit 1728 in Chambéry niedergelassenen Arzt, erhielt er überdies einige Kenntnisse über Anatomie und Physiologie, sodass er nach vielem Grübeln glaubte, selbst eine Erklärung für seine Leiden gefunden zu haben: Er bildete sich ein, der Grund seines Übels wäre ein Herzpolyp, und da er in Erfahrung bringen konnte, dass Antoine Fizes, der seit 1732 an der Medizinischen Fakultät der Universität in Montpellier wirkte, schon einmal einen Patienten von einem derartigen Polypen befreit haben sollte, begab er sich dorthin. Er quartierte sich bei einem dort tätigen Praktiker, dem irischen Arzt Thomas Fitz-Morris, ein, der ihm auch Drogen verordnete und das Trinken von Valserwasser empfahl, das aus den Mineralquellen von Vals-les-Bains im Département Ardèche stammt. Gleichzeitig hatte er „angenehme und heilsame Bewegung". Da ihn jedoch seiner Meinung nach die Ärzte mit ihren Verordnungen von Chinawurzeln, Wassern und Molken nur wie einen eingebildeten Kranken behandelten und seine wirklichen Leiden nicht erkannten, verließ Rousseau Montpellier, um unterwegs während eines amourösen Abenteuers mit einer Madame von Larnage seine Beschwerden zu vergessen.

Handelte es sich bei diesem „Herzpolypen", den Rousseau diagnostisch zu erkennen glaubte, natürlich um ein hypochondrisches Phantasiegebilde, mit dem er seine psychosomatisch bedingten funktionellen Herzbeschwerden zu erklären versuchte, so bedeutet die diagnostische Zuordnung seines chronischen Harnwegsleidens auch aus heutiger Sicht einige Schwierigkeiten. Jacques Berteaux spricht von einem angeborenen Leiden, dessen Auswirkungen von Rousseau selbst in seinen *Bekenntnissen* mit vielen Details beschrieben wurden. Im Vordergrund stand von frühester Jugend an ein kaum kontrollierbarer Harndrang, dessen Ursache er jahrelang zu ergründen suchte und den er schließlich auf eine angeborene Missbildung der Harnblase zurückführte.

Dieser Harndrang hatte angeblich schon seiner Tante, die ihn nach dem frühen Tod seiner Mutter liebevoll betreute, zu schaffen gemacht und man wird mit der Annahme nicht fehl gehen, dass es sich damals um eine Enuresis nocturna – also ein Bettnässen während der Nachtruhe – gehandelt hat. In späteren Jahren wurde er vor allem bei psychischen Erregungszuständen durch seine Neigung zu unwiderstehlichem Harndrang in die unangenehmsten Situationen verwickelt. So war es die Furcht vor diesem Harndrang, die es ihm unmöglich erscheinen ließ, vor dem König zu erscheinen, als dieser ihm nach der erfolgreichen Aufführung seines Singspiels *Der Dorfwahrsager* am Hoftheater seine Anerkennung aussprechen wollte: „Der erste Gedanke, der mir bei der Nachricht, ich sollte dem König vorgestellt werden, kam, bezog sich auf das häufige Bedürfnis herauszugehen, das mich schon am Abend im Theater sehr gequält und das mich noch leicht am anderen Morgen quälen konnte, während ich am Gang oder in den Gemächern des Königs inmitten hoher Standespersonen die Ankunft Seiner Majestät erwartete … Der bloße Gedanke an den Zustand, in den mich dieses Bedürfnis versetzen konnte, rief es in mir so stark hervor, dass ich hätte ohnmächtig werden können." Die Angst vor diesem heftigen Harndrang, ja schon die Vorstellung davon, ließen ihn gesellschaftliche Zusammenkünfte nach Tunlichkeit meiden und sie hinderte ihn auch daran, längere Zeit mit Frauen zusammen zu sein. Seit 1749 war er immer mehr davon überzeugt, dass es sich bei seinem Zustand um die Folge einer Nierenentzündung handelte, die er als Vagabund während langer Märsche in der Sonnenglut durchgemacht zu haben glaubte, und dass infolge der gestörten Nierentätigkeit „etwas in der Blase nicht in Ordnung sei". Bei dieser vermuteten „Nierenentzündung" handelte es sich allerdings eher um eine, möglicherweise durch einen Stein ausgelöste Kolik. In diesem Sinne spräche seine in den *Bekenntnissen* geäußerte Sorge, ein Stein sei aus den Nieren in die Blase gewandert. Aus Furcht, an einem Blasenstein zu leiden, wanderte er von Arzt zu Arzt: „Ich befragte nacheinander Morand (Leiter mehrerer chirurgischen Krankenhäuser in Paris; Anm. d. Verf.), Jacques Daran, (Chirurgien ordinair von König Ludwig XV; Anm. d. Verf.), Helvétius, Melouin (Mitglied der Akademie der Wissenschaften; Anm. d. Verf.) und Thierry, die mich als kluge Leute und Freunde, ein jeder nach seiner Art, behandelten und quälten, mir jedoch keine Erleichterung brachten, mich vielmehr bedenklich schwächten. Je mehr ich ihren Vorschriften folgte, desto bleicher, magerer und hinfälliger wurde ich. Meine Einbildungskraft, die sie verwirrten, beurteilte den Zustand nach der Wirkung der Heilmittel und ließ mich vor dem Tode eine ununterbrochene Reihe von Leiden voraussehen: Harnverhaltung, Sand und Steine. Was anderen zum Heil gereicht – Tisanen, Bäder, Aderlass – verschlimmerte nur meinen Zustand." Tatsächlich dürften die diagnostischen Überlegungen und prognostischen Äußerungen dieser Ärzte nicht immer gerade beruhigend für den Kranken gewesen sein. So verriet ihm Jean Come (frère), ein bekannter Chirurg, der 1753 ein Armenhospiz gegründet hatte, dass Rousseaus Krankheit ein seit frühester Jugend bestehender organischer Fehler der Harnblase sei, zwar unheilbar, aber nicht todbringend, als dessen Folge sich jedoch eine „fast vollständige Harnverhaltung", eine „Harnstrenge und ein Nierenleiden" einzustellen pflege. In der Tat kam es immer häufiger zu schmerzhafter Harnverhaltung, gegen die ihm nur die Einführung einer von Jacques Daran entwickelten biegsamen Harnröhrensonde Hilfe und Erleichterung brachte. Mit diesen Sonden versorgte er sich für fünfzig Louis.

Auf diese Methode des Katheterisierens der Harnröhre ging bereits der in der Periode zwischen Augustus und Nero in Rom wirkende Celsus ein, der wegen seiner rhetorisch gewandten Schreibweise in seinem medizinischen Werk *De arte medica* auch als der „Cicero der Medizin" bekannt wurde. Celsus verwendete bereits damals Katheter in Gestalt von ehernen Sonden, die vorne seitlich mit Öffnungen versehen waren und deren Längen sich nach Körpergröße und Geschlecht des Kranken richtete. Zwei Jahrhunderte später veröffentlichte der aus Pergamon stammende Oribasios seine Kompilationen aus den hippokratischen und galenischen Schriften, wobei er unter anderem sehr genau schilderte, wie man eine verengte Harnröhre mit einem Verweilkatheter aus Zinn und Blei aufdehnen kann. Auch der um das Jahr 1000 in Buchara lebende berühmte Arzt Avicenna empfiehlt in seinem epochemachenden und für mehr als sechshundert Jahre einflussreichen Werk *Canon medicinae* Sonden, die aus Leder verfertigt und mit Blei verstärkt wurden und deshalb weicher und geschmeidiger sich einführen ließen. Insgesamt lässt sich jedoch feststellen, dass bis zum Ende des 17. Jahrhunderts in der Urologie keine nennenswerten Fortschritte mehr erzielt wurden. Nach wie vor blieb als wichtigster Forschungsgegenstand das „anormale Harnlassen", wobei mit den Ausdrücken „Dysurie", „Strangurie" bzw. „Ischurie" (schmerzhafter Harndrang mit Erschwernis des Wasserlassens; Harnzwang mit Entleerung nur weniger Tropfen Harn; Harnsperre) recht sorglos und fachlich inkompetent umgegangen wurde. Als eigentlicher Begründer der anatomischen Pathologie des Urogenitalsystems gilt erst der hervorragende Kliniker und Pathologe Morgagni, der 1761 in seinem Werk *De sedibus et causis morborum* auch erstmalig Prostatahypertrophie beschrieb, die unter den verschiedenen Varianten der Harnröhrenverengung im höheren Alter der Männer die wichtigste Stelle einnimmt. Erst jetzt waren die anatomischen Voraussetzungen geschaffen, verbesserte operative Methoden zur Entfernung von Steinen aus der Harnblase entwickeln zu können.

Für Rousseau brachten die neuen Erkenntnisse noch kaum einen Vorteil. Er war nach wie vor zur Behebung einer schmerzhaften Harnsperre auf die Anwendung eines Katheters angewiesen, die ihm als einzig wirksame Maßnahme seinen schmerzhaften Zustand zu beseitigen vermochte. Als er einmal unter besonders argen Schmerzen litt und den „grausen Tod unter den Schmerzen der Steinkrankheit vor Augen sah", berichtete er vom Eingreifen des erwähnten Chirurgen Jean Come, „der eine beispiellos geschickte und leichte Hand hatte", eine dünne Silbersonde in die Harnröhre einzuführen. Der Arzt erklärte die Prostata für stark vergrößert und verhärtet, fand jedoch nicht den erwarteten Stein. Wie Rousseau 1763 in seinem Testament erklärte, zog er daraus den Schluss: „Das Übel sitzt sicherlich entweder in der Vorsteherdrüse oder im Blasenhals oder in der Harnröhre, wahrscheinlich aber an allen drei Stellen." Um sein lästiges Leiden vor der Umwelt besser verbergen zu können und gleichzeitig notwendige Manipulationen einfacher vornehmen zu können, entschloss er sich, eine Zeitlang eine armenische Tracht zu tragen, „da die häufige Anwendung der Katheter ihn ans Zimmer bannte und ihn alle Vorteile des langen Gewandes erkennen ließ". Durch einen armenischen Schneider, der öfter nach Montmorency kam, ergab sich die günstige Gelegenheit. „Es reizte mich, sie zu benutzen und die neue Tracht anzulegen, ungeachtet des Geredes der Leute, das mich wenig kümmerte." In Môtiers-Travers, wo er sich 1762 aufhielt, trug er überhaupt nur armenische Kleidung.

Da durch das häufige Einführen der unsterilen Katheter zwangsläufig krankheitserregende Keime in die Harnröhre und in weiterer Folge auch in die Blase gelangen mussten, kam es nicht nur zu einem andauernden Reizzustand, sondern auch wiederholt zu fieberhaften entzündlichen Erscheinungen im Bereiche der unteren Harnwege. Aber auch psychische Verstimmungen waren unausbleiblich, da ihn sein Leiden bei gesellschaftlichen Verpflichtungen, aber auch im privatesten Verkehr immer wieder störte oder ihm Hemmungen auferlegte. Schon 1754 beichtete er einem Arzt aus Genf, dass er „wegen einer unheilvollen Störung der Zurückhaltung des Urins" seinen ehelichen Pflichten nicht mehr nachzukommen gewillt war und gezwungener Maßen „tugendhaft" werden musste.

Mit zunehmendem Alter traten seine Harnwegsbeschwerden auffallenderweise immer mehr in den Hintergrund, wie der mit ihm befreundete Arzt Le Béue de Presle bestätigt: „Die Schmerzen in der Blasengegend und die Beschwerden beim Harnlassen, wovon Rousseau in der ersten Hälfte seines Lebens heimgesucht wurde, schwanden mit zunehmendem Alter in dem Maße, wie die Körperkräfte abnahmen." Dass die Chirurgen bei der Autopsie „weder in der Blase noch in den Harnleitern und der Harnröhre, noch in den samenbereitenden und -führenden Organen irgendetwas von der Regel Abweichendes" finden konnten und auch keine Konkremente – die Rousseau zeitlebens als Ursache seiner Beschwerden angesehen hatte – nachzuweisen waren, veranlasste bereits die obduzierenden Ärzte damals zu der Annahme, „dass die Schmerzen in der Blase, die Beschwerden beim Wasserlassen, die Herr Rousseau bei Lebzeiten wiederholt empfunden hat, von einem Krampfe der dem Blasenhals benachbarten Teile herrührten". In der Tat schließt der Leichenöffnungsbericht eine von Poncet vermutete angeborene Harnröhrenverengung aus und auch die im Obduktionsbericht bestätigte Vergrößerung der Prostata, die Desruelles für die Entleerungsstörungen verantwortlich gemacht hatte, besitzt schon deshalb keine kausale Bedeutung, weil ja die Beschwerden Rousseaus bereits in seiner Jugend vorhanden waren. Was im Einzelfall zusätzlich eine Rolle gespielt haben könnte, wäre eine zeitweilige Erschwerung des Harnflusses infolge entzündlicher Schwellung der Schleimhaut in der Harnröhre, wie sie bakteriell oder mechanisch durch die häufige Einführung von Kathetern entstehen konnte. Wie brachialisch dabei zum Teil vorgegangen wurde, beweist ein Bericht Rousseaus, wonach „beim Ablassen des Harns das Stück eines Katheters abbrach" und in der Harnröhre zurückblieb. Da in jener Zeit Störungen des Harnflusses relativ häufig durch venerische Erkrankungen verursacht wurden, schien man zu Rousseaus Lebzeiten auch diese Möglichkeit nicht ganz ausgeschlossen zu haben. Bezeichnete ihn Voltaire doch öffentlich in seiner Schmähschrift *Sentiments des citoyens* als einen liederlichen, von Syphilis durchseuchten Gesellen. Dies war wohl auch der Grund, warum sich Rousseau in seinem Testament 1763 feierlich dagegen verwahrte, seine Krankheit mit einem Geschlechtsleiden in Zusammenhang zu bringen: „Ich erkläre, niemals an einer solchen Krankheit gelitten zu haben. Ich habe das auch den Ärzten gesagt, die mich behandelten; mehrere von ihnen schenkten mir wohl keinen Glauben, mit Unrecht … Ich hielt es für notwendig nochmals zu wiederholen, was ich schon gesagt habe, mag man mir glauben oder nicht, damit man nicht die Ursache meines Leidens dort suche, wo sie nicht zu suchen ist." Dazu ist zu erwähnen, dass der Hypochonder Rousseau auch panische Angst hatte, sich mit Syphilis anzustecken. Als er 1743 während seiner kurzen Tätigkeit in Venedig mit einer Prostituierten Kontakt hatte, lebte er nach diesem unheilvollen Besuch ganze drei Wochen in unbeschreiblicher Angst, womöglich mit einer Geschlechtskrankheit angesteckt worden zu sein. „Nichts kann dem Unbehagen gleichkommen, in dem ich die nächsten drei Wochen verbrachte, ohne dass irgendeine Unpässlichkeit, irgendein Anzeichen meine Furcht gerechtfertigt hätte. Ich konnte nicht fassen, dass man aus den Armen der Padoana (dies war der Name der Prostituierten;

Anm. d. Verf.) ungestraft hervorgehen könne." Ja selbst beim intimen Kennenlernen seiner späteren Frau, Thérèse Levasseur, tauchte sofort des Gespenst der Syphilis auf, als er erfahren musste, dass Thérèse bereits anderweitig ihre Jungfernschaft verloren hatte. Erst als er sich von der Gesundheit seiner Partnerin überzeugen konnte, atmete er befreit auf: „Jungfernschaft in Paris, noch dazu mit zwanzig Jahren! Glücklich bin ich, in dir ein vernünftiges, gesundes Weib zu besitzen und nicht zu finden, was ich gar nicht gesucht habe."

Obwohl bei der Obduktion von Rousseaus Leichnam – die allerdings nicht von pathologisch-anatomisch speziell ausgebildeten Fachkollegen, sondern von Chirurgen vorgenommen wurde – gröbere organische Prozesse ausgeschlossen wurden, die zur Erklärung der Harnabflussstörung hätten herangezogen werden können, bleibt dennoch die Frage unbeantwortet, ob nicht doch angeborene Veränderungen im Bereich der Blase oder der Harnröhre vorlagen, die dem weniger geschulten Auge der funktionspathologisch damals ohnehin noch nicht kompetenten obduzierenden chirurgischen Kollegen entgangen sind. Auf diesen Umstand hat in unserem Jahrhundert als erster wohl Pierre Bail hingewiesen, der die Störung des Harnabflusses bei Rousseau mit einer angeborenen Hypertrophie der Muskulatur im Bereich des Blasenhalses zu erklären versuchte. Aus der biografischen Anamnese erfahren wir jedoch, dass diese Harnabflussstörung, von der bereits im frühesten Kindesalter Rousseaus berichtet wird, zunächst infolge fehlender Beherrschung des Entleerungsmechanismus der Harnblase zustandegekommen sein dürfte, was das Bettnässen während des Schlafes und möglicherweise auch eine Harnentleerung in die Kleidung während des Tages – ein so genanntes Hoseneinnässen – zur Folge hatte. Diese Harninkontinenz, mit der seine ihn an Mutterstatt aufziehende Tante ihre liebe Not hatte und die erst dann als pathologisch gilt, wenn sie über das fünfte Lebensjahr hinaus anhält, ist in aller Regel Ausdruck einer psychischen Belastungssituation, wie sie auch im Falle von Rousseaus Kindheit nachvollziehbar ist. Pathophysiologisch handelt es sich somit nicht um ein organisches Leiden, sondern um ein rein funktionelles Geschehen hervorgerufen durch eine gesteigerte Sensibilität der Harnblase, wodurch es eventuell auch später im Erwachsenenalter unter dem Einfluss von Affekten zu einem unfreiwilligen Harnverlust unter Harndrang kommen kann – man spricht dann von einer Dranginkontinenz. Die dabei oft recht schmerzhaft empfundenen Sensationen sind Ausdruck einer Kontraktion der Blasenmuskulatur bei funktionierendem Schließmuskel im Bereich der Harnröhre, wobei eine psychische Stresssituation oder ein akuter Affekt eine solche Dranginkontinenz mit gelegentlich recht fatalen Folgen für den Betroffenen auslösen können. Dieser Situation eingedenk hat Rousseau wohl auch die Audienz beim französischen König ausgeschlagen.

JEAN-JACQUES ROUSSEAU

Im Erwachsenenalter begann Rousseau aber immer häufiger auch über eine äußerst schmerzhafte Harnsperre zu klagen, also ein Unvermögen, die Harnblase spontan zu entleeren, was zu quälendem Anstieg des Innendrucks der Harnblase mit starker Überdehnung der Blasenmuskulatur führt. Häufigste Ursache dafür ist eine Harnröhrenstriktur, also eine Einengung im Verlaufe der Harnröhre in der Regel als Folge eines entzündlichen Prozesses oder eines mechanischen Traumas. Im 18. Jahrhundert nahm unter den ätiologischen Faktoren die gonorrhoische Infektion bei Männern die Spitzenposition ein. Nach allem, was wir aus der biografischen Anamnese erfahren können, dürfte Rousseau dieses Schicksal erspart geblieben sein. In seinem Falle dürften unspezifische entzündliche Prozesse zu einer Harnröhrenverengung geführt haben. Seinem eigenen Bericht können wir nämlich entnehmen, dass er zu Behebung der schmerzhaften Blasenüberdehnung im Rahmen seiner Dranginkontinenz beziehungsweise seiner „paradoxen Ischurie" (ständiges Harnträufeln bei chronischer Blasenentleerungsstörung im Sinne einer sogenannten „Überlaufblase") schon bald keinen anderen Ausweg wusste, als mittels Einführung eines Blasenkatheters sich durch die Harnröhre Erleichterung zu verschaffen. Es bedarf kaum einer näheren Erläuterung, welche Folgen eine solche über Jahre durchgeführte Katheterisierung nach sich zog. Ging schon die selbsttätig vorgenommene Prozedur nicht immer ohne mechanische Verletzungen der Harnröhre, vor allem im Übergangsbereich zur Harnblase, ab, so waren es die unvermeidlichen Einschleppungen von pathogenen Keimen bei jeder Einführung des völlig unsterilen Katheters, die zwangsläufig zu wiederkehrenden Infektionen mit chronisch entzündlichen Veränderungen im Bereich der Harnröhre führen mussten und durch Ausbildung von schrumpfenden, narbigen Veränderungen eine zunehmende Verengung des Abflusskanals nach sich zogen.

Diese ständig neue Keimbesiedelung in einer gestauten Harnblase und den aufgestauten Harnleitern bis hin zu den stark erweiterten Nierenbecken sorgte für immer neue entzündliche Schübe, aus denen sich mit an Sicherheit grenzender Wahrscheinlichkeit eine chronische Nierenbeckenentzündung und schließlich eine pyelonephritische Schrumpfniere entwickelt haben dürfte. Wenn auch im Falle Rousseaus noch keine Hinweise für eine Urämie (Harnvergiftung) ausfindig gemacht werden können, so dürfte er wohl an einem nephrogenen arteriellen Hochdruck gelitten haben. So ist es auch nicht überraschend, wenn Rousseau nach einem vorausgehenden uncharakteristischen Bild mit Benommenheit plötzlich bewusstlos wurde und kopfüber zu Boden stürzte. Ohne Zweifel lag diesem tödlich endenden Ereignis eine Apoplexia cerebri, also ein Gehirnschlag, zugrunde, der seinem Leben ein Ende setzte.

Versuch eines Psychogramms

Grundsätzlich ist die Kenntnis des Psychogramms eines Menschen nur in dem Maße von Bedeutung, als es ein besseres Verständnis seiner Person und seines Werkes zu vermitteln imstande ist. Im Falle Rousseaus muss man sich dabei besonders davor hüten, alle seine Angaben dazu immer für bare Münze zu nehmen. Ist es ihm doch mit seiner Eloquenz gelungen, gar manchen Psychologen oder Psychiater in die Irre zu führen und seine eigenen Aussagen als die pure Wahrheit erscheinen zu lassen. Selbst Dr. Cabanés, der schon um die Jahrhundertwende auf den therapeutischen Skeptizismus Rousseaus hingewiesen hat, war überzeugt, dass dessen Geständnisse und Beteuerungen in den *Bekenntnissen* bei all ihren Doppelsinnigkeiten und der mitunter geradezu entwaffnenden Naivität des Autors der sicherste Garant für dessen Aufrichtigkeit sei. In Wirklichkeit trägt jeder, besonders wenn er sich psychisch am Rande der Norm bewegt, seine mehr oder weniger transparente Maske, die meist auch dann noch sein wahres Gesicht erkennen lässt, wenn er sich bemüht, sich in seiner ganzen Blöße zu zeigen. Gerade seine Offenherzigkeit wirkt oft durch seine zynischen Übertreibungen auf den Leser verdächtig, weshalb es angezeigt ist, sie unvoreingenommen in Zweifel zu ziehen, ohne als Mediziner dem Charme einer überzeugenden Dialektik zu erliegen. Um sagen zu können, wie sich alles wirklich zugetragen haben dürfte, wird es erforderlich sein, von allen bekannten sicheren, aber auch anfechtbaren Details seiner Berichte jenen die Hauptbedeutung zuzumessen, die kontinuierlich oder, wenn auch in verschiedenen Abwandlungen, wiederholt in seiner biografischen Anamnese aufscheinen. Dem gegenüber bedeutet die Authentizität mancher Einzelheiten wenig, wenn ihr Fehlen über längere Zeiträume nichts an den großen Linien des Gesamtbildes seiner Persönlichkeitsstruktur ändert. Schließlich erfordern auch einige Anzeichen von Perversität bei Rousseau eine gesonderte Betrachtung, da sie im Schrifttum je nach der persönlichen Einstellung zu diesem genialen „Bürger von Genf" recht unterschiedlich bewertet werden und von manchen Autoren nur als eine episodische Facette im Leben des Philosophen abgetan werden. Studiert man hingegen die biografische Anamnese mit Sorgfalt, dann gelangt man zu der Überzeugung, dass die perverse Seite in seinem Charakter, die sich bereits in seinen Pubertätsjahren manifestiert hatte, kontinuierlich vorherrschte und erst mit Beginn der altersbedingten Involution abebbte. Es besteht kaum ein Zweifel darüber, dass sie die Erklärung für sein extravagantes Leben und seine zweideutige Moral abgibt. Bezeichnenderweise heißt es im vierten Buch der *Bekenntnisse,* dass es ihm nicht obliege, die von ihm geschilderten Tatsachen auf ihre Bedeutung hin zu prüfen: „Ich muss nur alles sagen, der Leser hat die Wahl."

Lassen wir das biografische Panorama an unserem Auge vorbeiziehen, dann fällt zunächst sein Wandertrieb auf, den er als „manie ambulante" bezeichnete, und der offenbar in der Familie lag. Schon sein Vater hatte einen reizbaren und unstabilen Charakter an den Tag gelegt, der ihn veranlasste, in der weiten Welt sein Glück zu versuchen, und der auch nach der Rückkehr in die Heimat ein unstetes Leben führte. Drei Brüder des Vaters zogen ins Ausland, der eine nach Deutschland, der zweite nach England und der dritte nach Holland, und einen Vetter Rousseaus trieb die innere Unruhe sogar bis nach Persien. Von diesem Vetter wird berichtet, dass er von Verfolgungsideen gequält wurde. Diese aus der väterlichen Linie stammenden hereditären Züge trifft man auch bei Jean-Jacques Rousseau an, denn auch er zählte zu jenen Menschen, die es nirgendwo länger aushalten können. Mit diesem unsteten Wanderleben verband sich auch ein ständiger Wechsel seiner beruflichen Tätigkeiten. Schon im Alter von zehn Jahren musste er das Vaterhaus verlassen und zum Schulunterricht zu Pastor Lambercier ziehen, von wo er schon nach kurzer Zeit als Lehrling zu einem Kupferstecher geschickt wurde. Als er eines Sonntags bei der Heimkehr von einer Fußwanderung die Tore geschlossen fand, griff er zum Wanderstab und verließ seine Vaterstadt Genf. Abwechselnd als Schreiber, Kammerdiener, Kunststecher, Hauslehrer oder Musiklehrer seinen Lebensunterhalt suchend, fand er nirgends einen Ort, wo er sich dauernd zufrieden fühlte. Vor allem zur Sommerzeit packte ihn oft schon nach wenigen Tagen dieser unselige Wandertrieb, um in Gottes freier Natur umherzuschweifen, ohne Rücksicht darauf, ob er damit seine Stelle verlor und zum mittellosen Vagabunden wurde. „Ich machte mir keine Gedanken über meine Zukunft, ich schlief unter freiem Himmel auf dem Erdboden oder auf einer Bank ausgestreckt, ebenso sanft, wie auf einem Lager von Rosen." Im Freien übermannte ihn förmlich ein Seligkeitsrausch, ein Gefühl des Ungebundenseins und der Befreiung von jedweder Fessel gesellschaftlichen Zwanges. Diese Neigung zu planloser Wanderschaft führte dazu, dass ihn oft ohne einen erkennbaren äußeren Anlass oder aber durch den geringsten Verdruss eine innere Unruhe zur Flucht trieb. Dabei konnte er ungeniert und ohne jede Hemmung hilfreiche Freunde brüskieren. Auch als glühender Liebhaber erwies er sich später als ausgesprochen flatterhaft und selbst was den Glauben anbelangt, wusste er nicht, ob er den Gott seiner Genfer Mitbürger oder jenen von Madame de Warens anbeten sollte. Seine Fantasie erreichte mitunter den Grad einer „Mythomanie" und seine Empfindsamkeit – sei sie wirklich oder nur dichterisch so übertrieben gewesen – hinterlässt einen nicht weniger suspekten Eindruck.

Rousseau war – zumindest als Jugendlicher – mit einem krankhaften Stehltrieb, einer Art Kleptomanie, behaftet: „Ich bin ein Spitzbube gewesen und mitunter stehle ich noch Kleinigkeiten, die mich locken. Ich nehme sie lieber, als dass ich darum bitte", schrieb er im ersten Buch seiner *Bekenntnisse*. Wenn er zugab, dass er offenbar in einem Zustand erregter Begehrlichkeit „stibitzte", in einem Zustand, von dem er meinte, dass man die Menschen nicht nach ihren Handlungen beurteilen dürfte, dann weist dies autobiografisch auf eine kleptomanische Neigung, also definititionsgemäß auf ein triebhaftes, vom Besitzwert des Objektes oft unabhängiges Stehlen, eine unberechtigte Bereicherung, hin. Dieser unselige Trieb verführte ihn zu einem Verbrechen, das für den Rest seines Lebens schwer auf seiner Seele lastete. Er entwendete nämlich der Madame de Vercellis, bei der er in Turin 1728 als Lakai diente, eines der an sich völlig wertlosen Bänder und behauptete, nachdem man ihn des Diebstahls angeklagt hatte, dieses Band von der Zofe Marion erhalten zu haben. Obwohl diese völlig unschuldig war, wurde sie ebenso wie er fristlos entlassen. In den *Bekenntnissen* schrieb er darüber: „Ich weiß nicht, was aus diesem Opfer meiner Verleumdung wurde; aber wahrscheinlich hat sie danach nicht leicht eine gute Stellung gefunden. Es haftete eine ihre Ehre in jeder Beziehung schädigende Beschuldigung an ihr ... Diese grausame Erinnerung liegt bis heute ohne Erleichterung auf meinem Gewissen." Wie er weiter ausführte, fürchtete er damals weniger die Bestrafung, als vielmehr die Schande, die ihm „schrecklicher als der Tod" erschien. Beim Versuch einer Rechtfertigung beteuerte er weniger glaubhaft als raffiniert: „Als ich dieses unglückliche Mädchen belastete, geschah dies – es ist seltsam, aber wahr – aus übergroßer Freundschaft für sie."

Noch kaum zehn Jahre alt hatte er während seines Aufenthalts beim Pfarrer Lambercier ein Schlüsselerlebnis, das seine sexuellen Instinkte in abnormaler Weise weckte und für sein ganzes Leben bleibende Spuren zurückließ. Es waren die Züchtigungen, die er als Strafe für Ungezogenheiten von der dreißigjährigen Schwester des Pfarrers auf sein entblößtes Hinterteil erhielt und die er weniger als Schmerz, denn als eine Maßnahme, die sinnliche Gefühle der Lust auslöste, empfand. Durch diesen Bestrafungsakt wurde bei dem offenbar sexuell frühreifen Knaben jenes masochistische Element konditioniert, das bis zu seinem Lebensende sein erotisches Verhalten bestimmen sollte. Im ersten Buch seiner *Bekenntnisse* heißt es: „Wer hätte geglaubt, dass diese im achten Lebensjahre von der Hand eines dreißigjährigen Mädchens empfangene Strafe für den Rest meines Lebens meine Neigungen, meine Wünsche und Begierden bestimmen würde, und zwar genau im entgegengesetzten Sinne, als sie sich natürlicherweise hätten entwickeln sollen ... Lange Zeit von etwas gequält, was ich nicht kannte, verschlang ich alle schönen Frauenzimmer mit glühenden Blicken. Meine Einbildungskraft rief sie mir unaufhörlich ins Gedächtnis zurück, einzig und allein, um sie nach meiner Art in Tätigkeit zu versetzen und ebenso viele Fräulein Lambercier aus ihnen zu machen." Zum erstenmal zeigte sich diese Tendenz bei dem weiter oben bereits erwähnten kleinen Fräulein Goton, die für ihn eine strenge „Schullehrerin" spielen musste. Aber auch noch als alter Herr frönte Rousseau diesem Masochismus. In einer Briefsammlung Edmond de Goncourts aus dem Jahre 1783 findet sich eine Passage, in der es heißt, Rousseau habe sich in einem Hause der Rue Maubuée für einen Taler peitschen lassen. Wenn man dieser Anmerkung Glauben schenken darf, dann würde sie nur die bekannte Tatsache unterstreichen, dass von Männern, bei denen natürliche sexuelle Reize nicht mehr zu einer ausreichenden Erektion genügen, häufig zu Reizmitteln Zuflucht genommen wird – man denke nur an den Viagra-Boom in unseren Tagen –, und dass dabei auch Erlebnisse aus der Jugendzeit eine große Rolle spielen können. Die masochistische Grundhaltung Rousseaus lässt es im übrigen auch für möglich erscheinen, dass er in seinem späteren Leben ein morbides Vergnügen in dem Gefühl fand, real oder in seiner Einbildung von seinen Freunden und Feinden, ja von der ganzen Welt schlecht und ungerecht behandelt zu werden. Auf jeden Fall muss Rousseau eindeutig als Masochist in herkömmlichem Sinne eingestuft werden, wenn er auch später offenbar kaum mehr einer materiellen Rute bedurfte, sondern sich damit zufrieden gab, an seinen Gewissensbissen oder an Nachstellungen und Demütigungen seitens seiner Mitmenschen das Surrogat eines Vergnügens zu empfinden.

Im Frühjahr 1728 verbrachte Rousseau einige Monate in der Katechumenen-Anstalt in Turin, wo er „entsetzliche Erlebnisse" hatte, wie er Jahrzehnte später berichtete. Unter anderem unternahm ein maurischer Mitkatechumene einen „Angriff auf seine Tugend", indem er ihn zur Masturbation verführte, eine Angewohnheit, der er auch in seinem späteren Leben nie mehr entsagen konnte. Noch in seinem sechzigsten Lebensjahr suchte er dabei Trost, wenn der Liebesgott ihn bei den Frauen im Stich gelassen hatte. Im übrigen hielt Rousseau die Masturbation für zuträglicher als den sexuellen Verkehr mit dem anderen Geschlecht, von dem er fürchtete, damit sein Harnwegsleiden zu verschlimmern. Da die Masturbation sich in aller Regel mit wollüstigen Fantasien verbindet, welche den sexuellen Erregungszustand weiter anfachen, leistete sie bei seiner gleichzeitig vorhandenen masochistischen Neigung Vorschub zur Entwicklung eines Exhibitionismus, der bestimmend für sein ganzes Leben wurde. Pflegte er später die von vielen schockierend empfundene brutale Offenherzigkeit etwa in seinen *Bekenntnissen,* in denen er der Öffentlichkeit die schwärzesten Seiten seines Charakters und die intimsten Details seines Gefühlslebens und seiner sexuellen Gepflogenheiten mit rücksichtsloser Ehrlichkeit und fast selbstquälerischem Vergnügen preisgab, so trieb ihn sein juveniler Exhibitionismus zu abstrusen Verhaltensweisen, die bis zur Erregung öffentlichen Ärgernisses gingen: „In meiner törichten Phantasie und bei den unerhörten Handlungen, wozu sie mich bisweilen trieb, lieh ich mir in der Einbildung den Beistand des anderen Geschlechts, ohne jemals daran zu denken, dass es zu einem anderen Gebrauche besser geeignet sei als zu dem, den ich von ihm zu machen brannte." Sein Vergnügen, an abgelegenen Orten sich aus gebotener Entfernung den vorbeigehenden Frauen mit entblößtem Hinterteil zu präsentieren und sich dabei vorzustellen, der ersehnten Behandlung à la Mademoiselle Lambercier teilhaftig zu werden, war für ihn unbeschreiblich: „Zweifellos hätte mir irgendeine Beherzte im Vorübergehen das Vergnügen bereitet, wenn ich den Mut gehabt hätte, abzuwarten."

Masturbation, Masochismus und Exhibitionismus konnten nicht ohne psychologische Auswirkungen bleiben. Die ausschließliche Beschäftigung mit sich und seinen blühenden Phantasien brachten es mit sich, dass er zu den Frauen, wie er behauptete, keinen Funken Liebe verspüren konnte, seien sie noch so schön gewesen. Selbst seine spätere Ehefrau Thérèse oder die angebetete Madame de Warens dienten ihm ausschließlich nur zur Befriedigung seines sexuellen Bedürfnisses, wenn man den Ausführungen im neunten Buch seiner *Bekenntnisse* Glauben schenken kann. Kein Wunder, dass beim Versuch, sich bei einer Frau als feuriger Liebhaber zu bewähren, stets die gleiche Tragikomödie sich abspielte, nämlich im entscheidenden Augenblick zu versagen. Dass solche Erfahrungen seelische Verstimmungen, zunehmende Reizbarkeit und resignierte Weltscheu nach sich zogen, ist verständlich und erklärt sein Eingeständnis am Ende des zehnten Buches seiner *Bekenntnisse:* „Ich muss eingestehen, dass ich als ein Opfer meiner Schwächen geboren wurde. Die Liebe als Siegerin wurde mir zum Verderben, die Liebe als Besiegte noch mehr." Aus dieser Haltung heraus versteht man auch, dass er sein erstes Erlebnis mit Madame de Warens, die den Zwanzigjährigen endlich zu verführen imstande war, wie eine „Blutschande" empfand und auch nichts einzuwenden hatte gegen ein Arrangement zu einer „ménage à trois", welches seine Maman-Maitresse mit ihrem Gärtner Claude Anet offenbar aus dem Wunsch zu voller sexueller Befriedigung eingefädelt hatte. Dreiecksverhältnisse wurden von Rousseau nicht nur in seinem Leben akzeptiert – als seine Frau von Boswell verführt wurde, nahm er dies ohne große Empörung zur Kenntnis –, sondern sie ziehen sich auch wie ein roter Faden durch seine Werke, sei es in seinem *Émile* oder vor allem in seiner *Neuen Héloise.*

Diese Großzügigkeit betreffend die zwischenmenschlichen Beziehungen und die vornehme Respektierung der Freiheiten, die sich die damalige Gesellschaft so selbstverständlich herausnahm, verschaffen uns auch einen intellektuellen Zugang zu dem der Nachwelt so unverständlichen Verhalten Rousseaus seiner Nachkommenschaft gegenüber. Hatte er doch „leichtfertig und ohne jedwede Skrupel" seine fünf Kinder gegen den Protest seiner Frau ins Findelhaus gegeben –

wohl wissend, dass sie nur geringe Überlebenschancen hatten. In fast sarkastischer Weise versuchte der Pädagoge, der in seinem Erziehungswerk so ausdrücklich auf die Wichtigkeit der Liebe und Sorgepflicht der Eltern ihren Kindern gegenüber hingewiesen hat, sein Verhalten später mit heuchlerischen Argumenten, die seiner ursprünglichen Darstellung diametral widersprechen, zu entschuldigen. Die Widersprüchlichkeit seines Charakters zeigt sich in dieser Frage besonders eklatant: Auf der einen Seite erzählte er allen, die es hören wollten – Diderot, Grimm, Madame d'Épinay oder der Herzogin von Luxemburg –, dass er der Vater von fünf Kindern sei, die er nur deshalb der öffentlichen Erziehung übergeben hätte, um ihnen das schwere Los ihres Vaters zu ersparen. Auf der anderen Seite erfahren wir aus einem Brief Dr. Tronchins an Grimm vom 1. Juli 1763, dass sich Rousseau „bei allem, was ihm heilig ist, verwahrt, dass er jemals Kinder gehabt, und was man darüber gesagt habe, sei eine Verleumdung". An anderer Stelle wiederum verteidigte er sein liebloses Verhalten mit den Worten: „Die Vaterliebe kann sich nicht sehr stark für Kinder regen, die man niemals gesehen hat." Voltaire war deshalb wohl berechtigt, in seinem bereits weiter oben erwähnten anonymen Pamphlet „die Herzlosigkeit des Vaters der Findelkinder" mit Worten zu geißeln. Im übrigen ändert sich, wie Dr. Cabanés abschließend zu diesem Thema bemerkte, am Ruf Rousseaus so gut wie nichts, ob er seine Kinder tatsächlich weggegeben oder aus purer Eitelkeit gelogen hatte. Wenn er auch am Ende seines Lebens echte Reue bekundete, so betrachtete er die Überantwortung seiner fünf Kinder an eine öffentliche Institution noch in seinen *Bekenntnissen* als einen richtigen und völlig legalen Entschluss, sowohl als französischer Bürger als auch als Vater, da er sich als ein aufrechtes „Mitglied eines von Platon geforderten republikanischen Staates" betrachtete. Beim Lesen solcher Zeilen fragt man sich, ob man es mit einem Menschen zu tun hat, dessen Intellekt mangelhaft ausgebildet oder dessen Gewissen zu schwach ausgeprägt ist. Da ersteres bei der Genialität Rousseaus nicht zutrifft, bleibt nur die alternative Möglichkeit eines moralischen Defektes.

Um jedoch Rousseau gerecht zu werden, erscheint es notwendig, die dualistischen Denkprozesse des 18. Jahrhunderts mit ihren diametral entgegengesetzten Ideen wie Vitalismus und Mechanismus oder Naturalismus und Sensualismus in Erinnerung zu rufen, da sie in ihrer Polarisierung die ganze Bandbreite des „Rokoko-Zeitalters" demonstrieren. Wenn man von der Leidenschaft dieses Jahrhunderts spricht, dann kann man sie als die Folge ausgeprägter Extreme in der Geisteshaltung seiner Menschen ansehen. Der Verschiebung des Interesses von dogmatischen zu moralischen Problemen entsprach eine Umwertung des religiösen Glaubens in den Glauben an Mensch und Natur, die einen intellektuellen Optimismus und ein unerschütterliches Vertrauen in die Omnipotenz des Verstandes entstehen ließ. Gleichzeitig entwickelte sich aber, scheinbar gegensätzlich dazu, eine zunehmende Tendenz zur Bereicherung der eigenen Persönlichkeit durch hemmungslose Hingabe an Gefühl und Empfindsamkeit. Dieser fortschrittlichen Entwicklung stand ein extrem verdorbenes, korruptes monarchistisches Staatswesen gegenüber. Nach de Sade war es „kein Jahrhundert der Schäferspiele mehr, sondern ein elementares. Je mehr sittengeschichtliche Züge man zusammenträgt, desto verruchter wird das Bild eines Hofes und einer Stadt, die als unerschöpfliches Reservoir des Lasters diente."

An dieser Stelle scheint ein kurzer Exkurs in die Sittengeschichte dieses Rokoko-Zeitalters angebracht: nämlich ein Blick auf die brutalen Methoden der Justiz bei der öffentlichen Folterung und Verbrennung zum Tode verurteilter Verbrecher ebenso wie auf Polizeiprotokolle, die von jenen Vergnügungen berichten, denen sich hohe wie niedere Geistlichkeit mit obszönen geheimen Bibliotheken sowie „mit der Verführung von Zöglingen und Beichtkindern und mit ausgedehnten Bordellbesuchen hin gaben", wie W. Kernstock ausführt. Noch exzentrischere Verhältnisse herrschten jedoch in der Hofhaltung des Königs und beim Adel des „ancien régime", wo der Prototyp des Päderasten als besonders charakteristisches Merkmal dieses Jahrhunderts geschaffen wurde. Wie Diderot in seinem Roman *Die Nonne* beschrieb, war die Tribadie – wie die weibliche Homosexualität auch genannt wurde – in den Nonnenklöstern weit verbreitet, wie denn überhaupt das 18. Jahrhundert „das Jahrhundert der zum System gewordenen Lust" wurde.

Gleichzeitig wurde der Egoismus zur ausschließlichen Parole einer Lebenshaltung, in deren Rahmen jede individuelle Existenz unter anderen Voraussetzungen nur zweitrangige Bedeutung einnahm. Dazu kam noch die außergewöhnliche Rolle der Frau in diesem Zeitalter der Wollust. In keiner anderen Epoche war die Geringschätzung der Frau so eng mit ihrer Macht gepaart und Damen vom Schlage einer Marquise de Pompadour oder der Comtesse du Barry konnten mit ihren Leibregimentern wenn nötig ganz allein über das Geschick ihrer Untertanen entscheiden. Diese selbstbewusste Souveränität der Frau brachte es mit sich, dass sich die Männer zunehmend für das Innenleben und die Gefühlssphäre der Frauen zu interessieren begannen, und es störte sie auch nicht, oftmals erkennen zu müssen, dass „die Frauen dieser Zeit nicht mit dem Herzen, sondern mit dem Kopf liebten". Mit der Auffassung, dass nur das Sinnliche gut sei in der Liebe, wurde die rein körperliche Liebe durch den Materialismus proklamiert, was dazu führte, dass die „unerhörte Schamlosigkeit" der Frau, wie Dühren bemerkte, bald so weit ging, selbst die Allüren männlicher Wüstlinge anzunehmen. Frauen unterhielten sogar Bordelle, in welchen sie selbst die Rolle einer Prostituierten spielten, weshalb es nicht so abwegig erscheint, wenn Diderot ebenso wie Rousseau in der Frau ausschließlich ein Objekt der Sinnenlust und des Vergnügens erblickten.

Um Rousseau als Schriftsteller und Philosophen besser zu begreifen, ist wohl auch ein kurzer Blick auf die erotische Literatur seines Zeitalters ratsam. Das Muster für die pornografische Literatur lieferte Claude de Crébillon mit seinem Buch *La nuit et le moment,* das in geschliffenen Dialogen und mit vornehmem Zynismus die Liebe als ein lustvolles körperliches Spiel schildert. Auch Rousseaus Freund Diderot hat sich auf diesem Gebiet versucht und dabei vornehmlich die klösterlichen Ausschweifungen aufs Korn genommen, während Voltaire sich mit seinem Gedicht *Pucelle* auf ein derart schlüpfriges Pflaster wagte, dass er es vorzog, sich sofort nach Erscheinen desselben davon zu distanzieren. Demgegenüber steht Rétif de la Bretonne als Schriftsteller erotischer Literatur auf einem Niveau, das ihn weit über bloße Pornografie hinaushebt. Neben einer umfassenden Beschreibung des Sittenlebens der Revolutionszeit bemühte er sich auch um Frauenerziehung und um die Reformierung des Prostitutionswesens und in seinen eigenen Bekenntnissen bemühte er sich offensichtlich, durch die unverhüllte Offenlegung all seiner Fehler und Laster Jean-Jacques Rousseau zu übertreffen. Auch bei ihm erkennt man exhibitionistische Exzentrik, hier gepaart mit verhülltem Sadismus.

Vor dem Hintergrund dieses kurzen Rückblicks verlieren manche der Thesen Rousseaus ihre widersprüchlichen Aspekte. Im Grunde gibt er einen Moralisten ab, der im Namen der Natur den Menschen von den vielen Vorschriften der Gesellschaft befreien wollte und die Partei des Individuums gegen eine unerträgliche Welt der „Tugend" vertrat. Da jedoch die sittliche Aufgabe des Menschen in einer Tugendhaftigkeit besteht, entwickelte er einen von der Natur ausgehenden Tugendbegriff, der erst durch eine gezielte Erziehung des Menschen verwirklicht werden kann, entsprechend seiner Maxime, „dass die Natur den physischen Menschen bilde, die Menschen aber den moralischen bilden müssten". Kernstock weist allerdings folgerichtig darauf hin, dass aus der erzieherischen inneren Evolution leicht eine „Perversion" wird, wenn sich die Sittlichkeit als gesellschaftliche Eigenschaft beweisen soll. Wenn Rousseau eine befreiende intellektuelle und moralische Selbstständigkeit des Einzelnen erstrebte, so verband er doch die geistige Libertinage mit einem Gefühlssubjektivismus in Gestalt der Rückkehr zu einer Religiosität des einfachen Volkes. Auf diese Weise wurde aber eine wirkliche aufklärerische Absicht korrumpiert, weshalb Kernstock von pervertierten Aufklärungsideen spricht.

Will man abschließend ein Psychogramm Rousseaus entwerfen, dann lassen sich im Wesentlichen drei verschiedene Elemente herausarbeiten: Eine extravagante, unausgeglichene Natur, voll von menschlichen Gebrechen und Fehlern –

ein feierliches Bekenntnis zur Tugend und zu menschlicher Güte, Worte, die sich wie ein Leitmotiv fast auf jeder Seite seines Œuvres wiederfinden – und schließlich eine Folge verhängnisvoller Widersprüche; er gibt nicht nur vor, gut und tugendhaft zu sein, sondern er maßt sich auch an, diesen Kriterien zu entsprechen, ohne seinen Fehlern abschwören zu müssen.

Er befindet sich ohne Unterlass fast immer in Konflikt mit seiner Umwelt, ist sich dabei jedoch seiner eigenen Fehler durchaus bewusst. Zumindest weiß er, wie sie von anderen beurteilt werden. Oft übertreibt er das Ausmaß seiner Schwächen und Vergehen ins Maßlose, aber ebenso auch seine daraus resultierenden Gewissensnöte, von denen er sich andererseits mit der größten Ungeniertheit zu entlasten versucht. Er ist das „Ich" par excellence, das sich bei jeder Gelegenheit darzustellen und zu behaupten versucht, in ständigem Konflikt mit jedem, der seine Dogmen nicht anzunehmen bereit ist. André Maurois nannte ihn deshalb einen „dogmatischen Träumer" und in der Tat überschreiten seine Schlussfolgerungen aus diesen Dogmen fast immer die vorgegebenen Prämissen. A. Fusil hat auf einige der vielen Heucheleien und Verleumdungen, die sich in den Texten dieses „großen Meisters aller Rhetoriker, aller Sophisten, aller Scharlatane und aller Gefühlsakrobaten" finden lassen, hingewiesen und kam bei seiner minuziösen Auswertung von Rousseaus Art zu urteilen und zu bekennen zu dem Schluss: „Im Laufe der Zeit verhielt er sich klüger und geschickter, indem er seine Aussagen etwas ‚nachregulierte'. Auf diese Weise gelang es ihm, ein Körnchen Wahrheit in viele seiner Erdichtungen einzubringen, um ihnen auf diese Weise eine scheinbare Wahrheit zu verleihen. Da es sich aber dabei nicht um reine Wahrheit handelt, ist dieses Kunstgebilde noch betrügerischer und noch schlimmer als eine glatte Lüge."

Es gibt eine Reihe von Schriftstellern, die uns ihre Fehler offen bekannt haben – aber niemals mit der Absicht, sich damit zu berühmen. In Rousseaus *Bekenntnissen* werden intime Details absichtlich mit einer Schamlosigkeit vor den Augen des Lesers ausgebreitet, wie man dies in der Literatur kaum noch einmal findet – auch nicht bei dem erwähnten Rétif de la Bretonne, der doch als Hauptvertreter der erotischen und pornografischen Literatur des 18. Jahrhunderts gilt. Die Art, wie Rousseau seine Fehler und Schwächen bekennt und vor dem Publikum ausbreitet, wirkt auf uns fast schändlicher und gemeiner als es die Fehler selbst waren. Durch die Unterdrückung seines Gewissens wurde er einer der zügellosesten Kasuistiker der Literatur. Überall stößt man auf den Masochisten Rousseau, aber noch mehr auf den Exhibitionisten. Nicht zu Unrecht spricht Genil-Perrin deshalb bei Rousseau von einem „integralen Exhibitionismus", den man in seinem Leben und in seinen Werken immer wieder antrifft und der nicht zögert, auch die niedrigsten und hässlichsten Seiten seines Charakters ans Tageslicht zu zerren.

Psychisches Leiden

Seit der Jahrhundertwende, vor allem aber seit der ausführlichen psychiatrischen Darstellung von Paul Möbius war sich die Mehrzahl der medizinischen Autoren einig darüber, dass bei Rousseau eine Paranoia, also ein Verfolgungswahn vorlag. Uneinigkeit besteht nur darin, wann dieser zum ersten Mal in Erscheinung trat. Demole, der eine paranoide Schizophrenie diagnostizierte, vermutete, dass diese wahrscheinlich bereits im Jahre 1749 sichtbare Formen angenommen hatte, und verwies auf die hochgradige, ekstatische Erregung, also auf eine zu Beginn dieser Erkrankung nicht selten anzutreffende Abnormität des Affektlebens solcher Kranker, wie er sie seinen eigenen Angaben zufolge anlässlich des Besuches bei seinem Freund Diderot im Gefängnis von Vincennes durchgemacht hatte. Doch gerade an diesem Beispiel zeigt sich, wie vorsichtig man mit Rousseaus Aussagen umgehen muss. In den *Bekenntnissen* berichtet er, wie er auf dem Weg dorthin in einer Zeitung von der Preisaufgabe der Akademie zu Dijon mit der Frage, ob der Fortschritt der Wissenschaft und Künste zu Verderb oder zur Veredelung der Sitten beigetragen habe, erfahren habe: „Sobald ich diese Zeilen gelesen, sah ich rings um mich eine andere Welt … Ganz deutlich erinnere ich mich, dass ich in Vincennes in einer Erregung anlangte, die an Wahnsinn grenzte." Diderot bestärkte ihn in seiner Absicht, an diesem Preisausschreiben teilzunehmen. In seinem Bericht heißt es weiter: „Ich tat es, und von diesem Augenblick an war ich verloren. Der ganze Rest meines Lebens und all mein Leiden war die unvermeidliche Wirkung dieses Augenblicks der Verirrung. Meine Gefühle stimmten sich mit einer schier unbegreiflichen Schnelligkeit nach dem Ton, den meine Gedanken ihnen angaben. All meine kleinen Leidenschaften wurden durch die Begeisterung für die Wahrheit, die Freiheit und die Tugend erstickt." Dieser ekstatische Bericht ließe darauf schließen, dass Rousseau tatsächlich damals eine Erleuchtung, eine blitzartige Inspiration erfahren hatte, unter deren Einfluss er seinen *Discours sur les Sciences et les Arts* verfasste. Eine solche Interpretation wird allerdings durch den Bericht des für die *Encyclopédie* arbeitenden Schriftstellers Jean-François Marmontel weitgehend in Frage gestellt, der von Diderot eine ganz andere Darstellung erfuhr. Dieser behauptete nämlich: „Ich war Gefangener in Vincennes, als Rousseau auf Besuch zu mir kam … Er erzählte mir, dass die Akademie zu Dijon soeben ein interessantes Preisausschreiben veröffentlichte und er Lust habe, daran teilzunehmen … Ich fragte ihn, welche Partei er dabei ergreifen wolle, worauf er mir antwortete: die bejahende (im Klartext also: Der Fortschritt der Wissenschaft und Künste hat zur Veredelung der Sitten beigetragen; Anm. d. Verf.). Gerade dies ist die Eselsbrücke, antwortete ich ihm, denn alle mittelmäßigen Talente werden diese Interpretation bevorzugen, während eine konträre Parteiergreifung der Philosophie und der schriftstellerischen Beredsamkeit ein neues, fruchtbares Betätigungsfeld eröffnen würde. Sie haben recht, erwiderte Rousseau nach einigem Überlegen, ich werde Ihrem Rat folgen." Für Marmontel fiel mit diesem raschen Sinneswandel die Maske vom Antlitz des Philosophen Rousseau. Für den Mediziner beweist er, wie maßlos Rousseau zu übertreiben verstand, wenn er später in seinen *Bekenntnissen* von einer Erleuchtung sprach. Karl Leonhard geht deshalb mit Sicherheit fehl, in dieser angeblichen „ekstatischen Erregung" ein Frühzeichen seiner späteren Psychose zu vermuten. Das bedeutet natürlich nicht, dass es sich bei den in den *Bekenntnissen* beschriebenen ekstatisch-leidenschaftlichen Erregungen Rousseaus immer nur um dichterische Übertreibungen handelte, sondern dass diese zumeist den für sein Leiden pathognomonischen abnormen Affekthandlungen entsprachen. Solche Gefühlsaufwallungen von oft ekstatischer Natur ziehen sich durch seine *Bekenntnisse* wie ein roter Faden: „Ich habe heftige Leidenschaften, und während sie mich bewegen, kommt nichts meinem Ungestüm gleich: ich kenne dann keine Beherrschung, keine Rücksicht, keine Furcht und keinen Anstand mehr … So geht es mit allen Neigungen, denen ich mich hinzugeben beginne: sie wachsen zur Leidenschaft und bald gibt es für mich nichts mehr auf der Welt denn die Sache, mit der ich mich gerade befasse. Das Alter hat mich von diesem Fehler nicht geheilt … Als ich ins Berner Gebiet kam, ließ ich anhalten, stieg aus, warf mich zu Boden, umarmte und küsste die Erde und rief in meinem Überschwange aus: O Himmel, du Schirmvogt der Tugend, ich preise dich, mein Fuß betritt ein freies Land." Auf der anderen Seite schwankte dieser ekstatische Erregungszustand häufig zum entgegengesetzten Pol, nämlich zu einer Ängstlichkeit oder Schüchternheit: „Meine dumme und widerwärtige Schüchternheit, die ich niemals hatte besiegen können, war stets der Besorgnis entsprungen, gegen den Anstand zu fehlen." Bei dieser Schüchternheit handelte es sich mit Sicherheit nicht um ein anankastisches Syndrom (eine Nichtunterdrückbarkeit bestimmter, oft unsinniger Handlungen oder Vorstellungen etwa im Rahmen einer neurotischen Störung), sondern wohl um eine Ängstlichkeit. Anders wäre es nicht zu erklären, dass er ungeniert wiederholt gegen die als Anstand bezeichneten Regeln verstoßen hat.

Manche Psychiater sind deshalb der Ansicht, dass Rousseaus Psychose erst im Sommer 1757 zum ersten Mal zum Ausbruch gekommen sei. Damals befand er sich nicht nur in einem depressiven Zustand, in welchem er sogar an Selbstmord dachte, sondern seit dieser Zeit stellten sich in Intervallen erstmalig Zustände ein, in denen er sich von „geheimen Verschwörungen, Spielen der Intrige und Bosheit" umgeben fühlte und er überzeugt war, dass ihn „seine Feinde als einen unrettbar verlorenen Menschen betrachteten und sich ein Vergnügen daraus machten, ihn völlig zu vernichten". Wenn Holmsten die Meinung vertritt, dass es dem

„Phantasiemenschen Rousseau eine selbstquälerische Lust war, diesen paranoiden Wahnideen nachzuhängen", dann muss dem entgegengehalten werden, dass er schon Jahre vor dem Ausbruch seiner Psychose doch unzweifelhaft massiven objektiven Verfolgungen ausgesetzt war. Es sei nur auf die schweren Anschuldigungen hingewiesen, die man gegen ihn als den Autor des *Émile* erhob, in welchem sein Bekenntnis zu religiöser Toleranz von katholischer wie von protestantischer Seite als Angriff auf die christliche Religion aufgefasst wurde und dies sogar einen Haftbefehl durch das Pariser Parlament zur Folge hatte. Nur eine rechtzeitige Flucht in die Schweiz rettete ihn vor der Verhaftung, doch nahmen auch hier die Verfolgungen kein Ende. Sowohl die Republik Genf – seine Vaterstadt – als auch die Regierung von Bern ließen ihn aus ihren Gebieten ausweisen und selbst in Neuchâtel/Neuenburg, das der Regierung Friedrich des Großen unterstand, wurde er bald – nicht zuletzt wegen seiner armenischen Kleidung mit Fez und Kaftan – als Antichrist gejagt und verfolgt, wobei man ihn sogar tätlich angriff. Aber auch seine Flucht auf die Insel St. Peter im Bieler See bedeutete keine dauernde Bleibe für ihn, denn auch von hier wurde er bald ausgewiesen, von einem Ort also, der so isoliert gelegen war, dass seiner Meinung nach „weder der Pöbel noch die Kirchenmänner ihn stören könnten". Wie verzweifelt er war, zeigt sein Gesuch an den Senat von Bern, ihm zu gestatten, „den Rest meines Lebens in Gefangenschaft auf einer ihrer Burgen zu verbringen oder an einem anderen ähnlichen Platz auf Ihren Besitzungen, den Sie als geeignet für mich halten. Ich werde dort auf meine eigenen Kosten leben und werde Ihnen die Sicherheit geben, dass ich Ihnen nie zur Last fallen werde." Dass diese verzweifelte Alternative zur Verbannung nicht einem geistigen Zusammenbruch entsprungen ist, beweist sein Zusatz: „Nehmen Sie nicht an, dass ein scheinbar so ungewöhnlicher Ausweg die Frucht von Verzweiflung ist. Mein Geist ist vollkommen ruhig in diesem Augenblick." Dennoch war die Antwort aus Bern der Befehl, das Territorium innerhalb von vierundzwanzig Stunden zu verlassen.

Nun war sein erster Gedanke nach Berlin zu gehen, wo ihn König Friedrich II. gerne großzügig aufgenommen hätte, doch kam er rasch davon wieder ab und nach einigen Überlegungen begab er sich nach Frankreich, wo man offensichtlich gar nicht so erpicht darauf war, ihn zu inhaftieren. In Paris schließlich erhielt er dann von David Hume am 22. Oktober 1765 eine Einladung nach England, wo ihm sicherer Schutz vor den Verfolgungen angeboten wurde. Diese Einladung beweist, wie sehr man im Ausland diese reale Verfolgungssituation bis hin zur Haftandrohung missbilligte: „Ihr einzigartiges und unerhörtes Missgeschick, unabhängig von Ihrer Tugend und Ihrem Genius, muss die Gefühle jedes menschlichen Wesens zu Ihren Gunsten erregen; doch ich schmeichle mir, dass Sie in England absolute Sicherheit vor aller Verfolgung finden können, nicht nur durch den toleranten Geist unserer Gesetze, sondern auf Grund der Achtung, die hier jedermann für Ihren Charakter hat." Es bedarf somit keiner Diskussion feststellen zu können, dass bis zum Einsetzen des Verfolgungswahns bei Rousseau eindeutige, ja freiheitsbedrohende objektiv feststellbare Verfolgungen über ein ganzes Jahrzehnt vorausgegangen waren, die in Anbetracht seines labilen, hypochondrischen und eher ängstlichen Charakters berechtigterweise bei ihm den Eindruck entstehen lassen mussten, in wiederkehrenden Zeitabständen von „geheimen Verschwörungen und Intrigen" umgeben zu sein, ohne seine wirklichen oder vermeintlichen Feinde mit Sicherheit angeben zu können.

Nach seiner Ankunft in London am 13. Januar 1766 wurde er mit Ehren empfangen. Hier in England hatte er nach langer Zeit endlich das Gefühl, vor allen Nachstellungen und Gemeinheiten sicher zu sein. Doch gerade jetzt in England, wo keine reale Verfolgung mehr stattfand, kam es zum Ausbruch eines echten Verfolgungswahns, der in keinem Zusammenhang mit bisher Erlebtem stand, sondern sich ausschließlich auf seine neue Umgebung und insbesondere auf David Hume bezog, was auf den ersten Blick paradox erscheinen mag. Meldete Hume doch schon wenige Tage nach der Ankunft in London der Madame de Brabante: „Sie haben mich um meine Meinung über Jean-Jacques Rousseau gefragt … erkläre ich, dass ich nie einen liebenswürdigeren … Mann gekannt habe … Wenn ich nach Fehlern an ihm suche, finde ich keine, außer äußerster Ungeduld und einer Neigung, ungerechten Verdacht zu hegen gegen seine besten Freunde." Wenn sich nun tatsächlich Rousseaus Verdacht auch gegen seinen bisherigen Gönner richtete, dann war dies nicht so grundlos, wie es zunächst den Anschein haben mag. Schien es Rousseau schon suspekt, dass ihm der freundliche Hume das Angebot unterbreitete, ihm bei der Bewältigung der reichlichen Post behilflich zu sein, was leicht zu Intrigen gegen ihn benützt werden konnte, so glaubte er bald bemerkt zu haben, dass Hume kein offenes Spiel mit ihm trieb. Und damit hatte Rousseau nicht ganz unrecht, wie bei genauer Durchsicht der diesbezüglichen schriftlichen Unterlagen hervorgeht. Demnach hatte sich nämlich zu Beginn des Jahres 1766 folgendes abgespielt: Wie Horace Walpole, Earl of Orford und Verfasser zeitgeschichtlicher Dokumente am 12. Januar 1766 an H. Conway schrieb, habe er als Scherz auf Rousseau ein Schreiben verfasst, das den Eindruck erwecken sollte, dass es von Friedrich dem Großen an ihn abgesandt worden war, und dieses Schreiben gab Grimm seiner Leserschaft öffentlich bekannt. Es lautet: „Der König von Preußen an Monsieur Rousseau: Mein lieber Jean-Jacques; Sie haben sich von Genf, Ihrem Vaterland losgesagt; Sie haben sich selbst aus der Schweiz vertrieben; Frankreich hat einen Haftbefehl gegen Sie erlassen. Kommen Sie also zu mir. Ich bewundere Ihr Talent; ich habe Freude an Ihren Träumen, die Sie (es sei im Vorübergehen gesagt) zu viel und zu lange beschäftigen. Sie müssen endlich weise und glücklich werden. Sie haben sich genug ins Gerede gebracht wegen Eigenheiten, die kaum zu einem wahrhaft großen Mann passen. Zeigen Sie ihren Feinden, dass Sie manchmal gesunden Menschenverstand haben können; dies wird sie ärgern, ohne Ihnen zu schaden. Meine Staaten bieten Ihnen eine friedliche Zuflucht; ich wünsche Ihnen alles Gute und würde Ihnen gerne helfen, wenn Sie es annehmen können. Doch wenn Sie fortfahren, meine Hilfe abzulehnen, seien Sie versichert, dass ich es niemand sagen werde. Wenn Sie darauf bestehen, sich den Kopf zu zerbrechen, um neues Missgeschick zu suchen, wählen Sie aus, wie es Ihnen beliebt; ich bin König und kann alles tun, Ihren Wünschen zu entsprechen; und – was Ihnen sicherlich nie geschehen wird von Seiten Ihrer Feinde – ich werde aufhören, Sie zu verfolgen, wenn Sie aufhören werden, Ihren Ruhm darin zu sehen, verfolgt zu werden. Ihr guter Freund Friedrich."

Man kann nur annehmen, dass Walpole, der Rousseau persönlich nie kennen gelernt hatte, nicht ahnen konnte, wie sehr der von ihm so schändlich Verhöhnte durch eine Folge von Auseinandersetzungen und unglücklichen Missgeschicken bereits an den Rand eines geistigen Zusammenbruches gedrängt worden war. Schwerer verständlich ist es hingegen, dass der von Rousseaus krankhafter Empfindlichkeit unterrichtete Hume es für notwendig fand, sich selbst an der Abfassung dieses Falsifikats zu beteiligen, anstatt die Veröffentlichung dieser Schmähschrift zu verhindern. Wenn Rousseau davon Kenntnis erhielt, was aus einem Brief von Madame Bouffler zu schließen ist, dann versteht man, warum er sich schon sehr bald mit Hume überwerfen sollte und dieses Zerwürfnis mit großer Wahrscheinlichkeit den Prozess seiner wahnhaften Gedankengänge zur Auslösung brachte. Es mag sein, dass sich die Krankheit schon vorher da und dort angekündigt hatte, aber erkennbar brach der Wahn mit Sicherheit erst in England hervor. In den *Bekenntnissen* stößt man zwar wiederholt auf Hinweise, doch gestatten diese keine zeitliche Zuordnung, wann er wirklich krank wurde, weil dieses Werk erst zu einem viel späteren Zeitpunkt verfasst wurde und, wie Leonhard zutreffend einschränkt, wahnhafte Andeutungen später als konkreten Ereignissen inhärent interpretiert worden sein könnten. Am Beginn des siebenten Buches der *Bekenntnisse,* mit dem er nach zweijähriger Unterbrechung sein Werk fortsetzte, schilderte er seinen derzeitigen Zustand als eindeutig krank ohne Angaben darüber, wann er krank geworden war. Ich zitiere einige der von Leonhard ausgewählten vielsagenden Passagen:

„Während ich schon wider Willen gezwungen bin, zu sprechen, sehe ich mich außerdem gezwungen, mit Heimlichkeit, List und Verstellung zu Werke zu gehen und mich zu Dingen zu erniedrigen, zu denen ich am allerwenigsten geboren bin. Die Decke, unter der ich atme, hat Augen, und die Mauern, die mich umgeben, haben Ohren. Von Spionen und wachsamen, übelwollenden Aufpassern umgeben, kann ich nur ängstlich und zerstreut in aller Hast ein paar unterbrochene Worte aufs Papier werfen." An einer anderen Stelle heißt es: „Die Fortsetzung dieser Denkwürdigkeiten wird diesen schändlichen Anschlag enthüllen, hier weise ich jetzt nur auf seinen Ursprung hin; gar bald wird man den ersten Knoten sich schürzen sehen." Bei diesen Denkwürdigkeiten dürfte es sich, wie vorausgehende Naturbeschreibungen ziemlich sicher annehmen lassen, um Erlebnisse handeln, die er während seiner Wanderungen an den Ufern des Lago Maggiore hatte, denn er beschrieb ausdrücklich auch die Schönheiten der vielen kleinen, in diesem See gelegenen Borromäischen Inseln. Niedergeschrieben wurden sie jedoch zweifellos erst zu einem späteren Zeitpunkt, in welchem sie ebenso wie die folgenden Sätze in seinen *Bekenntnissen* wahnhaft umgedeutet wurden: „Wenn man sich an meiner Freiheit auch noch nicht vergriff, so ersparte man mir jedoch Beleidigungen keineswegs, und sogar mein Leben kam in Gefahr. Das Opernorchester schloss das recht ehrenwerte Bündnis, mich beim Verlassen des Hauses zu ermorden. Man teilte es mir mit, aber ich besuchte die Oper deshalb nur um so eifriger … Um die Zeit, da ich dieses niederschrieb, ahnte ich die große Verschwörung Diderots und Grimms gegen mich noch nicht, sonst hätte ich gar leicht erkannt, wie sehr Diderot mein Vertrauen missbrauchte." Da wir wissen, dass sich Rousseau nach dem endgültigen Bruch mit den beiden ehemaligen Freunden während seines Aufenthaltes bei der herzoglichen Familie Luxemburg in keiner Weise auffällig benommen hatte – sieht man von manchen ungerechtfertigten Verdachtsäußerungen ab –, steht es außer Zweifel, dass sein Wahn tatsächlich erst nach Verlassen Frankreichs, ausgelöst durch eine Reihe von Einflüssen in seinem neuen Gastland, dessen Sprache er nicht beherrschte und dessen Sitten und Gebräuche für ihn völlig fremd waren, ausgebrochen ist.

Wichtigster Auslösefaktor dürfte das Verhältnis zu seinem gönnerhaften Freund David Hume gewesen sein, das sich schon während der ersten drei Monate des Jahren 1766, also noch während seines Aufenthalts in London, verdüsterte, und sich schließlich wegen seines – zum Teil berechtigten – Verdachtes einer Mitschuld an dem kompromittierenden gefälschten Brief Walpoles in eine Feindschaft verwandelte. Dieses Zerwürfnis kündigte sich durch ein Ereignis an, das sich am Vorabend seiner Übersiedlung in das Landhaus in Wootton abspielte, welches ihm von Mr. Davenport zur Verfügung gestellt wurde. Dort, mehr als zweihundert Kilometer von der Hauptstadt und deren Trubel entfernt, sollte er die von ihm ersehnte Ruhe genießen können. War Rousseau über diesen Vorschlag sichtlich erfreut, beklagte er sich bei dem völlig überraschten Hume dennoch mit dem grundlosen Vorwurf: „Wenn dies tatsächlich ein Plan Davenports ist, von dem Sie wussten und dem Sie zustimmten, dann hätten Sie mir kein größeres Missvergnügen bereiten können." Wie David Hume später berichtete, setzte sich Rousseau schon eine knappe Stunde später „auf meine Knie, warf seine Arme um meinen Hals, küsste mich mit der größten Wärme und, mein Gesicht mit Tränen benetzend, rief er aus: ‚Ist es möglich, dass Sie mir je verzeihen können, teurer Freund? Nach all den Beweisen der Zuneigung, die ich von Ihnen erhalten hab, belohne ich Sie am Ende mit Tollheit und schlechtem Betragen. Doch ich habe trotzdem ein Herz, das Ihrer Freundschaft wert ist' … Ich küßte ihn und umarmte ihn zwanzigmal unter reichlichen Tränen." Und einem Freund gegenüber meinte Hume, Rousseaus Schicksal betreffend: „Er war verzweifelt entschlossen, sich in diese Einsamkeit zu stürzen, trotz all meiner Einwände; und ich sehe voraus, dass er unglücklich sein wird in dieser Situation, wie er es immer gewesen ist in allen Situationen." So weit die Darstellung Humes. Rousseau gibt uns davon abweichend in seinen *Bekenntnissen* eine andere Schilderung des Abschiedsabends vor der Abreise nach Wootton: „Nach Tisch, während wir beide schweigend am Kamine sitzen, bemerke ich, dass Hume mich starr ansieht, was er oft und in auffälliger Weise zu tun pflegte. Diesmal wurde sein brennender und verlängerter Blick fast beunruhigend. Ich versuche, ihn meinerseits zu fixieren; als ich aber meine Augen auf den seinigen ruhen lasse, fühle ich ein unerklärliches Schaudern und sehe mich bald genötigt, sie zu senken … Der Eindruck jenes Blicks bleibt in mir haften; meine Unruhe steigert sich bis zum Schrecken." Diese Zeilen lassen durch die Betonung des „starren und brennenden Blicks" Humes und durch die Erwähnung des „Schauderns", das dieser Blick bei ihm hervorrief, bereits auf die sich anbahnende Krankheit schließen. Für Hume war das Verhalten Rousseaus offenbar nichts Krankhaftes, sondern eher der Ausdruck eines äußerst empfindsamen, überschwänglichen und leidenschaftlichen Menschen. Und dieser Eindruck wird verständlich, wenn man Rousseau weiter über diesen Abschiedsabend berichten lässt: „Nicht lange, und das Gewissen beginnt sich zu regen; ich werde unwillig, empört über mich selbst. Endlich in einer leidenschaftlichen Aufwallung, an die ich noch jetzt mit inniger Freude zurückdenke, werfe ich mich in seine Arme. Ich drücke ihn fest an mich, ich benetze ihn mit meinen Tränen und rufe aus: ‚Nein, nein, David Hume ist kein Verräter! Wenn er nicht der beste der Menschen wäre, so müsste er der schlechteste sein.' Hume erwidert meine Umarmung, sagt, während er mich leise auf den Rücken klopft in ruhigem Tone: ‚Wie! Mein lieber Herr!' Er sagt mir nichts weiter und ich fühle, dass mein Herz sich zusammenzieht. Unsere Auseinandersetzungen waren damit zu Ende."

Kündigte sich in diesem extrem schwankenden Stimmungswechsel und in der wahnhaften Umdeutung von sicher ganz harmlosen Blicken Humes die bald voll in Erscheinung tretende Krankheit Rousseaus bereits unheilvoll an, so brach sie schon eine Woche nach Eintreffen in Wootton voll aus, nachdem am 3. April 1766 in der Londoner Zeitung *Saint James Chronicle* in englischer und französischer Sprache der ihn verletzende und kränkende angebliche Brief Friedrich des Großen an Rousseau ohne Angabe des wirklichen Verfassers in vollem Wortlaut veröffentlicht worden war. Zunächst schrieb er an die Redaktion dieses Blattes, dass dieser Brief „in Paris fabriziert wurde, und was mein Herz besonders kränkt und schmerzt ist der Umstand, dass der Fälscher, der ihn schrieb, Komplizen in England hat", wobei er gleichzeitig darum bat, sein Schreiben zwecks Wiedergutmachung eines Irrtums, versehen mit seiner Unterschrift, abzudrucken. An David Hume jedoch, von dessen Mitwisserschaft er überzeugt war, sandte er jenen Brief voll mit eindeutig abnormen Anklagen, der nicht nur bei Hume heftige Empörung auslöste, sondern zugleich den endgültigen Bruch ihrer Beziehung bedeutete. Er beschuldigte ihn darin nicht nur wegen dessen wahrscheinlich ja wirklich nicht ganz redlichen Verhaltens, sondern er ging in der pathologischen Verkennung der Umstände so weit, dass er auch die Wohltaten und die guten Absichten Humes in großer Weise umdeutete und ihm sogar unterstellte, dass er ihn nur deshalb nach England gelockt hätte, um ihn „für seine bösartigen Zwecke in die Hände zu bekommen". Dieser am 10. Juli 1766 abgesandte Brief hatte folgenden Wortlaut:

„Ich glaubte, dass mein Schweigen, durch Ihr Gewissen interpretiert, deutlich genug rede. Da es aber Ihren Absichten entspricht, dasselbe nicht zu verstehen, so will ich reden. Ich kenne Sie, mein Herr, und Sie wissen das sehr wohl. Ohne vorgängige Beziehung freundlicher oder feindlicher Art ... beeifern Sie sich, mir in meinem Unglücke Ihre tätige Teilnahme anzubieten. Gerührt von Ihrer Großmut werfe ich mich Ihnen in die Arme. Sie führen mich nach England, anscheinend, um mir hier ein Asyl zu bereiten, in der Tat aber, um mich zu entehren ... Es bedurfte so großer Anstrengungen nicht, um das Ziel zu erreichen. Sie leben in der großen Welt und ich in der Zurückgezogenheit; das Publikum liebt es, sich täuschen zu lassen, und Sie sind dazu gemacht, es hinter's Licht zu führen. Sie wissen, mit welchem Abscheu mein Herz den ersten Argwohn zurückwies. Ich sagte Ihnen mit Tränen in den Augen, dass, wenn Sie nicht der beste der Menschen wären, Sie der schlechteste sein müssten. Denken Sie an Ihr geheimes Treiben, so werden Sie sich zuweilen sagen, dass Sie nicht der beste der Menschen sind und ich weiß nicht, ob Sie mit diesem Gedanken jemals der glücklichste sein werden. Übrigens lasse ich Ihren und Ihrer Freunde Ränken freien Lauf ... Was die guten Dienste angeht, mit welchen Sie sich maskieren, so danke ich Ihnen für sie und entbinde Sie von ihnen. Ich bin mir schuldig, keinen Verkehr mehr mit Ihnen zu unterhalten, und auf keine Sache, gereiche sie mir auch zum Vorteil, einzugehen, deren Vermittler Sie sind. Leben Sie wohl, mein Herr; da wir uns aber nichts mehr zu sagen haben dürften, so ist dies der letzte Brief, welchen Sie von mir erhalten."

Hume antwortete am 22. Juli kurz, ohne auf all die Anschuldigungen einzugehen, da er zu der Überzeugung gelangt war, Rousseau sei wahnsinnig. Als Voltaire durch Madame de Bouffl“er von diesem Schreiben an Hume erfuhr, antwortete er ihr: „Sagen Sie mir Ihre Meinung. Wenn ich dem Rate folge, welchen mir Lord Ferford und der General Conway geben, und die auf dieses Zerwürfnis bezüglichen Details veröffentliche, so richte ich diesen Unglücklichen vollständig zugrunde. Jedermann wird einem so falschen, so undankbaren, so bösartigen, so gefährlichen Wesen den Rücken kehren. Ich weiss nicht, in welchem Erdwinkel er seine Schande verbergen könnte, und diese Lage würde Verzweiflung oder Wahnsinn zur Folge haben.“ Voltaire zeigte sich mit dieser Antwort ebenfalls nicht von seiner besten charakterlichen Seite, da er wie oben erwähnt mit seiner anonymen Schrift seinen Gegner Rousseau absichtlich bei den Engländern unbeliebt zu machen versucht hatte und so das Seine am Aufflackern von dessen Verfolgungswahn beitrug.

War Rousseaus Verhalten David Hume gegenüber mit vielen Abstrichen nicht ganz unbegründet gewesen, so gilt dies sicher nicht für seinen Gastgeber Davenport, auf dessen Landsitz er sich bis Ende des Jahres 1766 sichtlich wohl fühlte. Doch mit dem Fortschreiten seiner Krankheit entwickelte er nun auch ein zunehmendes Misstrauen gegen diesen freundschaftlich gesinnten Mann, der sicher nichts Böses irgendwelcher Art gegen ihn im Sinne hatte. Wie aus dem ersten, bei Brockerhoff nachzulesenden Brief an Davenport zu entnehmen ist, richteten sich seine Vorwürfe zunächst vorwiegend gegen die Bediensteten des Anwesens: „Obgleich ich trotz meiner dringenden Bitten bisher von Ihnen keine Erklärung oder Antwort in Betreff der Dinge, deren Kenntnis für mich von der größten Wichtigkeit ist, habe erlangen können, hat mich doch mein großes Vertrauen zu Ihnen dieses, wenn auch sehr ungewöhnliche Schweigen geduldig ertragen lassen. Nun aber ist es Zeit, dass es ein Ende nimmt … Ich bin offen und geneigt zu vertrauen, mehr vielleicht, als gut ist. Ich verlange nicht, dass Sie es ebenso sind wie ich, doch heißt es das Heimlichtun zu weit treiben, wenn Sie sich beharrlich weigern, mir zu sagen, auf welchem Fuße ich in Ihrem Hause stehe, ob ich hier zuviel bin oder nicht … Darf ich in Ihrem Hause bleiben gegen Ihren Willen? Kann ich es verlassen ohne Ihren Beistand? … Sie besitzen zu viel Scharfblick, um nicht zu sehen, dass es Menschen gibt, denen mein Aufenthalt in Ihrem Hause missfällt, und die ihr Bestes tun, um ihn mir unangenehm zu machen. Sollten Sie ohne Rücksicht auf diese Gründe bei Ihrem bisherigen Schweigen beharren, so wird das für mich eine deutliche Antwort sein und dürfen Sie es dann nicht auffallend finden, wenn ich, ohne mich länger nutzlos zu bemühen, für meinen Rückzug, so gut ich eben kann, Sorge trage.“ Obwohl es Davenport gelang, beruhigend auf ihn einzuwirken, steigerte sich seine Unruhe, wie er einem Brief an seinen Freund de Peyrou anvertraute: „Ich bin nach allen Seiten in der Schlinge, und außerstand, mich aus ihr herauszuziehen. In den Händen von jedermann ist es mir doch unmöglich, irgendeine Bewegung auszuführen." Es muss dahingestellt bleiben, ob ihn zu diesen gesteigerten Verfolgungsideen nicht auch seine Thérèse getrieben hat, welche das feuchte Klima Englands und die Einsamkeit in Wootton zunehmend unerträglich fand und ihn immer wieder anflehte, sie zurück nach Paris zu bringen. Um ihren Wünschen nachzuhelfen, versicherte sie ihm nämlich, die Dienstboten des Hauses hätten einen Plan ausgearbeitet, ihn zu vergiften. Wie dem auch sei: Er beschloss am 1. Mai 1767 England zu verlassen und nach Frankreich zurückzukehren, nicht ohne am Vortag einen Brief folgenden Inhalts an seinen Gastgeber Davenport abzugeben:

„Der Herr eines Hauses muss wissen, was in demselben vorgeht, besonders in Bezug auf die Fremden, die er bei sich aufnimmt. Wenn Ihnen unbekannt ist, was in dem Ihren in Bezug auf mich seit Weihnachten vorgeht, so sind Sie im Unrecht. Wenn Sie es wissen und doch dulden, so ist Ihr Unrecht noch größer. Das am wenigsten zu entschuldigende Unrecht besteht aber darin, dass Sie Ihr Versprechen vergessen und sich ruhig in Davenport niedergelassen haben, ohne sich darum zu kümmern, ob der Mann, welcher Sie auf Ihr Wort hin erwartet, sich wohlfühlt oder nicht. Das ist mehr als genug, um meinen Entschluss zu bestimmen. Morgen, mein Herr, verlasse ich Ihr Haus. Meine Sachen lasse ich zurück, wie auch den Ertrag meiner Bücher und Kupferstiche, als Unterpfand für die Deckung der Unkosten, die ich Ihnen seit Weihnachten gemacht habe. Ich kenne die Fallstricke sehr wohl, die meiner warten, nicht minder mein Unvermögen, mich vor ihnen zu schützen. Doch ich habe gelebt, und es bleibt mir nur noch übrig, meine mit Ehren zurückgelegte Laufbahn zu beschließen … Leben Sie wohl; ich werde oft an die Wohnung, die ich verlasse, mit Bedauern zurückdenken. Ich werde es aber noch weit mehr bedauern, dass ich einen so liebenswürdigen Wirt gehabt und ihn nicht zu meinem Freunde habe machen können."

Rousseau fürchtete offenbar, dass es sich bei seinem Rückzugsunternehmen um eine Staatsaffäre handle und diese Angst dürfte ihn dazu veranlasst haben, seine Reiseroute nach Dover mehrmals zu ändern und den Weg gemeinsam mit Thérèse teilweise sogar zu Fuß zurückzulegen. Verzweifelt schrieb er deshalb an den Minister General Conway: „Man will nicht, dass ich das Land verlasse; ich sehe das, ich habe tausend Beweise dafür. Aber ich will aus diesem Land oder aus dem Leben scheiden, und ich fühle wohl, dass ich nicht die Wahl habe. Die unheilverkündenden Zeichen, die ich wahrnahm, verraten mir das Los, welches meiner wartet, wenn ich auch nur Miene mache, mich einschiffen zu wollen. Dennoch bin ich dazu entschlossen, weil alle Schrecken des Todes nicht mit denen zu vergleichen sind, welche mich rings umgeben. Ein Gegenstand des öffentlichen Hohngelächters und lauter Verwünschungen sehe ich mich umringt von den Vorboten des furchtbaren Schicksals, das mich erwartet." Was Rousseau nicht wissen konnte, war die briefliche Bitte Humes an Turgot, einen einflussreichen französischen Staatsmann, und an einige andere Freunde in Frankreich, dem Ausgestoßenen Hilfe zu gewähren, da sich dieser noch immer unter Haftbefehl stehend in einer äußerst verzweifelten Lage befinde.

Medizinisch gesehen handelt es sich bei den geschilderten Missdeutungen verschiedener Vorgänge in seiner Umgebung um sogenannte Beziehungsideen, das heißt, er bezog alles was rings um ihn geschah auf sich, stets verbunden mit der Einbildung, dass man ihn bespitzeln, ihm Fallstricke legen würde und ständig bemüht wäre, ihm Schaden zuzufügen, ihn zu entehren, ja sogar zu töten. Diese während seines Englandaufenthaltes massiv in den Vordergrund getretenen Beziehungsideen blieben von da an für den Rest seines Lebens vorherrschend, wenngleich er zwischenzeitlich gelegentlich auch eine gewisse Krankheitseinsicht an den Tag legte, die allerdings niemals imstande war, seine krankhaften Beziehungsideen nachhaltig zu korrigieren. Eine solche vorübergehende Einsicht überkam ihn erstmalig kurz nach seinem Eintreffen in Frankreich, als er meinte: „Ich fange an zu fürchten, dass ich nach so vielen wirklichen Widerwärtigkeiten auch eingebildete wahrnehme, die auf mein Gehirn störend einwirken mögen." Diese flüchtige Krankheitseinsicht konnte man bei Rousseau ebenso wie eine Abschwächung seiner Beziehungsideen vorübergehender Natur immer dann beobachten, wenn er einen neuen Wohnsitz bezog, in dem man ihn noch nicht persönlich kannte. Sie kehrten jedoch in der Regel bald wieder in vollem Ausmaß zurück, wenn er längere Zeit dort verweilte.

Obwohl ihm nach seiner Ankunft in Frankreich im Mai 1767 in vielen Städten ein herzlicher, ja fast triumphaler Empfang bereitet wurde und viele Franzosen aus der aristokratischen Gesellschaft ihm, der noch immer unter dem fünf Jahre zuvor gegen ihn erlassenen Bannfluch stand, ein sicheres Heim anboten, setzten rasch wieder seine Beeinträchtigungsideen ein. So teilte er schon bald nach seinem Einzug auf Schloss Trye, das ihm der Prinz Conti zur Verfügung gestellt hatte, seinem Freund Mirabeau mit: „Sie wollen wissen, wie es mir hier geht? Nein, mein verehrter Freund, ich werde Ihr edles Herz durch einen solchen Bericht nicht zerreißen. Die Behandlung, welche ich in diesem Lande von allen Bewohnern ohne Ausnahme und von dem Augenblick meiner Ankunft an erfahre, widerspricht so sehr dem Charakter der Nation und den Absichten des Prinzen, dass ich sie nur einem Anfall von Schwindel zuschreiben kann, nach dessen Ursache ich nicht forschen mag … Ich kann hier weder glücklich und in Frieden, noch frei und mit Ehren leben. Es ist mir daher unmöglich, länger zu bleiben. Ich kann alles ertragen, nur nicht die Schande; so lange sie mich verfolgt, werde ich stets fliehen, wäre es auch in die Tiefe eines Abgrundes oder auf einen Scheiterhaufen." Von allen Menschen, mit denen er im Laufe des Tages zusammentraf, allen voran dem Schlossvogt, glaubte er sich beobachtet und verfolgt. Er glaubte, der mächtige Herzog von Choiseul, der die Heirat des Dauphin mit Marie-Antoinette vermittelte und als Freund Voltaires soeben das Verbot des Jesuitenordens in Frankreich erwirkt hatte, konspiriere gemeinsam mit den Enzyklopädisten Diderot und Grimm in der Absicht, ihn zu vernichten. Wahrscheinlich kam dieser abstruse Verdacht wieder einmal durch Voltaire zustande, der damals den völlig unbegründeten und unglaublichen Verdacht ausgesprochen hatte, Rousseau hätte das Theater in Genf in Brand gesteckt. Ich erwähne und wiederhole diese Details deshalb, weil sie aufzeigen, dass es sich bei den krankhaften Beziehungsideen Rousseaus nicht immer nur um reine Hirngespinste gehandelt hat, sondern dass für ihr Zustandekommen oft auch greifbare objektive Anlässe eine auslösende Rolle spielten.

Um einen klassischen Beziehungswahn handelte es sich aber, als er auf die Idee kam, man beschuldige ihn anlässlich des Todes des Schlossvogts, der an der „Wassersucht", also wohl an einem Herzversagen gestorben war, ihn vergiftet zu haben. Den Grund, warum ihn seiner Meinung nach die Umgebung der Vergiftung beschuldigte, erblickte er in dem Umstand, dass er dem kranken Schlossvogt zur Labung hatte Wein und Gebäck bringen lassen. In einem bei Brockerhoff nachzulesenden Brief kommt sein krankhafter Beziehungswahn besonders deutlich zum Ausdruck. Dort heißt es:

„Alles, was ich an diesem Tage sah und hörte, die zweideutigen Reden des Intendanten, des Bohners, des Perrückenmachers, die dumpfen Gerüchte, die sich in der Nachbarschaft verbreiteten, das Benehmen, welches der Verstorbene in den letzten Tagen gegen mich beobachtet hatte, alles sagte mir, dass ich beschuldigt werde, ihn umgebracht zu haben. Am nächsten Morgen schrieb ich dem Intendanten, um die Öffnung des Leichnams vorzuschlagen. Er lehnte das entschieden ab. Auf diese Weigerung hin fasse ich den Entschluss, mich an den Meier zu wenden." Im Folgenden vermengte er die vermeintliche Mordanklage mit dem noch immer gültigen Haftbefehl gegen ihn, wie man dem Brief an den Prinzen Conti entnehmen kann. Dieser enthielt nämlich „die Erklärung, dass ich mich zur Vollstreckung des gegen mich erlassenen Parlamentsbeschlusses in Paris einfinden wolle, sodann die Bitte, man möge mich gleich am folgenden Tage dorthin führen lassen, da ich überzeugt war, dass, wenn ich mich aus eigenem Antriebe auf den Weg begäbe, die Leute mit welchen ich zu tun hätte, nicht verfehlen würden, mich des Fluchtversuches anzuklagen."

Die Überzeugung, jedermann würde ihn hier als Verbrecher betrachten, ließ ihn in der Folge in Trye um sein Leben fürchten, weshalb er nach fast einem Jahr den Entschluss fasste, sein vornehmes Asyl zu verlassen. Dem Prinzen versuchte er die Gründe hierfür in seinem Abschiedsbrief zu erläutern: „Die Leute, welche zu Ihrem Hause gehören, sind, ich nehme keinen aus, wenig geeignet, mich zu verstehen. Ob sie nun einen Spion in mir sehen, oder mich für einen ehrlichen Menschen halten, alle haben in gleicher Weise meine Blicke zu scheuen. Auch haben sie nichts versäumt und werden sie nichts versäumen, um mich in aller Augen verächtlich zu machen und zu zwingen, Ihr Schloss endlich zu verlassen. Darin, gnädiger Herr, muss und will ich ihnen willfahren. Die Beweise von Güte, mit welchen Ew. Hoheit mich überhäuft hat, genügen, mich über alle Leiden zu trösten, die mich erwarten, wenn ich aus diesem Asyle scheide … Mein Leben und mein Herz gehören Ihnen, aber meine Ehre gehört mir. Gestatten Sie, dass ich ihrer Stimme folge und schon morgen Ihr Haus verlasse." Auf seiner Reise nach Lyon und nach Grenoble glaubte er wiederum ständig neue Hinweise zu erkennen, wie sehr „das Auge des Gesetzes ihn auf Schritt und Tritt verfolgt und ganz besonders an der Grenze auf ihn lauert". Seine ängstlichen Beziehungsideen verstärkten sich schließlich so sehr, dass er seine Reise in Bourgoin unterbrach. Während seines dortigen Aufenthaltes erfolgte ohne zivile oder kirchliche Trauungszeremonie in Anwesenheit von Zeugen die Heirat mit Thérèse auf seine Art. Doch nicht nur in Bourgoin, sondern auch auf Schloss Lavagnac, wo er von einer seiner Verehrerinnen gastfreundlich aufgenommen wurde, meldeten sich rasch wieder seine Verfolgungsängste. Er glaubte zu bemerken, dass man durch Unterschlagung mehrerer seiner Briefe „seit länger als sechs Jahren seinen Untergang beschlossen habe" und er auch auf Schloss Lavagnac, wo er sich seit dem Januar 1769 aufhielt, neuerlich umgeben wäre „von rührigen Spionen, den eifrigen Trabanten, die ihm schmeicheln, während sie ihn erdolchen". So brach er auch hier wieder seine Zelte ab, um sich schließlich nach einer kleinen Odyssee im Juni 1770 in Paris endgültig niederzulassen. Da er zu stolz war, die vom englischen König gewährte Pension in Empfang zu nehmen, musste er wieder so wie in früheren Jahren, als er noch weitgehend unbekannt war, seinen Unterhalt für sich und Thérèse durch Kopieren von Noten verdienen. Obwohl er zu Beginn von vielen neugierigen Besuchern in seiner friedlichen Zurückgezogenheit gestört wurde, fühlte er sich einige Zeit von seinen vermeintlichen Verfolgern befreit. Doch wie immer, wenn er längere Zeit am gleichen Ort verweilte, stellten sich auch jetzt wieder seine angsterfüllten Beziehungsideen ein. Aus dieser Periode erfahren wir aus den 1772 begonnenen autobiografischen Dialogen *Rousseau als Richter von Jean-Jacques* Einzelheiten, auf welche Weise sich sein krankhafter Verfolgungswahn weiterentwickelte und welche

Formen er schließlich annahm. Brockerhoff gibt uns eine Vorstellung von der reichhaltigen Palette von Rousseaus Beziehungsideen:

„Sobald er sich irgendwo niederlässt, was man (in seinen Augen; Anm. d. Verf.) immer im voraus weiß, werden die Mauern, die Fußböden, die Schlösser, kurz alles um ihn her in passender Weise eingerichtet. Auch vergisst man nicht, ihm geeignete Nachbarn zu geben, d.h. schlaue Spione, gewandte Schurken und gefällige Mädchen, die man genau instruiert hat … Es ist ein ungeheures Labyrinth, in welchem man ihn in der Finsternis nur falsche Wege entdecken lässt, die ihn immer weiter in die Irre führen … Wenn er an einem öffentlichen Ort erscheint, wird er wie ein mit der Pest Behafteter angesehen und behandelt. Alle Welt umringt und fixiert ihn, aber so, dass man sich von ihm entfernt hält und ohne mit ihm zu sprechen, bloß um ihm als Barriere zu dienen. Wagt er es selbst zu sprechen, und lässt man sich herbei, ihm zu antworten, so geschieht es entweder mit einer Lüge, oder man umgeht seine Frage mit einem so harten und verächtlichen Tone, dass ihm die Lust vergeht, deren noch weitere zu stellen … Man hat ihn überall und jedermann gezeigt und signalisiert, dem Commis, den Packträgern, den Polizeispionen, den Savoyarden, in allen Theatern, allen Cafés, den Barbieren, den Kaufleuten, den Colporteuren, den Buchhändlern."

Ein Beziehungswahn ungewöhnlichen Ausmaßes hatte sich ausgebildet. So gut wie alle Vorgänge in seiner unmittelbaren Umgebung, waren sie noch so harmloser Art, wurden jetzt umgedeutet und Hass und Feindschaft richteten sich in seiner Einbildung aus immer breiteren Kreisen gegen ihn, den Unschuldigen: Mit unverschämten und feindlichen Mienen fixierten ihn völlig fremde Menschen, die wohlweislich vorher entsprechend instruiert worden seien und sich nun im Flüsterton über ihn lustig machten. Leonhard führt ein sehr treffendes Beispiel an, wie Rousseau aus einem ganz konkreten Vorfall die einzelnen Details wahnhaft umdeutete: Rousseau kam aus irgendeinem Grund zu Sturz, worauf mehrere neugierige oder auch hilfsbereite Menschen sich um ihn versammelten, bald jedoch wieder ihrer Wege gingen, als ihm zwei Passanten beim Aufstehen behilflich waren. In seiner wahnhaften Beziehungswelt wichen die herbeigeeilten Menschen eiligst zurück, weil sie ihn erkannten und die zu Hilfe gekommenen beiden Passanten verweilten bei ihm nur deshalb, weil sie von seinen Feinden nicht rechtzeitig informiert worden waren. Seine vermeintlichen anonymen Feinde gingen in ihrer Verachtung gegen ihn mitunter sogar so weit, dass sie vor ihm ausspuckten – nach Leonhard ein besonders charakteristisches Zeichen für Kranke mit Beziehungsideen.

Mit seinen autobiografischen Dialogen hoffte Rousseau den Franzosen seine Unschuld glaubhaft vor Augen geführt zu haben. Da er jedoch zu bemerken meinte, seine Zeitgenossen wären nicht zu bekehren, wollte er die Wahrheit über sich wenigstens für die Nachwelt erhalten. Seine Dialoge verschiedenen Vertrauenspersonen in Form einer Abschrift auszuhändigen, war ein Gedanke, den er bald wieder verwarf aus Sorge, sie könnten sich ins feindliche Lager begeben und ihn dort verraten. Selbst seinen Freund Duclos, dem er am längsten vertraute, verdächtigte er „treulos genug gewesen zu sein, dieses unantastbare Vermächtnis zu einem Werkzeug der Verleumdung und des Verrats zu machen". Bei diesem maßlosen Misstrauen kam ihm die absurde Idee, das Manuskript der Dialoge auf dem Hochaltar von Notre Dame zu deponieren in der Erwartung, dass es von den geistlichen Herren dem König zur Verwahrung überantwortet würde. Diesem „der Vorsehung übergebenen Depositum" fügte er folgendes bei: „Beschützer der Unterdrückten, Gott der Gerechtigkeit und Wahrheit, nimm dieses Depositum, welches ein unglücklicher Fremdling auf Deinen Altar legt und Deiner Vorsehung anvertraut. Er ist allein auf Erden, ohne Schutz, ohne Verteidiger, von einer ganzen Generation beschimpft, verspottet, geschmäht, verworfen, seit fünfzehn Jahren das Opfer einer Behandlung, die schlimmer ist als der Tod, und mit Unwürdigkeiten überhäuft, wie sie bis dahin unter den Menschen unerhört waren. Jede Erklärung wird mir verweigert, jede Mitteilung abgeschnitten; ich erwarte von den Menschen, die ihre eigene Ungerechtigkeit verbittert, nur noch Schmach, Lüge und Verrat. Ewige Vorsehung, Du bist meine einzige Hoffnung. Nimm mein Depositum in Deine Hut und lasse es in junge und treue Hände fallen, die es unversehrt einer besseren Generation überliefern. Möge diese, mein Schicksal beklagend, erfahren, wie von dem jetzt lebenden Geschlechte ein Mann ohne Arg und Falsch behandelt wurde, er, ein Held der Ungerechtigkeit, aber fähig, sie geduldig zu ertragen, nie jemandem Böses gewollt, getan oder vergolten hat."

Dieser Plan Rousseaus konnte nicht realisiert werden, weil an jenem 24. Februar 1776 der Zugang zum Allerheiligsten durch ein Gitter versperrt war. Verwirrt rannte er aus der Kirche von dem Gedanken erfüllt, eine Bittschrift an das französische Volk zu verfassen mit dem Titel „An alle Franzosen, die noch Gerechtigkeit und Wahrheit lieben" und diese, auf Handzettel vervielfältigt in den Straßen von Paris an vorübergehende Passanten zu verteilen. Zu seiner tiefen Bestürzung wurde von vielen die Annahme dieser Bittschrift verweigert, wie er selbst in beinahe heiteren Worten berichtete: „Bei der Verteilung aber stieß ich auf ein Hindernis, welches ich nicht vorhergesehen hatte: die Personen, welchen ich das Billet darbot, weigerten sich es anzunehmen. Ich konnte mir nicht denken, dass bei der Aufschrift, die es trug, jemand wagen werde, es zurückzuweisen. Doch fast niemand nahm es an; alle erklärten, nachdem sie die Aufschrift gelesen, mit einer Unbefangenheit, die mich trotz meines Schmerzes zum Lachen brachte, dass das nicht ihre Adresse sei."

Diagnostische Zuordnung seiner Psychose

Betrachtet man das Krankheitsbild hinsichtlich der geschilderten gravierenden Symptome und seiner Dauer, dann sind im vorhinein gutartige Formen von Psychosen auszuschließen. Wenn auch mitunter Schwankungen zwischen Ängstlichkeit und depressiver Stimmungslage einerseits und geradezu ekstatischen Erregungszuständen andererseits festzustellen sind, so ist doch niemals ein phasischer Verlauf der Erkrankung im Sinne einer zyklischen Psychose erkennbar. Aber auch eine Paranoia, wie sie Kraepelin beschrieben hat, also ein systematisierter Wahn bei sonst ungestörten psychischen Funktionen und ohne schizophrene Denkstörungen im Sinne eines reinen Verfolgungswahnes, passt nicht zu dem oben ausführlich dargestellten Krankheitsbild Rousseaus. Ist doch nirgends bei ihm eine vollständige Systematisierung seines Wahns feststellbar, sondern stets immer wieder nur eine partielle, bei der abhängig vom Ort seines jeweiligen Aufenthaltes sich sein Misstrauen in der Regel nur auf eine bestimmte Person konzentrierte. Erst in Paris verliert sich auch diese Teilsystematisierung. Würde man vermuten, dass nun seine alten Feinde aus dem Kreis der Enzyklopädisten, allen voran Diderot und Grimm oder Voltaire, zum Kristallisationspunkt seiner Wahnideen wurden, so finden sich auch dafür keine greifbaren Anhaltspunkte. In Paris fühlte er sich zwar völlig schuldlos grausam verfolgt, konnte jedoch weder die Ursachen der Nachstellungen noch deren Betreiber angeben. Die Akzentuierung seiner Wahnvorstellungen, in die schließlich alle Menschen seiner Umgebung involviert wurden, und die krassen Fehldeutungen auch der nebensächlichsten Vorgänge lassen sich somit durchaus so verstehen, dass Demole als Ergebnis seiner 1922 publizierten psychiatrischen Analyse das Vorliegen einer paranoiden Schizophrenie postulierte.

Inzwischen ist allerdings der Begriff der Schizophrenie erheblich erweitert worden, weshalb man mit einer solch allgemeinen Diagnose nicht allzu viel auszusagen vermag. Karl Leonhard hat darauf hingewiesen, dass es innerhalb der paranoiden Krankheitsbilder Formen gibt, die stets mit einem schweren Dauerdefekt enden, andererseits aber auch eine Form beobachtet werden kann, bei der man zwar ebenfalls mit beträchtlichen Ausfallserscheinungen rechnen muss, allerdings unter weitgehend intakter Persönlichkeitsstruktur. Bei solchen Menschen, deren Verhalten außerhalb ihres Wahnsystems sich kaum von jenem in früheren Jahren unterscheidet, handelt es sich um eine Psychose, die nach Leonhard als „affektvolle Paraphrenie" bezeichnet wird. Definitionsgemäß beginnt dieses Krankheitsbild mit einem charakteristischen Beziehungssyndrom, das in ein schweres Bild mit Größenideen, Erinnerungsfälschungen und Sinnestäuschungen übergeht, wobei jedoch ein adäquater und schwingungsfähiger Affekt erhalten bleibt. Für Leonhard ist in der „Kerngruppe" von Schizophrenie die Denkstörung eine Voraussetzung des Wahns, während er bei der „affektvollen Paraphrenie" auf Grund einer Affektstörung entsteht. Ist es für die Schizophrenen der Kerngruppe charakteristisch, dass sie von ihren Ideen, auch wenn sie schwere Beeinträchtigungen aufweisen, recht teilnahmslos berichten und auch dann nicht in einen Erregungszustand gelangen, wenn man mit ihnen darüber spricht, geraten die Kranken mit „affektvoller Paraphrenie" in gereizte Erregung, wenn sie über ihre Verfolgungen klagen oder wenn man ihnen zu widersprechen versucht.

Bei Rousseau hört man aus jeder Abhandlung, in der er von seinen „Ideen" spricht, die Empörung und den leidenschaftlichen Affekt heraus, mit dem er zu seinem Beziehungssyndrom stand. Vielfach überbot er sich in seiner geradezu drastischen Schilderung, wie erniedrigend und grausam man ihn behandelte. Bei Rousseau kamen aber neben den Verfolgungsideen auch die Anzeichen einer Megalomanie, also eines Größenwahns, hinzu. Wie Möbius als erster hervorgehoben hat, erschienen schon aus einer Zeit vor dem Ausbruch seiner Krankheit, etwa in den Briefen an de Malesherbes vom Jahre 1762, Äußerungen, die auf diese Entwicklung hinweisen, wenn es an einer Stelle heißt: „Trotz allem denke ich, voll Hoffnung auf Gottes Güte zu sterben und in der festen Überzeugung, dass von allen Menschen, die ich im Laufe meines Lebens kennen gelernt habe, keiner besser war als ich." Noch deutlicher kommt diese Überhöhung seines Selbstbewusstseins in der Zeit nach Hervorbrechen seines Wahns zum Ausdruck. Besonders kennzeichnend dafür ist die Einleitung zu seinen *Bekenntnissen,* die er ja bereits während des Vollbildes seiner Erkrankung verfasste und die folgenden Wortlaut hat: „Ich plane ein Unternehmen, das kein Vorbild hat und dessen Ausführung auch niemals einen Nachahmer finden wird. Ich will vor meinesgleichen einen Menschen in aller Wahrheit der Natur zeigen, und dieser Mensch werde ich sein. Einzig und allein ich. ... Ich bin nicht gemacht wie irgendeiner von denen, die ich bisher sah, und ich wage zu glauben, dass ich auch nicht gemacht bin wie irgendeiner von allen, die leben ... Die Posaune des Jüngsten Gerichts mag erschallen, wann immer sie will, ich werde vor den höchsten Richter treten, dies Buch in der Hand, und laut werde ich sprechen: Hier ist, was ich geschaffen, was ich gedacht, was ich gewesen. Versammle um mich die Scharen meiner Mitmenschen, sie mögen meine Bekenntnisse anhören, mögen ob meiner Schändlichkeiten seufzen und rot werden ob meiner Schwächen. Jeder von ihnen entblöße am Fuß Deines Thrones sein Herz mit derselben Wahrhaftigkeit, und wer von ihnen es dann noch wagt, der mag ruhig hervortreten und sprechen: ‚Ich war besser als dieser Mann'."

Der Ton, in dem er sich mit diesen Sätzen über andere Menschen erhebt, entspricht nicht nur seinem wahnhaft überhöhten Selbstbewusstsein und der Selbstüberschätzung seiner schriftstellerischen und wissenschaftlichen Leistungen, sondern er unterstreicht darüber hinaus ganz besonders auch die Einmaligkeit seiner moralischen Qualitäten. Wer so spricht, hält sich unzweideutig für ein „großes Vorbild, für eine Art Prophet", wie Leonhard in seiner psychiatrischen Beurteilung Rousseaus schreibt. Diese Überzeugung kann man schon aus seiner ersten bedeutenden Abhandlung herauslesen, seiner Schrift über den Einfluß der kulturellen Entwicklung auf die Moral. Prophetisch versuchte er darin dem Leser klarzumachen, dass künftighin nicht mehr die Kultur, sondern die Natur zum Ideal des Menschentums erhoben werden sollte. In ähnlicher Weise versuchte er sich als Weltverbesserer in seinem Erziehungsroman *Émile,* in dem er die der Natur des Menschen entsprechenden geeignetsten pädagogischen Methoden aufzuzeigen versuchte, also auch hier wiederum prophetisch auf eine Weltverbesserung hinarbeitete. Es darf deshalb nicht wundernehmen, dass seine Zeitgenossen diesen selbsternannten Propheten nicht nur für exzentrisch, sondern auch für unangemessen überheblich hielten, und ich kann Leonhard nicht ganz zustimmen, wenn er meint, dass man mit der Überzeugung Rousseaus, zum Propheten großer Wahrheiten berufen zu sein, möglicherweise auch sein herzloses Verhalten seinen fünf ins Findelhaus abgegebenen Kindern gegenüber etwas besser verstehen könnte. Leonhard berief sich dabei auf die pathetischen Worte in den *Bekenntnissen,* mit denen Rousseau auf dieses heikle Thema zu sprechen kommt: „Zu aufrichtig gegen mich selber und innerlich viel zu stolz, um meine Grundsätze durch meine Handlungen verleugnen zu wollen, fing ich an, das Schicksal meiner Kinder und mein Verhältnis zu ihrer Mutter nach den Gesetzen der Natur, der Gerechtigkeit und der Vernunft … zu bedenken. Ich will mich darauf beschränken, zu sagen, dass mein Irrtum in dem Glauben bestand, die Tat eines Bürgers und eines Vaters dadurch zu tun, dass ich meine Kinder der öffentlichen Erziehung übergab, da ich sie nicht selbst zu erziehen vermochte, und sie dazu bestimmte, Arbeiter und Bauern anstatt Abenteurer und Glücksjäger zu werden; durch solche Gedanken fühlte ich mich als ein Mitglied des platonischen Staates."

Abgesehen davon, dass das Milieu eines Findelhauses und die darin üblichen sanitären und erzieherischen Voraussetzungen herzlich wenig mit den Vorstellungen Platos von einer Gemeinschaftserziehung zu tun hatten, kamen solche pathetischen Beteuerungen erst zu einem Zeitpunkt, als er sich rückblickend reuige Gedanken über seine „unselige Tat", wie er sie selbst in den *Bekenntnissen* bezeichnete, machte. Zum Zeitpunkt dieser Tat verschwendete er keine Gedanken an Plato, sondern vielmehr daran, wie er dem Beispiel seiner Freunde folgend solche Probleme im Stile des leichtlebigen französischen Rokoko am einfachsten lösen konnte.

Wenn es im fortgeschrittenen Stadium von Rousseaus Psychose offenbar auch zu Beeinträchtigungen seiner logischen Denkfähigkeit kam, dann würde dies nicht unbedingt gegen die affektive Grundlage seines Leidens sprechen. Sieht man von seinem absurden Verhalten ab, im Verfolgungswahn verhaftet seine „Dialoge" auf dem Hochaltar von Notre Dame für die Nachwelt deponieren oder Handzettel an vorübergehende Passanten verteilen zu wollen – Handlungen, die wohl nur einer im Rahmen der Schizophrenie vorkommenden Spaltung des Denkens entspringen konnten –, dann lassen sich bei ihm auch in den allerletzten Jahren seines Lebens keine Hinweise für eine solche Denkstörung feststellen. In allen Gesprächen, die nicht sein Beziehungssyndrom betrafen, blieb er imstande, logisch und verständig zu denken. Bestes Beispiel dafür ist die genannte Ausarbeitung einer polnischen Verfassung in einer Zeit, in welcher seine Krankheit bereits sehr fortgeschritten war. Eine klare, besonnene und bemerkenswert versöhnliche Antwort ließ er trotz des zu diesem Zeitpunkt bereits voll ausgesprochenen Krankheitsbildes auch seinen Landsleuten in Genf zukommen, die ihn anlässlich eines schwerwiegenden Parteienstreites um seinen Rat baten. In Rousseaus Antwortschreiben bemerkt man vor allem seine Absicht, unter allen Umständen ein Blutvergießen zu vermeiden – ein Hinweis dafür, dass die später in seinem Namen geführte so blutrünstige Französische Revolution ohne Zweifel ganz gegen seine Absichten stattfand, da er stets nur eine gewaltlose Verbesserung der Moral und der Sitten der Menschheit angestrebt hat.

Abschließend lässt sich nach dem heutigen Stand der medizinischen Wissenschaft, insbesondere bei Berücksichtigung der von Leonhard erarbeiteten Kenntnisse von dem weiten klinischen Spektrum der schizophrenen Erkrankungsformen, bei Jean-Jacques Rousseau die Diagnose einer klassischen „affektvollen Paraphrenie" stellen, mit der alle geschilderten Symptome lückenlos übereinstimmen. Da in seinem Wahnsystem seine sexuellen Anomalien, insbesondere sein Masochismus und sein Exhibitionismus, an keiner Stelle aufscheinen, lassen sich objektiverweise auch keine psychologischen Konnexe mit seinem Grundleiden herstellen. In seinem Psychogramm nehmen sie hingegen einen wichtigen Platz ein, da sie in entscheidender Weise sein Denken und Handeln als Mensch, als Schriftsteller und als Wissenschaftler bestimmt haben. Wahrscheinlich erlaubt uns erst die Miteinbeziehung der medizinischen Analyse den überaus komplexen und schwer verständlichen Menschen Rousseau mit seinem ungeheuren Einfluss auf die Nachwelt besser zu verstehen. Seine Nachwirkung ist so vielfältiger Art, dass wahrscheinlich die Zeit, die seit seinem Tod verstrichen ist, noch nicht ausreicht, um dieses so schillernde Genie endgültig und streng objektiv beurteilen zu können. Nur so erklärt sich, dass seit mehr als zwei Jahrhunderten enthusiastische Anhänger und erbitterte Gegner um sein wahres Bild ringen. Vorläufig ist man sich nur einig darüber, dass Rousseau – wie eine erst kürzlich veröffentlichte Zusammenstellung der bedeutendsten Männer des zweiten Jahrtausends aufzeigte – in Gesellschaft von Männern wie Gutenberg, Luther, Beethoven oder Einstein unter die ersten zwanzig Persönlichkeiten eingereiht wurde, die dieses Millennium entscheidend mitzugestalten halfen.

FRIEDRICH SCHILLER

EINLEITUNG

„Sein Leben und sein Tod gleicht dem des Fackelläufers, der in sich verzehrt, aber mit brennendem Licht ans Ziel kam, sterbend hinstürzte und so stürzend, so sterbend ein ewiges Sinnbild blieb." Diese Worte, die Hugo von Hofmannsthal vor hundert Jahren niedergeschrieben hat, kennzeichnen mit dichterischer Seherkraft das furchtbare Ringen Schillers mit den Praktiken absolutistischer Despoten und während des letzten Drittels seines kurzen Lebens mit einer Krankheit, der er trotz unsagbarer Leiden seine bedeutendsten schöpferischen Leistungen abzuringen vermochte. Der schwer erkämpfte Lohn dieses Herkules an Willen war eine überquellende Ernte unvergänglicher dichterischer, literarischer und philosophischer Werke, die ihn schon unmittelbar nach seinem Tode zum beliebtesten deutschen Dichter und zu jener Statue übermenschlicher Größe machte, die Ernst Bertram als ein „dorisches Standbild mit Siegerbinde" bezeichnete. An der Errichtung dieses poetischen Denkmals mit hohem Sockel hat schon Goethe mit seinem *Epilog zu Schillers Glocke* mitgearbeitet und mit der Veröffentlichung des so beeindruckenden gemeinsamen Briefwechsels zugleich den Grundstein für die Apotheose dieser beiden Geistesriesen in dem unvergänglichen Bild der „Weimarer Klassik" gelegt. Erreichte auf diese Weise Schillers Nachruhm, nicht zuletzt unter dem Einfluss der politischen Geschichte, eine Dimension einmaligen Ausmaßes, so versuchten schon in der Romantik mit den Brüdern Schlegel an der Spitze namhafte Repräsentanten an diesem Marmorstandbild zu kratzen. Seit Nietzsche, der ihn einen hohlen „Moral-Trompeter" nannte, mehrten sich auch im 20. Jahrhundert kritische Stimmen und dies, obwohl Thomas Mann in seinem untrüglichen Gefühl für das Wahre und Echte eindringlich den Versuch unternahm, den wahren, leidenden, menschlichen Schiller und den modernen, zukunftsweisenden Künstler und Philosophen zu zeichnen. Die Kritik erhitzte sich dabei vor allem an Schillers dichterischem Pathos, seiner Rhetorik des hochfliegenden Affekts, die bei unserer Generation oft als reichlich maniert empfunden wird. Man vergisst dabei nur, dass sie für den jungen Dichter der Zeit des „Sturm und Drang" einen poetischen Akt darstellte, der ihn von inneren und äußeren Zwängen, wie sie in seiner Eleven-Zeit in der herzoglichen Karlsschule gegeben waren, befreien sollte. Eine solche Kritik verwechselt im übrigen Schillers Pathos mit Deklamation, indem sie nämlich außer Acht lässt, dass mit diesem griechischen Wort („pathein" entspricht dem deutschen Zeitwort „leiden") der echte Ausdruck einer dichterischen Erschütterung wiedergegeben werden soll, wenn es darum geht, das Leid der Seele in Worte zu kleiden.

Neben der literarischen Tradition war für das Übermaß von Schillers Nachruhm zweifellos auch das nationale Motiv mit verantwortlich, das ihn für über hundert Jahre zum Nationaldichter der Deutschen gemacht hat. Die Schriftsteller der späteren Befreiungskriege erblickten in ihm ebenso wie die Dichter des Vormärz den Freiheitsdichter, den „Volksdichter", den man dann gerne dem „Fürstenknecht" Goethe entgegenhielt. In seiner Begeisterung für Schiller als politischer Dichter schrieb einer der in der ersten Hälfte des 19. Jahrhunderts führenden Literarhistoriker und Politiker Deutschlands, Georg Gervinus: „Die Idee der Freiheit, die Schillers Werke in ihrem vollen Umfange durchdringt, griff die politische Zeit politisch, und jene Dramen von der Befreiung Genuas und der Niederlande, der Schweiz und Frankreichs schienen ja in der That wie eine absichtlich ausgestreute Saat, aus der so bald über dem Grabe des Dichters die Frucht der Freiheit aufschießen sollte." Wenn ein zeitgenössischer Kollege von Gervinus, der Literarhistoriker Robert Prutz, in seinem Enthusiasmus meinte, Schiller hätte „die Schranke, an welcher Goethes Genie zuschanden ward, überschritten", dann übersah er allerdings ebenso wie viele andere Verfechter der parlamentarischen Parteiendemokratie, dass Schillers hoher Geist bereits in seinen Jugendanfängen und noch deutlicher in seinen reifen Jahren durch und durch als Aristokrat auftrat, und dies weitaus exklusiver als der „Höfling" Goethe. Wie heißt es doch in seiner letzten, leider Fragment gebliebenen Dramendichtung *Demetrius*: „Was ist die Mehrheit? Mehrheit ist der Unsinn, Verstand ist stets bei den wenigen nur gewesen ... Der Staat muss untergehn, früh oder spät, wo Mehrheit siegt und Unverstand entscheidet." Schon wenige Jahre zuvor hatte Schiller in seiner Abhandlung *Über die ästhetische Erziehung des Menschen*, in welcher er sich bereits weit von den Grundsätzen Immanuel Kants entfernt hatte, eine Art politisches Manifest verfasst, das dem Realpolitiker allerdings kaum von Nutzen sein konnte. Stellte er darin doch die Idee der Freiheit, die von der Französischen Revolution völlig pervertiert in die Tat umgesetzt wurde, ausdrücklich als ein Losungswort in den Raum, das nur in einem ästhetischen Staat, mit dem Schiller einen Kulturstaat meinte, verwirklicht werden kann. Man erkennt deutlich den Bezug zu Jean-Jacques Rousseau, zu dem er sich in seinen *Räubern* noch ganz offen bekannte, indem er jede gesetzlose individuelle Selbstverwirklichung ablehnte und den Bau einer sittlichen Welt als unanfechtbare letzte Instanz betrachtete, der sich jedes menschliche Handeln anzupassen hat. Aber auch in Schillers geläuterten späteren Jahren erwies er sich noch als Anhänger Rousseaus, wenn auch die politischen und gesellschaftlichen Probleme zu philosophischen und ästhetischen geworden waren. Zwar blieb das Anliegen des französischen Philosophen, durch eine ästhetische Erziehung ein sittliches Empfinden zu wecken, das gleiche, doch vermochte hier das souveräne Genie Schillers eine Synthese zu finden, die dem räsonierenden, moralisierenden Geist Rousseaus noch nicht möglich war.

Schillers Programm der ästhetischen Erziehung folgt der Überzeugung, dass „es die Schönheit ist, durch welche man zur Freiheit wandert". Mit dieser Auffassung grenzte er sich deutlich vom „Irrweg" der Französischen Revolution ab, jedoch nicht ohne sich gleichzeitig auch mit den Entfremdungsprozessen der kommenden kapitalistischen Produktionsmethoden kritisch auseinander zu setzen. Der als Anarchie abgeurteilten Revolution, die „nicht der Idee, sondern dem Trieb folgte", stellte Schiller das abschreckende Bild der bürgerlichen „zivilisierten Klassen" gegenüber, die er als das „zivilisierte Pendant zur tierischen Barbarei der Unteren" betrachtete. Beide Klassen fasste er als Ausdrucksform einer fehlgeleiteten historischen Entwicklung auf, eine Diagnose, die seherisch bereits viele Befunde des *Kommunistischen Manifests* vom Jahre 1848 antizipierte.

Der unwiderstehliche Drang zum Dichter beherrschte den jungen Schiller schon während seiner Internatsjahre in der Karlsschule und veranlasste ihn schließlich, sich durch Flucht dem Zwang der militärischen Subordination zu entziehen mit dem sehnlichsten Ziel, fortan als Weltbürger, „der keinem Fürsten dient", schreiben zu können. So ist es verständlich, dass er in seinen Jugenddramen gegen die menschenunwürdigen Praktiken absolutistischer Despoten protestierte bis hin zu einer direkten politischen Anklage gegen die schändlichen Ausbeutungsmethoden deutscher Duodezfürsten, die widerspenstige Untertanen entweder füsilieren ließen oder wie Sklaven nach Amerika verkauften, wenn sie Geld für den Schmuck ihrer Mätressen benötigten. Wurden *Die Räuber* so zu einer offenen Rebellion gegen das „schlappe Kastratenjahrhundert", so geriet das bürgerliche politische Tendenzstück *Kabale und Liebe,* welches an den Fundamenten des Ständestaates rüttelt und für die Ideale des Rechts, der Liebe und der Freiheit kämpft, schon fast in die Nähe der romantischen Verherrlichung des Liebestodes im Angesicht einer unheilbar gespaltenen eschatologischen Welt. Kritiker meinen, Schiller habe in die Kunstlehre vom Tragischen ein bisher unbekanntes Element eingebracht, nämlich den Moralismus. In Wahrheit hatte er nur den Mut, in einer für sinnlos geltenden Welt aus den schöpferischen Möglichkeiten des Individuums edle Wertordnungen aufzustellen. Gemeint sind „die Schicksalssterne in der eigenen Brust, für die der Mensch selbst verantwortlich ist", und in diesem „sittlichen Willen zum Großen Gericht über selbstverschuldete Verstrickungen der seelischen Gefühle im apokalyptischen Strudel des Geschehens" liegt eine besondere Note seiner heroischen Leistungen begründet. Die unverzichtbare Fähigkeit des Menschen, seine metaphysische Freiheit zu behaupten, sowie Notwendigkeit und Schicksal als Funktionen göttlicher Gerechtigkeit waren für Schiller die tragenden Säulen seiner idealistisch geschauten Welt.

Als Lyriker stand Schiller mit den frühen *Anthologie-Gedichten* noch unter dem Einfluss Klopstocks und Kleists, die mit ihrem überhöhten Pathos und in ihrer Antithetik von Tod und Ewigkeit noch unverkennbar barocke Züge zeigen. Die Spannung zwischen Reflexion und Anschauung behielt er zwar auch in der Lyrik seiner klassischen Periode bei, durch die harmonisierende Verschmelzung von Idee und sinnlich Geschautem jedoch in stark gemilderter Form. In der späteren Schiller'schen Gedankenlyrik, auch als seine „philosophische Lyrik" bezeichnet, wird ähnlich wie in seinen philosophischen Schriften eine eigentümliche und charakteristische Verbindung von Historik, gedanklicher Spekulation und dichterischer Fantasie sowie eine Verflechtung ästhetischer und politischer sowie rechtstheoretischer und gesellschaftskritischer Gedankengänge erkennbar, wie sie in derart konzentrierter Form bei keinem späteren Dichter mehr angetroffen wird. Unter Schillers lyrischen Erzeugnissen befinden sich aber auch viele Gedichte, die sich herkömmlichen Gattungen zuordnen lassen, wie etwa die *Xenien*, welche an die Epigramme des römischen Dichters Martial anknüpfen, oder seine Balladen, mit denen er im Verein mit Goethe „die Reduktion empirischer Formen auf ästhetische" zu erreichen versuchte.

Als historischer Schriftsteller betrieb er für die Abfassung seiner beiden Hauptwerke *Die Geschichte des Abfalls der Vereinigten Niederlande* und *Die Geschichte des dreißigjährigen Krieges* zwar ein umfangreiches Quellenstudium, ließ jedoch gleichzeitig bei der Schilderung der historischen Ereignisse seine ganz persönliche Vorstellung vom Wesen der Geschichte einfließen. Er betrachtete die Geschichte nämlich „gleich wie die Gesetze der Natur und einfach wie die Seele des Menschen", wodurch für ihn jedes historische Faktum Teil der Universalgeschichte wurde. Mit seiner Tätigkeit als Historiker erhoffte Schiller, dessen Leben als freier Schriftsteller ja durch viele Entbehrungen gekennzeichnet war, „mehr Anerkennung in der so genannten gelehrten Welt, als für die Frivolität einer Tragödie". In seiner akademischen Antrittsvorlesung, die er im Mai 1789 wenige Wochen vor Ausbruch der Französischen Revolution in Jena hielt, begründete er seine Sicht einer historischen Arbeitsweise damit, dass eigentlich erst der philosophische Verstand des Historikers aus den Fragmenten und Einzelbeobachtungen „das Aggregat zum System" zu erheben vermag, indem er in der Verkettung von Ursache und Wirkung die Kausalität als Absicht erkennt. Wie er selbst ausführte, entspringt eine solche Deutung ganz einfach der Vernunft des Betrachters und seinem Bedürfnis nach Harmonie: „Er nimmt diese Harmonie aus sich selbst heraus und verpflanzt sie außer sich in die Ordnung der Dinge, das heißt, er bringt einen vernünftigen Zweck in den Gang der Welt und ein teleologisches Prinzip in die Weltgeschichte."

Sein im Jahre 1791 begonnenes Studium aller *Kritischen Schriften* Immanuel Kants und seine daraus bezogene Theorie von der Schönheit und Erhabenheit rang er physisch und psychisch einem bereits schwerkranken Körper ab. Mit seinen philosophisch ästhetischen Schriften, deren tragendes Fundament Kants *Kritik der Urteilskraft* war, erreichte Schiller seinen künstlerischen Höhepunkt. Nachdem ihm durch Goethes *Iphigenie* das Wesen des griechischen Ideals vermittelt worden war, entwarf er in seinem Lehrgedicht *Die Götter Griechenlands* ein Bild der griechischen Antike, das alle späteren Zeitperioden der Menschheitsgeschichte an Schönheit und Harmonie überstrahlt. Weniger von Winckelmann als von Kant beeinflusst schuf er mit seinen Abhandlungen *Über Anmut und Würde* sowie *Über die ästhetische Erziehung des Menschen* ein System der Neubegründung der Kultur und der Gesellschaft und in der Abhandlung *Über naive und sentimentalische Dichtung* richtete er sich gezielt gegen „den römischen Pragmatismus der Französischen Revolution". Da sich in seinen Augen die künftige Gesellschaft der Humanität nur in einer langsamen Erziehung des Menschen am Ästhetischen entfalten kann, verurteilte er schärfstens jede gewaltsame Veränderung von außen, der keine Wandlung von innen zur Schaffung der dazu erforderlichen sittlichen Voraussetzungen vorausgegangen war.

Seine dritte Schaffensperiode begann mit der freundschaftlichen Verbindung zu Goethe, die ihn ab 1794 wieder zur lyrischen und dramatischen Dichtung zurückführte. In seinen letzten großen Dramen – vom *Wallenstein* bis zum Fragment des *Demetrius* – wurde Schiller zum größten Dramatiker deutscher Zunge. In all seinen Werken hatte er sich um eine „höchste Norm einer geistgereinigten Sprache" bemüht, die alles Zufällige, Verschwommene vermied und auf alle irrationale Magie der Sprache verzichtete. Vielleicht war dies darauf zurückzuführen, dass Schiller angeblich zeitlebens mit einer Sprachnot zu kämpfen hatte, weshalb er, wie Schelling berichtet, „oft um das geringste Wort verlegen war und zu einem französischen Zuflucht nehmen musste, wenn das deutsche ausblieb". Der fremdwortreiche Stil von Schillers Briefen könnte ein weiterer Beleg dafür sein. Wenn Jacob Grimm allerdings anmerkte, Schiller „herrscht nur über ein ausgewähltes Heer von Worten, mit denen er Taten verrichtet und Siege davonträgt", dann sollte damit wohl nur angedeutet werden, dass Schillers Wortschatz verglichen mit jenem von Goethe kleiner angelegt war. Dafür beherrschte er wie kaum ein zweiter die Sprache des Genies, die er selbst mit den Worten charakterisierte: „Das Genie gibt seinem Gedanken mit einem einzigen glücklichen Pinselstrich einen ewig bestimmten, festen und dennoch ganz freien Umriss." Jedenfalls wird Schiller, wie Carl Jacob Burckhardt einmal schrieb, innerhalb des deutschen Sprachraumes stets einer unserer Nothelfer bleiben; als solcher stieg er immer wieder auf zur reinsten Lebensquelle, zum Licht.

Bei der Schilderung von Schillers Leben in gesunden und kranken Tagen muss auf die weniger bekannte Tatsache hingewiesen werden, dass der Dichter Friedrich Schiller dem ärztlichen Stand angehört hat. Mag ihm die medizinische Ausbildung an der Karlsschule des württembergischen Herzogs ebenso wie seine spätere Tätigkeit als Regimentsarzt auch als unerträglicher Zwang erschienen sein, so trug beides doch grundlegend zur Formung seiner Weltanschauung bei. Da ihm jedoch die Dichtkunst keine Zeit ließ, das Tentamen practicum abzulegen oder eine medizinische Dissertation zu schreiben, durfte er zeitlebens nicht den Titel eines praktischen Arztes führen oder sich lege artis als Doktor der Medizin bezeichnen. Wenn Schiller von vornherein den Neigungen der zeitgenössischen Medizin entsprechend in seiner Wissenschaft gerne Spekulationen betrieb, so hatte er sich dennoch mit den Grundsätzen der Medizin sowie mit der Natur der Krankheit und deren Behandlung gründlich auseinander gesetzt, wie den Probearbeiten aus den Jahren 1779 und 1780 mit den Titeln *Philosophie der Physiologie* und *Versuch über den Zusammenhang der tierischen Natur des Menschen mit seiner geistigen* zu entnehmen ist. In seiner dritten, inhaltsreichsten Abhandlung *Über den Unterschied der entzündlichen Fieber und des Faulfiebers* verwertete er bereits Erfahrungen, die er als Praktikant im akademischen Krankenhaus von Stuttgart hatte sammeln können. In dieser erst nach ihrer deutschen Übersetzung aus dem Lateinischen durch Weigelin 1905 breiteren Kreisen bekannt gewordenen Schrift findet man unter anderem die Beschreibung eines Krankheitsbildes, das dem einer Malaria entspricht. Aber auch die beiden anderen medizinischen Abhandlungen sind nicht ohne Interesse, da sie zeigen, dass es Schiller dabei weniger um die praktische Heilkunde als vielmehr die Erhebung der hippokratischen Kunst „aus der engen Sphäre einer mechanischen Brotwissenschaft in den höheren Rang einer philosophischen Lehre" gegangen war. Auch hier wird deutlich, dass jemand am Werke war, dessen Interessen in Wahrheit auf einem mehr theoretischen Gebiete liegen, ja die recht eigentlich philosophischer und künstlerischer Natur sind. So ist es verständlich, dass seine Gedanken über Gesundheit und Krankheit dem Grenzgebiet zwischen Philosophie und Medizin, zwischen Geistigem und Körperlichem entstammen.

Das brennendste Problem aus medizinischer Sicht bleibt aber selbst heute noch die Lösung des Meinungsstreites um Schillers schließlich zum Tode führende Krankheit und um die legendenumwobenen Umstände, die seinen Tod unmittelbar verursacht haben sollen. Die Legendenbildung um Schillers Tod kulminierte in der Behauptung von Frau Dr. Ludendorff, der Gattin des am Hitler-Putsch beteiligten Generals, Schiller wäre von Angehörigen des Illuminatenordens, „einer Kombination von Juden, Jesuiten und Freimaurern", durch Gift ermordet worden. Diese tendenziöse, absurde Hypothese war 1913 von einem Mann namens Hugo Meyer in seinem Machwerk *Die Wahrheit über Schillers Tod* bereits vorgetragen, ja sogar in krimineller Weise dahingehend präzisiert worden, dass er ohne Vorlage von Beweisen Goethe die Rolle des Mitwissers und somit des Mitverantwortlichen am Morde Schillers zuschob. Man möchte glauben, dass diese Vergiftungslegende ähnlich wie jene bei Mozart durch inzwischen vorliegende fast lückenlos den Krankheitsverlauf schildernde Unterlagen ins Reich böswilliger Fantasiegebilde verwiesen wurde. Wenn auch an keinem der Verdächtigen ein Makel hängen geblieben ist, so wurde doch offenbar der Gedanke einer möglichen Vergiftung Schillers noch immer nicht endgültig fallen gelassen. Hielt es Dr. Kerner in seinem 1967 erschienenen Buch *Arzt – Dichter* durchaus noch immer für möglich, auf Grund der klinischen Symptome eine „Vergiftung durch den blauen Eisenhut (aus welchem das für die Behandlung extrem schmerzhafter Neuralgien, etwa der bekannten Trigeminusneuralgien, verwendete und äußerst toxische Aconitin gewonnen wird; Anm. d. Verf.), einem in der Goethe-Zeit vielverwandten Modegift", anzunehmen.

Schillers Krankheitsgeschichte ist heute aus einer Unzahl von zeitgenössischen Nachrichten recht zuverlässig zu rekonstruieren. Die Erstellung einer genauen biografischen Anamnese wurde vor wenigen Jahren, was Schillers entscheidende Erkrankung vom Jahre 1791 betrifft, noch wesentlich bereichert durch Auffindung von Tagebüchern, von denen weder seine Frau noch seine Kinder Kenntnis hatten. Wie Andreas Siekmann in seinem 1993 veröffentlichten Büchlein *Friedrich Schiller privat* berichtet, hatte sich Schiller diesbezüglich nur Frau von Stein anvertraut, die sich nach dem Tode des Dichters in wenig pietätvoller Weise dieser Tagebücher bemächtigt hat. Da die Nachkommen Charlotte Steins die Kostbarkeit dieses Fundes offenbar nicht recht einschätzen konnten und die schwer leserlichen Schriftzüge nicht einzuordnen wussten, dauerte es ein ganzes Jahrhundert, bis sie über Friedrich Dildorf schließlich in den Besitz des Schiller-Nationalmuseums Marbach übergehen konnten. Es muss nicht betont werden, welche Bedeutung der autobiografischen Schilderung der lebensentscheidenden Erkrankung vom Jahre 1791 aus der Hand des Dichters selbst für die diagnostische Beurteilung seines Leidensweges aus heutiger Sicht zukommt.

Sieht man von dem psychoanalytischen Versuche Frieda Tellers, einer Schülerin Sigmund Freuds, ab, die sich mit den fragwürdigen *Wechselbeziehungen von psychischem Konflikt und körperlichen Leiden bei Schiller* beschäftigte, dann kommt für die Rekonstruktion des Krankheitsverlaufes der minuziösen Zusammenstellung beginnend mit Schillers Jugendkrankheiten, wie sie von Erich Ebstein 1927 vorgelegt wurde, besondere Bedeutung zu. In ähnlicher Weise gilt dies für die 1936 publizierte Darstellung von Schillers Krankheit von Wolfgang Veil, der nicht nur ähnlich Ebstein alle literarischen Dokumente, Briefe und zeitgenössischen Aufzeichnungen betreffend Erkrankungen, Todeskrankheit und Tod Schillers zusammenstellte, sondern auch kritisch zu der bis zu diesem Zeitpunkt ziemlich einheitlich vertretenen tuberkulösen Ursache seiner Leiden Stellung bezog. Dabei wurde von Veil auch das überlieferte, äußerst wertvolle Obduktionsprotokoll in die diagnostischen Überlegungen mit einbezogen, das ihn nicht von der tuberkulösen Genese von Schillers letzter Krankheit überzeugen konnte. Dem widersprach wiederum der bekannte Pathologe Hans Bankl, der in seiner Abhandlung über Friedrich Schiller aus dem Jahre 1989 im übrigen auch auf den Anatomenstreit um Schillers Schädel einging, der seit der Überführung von dessen Gebeinen aus dem Kassengewölbe 1826 noch immer fortgeführt wird.

Die Zahl weiterer medizinischer Beiträge während der verflossenen zwei Jahrhunderte liefert keine neuen Aspekte zur Klärung der Pathografie Schillers, sondern beweist nur, dass kaum eine Krankengeschichte eines Dichters so viel von sich reden machte, wie jene Schillers. Glaubt heute keiner mehr an die Schauergeschichte, dass ihn Dunkelmänner heimlich ermordeten, so vermutet die überwiegende Mehrheit heutiger Zeitgenossen, dass er an der Lungentuberkulose verstorben ist. Nur wenige werden sich vorbehaltlos dem Internisten Veil anschließen, der mit medizinischer und literarischer Fachkenntnis Schillers Krankengeschichte wie ein modernes ärztliches Gutachten zu analysieren versuchte und mit Überzeugung zur Diagnose eines nichttuberkulösen Lungenleidens gelangte. Angesichts dieser heute noch bestehenden Unklarheiten erscheint eine nochmalige kritische Stellungnahme aus medizinischer Sicht gerechtfertigt, die nicht nur unseren gegenwärtigen Wissensstand, sondern auch den medizinhistorischen Aspekt des Verlaufes von Krankheiten, denen in früheren Jahrhunderten keine wie immer geartete Behandlung zuteil werden konnte und die deshalb mit gegenwärtigen analogen Erkrankungen nicht verglichen werden dürfen, berücksichtigt.

Für den Leser wird unabhängig von einer endgültigen diagnostischen Abklärung von Schillers Krankheit und den Umständen seines Todes am beeindruckendsten die erschütternde Erkenntnis sein, unter welch unvorstellbarem Leidensdruck der „strahlende Volksdichter" der Deutschen seine unvergänglichen Meisterwerke dem Schicksal abringen hatte müssen.

BIOGRAFISCHE ANAMNESE

Für die Krankenanamnese Schillers erscheint es zunächst notwendig, etwas über eventuelle Erkrankungen bei seinen Ahnen zu erfahren, aus denen auf mögliche erbliche Einflüsse hinsichtlich Konstitution und Krankheitsanfälligkeit des Dichters Rückschlüsse gezogen werden könnten. Dabei geht es vor allem um die Frage, ob in der Familienanamnese etwa gehäuft Erkrankungen der Atemwege, insbesondere solche tuberkulöser Natur, beobachtet werden können.

FAMILIENANAMNESE

Die urkundliche Stammreihe der Familie Schiller lässt sich bis zum Jahre 1325 zurückverfolgen. Seine Urahnen stammten aus dem schwäbischen Grunbach und waren hauptberuflich Weingärtner. Erst im 16. Jahrhundert findet man sie in Waiblingen, wo sie in der Folgezeit das Bäckerhandwerk ausübten und „des Gerichts" tätig wurden, sei es als Schöffe oder wie im Falle von Friedrich Schillers Großvater als Schultheiß seines Heimatortes. Wie wir aus den Untersuchungen von Weltrich wissen, wurden die meisten Ahnen auffallenderweise in relativ hohem Alter ihrer Eltern geboren. Da die Lebensdauer des Großvaters nur fünfzig und jene seines Urgroßvaters gar nur siebenunddreißig Jahre betrug, regte sich bei Weltrich der Verdacht, dass die beiden „von der gemeinschädlichsten deutschen Krankheit, der Lungenschwindsucht, vorzeitig dahingerafft wurden". Anhaltspunkte dafür lassen sich jedoch nirgends finden. Nur Ernst, der 1796 geborene zweite Sohn des Dichters, starb mit fünfundvierzig Jahren nachweislich an der Lungenschwindsucht.

Der 1723 geborene Vater Johann Kaspar erreichte ein Alter von zweiundsiebzig Jahren und dürfte mit einer auffallend kräftigen Konstitution ausgestattet gewesen sein, denn er überstand alle unvorstellbaren Strapazen als Soldat während des Siebenjährigen Krieges ohne jedweden gesundheitlichen Schaden und er rühmte sich selbst, nicht einmal von dem 1757 ausgebrochenen „bösartigen Faulfieber" angesteckt worden zu sein. Seine einfache und abhärtende Lebensweise, die er auch seinem Sohn Friedrich beizubringen versuchte, bestand neben dem täglichen Reiten in spartanischen Gewohnheiten: „Ich halte genaue Diät, mach mir immer viel Bewegung, wasche mich nach dem Aufstehen mit kaltem Wasser, niemals darf mir das Bett gewärmt werden." Sein einziger Luxus bestand in einer Pfeife Tabak.

Schillers Mutter, Elisabeth Dorothea, geborene Ködweiß, war die Tochter eines Bäckers aus Marbach und erreichte ein Alter von siebzig (die Großmutter des

Dichters sogar ein solches von achtundachtzig Jahren). Sie galt als schön, schlank und wohlgebaut, trug blondes, fast rötliches Haar und hatte zahlreiche Sommersprossen im Gesicht. Sie soll eine Vorliebe für Gedichte gehabt haben und da Schillers Vater ebenfalls eine poetische Begabung gehabt haben dürfte – es existiert ein in Verse gefasstes Morgengebet aus seiner Hand –, glaubte Sommer, dass bei Friedrich Schiller „die geniale Begabung ähnlich wie bei Goethe durch das Zusammentreffen von heterogenen Fähigkeiten aus dem väterlichen und mütterlichen Stamm" erklärt werden könnte. Aus einem Bericht des Vaters vom 6. März 1790 erfahren wir, dass die Mutter seit Dezember 1788 an unerträglichen Schmerzen in der Magenregion litt und im Dezember 1789 unter den Zeichen blutigen Erbrechens in eine fast tödliche Krise geraten war. Allem Anschein nach handelte es sich um ein Geschwürsleiden im Magen, das zur größten Überraschung des behandelnden Professors Consbruch Ende 1790 wieder völlig abgeklungen war. Ihre tödliche Krankheit meldete sich erst im Jahre 1802 und bestand in einem Unterleibsleiden, das nach der Beschreibung, die Schillers Freund Dr. Hoven am 12. Februar dieses Jahres gab, wohl ein Krebs der Gebärmutter gewesen ist. Hoven sprach nämlich von einem „organischen Fehler im Uterus, wogegen, zumahl bey einer so alten Frau, schwerlich viel ersprießliches zu thun ist".

Friedrich Schiller wurde als einziger Sohn der Familie am 10. November 1759 in Marbach geboren. Über seine Jugendkrankheiten wissen wir wenig. Wie Weltrich in Erfahrung bringen konnte, war „die körperliche Entwicklung des Kleinen eine langsame, von Kinderkrankheiten und Krampfanfällen öfters gestört". Die ersten vier Lebensjahre verbrachte der kleine Fritz ohne Vater, da dieser zu jener Zeit als Offizier in einem württembergischen Regiment am Siebenjährigen Krieg teilnahm. Das Soldatenleben hatte der Vater schon Jahre früher kennengelernt, als er nach Erlernen der Wundarzneikunst bei einem Klosterbarbier in Denkendorf als Feldscher in ein bayerisches Husarenregiment eintrat, mit dem er am österreichischen Erbfolgekrieg teilnahm. Als der Vater während des Krieges im Feld von der Geburt seines Sohnes erfuhr, schrieb er freudig erregt in Form eines Gebetes: „Und du, Wesen aller Wesen! Dich habe ich nach der Geburt meines einzigen Sohnes gebeten, dass du demselben an Geistesstärke zulegen möchtest, was ich aus Mangel an Unterricht nicht erreichen konnte." War er selbst doch in bitterer Armut aufgewachsen und hatte sich all seine Kenntnisse als Autodidakt aneignen müssen.

Nachdem der Vater als Hauptmann 1762 wieder in die Heimat zurückgekehrt war, zog er mit der Familie ins württembergische Grenzdorf Lorch, wo der Knabe seine frühen Jugendjahre verbrachte. Allgemein galt er als ein ungemein gutmütiges Kind, das jedoch beim Spiel mit Gleichaltrigen mitunter recht mutwillig reagieren konnte. Der als „merkwürdig seriöser Mann" bekannte Vater war bei der Erziehung seines Sohnes eher streng und konnte rasch in Jähzorn gebracht werden. Seinen pädagogischen Grundsätzen folgend animierte er den kleinen Fritz schon frühzeitig zu eifrigem Lernen, weshalb er ihn auch bereits im fünften Lebensjahr in die Dorfschule schickte. Die Strenge des Vaters wurde durch die Güte seiner Mutter gemildert, die in Demut manch bittere Erfahrung mit ihrem reizbaren Gatten auf sich nahm, wie der Dichter später erzählte: „Mit einer stillen Resignation ertrug sie ihr leidvolles Schicksal, und die Sorge um ihre Kinder kümmerte sie mehr als alles andere."

Schon mit sechs Jahren kam er zum Pfarrer Moser, um die lateinische Sprache zu erlernen und zusätzlich einige Kenntnisse in der griechischen Sprache zu erwerben. Pfarrer Moser, der zu den „Erweckten" gehörte, also zu jener protestantischen Bewegung, die der orthodoxen Erstarrung und der Aufklärungstheologie entgegenzuwirken versuchte, machte den jungen Schiller mit der pietistischen Glaubenswelt bekannt und beeindruckte den Schüler derart, dass er noch viele Jahre später in seinem Jugenddrama *Die Räuber* die Figur „des apokalyptisch beredten und furchtlosen Pfarrers" nach ihm benannte. Der war es auch, der beim jungen Fritz den Wunsch aufkommen ließ, Geistlicher zu werden. Schon als Kind bestieg er entsprechend verkleidet gerne einen Stuhl um zu predigen und „wer zugegen war, musste ihm zuhören, und wenn jemand lachte, wurde er unwillig, lief fort und ließ sich so bald nicht wieder sehen". Alles in allem blieben ihm die drei Jahre, die er in Lorch zubrachte, als eine paradiesische Zeit bis zu seinem Tod in seiner Erinnerung erhalten.

Mit der Versetzung des Vaters in die ehemalige Garnison zog die Familie im Jahre 1766 nach Ludwigsburg, wodurch sie das ländliche Leben mit der Pracht eines schwäbischen Versailles vertauschten, wie diese Stadt damals genannt wurde. Glänzende Feste, verschwenderische Feuerwerke sowie pompöse Empfänge und Theateraufführungen in bester Besetzung bestimmten zu jener Zeit das Bild dieser jungen Residenz. Der junge, stolze, absolutistisch regierende Herzog Karl Eugen konnte sich diesen übertriebenen Luxus leisten, weil er sich durch einen Vertrag mit dem französischen König Ludwig XV. verpflichtet hatte, im Kriegsfalle sechstausend württembergische Soldaten für französische Interessen ins Feld zu schicken, und dafür als Gegenleistung einen unversiegbaren Strom von Geldern in seine Taschen erwarten durfte. Dieser plötzliche Reichtum überwältigte Karl Eugen derart, dass er wie im Fieber Schloss auf Schloss errichten ließ und Ludwigsburg zu einem zweiten Versailles auszubauen beabsichtigte. In dieser hektischen Periode des gelddürstenden Herzogs entstand auch das Lustschloss Solitude, wo wenige Jahre später eine militärische Pflanzschule für die Söhne von Offizieren des Landes gestiftet wurde. (Zunächst war für Soldatenkinder eine Schule zum Erlernen des Gärtnerhandwerkes geplant, weshalb später von der Pflanzschule gesprochen wurde; Anm. d. Verf.) Im schroffen Gegensatz dazu lebte die Bevölkerung dieser Stadt in dürftigen Verhältnissen, was begreiflicherweise zu Spannungen zwischen dem höfischen Treiben und dem biederen einfachen Leben der Bürger führte. Meldete sich offener Widerspruch, wurde er mit brutaler Willkür erstickt. Traurig-berühmtes Beispiel ist der Dichter Christian Friedrich Daniel Schubart, den Karl Eugen wegen versteckter Kritik in seinen Gedichten kurzerhand ohne Gerichtsverfahren zu zehn Jahren Kerker auf der Festung Hohenasperg verdonnerte.

Wahrscheinlich bekam der Knabe von all diesem Treiben nicht allzu viel mit, sieht man von gelegentlichen Opernaufführungen ab, zu denen ihn der Vater mitnehmen durfte. Immerhin scheinen ihn solche Ereignisse mächtig angeregt zu haben, denn bald begann er mit seinen Spielkameraden im Garten Theateraufführungen zu improvisieren. Wie seine ältere Schwester später berichtete, war er jedoch „selbst kein vortrefflicher Spieler. Er übertrieb durch seine Lebendigkeit alles." Sein Hang zum geistlichen Stand wurde dadurch allerdings in keiner Weise beeinträchtigt. Er hatte ja auch wenig Gelegenheit darüber nachzudenken, denn er musste fast den ganzen Tag in der Lateinschule verbringen, die er während der sieben Jahre in Ludwigsburg besuchte. So wuchs er unter strengen Lehrern, die auch vor harten Strafen nicht zurückschreckten, unter Verlust seiner Kindheit zu einem Jungen heran, der sich in lateinischer Sprache fließend zu unterhalten verstand, von anderen Fächern – sieht man vom Religionsunterricht ab – jedoch kaum Nennenswertes vermittelt bekam. Zunächst wartete er mit sehr guten Leistungen auf. Erst beim vierten Examen, das in einer Zeit abgenommen wurde, in welcher ihm sein rasches Wachstum sehr zu schaffen gemacht haben dürfte, ließ er merklich nach, holte das Versäumte unter dem Druck des strengen Vaters und der unnachsichtigen Lehrer aber mit solchem Eifer nach, dass man um seine Gesundheit fürchtete. Kein Wunder, dass er später von der „geist- und herzlosen Erziehung" sprach, die ihm seine Jugendjahre empfindlich vergällt hatten. Als er schließlich 1772 die Landexamina allesamt bestand, schickte er sich an, die Schule in Ludwigsburg mit dem theologischen Stift in Tübingen zu vertauschen. Doch nun griff Herzog Karl Eugen mit gewalttätiger Hand in die schönen Lebenspläne ein.

Der Herzog war unermüdlich auf der Suche nach qualifizierten Zöglingen für seine militärische Pflanzschule und durchmusterte pedantisch die Listen der für das Landexamen vorgeschlagenen Lateinschüler, um die begabtesten unter ihnen auszuwählen. Dabei ging er nicht gerade zimperlich zu Werke, wenn es sich um die Söhne seiner Offiziere handelte. War doch sein Wunsch gleichbedeutend mit einem Befehl, dem sich jeder unterzuordnen hatte. So blieb auch Hauptmann Schiller bei seinem dreimaligen Versuch erfolglos, dem Herzog die Erlaubnis zum

Studium der Theologie für seinen Sohn abzuringen, als er die allerhöchste Aufforderung erhielt, seinen Sohn für die militärische Pflanzschule auf der Solitude anzumelden.

„Mit zerrissenem Gemüt" trat schließlich der vierzehnjährige Fritz, in ein blaues Röcklein nebst Kamisol ohne Ärmel gekleidet, den Weg in die Solitude an, wo er am 16. Januar 1773 eintraf.

DER ELEVE DER MILITÄRAKADEMIE

Wie jeder Neuankömmling wurde auch Schiller vom Leibarzt Storr einer gründlichen Untersuchung unterzogen, der abgesehen von einem „ausgebrochenen Kopf (ekzematöse Veränderungen; Anm. d. Verf.) und verfrörten Füßen" nichts Nachteiliges zu entdecken vermochte. Bei all den Ausbrüchen despotischer Willkür muss man Karl Eugen doch zubilligen, dass er auch viel Großartiges geschaffen hat und zu seinen bedeutenden Unternehmungen zählte zweifellos die Schaffung dieses einzigartigen Instituts, in welchem begabten Jungen bei kostenloser Ausbildung vielseitiger Unterricht unter der Leitung der besten Pädagogen des Landes geboten wurde. Schubart nannte es freilich eine „Sklavenplantage" und in der Tat war die Zucht in dieser Anstalt mehr als streng. Um Schillers Horror vor

Die Karlsschule, ab 1775 in Stuttgart

den harten Reglementierungen in diesem Institut, die von Karl Eugen persönlich laufend überwacht wurden, zu verstehen und andererseits zu zeigen, dass der häufige Aufenthalt der Knaben in frischer Luft und eine zwar einfache, aber nahrhafte Kost deren Gesundheit eher festigten und nicht, wie es die Legende will, untergraben haben dürften, soll der Tagesablauf geschildert werden, wie ihn Nicolai uns überliefert hat:

„Wenn morgens um fünf, im Winter allerdings um sechs Uhr der Weckruf ertönte, sprangen die Knaben aus dem Schlafe empor. Nach hastigem Waschen im kalten Wasser schlüpfte man in die bockledernen Hosen und streifte die weiße Weste über. Zum Uniformrock griff man aber erst, wenn das Haar zu Zopf und Papilloten (kunstvolle Haarwickel; Anm. d. Verf.) gedreht und mit Haarnadeln befestigt war. Die Kavaliere, nämlich die jungen Herren vom Adel, mussten die Frisur mit Puder bestäuben. Das war den übrigen Eleven untersagt. Nur Schiller machte eine Ausnahme, auch er musste auf Geheiß des Herzogs sein Haar pudern, weil dem Landesvater die rötliche Farbe missfiel. Die Aufseher kontrollierten alles und trieben stets zur Eile. Wie in der Kaserne musste das Bett gemacht werden. Nach Rapport und Morgengebet durfte man das Frühstück einnehmen, und danach begann der Unterricht, der bis elf Uhr dauerte. Punkt zwölf marschierte man mit gereinigten Händen in den Speisesaal. Jeder blieb hinter seinem Stuhl stehen und machte auf Kommando Front zur Tafel. Mit lautem Klatschen flogen alle Hände zum Gebet zusammen, danach ergriff jedermann den Stuhl und ließ sich mit so gleichzeitigem Geräusch darauf nieder ‚als wenn ein Bataillon das Gewehr abfeuert'. Nach dem Mittagessen arrangierte man Exerzier- und Waffenübungen oder Unterricht im Reiten. Während des Nachmittags wurden Lektionen über französische Sprache, über Geschichte, Geographie und Sittenlehre erteilt. Um sieben Uhr abends mußte man zur Musterung und schließlich wurde um halb acht Uhr das Abendbrot eingenommen. Danach eilte man in die Schlafsäle und fiel todmüde in das grau gestrichene Bett, das nur aus Strohsack und Rosshaarpolster bestand."

Für die Speisen sorgte der Kantinenwirt. „Das Frühstück bestand aus einer eingebrannten Mehlsuppe", wie der Medikus von Hoven später erzählte, „das Mittagessen aus einer Fleischsuppe, einer Portion Rindfleisch, einem Zugemüs, zuweilen einem Nachtisch von leichtem Backwerk, einer Portion gutgebackenen weißen Brotes und für die älteren Zöglinge aus einer Karaffine nicht starken, aber feinen Landwein. Nach dem Abmarsch aus dem Speisesaal erhielten die Zöglinge eine zweite Portion Brot zum Imbiss auf den Nachmittag. Das Abendessen bestand wiederum in einer Suppe und abwechselnd entweder in einem Wild- oder Kalbsbraten mit Salat oder einer leichten Mehlspeise nebst der bestimmten Portion Brot, aber ohne Wein."

Der kranken Eleven nahm man sich mit Sorgfalt an und ließ sie durch einen Hofmedikus behandeln, der auch vor umständlichen Heilverfahren, wie etwa Verabreichung von Tabakrauch-Klistieren bei hartnäckiger Stuhlverstopfung, nicht zurückschreckte. Wer sich geringster Vergehen schuldig machte, bekam die harte Hand des Herzogs zu spüren, der persönlich die Strafen verhängte entsprechend dem „Billett", das beim Mittagsrapport am Uniformrock befestigt war und den Herzog über die Art der Verfehlung informierte. Dabei sparte dieser nicht mit Züchtigungen mit der Rute oder mit Arreststrafen. Doch schlimmer als all diese Maßnahmen traf die Schüler die vollständige Trennung von ihrer Familie. Sie wurden förmlich von der Außenwelt abgeschlossen, erhielten während der sieben- bis achtjährigen Ausbildung niemals Urlaub oder gar Ferien und durften nur in Ausnahmefällen Besuche von ihren Angehörigen erhalten und auch diese nur in Gegenwart eines strengen Aufsehers. Selbst die Briefe der Eleven unterlagen einer Zensur. Für ein solches Dasein in dieser „Sklavenplantage" musste der junge Schiller die kostbaren Jugendjahre von seinem vierzehnten bis zum einundzwanzigsten Lebensjahr den ehrgeizigen Plänen des Herzogs opfern.

Der anfängliche Unterricht war eigentlich nur eine Fortsetzung des Unterrichts in der Lateinschule ohne Ausrichtung auf einen bestimmten Beruf. Erst als 1774 der Militärakademie eine juridische Fakultät angegliedert wurde, konnte man sich zum Studium der Rechte entschließen. Obwohl Schiller immer noch seinem Traum von einem Theologiestudium nachhing, ergriff auch er schweren Herzens diese Alternative, zumindest bis 1775, als mit der Übersiedlung des Instituts nach Stuttgart auch eine medizinische Fakultät errichtet wurde. Des trockenen Studiums der Rechte überdrüssig, meldete sich Schiller gemeinsam mit seinem Freund von Hoven in seinem sechzehnten Lebensjahr zum Medizinstudium an. Aus dem Jahre 1777 ist uns ein Lehrplan bekannt geworden, der folgende Fächer umfasste: Anatomie, anatomisches Zeichnen und Präparieren, Physiologie und Pathologie, Mineralogie und Zoologie, Experimentalphysik, Botanik, schöne Wissenschaften, Französisch, Englisch, Religion, außerdem Rechnen und Tanzen. Dem klinischen Unterricht dienten die eigene Krankenabteilung in der Anstalt sowie die Krankenanstalten Stuttgarts. In der Akademie selbst befand sich ein Hörsaal mit einem Sezierzimmer. Aus verschiedenen zeitgenössischen Unterlagen geht hervor, dass der Studienwechsel zur Heilkunde nicht aus wirklicher Neigung zur Medizin erfolgte, sondern hauptsächlich deshalb, weil Schiller ebenso wie von Hoven um der Poesie willen die juristischen Wissenschaften so stark vernachlässigt hatten, dass sie das Versäumte kaum hätten aufholen können. Doch wenn auch Schillers „innerer Kompass" letztlich nach anderen als medizinischen Richtungen tendierte, so sammelte er doch mit redlichem Bemühen solide Kenntnisse für den ärztlichen Beruf, wofür uns erhalten gebliebene Zeugnisse sprechen.

Unter den Zeugnissen von Schillers ärztlicher Tätigkeit befindet sich ein mit seiner Unterschrift versehener Sektionsbericht über den Mitschüler Hiller vom 10. Oktober 1778, der nach nur zwei Monaten im Alter von siebzehn Jahren an einem „zehrenden Leiden" verstorben ist. Mit überraschender Schärfe und Deutlichkeit hob Schiller die Veränderungen in der Brusthöhle des Bedauernswerten hervor, die aus heutiger Sicht ein anschauliches Bild einer tuberkulösen Rippenfell- und Herzbeutelentzündung sowie einer zum Tode führenden Miliartuberkulose wiedergeben. Außerdem besitzen wir ärztliche Tagesberichte über den an Melancholie erkrankten Eleven Grammont, dem Schiller zur Beobachtung und Berichterstattung beigegeben war. Dabei legte Schiller nicht nur eine auffallende Beobachtungsgabe an den Tag, sondern auch den bemerkenswerten Takt im Umgang mit psychisch Kranken. In den insgesamt acht Krankengeschichten, die er als Medizinstudent im letzten Semester im Sommer des Jahres 1780 verfasst hat, kann man deutlich erkennen, wie er schrittweise den Schwerpunkt vom Somatischen – von dem seine Vorgesetzten überzeugt waren – auf das Psychische verlegte und dabei genau das schilderte, was wir heute als depressive Phase einer zyklischen Psychose verstehen. Da er als Ursache die Repressalien des Anstaltslebens ansah, erblickte er in der Entlassung des Zöglings aus der Anstalt die einzige Möglichkeit, ihn retten zu können. Tatsächlich beendete Grammont später in Strassburg sein Medizinstudium und wurde ein tüchtiger Arzt.

Man liest immer wieder, dass angesichts des engen Kontaktes mit den rund dreihundert Zöglingen der Akademie und den dadurch gegebenen erhöhten Ansteckungsmöglichkeiten Schiller wahrscheinlich in diesen acht Jahren eine tuberkulöse Lungenerkrankung mitmachte und so der Keim für sein späteres Schicksal gelegt wurde. Tatsächlich darf man annehmen, dass es auch bei ihm so wie bei mehr als neunzig Prozent aller Jugendlichen in jener Zeit zu einer Primärinfektion einer Lungentuberkulose gekommen ist, die in der Regel mit uncharakteristischen Symptomen ähnlich einer „grippalen" Erkrankung einhergeht, doch dürfte es bei diesem Geschehen geblieben sein, da sich keine Hinweise auf eine Weiterentwicklung eines solchen möglichen Primärinfektes entdecken lassen. Im Krankenjournal der ehemaligen Karlsschule, das noch vorhanden ist, erfährt man von einer Mumps und von häufigen Erkältungskrankheiten, deretwegen der junge Eleve 1774 insgesamt siebenmal die Krankenstube aufsuchen musste. In den folgenden Jahren liest man von einem geschwollenen Hals, von Zahnweh mit angeschwollener Backe, von vorübergehend vergrößerten Halslymphdrüsen und von „fiebrigen Regungen" und gelegentlichem Durchfall. Die längeren Aufenthalte in der Krankenstube im Dezember 1779 und im März sowie April/Mai 1780 scheint Schiller deshalb künstlich erzwungen zu haben, weil es dort gestattet war, abends Licht zu brennen und so eine „ununterbrochene Beschäftigung mit dem Drama und Gelegenheit zu fortlaufender Niederschrift ganzer Szenenreihen gegeben war". Insgesamt wurden sämtliche Krankheitsfälle bei Schiller ausdrücklich als „ohne Bedeutung" im Krankenjournal verbucht.

In diesem Zusammenhang muss darauf hingewiesen werden, dass mit Beginn seines Medizinstudiums in seinem ganzen Wesen eine spürbare Veränderung vorgegangen war. Nicht dass er sich an den verabscheuten Drill gewöhnt hätte, aber die Lähmung stummen Erduldens schlug nun in einen gewitzigten Hass um. Wenn auch gerade bei Schiller die Wechselwirkung zwischen Erlebnis und Dichtung schwer durchschaubar ist, so besteht doch kein Zweifel, dass der stürmische Atem seiner jugendlichen Dramen ohne die jahrelange Unfreiheit und die Erduldung von Willkürmaßnahmen eines überheblichen, launenhaften und strengen Despoten in der herzoglichen „Sklavenplantage" nicht denkbar ist. In der erzwungenen Abgeschiedenheit des Internatslebens wurde Schiller zum Dichter der Freiheit, der schon im jugendlichen Alter von siebzehn Jahren eine neue, entschiedenere Generation des Sturm und Drang einleitete. Mit einer Leidenschaft ohnegleichen versuchte er mit seinen frühesten Gedichten Demütigung, Schmach und Unterdrückung vor der gesamten Menschheit an den Pranger zu stellen. Hinter den Gitterstäben seines Fensters, hinter denen er viele der schrecklichsten Stunden seines Lebens verbrachte, wurde ihm klar, dass es nur einen einzigen wirklich freien und vollkommenen Menschen geben könne, nämlich den Dichter. Mit wahrer Besessenheit verschlang er alles an Büchern, was ihm in die Hände fiel und immer deutlicher entdeckte er seine Berufung zum Dramendichter. „Mitten in der Nacht fuhr er in die Höhe, turnte über die Betten seiner Kameraden und las oder schrieb beim Licht einer geschmuggelten Kerze. Schon so früh zeigte sich die manische, übermächtige Besessenheit, die Schiller nie mehr verlieren wird." Dabei musste er aus Angst vor Entdeckung die Bücher und die beschriebenen Blätter bei nahenden Schritten eiligst verstecken, da er immer das schlimme Schicksal des von gleichen Hassgefühlen bewegten Daniel Schubart, des „republikanischen Sängers der Fürstengruft", vor Augen hatte.

Eine besondere Erwähnung verdienen die drei Dissertationen, die Schiller im Herbst 1779 und 1780 seinen Lehrern vorlegte. Die erste Schrift, die er mit *Philosophie der Physiologie* überschrieben hatte, war eine unreife Frucht eines unruhevollen Geistes, in welcher die Kritik eines noch so jungen Mannes an damaligen Kapazitäten wie dem großen Albrecht von Haller die Grenze der Sachlichkeit und des Taktes so sehr überschritt, dass das akademische Kollegium diese Schrift nicht zum Druck freigab, obwohl seine philosophischen Kenntnisse lobend erwähnt wurden. Diesem Urteil schloss sich auch Karl Eugen an, der meinte: „Es wird auch noch recht gut vor ihm sein, wenn er noch ein Jahr in der Akademie bleibt, wo inmittelst sein Feuer noch ein wenig gedämpft werden kann, sodass er alsdann einmal, wenn er fleißig zu sein fortfährt, gewiss ein recht großes Subjektum werden kann." Im folgenden Jahr wurde er bereits häufiger zu ärztlichen Aufgaben herangezogen, zu denen vor allem die Nachtwache am Krankenbett zählte – eine Aufgabe, die ihm nur lieb sein konnte, da er das Licht, das nachts in den Krankenstuben brennen durfte, zur Überarbeitung des Schauspiels *Die Räuber*, an welchem er damals bereits heimlich schrieb, ausnutzen konnte.

Ende des Jahres 1780 legte Schiller vor dem Abschlussexamen eine in lateinischer Sprache verfasste Prüfungsarbeit mit dem Titel *Über den Unterschied*

Der Dichter Christian F. D. Schubart

der entzündlichen Fieber und des Faulfiebers vor, die erkennen lässt, wie sehr sich zu Schillers Zeiten die Ärzte immer noch an medizinischen Ansichten orientierten, die vor mehr als zweitausend Jahren niedergeschrieben wurden. Wie leicht man bei dem gestellten Thema damals Irrtümern unterliegen konnte, geht allein aus der Tatsache hervor, dass man die Höhe des Fiebers noch durch Handauflegen schätzte, da sich zumindest in Württemberg der Gebrauch des Thermometers noch nicht eingebürgert hatte, obwohl Boerhaave seinen Schülern bereits jenes Messinstrument empfohlen hatte, welches der erfindungsreiche Mechaniker Gabriel Fahrenheit konstruiert hat. Regelmäßige Temperaturkontrollen setzten sich erst in der Wiener Schule unter de Haen durch. Da auch diese Abhandlung Schillers obwohl belobigt als für den Druck nicht geeignet gehalten wurde, legte der Prüfungskandidat schon kurze Zeit später eine dritte Dissertation dem Professorenkollegium vor, die er *Versuch über den Zusammenhang der tierischen Natur des Menschen mit seiner geistigen* nannte und in welcher er das Leib-Seele-Problem diskutierte. Mit diesen beiden Arbeiten, von denen letztere auch zum Druck angenommen wurde, und mit dem erfolgreich bestandenen mündlichen Schlussexamen erreichte Schiller es endlich, am 14. Dezember 1780 mit einundzwanzig Jahren aus der Akademie entlassen zu werden. Wenn Thomas Mann in seinem berühmten *Versuch über Schiller* von dem Karlsschüler als einem „befuchtelten, zusammengestauchten, militärisch tyrannisierten, nach Freiheit und kühner Menschlichkeit dürstenden Zögling fürstlichen Erziehungsdünkels" spricht, dann muss dem hinzugefügt werden, dass die harten acht Jahre des Zwangs den selbstbewussten und leidenschaftlichen Jüngling nicht gebeugt, sondern im Gegenteil gestählt haben.

REGIMENTSARZT IN STUTTGART

Als der Hauptmann Johann Kaspar Schiller widerstrebend dem Befehl des Herzogs als seinem höchsten Vorgesetzten Folge leistete und seinen Sohn Fritz dem Herzoglichen Württembergischen Haus überantwortete, versprach ihm Karl Eugen, dass er für den Sprössling, der eigentlich Pfarrer werden wollte, später einmal besser als das protestantische Konsistorium sorgen würde. Nach dem nun erfolgten Abschluss der medizinischen Ausbildung seines Sohnes wartete man deshalb gespannt, auf welche Weise Karl Eugen sein gegebenes Versprechen einlösen würde. Die Antwort aus der Residenz war niederschmetternd: Friedrich Schiller wurde zum Regimentsarzt bestellt mit der Uniform eines Feldschers ohne Offiziersrang und mit dem jämmerlichen Monatsgehalt von achtzehn Gulden und wurde dem Grenadierregiment des General d'Augé in der Legionskaserne zu Stuttgart zugeteilt, das nur noch aus zweihundertvierzig gebrechlichen Grenadieren bestand, die das Mitleid der Passanten erregten, wenn sie in ihren abgerissenen Monturen vor dem Schloss Postendienst versahen. Für den greisen Haudegen d'Augé genügte es, dem neuen Regimentsarzt das Kamisol des Feldschers, eine Uniform ohne Portepee also, tragen zu lassen, da in seinen Augen ein Medikus ohnehin kein richtiger Soldat war. Am meisten aber missfiel ihm, dass sein Regimentsarzt ein heimlicher Poet war, was vielleicht eine Erklärung sein könnte, warum er den armen Schiller so sehr drangsalierte und ihm zum Beispiel das unnötige Verbot auferlegte, die Stadt ohne seine allerstrengste Erlaubnis zu verlassen. Hauptmann Schiller war von dem fast lächerlich wirkenden militärischen Anblick seines Sohnes im blauen Rock und in den von Stiefelwichse befleckten weißen Kniehosen, der seine Perücke mit den vergipsten Rollen und dem falschen dicken Zopf so nachlässig trug, dass man sein rötliches Haar sehen konnte, mehr als verstimmt. Doch vergeblich ersuchte er den Herzog, bei dem er sich für die „gnädigste Placierung" auch noch untertänigst bedanken musste, seinem Sohne das Tragen einer Zivilkleidung bei seinem Bemühen um eine Privatpraxis zu gestatten. „Sein Sohn soll Uniform tragen!" lautete die schnoddrige Antwort des Souveräns.

Als Regimentsmedikus hatte Schiller die Kasernen und das Lazarett zu besuchen, wobei der Leibmedikus Emanuel Elwert sein unmittelbarer Vorgesetzter war. Wie F. Burschell schreibt, versuchte Schiller sich gerne in Radikalkuren, denen bei Typhus auch ein Erfolg nachgerühmt wird. Schillers Selbstrezension gemäß dürfte es meist der kräftigen Natur der d'Augé'schen Grenadiere zu danken gewesen sein, wenn sie seine höllischen Mixturen gut überstanden. Heißt es doch in seiner ironischen Selbstbeschreibung: „So gewiss ich den Autor der Räuber verstehe, so muss er starke Dosen in Emeticis (Brechmittel; Anm. d. Verf.) ebenso lieben wie in Aestheticis und ich möchte ihm lieber zehn Pferde als meine Frau zur Kur übergeben." Sein Vor-

Rezept ausgestellt von Friedrich Schiller als Regimentsarzt

gesetzter Elwert sah wohl eine Zeitlang diesem eifrigen Treiben seines jungen Regimentsarztes zu, ließ sich jedoch bald Schillers Rezepte zur Überprüfung vorlegen und überließ in der Folge die medizinische Betreuung der Grenadiere mehr und mehr dem altgedienten Feldscher des Regiments. Einer seiner Lehrer an der Akademie meinte, Schiller habe als Arzt deshalb wenig Glück gehabt, weil er teils zu starke Portionen verschreibe und teils der Theorie von Maximilian Stoll, einem der namhaftesten Vertreter der damaligen Wiener medizinischen Schule, zu viel vertraue. Bei Stolls „Evakuationstheorie" spielten die Emetica, also die Brechmittel, eine besondere Rolle. Bezeichnenderweise handelt es sich bei dem einzigen erhaltenen Rezept aus Schillers Hand um ein „Brechwasser".

Dennoch hatte Schiller, wie sein Freund Scharffenstein bezeugt, „sein Fach anfangs mit Ernst und nicht etwa nur als Nebenfach betrieben. Er wollte eben auch hier Kraftstücke liefern, und da sie versagten, war er nun am ganzen Fach degoutiert." Dazu kam noch, dass ihm der eintönige und langweilige Dienst bald jede Freude am ärztlichen Beruf vergällte und die kränkende Zurücksetzung durch den wortbrüchigen Herzog in ihm nagte. Wenn er sich auch mit seinen Freunden über seine wenig imponierende Uniform lustig machte, so war es schließlich doch der Degen ohne Portepee, der ihn „unablässig an die Subordination erinnerte". Deshalb gestand er schon bald seinen Freunden aus der Akademie, mit denen er „halb wie ein Student, halb wie ein Bohemien im kraftgenialischen Stil der Zeit zusammenlebte", dass er nicht daran denke, in diesem Stuttgart, dem „Loch seiner Prüfung", allzu lange Zeit zu verbringen: „Meine Knochen haben mir im Vertrauen gesagt, dass sie nicht in Schwaben verfaulen sollen."

Mehr und mehr ging auf diese Weise der Dichter mit ihm durch. So pflegte er sich gelegentlich bei Krankenvisiten, statt die Patienten zu beobachten und zu untersuchen, laut deklamierend an den Bettrand zu setzen, sodass die Kranken in hellem Entsetzen glauben mussten, einem Wahnsinnigen ausgeliefert zu sein. So konnte es nicht ausbleiben, dass er bald in ganz Stuttgart bekannt war als der merkwürdige Regimentsarzt d'Augés, der eifrig Gedichte schrieb und sogar eine vollständige und fürchterliche Tragödie verfasst haben sollte. Der Ruf dieses exzentrischen jungen Arztes verbreitete sich im Jahre 1781 durch einen traurigen Anlass. Im Januar dieses Jahres starb der ehemalige Zögling an der Karlsschule Johann Christian Weckherlin, der inzwischen die Apotheke seines Vaters übernommen hatte. Wie es damals Sitte war, übersandte auch die Ärzteschaft ein Leichencarmen – also ein feierliches Gedicht zum Tode des Verstorbenen – ins Trauerhaus. Doch wie bestürzt war die Familie, darin kein Wort vom unabänderlichen Willen Gottes zu lesen. Vielmehr pries der Autor dieses Festgedichtes – der Regimentsmedikus Schiller – den Toten glücklich, weil seine unsterbliche Seele dem blinden Erdenschicksal entrückt war und klagte zugleich eine Weltordnung an, die den jungen Menschen in der Blüte seiner Jahre mit allen seinen unerfüllt gebliebenen Hoffnungen dahinsinken ließ. Die unterdrückten Empfindungen und der glühende Atem des jugendlichen Dichters steigerten sich am Ende zu einer mitreißenden Strophe, hinter der die Flamme der Rebellion aufloderte und mit der er den Geist aus den Fesseln despotischer Gewalt befreien wollte, einer Strophe, die mit den Worten endet: „Der Sprung vom König bis zur Erdenscholle – ist ein leichter Kleiderwechsel nur." Dieses Carmen muss tatsächlich erhebliches Aufsehen verursacht haben, denn Schiller schrieb seinem Freund von Hoven nach Ludwigsburg: „Das kleine hundsföttische Ding hat mich in der Gegend herum berüchtigter gemacht als zwanzig Jahre Praxis." Diese *Elegie auf den frühzeitigen Tod Johann Christian Weckherlins* trug mehr zu dem üblen Leumund bei, in welchem der junge Regimentsarzt in Stuttgart stand, als sein privater Lebenswandel. Wie sein Freund Scharffenstein berichtet, sei Schiller während der zwei Jahre in Stuttgart nicht eigentlich sinnlich gewesen: „Außer ein paar Sprüngen mit Soldatenweibern, auch en compagnie, weiß ich keine Débauche von ihm." Er habe damals im Grunde nur zwei Extreme gekannt: „Exzentrizität und tierischen Genuss". In Ermangelung geeigneter weiblicher Wesen machte er aus seiner Quartierwirtin Luise Vischer, die nach Verkauf ihres Mannes, eines Offiziers im Dienste des Herzogs, an die holländisch-ostindische Kompanie (die dem Landesherrn für seine „Ware" besonders lukrative Summen bot) Witwe wurde, seine Laura, die er mit gedankenschweren Versen besang. Die um acht Jahre ältere kinderreiche Witwe, die weder hübsch noch geistreich gewesen sein soll, hatte offensichtlich doch so viel „Gutmütiges, Anziehendes und Pikantes", dass sie ihn zu den übersinnlichen *Oden an Laura* zu inspirieren vermochte.

Nach mehrfacher Überarbeitung lag zu Beginn des Frühjahrs 1781 das druckfertige Manuskript der *Räuber* vor, das sehr bald Goethes *Götz von Berlichingen* übertreffen sollte, welches dem Publikum bisher als das ausschweifendste Schauspiel gegolten hatte. In durchaus realistischer Einschätzung kündigte Schiller dies seinen Freunden mit den Worten an: „Wir wollen ein Buch machen, was aber durch den Schinder absolut verbrannt werden muss!" Zunächst galt es jedoch, einen geeigneten Verleger für sein Vorhaben zu finden, das er folgendermaßen begründete: „Der erste und wichtigste Grund, warum ich die Herausgabe wünsche, ist jener allgewaltige Mammon, dem die Herberge unter meinem Dach gar nicht ansteht – das Geld. Der zweite Grund ist, wie leicht zu begreifen, das Urteil der Welt. Dazu kommt noch die Erwartung, die Hoffnung und Begierde, welches alles mir meinen Aufenthalt im Loche der Prüfung verkürzen und versüßen und mir die Grillen zerstreuen sollen. Ich möchte natürlicherweise auch wissen, was ich für ein Schicksal als Dramatiker, als Autor zu erwarten habe." Leider fand selbst Petersen, der aus der Pfalz stammte und dem Mannheimer Buchhandel näher stand, keinen wagemutigen Mann, der den Druck übernommen hätte. So fasste Schiller den Entschluss, den Druck auf eigene Kosten besorgen zu lassen, wozu er von der Gattin eines Korporals ein Darlehen von hundertfünfzig Gulden erhielt – eine Summe, die für ihn eine jahrzehntelange Schuldenlast bedeutete und wegen der lange ausbleibenden Rückzahlungen für die Unterzeichnete der Bürgschaft den drohenden Schuldturm, vor dem sie sich nur durch eilige Flucht retten konnte. Voller Ungeduld übersandte Schiller schon die ersten Druckbogen an den Buchhändler Schwan nach Mannheim, für dessen Verlag dieses Buch jedoch nicht in Frage kam, weil es in der vorliegenden Fassung „einem ehrsamen und gesitteten Publikum" nicht zugemutet werden könne. Gleichzeitig schlug er dem hitzigen Autor Verbesserungen des Textes vor, von dem er im Übrigen fasziniert war und in seiner Begeisterung auch sofort dem Intendanten des Mannheimer Nationaltheaters, von Dalberg, daraus vorlas. Schiller, der inzwischen selbst den Eindruck gewann, „wie grell und widerlich sich manches dem Auge darstellt", begann unverzüglich, die *Räuber* zum dritten Mal zu überarbeiten und in dieser Form fand das Werk auch bei von Dalberg höchste Anerkennung, ja er ersuchte den Autor sogar dringend um eine Bühnenbearbeitung des Stückes für sein Theater.

Schiller benötigte volle zwei Monate, bis er die Bühnenfassung an den Freiherrn von Dalberg übersenden konnte. Schuld daran war eine ärgerliche Ruhrepidemie, die gerade zu dieser Zeit „unter der bresthaften Mannschaft d'Augés" wütete und die ihn beruflich als Regimentsarzt stark in Anspruch nahm. An Schwan schrieb er, dass er „mit weit mehr Vergnügen ein neues Stück, ja selbst ein Meisterstück schaffen wollte, als sich der nun getanen Arbeit nochmal zu unterziehen". Außerdem forderte von Dalberg aus gesellschaftspolitischen Überlegungen heraus noch einige weitere Veränderungen, sodass Schiller schließlich ärgerlich in seiner Selbstanzeige des Stückes schrieb: „So entstand ein buntfärbiges Ding, wie die Hosen eines Harlekins."

Knapp ein Jahr später ging am 13. Januar 1782 die denkwürdige Premiere der *Räuber,* die einen wahren Wendepunkt in der Geschichte des deutschen Theaters werden sollte, im Nationaltheater in Mannheim über die Bühne. Schiller hatte sich zusammen mit seinem Freund Petersen heimlich aus Stuttgart fortgestohlen und verfolgte die Aufführung von einem Platz in der für ihn reservierten Loge aus. Es gibt wahrscheinlich kein Theaterstück, das eine ähnliche Wirkung beim deutschen Publikum erzielte, wie man einem Augenzeugenbericht entnehmen kann: „Das Theater glich einem Irrenhaus, rollende Augen, geballte Fäuste, heisere Aufschreie im Zuhörerraum! Fremde Menschen fielen einander schluchzend in die Arme, Frauen wankten, einer Ohnmacht nahe, zur Tür. Es war eine allgemeine Auflösung, wie ein Chaos, aus dessen Nebeln eine neue Schöpfung hervorbricht." Der unerwartete rauschende Erfolg war die erste Bestätigung seines Genies und machte ihn mit einem Schlage als den geborenen Dramatiker in weiten Teilen Deutschlands bekannt. Schon schwirrte ihm der Kopf von neuen Plänen. Er suchte fieberhaft nach einem neuen Stoff für ein weiteres Drama und machte sich auch an eine Gedichtsammlung, die *Anthologie auf das Jahr 1782.* Dieses eigenartige Produkt ist mit seinem Horror vor der sexuellen Liebe eine verwirrende Zusammenstellung derb wollüstiger Fantasien und glühender Liebeslieder mit metaphysischen lyrischen Gedichten und zeigt die Zerrissenheit und Unentschlossenheit des „jungen, aus allen Himmeln gerissenen Mediziners". Seine ganze Leidenschaft wandte sich jedoch einem zweiten Drama, dem republikanischen Schauspiel *Fiesko* zu, von dem er wenig später meinte: „Meine Räuber

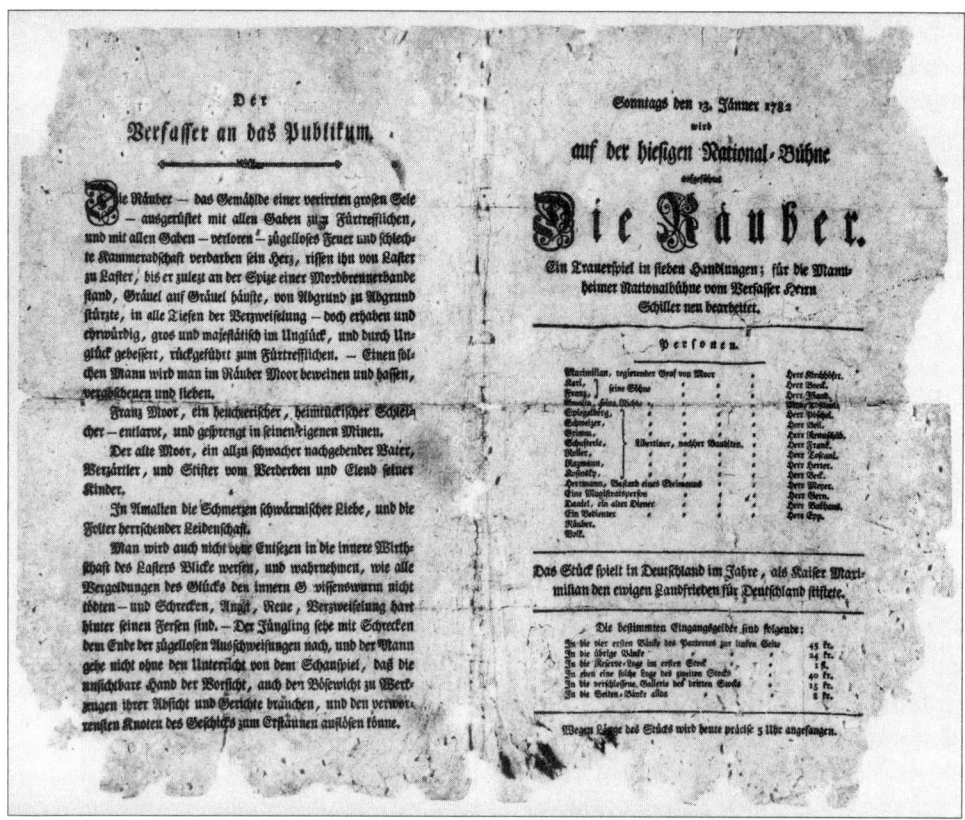

Die Räuber, *Theaterzettel zur Uraufführung am 13. Januar 1782*

mögen untergehn, mein Fiesko wird leben!" Eine Erwartung, die sich allerdings nicht erfüllen sollte.

Inzwischen war der Name des bisher anonymen Autors der *Räuber* bekannt geworden und mit der Lüftung dieses Geheimnisses begann die große Welt seine Bekanntschaft zu suchen. Der Landgraf von Hessen schickte sogar seinen Hofmaler Tischbein nach Stuttgart, um den berühmten Poeten zu porträtieren. Ausgerechnet in diesen Tagen hatte Kaiser Joseph II. der Württembergischen Militärakademie den Rang einer Universität verliehen, weshalb Herzog Karl Eugen auch Schiller zum Erwerb des Doktortitels aufforderte. Widerwillig machte sich der Regimentsarzt an die geforderte Dissertation, die allerdings nie abgeschlossen wurde, weshalb Schiller auch nie den Doktortitel erlangte, ungeachtet der damals unbekümmerten Art der Mediziner, sich diesen Titel aus freien Stücken beizulegen.

Sein unverrückbares Ziel blieb von nun an, Theaterdichter zu werden. Aus diesem Grunde reiste er gemeinsam mit der Vischerin und Frau von Wolzogen, deren vier Söhne ebenfalls die Karlsschule besuchten, ein zweites Mal zu Baron von Dalberg nach Mannheim, diesmal zwar ebenfalls ohne reguläre Urlaubserlaubnis, doch immerhin im geheimen Einverständnis mit seinem militärischen Vorgesetzten Oberst von Rau. In Mannheim, wo sein Stück noch immer auf dem Spielplan stand, versprach ihm von Dalberg, ihn an sein Theater ziehen zu wollen – ein Versprechen, das später nicht eingelöst wurde. Aber noch aus einem anderen Grund stand diese Reise unter einem bösen Stern: Obwohl sich alle Verschwiegenheit gelobt hatten, blieb es nicht verborgen, dass sich der Regimentsarzt Schiller mehrere Tage vom Dienst entfernt und sein Lazarett verlassen hatte. Als der Herzog davon erfuhr, war er vor Wut außer sich und ließ den Ausreißer vierzehn Tage in Arrest setzen. Aber damit war die Sache noch nicht ausgestanden. Durch eine Ironie des Schicksals war es ausgerechnet ein Arzt, der aus der Schweiz stammende Dr. Amstein, welcher den letzten Anstoß dazu gab, dass Schillers medizinische Laufbahn endgültig beendet wurde. In einem geharnischten Pamphlet *Wider einen ausländischen Komödienschreiber* empörte sich jener, dass in den *Räubern* der Kanton Graubünden als „Athen der heutigen Gauner" bezeichnet wurde. Als Karl Eugen über eine Hamburger Zeitung von diesem Artikel erfuhr, fürchtete er eine Staatsaffäre und verging fast vor Zorn. Er beschied Schiller unverzüglich nach Hohenheim, wo sich der Herzog mit seiner Mätresse ein Rokokoidyll errichten ließ, und verbot ihm, in Zukunft jemals etwas anderes als medizinische Abhandlungen veröffentlichen zu lassen. Drohend verwarnte er ihn mit den Worten: „Ich sage, bei Strafe der Kassation schreibt er keine Komödien mehr."

In diesen Tagen des August 1782 wurde es Schiller zur Gewissheit, dass er nun nicht mehr in Württemberg bleiben könne. Dennoch unternahm er noch einen verzweifelten Versuch, den Herzog umzustimmen. „Untertänigst und treugehorsamst, in allerdevotester Submission ersterbend" bat er um Aufhebung des Schreibverbotes, unter dem er nicht leben könne, doch Karl Eugen ging darauf nicht ein. So blieb ihm nur die Flucht, mit der er zwar Heimat und Familie verlor, dafür aber die Freiheit zu gewinnen hoffte, ganz seiner Kunst leben zu können.

DIE FLUCHT

Mitte September 1782 traf der mit dem Herzog verwandte Großfürst Paul von Russland zu einem Staatsbesuch in Württemberg ein, der mit glanzvollen Festlichkeiten einherging. Da sich alle Aufmerksamkeit auf dieses Ereignis konzentrierte, bot sich für Schiller die günstige Möglichkeit, unbemerkt zu entkommen. Gemeinsam mit dem jungen Musiker Andreas Streicher, der Schiller besonders verehrte und ihm nicht nur bereitwilligst sein Geld für die Vorbereitungen zur

Flucht stiftete, sondern auch seine eigene Laufbahn aufs Spiel setzte und auf diese Weise so selbstlos geholfen hat wie kaum ein anderer Freund, passierten die beiden am späten Abend des 22. September 1782 in ihrer Kutsche das Eßlinger Tor, an welchem in vereinbarter Weise Freund Scharffenstein Wache hielt. Schon am frühen Morgen des nächsten Tages wurde die kurpfälzische Grenze unbehelligt überschritten. Wie schwer Schiller dieser folgenschwere Schritt in seinem Leben gefallen sein muss, geht aus dem Schreiben hervor, das er von Mannheim aus auf Anraten des Regisseurs Meyer unmittelbar nach seiner Ankunft an den Herzog richtete und mit dem er seinem Landesherrn erklären wollte, dass eine endgültige Flucht aus seiner Heimat gar nicht beabsichtigt sei. Später schrieb er seinen Stuttgarter Freunden, dass er mit dem betont devoten Gesuch an den Herzog nur seine Familie vor dessen Rache schützen wollte. Außerdem galt er ja jetzt als ein Deserteur, der in ständiger Furcht vor Verfolgung oder Auslieferung lebte. Wie zu erwarten war der Versuch, den Herzog umzustimmen, von vornherein zu Scheitern verurteilt.

Da auch von Dalberg, der soeben von den Feierlichkeiten aus Stuttgart zurückgekommen war und von Schillers Flucht unterrichtet wurde, mit dem Rebellen nichts mehr zu tun haben wollte, blieb Schiller nichts anderes übrig, als dem Rat seiner Mannheimer Freunde zu folgen und die Stadt so bald wie möglich unauffällig zu verlassen. Unter falschem Namen und begleitet von seinem Freund Streicher brach Schiller in den ersten Oktobertagen auf und wanderte zu Fuß nach Frankfurt. Schon in Darmstadt fühlte er sich nicht recht wohl und schließlich brach er unterwegs völlig erschöpft zusammen. Mit großer Wahrscheinlichkeit muss dieser Schwächeanfall mit einer vor kurzem in Mannheim überstandenen „Influenza" in Zusammenhang gebracht werden. In diesem Sinne spricht eine Briefstelle in Streichers späterem Bericht über die Flucht Schillers: „Er kam (von der Uraufführung der *Räuber* in Mannheim Anfang Juni 1782; Anm. d. Verf.) äußerst missmutig und niedergeschlagen wieder nach Stuttgart zurück, ebenso verstimmt durch die Betrachtungen über sein Verhältnis als leidend durch die Krankheit, welche er mitbrachte. Diese Krankheit, welche durch ganz Europa wanderte, bestand in einem außerordentlich heftigen Schnupfen und Katarrh, den man russische Grippe oder Influenza nannte, und der so schnell ansteckend war, dass der Verfasser dieses, als er Schillern einige Stunden nach dessen Ankunft umarmt hatte, nach wenigen Minuten schon von Fieberschauern befallen wurde, die so stark waren, dass er sogleich nach Hause eilen musste." Auch der Schauspieler Iffland, der bei der Uraufführung mitgewirkt hatte, lag im August an dieser Krankheit darnieder, die er seine „große Krankheit" nannte, und sie schien in Mannheim so um sich gegriffen zu haben, dass man das Theater vom 18. bis 29. September wegen „Influenza" schließen musste. Heute wissen wir, dass bei einer echten Grippeerkrankung relativ häufig auch entzündliche Veränderungen im Herzmuskel nachgewiesen werden können, die bei Vernachlässigung derselben selbst bei jungen Menschen – wie ich es selbst im Frühjahr 1939 während der Ausbildungzeit bei der deutschen Wehrmacht erleben konnte – mitunter tödliche Folgen nach sich ziehen können.

Als die beiden in Frankfurt eintrafen, mussten sie bald feststellen, dass das Leben in dieser teuren Stadt mit ihren bescheidenen Mitteln nicht bestritten werden konnte, weshalb sie auf den Rat von Schillers Mannheimer Freunden hin in Oggersheim, einem nahe Mannheim gelegenen linksrheinischen Dorf, ein spottbilliges Quartier bezogen. Sofort stürzte sich Schiller auf die Umarbeitung seines *Fiesko,* immer noch auf eine günstige Aufnahme bei von Dalberg hoffend. Doch auch diese Fassung lehnte der dünkelhafte Halbaristokrat ab, wie er ja überhaupt dem mittellosen Flüchtling, der noch kurz zuvor seinem Theater einen beispiellosen Erfolg eingebracht hatte, mit umbarmherziger Kälte den Rücken zeigte, weshalb Schiller einmal dem treuen Streicher schrieb: „Wenn man die Menschen braucht, so muss man ein Hundsfott werden, oder sich ihnen unentbehrlich machen." Da er immer noch nicht vor den Verfolgungen des Herzogs sicher sein konnte und ihm stets das warnende Beispiel Daniel Schubarts vor Augen stand, drängte man ihn neuerlich zur Flucht an einen Ort, der sich möglichst weit entfernt vom Gefahrenherd befinden sollte. Diesmal war die Hilfe sofort zur Stelle, denn Henriette von Wolzogen, seine mütterliche Freundin aus Stuttgarter Tagen, bot ihm ihr kleines Gut in dem versteckten, nahe Meiningen gelegenen Dörfchen Bauerbach in Thüringen als Zufluchtstätte an, das ihm bis zum Sommer 1784 Sicherheit bot. Vorsichtshalber wahrte er jedoch auch hier ein strenges Inkognito und nur der Bibliothekar der Meininger Bibliothek Reinwald – der später Schillers ältere Schwester Christophine ehelichte – wusste, wer sich hinter dem sonderbaren Gast, der sich Dr. Ritter nannte, verbarg.

Kaum hatte sich Schiller nach seiner Ankunft in Bauerbach am 7. Dezember 1782 notdürftig eingerichtet, machte er sich an sein aufwühlendstes Jugendwerk, das Trauerspiel *Luise Millerin,* das unter dem von Iffland vorgeschlagenen und wirkungsvolleren Titel *Kabale und Liebe* unsterblich werden sollte. Mit diesem Werk, dessen Plan er während seines erzwungenen Arrests in Stuttgart gefasst hatte, rechnete er unbarmherzig mit dem korrupten System und den unbarmherzigen Unterdrückungsmethoden seines absolutistisch regierenden Herzogs Karl Eugen ab. Doch schon während der Arbeit an diesem Trauerspiel beschäftigten ihn neue, weitgesteckte Pläne, wie er am 27. März 1783 Reinwald anvertraute: „Um meines langen hin und her Schwankens zwischen Imhof und Maria Stuart los zu sein, hab ich beide, bis auf weitere Ordre, zurückgelegt, und arbeite nunmehr entschlossen und fest auf einen ‚Dom Karlos' zu."

Auf mancherlei Umwegen gelangte die Kunde nach Mannheim, dass Schiller an einem neuen bürgerlichen Trauerspiel arbeite. Umgehend erhielt er von Dalberg ein überaus freundliches Schreiben, gepaart mit einem viel versprechenden finanziellen Angebot, das Schiller nach einigem Zögern veranlasste, zu einem persönlichen Gespräch mit dem Intendanten nach Mannheim zu reisen. Dem geschickten Theatermanager gelang es rasch, den Dichter zu einer Bühnenbearbeitung des neuen Trauerspiels zu überreden und ihn mit Wirkung vom 1. September 1783 vertraglich für ein volles Jahr als Theaterdichter für das Mannheimer Schauspielhaus zu verpflichten. Wollte Schiller ursprünglich nur wenige Wochen in dieser Stadt verbringen, so wurde nun aus diesem kurzen Abstecher eine Übersiedlung für ein volles Jahr. Trotz des finanziell enttäuschenden Vertrages fühlte er sich glücklich, endlich das Ziel eines angestellten und besoldeten Dichters erreicht zu haben.

Doch das Jahr in Mannheim nahm einen unheilvollen Anfang. Unmittelbar nach seiner Ankunft in Mannheim erkrankte er nämlich an einem bedrohlichen Wechselfieber, einer so genannten „gallichten Seuche", die monatelang in dieser Stadt grassierte und zweitausend Todesopfer forderte. Die Tochter seines Mannheimer Verlegers, Luise Schwan, schilderte ihre Beobachtungen so: „Schiller bekam eines Abends, wo er, wie oft geschah, in unserem Familienkreis war, einen Anfall von kaltem Fieber. Er war sehr unwohl, wurde auf ein Bett gelegt, warm zugedeckt, musste Chinatee trinken, und als der Frost nachließ, wurde er in einer Portechaise nach Hause gebracht. Den andern Tag ging mein Vater wie gewöhnlich mit mir spazieren und auf dem Heimweg sagte er, er wolle nur nach Schiller sehen, wie es ihm gehe, ich solle im Saale auf ihn warten, er werde wohl zu Bett liegen. An der Saaltür angekommen, hören wir ein arges Geschrei, und was sahen wir: In dem ganz finstern Zimmer brannten zwei Kerzen, auf dem Tisch mit Papieren stand eine Bouteille Burgunder und ein Glas, und Schiller rannte in Hemdsärmeln auf und ab, gestikulierte und krakeelte ganz barbarisch. Mein Vater rief ihm zu: Aber, lieber Schiller, was treiben Sie denn, dass Sie hausen wie ein Türke und gestern erst das Fieber hatten. Haben Sie deshalb Medizin studiert, um sich mit Gewalt zu ruinieren? Nachdem Schiller ausgeschnauft hatte, sagte er, drum habe er gerade den Mohren am Kragen gehabt – nämlich im Fiesko, und er könne nicht begeistert werden, wenn das Tageslicht zu ihm hereinscheine. Mein Vater ermahnte ihn sehr, sein Fieber abzuwarten und alle Mohren laufen zu lassen. Was er auch versprach. Den folgenden Abend kam er wieder und brachte diese Szene aus ‚Fiesko' mit, die er meinem Vater vorlas."

Schiller selbst meldete am 11. September 1783, dass ihn einen Tag nach der Aufführung seiner *Räuber* ein „leidiges kaltes Fieber" überfallen hätte, das ihn schon acht Tage tyrannisiert habe und dass er nun schon seit drei Wochen krank liege und täglich einen Anfall auszustehen hatte, der ihn entsetzlich mitgenommen habe. Gegenwärtig sei er außer Lebensgefahr. Er klagte jedoch noch über Mattigkeit und Schwäche im Kopf. Er wies darauf hin, dass schon seit acht Wochen – also seit Ende Juli – die „gallichte Seuche" in Mannheim grassierte, „die so allgemein ist, dass unter zwanzigtausend Menschen sechstausend krank darniederliegen". Im übrigen sei sein Freund, der Regisseur am Mannheimer Theater Chr. D. Meyer an dieser „Epidemie", die nun im Sinken sei, gestorben. Schiller hob in seinem Bericht hervor, dass er sich in der besten ärztlichen Behandlung befinde, und sogar, weil sein Kopf sehr angegriffen sei, einem anderen Doktor (wahrscheinlich Franz Anton May, mit dem er in persönlicher Beziehung stand und dem große Verdienste für die Verbesserung der hygienischen Zustände in Mannheim zugeschrieben werden) übergeben worden wäre. Am 12. September meldete er erfreut, dass sein Fieberanfall heute das dritte Mal ausgeblieben sei und er sich jede Stunde leichter fühle. Nur der „angegriffene" Kopf und eine eigenartige Schlafsucht hielten hartnäckig weiter an und dies sollte, wie er am 29. September vermerkte, „meine letzte Krankheit in Mannheim seyn: da ich nun einmal Bürger darin geworden bin, so werde ich künftig unversehrt bleiben".

Diese Hoffnung trog jedoch, denn am 1. November 1783 hören wir von Henriette von Wolzogen, dass Schiller schon drei bis vier Wochen ein Rezidiv von dem „traurigen kalten Fieber auszustehen hatte und noch ausstehen muss". Schiller selbst schildert dies so: „Geschäfte und neue Bekanntschaften, die außerhalb Mannheim meiner warteten, und überhaupt die böse Rhein- und Sumpfluft der Gegend haben mich zu keiner ganzen Besserung kommen lassen, und wahrscheinlich werde ich schwerlich vor dem eigentlichen Winter vollkommen gesund." Vierzehn Tage später schrieb er an dieselbe Adressatin, Henriette von Wolzogen: „Mein böses kaltes Fieber scheint nunmehr nachlassen zu wollen, denn ich habe bereits drei Tage keinen Anfall gehabt. Ich lebe aber auch erbärmlich genug, um es vom Halse zu schütteln. Schon vierzehn Tage habe ich weder Fleisch noch Flcischbrühe gesehen. Wassersuppen heute, Wassersuppen morgen, und dieses geht so Mittags und Abends. Allenfalls gelbe Rüben oder saure Kartoffel oder so etwas dazu. Fieberrinde ess ich wie Brod, und ich hab mir sie express von Frankfurt verschrieben." Diese Art der damaligen Behandlung des „Kalten Fiebers" erwähnte auch sein Freund Streicher in seiner Beschreibung jenes Krankheitsbildes, das „besonders im Entstehen alle Martern des Tantalus mit sich führt. Denn der brennendste Durst, der heißeste Hunger durfte nicht genügsam gestillt werden, um die Krankheit nicht zu unterhalten." Die Hilfe dagegen, nur in Brechmitteln und Chinarinde bestehend, schwächte den Magen ebenso sehr, als sie ihn belästigte, „und wenn nichts mehr helfen wollte, musste man wohl den Rat des Arztes befolgen und so viele Chininpulver, als man sonst in vierundzwanzig Stunden hätte gebrauchen sollen, zwei Stunden vor dem Eintritte des Fiebers auf einmal nehmen, was freilich oft half, aber ein solches Toben des Magens veranlasste, dass man glaubte, vergehen zu müssen". Derart strenge Diäten wurden damals allerdings nicht von allen Ärzten verordnet. Manche erlaubten neben der Chinarinde alle Speisen und verboten sie nur während der Fieberanfälle.

Es besteht aus heutiger Sicht kein Zweifel darüber, dass es sich bei diesem Wechselfieber oder kalten Fieber Schillers um eine klassische Malariaerkrankung gehandelt hat. Noch im vorigen Jahrhundert war diese „Seuche", die zu Schillers Zeiten in Mannheim 1783 wütete, unter dem deutschen Namen Wechselfieber in der Rheinprovinz allgemein bekannt und eine der wichtigsten Infektionskrankheiten. Es gab Zeiten, wo in der niederrheinischen Tiefebene kaum ein Haus davon verschont war, wie Kortenhaus 1928 berichtete. Im südlichen Teil der Rheinprovinz waren besonders das fieberhafte Tal der Saar und einige Sumpfgebiete im Bereich von Mannheim berüchtigt. Hier und in Ludwigshafen waren es vor allem die Sümpfe der Chininfabriken bei Mannheim, die eine Brutstätte der für die Malariaübertragung verantwortlichen Anophelesmücken darstellten. Neben dem Wechselfieber, also der Malaria, waren hier auch Ruhrepidemien während des Sommers eine ständige Geißel der Stadt Mannheim: „Sie warfen besonders den nieder, der des hiesigen Klimas, der Luft und des Wassers ungewohnt war. Auch Schiller hatte bekanntlich hier Monate lang darunter zu leiden." Mit diesen Worten schuldigte F. Walters in seiner *Geschichte von Mannheim* vor allem das schlammige ungesunde Trinkwasser an, was den Hof dazu veranlasste, sich das Trinkwasser für die hohen Herrschaften durch einen so genannten „Wasserfüller" aus Heidelberg heranführen zu lassen. Dies wird auch von Heinse bestätigt, der 1780 schrieb: „In Mannheim ist das Wasser so schlecht und hart, dass man im Thee Widerhaken zu trinken meynt, und die Gräben dünsten einen so üblen Geruch aus, welchen die vier Kirchhöfe in der Stadt noch verstärken, dass man davor oft nicht auf den sonst so schönen Wällen spazieren kann. Wasser, welches eine Nacht still steht, setzet, ohne gekocht zu werden, sichtbaren Schleim und Erdteilchen ab." Derart katastrophale Umweltbedingungen sorgten dafür, dass nicht nur „ruhrartige" Epidemien dort immer wieder in Zeiten der „sengenden Hitze des Mannheimer Klimas" auftraten, sondern dass in dieser „Sumpf- und Fieberluft" auch die Malaria häufiger Gast der dortigen Bewohner war. Dies war auch der Grund für Schiller, im Sommer 1784 längere Zeit nach Schwetzingen zu übersiedeln.

Trotz seiner noch nicht ausgeheilten Malaria mit ihren Rezidiven arbeitete er unter Aufbringung all seiner Energie an der Fertigstellung des *Fiesko,* dessen Aufführung in einer prunkvollen Inszenierung am 11. Januar 1784 über die Bühne ging. Leider blieb die erhoffte Wirkung aus, wohl deshalb, wie er resigniert an

Reinwald schrieb, weil für das hiesige Publikum republikanische Freiheit ein Schall ohne Bedeutung ist: „In den Adern der Pfälzer fließt kein römisches Blut." Umso größeren Erfolg erntete er dafür mit *Kabale und Liebe,* dessen Uraufführung am 15. April im Nationaltheater in Mannheim stattfand. Dennoch zeichneten sich neue Schwierigkeiten am Horizont ab. Da Schiller auf Grund seiner Malaria-Rezidive sein vertraglich vereinbartes drittes Drama, den *Don Carlos,* nicht rechtzeitig abschließen konnte, wurde vom ehrenwerten Intendanten von Dalberg der Vertrag nicht erneuert. Was nützte es, wenn seine bisherigen Verdienste anerkannt und mit Auszeichnungen belohnt wurden, seine Existenz jedoch wieder einmal auf dem Spiel stand. Dazu kam noch, dass nach dem Aussterben der bayerischen Wittelsbacher der pfälzische Kurfürst Karl Theodor seine Residenz nach München verlegt hatte, wodurch Mannheim zu einem Absinken in kulturelle Bedeutungslosigkeit verurteilt war. All dies zusammen machte Schiller Mannheim allmählich zur Qual und diesmal waren es vier unbekannte Personen aus Leipzig, die ihn aus seiner verzweifelten Lage retteten.

In Leipzig und Dresden

Im Frühsommer 1784 erhielt Schiller nämlich von vier ungenannten Verehrern seiner Kunst aus Leipzig einen Brief, in dem stand: „Zu einer Zeit, da die Kunst sich immer mehr zur feilen Sklavin reicher und mächtiger Wollüstlinge herabwürdigt, tut es wohl, wenn ein großer Mann auftritt und zeigt, was der Mensch auch jetzt noch vermag." Bei den Absendern handelte es sich um die beiden Töchter Minna und Dora des verstorbenen Kupferstechers Stock, bei dem auch der junge Goethe kurze Zeit in die Schule gegangen war, sowie um deren Verlobte, den Lektor Huber und den vermögenden Konsistoralrat Körner, Vater des Hoftheaterdichters Karl Theodor, der bekanntlich die schwungvollen Freiheitslieder schrieb und im Lützow'schen Freikorps 1814 im Kampf gegen Napoleon sein Leben lassen musste. Dieser Brief sollte das weitere Schicksal Schillers entscheidend beeinflussen, obwohl er ihn zunächst sieben Monate lang unbeantwortet liegen ließ, aus Gründen, die dieses Stillschweigen nur halb entschuldigen konnten.

Wahr ist, dass er zu dieser Zeit gerade an einem Vortrag arbeitete, den er mit dem Titel *Die Schaubühne als moralische Anstalt betrachtet* vor der Kurpfälzischen Gesellschaft, der er angehörte, halten sollte. Außerdem war er, nachdem ihn von Dalberg vor die Tür gesetzt hatte, bemüht, sich als Dichter einer breiteren deutschen Öffentlichkeit näher bekannt zu machen, die ihn ja bisher nur aus seinen drei genialischen Dramen des Sturm und Drangs kannte. Seine ganze Hoffnung

Schillers Freundin Charlotte von Kalb

setzte er dabei jetzt auf die Herausgabe der Zeitschrift *Rheinische Thalia,* für die er mangels eines Verlegers Interessenten suchte, die bereit waren, das geplante Journal zu subskribieren. So feurig sein einladender Appell auch klingen mochte – er fand in Deutschland kaum ein Echo, wodurch dieses hochfliegende Unternehmen scheiterte, bevor es noch in die Tat umgesetzt werden konnte. Schließlich stand er in jener Zeit auch noch unter dem Einfluss einer jungen, fantasiebegabten Dame, die gegen ihren Willen mit einem Offizier verheiratet wurde und an der Seite dieses nüchternen Partners ein unerfülltes, unbefriedigtes Leben führte. Ließ er sich bisher mit der einen oder anderen Schauspielerin in oberflächliche intime Verhältnisse ein, so war er nun in diese üppige, schöne und nach Bildung dürstende Frau Charlotte von Kalb, der er durch Frau von Wolzogen vorgestellt worden war, bald leidenschaftlich verliebt. Er stand ihr sogar bei der schweren Geburt ihres ersten Kindes hilfreich zur Seite, was sie ihm wieder damit dankte, beim Herzog Karl August von Weimar zum Vortrag seines *Don Carlos* eingeladen zu werden und bei dieser Gelegenheit den Titel eines herzoglichen Rates zu erhalten. Wenn Charlotte auch alle an sie adressierten Briefe später vernichtet hat und wir daher vom Grade seiner Verstrickung in das Netz dieser zweifellos exaltierten Dame nicht unterrichtet sind, erkennt man allein aus seinen beiden großartigen Gedichten *Freigeisterei der Leidenschaft* und *Resignation* die glühende Leidenschaft, die diese Frau in ihm entfesselt hatte, wenn er sie auch später aus taktvoller Rücksichtnahme auf die angebetete Person als bloße Produkte seiner Fantasie hinzustellen versuchte. Unbestreitbar ist Schiller jedenfalls an Charlotte von Kalb zu einem Dichter gereift, den man kaum noch als den Autor der *Laura-Oden* vermuten könnte. Trotzdem wurden ihr starker Einfluss auf ihn und das ganze, halb sinnliche, halb geistige Verhältnis für ihn zunehmend mehr quälend als befreiend.

Im Bewusstsein, dass ihm diese Verstrickung in ein Verhältnis zu einer verheirateten Frau allmählich gefährlich zu werden drohte, lag der Mannheimer Horizont, wie Burschell schreibt, drückend auf ihm „wie das Bewusstsein eines Mordes", um mit den Worten seines *Don Carlos* zu sprechen. In dieser depressiven Stimmung entsann er sich der brieflichen Huldigung, die ihn Monate zuvor aus Leipzig erreicht und auf die er unverständlicherweise über ein halbes Jahr lang nicht reagiert hatte. Im Dezember 1784 versuchte er nun sein unverzeihliches Stillschweigen brieflich zu rechtfertigen: „Ihre Briefe, die mich unbeschreiblich erfreuten, und eine Stunde in meinem Leben auf das angenehmste aufgehellt haben, trafen mich in einer der traurigsten Stimmungen meines Herzens … Meine damalige Gemütsfassung war diejenige nicht, worin man sich solchen Menschen, wie ich Sie mir denke, gern zum ersten Mal vors Auge bringt." Und schon zwei Monate später kündigte er den Freunden in Leipzig an: „Ich muss Leipzig und Sie besuchen … Ich muss zu Ihnen, muss in Ihrem nähern Umgang mein ganzes Dasein in einen lebendigen Schwung bringen. Meine poetische Ader stockt, wie mein Herz für meine bisherigen Zirkel vertrocknete. S i e müssen sie wieder erwärmen … Es braucht nichts als eine solche Revolution meines Schicksals, dass ich ein ganz andrer Mensch – dass ich anfange, Dichter zu werden." So wurde ähnlich wie die seinerzeitige Flucht aus Stuttgart für ihn auch das Verlassen Mannheims ein Akt dringend notwendig gewordener Selbstbefreiung.

Am 17. April 1785 traf Schiller nach einer anstrengenden Reise endlich in Leipzig ein, wo ihn die Freunde als den Dichter der *Räuber* angetan mit Kanonenstiefeln, Sporen und Schleppsäbel erwarteten. Sichtlich enttäuscht meinte Minna Stock: „Wie sehr waren wir überrascht, als uns Huber einen blonden, blauäugigen, schüchternen jungen Mann vorstellte, dem die Tränen in den Augen standen und der kaum wagte, uns anzureden." Doch diese Befangenheit wich rasch, nachdem er freudig erkannte, dass er sich in seinen hochgespannten Erwartungen nicht getäuscht sah. Schon Mitte Mai übersiedelte er mit Huber und den beiden Schwestern in ein Bauernhaus in dem nahe Leipzig gelegenen beliebten Feriendorf Gohlis, wo er ähnlich wie in Bauerbach ungebunden und frei arbeiten konnte. Sein Quartier teilte er mit einem Schützling Körners, dem damals noch jungen Verleger Göschen, der ihn alsogleich als Autor für sein Verlagshaus gewann. Auf dem Rittergut Kahnsdorf traf dann Schiller wenige Wochen nach seiner Ankunft in Leipzig zum ersten Mal mit Körner zusammen, der bis dahin dienstlich abwesend war und der Schiller schon brieflich das freundschaftliche Du-Wort angeboten hatte. Waren seine zwei besten Freunde, die er bisher fand – Streicher und Reinwald – treue und ergebene Seelen, so war Körner, Dozent für Philosophie und Rechte an der Universität Leipzig, ein unerhört vielseitig gebildeter junger Mann, der auf Schillers geistige Entwicklung einen entscheidenden Einfluss

Schillers Refugium in Körners Weinberg Loschwitz

Freund und Berater Christian Gottfried Körner

ausüben konnte. Dazu kam noch eine entwaffnende Selbstlosigkeit, mit der er den völlig überraschten Schiller ersuchte, ihm das Vergnügen zu ermöglichen, den Freund für ein volles Jahr von der Notwendigkeit eines Broterwerbs befreien zu dürfen, was die Deckung aller laufenden Ausgaben miteinschloss. Am 12. September folgte Schiller schließlich noch der Einladung Körners, der sich inzwischen mit Minna Stock verehelicht hatte, mit den beiden nach Dresden zu reisen und in dem stattlichen Wohnhaus, das Körner in dem nahe der Stadt gelegenen Loschwitz an der Elbe besaß, bis zum Einbruch des Winters Quartier zu beziehen. Durch das fröhliche Zusammenleben mit seinen neuen Freunden geriet Schiller in eine fast kindlich frohe Stimmung, wie man es bei dem „sonst und später fast immer auf den Höhen der Menschheit wandelnden Schiller" nicht kannte. Er betätigte sich als Humorist und Spaßmacher und war so sehr den Freuden des Lebens zugewandt, dass er Ende Oktober, als die Familie Körner in ihre Stadtwohnung nach Dresden zurückgekehrt war, noch immer nicht die dem Verleger Göschen zugesagten Manuskripte für den *Don Carlos* fertiggestellt hatte. Dafür entstand in dieser hochgestimmten Periode seines Lebens jenes Gedicht, der Hymnus *An die Freude,* das er selbst zwar künstlerisch nicht besonders schätzte, das durch die Vertonung in Beethovens *Neunter Symphonie* seinen Namen aber über den gesamten Erdball verbreiten sollte.

Diese glückliche Zeit währte volle eineinhalb Jahre, in denen er endlich auch seinen *Don Carlos,* mit dem er endgültig den Sturm und Drang überwand, beenden konnte. Daneben schrieb er für sein in Göschens Verlag übergegangenes Journal *Thalia* und konzipierte den Roman *Der Geisterseher.* In dieser Dresdner Periode machte sich in seiner Art ein eigenartiger hektischer Zug bemerkbar. Er verbrachte wieder den Großteil der Nächte über dem Schreibtisch und schlief dann tagsüber oder abends unvermittelt aus Übermüdung auf dem Sofa ein, weshalb sich seine Freunde um seine Gesundheit zu sorgen begannen. Sieht man von einem Sturz vom Pferde Anfang September 1785 auf der Rückreise von Hubertusburg ab, bei dem er sich eine Quetschung der rechten Hand zuzog, die ihn längere Zeit nur mit zitternder Hand schreiben ließ, finden sich keine Angaben über irgendwelche gesundheitliche Störungen in der Dresdner Zeit. Noch im April 1786 versicherte er seinen Freunden: „Ich bin gesund, arbeitsam und im ganzen genommen heiter." Was ihn wirklich etwas bedrückte, war im täglichen Umgang mit Körner die Erkenntnis, wie inhomogen und lückenhaft seine eigene Bildung noch war: „Ich fühle es schmerzlich, dass ich noch so erstaunlich viel lernen muss, säen muss, um zu ernten." Aus diesen Tagen erwuchs auch seine Vorliebe für das Studium der Geschichte. Die Überlegenheit seines Freundes Körner begann immer deutlicher an seinem Ehrgeiz zu nagen, endlich selbstständig für sich sorgen zu können, was ihm in der sächsischen Residenzstadt Dresden, „einer Wüste der Geister" mit einem „seichten, zusammengeschrumpften, unleidlichen Volk", nie gelingen konnte. Aber es gab noch etwas anderes, das ihm einen weiteren Verbleib in Dresden unmöglich erscheinen ließ, nämlich eine entflammte Leidenschaft zu der hübschen, neunzehnjährigen Henriette von Arnim, die er auf einem Maskenball in Dresden kennengelernt hatte. Fast jeden Abend verbrachte er in ihrer Gesellschaft und er überschüttete die kokette Schöne, die gleichzeitig ihre Gunst auch anderen wohlhabenden Herren lieh, mit kostbaren Geschenken, die ihn bei einem Geldverleiher in neue Schulden stürzten. Vor allem mussten seine

Freunde zusehen, wie Schiller in seiner närrischen Verblendung die Schreibfeder nicht mehr anrühren wollte. Nur eine ernste Ermahnung Hubers vermochte den Dichter in Schiller wieder wachzurufen und die heftigen Wogen der Leidenschaft für Henriette in ein ruhiges Gewässer der Freundschaft umzuwandeln. Dies gelang nur deshalb, weil das Erotische in seinem Leben „keine schöpferische, epochebildende Rolle" spielte. Es waren stets nur Männer, die sein äußeres Leben und seine geistige Entwicklung gefördert und befruchtet haben.

Doch bei aller Herzlichkeit, die Schiller durch Körner erfuhr, empfand er immer mehr die Abhängigkeit seiner Stellung als beengend und bedrückend. Er hatte erkannt, dass er sich losreißen müsse, um die Lichter seiner Fantasie wieder entfachen zu können und seine Selbstständigkeit zu erlangen. Das innere Leben seines Geistes konnte er eben einer Freundschaft nicht zum Opfer bringen. An Huber schrieb er deshalb die bedeutungsvollen Zeilen: „Ich bedarf einer Krise. Die Natur bereitet eine Zerstörung, um neu zu gebären." Im Sommer 1787, kurz nachdem der *Don Carlos* bei Göschen in Leipzig als Buch erschienen war, brach er das Tor seines goldenen Käfigs auf, um in ein unbekanntes und unsicheres Dasein vorzustoßen, in welchem er sich aus eigener Kraft bewähren wollte. Erste Etappe sollte Weimar sein, wo ihn Charlotte von Kalb, mit der er seit einiger Zeit wieder in vertrautem Briefwechsel stand, erwartete; dann wollte er weiter nach Hamburg reisen und auf der dortigen Bühne, die damals als die beste und wagemutigste im gesamten deutschsprachigen Raum galt, seinen *Don Carlos* zur Aufführung bringen. Diese Pläne, die ihm nach seiner Abreise aus Dresden Ende Juli 1787 durch den Kopf gingen, nahmen allerdings schon sehr bald eine andere Gestalt an.

Erste Eindrücke in Weimar

Im Ausgang des 18. Jahrhunderts war Weimar eine stille kleine Residenzstadt mit provinziellem ländlichen Charakter, deren herzoglicher Hof eine gegen die übrigen Bewohner abgeschottete Clique bildete, weshalb Herder mit Recht diesen Ort mit seinen sechstausend Einwohnern ein Mittelding zwischen einer glänzenden Hofstadt und einem ärmlichen Dorf nannte. Noch am Abend seiner Ankunft suchte Schiller seine Freundin aus Mannheimer Tagen Charlotte von Kalb auf, die ihn sehr bald in die Hofgesellschaft einführte und ihn mit den dort herrschenden weltmännischen Sitten vertraut machte. Da der Herzog sich auf einer Reise in die Niederlande befand und auch Goethe noch längere Zeit nach Italien beurlaubt war, suchte er zunächst von den berühmten drei „weimarischen Riesen" Christoph Martin Wieland auf, den er aufs höchste bewunderte und mit dem sich sofort ein Verhältnis herausbildete, „das für die Zukunft fortdauern und reifen sollte". Der dritte Riese in diesem Dreigestirn war Johann Gottfried Herder, der große Humanist, der von seinem früheren Schüler Goethe als Hofprediger und Generalsuperintendent an den Weimarer Hof gezogen wurde. Wie Schiller nach Dresden berichtete, ist „seine Unterhaltung voll Geist, voll Stärke und Feuer, aber seine Empfindungen bestehen in Hass oder Liebe ... Er ist eine wahre Sirene, ebenso bezaubernd und ebenso gefährlich." Das Verhältnis Schillers zu Charlotte von Kalb, das wohl nicht ganz platonischen Charakter trug, wurde von der – in dieser Beziehung äußerst toleranten – Hofgesellschaft anerkannt, selbst von der Herzoginmutter Anna Amalia, die Goethe seinerseits als eine „vollkommene Fürstin mit vollkommen menschlichem Sinn" verehrte. Doch schon sehr bald erkaltete Schillers Zuneigung zu Frau von Kalb und er genoss stattdessen mit größerem Vergnügen die Gegenwart Wielands, der inzwischen von seinem Landsmann Schiller geradezu hingerissen war, nachdem ihm dieser aus seiner eben begonnenen historischen Arbeit *Geschichte des Abfalls der Vereinigten Niederlande* vorgelesen hatte. Überhaupt hatte die nähere Bekanntschaft mit Wieland und Herder schon in kurzer Zeit sein Selbstwertgefühl gestärkt, wie er Körner mitteilte: „Ich habe mich selbst für zu klein und die Menschen umher für zu groß gehalten ... Das Resultat aller meiner hiesigen Erfahrungen

Christoph Martin Wieland

Die Herzoginmutter Anna Amalia

ist, dass ich meine Armut erkenne, aber meinen Geist höher anschlage, als bisher geschehen war." Sein Freund Körner, der mit seiner plötzlich ausgebrochenen Leidenschaft für die Geschichte nicht einverstanden war, ermahnte ihn, an seine wesentlich höhere dichterische Aufgabe zu denken. Doch war Schiller von seiner neuen Leidenschaft nicht abzubringen. Für ihn bedeutete Geschichte das Spannungsfeld gewaltiger Schicksale und der Ort mächtiger Charaktere, weshalb er bei all seinem kritischen Quellenstudium, wie es eigentlich erst von Leopold Ranke und von Niebuhr betrieben wurde, auch als Historiker Dramaturg geblieben ist: „Die Gegenstände müssen sich gefallen lassen, was sie unter meinen Händen werden." Er hielt auch für Deutschland die Zeit reif, im Sinne von Montesquieu eine dem allgemeinen Bildungsstand entsprechende historische Literatur zu begründen. Aus dieser Sicht heraus stellen sowohl *Der Abfall der Niederlande* wie auch *Die Geschichte des dreißigjährigen Krieges* durch die spannungsgeladene Beschreibung gewaltiger Massenszenen und die plastische Modellierung der einzelnen großen Persönlichkeiten bis zum heutigen Tage eine Meisterleistung deutscher Geschichtsschreibung dar.

Schon im Sommer des Jahres 1787 erhielt er Einladungen von seiner Schwester Christophine und von Henriette von Wolzogen, nach Meiningen zu kommen und von dort einen Abstecher zu seinem früheren Idyll Bauerbach zu machen. Als

Schiller Schwägerin Caroline von Beulwitz, spätere von Wolzogen

er schließlich Ende November diese Reise antrat, war er bei seiner Ankunft enttäuscht darüber, dass ihm die Stätten seiner Jugend so gut wie nichts mehr zu sagen hatten: „Alles hat seine Sprache an mich verloren. An dieser Verwandlung sah ich, dass eine große Veränderung mit mir selbst vorgegangen war." Umso einschneidender wurde sein Leben verändert, als ihn sein Reisebegleiter Wilhelm von Wolzogen überredete, die mit ihm verwandte Familie Lengefeld in Rudolstadt zu besuchen. Das Haus der Lengefelds zählte zum thüringischen Hofadel, bestehend aus der Witwe – genannt „chère mère" – und deren beiden Töchtern. Schon zwei Tage nach seiner Ankunft am

6. Dezember berichtete Schiller seinem Freund Körner: „Eine Frau von Lengefeld lebt da mit einer verheirateten und einer noch ledigen Tochter. Beide Geschöpfe sind (ohne schön zu sein) anziehend und gefallen mir sehr." Später meinte er, dass ihm schon an diesem ersten Abend der Gedanke gekommen sei, sich hier fürs Leben zu binden. So schied er auch mit dem Versprechen, sie bald wieder zu sehen. Die Freunde in Dresden ahnten nichts Gutes, als sie von Schiller die Mitteilung erhielten, seine Beschäftigung mit historischen Arbeiten sowie seine Mitarbeit an Wielands Zeitschrift *Teutscher Merkur* betreibe er einzig und alleine zu dem Zweck, genügend Geld zu verdienen für eine

Schillers Frau Charlotte, geb. von Lengefeld

sorgenfreie Existenz, die es ihm auch erlaube, eine Frau ernähren zu können. Die Erinnerung an seine dichterische Berufung durch Körner wehrte er mit den unmissverständlichen Worten ab: „Noch einmal, mein Lieber, dabei bleibt es, dass ich heirate … Ich führe eine elende Existenz, elend durch den inneren Zustand meines Wesens … Ich sehne mich nach einer bürgerlichen und häuslichen Existenz, und das ist das Einzige, was ich jetzt noch hoffe … Übrigens bin ich noch ganz frei und das ganze Weibergeschlecht steht mir offen; aber ich wünschte bestimmt zu sein."

Mit diesen beschwichtigenden Worten wollte er offenbar nur weitere gute Ratschläge abwenden. Denn gerade um die Zeit dieses Schreibens traf er zu Beginn des Jahres 1788 Charlotte von Lengefeld auf einer der höfischen Redouten in Weimar. Sie wechselten Billetts, die immer deutlicher ihre gegenseitige Zuneigung zu erkennen gaben, und vor ihrer Abreise im April kündigte er Charlotte an, dass er das kommende Frühjahr und den Sommer in der Nähe von Rudolstadt zu verbringen beabsichtige. Es dauerte allerdings bis Mitte Mai, bis Schiller das von Charlotte ausgesuchte Quartier in Volkstädt beziehen konnte. In dieser stillen Umgebung vermochte er ungestört an der Fertigstellung des *Abfalls der Niederlande* zu arbeiten, sodass das Werk schon Anfang Juli abgeschlossen werden konnte. Die

Schillers Schwiegermutter, Luise von Lengefeld

freien Stunden aber gehörten der Geselligkeit, die er in der Familie der Lengefelds erfuhr und die er zu seiner geistigen und seelischen Entspannung so notwendig brauchte.

Was die beiden Schwestern betraf, so war sich Schiller anfänglich nicht so recht klar darüber, zu welcher er sich mehr hingezogen fühlte. Die beiden waren nämlich grundverschieden: Caroline, die ältere, wurde bereits mit einundzwanzig Jahren mit einem Herrn von Beulwitz verheiratet, der ihren genialischen Veranlagungen nicht genügen konnte. Sie war eine der ersten bedeutenden Frauengestalten, der weiblichen Titaniden, wie Jean Paul jene geistig beweglichen, aktiven Frauen nannte, die den Vorurteilen ihrer Epoche trotzten und eine Emanzipation anstrebten. Caroline war auch als Schriftstellerin tätig und verfasste später eine lesenswerte Biografie Schillers. Ihre um drei Jahre jüngere Schwester Charlotte, mit der sie sich aufs innigste verbunden fühlte, stand etwas in ihrem Schatten durch ihr eher zurückhaltendes, bescheidenes Auftreten und ihre schlichte Natürlichkeit, weshalb sie wohl zu den Lieblingen Goethes zählte. Bei der unzertrennlichen festen Bindung der beiden Schwestern hatte es Schiller zwangsläufig keineswegs nur mit Charlotte zu tun, sondern stets gleichzeitig auch mit Caroline, wenn sich auch letztere einen bevorzugten Platz in seinem Herzen erobert hatte. Frau von Kalb, die ohne Zweifel von Eifersucht geplagt war, hat deshalb das eigenartige Verhältnis zwischen Schiller und den beiden Schwestern etwas provokant und vieldeutig als „Doppelliebe" bezeichnet, womit Vermutungen frivolster Art Tür und Tor geöffnet wurde. Da Caroline in ihrer Schilderung von *Schillers Leben,* die 1830 veröffentlicht wurde, mit keinem Wort auf ihre persönliche Beziehung zu ihm eingegangen ist, obwohl wir wissen, wie nahe er ihr stand, darf man wohl annehmen, dass sie in ihren Träumen mit dem Gedanken gespielt haben mag, ihn ganz zu besitzen.

In den Rudolstädter Sommer fällt auch die erste persönliche Begegnung mit dem schon lang herbeigesehnten Goethe, der am 18. Juni aus Italien zurückgekehrt war. Das denkwürdige Zusammentreffen der beiden Dichterfürsten fand zwei Monate später im Hause von Beulwitz, dem Gatten von Caroline, statt und unmittelbar anschließend berichtete Schiller nach Dresden über seinen Eindruck von Goethe: „Sein erster Anblick stimmte die hohe Meinung ziemlich tief herunter, die man mir von dieser anziehenden und schönen Figur beigebracht hatte. Er ist von mittlerer Größe, trägt sich steif und geht auch so; sein Gesicht ist verschlossen, aber sein Auge sehr ausdrucksvoll. Bei vielem Ernst hat seine Miene doch viel Wohlwollendes und Gutes. Er ist brünett und schien mir älter auszusehen, als er meiner Berechnung nach wirklich sein kann. Seine Stimme ist überaus angenehm ... Im ganzen genommen ist meine in der Tat große Idee von ihm nach dieser persönlichen Bekanntschaft nicht vermindert worden; aber ich zweifle, ob wir einander je sehr nahe rücken werden ... er ist mir (in Jahren weniger, als an Lebenserfahrungen und Selbstentwicklung) so weit voraus, dass wir unterwegs nie mehr zusammenkommen werden; und sein ganzes Wesen ist schon von Anfang her anders angelegt als das meinige, seine Welt ist nicht die meinige, unsere Vorstellungsarten scheinen wesentlich verschieden." Zweifellos spürte Schiller die Zurückhaltung, die Goethe ihm gegenüber übte, und er glaubte, dies mit dem Generationsunterschied erklären zu müssen. Was Goethe damals wirklich über Schiller dachte, erklärte er später unverhohlen mit den Worten: „Schiller war mir verhasst."

So blieb für Schiller seine Liebe zu Charlotte von Lengefeld das schönste Geschenk, das ihm sein Aufenthalt in Rudolstadt bieten konnte. Schweren Herzens nahm er am 12. November Abschied von ihr, um nach Weimar zurückzukehren. Gesundheitlich fühlte er sich in diesem Sommer überaus wohl, badete alle Tage und verschaffte sich viel Bewegung. Allein der Schnupfen, der ihn schon im März dieses Jahres „alle Lust und Laune vergällte" und im Mai, wo in Volkstädt Erkältungskrankheiten grassierten, sogar mit „Frost und Hitze" einherging, wurde von nun an fast sein ständiger Begleiter. Meldete er doch schon im August seiner Lotte, dass sein Schnupfen zurückgetreten sei, der ihn „mit Hitze, Kopfweh und vieler Unruhe gemartert" habe, und wenn er von diesem Schnupfen völlig befreit war, dann hatte dies, wie er Ende November Caroline von Beulwitz versicherte, schon viel zu sagen. Auch noch im Dezember dieses Jahres rühmte er sich geradezu, vier Wochen lang keinen Besuch von Schnupfen gehabt zu haben, wobei er hinzufügte: „Das ist ordentlich ein Wunder." Dafür litt er im September wochenlang an einem mit Fieber verbundenen „Zahngeschwür", das ihm wütende Schmerzen verursachte und sein Gesicht so anschwellen ließ, dass er „fast unkenntlich" war.

Kurz vor seiner Rückkehr nach Weimar erschien *Die Geschichte des Abfalls der Vereinigten Niederlande* im Druck und schon wenige Wochen später erhielt er in Weimar durch den Geheimen Regierungsrat Voigt die Einladung, den soeben frei gewordenen Lehrstuhl für Geschichte an der Universität Jena zu übernehmen. Ausschlaggebend für dieses ehrenvolle Angebot war wohl auch die Empfehlung Goethes an das Geheime Konzilium durch ein „gehorsamstes Promemoria". Die erste freudige Überraschung wich allerdings bald einer Ernüchterung, denn die Professur war nicht nur „ohne Besoldung und Emolumente (Nebeneinkünfte; Anm. d. Verf.)", sondern überdies mit erheblichen Unkosten für die Erlangung der obligatorischen Magisterwürde verbunden. Außerdem fürchtete Schiller, und dies nicht ohne Grund, den Anforderungen dieses Lehramtes nicht recht gewachsen zu sein, denn „die Herren wissen alle nicht, wie wenig Gelehrsamkeit bei mir vorauszusetzen ist". Schließlich musste er für dieses neue Amt seine Unabhängigkeit und Freiheit als Künstler opfern. Auch die bewiesene Anteilnahme Goethes, die ihn zunächst freudig stimmte, schien ihm bei näherem Hinsehen nicht ganz so edelmütig, denn die unüberwindliche Zurückhaltung Goethes ließ den Gedanken aufkommen, mit der Übernahme des Lehramtes in Jena aus dem rivalisierenden Dunstkreis um den Weimarer Dichterfürsten abgeschoben worden zu sein. Dementsprechend leidenschaftlich erregt klingen auch die Zeilen, die Schiller an Körner nach Dresden sandte: „Öfters um Goethe zu sein, würde mich unglücklich machen; er hat auch gegen seine nächsten Freunde kein Moment der Ergießung, er ist an nichts zu fassen; ich glaube, er ist ein Egoist in ungewöhnlichem Grade ... Ein solches Wesen sollten die Menschen nicht um sich herum aufkommen lassen. Mir ist er dadurch verhasst, ob ich gleich seinen Geist von ganzem Herzen liebe ... Dieser Mensch, dieser Goethe ist mir einmal im Wege."

An dieser Stelle erscheint es mir angezeigt, das Verhältnis Goethes zu Schiller in einem ganz neuen Licht erscheinen zu lassen. Zwei Jahre nach dem Erscheinen meines Buches *Literatur und Medizin,* in welchem ich ausführlich aus medizinischer Sicht ein Porträt Goethes zu entwerfen versucht habe, sind durch die akribische Forschung W. D. Wilsons, seines Zeichens Professor für Germanistik in Berkeley und renommierter Goethe-Fachmann, neue Fakten über den Minister im Dienste Herzog Karl Augusts ans Tageslicht gekommen. Wilson stellte nach kritischer Durchsicht der im Thüringischen Hauptstaatsarchiv in Weimar aufbewahrten Sitzungsprotokolle des Weimarer Kabinetts, dem Goethe bekanntlich als Geheimer Rat angehörte, fest, dass die bisher herausgegebenen amtlichen Schriften nur etwa fünf (!) Prozent der dokumentarisch überlieferten amtlichen Tätigkeit Goethes ausmachen. Insgesamt enthüllen diese Akten ein eher elendes Bild vom viel gepriesenen klassischen Weimar. Galt bisher das Fürstentum Sachsen-

Weimar als deutscher Musterkleinstaat des aufgeklärten Absolutismus, dann muss dieses verklärte Bild nach neuesten Erkenntnissen ins Reich der Legende verwiesen werden. Der angeblich so liberale Herzog Karl August benahm sich nämlich nicht anders als seine deutschen Fürsten-Kollegen. Auch er verkaufte seine Untertanen als Soldaten nach Amerika. Oft handelte es sich dabei um Sträflinge aus seinen Gefängnissen, deren Verpflegung ihn nur Geld kostete und die ihm beim Verkauf als Sklaven eine Menge Moneten eintrugen, die er zur Bestreitung seines luxuriösen Lebenswandels dringend benötigte. Und ausgerechnet der Humanist Goethe betätigte sich als Kriegsminister bei diesen schmutzigen Geschäften als Vermittler. Nach den Worten Wilsons „geschah dies vom Anfang des amerikanischen Unabhängigkeitskrieges bis zu dessen Ende, das heißt, es deckt sich mehr oder weniger mit den intensivsten Jahren seiner Tätigkeit als Geheimrat und er war daran beteiligt nicht nur als Geheimrat, sondern auch als Leiter der Kriegskommission". Dementsprechend oft beziehen sich in den Dokumenten die Werber für die zu verkaufenden Untertanen auf Goethe persönlich.

Aber damit nicht genug. Auch Friedrich Schiller, der sich in seinen zeitkritischen Jugenddramen vehement gegen den mörderischen Soldatenhandel der Landesherren gewandt hatte, galt in Weimar zunächst einmal als ein Verdächtiger, weshalb der vorsichtige Politiker Goethe eine amtliche Akte über Schiller anlegte. Musste er sich doch auf jeden Fall absichern, wenn er sich mit solchen suspekten Leuten näher einließ. Ob Goethe dazu von seinem Herzog beauftragt worden war oder von sich aus einen politischen Verdacht gegen Schiller hegte, wissen wir nicht.

Mit Beginn der Französischen Revolution fingen auch die Herrschenden in Weimar an, sich um ihre Macht zu sorgen, und als sich Freimaurer mit ihren fortschrittlichen und liberalen Ideen in der kleinen Residenzstadt niederließen, wur-

Johann Wolfgang von Goethe

de vom Herzog wieder einmal Goethe als Spitzel benutzt. Der Dichterfürst zeigte sich ganz plötzlich sehr an den liberalen Ideen dieses Bundes interessiert und trat schließlich dem Orden auch bei – nicht aus liberaler Gesinnung, wie bisher angenommen wurde, sondern als Informant. „Er machte gemeinsame Sache mit den Interessen des Staates und trat in diese Geheimbünde ein, um sie observieren zu können", schreibt Wilson. Herzog Karl August unterhielt aber auch ein gut funktionierendes Spitzelsystem an der Universität in Jena. Als 1793 die Studenten dort revoltierten, war es wiederum Goethe, der beauftragt wurde, sich persönlich um bekennende Revolutionsfreunde anzunehmen. Mit einigen Briefen konnte er Herder einschüchtern und Wilson konnte aus den Akten in Weimar auch Goethes Rolle bei der Entlassung Fichtes rekonstruieren, der in seinen philosophischen Vorlesungen unbeugsam zur Französischen Revolution stand. Goethe war später so schlau, die betreffenden Briefe an Fichte zurückzufordern und anschließend zu vernichten. Wilson resümiert: „Die dubiosen Spitzeldienste des Geheimrates Goethe, des Dichterfürsten und Bildungsbürgers erster Güte, hatten eine ganz andere Verwendung, als sie nur in literarischen Texten und wissenschaftlichen Untersuchungen zu verarbeiten."

Betrachtet man das anfangs angespannte Verhältnis Schillers zu Goethe im Lichte der neu entdeckten Akten aus dem Thüringischen Hauptstaatsarchiv zu Weimar, dann kann man den Ausspruch Schillers als seismografische Registrierung unausgesprochener Gedanken Goethes deuten: „Eine ganz sonderbare Mischung von Hass und Liebe ist es, die er in mir erweckt hat; ich könnte seinen Geist umbringen und ihn wieder von Herzen lieben."

PROFESSOR IN JENA

Im Mai 1789 übersiedelte Schiller nach Jena, wo er in einem Studentenquartier bei den Jungfern Schramm Unterkunft fand. Seine Antrittsvorlesung, die er am 26. Mai vor fünfhundert begeisterten Studenten hielt, war ein Bekenntnis zu einer universalen Geschichtsbetrachtung und wurde stürmisch bejubelt: „Meine Vorlesung machte Eindruck, den ganzen Abend hörte man in der Stadt davon reden, und mir widerfuhr eine Aufmerksamkeit von den Studenten, die bei einem neuen Professor das erste Beispiel war. Ich bekam eine Nachtmusik, und Vivat wurde dreimal gerufen", berichtete er Körner nach Dresden. Doch diese Freude über seinen Erfolg mit seinen Vorlesungen legte sich bald und neue Zweifel über seine Eignung auf diesem Lehrstuhl beschlichen ihn wieder. Vor allem aber fehlte es ihm an einer Ansprache: „Hier ist auch gar kein Mensch, an den ich mich als Freund anschließen könnte. Ich bin wie einer, der an eine fremde Küste verschlagen worden und die Sprache des Landes nicht versteht." Nach einem kurzen Besuch in Rudolstadt im Juni und einem noch kürzeren Gegenbesuch der Schwestern im Juli hielt er es nicht mehr aus, vor Lotte weiterhin seine geheimsten Herzenswünsche zu verbergen. Bisher erfreute er sich ja stets nur eines Glücks zu dritt, denn beide Schwestern waren „seine Engel", die er mit der gleichen Herzenswärme liebte. Doch nun richtete er an Lotte einen Brief, der einer zart verkleideten, doch kaum verhüllten Liebeserklärung gleichkam. Sein Instinkt hatte ihn richtig beraten. Nicht die leidenschaftlichere und ihm geistig nahekommende Caroline, sondern die stille und bescheidene Lotte war es, von der er die Verwirklichung seiner Sehnsucht nach ruhiger, harmonischer Atmosphäre und häuslicher Geborgenheit erwartete. Die heimliche Verlobung fand schon im August statt, während er bei „chère mère" erst im Dezember offiziell um die Hand ihrer Tochter anhielt. Schon kurz nach der Trauung, die am 22. Februar 1790 in aller Stille erfolgte, pries er in einem Schreiben an Huber den freundlichen Genius seines Lebens, „der mir mein Ideal vom häuslichen Glücke so unverfälscht und so lebendig erfüllt hat".

„Mit heiterem Mut" sah Schiller seiner Zukunft entgegen. So wenig Wilhelm von Humboldt verstehen konnte, dass sein Freund auch ohne die geistigen Anregungen Carolinens leben konnte und mit dem „uninteressanten Lolochen" den Bund fürs Leben einging, so sehr täuschte er sich in dieser klugen jungen Frau, die mit ihrer Hingabe und ihrem natürlichen Taktgefühl zu einer der angesehensten Frauen ihrer Epoche wurde. So glücklich er in seinem Heim auch wurde, „das akademische Karrenführen" wollte ihm nicht zusagen, da ihm die Arbeiten, mit denen er überhäuft war, wenig Freude und kaum Befriedigung seiner Geistestätigkeit boten, weshalb er im Sommer schrieb: „Zu einem musterhaften Professor werde ich mich nie qualifizieren; aber dazu hat mich die Vorsehung ja auch nicht bestimmt." Um aus diesem Korsett ausbrechen zu können, beschloss er im Oktober 1790, sich eine Erholung zu gönnen und dabei „recht liederlich zu werden". Doch ohne eine angenehme Geistesarbeit konnte er es nicht lange aushalten: „Zwölf Tage brachte ich in Rudolstadt mit Essen, Trinken und Schachspielen und Blindekuhspielen zu. Ich wollte ganz feiern, und diese Erholung hat mir wohlgetan, obwohl sie mir gegen Ende unerträglich wurde. Lange kann ich den Müßiggang nicht ertragen." Im Ganzen gesehen war jedoch das Jahr 1790 eines der glücklichsten und sorgenfreisten seines Lebens. Auch gesundheitlich fühlte er sich „sehr wohl und heiter", sieht man wieder einmal von einem starken Katarrh ab, der ihn eine Woche vor seiner Hochzeit überfiel. Am 15. Februar fürchtete er, wie es in einem Brief heißt, den Schnupfen wohl aus dem ledigen Stand in den Ehestand hineinnehmen zu müssen, wie es den Anschein hat. „Jetzt plagt mich ein böser Hals und ein Husten, und ich medicinire, damit ich doch wenigstens auf

Friedrich Schiller

den Freitag (den Hochzeitstag; Anm. d. Verf.) leidlich sprechen kann, denn jetzt wird mir die Stimme wirklich schwer."

DIE SCHICKSALSERKRANKUNG

Sieht man von den Zahnschmerzen, die wiederum von einer geschwollenen Backe begleitet waren, Ende Juli ab, dann verlief das Jahr 1790 ohne jedwede gesundheitliche Probleme. „Wir sind beide gesund und glücklich, wie wir es uns nur wünschen können", schrieb er Ende dieses Jahres seinem Vater – nicht ahnend, dass er am kritischen Wendepunkt seiner Lebenskurve angelangt war und mitten in dieses frühe Glück das Schicksal mit geballter Faust herniedersausen würde. Die Katastrophe brach am 3. Januar 1791 herein, drei Tage nachdem die Schillers in Erfurt eingetroffen waren, wo seine Aufnahme in die „Kurfürstliche Akademie nützlicher Wissenschaften" stattfinden sollte. Als im Anschluss an diese feierliche Sitzung am Nachmittag des 3. Januar ein Konzert im Redoutensaal gegeben wurde, an welchem die Schillers teilnahmen, überfiel ihn plötzlich ein Fieberschauer und eine körperliche Mattigkeit, die ihn so elend machte, dass man ihn in einer Sänfte nach Hause tragen musste. Ein quälender Hustenreiz, der sich hinzugesellte, ließ eine grippale Infektion der Atemwege vermuten, umso mehr, als durch eine plötzliche Wetterverschlechterung mit Aufkommen von Nebel mehrere Personen mit ähnlichen Symptomen erkrankt waren. Schiller beschrieb seinen Zustand mit den Worten: „In Erfurt begegnete mir das Unglück, von einem heftigen Catarrhfieber angegriffen zu werden, dass ich einen ganzen Tag das Bette und einige Tage das Zimmer hüten musste. Ich wartete aber ab, dass es bey einem einzigen Anfall blieb, denn ich und mein Arzt waren bange für den Seitenstich und das hitzige Fieber." Doch obwohl beide eine Krankheit ernsterer Natur zu befürchten schienen, ließen sie sich durch die rasche Erholung des Kranken täuschen, der bald wieder Spaziergänge unternahm und schon am 9. Januar über Weimar, wo er seine Frau bei Freunden zurückließ, nach Jena zurückkehrte, um am folgenden Tag seine Vorlesungstätigkeit wieder aufzunehmen.

Leider meldete sich schon am 12. Januar die Krankheit wieder. Am Abend dieses Tages notierte er in seinem Tagebuch: „Die Vorlesung in der Frühe hat mich doch stärker angegriffen als erwartet. War mir am Mittage noch wohl, so stellten sich im Verlaufe des Nachmittages wieder Stiche in der Brust und eine leichte Heiserkeit ein, die mir das probeweise Deklamieren schwer machte. Jetzt, da ich an meinem Schreibpulte stehe, überkommt mich Müdigkeit, auch Frösteln, welches auf ein neuerliches Fieber hindeutet. Obgleich es mich reizt, meine ersten Überlegungen zum Wallenstein festzuhalten, suche ich lieber das Bett auf. O

Lollo, wie sehr muss ich jetzt im Dunkel der Kissen neben mir das schelmische wippende Zipfelchen deines Nachtmützchens entbehren." Da er am nächsten Tag einen blutig verfärbten Auswurf beim Husten beobachtete und auf der Brust ein beklemmendes Gefühl auftrat, wurde der Hofmedikus Hofrat Stark gerufen, der – wie dies damals so üblich war – Blutegel und Schröpfköpfe auf den Brustkorb setzte und ihn mehrmals zur Ader ließ. Leider verschlechterte sich der Zustand merklich. Wenn sich auch das Fieber „durch einige tüchtige Aderlässe etwas gebrochen hat", so verursachten die damit verbundenen enormen Blutverluste eine gefährliche Schwächung seines Körpers. Als ehemaliger Medikus erkannte Schiller seine bedrohliche Lage, weshalb er mit zitternder Hand am 15. Januar an Charlotte eine dringende Depesche schrieb: „Es wäre mir gar lieb, mein Herz, wenn du gleich nach Empfang dieses Briefes einen Wagen nähmst und hierher führest. Meine Krankheit ist wiedergekommen." Ausführlicher vertraute er seinen Zustand dem Tagebuch unter dem gleichen Datum an: „Tagelanges Fieber hat mich ans Bett gefesselt, auch die alten Krämpfe, der Auswurf sind wiedergekommen, und meine Lungen rasseln beim Husten gleich einem beschleunigten Uhrwerke. Mehrmals war der gute Dr. Stark da, dessen wahrhaft hippokratischen Geist ich schätzen gelernt habe … Die Aderlässe, die er an mir traktieret, haben mich sehr geschwächt, gleichwohl mit dem Blute eine Menge schädlicher Stoffe dahingeflossen sind … Was ich anfangs von Lottens Brief exzerpiert, bereitet mir Sorgen: Was für Hoffnungen mag ich der Guten machen, die so fest und treu an mir hänget? Noch kein Jahr teilen wir unseren Ehestand, und schon jetzt ist ihr Gatte fast mehr Wochen krank als gesund gewesen … Vielleicht erreicht sie der Brief, den ich heute als Eilpost aufgegeben, schon morgen, vielleicht weilt sie bereits morgen wieder an diesem Kranken-Ehebette … Das Licht beginnt zu verlöschen, Fackel des Thanatos, senke dich noch nicht zur Erde!"

Zutiefst erschrocken eilte Charlotte zu ihrem Gatten nach Jena, wo sie ihn in einem weitaus schlechteren Zustand antraf, als sie erwartet hatte. Die vollkommene Appetitlosigkeit und die vielen Aderlässe hatten den Kranken so geschwächt, dass alle – auch er selbst – ein nahes Ende befürchteten. Der Maler Karl Gotthard Graß notierte in sein Tagebuch unter dem 16. Januar 1791, dass „unser theurer Schiller an der Lungensucht krank" sei und als er ihm eine Woche später einen Krankenbesuch abstattete, fand er ihn „auf dem Sofa, sah bleich und eingefallen aus und hustete schwer, welches mich fast erschreckte". Nicht nur Graß, sondern auch viele Bekannte waren der Überzeugung, dass Schiller an einer Lungentuberkulose litt. Der anfänglich blutige Auswurf hatte sich allerdings inzwischen in ein eitriges Sputum umgewandelt und auch im weiteren Krankheitsverlauf wurde nie mehr von einem Bluthusten berichtet. Auch das hohe „hitzige" Fieber, das zu Delirien führte, klang allmählich ab. Nur die große Mattigkeit blieb bestehen und erlaubte dem Kranken nicht, aufzustehen. Tagelang fiel ihm sogar das Sprechen schwer. Erst eine Woche, nachdem das Fieber gewichen war, wurde es ihm möglich, mehrere Stunden des Tages außerhalb des Bettes zuzubringen. Aus seinem Tagebuch erfahren wir unter dem 28. Januar 1791: „Seit nahezu zwei Wochen heute wieder die ersten Zeilen zu Papier gebracht, an Göschen, den ich um die Einlösung eines Wechsels gebeten. Könnte ich auf die Güte von Menschen eines Schlages, wie er es ist, nicht zählen, ich wüsste nicht ein noch aus. Auch der Herzog hat sich mir gewogen bezeigt, indem er mir sechs Flaschen Madeira mit einem höchst persönlichen Billett übersandt … die, mäßig genossen, in meinem Blute das Feuer retournierten, welches mir durch die Aderlässe des trefflichen Stark verloren gegangen … Seit zwei Tagen ist auch Caroline im Lande … Gerufen zu einer Zeit, als sich die kleine Maus (seine Gattin Charlotte; Anm. d. Verf.) nicht mehr hat zu helfen wissen, was sie mit ihrem Schiller anfangen sollte, hat jene sofort ihre Siebensachen gepackt, um Schwester und Schwager beizustehen … Und wie disputierten wir dann – es war mir fast, als seien die alten Tage erstanden, in denen ich, sehr zu Lottes Leidwesen, meines Entschlusses, sie und nicht Caroline zu ehelichen, noch nicht sicher war … Gleichwohl: Gespräche wie mit Caroline sind mit Lotten nicht zu führen, aber – der Himmel verzeihe mir meine Verwegenheit – Nächte wie mit Lotten sind mit Carolinen nicht zu denken. Eine Fülle von Antlitzen habe ich in den vergangenen vierzehn Tagen sich über mein Bett beugen sehen, ihre Physiognomien im Fiebertaumel oft mehr erahnt als wahrhaft erkannt. Neben Lottens tief besorgten Augen erinnere ich mich, Starks Züge täglich erblickt zu haben … Hin- und hertaumelnd zwischen Fieberwahn und klarerem Geiste, bewirkt durch viele Aderlässe, ist mir das Antlitz eines meiner Krankenwächter in tiefster Erinnerung geblieben: das des jungen Baron Hardenberg (des Dichters Novalis; Anm. d. Verf.) … Wahrhaft schlimm muss es um mich gestanden haben in den letzten Tagen, die ich nicht genau erinnere, so schlimm, dass zu ihrer Schwester Lotte sich auch der Anwesenheit der ‚chère mère' versichern musste. So macht meine Krankheit diese Wochen zu einem wahren und unverhofften Familienfeste, das unter der fürsorglichen Leitung der ‚chère mère' wohl prozedieren wird … Genug, denn vor der Tür erheben sich Stimmen. Es ist noch zu früh, dass Lotte diese Aufzeichnungen erfährt."

Man merkt in dieser Tagebuch-Aufzeichnung, dass Schillers Stimmungsbarometer Ende Januar bereits deutlich wieder im Steigen begriffen war, obwohl ihm die fortdauernde schmerzhafte Spannung seiner Brust nicht ganz geheuer schien. Am 27. Februar schrieb er nachts ins Tagebuch: „Habe mich noch einmal von meinem Lager erhoben, da der Schmerz in meiner Brust mich nicht wohl ruhen ließ. Wie gut, dass Lotten heute ein fester Schlaf zu eigen, dass sie sich nicht verzehrt in Besorgnis." Dieser Schmerz in der kranken Brust äußerte sich bei tiefem Atemholen als ein „spannender Stich", wie er dies noch im April 1791 brieflich seinem Freund Körner anvertraute: „Meine Brust ist mir seitdem um nichts leichter geworden, vielmehr empfinde ich noch immer bei starkem tiefen Atemholen einen spannenden Stich auf der Seite, welche entzündet gewesen ist, öfters Husten und zuweilen Beklemmungen. Ich mag es hier niemand sagen, was ich von diesem Umstand denke, aber mir ist, als ob ich diese Beschwerden behalten müsste … Doch habe ich seit meiner Krankheit kein Blut ausgeworfen. Ich ließ mir kürzlich zum zweyten mal Blutegel auf der rechten Brust setzen, die mir sehr viel Blut abnahmen, aber eher verschlimmerten als besserten. Auch reite ich die Woche drei- oder viermal spazieren, und erwarte nur die frischen Kräuter, um nach der Verordnung meines Arztes abwechselnd Selzerwasser und frische Kräutersäfte zu gebrauchen." Angesichts dieser noch immer unvollständigen Genesung entschloss er sich, vorerst seine Vorlesungen bis auf weiteres auszusetzen.

Da in Jena keine optimalen Bedingungen für Schillers Rekonvaleszenz gegeben waren, reiste er gemeinsam mit seiner Gattin im April nach Rudolstadt, um sich im Hause der Familie Lengefeld rascher erholen zu können. Dort schritt seine Genesung zunächst stetig fort, doch wurden die heiteren Tage schlagartig unterbrochen durch eine neuerliche, lebensgefährliche Erkrankung, die überfallsartig am 8. Mai einsetzte. Unter hohem Fieber kam es zu „einem fürchterlichen krampfartigen Zufall mit Erstickungen", in dessen Gefolge als Zeichen akut einsetzender Kreislaufschwäche seine Glieder eiskalt wurden und sein Puls kaum mehr zu tasten war. Man fürchtete angesichts dieses bedrohlichen Zustandes, dass es sich um den außerordentlich gefährlichen Stickfluss handelte (entspricht dem heutigen Begriff einer Lungenembolie), weshalb eiligst Dr. Conradi herbeigerufen wurde. Dieser verabreichte Opium und Klistiere und versuchte, durch Gabe von Kampfer die Kreislaufschwäche zu beheben, was im Verein mit Abreibungen und Teilbädern auch einigermaßen gelang.

Bald stellte sich heraus, dass die schlimmsten Beschwerden im Bereich des Unterleibes ihre Ursache vermuten ließen. Schiller selbst führte diese Atemnot, die er als Asthma bezeichnete, auf eine „Schärfe" zurück, welche sich auf das Zwerchfell geworfen hätte. Nachdem zwei Tage später die Symptome mit solcher Heftigkeit erneut einsetzten, dass man stündlich das Ende des Kranken erwartete, sah man die letzte Möglichkeit einer Rettung in der Kunst Dr. Starks, den man eiligst verständigte. Schiller, der mit größter Mühe nach Luft rang, meinte, „durch die angestrengten Atemzüge müsste jedesmal ein Blutgefäß in der Lunge zerreißen … Jeden Augenblick fürchtete ich, der schrecklichen Mühe des Atemholens zu unterliegen; die Stimme hatte mich schon verlassen." Die Todesangst war ihm ins Gesicht geschrieben. Der herbeigeeilte Dr. Stark war sich mit seinem Kollegen

Dr. Conradi einig darin, dass es sich diesmal um Krämpfe im Unterleib und im Zwerchfell handelte und darin – nicht in der Lunge – der Ursprung des ganzen Übels zu suchen sei.

Schiller erholte sich auch nach dieser lebensgefährlichen Attacke wieder, wenn auch recht langsam. Immer noch plagten ihn während des gesamten Monats Juni kolikartige Beschwerden, die von ihm als „Krämpfe" beschrieben wurden, obwohl er das von erstaunlicher medizinischer Einsicht geprägte Kurschema Dr. Conradis streng befolgte. Conradi empfahl schon damals eine Art Schaukeldiät, verbot blähende Speisen sowie Kuchen und Backwerk und riet, während der Mahlzeit nicht viel Flüssigkeit zu sich zu nehmen. Außerdem gab der Arzt eine Reihe von Ratschlägen für eine vernünftige und gesunde Lebensführung, wobei er besonderen Wert auf körperliche Betätigung und ausreichenden Schlaf legte. Was jedoch Schiller immer noch mehr beunruhigte als quälte, war der anhaltende Schmerz in der Brust, weshalb er bei Dr. Stark anfragte, ob er nicht über der betreffenden Stelle „ein künstliches Geschwür durch Seidelbast unterhalten" sollte, wie er es zur Therapie des Asthmas seinerzeit in der Karlsschule gelernt hatte, doch scheint ihm Dr. Stark davon abgeraten zu haben.

Die Kunde von der lebensbedrohlichen schweren Erkrankung Schillers gab bald Anlass zu Gerüchten, wonach er gestorben sei. In Kopenhagen, wohin dieses Gerücht ebenfalls seinen Weg gefunden hatte, fand sogar bereits eine Totenfeier im Kreise der Verehrer des Dichters statt. Inzwischen stimmte Dr. Stark einem Vorschlag von Schillers Freund Körner zu, den Kranken zur Auskurierung nach Karlsbad zu schicken, da die dortigen heilsamen Quellen noch am ehesten die Unterleibsbeschwerden beseitigen könnten. Für die weite Reise in der Kutsche ordnete Dr. Stark dem Studiosus der Medizin Ferdinand Eicke, der zur Zeit sein Famulus war, an, dem kranken Dichter als Reisebegleiter zur Verfügung zu stehen. Diese Anordnung erwies sich als dringend nötig, denn „wenn Schiller von asthmatischen Anfällen ergriffen im Polster zurücksank, richtete ihn der kräftige Studiosus stets wieder auf und stützte ihn, dass er leichter atmen konnte". Am 9. Juli traf die kleine Reisegesellschaft in Karlsbad ein, wo es bald zu einer merklichen Besserung kam. Nachdem Schiller drei Wochen täglich achtzehn Becher Karlsbader Sprudel getrunken hatte, trat man am 6. August die Rückreise nach Rudolstadt an.

Da während der Heimreise durch die heftigen Stöße des Wagens die Stiche in der Brust wieder stärker in Erscheinung traten, wurde Schiller sehr nachdenklich und pessimistisch gestimmt, was die Prognose seines Leidens betraf. Als er nach einem kurzen Erholungsurlaub in Erfurt am 1. Oktober 1791 wieder nach Jena zurückkehrte, suchte er deshalb unverzüglich Dr. Stark auf, der ihn mit den Worten beruhigte, dass der anhaltende Schmerz in der rechten Brust nicht mehr von böser Bedeutung sei. Trotzdem bezeichnete er Wieland gegenüber diese Krankheit als ein „langwieriges Übel" und Ende Oktober meldete er seinem Freund Körner, dass sein Atem noch immer nicht frei sei und ihn nach wie vor Krämpfe im Unterleib beunruhigten. Dies war wohl auch der Grund dafür, dass ihm Dr. Stark für die nächsten Monate jede geistige Anstrengung untersagte und ihn auf seine Vorlesungstätigkeit zu verzichten hieß. Es dürfte keine übertriebene Anordnung gewesen sein, denn wie Göritz bemerkt, genügte schon „ein einfacher Diskurs, um bei Schiller eine Ohnmacht auszulösen". Auch seine Freunde berichteten, dass er bei Tage so rasch ermüdete, dass ihm selbst eine einfache Unterhaltung erhebliche Mühe bereitete. Kein Wunder also, dass die Menschen, die ihn in Jena wiedersahen, über seine Hinfälligkeit bestürzt waren. Schiller selbst wusste inzwischen, dass ihm ein langdauerndes Leiden bevorstand, wenn er für die Zukunft ankündigte: „Ich waffne mich mit Geduld und Ergebung, und werde mich in jedes Schicksal finden." Was ihm besondere Sorgen bereitete, war die Existenzfrage für sich und seine Charlotte, weshalb er den Herzog um seine Besoldung bat, die ihm auch im Falle längerer Arbeitsunfähigkeit Sicherheit bieten würde. Karl August lehnte jedoch ab und schickte ihm lediglich einen einmaligen Betrag von zweihundertfünfzig Talern. Umso großzügiger erwies sich der junge Herzog Friedrich Christian von Schleswig-Holstein-Augustenburg, der in Kopenhagen von der Notlage des bewunderten Dichters unterrichtet worden war und Schiller für volle drei Jahre ein jährliches Geschenk von tausend Talern anbot. Überwältigt von dieser Großmut schrieb er dem Dichter Jens Baggesen, dem Freund und Berater des dänischen Herzogs: „Das, wonach ich mich schon so lange ich lebe aufs feurigste gesehnt habe, wird jetzt erfüllt. Ich bin auf lange, vielleicht auf immer aller Sorgen los."

So begann Schiller das neue Jahre 1792 mit frischen Hoffnungen und den besten Vorsätzen betreffend seine Lebensweise. Und da nach Meinung der Ärzte für die Erhaltung der Gesundheit und ganz besonders bei Brustkrankheiten und bei Beschwerden im Unterleib das Reiten hoch im Kurs stand, schaffte er sich ein Pferd an, mit dem er dann mittags durch die engen Gassen Jenas sprengte. Zunächst war eine solche „Motionskur" allerdings wegen der herrschenden enormen Kälte in den ersten Monaten des Jahres 1792 nicht realisierbar. Wegen dieser fatalen Witterung untersagte ihm Dr. Stark auch die Reise nach Dresden, die er erst im April antreten konnte. Während der vier Wochen, welche er dann dort verbrachte, war er bei guter Gesundheit. Nur die Krämpfe im Unterleib, als deren Ursache „die Ärzte eine Verengung einiger Stellen der Gedärme" vermuteten, wie Schiller am 20. November seinem Vater berichtete, plagten ihn auch weiterhin. Das Gleiche gilt für die – teils fieberhaften – katarrhalischen Infekte im Bereiche der Atemwege, die sich mit Vorliebe in der kalten Jahreszeit einstellten, weshalb er Ende Dezember an Körner schrieb: „Ich bin sehr zu catarrhalischen Übeln geneigt, welche der Winter vorzüglich herbeyführt, und meine zwei Entzündungsfieber sind catarrhalisch gewesen. Ich muss also den Winter ebenso sehr in Rücksicht meiner Brust, als den Sommer und Frühling in Rücksicht auf meine Krämpfe fürchten. Ich bin da in eine saubere Alternative gesetzt, und jedes Zeichen im Thierkreis bringt mir ein anderes Leiden mit. Und doch ist das beste, was ich vernünftig wünschen kann, noch lange so zu bleiben, denn die ganze Veränderung, die ich zu erwarten habe, ist, dass es zum Schlimmern geht." Andererseits lesen wir in seinem Tagebuch auch Zeilen, die optimistischer klingen: „Dem Tod so nahe gewesen zu sein, ist kein geringes Ding. Jetzt, da ich sicher sein kann, mit der kleinen Maus noch etliche Jahre zu verbringen, ist mir besser. Ihr Antlitz und das Antlitz des Todes habe ich nacheinander geschaut. Welches von beiden liebreizender ist, darüber kann kein Zweifel sein." Solche Worte ändern allerdings nichts daran, dass er als alter Mediziner ahnte, im Schatten des Todes zu stehen. Aber gerade dieses Gefühl, dass ihm wohl nur eine kurze Frist vom Schicksal gegeben war, dürfte bei Schiller Energien freigesetzt haben, die ihn zu jenen „Riesenschritten des Geistes" befähigten, die Goethe später staunend bewunderte. Dieser Kräfte, die ihm aus der schrecklichen Krise erwuchsen, war er sich offenbar genau bewusst, denn er schrieb: „Überhaupt hat dieser schreckhafte Anfall mir innerlich sehr gut getan. Ich habe mehr als einmal dem Tod ins Gesicht gesehen, und mein Mut ist dadurch gestärkt worden. Mein Gemüt ist heiter, und es soll mir nicht an Mut fehlen, wenn auch das Schlimmste über mich kommen wird." In seinem grandiosen Gedicht *Das Ideal und das Leben* veranschaulicht er überzeugend die Überlegenheit des Geistes über alle materielle Gebundenheit.

PHILOSOPHISCHE STUDIEN

Während der Zeit seines Krankenlagers 1791 las ihm seine Schwägerin Caroline aus der *Kritik der Urteilskraft* von Immanuel Kant vor, dessen philosophisches Gebäude ihn so faszinierte, dass er den unwiderruflichen Entschluss fasste, die Kant'sche Philosophie „nicht eher zu verlassen, bis ich sie ergründet habe, wenn mich dieses auch drei Jahre kosten könnte". Dieser Vorsatz konnte ihm nicht leicht gefallen sein, weil ihn dieses Studium auf längere Zeit von jeder dichterischen Tätigkeit fernhalten musste. Um sich für diese selbst gewählte Aufgabe frei zu machen, beendete er mit der Fertigstellung des dritten und letzten Bandes der *Geschichte des Dreißigjährigen Krieges* im September 1792 seine schriftstellerische Tätigkeit als Historiker, um für die nächste Zeit nur mehr Studien „aus Liebhaberei und Neigung" zu betreiben. Dies stellte keineswegs, wie verschiedentlich behauptet, einen Umweg in seiner künstlerischen Entwicklung dar, sondern diese philosophischen Bestrebungen brachen, wie Humboldt richtig erkannte, so wie die poetischen aus derselben tiefen, reichen und mächtigen Urquelle in ihm hervor. Schillers Dichtergenie „war auf das Engste an das Denken in allen seinen Tiefen und Höhen geknüpft, es tritt ganz eigentlich auf dem Grunde einer Intellektualität hervor, die Alles ergründend, spaltend und Alles verknüpfend, zu einem Ganzen vereinen möchte". Die Auseinandersetzungen mit der Philosophie Kants und die Herausarbeitung einer eigenen Ästhetik fanden ihren ersten Niederschlag in den berühmten *Philosophischen Briefen* an den Prinzen von Augustenburg und die späteren Abhandlungen wie *Über naive und sentimentalische Dichtung* oder *Über Anmut und Würde* – um nur einige der Themen herauszugreifen – nehmen den gleichen hohen künstlerischen Rang ein wie seine Gedichte und seine Dramen und bilden gleichzeitig das tragende Fundament für die großen Tragödien seines letzten Lebensjahrzehnts.

Am 26. August 1792 wurde dem überraschten Schiller vom französischen Nationalkonvent auf Grund seiner Verdienste um die Sache der Freiheit der Ehrentitel eines „citoyen français", also eines Bürgers von Frankreich, verliehen – eine Auszeichnung, die außer Klopstock keinem deutschen Dichter je zuteil wurde. Unmittelbar auslösend für diesen Beschluss dürfte die im März 1792 im „Théâtre du Marais" erfolgte Aufführung der *Räuber* gewesen sein, die bereits 1785 ins Französische übersetzt wurden. Nun glaubte zwar auch Schiller bei Ausbruch der Französischen Revolution, dass damit der von Kant geforderte Vernunftstaat eingeleitet und in Paris „das große Schicksal der Menschheit verhandelt" würde. Doch schon bald wurde er durch den Radikalismus, der rasch überhand nahm, ernüchtert und als er hörte, dass dem gefangen genommenen König Ludwig XVI. der Prozess gemacht wurde, plante er, sich unverzüglich als „citoyen français" mit einer Denkschrift zur Verteidigung des Königs zu verwenden. Dieser Plan kam wegen der kurz darauf erfolgten Hinrichtung Ludwig XVI. nicht mehr zur Ausführung. Zurück blieb nur ein Ekel vor den „elenden Schindersknechten" und die Gewissheit, dass es sich bei dem verheißungsvollen politischen Regenerationsversuch nur um einen schönen philosophischen Traum handelte. Wenn Schiller auch der Sache der Freiheit weiterhin treu verbunden blieb, da ihm die politische und bürgerliche Freiheit „immer und ewig das heiligste aller Güter" war, so wurde ihm doch klar, dass man zuallererst „anfangen müsse, für die Verfassung Bürger zu erschaffen, ehe man den Bürgern eine Verfassung geben kann". Bis kurz zuvor war er von dem Gedanken besessen gewesen, dass zum Erzieher einer solchen Menschheit vor allem der Dichter geeignet sei. Erst die Beschäftigung mit Kant und dessen Ästhetik brachte seine Gedanken in die richtige Bahn, womit gleichzeitig die entscheidende Wendung in seinem dichterischen Schaffen eingeleitet wurde. Schillers Idee von der Freiheit, dem zentralen Problem sowohl seines Lebens wie auch seines Schaffens, hat viele Jahre später Goethe wohl am klarsten ausgesprochen: „Durch alle Werke Schillers geht die Idee von Freiheit, und diese Idee nahm eine andere Gestalt an, sowie Schiller in seiner Kultur weiterging und selbst ein anderer wurde. In seiner Jugend war es die physische Freiheit, die ihm zu schaffen machte und die in seine Dichtung überging; in seinem späteren Leben die ideelle." Und in der Tat hat sich Schiller fortan bis zu seinem Tode um diese ideelle Freiheit bemüht. Denn was er mit der ästhetischen Erziehung des Menschen meinte, war nichts anderes als die Erziehung zu einer höheren Freiheit, wie sie von Kant für seinen Vernunftstaat gefordert wurde.

Im Hinblick auf Schillers Gesundheit lief das Jahr 1793 verheißungsvoll an, denn das catarrhalische Fieber, von dem er in den beiden vorangegangenen Jahren stets im Januar befallen war, blieb aus. Möglicherweise verdankte er diesen Umstand dem Rat Dr. Starks, bei kaltem und rauem Wetter nicht auszugehen. So konnte es vorkommen, dass er bei ungünstiger Witterungslage wochenlang seine Wohnung nicht verließ. Um aber auch aktiv der Krankheit vorzubeugen, ließ er sich von nun an zu Beginn jeden neuen Jahres zur Ader schlagen. Außerdem gab er Anfang April die Stadtwohnung auf, um in ein Gartenhaus am Stadtrand von Jena zu übersiedeln. Das Erlebnis der freien Natur rings um ihn her gab ihm neuen Mut: „Diesen ganzen Winter kam ich kaum fünf Mal ins Freie und nun ist mir zumute wie einem Gefangenen, der zum ersten Mal wieder ans Tageslicht kommt." Das einzige, was ihn immer wieder belästigte, waren seine Krämpfe im Unterleib, die er als sein „Malum domesticum", also sein Hausleiden, bezeichnete. Auch im Frühling 1793 blieb er davon nicht verschont: „Der Frühlingsanfang, der zwar ein Freund der Poeten, aber nicht der kranken Poeten ist, hat mich einige Wochen wieder an mein Übel angeschmiedet." Am 22. März überfiel ihn eine solche Kolik so heftig, dass er seine Vorlesung abbrechen musste.

Inzwischen sah seine Lollo der Geburt ihres ersten Kindes entgegen, und da es beschlossene Sache war, dass es in seiner schwäbischen Heimat zur Welt kommen sollte, reiste das Ehepaar im August nach Heilbronn, wo der bekannte Arzt Eberhard Gmelin wirkte, dessen magnetische Heilmethoden Schillers Neugierde wachriefen. Heilbronn, das nach einer „zwar beschwerlichen, aber von allen üblen Zufällen freien Reise" am 8. August erreicht wurde, wählte man deshalb, weil es zwar nahe der württembergischen Grenze lag, Schiller jedoch keine Übergriffe von Seiten des Herzogs Karl Eugen befürchten musste. Ein an diesen gerichtetes Gesuch, seinen siebzigjährigen Vater in Stuttgart besuchen zu dürfen, blieb unbeantwortet, doch teilten Freunde, die von Schillers Absicht erfuhren, mit, dass sich der Herzog öffentlich geäußert habe, Schiller im Falle seiner Einreise nach Württemberg zu ignorieren. Daraufhin übersiedelte Schiller mit Lollo nach Ludwigsburg, wo wenige Tage später ihr erster Sohn, Karl, zur Welt kam. Doch so glücklich er darüber war und sosehr ihn das Wiedersehen mit Vater, Mutter und den Schwestern erfreute, so enttäuscht war er von seiner zutiefst provinziellen Heimat Schwaben: „Nur die wenigsten", berichtete er Körner, „interessieren mich. Es ist hier in Schwaben nicht so viel Stoff und Gehalt, als Du Dir einbildest. Manche, die ich als helle aufstrebende Köpfe verließ, sind materiell geworden und verbauert." Etwas besser war es in Stuttgart, wohin Schiller im März 1794 zog und wo der seinerzeit an der Karlsschule tätige Bildhauer Dannecker jene Büste des Dichters schuf, deren veredelnde Züge das gültige Bild Schillers der Nachwelt erhalten hat. Er hatte aber auch Gelegenheit, musisch gesinnte Menschen wie Zumsteeg oder Matthisson kennen zu lernen. Die folgenreichste Begegnung aber war jene mit dem jungen Verleger Johann Friedrich Cotta in Tübingen, der sofort bereit war, die von Schiller geplante literarische Zeitschrift, die *Horen*, herauszugeben. Aus dieser geschäftlichen Verbindung wurde bald ein herzliches freundschaftliches Verhältnis und über Schiller und die *Horen* wurde Cotta durch seine Verbindung zu Philosophen und Dichtern seiner Zeit – Goethe, Fichte, Herder, Hölderlin, Schelling und die Brüder Humboldt – zum bedeutendsten Verleger der deutschen Klassik. Für Schiller muss es eine gewisse Genugtuung gewesen sein, nun als berühmter Mann durch jene Gassen zu gehen, über die er früher in der verhassten Uniform eines Feldschers hatte wandeln müssen.

Der Verleger Johann Friedrich Cotta

Obwohl ihn in der Stuttgarter Zeit „das rauhe Wetter und seine zurückkehrenden Krämpfe am Ausgehen hinderten", schrieb er im Frühjahr 1794 an Körner: „Ich leb noch ... Auch befinde ich mich seit vierzehn Tagen um vieles leidlicher, als die vorhergehenden zwei Monate, wo die Hartnäckigkeit meines Übels mich beinahe gänzlich um meinen Mut gebracht hat." Bei diesem Übel handelte es sich immer wieder um sein „Malum domesticum", also seine Bauchkrämpfe. Doch auch sein üblicher Schnupfen blieb in den kalten Monaten in der Regel nicht aus. Darüber hinaus hören wir jedoch während des gesamten Jahres 1794 nichts von gesundheitlichen Störungen. So kehrte Schiller Mitte Mai in leidlich guter Gesundheit und energiegeladen nach Jena zurück.

Der Philosoph Johann Gottlieb Fichte

KONTAKT ZU HUMBOLDT UND GOETHE

Mitte Mai in Jena eingetroffen, machte er sich unverzüglich an die Vorbereitungen zur Gründung der *Horen*. Zu diesem Zwecke musste er eine Reihe bedeutender Persönlichkeiten zur Mitarbeit bewegen, wodurch das Jahr 1794 für ihn das wichtigste seines Lebens wurde. Wenn er wirklich Grund zu seiner Behauptung hatte, dass „die Geschichte seines Lebens die Geschichte seiner Bekanntschaften" sei, dann traf dies unzweifelhaft für dieses Jahr 1794 zu. Besonders erfreulich entwickelte sich dabei sein Verhältnis zu Wilhelm von Humboldt, den er überreden konnte, gemeinsam mit Gattin Caroline von Dacheröden von einem ihrer einsam gelegenen Thüringischen Güter in die Universitätsstadt Jena zu ziehen. Obwohl um acht Jahre jünger, besaß dieser weltmännische, soeben noch unter dem Bann des schwärmerischen Berliner Tugendbundes stehende Adelige eine erstaunliche Allgemeinbildung und er erwies sich seinem Wesen nach als ein Mann ganz nach Schillers Herzen. Dieser zu den verdienstvollsten Erscheinungen der deutschen Geistesgeschichte zählende Gelehrte vertiefte Schillers Anschauungen über die ästhetische Erziehung und vermochte die Welt des antiken Griechentums in den Mittelpunkt der Schiller'schen Ideenwelt zu rücken. Am schönsten hat Humboldt selbst über Schiller später an Körner geschrieben: „Darin lag seine unendliche, sich immer gleiche Liebenswürdigkeit, die ihn manchmal im Gespräch so werden ließ, wie ich nie einen anderen gesehen habe und mir keinen andern, wenigstens nicht höher, denken kann. Es ist wirklich unbegreiflich, wie unendlich kleiner immer alle andern, die man sonst so sehr liebt und ehrt, mir hierin gegen ihn vorkommen. Er konnte alle und richtig und allseitig beurteilen, ihn eigentlich keiner ganz … Es ging, im buchstäblichen Verstande, kein Moment für seine geistige Tätigkeit verloren."

Am 20. Juli fand jenes entscheidende Gespräch mit Goethe statt, in welchem ihm dieser seine Mitarbeit an den *Horen* zusagte. Dieses Ereignis leitete einen neuen Abschnitt im Leben Schillers ein und bildete den Beginn „einer geistigen Gemeinschaft, die weit über alle persönlichen Beziehungen hinaus Gehalt und Form der deutschen Klassik geprägt hat und zu einem der größten Ereignisse der deutschen Geistesgeschichte geworden ist". Goethe selbst, der ursprünglich geglaubt hatte, dass ihn von Schiller „mehr als ein Erddiameter" trenne, bezeichnete zwanzig Jahre später seine Freundschaft mit Schiller nicht nur als ein „glückliches Ereignis", sondern darüber hinaus als eines „der höchsten Verhältnisse", die ihm das Glück in späteren Jahren bereitet habe. Diese Freundschaft schenkte Goethe neue Jugend und regte seine Schaffenslust von neuem an. Im ständigen Gedankenaustausch erwuchs eine geistige Gemeinschaft, die das poetische Werk beider Dichter wechselseitig belebte und befruchtete. Es ist keine Übertreibung, wenn gemeiniglich dieses Bündnis als der Höhepunkt der neueren deutschen Literaturgeschichte, ja als der Zenit deutscher Bildung bezeichnet wird. „Wie durch ihre unsterblichen Werke", sagte Wilhelm von Humboldt, „haben sie durch ihre Freundschaft, in der sich das geistige Zusammenstreben unlösbar mit den Gesinnungen des Charakters und den Gefühlen des Herzens verwebte, ein bis dahin nie gesehenes Vorbild aufgestellt." Wie sehr Goethe jetzt bereit war, seinen alten Groll zu vergessen, und wie ebenbürtig ihm sein Partner nun schien, geht aus einer Briefstelle hervor: „Ich darf nunmehr Anspruch machen, durch Sie selbst mit dem Gang Ihres Geistes bekannt zu werden." Und Schiller antwortete darauf mit den Worten: „Nun kann ich hoffen, dass wir, so viel von dem Wege noch übrig sein mag, in Gemeinschaft durchwandeln werden, und mit umso größerem Gewinn, da die letzten Gefährten auf einer langen Reise sich immer am meisten zu sagen haben …

leider aber, nachdem ich meine geistigen Kräfte recht zu kennen und zu brauchen angefangen, droht eine Krankheit, meine physischen zu untergraben. Eine große und allgemeine Geistesrevolution werde ich schwerlich Zeit haben in mir zu vollenden, aber ich werde tun, was ich kann, und wenn endlich das Gebäude zusammenfällt, so habe ich doch vielleicht das Erhaltungswerte aus dem Brande geflüchtet." Dieser Satz beunruhigte Goethe nicht wenig, weshalb er Schiller umgehend aufforderte, für vierzehn Tage in sein Haus nach Weimar zu kommen, ein Angebot, das Schiller mit Freuden annahm mit der kleinen Einschränkung: „Ich bitte bloß um die leidige Freiheit, bei Ihnen krank sein zu dürfen."

Die Pause in Schillers dichterischer Produktivität hielt nur deshalb so lange an, weil er zunächst die Klärung seiner Ideen, vor allem aber auch die Beherrschung neuer Ausdrucksmittel abwarten wollte. In diesem Sinne war er sich klar darüber, dass seine historischen und philosophischen Studien nur ein Durchgangsstadium waren, das ihn zu keinem Zeitpunkt an seiner wahren Berufung als Dichter zweifeln ließ: „Der Dichter ist der einzig wahre Mensch und der beste Philosoph ist nur eine Karikatur gegen ihn." Nach seinem Besuch bei Goethe erblickte er das eigentliche Vermittlungsglied im von ihm so bezeichneten „Spieltrieb", womit sich, wie Burschell schreibt, bereits der klassische Schiller ankündigte. Denn mit dem Satz: „Der Mensch spielt nur, wo er in voller Bedeutung des Worts Mensch ist, und er ist nur da ganz Mensch, wo er spielt", offenbare sich während der letzten Lebensjahre des todgeweihten Dichters die von vielen bezeugte eigentümliche Heiterkeit und die Reinheit des Wesens.

Gesundheitlich war Schiller diesen Sommer und Herbst 1794 recht zufrieden, „wiewohl von Zeit zu Zeit neue Stöße von Krämpfen" kamen. Doch auch diese „incommodirten ihn nur die Nächte", sodass er tagsüber ungehindert arbeiten konnte. Zu Beginn des Jahres 1795 hören wir ebenso wenig von Krankheiten; nur das raue Wetter während des Februars hinderte ihn am Ausgehen: „Meine Thürschwelle ist wieder die alte Grenze meiner Wünsche und meiner Wanderschaft." Trotz dieser Vorsicht meldete sich Ende April wieder einmal ein „hässliches Katarrhfieber", welches erst Anfang Juni endgültig abgeklungen war. Während des Sommers litt er mehrere Wochen „fast anhaltend an seinen Krämpfen", sodass er kaum das Haus verlassen konnte und lebhafte Bewegungen meiden musste. Letzteres hinderte ihn nicht wenig am „Poetisieren" — wissen wir doch, dass Schiller seine Gedanken häufig „unter Stampfen, Schnauben und Brausen" zu Papier brachte. Erst am 19. Oktober konnte er, nachdem er wohl drei Monate nicht ins Freie gekommen war, zum ersten Mal wieder spazieren fahren.

Rückwendung zur Dichtung

Im Juni 1795 fand Schiller endgültig wieder zur Dichtung zurück und Goethe war der erste, der von diesem Entschluss unterrichtet wurde. Mit dem ersten großen Gedicht *Das Ideal und das Leben* hatte er die lang ersehnte Meisterschaft in Form und Ausdruck gefunden. Für Humboldt begann mit diesem Poem eine neue Epoche im Schaffen des Dichters. Schiller selbst hatte das Gefühl, er müsse nun weiter nichts tun, als die in den vergangenen Jahren erarbeiteten ästhetischen Erkenntnisse in die Sprache der Poesie zu transponieren. Es entstanden in rascher Folge zahlreiche Gedichte, Balladen und vor allem auch jene lyrischen Dichtungen philosophischen Inhalts, die gerne als Gedanken- oder Ideenlyrik bezeichnet werden. Dabei musste er diese großartigen lyrischen Produkte einem Körper abringen, der ihm gerade zu dieser Zeit wieder schwer zu schaffen machte.

Aus dem Januar 1796 besitzen wir einen Bericht von Karl von Funck, der uns einen Eindruck vermittelt, wie sehr Schiller von seinem „Malum domesticum" geplagt wurde: „Schiller selbst wandelt, ja, man möchte sagen, rennt unaufhörlich im Zimmer herum, setzen darf er sich gar nicht. Oft sieht man ihm sein körperliches Leiden an, besonders wenn ihn die Suffocationen anwandeln. Wenn es zu arg wird, geht er hinaus und braucht irgendein Palliativ. Kann man ihn in solchen Momenten in eine interessante Unterredung ziehen, kann man besonders etwa einen Satz hinwerfen, den er auffasst, zerlegt und wieder zusammensetzt, so verlässt ihn sein Übel wieder, um sogleich zurückzukommen, wenn an dem Satz nichts mehr zu erörtern übrig ist. Überhaupt sind ihm anstrengende Arbeiten das sicherste Mittel für den Augenblick. Man sieht, in welcher ununterbrochenen Spannung er lebt und wie sehr der Geist bei ihm den Körper tyrannisiert, weil jeder Moment geistiger Erschlaffung bei ihm körperliche Erkrankung hervorbringt." Ansonsten verlief das Jahr 1796 gesundheitlich ohne größere Störungen.

Am 22. Oktober dieses Jahres findet sich in seinem Briefkalender die energische Ankündigung: „An den Wallenstein gegangen". Mit diesem größten politisch-historischen Drama der deutschen Literatur wurde der Beginn einer neuen Epoche dramatischer Dichtung eingeleitet. Gerade die Größe dieses „widerspenstigen Stoffes" schien sein dichterisches Genie gereizt zu haben, denn er schrieb: „Gerade so ein Stoff musste es sein, an dem ich mein neues dramatisches Leben eröffnen konnte." Er ahnte nicht, wie schwer und unter welcher Aufbietung aller physischen und psychischen Kräfte die Bewältigung dieses ungeheuren Werkes erreicht werden sollte. Noch im Januar 1798 klagte er: „Es ist ein Meer auszutrinken, und ich sehe manchmal das Ende nicht; hätte ich zehn Wochen ununterbrochene Gesundheit, so wäre er fertig." Schon wenige Wochen, nachdem er den ersten Akt in Prosa beendet hatte, beklagte er sich neuerlich über sein „Gefängnisleben in seinen vier Wänden".

Am 2. Mai 1797 bezog er endlich sein idyllisches Gartenhaus, das er für elfhundert Taler erworben hatte, um bei günstigem Wetter „viel im Freien" sein zu können. Begeistert berichtete er Goethe: „Alles um mich herum erheitert mich, und mein erster Abend auf dem eigenen Grund und Boden ist von fröhlichster Vorbedeutung." In der „schönen Gartenzinne", wie Goethe die zu einem kleinen Pavillon umgestaltete kleine Hütte in einer Gartenecke nannte, wurde der größte Teil des *Wallenstein* zu Ende geschrieben – allerdings mit vielen kurzen Unterbrechungen, die ihm durch wiederholte fieberhafte Katarrhe, verbunden mit hartnäckigem Husten, aufgezwungen wurden. Damals machte ihm dieser Husten mehr zu schaffen als sein übliches „Malum domesticum", denn er bereitete ihm viele schlaflose Nächte und raubte ihm wertvolle Zeit, seine Arbeit zügig voranzutreiben zu können. Dennoch tröstete er den zur selben Zeit ebenfalls kränklichen Goethe mit dem Hinweis, dass „auch die Kränklichkeit zu was gut ist ... Glücklicherweise alteriert sie nicht meine Stimmung, aber sie macht, dass ein lebhafter Anteil mich schneller erschöpft und in Unordnung bringt. Gewöhnlich muss ich daher einen Tag der glücklichen Stimmung mit fünf oder sechs Tagen des Drucks und des Leidens büßen." In den durch Unpässlichkeit oft zur Qual gewordenen Nächten des November reifte bei Schiller plötzlich die Erkenntnis, dem *Wallenstein* ein anderes Gepräge zu geben und den Prosatext in Jamben umzuschreiben. Und von nun an „sollten alle seine Bemühungen einer neuen Dramenart gelten", einem „rhythmisch beschwingten, in feierlichem Tanzschritt sich bewegenden Drama", wie Burschell dies formulierte.

Im Vergleich mit den geschilderten Unpässlichkeiten dieses Jahres raubte ihm die in der Nacht vom 18. zum 19. Dezember 1797 einsetzende akute Darminfektion, die man damals als „Cholera" bezeichnete, mit einer wirklichen Cholera jedoch nichts zu tun hatte, nur eine kurze Zeit für seine poetischen Arbeiten. Seine Gattin berichtete darüber am 19. Dezember: „Er ist diese Nacht schnell krank geworden, und diese Nacht war mir bang, weil das Übel so schnell kam, es ist aber schon wieder besser; es war ein coliqueartiger Zufall, der ihn sehr für den Moment angriff, kein Fieber ist nicht dabey, und Starcke sagt, dass es morgen schon wieder besser sein wird." Schiller selbst gab Goethe und anschließend auch Körner folgende Schilderung dieses offenbar harmlosen Zwischenfalls: „Mein böser Anfall von Cholera ist zwar bald und glücklich wieder vorübergegangen, aber geschwächt und verstimmt hat er mich für die ganze Woche, dass ich an etwas poetisches auch nicht denken mag ... Es ist, wie ich höre, dieser mit Erbrechen einhergehende Durchfall ein epidemisches Übel in unseren Gegenden und hat also mit meiner übrigen Krankheit, wie es scheint, nichts zu thun."

Auch das neue Jahr 1798 setzte ihm mit dem greulichen Januarwetter wieder übel zu. Wenige Tage nach dem am 11. dieses Monats – so wie üblich – vorgenommenen Aderlass kam es zu einer fieberhaften Halsentzündung und auch der Februar war ihm nicht günstig gesinnt, da er „die alten Übel Catarrh und Schnupfen wieder zurückgebracht hat. Der Kopf ist mir wieder seit fast acht Tagen von einem catarrhalischen Zufall angegriffen und das alte Übel plagt mich auch." Mit letzterem meinte er die Krämpfe im Unterleib, die vornehmlich im Juli dieses Jahres seinen Schlaf störten und ihn „in Untätigkeiten setzten". Bis Ende Oktober konnte er bei schönem Wetter noch im Garten sein und im kleinen Pavillon arbeiten und erst am 6. November bezog er wieder das „Kastell in der Stadt". Schon im Dezember verlor er aber wieder infolge eines Schnupfens, der seinen Schlaf behinderte, sowie wegen seiner Krämpfe im Unterbauch mehrere Tage für seine Arbeit am *Wallenstein* und zu allem Überfluss gesellte sich zu seiner qualvollen Angst, mit seinem großen Drama nicht fertig zu werden, eine Fingerverletzung, die ihn beim Schreiben behinderte.

In einem Brief vom 1. Januar 1799 an Goethe heißt es: „Ich muss morgen noch zur Ader lassen, welches ich seit meinen zwei hitzigen Brustfiebern in den Jahren 91 und 92 immer beobachtet habe. Diese Operation hält mich Morgen, wenn nicht gar Übermorgen, noch hier zurück. Sonst befinde ich mich innerlich recht wohl, aber um die Plage nicht ausgehen zu lassen, habe ich mich neulich unter dem Nagel in den Finger gestochen, der sehr schmerzhaft wird, und, weil es der Mittelfinger der rechten Hand ist, mich beim Schreiben sehr incommodirt." Auf diese Weise konnte er erst am 4. Januar mit seiner Familie nach Weimar reisen, um dort als Gäste bis zum 7. Februar das von Goethe eingerichtete Quartier im herzoglichen Schlosse zu beziehen. Dieser Aufenthalt hatte ihn hinsichtlich seines Gesundheitszustandes sehr zuversichtlich gemacht, wie wir einem Schreiben an seinen Freund Körner entnehmen können: „Mein Aufenthalt in Weimar hat mir auch in Rücksicht auf meine Gesundheit wieder neue gute Hoffnungen erweckt. Ich bin genöthigt gewesen, alle Tage in Gesellschaft zu seyn, und ich habe es wirklich durchgesetzt, mir etwas zuzumuthen. Selbst an den Hof und auf die Redoute bin ich gegangen, ohne dass meine Krämpfe mich daran gehindert, und so habe ich in diesen fünf Wochen wieder als ein ordentlicher Mensch gelebt und mehr mitgemacht, als in den letzten fünf Jahren zusammengenommen. Freilich habe ich diese fünf Wochen für meine Arbeit ganz verloren, sonst könnte ich heute mit dem ganzen Wallenstein fertig seyn, aber in anderer Rücksicht reuen mich diese Zerstreuungen gar nicht."

Trotzdem gingen ihm die drei letzten Akte von *Wallensteins Tod* rasch von der Hand, sodass er sie schon wenige Wochen nach seiner Rückkehr nach Jena Goethe übersenden konnte, der sie als „ein unschätzbares Geschenk" entgegennahm. Mitte April war es dann so weit: In Anwesenheit von Schiller wurde die gesamte Trilogie an drei kurz hintereinander folgenden Abenden in Weimar uraufgeführt, um von hier aus über die großen deutschen Bühnen ihren Siegeszug anzutreten. Mit diesem monumentalen Drama fand Schiller endgültig zur dramatischen Kunst zurück und der rauschende Erfolg brachte ihm die Gewissheit, seine wahre Berufung erkannt zu haben. Schon sechs Tage nach dieser Uraufführung, am 26. April 1799, kündigte er brieflich seinem Freunde Körner seine weiteren Pläne an: „In-

Das Hoftheater zu Weimar.

Das Weimarer Hoftheater

dessen habe ich mich an eine Regierungsgeschichte der Königin Elisabeth gemacht und den Prozess der Maria Stuart zu studieren angefangen." Ohne sich eine Ruhepause zu gönnen, machte er sich an dieses Thema heran, das ihn ja bereits in Bauerbach intensiv beschäftigt hatte, und um Goethe und dem Theater näher zu sein, beabsichtigte er, die folgenden Winterhalbjahre ganz in Weimar zu verbringen. Dieser Entschluss fiel ihm umso leichter, als ihm der Herzog zusätzliche zweihundert Taler gewährte. Dieses Vorhaben wurde wieder einmal durch Krankheit verzögert. Diesmal war es Charlotte, die Ende Oktober bald nach der Geburt ihrer Tochter Caroline von einem „schweren Nervenfieber" ergriffen wurde, das zu

FRIEDRICH SCHILLER

vorübergehenden Zuständen von Bewusstlosigkeit führte und erst nach vielen Wochen allmählich abklang. Schiller, der um das Leben seiner Gattin fürchtete, wachte nächtelang an ihrem Krankenbette, was ihn begreiflicherweise seelisch und körperlich stark angriff. Dennoch wurde es für die Familie möglich, noch im Dezember den geplanten Umzug nach Weimar vorzunehmen.

DIE JAHRE IN WEIMAR

Der Abschied von Jena fiel Schiller nicht allzu schwer. Seiner Gattin, die bis zum Beziehen der neuen Wohnung in Weimar bei Frau von Stein aufgenommen wurde, schrieb er hoffnungsvoll: „Alle Erinnerungen an die letzten acht Wochen mögen in dem Jenaer Tal zurückbleiben, wir wollen hier ein neues heitres Leben anfangen." Tatsächlich hatte er sich in Jena in letzter Zeit immer einsamer gefühlt. Selbst der Verkehr mit dem jungen schwäbischen Landsmann Schelling, der dem berühmten Fichte nachgefolgt war, wurde immer seltener, sodass er sich zuletzt „wie in eine Wüste versetzt" vorkam.

Die traurige Krankheit seiner Frau, deren Tobsuchtsanfälle schon das Schlimmste befürchten ließen, stellte offensichtlich doch eine schwere Belastung für Schiller dar, der durch seine aufopfernde Pflege und Betreuung seine Widerstandskräfte über die Maßen beansprucht haben dürfte. Nachdem er sich wie alljährlich um diese Zeit die Ader öffnen ließ, erkrankte er einen Tag später, am 16. Februar 1800, an einer fieberhaften katarrhalischen Infektion, die damals im Lande wütete und von Dr. Stark, dessen Familienangehörige ebenfalls davon ergriffen worden waren, mit der Influenza verglichen wurde. Den therapeutischen Anordnungen zufolge, die in zwei Briefen an die Familie Schiller überliefert sind, standen Erscheinungen im Bereich der Atemwege im Vordergrund. Dementsprechend bezeichnete Schiller auch diese Krankheit, die ihn vier Wochen in „die völligste Untätigkeit" versetzte, als „eine Art von Nervenfieber, das sich zugleich mir auf die Brust warf und mich einige Tage in große Gefahr setzte". Tatsächlich delirierte er einen ganzen Tag lang, was Charlotte ängstigte, und obwohl das Fieber allmählich wieder verschwand, blieb doch eine große Mattigkeit zurück, sodass er selbst nach Ablauf von sechs Wochen nur mit Mühe die Treppen ersteigen konnte. Der Husten, der reichlich Schleimauswurf beförderte, quälte ihn besonders. Diesmal bemühte sich der junge Arzt Dr. Joseph Harbaur, der rasch ein vertrauliches Verhältnis zur Familie fand, um den Kranken. Erst ganz allmählich kam Schiller wieder zu Kräften, fühlte sich dann aber so wohl wie selten zuvor.

Anfang Mai betrachtete er sich als so gesund, dass er sich wie verändert fühlte und mit vollem Einsatz nach Wochen qualvoller Untätigkeit die Arbeit an seinem neuen Drama *Maria Stuart* wieder aufnehmen konnte. Er beendete es noch im Mai in der „poetischen Einsamkeit" auf Schloss Ettersburg und erlebte bereits wenige Wochen später dessen mit Begeisterung aufgenommene Uraufführung. Schiller war sich voll bewusst darüber, was er mit diesem meisterhaft aufgebauten Stück geleistet hatte: „Ich fange endlich an, mich des dramatischen Organs zu bemächtigen und mein Handwerk zu verstehen." August Strindberg bezeichnete das Schauspiel *Maria Stuart* überhaupt als den Höhepunkt europäischer dramatischer Kunst und wenn man bedenkt, dass Schiller nur siebeneinhalb Monate daran gearbeitet hatte, dann wird diese Leistung geradezu unvorstellbar. „Bei zunehmender Übung und größerer Sicherheit" glaubte er, ein neues Stück innerhalb eines halben Jahres auf die Bühne bringen zu können. Deshalb erklärte er voller Zuversicht: „Ich hoffe so das Versäumte hereinzubringen und wenn ich das fünfzigste Jahr erreichen kann, noch unter den fruchtbaren Theaterschriftstellern einen Platz zu verdienen." In einem förmlichen Schaffensrausch hatte er zum Zeitpunkt der Niederschrift dieser Zeilen, Ende Juli 1800, auch tatsächlich bereits mit den Arbeiten an seinem nächsten Drama, *Die Jungfrau von Orleans,* begonnen, von dessen heroischem Thema er geradezu hingerissen war. Er studierte die zeitgenössischen historischen Berichte über dieses Ereignis und bat Körner, ihm Schriften über die grauenvolle Praxis bei den von der katholischen Kirche päpstlich sanktionierten Hexenprozessen zu übersenden. Bereits Mitte April 1801 überraschte er Goethe mit dem fertigen Manuskript dieses Trauerspiels, wobei er stolz vermerkte: „Goethe meint, dass es mein bestes Stück sei." Da der im christlichen Glauben indoktrinierte Herzog fürchtete, die Darstellung dieser christlichen Legende auf der Bühne könnte einen Skandal hervorrufen, fand die Uraufführung des Dramas in Leipzig statt, wo es eine begeisterte Aufnahme fand.

Im Sommer des Jahres 1801, das bis dahin ohne gesundheitliche Störungen verlaufen war, plante man eine Badereise nach Doberan bei Rostock. Da sich jedoch wieder die Krämpfe im Unterbauch meldeten, wurde dieses Vorhaben aufgegeben und im Spätsommer zu einer Reise nach Dresden umfunktioniert, wo Schiller auf Einladung Körners in dessen ihm wohlbekannten Gartenhaus in Loschwitz freudig aufgenommen wurde. Auf dem Rückweg über Leipzig besuchte er dort am 17. September 1801 die dritte Aufführung seines neuen Schauspiels, die sich zu einem beispiellosen Triumph und einer Huldigung ohnegleichen für den Dichter gestaltete. Das Theater war überfüllt, ungeachtet des heißen Tages, und bereits nach dem ersten Akt brach das Parterre in Hochrufe aus. Als Schiller das Schauspielhaus verließ, schritt er durch das Spalier einer großen Menschenmenge, die ihm entblößten Hauptes zujubelte. Nie zuvor hatte ein deutscher Dichter derartige Ehrungen erfahren.

Zu Beginn des Jahres 1802 erwarb Schiller endlich ein eigenes Haus, das an der Esplanade in Weimar lag und in welches die Familie am 29. April einzog – am selben Tag, an welchem seine Mutter in Cleversulzbach starb. In diesem freundlichen, stillen Haus wurde es allerdings bald recht ungemütlich, da die Kinder ebenso wie Schiller selbst an einem Keuchhusten erkrankten. Er selbst sprach von einem „böslichten Krampfhusten, der mich mit den Kindern über sechs Wochen geplagt und elend gemacht hat". Dieses Hustenkonzert in der Familie muss Charlotte, die vom Keuchhusten verschont blieb, manchmal fast zur Verzweiflung getrieben haben, denn sie gab

Schillers Wohnhaus in Weimar

zu, dass es „vielleicht Momente gibt, wenn alles um mich herum hustet, dass ich mir nicht mehr zu helfen weiß". Ende Juli wurde eine Kur mit Eselsmilch begonnen, die er im ganzen dreizehn Mal getrunken hat. Solche Kuren erfreuten sich seit Galens Zeiten großer Beliebtheit und fanden gern bei Erkrankungen der Atemwege, vorzüglich bei der Lungentuberkulose, zur Bekämpfung hartnäckigen Hustens Anwendung.

Wenn sich auch erst um die Mitte des Monats August dieser Krampfhusten „weggemacht hat", so dürfte Schiller von dieser Kur doch recht angetan gewesen sein, denn er schrieb: „Sie ist die feinste animalische Bereitung der Kräuter und man glaubt, eine Pflanzenmilch zu schmecken." Mit Beginn des Herbstes erfreute er sich jedenfalls wieder bester Gesundheit, gerade rechtzeitig, um am 16. November die ehrenvol-

Friedrich Schiller

le Nachricht festlich feiern zu können, dass er auf Veranlassung des Herzogs in den Adelstand erhoben wurde. Er meinte allerdings einschränkend: „Für meine Frau hat die Sache einigen Vorteil, für meine Kinder kann sie ihm mit der Zukunft erhalten, für mich freilich ist nicht viel gewonnen." Charlotte hatte ja im Unterschied zu ihrer Schwester Caroline, die auch in ihrer zweiten Ehe mit Wilhelm von Wolzogen standesgemäß verheiratet war, auf Grund ihrer Heirat mit dem bürgerlichen Hofrat Schiller bisher nicht bei Hofe erscheinen dürfen, und mit dieser Ausgrenzung war es nun zu Ende.

Als Goethe damals das Sommertheater in Bad Lauchstädt eröffnet hatte, drängte er seinen Freund Schiller ungeduldig um die Lieferung „theatralisch wirksamer Produktionen". Lange schwankte dieser bei der Wahl eines Stoffes für sein nächstes Drama, bis er sich schließlich zur Bearbeitung eines frei von ihm erfundenen Themas über die „feindlichen Brüder" entschied. Er betitelte dieses Familiengemälde von antiker Tragik *Die Braut von Messina* und begründete diesen „Schritt näher zur antiken Tragödie" mit den Worten: „Ich habe den Wunsch nicht bezwingen können, mich auch einmal mit den alten Tragikern in ihrer eigenen Form zu messen und zugleich die dramatische Wirkung des alten Chors zu erproben." Schon am 1. Februar 1803 findet man in seinem Kalender den Vermerk: „Heute habe ich die Braut vollendet." Der überwältigende Erfolg bei der Uraufführung in Weimar überraschte Schiller ein wenig, da er von der theatralischen Wirksamkeit seiner von der antiken Tragödie entnommenen Chöre auf das Publikum nicht überzeugt war. Doch nun zeigte sich, dass nach den Worten Goethes „der theatralische Boden durch diese Erscheinung zu etwas Höherem eingeweiht worden sei". Wie Burschell schreibt, hatte Schiller mit dem „hohen und furchtbaren Ernst" dieser Tragödie das Äußerste der ihm möglichen poetisch-dramatischen Sprachgewalt erreicht.

Umso überraschenden ist es, dass sich Schiller nach dieser aristokratischen Tragödie unmittelbar anschließend einem volkstümlichen Freiheitsthema zuwandte, nämlich der Sage vom Schweizer Helden *Wilhelm Tell*. Schon im Frühjahr 1803 konzentrierte er sich ganz auf diese neue Arbeit. Um sich mit den historischen und geografischen Verhältnissen rund um den Vierwaldstätter See und den Rütli vertraut zu machen, ließ er sich von Körner und von seinem Verleger Cotta Bücher und Prospekte von der Schweiz besorgen: „Ich bin genötigt, viel darüber zu lesen, weil das Lokale an diesem Stoff so viel bedeutet, und ich möchte gern soviel möglich örtliche Motive nehmen." Noch vor Ablauf des Jahres nahm er die Arbeit an diesem Drama auf und nach weniger als zwei Monaten, am 18. Februar 1804, konnte er in seinem Kalender eintragen: „Den Tell geendigt." Diese ungewöhnlich kurze Arbeitszeit setzte Goethe in Erstaunen und bekräftigte ihn in seiner viele Jahre später geäußerten Auffassung, dass diese gewaltsame und willensstarke Arbeitsweise Schuld an Schillers frühem Tod gewesen sei. In einem Gespräch mit dem Weimarer Legationsrat Conta wies er in diesem Zusammenhang auf die Entstehungsgeschichte des *Wilhelm Tell* hin: „Überfiel Schiller die Müdigkeit, so legte er den Kopf auf den Arm und schlief. Sobald er wieder erwachte, ließ er sich nicht, wie ihm fälschlicherweise nachgesagt worden, Champagner, sondern starken schwarzen Kaffee bringen, um sich munter zu erhalten. So wurde der Tell in sechs Wochen fertig; er ist aber auch wie aus einem Guss." Schon am 17. März 1804 wurde das Stück „mit größtem Sukzess" uraufgeführt und man kann heute sagen, das keines seiner Werke eine solche Breitenwirkung entfalten konnte wie sein *Wilhelm Tell.* Wie Zeller schreibt, ist „dieses Drama von dem ewigen Freiheitsrecht der Menschen, von den Grenzen der Tyrannenmacht, zum großen Volksschauspiel der Deutschen geworden".

Schiller hoffte allerdings, alles, was er bisher geschaffen hatte, durch sein nächstes Drama noch zu übertreffen, dessen Inhalt ihn schon während der Proben zum *Wilhelm Tell* intensiv beschäftigte. Bereits in diesen Wochen notierte er in seinem Kalender: „Mich zum Demetrius entschlossen." In dem russischen *Demetrius* handelt es sich um die Tragödie eines zum Zaren geborenen falschen Thronprätendenten, dessen psychologisch hoch interessanten Konflikt Schiller „mit einem kühnen Machtschritt auf die höchsten und bedeutungsvollsten Momente" hinzuführen beabsichtigte. Äußere Umstände hinderten ihn allerdings zunächst, ernstlich diese große Aufgabe in Angriff zu nehmen. Die provinziellen „engen und kleinen" Zustände sowie die ärgerlichen Intrigenspiele am Hofe von Weimar verursachten bei Schiller ebenso wie die Querelen mit den Schauspielern und die Einmischungen des Herzogs in den Theaterbetrieb zunehmendes Unbehagen, das er in einem Brief an seinen Schwager von Wolzogen im Frühjahr 1804 in die Worte zusammenfasste: „Es gefällt mir hier mit jedem Tage schlechter, und ich bin nicht willens, in Weimar zu sterben. Nur in der Wahl des Ortes, wo ich mich hinbegeben will, kann ich mit mir noch nicht einig werden." Dazu kamen noch Trübungen im Verhältnis zu Goethe, dessen lässiges „Hinschlendern" dem spannungsgeladen auf sein jeweils nächstes Ziel hinsteuernden Schiller mitunter zum Ärgernis wurde: „Goethe ist jetzt ordentlich zu einem Mönch geworden und lebt in einer bloßen Beschaulichkeit, die ... nicht nach Außen produktiv wirkt." So beschloss er fast panikartig im Monat Mai 1804 von Leipzig aus, wo er sich mit Cotta traf, gemeinsam mit Charlotte und den beiden Knaben nach Berlin zu reisen, wo er im „Hotel de Russie" abstieg und unverzüglich mit dem ihm seit den Mannheimer Tagen bekannten Theaterdirektor Iffland Verbindung aufnahm. Dieser hatte nämlich schon seit Jahren versucht, den inzwischen zum berühmtesten Schauspieldich-

ter Deutschlands aufgestie-
genen Schiller nach Berlin zu
ziehen. Voller Hoffnung, dieses Ziel nun zu erreichen,
führte er Schiller im großen
Berliner Schauspielhaus dessen eigene Dramen in glanzvollen Inszenierungen vor.
Gleichzeitig sollte auch eine
Reihe von Ehrungen den
Dichter günstig stimmen:
Königin Luise empfing Schiller zu einer Audienz, Prinz
Louis Ferdinand gab ihm zu
Ehren ein festliches Diner
und auch das Berliner Publikum überschüttete den
Dichter mit Ovationen wie
in keiner anderen Stadt. Man
bot ihm schließlich ein jährliches Gehalt von dreitau-

Der Schauspieler und Theaterdirektor August Wilhelm Iffland

send Talern und die Benützung einer Hofequipage, was Schiller zunächst bat zu
unterlassen, bis er „die Auflösung seines Verhältnisses in Weimar ... bewirkt
haben würde".

Gottfried Schadow fertigte während der zwei Wochen des Berliner Aufenthaltes eine Profilskizze an, die zu den erschütterndsten Zeugnissen der Veränderung seiner Züge zählt. Modellierte Dannecker noch den mutig der Welt trot-
zenden Schiller, so haben wir es in dieser Skizze mit dem leidenden Künstler zu
tun, der wesentlich älter wirkt als es bei seinen erst fünfundvierzig Jahren zu erwarten wäre. Der schmerzliche Zug um seinen Mund verrät die Schmerzen und
die Leiden, die er seit mehr als einem Jahrzehnt erdulden musste, und gerade deshalb berührt uns der tiefe Ernst in seinem Antlitz und die entschlossene Festig-
keit, die seine Züge und sein Leid beherrschen.

Zwei Wochen später wieder in Weimar eingetroffen, kamen ihm rasch Zweifel, in Zukunft gegen eine zwar wesentliche Verbesserung seiner materiellen Lage in Berlin seine alten Bindungen zu zerreißen. Auch Goethe versuchte, Schiller
zu halten und selbst der Herzog kam ihm durch eine Gehaltserhöhung auf acht-
hundert Taler entgegen. So beschloss Schiller nach einer kurzen Bedenkzeit, doch
in Weimar zu bleiben, denn — wie er an Körner schrieb — in neue Verhältnisse

FRIEDRICH SCHILLER

mich zu begeben, „schreckt mich Bequemlichkeit. Hier in Weimar bin ich freilich absolut frei und im eigentlichsten Sinn zu Hause."

Wegen der zu erwartenden Geburt seines vierten Kindes hatte sich Schiller mit seiner Frau nach Jena begeben, um dem Hofrat Stark, zu dem beide besonderes Vertrauen hatten, möglichst nahe zu sein. Hatte er sich schon während der anstrengenden Tage in Berlin erschöpft und unwohl gefühlt, so zog er sich nun einen Tag vor der am 25. Juli 1804 erfolgten Geburt seiner Tochter Emilie während einer Spazierfahrt im Dornburger Tal angeblich eine Erkältung zu. Er trug nur leichte Bekleidung und ihn fröstelte in der kühlen Abendluft. Mit dieser Unpässlichkeit versuchte er jenen gefährlichen Zwischenfall ursächlich in Verbindung zu bringen, der sein schreckliches und lang andauerndes Ringen mit dem Tod einleitete.

DAS LETZTE LEBENSJAHR

An diesem 24. Juli setzten ganz plötzlich heftige, kolikartige Leibschmerzen ein, die so vehement in Erscheinung traten, dass man das Schlimmste befürchten musste. Sofort wurde Hofrat Stark zu Hilfe gerufen, der seinen Neffen zur Assistenz mitgenommen hatte. Wie wir aus einem Brief Carolines an Humboldt erfahren, „hat Schiller eine solch heftige Kolik gehabt, dass Stark und sein Neveu geglaubt haben, er sei nicht mehr zu retten und sie immer eine Entzündung seiner Eingeweide gefürchtet haben. Er selbst soll immer laut geschrien haben: ich halte es nicht mehr aus, wenn es nur schon aus wäre." Angeblich gab ihm Stark keine halbe Stunde mehr zu leben. Nachdem die akute Phase und mit ihr die größte Gefahr überstanden war, hielten die kaum erträglichen Schmerzen noch einige Tage weiter an. In den zeitgenössischen Berichten wurde dieses lebensbedrohliche Ereignis als „rote Ruhr" bezeichnet, was auf Blutabgänge aus dem Darm schließen lassen könnte.

Die Genesung ging nur sehr langsam vor sich und während der nächsten sechs bis acht Wochen fühlte er sich so schwach und mitgenommen, dass er nur mit zitternder Hand schreiben konnte. Wie Schiller später erzählte, habe er damals jeden Glauben an eine noch mögliche Genesung verloren. Auch Wilhelm von Wolzogen gegenüber gestand er ein, es wäre für ihn sehr traurig gewesen, „so über Hals und Kopf davon zu müssen, da ich wirklich noch ganz leidliche Freude am Leben habe". Erst im Laufe des Oktobers ging es merklich bergauf und bereits im November war er wieder in der Lage, am Hofball und an der Redoute teilzunehmen. Dies musste er allerdings wieder einmal mit einem anschließend aufgetretenen heftigen Katarrh bezahlen, der bei ihm nach eigenen Angaben „in einem schrecklichen Grade" herrsche, weshalb er jeden freieren Lebensgenuss mit wochenlangem Leiden büßen müsse. Die Nachrichten über diese schwere Erkrankung Schillers veranlassten einige Zeitungen, ähnlich wie seinerzeit 1791, Ende Oktober seinen Tod zu melden, obwohl er gerade zu dieser Zeit wieder mit etwas Zuversicht in die Zukunft zu blicken begann. Doch wenn er auch gegen Ende dieses Jahres wieder am gesellschaftlichen Leben bescheidenen Anteil nahm, so fiel seinen Bekannten doch sein stark verändertes Aussehen auf. Ging er früher hocherhobenen Hauptes, den Stock lebhaft schwenkend einher, so sah man jetzt seiner erschreckend grauen Gesichtsfarbe und seiner müden, gebeugten Haltung an, dass ihn die körperlichen Kräfte mehr und mehr verließen.

Im Winter 1804 grassierte neuerlich die Grippe im Lande, die bis in das Frühjahr 1805 hinein nicht ruhen sollte. Wie stets wurde auch Schiller nicht davor verschont. Schon am 20. Januar lesen wir in einem Brief am Körner: „Sowie das Eis wieder anfängt aufzutauen, geht auch mein Herz und mein Denkvermögen wieder auf, welches beides in den harten Wintertagen ganz erstarrt war. Solange der Winter nun dauert, bin ich unaufhörlich von einem Katarrh geplagt, der mich in der Tat sehr angreift und fast allen Lebensmut ertötet. An eine glückliche freie Tätigkeit war bei solchen Umständen gar nicht zu denken." Anfang Februar erkrankte er wiederum, weshalb er Goethe, der gerade einen Anfall seines Nierensteinleidens durchmachte, folgende Zeilen übersandte: „Ich hatte mich eben angezogen, um zu Ihnen zu kommen, aber die Krämpfe regen sich und ich bin bange in die Luft zu gehen." Mitte Februar überfiel ihn trotz aller Vorsicht von neuem ein „fatales Schnupfenfieber", das ihn in diesem Winter schon besonders zu schaffen gemacht hatte. Wegen dieser „verwünschten Schnupfenepidemie, die überall herumgeht", musste er fast drei Wochen das Bett hüten, wobei er jeden dritten Tag einen heftigen „Fieberparoxysmus (Fieberanfall; Anm. d. Verf.)" über sich ergehen lassen musste. Der Dichter Johann Heinrich Voß, der sich als Krankenwärter bei Schiller angeboten hatte, traf ihn leichenblass und fröstelnd mit wankenden Knien im Zimmer umhergehend an; sein Leib war durch Blähungen aufgetrieben und er litt unter hartnäckigster „Obstruction (Verstopfung; Anm. d. Verf.)". Da er bereits vier Tage so gut wie nichts gegessen hatte, war er so schwach, dass er nur mit Voßens Unterstützung gehen konnte: „Wenn er einmal aufstand, um im Zimmer auf- und abzugehen, griff ich ihm unter die Arme. Da sah er mich traurig an. Bin ich denn wirklich so matt, fragte er. Ich sagte ihm, ich stütze ihn nicht sowohl weil er nicht gehen könnte, als vielmehr um es ihm nur zu erleichtern."

Am 12. Februar wurde Schiller gegen Mitternacht plötzlich unruhig. Nachdem er seine Frau gebeten hatte, sich schlafen zu legen, erhob er sich mit wirrem Blick und totenblassem Gesicht, stürzte in Vossens Arme und wurde ohnmächtig. Voss rieb ihm Schläfen und Brust mit Spiritus und als sich Schiller etwas erholt hatte, flößte er ihm Opium und Naphthatropfen ein, wie man damals die Hoffmannstropfen bezeichnete. Schiller meinte, dass die quälenden Leibschmerzen Hauptursache seines augenblicklichen Zustandes wären und dass ihn „der Mangel an Öffnung", dessetwegen er sich schon vergeblich drei Klistiere hatte verabreichen lassen, am meisten beunruhige. Voß riet ihm daraufhin, noch einen vierten Versuch mit Seifenwasser zu machen, was Schiller auch befolgte: „Als er nun so auf jenem Stuhle, der oft auch für Könige bedeutender wird als der Thron, saß, verglich er sich mit Cato, der auch einmal in dieser Positur gesessen und so Audienz gegeben hatte. Ich erzählte ihm allerlei lustige Geschichten, die ihn sehr ergötzten, und so verflossen ein paar fröhliche Stunden. Endlich und endlich erfolgte Linderung." Unmittelbar, nachdem die Verstopfung behoben war, kam er zur Ruhe und meinte seelenruhig: „Nun bin ich gesund. Ich brauche mich jetzt nur zu erholen und wieder Kräfte zu sammeln." Doch obwohl er bis zum Morgen ruhig schlief, hielten doch in den folgenden Tagen die krampfartigen Schmerzen im Bauch weiter an. Wie Voss berichtet, zeigte sich Schiller in all die-

Schillers Arbeitszimmer in Weimar

sen Tagen als ein sanfter, geduldiger und rücksichtsvoller Patient, der – sobald er wieder auf den Füßen stehen konnte – sogar über seinen Zustand zu spaßen vermochte. Wie es wirklich in ihm aussah, hatte er schon Jahre zuvor in einem an seinen ehemaligen Kommilitonen aus der Karlsschule, den jetzt als Arzt tätigen Dr. von Hoven, gerichteten Schreiben angedeutet: „Du machst die Lahmen gehen, die Blinden sehen, die Toten auferstehen – ich mache Verse und philosophiere. Schwer hat mich die hippokratische Kunst für meine Apostasie bestraft. Da ich nicht mehr ihr Jünger sein wollte, so hat sie mich unterdessen zu ihrem Opfer gemacht. Sie hat mich gezwungen, zu ihr zurückzukehren, aber leider nur, um ihre schwere Hand zu empfinden."

Als nach acht Tagen alles überwunden war, war er sichtlich gezeichnet und als ehemaliger Regimentsarzt war er sich wohl auch über den Ernst seiner Lage im Klaren, wie man den an Goethe gerichteten Zeilen entnehmen kann: „Die zwei harten Stöße, die ich nun in einem Zeitraum von sieben Monaten auszustehen gehabt, haben mich bis auf die Wurzeln erschüttert, und ich werde Mühe haben, mich zu erholen. Zwar mein jetziger Anfall scheint nur die allgemeine epidemische Ursache gehabt zu haben, aber das Fieber war so stark und hat mich in einem schon so geschwächten Zustand überfallen, dass mir ebenso zumute ist, als wenn ich aus der schwersten Krankheit erstünde, und besonders habe ich Mühe, eine gewisse Mutlosigkeit zu bekämpfen, die das schlimmste Übel in meinen Umständen ist." Mit den zwei erwähnten harten Stößen spielte er auf die soeben erlittenen, mit Stuhlverhaltung verbundenen Darmkrämpfe und auf den vorangegangenen besonders schweren Kolikanfall an, der Durchfall und Blutabgang – die so genannte rote Ruhr – mit sich brachte.

Schiller gab jedoch den Kampf nicht auf. Bereits am 1. März stattete er Goethe einen Besuch ab, nahm seine Arbeit wieder auf und erschien selbst bei Hofe. Im April erwarb er sogar ein Pferd, mit dem er an schönen Tagen ausreiten wollte und voller Zuversicht wandte er sich wieder dem *Demetrius* zu, der sein letztes, Fragment gebliebenes Drama werden sollte.

Letzte tödliche Krankheit

Noch am 25. April 1805 teilte Schiller in seinem letzten Brief an den Freund Körner mit, dass es ihm Mühe koste, sich von den erlittenen Unbillen zu erholen und dass vielleicht doch etwas davon zurückbleiben könnte: „Die Natur hilft sich zwischen vierzig und fünfzig nicht mehr als im dreißigsten Jahr. Indes will ich mich ganz zufrieden geben, wenn mir nur Leben und leidliche Gesundheit bis zum fünfzigsten Jahr aushält." Auf die belebende Kraft des Frühlings bauend meldete er

Schiller's Todtenmaske.

Atmung und sein verfallenes Aussehen ließ niemand mehr im Zweifel, einen Sterbenden vor sich zu sehen. Er erkannte seine Umgebung nicht mehr. Geistesabwesend vollführte seine rechte Hand Bewegungen, als ob er schreiben wollte und seine Lippen bewegten sich dabei lautlos. Gegen fünf Uhr Nachmittag wollte er in seinem deliranten Zustand gewaltsam sein Bett verlassen, doch ließ ihn die Kreislaufschwäche sofort wieder in die Kissen zurücksinken. Die Atmung wurde immer oberflächlicher, um schließlich immer häufiger auszusetzen. Caroline von Wolzogen schilderte die letzten Augenblicke so: „Meine Schwester kniete an seinem Bette, sie sagte, dass er ihr noch die Hand gedrückt. Ich stand mit dem Arzte am Fuß des Lagers und legte gewärmte Kissen auf seine erkaltenden Füße. Es fuhr wie ein elektrischer Schlag über seine Züge; dann sank sein Haupt zurück, und die vollkommenste Ruhe verklärte sein Antlitz; seine Züge waren die eines sanft Schlafenden."

Während seiner Delirien hatte er einigemal Gott angerufen, ihn vor einem langsamen Hinsterben zu bewahren. Der Ewige erhörte offenbar seine Bitte. In seine fiebrigen Träume mochten sich jedoch auch manch schöne Vorstellungen gemischt haben, die er während seines Lebens in Verse gekleidet hatte: dass die Götter der Antike weinen, weil das Schöne vergeht und das Vollkommene stirbt und dass die Welt einst heiterer und anmutiger und der Tod leichter war:

Damals trat kein grässliches Gerippe
vor das Bett des Sterbenden. Ein Kuss
nahm das letzte Leben von der Lippe,
seine Fackel senkt' ein Genius.

DAS OBDUKTIONSPROTOKOLL

Am 10. Mai Nachmittag, also am Tag nach Schillers Tod, nahmen Dr. Huschke und Dr. Herder, der Sohn des verstorbenen Generalsuperintendenten von Weimar, die Leichenöffnung im Hause Schillers vor. Dabei fanden sie folgende Veränderungen, die 1936 von Professor W. Veil noch mit einigen zeitgenössischen Anmerkungen aus Zeitungsberichten ergänzt wurden und die in Klammer hier mitberücksichtigt werden sollen:

1. Die Rippenknorpel waren durchgängig und sehr stark verknöchert.
2. Die rechte Lunge war mit der Pleura (dem Rippenfell) von hinten nach vorne und selbst mit dem Herzbeutel so ligamentartig verwachsen, dass es kaum mit dem Messer gut zu trennen war. Diese Lunge war faul und

brandig, breiartig und ganz desorganisiert. (Zeitungsmeldung: Der rechte Lungenflügel war ganz angewachsen und kaum sichtbar. Bericht Wilhelm von Wolzogen: Die Teile der rechten Seite konnten keine Funktion mehr leisten).

3. Die linke Lunge war besser, marmoriert mit Eiterpunkten. (Zeitungsmeldung: Der linke Lungenflügel war bis an die dritte und vierte Rippe zwar nicht verwachsen, aber in Eiterung. Bericht von Wilhelm von Wolzogen: Nur mit dem linken Lungenflügel atmete er und dieser fing sich schon an zu verwachsen).

4. Das Herz stellte einen leeren Beutel vor und hatte sehr viele Runzeln, war häutig ohne Muskelsubstanz. Diesen häutigen Sack konnte man in kleine Stücke zerflocken.

5. Die Leber natürlich, nur die Ränder brandig.

6. Die Gallenblase noch einmal so groß als im natürlichen Zustande und strotzend von Galle.

7. Die Milz um zwei Drittel größer als sonst.

8. Der vordere konkave Rand der Leber mit allen nahe liegenden Teilen bis zum Rückgrat verwachsen.

9. Die rechte und linke Niere in ihrer Substanz aufgelöst und völlig verwachsen.

10. Auf der rechten Seite alle Därme mit dem Peritonäum (dem Bauchfell) verwachsen.

11. Urinblase und Magen waren allein natürlich.

Bei diesen Umständen muss man sich wundern, wie der arme Mann so lange hat leben können.

Weimar, den 19. Mai 1805

Dr. Herder gab nach der Leicheneröffnung seiner Überzeugung Ausdruck, Schiller würde – auch wenn er seine letzte Erkrankung überstanden hätte – dem Zustand seiner Lunge nach nicht über ein halbes Jahr mehr gelebt haben, womit er den Hauptwert des Sektionsprotokolls auf den Befund der Lunge legte. Vulpius, der Schwager Goethes, betonte in einem Schreiben an den Arzt Nikolaus Meyer vom 13. Mai 1805 demgegenüber die Veränderungen an den Gedärmen, wenn es dort heißt: „Schillers Intestina (Gedärme; Anm. d. Verf.) sind ganz entzündet gewesen." Ansonsten findet man über die Todesursache in jenen Tagen keine näheren Hinweise, auch nicht im *Weimarischen Wochenblatt,* das den damaligen Gepflogenheiten entsprechend nicht einmal eine Todesanzeige enthielt. Einzig nur im Kirchenbuch der Stadtkirche zu Weimar wurden sowohl der Name des Obduzenten Hofrat Huschke als auch die vermutete Krankheitsursache verzeichnet, die mit dem medizinisch unbrauchbaren und nichts sagenden Ausdruck eines „Nervenschlags" bezeichnet wurde. Da dieser Eintrag im Kirchenbuch gleichzeitig einen wichtigen Hinweis auf die damals in Weimar übliche Sitte des Leichenbegängnisses gibt, sei er im vollen Wortlaut wiedergegeben:

„May 1805: Donnerstag den 9. May, des Abends halb sechs Uhr starb der Hochwohlgeb. Herr, Herr Dr. Carl Friedrich von Schiller, Fürstl. Sachsen-Meiningischer Hofrath allhier in einem Alter von 45 Jahren 6 Monaten nach einem langen Krankenlager, an einem Nervenschlag, und wurde Sonntags darauf, als den zwölften eiusd. des Nachts 1 Uhr mit der ganzen Schule erster Klasse ... in das Landschafts-Casse-Leichengewölbe beigesetzt, die gewöhnliche Leichenrede aber, wurde erstlich Nachmittags 3 Uhr von Sr. Hochwürden Magnificenz dem Herrn General Superintendent Vogt, in der Stadt-Jacobs-Kirche gehalten und dabei vom Fürstl. Kapelle das Requiem von Mozart aufgeführt."

Dieses „Landschaftskassengewölbe" stellte eine geräumige Gruft für Beamte, Offiziere und Angehörige des Ritterstandes ohne eigene Erbgrabstätte dar, in welcher auch Schiller seine letzte Ruhestätte finden sollte. Wie wir von Johann Gruber erfahren, sollte die Leiche eigentlich erst am Sonntag begraben werden, weil sie aber zu rasch in Verwesung überging, entschloss man sich, ihn noch in der Nacht zwischen Sonnabend und Sonntag zu begraben. Caroline von Wolzogen wies in *Schillers Leben* darauf hin, dass ihre verwitwete Schwester in mehreren Briefen kundtat, eine gemeinschaftliche familiäre Ruhestätte schaffen zu wollen. Dies erübrigte sich später deshalb, weil Goethe von Oberbaudirektor Coudray, dem Erbauer der späteren Fürstengruft, ein gemeinschaftliches Grabdenkmal für Schiller und sich selbst in Auftrag gab. Schillers Leiche, die dem Brauch nach von bezahlten Zunftleuten zu Grabe getragen werden sollte – zu dieser Zeit war gerade die Schneiderinnung an der Reihe –, wurde auf die Bitte des späteren Bürgermeisters Carl Schwabe eigens bezahlten und streng ausgewählten Sargträgern überantwortet. So bewegte sich um Mitternacht durch die menschenleeren Straßen dieser Leichenzug vom Schillerhaus zum Kassengewölbe, wo der Sarg ohne jegliche Zeremonie durch die Falltüre in die nicht erhellte unterirdische Gruft hinabgesenkt wurde. Da infolge der modrigen Feuchtigkeit in diesem Grabgewölbe die Särge sehr rasch zerfielen, war auch für Schillers „letzte Ruhe" sehr übel gesorgt.

Als im Jahre 1814 der damalige Kronprinz und nachmalige König Ludwig von Bayern den Sarg Friedrich Schillers zu sehen wünschte, konnte der Totengräber „Meister Bielke" denselben in der Gruft nicht mehr ausfindig machen. Carl Schwabe, der seit 1820 Bürgermeister der Stadt war, erbat sich aus Sorge, Schillers Gebeine könnten auf diese Weise unwiederbringlich verloren gehen, die

im Kassengewölbe, die dreiundsechzig Schädeln zu Tage förderte. Nach Aussonderung aller Schädel weiblicher Herkunft und Eingrenzung der männlichen Kranien auf das mittlere Lebensalter hielten schließlich unter Einbeziehung eines großen kranio-statistischen Materials nur mehr drei der gefundenen Schädel einer kritischen Prüfung stand. Da einer davon die Spuren einer Operation wegen Knochenkrebs am Stirnbein erkennen ließ, die 1794 nachweislich an einem mit Goethe eng befreundeten Oberforstmeister in Jena vorgenommen worden war, blieben für die endgültige Identifizierung nur mehr zwei Schädel übrig: jener des Bürgermeisters Paulssen und der Schillers und einer davon wird noch heute in der Fürstengruft aufbewahrt.

Den unermüdlichen Bemühungen Frorieps gelang es, den Geheimrat Dr. Arnold Paulssen für einen wissenschaftlich nach strengsten Regeln vorgenommenen Vergleich mit den Maßen eines seiner Vorfahren, des 1803 in die Gruft des Kassengewölbes versenkten Rates Christian Paulssen, zu gewinnen, der das Resultat ergab: Der Schädel im Schiller-Sarg in der Fürstengruft ist nicht jener Schillers, sondern der des Bürgermeisters Carl Paulssen. Um sich für diese aufsehenerregende Entdeckung eine fachlich möglichst kompetente Rückendeckung zu verschaffen, legte Froriep 1912 seine Ergebnisse einer Gutachterkommission der Anatomischen Gesellschaft in München vor, der unter anderen so prominente Herren wie Hans Virchow oder Julius Tandler angehörten. Nach gewissenhafter Prüfung des Materials einschließlich des zur Verfügung gestellten Schädels gab dieses Gremium einstimmig seiner Überzeugung Ausdruck, der echte Schiller-Schädel sei nunmehr gefunden. Gleichzeitig wurde die bereits von Froriep ausgesprochene Forderung unterstützt, endlich behördlich die Freigabe des Schädels des Bürgermeisters Paulsen in der Fürstengruft zur wissenschaftlichen Untersuchung freizugeben.

Eine günstige Möglichkeit·dazu ergab sich erst im Jahre 1959, als Fäulnisschäden am Sarkophag in der Fürstengruft eine Öffnung des Sarges für unumgänglich machten. Von den zuständigen Stellen der Deutschen Demokratischen Republik wurde Ullrich mit der Vermessung und Gerasimow aus Moskau mit der plastischen Rekonstruktion des darin befindlichen Schädels beauftragt. Leider war kein Fachanatom zugezogen worden und die wenigen publizierten Angaben von Ullrich und Gerasimow trugen bisher nichts zur Klärung der Frage über die Echtheit des Schiller-Schädels bei. Die anatomische Fachwelt pocht daher mit Recht auf ihr Anrecht, die korrekten Maßzahlen des Schädels aus der Fürstengruft zu erfahren. Wenn schon die ostdeutschen Behörden diese selbstverständliche Forderung in den Wind geschrieben haben, so darf man sich doch von einer echten demokratischen Gesellschaft heute erwarten, dieser Geheimkrämerei ein Ende zu setzen.

DIE DIAGNOSE VON SCHILLERS KRANKHEITEN

Die Klärung der Frage, an welchen Krankheiten Schiller gelitten und welche Erkrankung schließlich seinen Tod herbeigeführt hat, ist nicht nur aus rein medizinischer Sicht von Interesse, sondern sie soll auch, wie schon Veil betonte, endlich einen Schlussstrich unter die grotesken Legendenbildungen setzen, wie sie am lächerlichsten von allen von der ideologisch offenbar total verblendeten Ärztin Mathilde von Kemnitz-Ludendorff in ihrem Buch *Der ungesühnte Frevel* verbreitet worden ist, in welchem sie den Illuminatenorden – „einer Kombination von Jude, Jesuit und Freimaurer" – des Giftmordes an Luther, Lessing, Mozart und Schiller beschuldigte.

Sieht man von der „geist- und herzlosen Erziehung" durch den strengen Vater und die unnachsichtigen Lehrer sowie von den gewaltsamen Einschränkungen seiner persönlichen Freiheit durch die drakonischen Reglementierungen in der Karlsschule unter der Herrschaft des despotisch regierenden Herzogs Karl Eugen ab, die ihn schon in frühen Jahren zum Dichter der Freiheit machten, so sind in Schillers Jugendanamnese keine ernsteren krankheitsbedingten Störungen auszumachen. Der von der Pfarrerstochter aus Lorch als ein „zwar bleich aussehender und geschnäderter, jedoch gesunder und munterer Knabe" geschilderte junge Schiller wies nur eine ungewöhnliche Anfälligkeit für katarrhalische Krankheiten auf, wie sie bei Menschen seiner Konstitution mit ihrem zarten Teint, der rötlichen Behaarung und den häufig entzündlich veränderten Augenbindehäuten sowie der damit verbundenen Rötung der Lidränder bevorzugt angetroffen wird. Wie man im Krankenjournal der ehemaligen Karlsschule nachlesen kann, suchte er allein im Jahre 1774 als fünfzehnjähriger Eleve insgesamt nicht weniger als sieben Mal wegen Erkältungskrankheiten die Krankenstube auf. Aber auch seine späteren Krankheitsaufzeichnungen entsprechen mitunter geradezu einem „Tagebuch des Schnupfens". So litt er beispielsweise zu Jahresbeginn 1787 über acht Tage an einem „Katarrh, der ihm den Kopf verdorben hat", und im Frühjahr 1788 plagte ihn wiederum ein „fataler Schnupfen, der ihm alle Lust und Laune vergällte". Schon zwei Monate später erkrankte er neuerlich an einem Schnupfen, diesmal von Frost und Hitze begleitet, der ihn ganz arbeitsunfähig machte: „Mein Kopf ist ganz dahin. Ein heilloser Zustand." Längere schnupfenfreie Zeiten überraschten ihn förmlich, wie wir einem Bericht Ende des Jahres 1788 entnehmen können: „Vier Wochen lang keinen Besuch von Schnupfen gehabt. Das ist ordentlich ein Wunder."

Ein anderer treuer Begleiter waren Zahnkrankheiten. Zum ersten Mal erfahren wir davon im September 1788, wo er „an einem rheumatischen Fieber litt, das sich in ein Zahngeschwür aufgelöst und ihn einige Wochen mit allen Plagen, besonders mit wütenden Zahnschmerzen gemartert hat. Die Schwellung seines Gesichtes entstellt ihn fast bis zur Unkenntlichkeit." Ähnliche Episoden ereigneten sich in den Jahren 1789, 1790 und Ende 1799 und es überrascht eigentlich, dass nach den anatomischen Untersuchungen Frorieps an Schillers Schädel nur der zweite Backenzahn im linken Oberkiefer fehlte – der nach einer späteren Aussage eines Dieners im Schiller'schen Haus hatte extrahiert werden müssen –, während alle übrigen Zähne noch erhalten waren.

Wenn Schiller auch in seiner Jugend Perioden langjähriger Gesundheit kaum kannte, so handelte es sich bei seiner „Kränklichkeit" auf der Karlsschule – wie sich seine Schwester Christophine ausdrückte – doch stets nur um harmlose katarrhalische Erkrankungen, auch wenn diese ohne Zweifel mit echtem Kranksein einhergingen. Denn „grundloses Krankmelden war bei der strengen Aufsicht in der Akademie kaum denkbar". Auf jeden Fall musste ihm seit seiner Jugend der Umgang mit seinem gegen Unbillen verschiedenster Art widerstandsfähigen Körper recht gut vertraut gewesen sein. Wenn er trotzdem im Erwachsenenalter durch Erkältungen und durch länger andauernde Schnupfenperioden mitunter so stark beeinträchtigt wurde, dann mag dies mit seiner hochsensiblen und labilen psychischen Veranlagung zusammenhängen, wie man sie bei Künstlern so häufig antrifft, da diese dazu neigt, auch banale Infekte oder harmlose funktionelle Störungen überzubewerten oder sogar zu dramatisieren. Dies dürfte auch auf die von Schiller häufig angegebenen und erstmals während seines Aufenthaltes bei Körner in Dresden im Jahre 1787 geklagten Unterleibskrämpfe zutreffen, die Lange-Eichbaum als „neurotische Krampfanfälle" bezeichnete. Der mit den häufigen Erkältungskrankheiten verbundene, oft wochenlang anhaltende Husten wurde bis zum Beginn des 20. Jahrhunderts mit einer Tuberkulose in Zusammenhang gebracht, von der noch Ebstein überzeugt war. Dabei wurde auf die erhöhten Ansteckungsmöglichkeiten hingewiesen, wie sie durch den engen körperlichen Kontakt von dreihundert Zöglingen in der Karlsakademie gegeben waren, wo nachweislich mehrere Schüler an Lungentuberkulose erkrankt waren. Bekanntlich war Schiller in seinem dritten Studienjahr 1778 sogar persönlich bei der Obduktion des an einer kavernösen Lungentuberkulose im Alter von siebzehn Jahren verstorbenen Mitschülers Johann Christian Hiller anwesend, was eine zusätzliche Gefährdung bedeutet haben könnte. Andererseits lässt jedoch die Unterbringung, die ausreichende und kräftige Ernährung sowie die reichliche Bewegung in frischer Luft, die den Zöglingen der Akademie geboten wurden, jene schlechten Lebensverhältnisse ausschließen, die für die Ansteckung und Verbreitung dieser „Proletarierkrankheit" hauptverantwortlich waren. Trotzdem darf man mit höchster Wahrscheinlichkeit annehmen, dass auch der junge Schiller so wie in jener Zeit mehr als neunzig Prozent aller Jugendlichen an einem primären Schub einer Lungentuberkulose erkrankte, die wegen ihrer unspezifischen grippeähnlichen Symptome jedoch nicht als solche erkannt wurde und unter Zurücklassung eines narbigen Primärkomplexes in vielen Fällen spontan ausheilte. Ein solches Geschehen muss im Falle einer Ansteckung auch bei Schiller abgelaufen sein, da wir später keinerlei Hinweise für eine Reinfektion oder gar für die Entwicklung einer Lungenschwindsucht besitzen. Nur so ist es auch zu erklären, dass Schiller trotz vieler seiner vegetativen „Schöpferkrisen" in unermüdlicher Nachtarbeit seine Dramen verfertigen und mit seinem Pferd Galoppritte absolvieren konnte oder auch reichlich am Kultur- und Gesellschaftsleben seiner Zeit teilnahm. Wie die folgenden Ausführungen noch zeigen sollen, muss daher dieser Mythos vom ewig kränklichen Schiller mit seinem langjährigen tuberkulösen Leiden endgültig ins Reich der Fantasie verwiesen werden. Das Gleiche gilt für die Metaphern und Klischees, wonach die „Tuberkulose eine Krankheit der Zeit sei, die das Leben beschleunigt, es mit Höhepunkten erfüllt und vergeistigt" und bei Künstlern eine gesteigerte Kreativität bedinge. Wenn der Kliniker Felix Kempnerer deshalb vermutete, dass „Schiller, hätte er all unser heutiges Wissen um die Tuberkulose gehabt, möglicherweise ein paar Jahre länger gelebt, aber seine Werke vielleicht nicht geschrieben hätte", dann irrte er zumindest in diesem Punkte gründlich.

DIE MANNHEIMER KRANKHEIT

Ab Ende Juli 1783 grassierte in Mannheim die „gallichte Seuche", von der – wie weiter oben bereits ausführlicher berichtet wurde – auch Schiller erfasst wurde und deren im November des gleichen Jahres auftretendes Rezidiv ihm bis in das Frühjahr 1784 hinein zu schaffen machte. Es besteht kein Zweifel, dass es sich bei diesem unter dem typischen klinischen Bild eines „Wechselfiebers" verlaufenden „kalten Fieber", wie es Schiller selbst wegen seiner stets mit Schüttelfrost eingeleiteten Anfälle bezeichnete, um eine Malariainfektion handelte. Wenn auch der Erreger in Gestalt eines zur Gattung der Protozoen gehörenden Plasmodiums erst im Jahre 1880 durch Alphonse Laveran entdeckt werden sollte, so war diese früher auch als „Sumpffieber" bezeichnete Seuche doch bereits seit mehr als zweitausend Jahren den Ärzten bekannt. Schon im frühesten Altertum hielt man Sumpfgebiete, stehende und faule Gewässer, überhaupt alle Oberflächengewässer für den Verursacher dieses Sumpffiebers. Man glaubte, dass von Sümpfen scharfe Gerüche aufstiegen, die der Mensch mit der Luft einatmete – die „mala aria", zu deutsch die „schlechte Luft". Es gab auch schon sehr früh Vermutungen, diese schlechte Luft bestünde aus lebenden Organismen, welche von der Atmosphäre bewegt würden und es wurde auch sehr bald der Verdacht ausgesprochen, dass als Überträger bestimmte Mücken dienen, deren Stiche nicht nur unangenehm, sondern auch giftig seien, da sie buchstäblich ein Gift in den menschlichen Körper einspritzten. Bezeichnenderweise gibt es in den afrikanischen Eingeborenensprachen oft nur ein und dasselbe Wort für Fieber und Mücke. Der Nachweis einer Übertragung der parasitären Formationen durch die Anophelesmücke sowie die Kenntnis vom Leben der Parasiten im Menschen und in der Anophelesmücke gelang allerdings erst 1899, als Robert Koch die von Ronald Ross begonnene Untersuchungstechnik wieder aufnahm und endgültig zum Abschluss brachte. Von nun an wusste man, dass der Mensch nur den Zwischenwirt, die Mücke hingegen, in welcher die geschlechtliche Fortpflanzung stattfindet, den eigentlichen Hauptwirt darstellt.

Es ist erstaunlich, dass man im Römischen Reich schon vor der christlichen Zeitrechnung offenbar die Bedeutung der Sümpfe, vielleicht sogar jene der Mücken, erkannt hatte, wie das Beispiel des Marius beweist, der nach der Schlacht bei Aquae Sextiae im Jahre 102 vor Christi Geburt sofort begann, die Camargue durch die Regulierung der Rhône trockenzulegen, um dem weit verbreiteten Sumpffieber – das wahrscheinlich von den Soldaten Hannibals eingeschleppt worden war – Einhalt zu gebieten. Die späteren medizinischen Erben des griechisch-römischen Wissens, allen voran die im 11. Jahrhundert wirkenden arabischen Ärzte Avicenna und Avenzoar, wiesen bereits dezidiert auf den unheilvollen Einfluss von Morast und stehenden Tümpeln sowie auf die vermutliche Rolle der Mücken bei der Ausbreitung der Malaria hin: „Eine ungesunde Erde ist eine Erde mit Büschen und Morasten, verseucht von Mücken, welche das Nest des Übels sind." Damit erklärt sich die Zurückdrängung der Malaria im Römischen Reich, nachdem man begonnen hatte, den Boden zu entwässern, Sümpfe trockenzulegen und die so gewonnenen Gebiete zu kultivieren oder zu urbanisieren. Erst nach dem Zerfall des Römischen Reiches erlebte das Mittelalter und die beginnende Neuzeit wieder ein erschreckendes Aufflammen der Malaria in Europa.

Da die Anophelesmücken zu ihrer Entwicklung neben der Feuchtigkeit auch Wärme dringend benötigen, waren zu allen Zeiten die Tropengebiete und in Europa die wärmeren Länder von dieser Infektionskrankheit heimgesucht. In Mitteleuropa fand man sie noch bis Anfang des 20. Jahrhunderts an Küstenstrichen und in der Umgebung der großen Flüsse. Auch in Deutschland war die Malaria an den Ufern des Rheins und seiner Nebenflüsse zur Zeit Schillers noch endemisch verbreitet, von wo sie erst allmählich durch Trockenlegungen und durch

Regulierung von Flussläufen zum Verschwinden gebracht werden konnte. Unter den besonders von Malaria heimgesuchten Regionen entlang des Rheins nahm die Umgebung von Mannheim aus den weiter oben bereits näher beschriebenen Gründen einen bevorzugten Platz ein. – Mit diesem kurzen historischen Exkurs sollte dem Leser gezeigt werden, dass Schillers Erkrankung an Malaria mitten in Deutschland zur Zeit des ausgehenden 18. Jahrhunderts nichts Außergewöhnliches war.

Glücklicherweise stand ihm damals bereits zur Behandlung die Chinarinde zur Verfügung, da diese schon im 17. Jahrhundert aus Amerika importiert worden war, und zwar von dem Hofarzt des Vizekönigs von Peru, Juan de Vega. Er brachte 1642 eine große Menge Chinarindenpulver nach Spanien mit, womit er ein großes Vermögen zu machen hoffte. Der englische Apotheker Robert Talbot, der mit seinem auf der Basis der Chinarinde entwickelten Pulver, das als „Puder der Gräfin", „Puder der Jesuiten" oder „Puder des Kardinals" in die Geschichte einging, den englischen König Karl II. heilte, kam 1679 nach Frankreich, wo ihm Ludwig XIV. sein Geheimmittel um achtundvierzigtausend Pfund abkaufte und sich damit das Verdienst erwarb, dieses wertvolle Heilmittel der Allgemeinheit zur Verfügung gestellt zu haben. Die erste Bewährungsprobe ergab sich bereits bei den Bauarbeiten am Schloss von Versailles, das auf Sumpfgebiet errichtet wurde und unzählige Malariakranke forderte, denen nun geholfen werden konnte. Dies sehr zum Unterschied von den lächerlichen Empfehlungen des berühmten französischen Theologen und Kirchenpolitikers Jacques Bossuet, der in seinen naiven Glaubensvorstellungen den Betroffenen von der Kanzel herab die zynischen Worte zurief: „Bekehrt euch, wartet nicht, bis euch die Krankheit nützliche Ratschläge gibt, dass der Gedanke darüber von Gott kommt und nicht vom Fieber."

Sieht man ab von der Infektion mit der 1783 in Mannheim epidemisch auftretenden Malaria sowie von der weiter oben bereits geschilderten epidemischen Influenza, die den Dichter im Mai 1782 heimsuchte und die man damals als „russische Grippe" bezeichnete, dann blieb Schiller bis zu seinem zweiunddreißigsten Lebensjahr von ernsteren Erkrankungen verschont, was entschieden gegen eine häufig in den Raum gestellte angeblich tuberkuloseempfängliche Konstitution Schillers spricht. Wie im Folgenden noch zu zeigen sein wird, handelt es sich auch bei seiner entscheidenden und letztlich zum Tode führenden Erkrankung, die am 3. Januar 1791 seinen unsäglichen Leidensweg eröffnete, nicht um ein Krankheitsgeschehen aus dem tuberkulösen Formenkreis, weshalb Legenden dieser Art endlich verstummen sollten.

DAS SCHICKSALSLEIDEN

Von diesem Ereignis am 3. Januar 1791 heißt es: „In Erfurt wurde er von einem heftigen Fieber angefallen. Das Katarrhfieber war so heftig, dass Schiller einen ganzen Tag das Bett und einige Tage das Zimmer hüten musste, da er und sein Arzt für den Seitenstich und ein hitzig Fieber bange waren." Nachdem er am 8. Januar wieder in Weimar eingetroffen war, wo er drei Tage Station machte, schrieb er schließlich nach seinem Eintreffen zuhause aus Jena am 11. Januar seiner Frau: „Ich bin glücklich angekommen, es ist mir ganz wohl und ich huste auch nicht mehr." Offensichtlich war zu diesem Zeitpunkt der grippale Infekt, um den es sich wohl gehandelt hatte, weitgehend abgeklungen.

Doch schon wenige Tage später setzte neuerlich hohes Fieber ein, worüber er seine Gattin, verbunden mit der Bitte, aus ihrem verlängerten Aufenthalt in Erfurt möglichst bald zu ihm zurückzukehren, am 15. Januar informierte. Da er seine Frau nicht durch die ernste Situation, die inzwischen eingetreten war, beunruhigen wollte, schrieb er nur die besänftigenden Worte: „Meine Krankheit ist wiedergekommen ... Gefahr hat es keine mehr. Stark ließ mir einige tüchtige Aderlässe tun, und auf das hat das Fieber sich in etwas gebrochen." Die Wahrheit sah allerdings ganz anders aus, wie wir der genauen Schilderung des Krankheitsverlaufes an seinen Freund Gottfried Körner entnehmen können, dem er viel später darüber folgendes berichtete:

„Endlich nach einer langen Unterbrechung kann ich mich wieder mit Dir unterhalten. Meine Brust, die noch immer nicht ganz hergestellt ist, erlaubt es nicht, dass ich viel schreibe; sonst hättest du schon früher einen Brief von mir erhalten. Dieser noch fortdauernde Schmerz auf einer bestimmten Stelle auf meiner Brust, den ich bei starkem Einathmen, Husten oder Gähnen empfinde und der von einem Gefühl der Spannung begleitet ist, beunruhigt mich in manchen Stunden, da er durchaus nicht weichen will, und lässt mich zweifeln, ob meine Krankheit durch eine vollkommene Crise gehoben ist. Alles andere geht sonst gut, Appetit, Schlaf, Kräfte des Körpers und der Seele, obgleich die Kräfte sehr langsam sich einstellten. Es machte meine Krankheit gefährlicher, dass sie Recidiv war. Schon in Erfurt erlebte ich einen Anfall, der aber durch einen dortigen, nicht ungeschickten Arzt mit zu wenig Aufmerksamkeit behandelt und weniger kuriert als zugedeckt wurde. Gegen acht Tage nach diesem ersten Anfall befand ich mich wohl, in Weimar, wo ich gegen drei Tage war, fühlte ich gar nichts, aber schon den andern Tag nach meiner Heimkunft, wo ich wieder zu lesen angefangen hatte, kam das Fieber und nahm mit großer Heftigkeit zu. Doch war die Krankheit mehr Seitenstich als Lungenentzündung, welche höchstens auf der Oberfläche rechter Seits inflammiert war. Am dritten Tage spie ich Blut und empfand etwas von Beklemmungen, welche mich aber durch die ganze Krankheit wenig plagten. Auch der Schmerz auf der Seite und der Husten war bei der Heftigkeit des Fiebers überaus mäßig. Einige starke Aderlässe, Blutegel, zweimal Vesicatorien auf der Brust verschafften mir Luft. Der blutige Auswurf färbte sich bald und hatte guten Eiter. Nur die üble Einmischung des Unterleibs machte das Fieber kompliciert. Ich musste purgirt und vomirt (Verabreichung von Brechmitteln; Anm. d. Verf.) werden. Mein geschwächter Magen brach drei Tage lang alle Medicin weg. In den ersten sechs Tagen konnt ich keinen Bissen Nahrung zu mir nehmen, welches mich bey so starken Ausleerungen der ersten und zweyten Wege und der Heftigkeit des Fiebers so sehr schwächte, dass die kleine Bewegung, wenn man mich vom Bette nach dem Nachtstuhl trug, mir Ohnmachten zuzog, und dass mir der Arzt vom siebenten Tage bis elften Tage nach Mitternacht musste Wein geben lassen.

Nach dem siebenten Tage wurden meine Umstände sehr bedenklich, dass mir der Muth ganz entfiel, aber am 9. und 11. Tage erfolgten Crisen. Die Paroxysmen waren immer von starkem Phantasieren begleitet, aber das Fieber in der Zwischenzeit mäßiger und mein Geist ruhig. Reichliche Schweiße, Auswurf und Stuhlgang machten die Crise aus, von der ich jedoch zweifle, ob sie vollständig war. Erst acht Tage nach Aufhören des Fiebers vermochte ich einige Stunden außer dem Bett zuzubringen, und es stand lange an, ehe ich am Stocke herumkriechen konnte. Die Pflege war vortrefflich, und es trug nicht wenig dazu bey, mir das Unangenehme der Krankheit zu erleichtern, wenn ich die Aufmerksamkeit und die thätige Teilnahme betrachtete, die von vielen meiner Auditoren und hiesigen Freunden mir bewiesen wurde. Sie stritten sich darüber, wer bey mir wachen dürfte, und einige thaten dieses dreimal in der Woche. Der Antheil, den man sowohl hier als in Weimar an mir nahm, hat mich sehr gerührt. Nach den ersten 10 oder 12 Tagen kam meine Schwägerin von Rudolstadt und ist noch hier, ein höchstnöthiger Beystand für meine liebe Lotte, die mehr gelitten hat, als ich … Auch meine Schwiegermutter besuchte mich auf 8 Tage und diesem innigen Leben mit meiner Familie, dieser liebevollen Sorge um mich, den Bemühungen meiner anderen Freunde, mich zu zerstreuen, danke ich größtenteils meine frühere Genesung. … Übrigens war es, ehe Dein letzter Brief noch ankam, schon bei mir beschlossen, den akademischen Fleiß meiner Gesundheit nachzusetzen. Außerdem dass die noch fortdauernde schmerzhafte Spannung meiner Brust mir es zweifelhaft macht, ob meine Lunge nicht noch schlimme Folgen von dieser Krankheit trägt, musste mir die Heftigkeit des gehabten Anfalls die größte Schonung auflegen." Diese Angst vor eventuell noch zu erwartenden schlimmen Folgen äußerte er Körner gegenüber in dem schon weiter oben zitierten Brief vom 10. April 1791.

Der klinisch erfahrene Professor Wolfgang Veil war der erste, der aus dem minuziös vom ehemaligen „Regimentsmedikus" Schiller berichteten Verlauf dieser akut hereingebrochenen schweren Erkrankung die richtige Diagnose stellte und damit auch gleichzeitig dieses Krankheitsbild differenzialdiagnostisch scharf von einem im Schrifttum immer wieder vermuteten tuberkulösen Lungenleiden abgrenzte. Der abrupte Beginn mit hohem Fieber, das Seitenstechen, der am dritten Tage der Erkrankung blutig tingierte Auswurf, der schon in den nächsten Tagen einer eitrigen Expektoration Platz machte, die gegen Ende der ersten Krankheitswoche einsetzenden deliranten Zustände des kontinuierlich hochfiebernden Patienten und schließlich die typische Krise am elften Tage, die mit massiven Schweißausbrüchen einsetzte und zur raschen Entfieberung des Kranken führte, ist die klassische Schilderung einer akuten Lungenentzündung vom Typ der so genannten kruppösen Pneumonie, wie sie uns alten Ärzten aus der vorantibiotischen Ära noch eindringlich in Erinnerung geblieben ist.

Bezüglich der Dauer des Krankheitsverlaufes zeigten die Pneumonien in den Zeiten vor Beginn der Antibiotika-Ära mancherlei Abweichungen von der Durchschnittszeit von sieben bis neun Tagen. Schon Hippokrates wies auf eine Regel hin, die besagte, dass die Krise meist an einem ungeraden Tag einsetzt. Außer dem siebten und neunten Tag bevorzugte sie nicht selten auch den elften Tag, wie dies bei Schiller der Fall war. Den früheren Ärzten war aber auch die Pseudokrise, also der kurze vorübergehende Fieberabfall am fünften oder siebenten Tag bekannt, ebenso wie ihnen die gelegentliche Steigerung des deliranten, verwirrten Zustandes des Patienten kurz vor der einsetzenden Krise, die man als Perturbatio critica bezeichnete, geläufig war. Schließlich stellte auch das von Schiller berichtete Bluthusten am dritten Krankheitstag keine Seltenheit dar, wenn der Auswurf zu diesem Zeitpunkt auch in der Regel nur rostbraunen Charakter aufweist.

So blitzartig die kruppöse Pneumonie einsetzt, so überraschend schnell erholten sich die Kranken damals auch ohne spezifische Therapie, sobald die erhoffte Krise eingetreten war. Doch nicht immer verlief der Ausgang einer Pneumonie so klaglos, sei es, weil die Lösung des entzündlichen Infiltrates in der Lunge nicht vollständig erfolgen konnte oder weil es zu postpneumonischen Komplikationen kam. Im ersteren Falle erfolgte dann eine Organisation des Exsudates im Sinne einer Karnifikation, also einer „fleischähnlichen" Umwandlung des Gewebes im betroffenen Lungenabschnitt mit späterer Schrumpfungstendenz, was eine erhebliche Beeinträchtigung der Atemfunktion nach sich ziehen konnte. Im zweiten Fall nahm unter den Komplikationen die Entwicklung eines Rippenfellergusses die häufigste Stelle ein. Äußerte sich bei Schiller zunächst die begleitende Rippenfellentzündung während der akuten Phase der Pneumonie als stechender, atem- und hustenabhängiger Schmerz im Bereiche des rechten Brustkorbes, so berichtete er vier Wochen nach der Krise darüber, dass er „eine fortdauernde schmerzhafte Spannung auf der Brust zurückbehalten" habe, ein untrügliches Zeichen, dass sich ein Rippenfellerguss beträchtlichen Ausmaßes entwickelt haben musste. Ein solcher Erguss schränkt, soferne er nicht aufgesaugt wird, die Atemkapazität erheblich ein und wir dürfen uns deshalb nicht wundern, wenn Schiller über eine Behinderung beim Sprechen klagte, die es ihm unmöglich machte, „auch nur eine Stunde lang" sein Kolleg an der Universität in Jena lesen zu können. Doch bei dieser noch relativ harmlosen Folgeerscheinung seiner Lungenentzündung sollte es nicht bleiben.

Während des Aufenthaltes Schillers bei den Verwandten seiner Frau in Rudolstadt erlitt er nämlich Ende der ersten Woche des Monats Mai 1791 „einen neuen, harten Anfall", der sich von den Nachwehen im Anschluss an die schwere Lungenentzündung durch die Heftigkeit deutlich unterschied. In einem Brief an Körner schilderte Schiller selbst sehr anschaulich die Symptome dieses so genannten Anfalles und seine eigenen Anschauungen über die Natur desselben: „Es war ein heftiges Asthma, wahrscheinlich von Krämpfen im Zwerchfell erzeugt, auf das sich eine Schärfe geworfen hatte. Unter den wiederholten und periodisch zurückkehrenden Anfällen waren zwei fürchterlich. Der Atem wurde so schwer, dass ich über der Anstrengung, Luft zu bekommen, bei jedem Atemzuge ein Gefäß in der Lunge zu zersprengen glaubte. Bei dem ersteren stellte sich ein starker Fieberfrost ein, so dass die Extremitäten ganz kalt wurden und der Puls verschwand. Nur durch kontinuiertes Anstreichen konnte ich mich vor der Ohnmacht schützen. Im heißen Wasser wurden mir die Hände kalt und nur die stärksten Friktionen brachten wieder Leben in die Glieder. Man hat alles angewendet, was nur die Medizin in solchen Fällen wirksames hat; besonders aber zeigten sich das Opium, das ich in starken Dosen nahm, Kampfer mit Moschus, Klistiere und Blasenpflaster wirksam. Einige Aderlässe am Fuß machte die dringende Gefahr der Erstickung notwendig. Am Dienstag wurde Stark in der Nacht von Jena abgeholt, er traf mich aber schon besser in einem wohltätigen Schlafe. Und von dieser Zeit an kamen die Zufälle jeden Tag etwas schwächer, so dass ich nunmehr aus dem Bette sein kann. Starks Urteil von dieser Krankheit ist, dass Krämpfe im Unterleibe und Zwerchfell zu Grunde liegen, die Lunge selbst aber nicht leide, und es ist wahr, dass dieser fürchterliche Zufall selbst der stärkste Beweis davon ist, weil ein örtlicher Fehler in der Lunge sich bei der konvulsivischen Anstrengung der Atemwerkzeuge notgedrungen hätte offenbaren müssen, welches nicht geschah. Ich warf während dieser ganzen Zeit niemals Blut aus und nach überstandenem Paroxysmus, der zuweilen fünf Stunden währte, konnte ich ganz frei respirieren. Dies bewies mir hinlänglich, dass kein Geschwür in der Lunge war oder gar geborsten, wie ich anfänglich gewisslich glaubte. Aber es ist sonderbar, dass der spannende Schmerz auf der rechten Brust sich unverändert erhalten hat, und dass ich ihn noch ebenso fühle wie vor diesen Anfällen."

Wir besitzen aber auch eine Beschreibung dieses Ereignisses von seiner Gattin Charlotte, die in einem Brief vom 23. Mai 1791 über die vergangenen zwei Wochen berichtete. Darin lesen wir, dass Schiller „von einer so heftigen Beklemmung auf der Brust befallen wurde, dass wir fürchteten, es wäre ein Stickfluss. Er selbst verlor den Mut. Er bekam einen Fieberanfall mit starkem Frost und endlich entwickelte sich, dass Krämpfe aus dem Unterleib herrührend der Grund des Übels waren. Noch einmal über den anderen Tag kam ein heftiger Anfall, der noch schmerzlicher für mich war, weil er sich so übernatürlich anstrengen musste, um Luft zu haben. Aber auch dies ging vorüber und wir hoffen, dass kein so heftiger Anfall wird wieder kommen können … Der Atem wird zuweilen noch unvermerkt kürzer, sonst spürt er gar nichts mehr." Schließlich findet man noch einen wichtigen ergänzenden Hinweis in einem Brief Schillers, den er an Hofrat Stark zwei Wochen nach dessen Blitzvisite in Rudolstadt sandte und in welchem er diesen über den weiteren Verlauf seiner Krankheit unterrichtete. Darin heißt es unter anderem: „… Heftige Anfälle von Engbrüstigkeit zeigten sich zwar seit Ihrem Hiersein nicht wieder, dennoch vergeht kein Tag, an dem sich nicht auf Stunden etwas Asthmatisches einfände. Gewöhnlich, doch nicht immer, fällt dies einige Stunden nach dem Essen in die Verdauungszeit. Während und zwischen diesen Anfällen empfinde ich noch unverändert den spannenden Schmerz auf der Brust, der mir seit der vorigen Krankheit noch geblieben ist."

Aus diesen uns zur Verfügung stehenden Unterlagen geht hervor, dass es sich bei diesem Krankheitsvorgang, der mit Schüttelfrost einsetzte, mit außerordentlicher Atemnot verbunden war und deshalb aus damaliger Sicht als Asthma gedeutet wurde, und von einem überwältigenden Schmerz rechts in der Gegend des Zwerchfelles überlagert war, um ein Geschehen handelte, das den ehemaligen Regimentsmedikus Schiller an ein „Geschwür (einen Abszess; Anm. d. Verf.)" in der Lunge denken ließ, dessen „Schärfe sich auf das Zwerchfell geworfen hat". Diese Vermutung stützte sich unter anderem auf das begleitende Kreislaufversagen während des initialen atemberaubenden Schmerzzustandes. Da sich ein derart heftiger „Anfall" in den folgenden Tagen nicht mehr wiederholte, sondern die von nun an sich einstellenden geringeren Beklemmungen und krampfartigen Zustände hauptsächlich nur mehr nach den Mahlzeiten während der Verdauungsphase auftraten und deshalb vom Unterleib ausgehend interpretiert wurden, sprach Hofrat Stark von einem „Asthma spasmodicum". Aus dieser Sicht versteht man, warum sowohl Stark als auch der mit Körner befreundete Arzt Dr. Christian Hartwig dem Kranken trotz dessen noch schwer angeschlagenen Gesundheitszustandes zu einer Kur nach Karlsbad rieten. Tatsächlich brachte dies eine Besserung, wie wir einem Brief an Göschen vom 27. August 1791 entnehmen können: „Die Beklemmungen, ob sie gleich keinen Tag ausbleiben, sind weniger heftig und halten weniger lange an." Doch schränkte Schiller in einem Schreiben vom 3. Oktober 1791 seine Zukunftsaussichten ein: „Die Krämpfe des Unterleibes wollen mich nicht verlassen, das Atemholen bleibt immer schwer, und manches hat sich eingefunden, was auf ein langwieriges Übel zu deuten scheint. Ich waffne mich mit Geduld."

Aus heutiger Sicht muss man sich wohl unter Berücksichtigung der geschilderten Einzelheiten in den uns zur Verfügung stehenden Unterlagen der Interpretation Wolfgang Veils anschließen. Demnach kam es im Anschluss an die schwere Pneumonie in den Monaten Januar und Februar 1791 mit größter Wahrscheinlichkeit nicht nur zu einem beträchtlichen Rippenfellerguss, der für den zunehmenden Spannungsschmerz in der rechten Brust und die beträchtliche Kurzatmigkeit verantwortlich war, sondern zusätzlich zu einer Infektion dieses Ergusses, also einem eitrigen Erguss, der als Pleuraempyem bezeichnet wird. Während sich ein gewöhnlicher entzündlicher Pleuraerguss meist wieder spontan aufsaugt und damit vollständig verschwindet, haben die Empyeme eine große klinische Bedeutung, weil sie nach Abklingen der Pneumonie oft durch Verwachsungen örtlich abgegrenzt innerhalb eines Rippenfellergusses ihr Dasein fristen, weshalb in früheren Zeiten oft nur eine örtlich umschriebene Druckempfindlichkeit der Brustwand – wie dies offenbar bei Schiller der Fall war – einen darunter befindlichen Eiterherd vermuten ließ. Solche abgesackte Empyeme können auch den Herzbeutel miteinbeziehen. Vor allem aber schwächen sie den Organismus infolge Überschwemmung mit Toxinen, wodurch vor allem das Herz-Kreislaufsystem stark in Mitleidenschaft gezogen wird. Da sich ein abgesacktes Empyem mit besonderer Vorliebe über dem Zwerchfell ansammeln kann, ist es nicht verwunderlich, dass schon in Lehrbüchern aus der Zeit der Wende zum 20. Jahrhundert über eine Durchwanderung von Pneumokokken oder anderen zur Vereiterung führenden Keimen durch das Zwerchfell berichtet wurde. Die Folge einer solchen Durchwanderung ist dann die Ausbildung einer eitrigen Peritonitis, also Bauchfellentzündung, oder die Entwicklung eines unterhalb des Zwerchfells gelegenen Abszesses. Man spricht in einem solchen Falle von einem subphrenischen Abszess. Ein solches Geschehen ist natürlich mit heftigen lokalen und allgemeinen Symptomen verbunden wie überwältigender Schmerz, schwerste Atembehinderung, Schüttelfrost und Fieber sowie lebensgefährlicher Kreislaufkollaps. Alle diese Symptome findet man nun tatsächlich in den oben angeführten Schilderungen des akuten Anfalls bei Schiller in der ersten Maiwoche des Jahres 1791. Man darf also mit Fug und Recht annehmen, dass sich im Falle Schillers ein postpneumonisches Pleuraempyem entwickelt hatte, das innerhalb eines beträchtlichen Rippenfellergusses dahinschwelte und zum rechten Zwerchfell absackte. Dort kam es entweder zu einer Durchwanderungsperitonitis oder durch Ruptur eines subphrenischen Abszesses zu entzündlichen Verklebungen von Dünndarmschlingen, die nicht nur zu krampfartigen Beschwerden vor allem in der Verdauungsphase nach einer Mahlzeit Anlass gaben, sondern in der Folge aufgrund sich ausbildender Verwachsungsstränge auch die Gefahr einer Darmverschlingung, also eines mechanischen Darmverschlusses in sich bargen.

Man muss fast von einem Wunder sprechen, dass Schiller auch dieses gefährliche Ereignis überlebte. Wenn man auch einräumen muss, dass in der vorantibiotischen Ära immer wieder Fälle beobachtet wurden, bei denen es zu einer relativen Ausheilung eines subphrenischen Abszesses oder einer umschriebenen Peritonitis etwa nach einem Blinddarmdurchbruch kam, so müssen wir Schiller unsere höchste Bewunderung zollen, wie er, um mit den Worten seiner Schwägerin Caroline von Wolzogen zu sprechen, „unter diesen Krankheitsanfällen, die eigentlich immer dieselben blieben, aber bei ihrer traurigen Wiederkehr für ihn und für uns allmählich von ihrer Furchtbarkeit verloren, sein reges geistiges Leben erhielt". Seine Widerstandskräfte müssen enorm gewesen sein und ebenso stark war sein Wille, alles Ungemach durch Kraft und Zähigkeit zu überwinden. Man erinnere sich nur daran, dass er sich zur Stärkung seiner Muskelkräfte ein Pferd kaufte, das er, wie Göritz 1792 berichtete, „nun alle Tage ritt, und zwar von Hause an im Galopp und kam oft in Karriere zurück, dass er das Pferd nicht halten konnte".

Das einzige, was zurückblieb, war seine ständige Anfälligkeit nicht nur zu katarrhalischen Erkrankungen, sondern auch zu Lungenentzündungen mit Rezidivneigung, wie die Kette seiner Krankheiten von 1791 bis 1805 beweist. Für ein solches Rezidiv hielt Schiller die Erkrankung vom Januar 1792, von der er Göschen am 10. Februar berichtete: „Ich fange an, mich von einem harten Fieberanfall, der meinem im vorigen Winter gehabten Brustfieber ziemlich ähnlich war, wieder zu erholen und allmählich meine Geschäfte wieder vorzunehmen. Es scheint, meine Natur wird noch eine Zeit lang gegen ihren innerlichen Feind zu kämpfen haben, ehe sie ihn völlig besiegt oder unterliegt … ich mache mich in den nächsten Jahren noch auf etliche Stürme gefasst." Die letzte derartige Erkrankung ereignete sich im Frühjahr 1800, wie wir von Charlotte aus einer brieflichen Mitteilung vom 7. März erfahren: „Schiller war recht krank; es war der Anfang eines schleichenden Nervenfiebers (delirante Zustände bei hohem Fieber; Anm. d. Verf.). Er phantasierte dabei und war sehr matt … Jetzt ist er wieder vom Fieber völlig frei, geht herum, aber der Husten plagt ihn sehr, und er klagt über Mangel an Kräften." Aus Schillers eigener Beschreibung muss man eine neuerliche Lungenentzündung annehmen, denn in einem Schreiben an Körner vom 24. März 1800 liest man: „Meine Krankheit (es war eine Art von Nervenfieber, das zugleich sich auf die Brust warf und mich einige Tage in große Gefahr versetzte) muss sehr hart gewesen sein. Denn jetzt in der sechsten Woche fühle ich noch immer die harten Folgen. Die Kräfte sind noch sehr weit zurück, dass ich mit Mühe die Treppen steige und noch mit zitternder Hand schreibe. Auch hält der Husten noch immer an und ich werfe viel Schleim aus." Vom Sommer dieses Jahres an herrschte dann ein Wohlbefinden, wie schon lange nicht mehr in den vergangenen Jahren.

Ein gefährlicher Vorgang ereignete sich erst im Juli 1804, wo er nach seiner eigenen Angabe vom 24. Juli wegen „einer starken Kolik bettlägerig wurde". Diese erwähnte Kolik muss allerdings vernichtend gewesen sein, wie wir aus dem bereits zitierten Schreiben von Caroline an Humboldt vom 14. August erfahren: „… Er selbst soll immer laut geschrieen haben: ‚Ich halte es nicht mehr aus, wenn es nur schon aus wäre!'" Bei dieser fürchterlichen Attacke handelte es sich ohne Zweifel um einen akuten Darmverschluss durch Verschlingung einzelner Dünndarmabschnitte, die als Folge der seinerzeitigen umschriebenen eitrigen Bauchfellentzündung zum Teil miteinander verklebt waren. Durch passagere Blutstauung in einer abgeklemmten Darmschlinge, vielleicht aber auch durch eine Invagination, eine teleskopische Einstülpung einer solchen Schlinge, kann nach Lösung der Sperre vorübergehend auch etwas Blut mit dem Stuhl abgehen, was von einem Zeitgenossen fälschlicherweise als „rote Ruhr" bezeichnet wurde, an der Schiller damals angeblich gelitten hatte. Obwohl auch dieser lebensbedrohliche Zwischenfall wieder spontan abgeklungen ist, dauerte es noch viele Wochen, bis er seinen Glauben an vollkommene Genesung wieder erlangte. In einem Brief vom 3. August 1804 schrieb er: „… Die Gefahr wurde glücklich abgewendet; alles geht nun wieder besser … ich spüre seit den Tagen, dass mein Übel sich gelegt, kaum einen Zuwachs von Kräften, obgleich der Kopf ziemlich hell und der Appetit ganz wieder hergestellt ist." Dennoch teilte er Körner noch im Oktober mit, dass er sich erst sehr allmählich wieder zu erholen anfange.

Im Winter 1804/1805 kränkelte Schiller wiederholt an fieberhaften Bronchitiden, nach Aussage Charlottes „dreimal diesen Winter". Gleichzeitig müssen ihn aber auch immer wieder von Zeit zu Zeit seine „Blähungen und Obstruktionen" gequält haben, deren Ursache in den Verwachsungen einzelner Darmschlingen als Folge der abgelaufenen Bauchfellentzündung gelegen war. In einem Brief von Heinrich Voß vom 24. Februar 1805 finden sich diesbezügliche Hinweise: „Kaum war Goethe dabei, zu genesen, so fing der liebe Schiller zu kränkeln an … Ich fand ihn weinend an dem Tage, wo Goethe so elend war (8. Februar). Die folgenden Tage sah er blass aus wie eine Leiche; er ging im Zimmer herum, aber seine Füße zitterten und seine Stimme war matt. Ich bot mich am Dienstag (12. Februar) ihm zum Krankenwärter an … Als ich um halb zehn Uhr abends zu ihm kam, war er recht elend. Sein Leib war von Blähungen aufgetrieben, dabei hatte er die hartnäckigste Verstopfung, und da er in vier Tagen nichts gegessen hatte, war er noch entkräfteter." Gegen Mitternacht drängte er seine Gattin, die in der Regel bis zu dieser Stunde bei ihm blieb, doch endlich zu Bette zu gehen. Kaum hatte sie sich aus dem Zimmer entfernt, „als Schiller vom Sofa aufstand. Sein wilder Blick verkündete mir nichts Gutes. Sein Gesicht ward blass. Ich eilte erschrocken auf ihn zu. Er stürzte auf mich nieder und lag wie tot in meinen Armen. Ich rieb ihm Schläfe und Brust mit einem Spiritus und als er sich erholte, gab ich ihm Opium und Naphthatropfen. Da ward er wieder recht munter und fing nun an, über seinen Zustand zu scherzen. ‚Die verwünschten Blähungen!', sagte er, ‚wenn ich nur eins – könnte, so wäre alles wohl … Ich habe schon drei Klistiere im Leibe, ich will noch eines nehmen und mich dann dem lieben Gott empfehlen.' Als er sich dann noch eigenhändig eines von Seifenwasser appliziert hatte, führte ich ihn auf den Nachtstuhl hin, wo er sich wie die Pythia auf dem Dreifuß in Ordnung setzte. Er war guter Dinge und bat mich, ihm tüchtig den Leib mit Spiritus zu waschen … Endlich kam dann die Bescherung, wo ich ihm von ganzem Herzen gratulierte … Von der Zeit hat er sich erholt, aber sehr langsam. Ich habe außerdem noch dreimal bei ihm gewacht … Einmal sagte er: ‚Die verwünschten Verstopfungen! Sie bringen mich alle Jahre um ein Trauerspiel.'"

Aus dieser ausführlichen Beschreibung lässt sich ableiten, dass Schiller wieder einmal unter einer schweren Behinderung der Darmpassage gelitten hatte, die zu einer mächtigen Auftreibung seines Bauches infolge zurückgestauter Gase und zu heftigsten Schmerzen im Unterbauch geführt hatte. Man spricht hier medizinisch von einem subileusartigen Geschehen, wie wir es bei Darmverwachsungen oder Darmverschlingungen, hervorgerufen durch eine chronische Bauchfellentzündung, kennen. Die dabei auftretenden krampfartigen Schmerzen sind meist mit starker Unruhe verbunden und können sich bis zu einer regelrechten Ohnmacht steigern. Besonders charakteristisch ist die Angabe, dass mehrere Einläufe zurückbehalten wurden, ohne zu einem Ergebnis geführt zu haben und dass mit der endlich erzwungenen Entleerung der ganze Spuk vorüberging. Unter diesem Aspekt wird auch die Feststellung erklärlich, dass Schiller bei ähnlichen Attacken immer wieder zum schmerzlindernden Opium Zuflucht nahm.

Unter völlig anderen Zeichen verlief Schillers letzte Krankheit, die in ungewöhnlich kurzer Zeit zum Tode führen sollte. Wie Heinrich Voß berichtet, war

Schiller „Sonntag den 28. April 1805, zwölf Tage vor seinem Tode noch bei Hofe. Ich half ihn schmücken und freute mich seines gesunden Aussehens und seiner stattlichen Figur im grünen Galakleide. Mittwoch, den ersten Mai, war er zum letzten Mal im Schauspiel … Als ich am Schlusse des Stückes meiner Gewohnheit gemäß in seine Loge hinaufging, um ihn nach Hause zu führen, hatte er ein heftiges Fieber, dass ihm die Zähne klapperten." Schillers Diener Rudolph erzählte später, dass sein Herr vom 1. zum 2. Mai eine schlimme Nacht gehabt hätte. Am 2. Mai fanden ihn Voß und der Schauspieler Genast „matt auf dem Sofa liegend in einem Mittelzustand von Wachen und Schlafen vor … seine Hand habe fieberisch gebrannt". Aus dem Bericht des Hofrat Stark vertretenden Dr. Huschke an den Herzog Karl August erfährt man, dass Schiller seit dem 1. Mai „über Schmerz in der linken Seite der Brust mit starkem Husten und Fieber klagte. Es war das gewöhnliche rheumatische Seitenstechfieber, welches weiter nicht so gefährlich war. Denn hier haben es alle, die daran gelegen haben, auch sogar schwächliche Menschen, gut überstanden."

Es wurden Spanische Fliegen, Blutegel und die nötigen innerlichen Mittel, Senega, Spiritus und Kampfer angewandt und es liegt auch ein Rezept aus der Hand Dr. Huschkes vom 2. Mai 1805 vor:

Recipe:
Pulveris radicis Senegae drachmumam et dimidiam
Ebulli cum aquae fontanae unciis duabus
Colaturae admisce
Emulsionis Papaveris uncias duas et dimidiam
Olei Ricini drachmas sex
Syrupi Papaveris albi unciam unam
Tincturae thebaicae drachma dimidiam
Misce da signa: Alle Stunden einen Eßlöffel voll umgeschüttelt zu nehmen.

Wie Caroline von Wolzogen berichtet, fühlte sich Schiller am 3. und 4. Mai 1805 schlecht: „In den ersten Tage brach er alles von sich. Doch er selbst schien sich auch nicht bedenklicher krank zu fühlen als bei ähnlichen Fällen. Er empfing einige Freunde auf seinem Zimmer und schien sich gern durch sie unterhalten zu lassen … Da das Sprechen seinen Husten vermehrte, suchten wir ihn ruhig zu halten; auch sah er es am liebsten, wenn meine Schwester und ich allein um ihn waren." Später erinnerte sich Heinrich Voß zurück: „Sein Zustand wurde von Tag zu Tag gefährlicher und schien schon am 5. Mai, vier Tage vor seinem Tode, rettungslos. Die Augen lagen tief im Kopfe, jeder Nerv zuckte krampfhaft."

Leise Hoffnung hegend schrieb Charlotte am 6. Mai: „Heut früh und die vorige Nacht war es noch sehr sehr beunruhigend; denn es hatte sich ein heftiger Krampf auf der Brust eingestellt, der uns mit der trockenen Hitze Angst machte. Diesen Nachmittag aber hat Schiller ein Kräuterbad genommen, worauf er gleich Linderung spürte. Ich habe ihn auch in ein ordentlich zubereitetes Bett gebracht auf Bitten des Arztes (‚weil er nie im Bette lag‘, heißt es im Bericht Dr. Huschkes an den Herzog; Anm. d. Verf.) und die Transpirationen und besseres Aussehen des Körpers tut ihm wohl. Der Husten ist sehr mäßig diesen Abend. Schiller hat aufs neu Glauben an seine Gesundheit."

War Schiller bis zum 6. Mai noch bei völlig klarem Bewusstsein, so änderte sich dieses Bild noch am selben Abend. Die schmerzhaften Krämpfe auf der Brust verstärkten sich und es begannen sich Fieberfantasien einzustellen. Gegen Abend des 7. Mai wurde er wieder klar und meinte, nachdem er einige Löffel Suppe zu sich genommen hatte: „Ich denke diese Nacht gut zu schlafen, wenn es Gottes Wille ist." Dann verfiel er wieder „in eine Fieberphantasie und verharrte in diesem Zustande vierundzwanzig Stunden. Als sein Bewusstsein zurückkehrte, ließ er sich sein jüngstes Kind bringen." Diesen Morgen des 8. Mai hat er, wie Caroline von Wolzogen berichtet, „leidlich zugebracht, still und oft schlummernd. Als ich gegen Abend kam, vor sein Bett trat und fragte, wie es ihm gehe, drückte er mir die Hand und sagte: ‚Immer besser. Immer heitrer.‘" In der folgenden Nacht saß er, wie Voß erzählt, „aufrecht im Bett, sprach mit großer Geisteskraft, besonders über die bevorstehende Reise seiner Gattin in's Bad. Gegen Morgen des 9. Mai schlief er ein, bis zehn Uhr vormittags."

Über den weiteren Verlauf erfahren wir von Schillers Diener Färber, der die Nacht bei ihm gewacht hatte: „Am Morgen des 9. Mai brachten wir ihn noch einmal in's Bad, wo er uns aber schon beinahe bei Heraushebung aus selbigem, mir und Rudolph, in den Armen verschieden wäre; aber durch Anwendung stärkender Mittel brachten wir ihn wieder zu sich. Alsdann schlief er schon mit halbgebrochenen Augen des Nachmittags ziemlich ruhig, wo ich bei ihm die ganze Zeit war … Gegen 3 Uhr trat vollkommene Schwäche ein. Der Atem fing an zu stocken. Ich stand mit dem Arzte am Fuße des Lagers und legte gewärmte Kissen auf die erkaltenden Füße. Es fuhr wie ein elektrischer Schlag über seine Züge; dann sank sein Haupt zurück, und die vollkommenste Ruhe verklärte sein Antlitz. Seine Züge waren die eines sanft Schlafenden." Caroline von Wolzogen schilderte die letzten Augenblicke so: „Als der Krampf sein Gesicht schon entstellte, als ich seinen gesunden Kopf auf eine bequeme Seite richten wollte, erkannte er mich, lächelte mich verklärt an und küsste mich. Dies war das letzte deutliche Zeichen seines Bewusstseins … ich hatte Hoffnung – als der Mensch, den wir an das Bett gesetzt hatten, da wir hinausgingen, uns rief, und der Krampf verzog sein Gesicht; nach wenigen Minuten war er kalt, und ich suchte umsonst, die geliebte Hand zu erwärmen." Mit „Mensch" war wohl der Diener Färber gemeint, der diesen Bericht ergänzte: „Kurz nach 5 Uhr ruft er: ‚Färber, ich will heraus!' Wie ich ihn in das Bett zurückbringen will, wird er plötzlich schwächer, fängt heftig zu atmen an und endet so in meinen und Rudolphs Armen, der mir schnell zu Hilfe geeilt war, gegen halb 6 Uhr seine irdische Laufbahn. Alle Mittel, das Leben zurückzurufen, waren fruchtlos."

Die uns zur Verfügung stehenden klinischen Daten aus all den wiedergegebenen Schilderungen der ihn in seiner letzten Krankheit umgebenden Angehörigen und Freunde gestatten auch heute noch retrospektiv das Krankheitsbild recht präzise zu rekonstruieren:

Schiller erkrankte am Abend einer Theatervorstellung aus völligem Wohlbefinden heraus ganz plötzlich mit hohem Fieber, das von einem heftigsten Schüttelfrost eingeleitet wurde und mit Schmerzen in der linken Brustseite verbunden war. Von Beginn an bestand starker Husten, der durch Sprechen verschlimmert wurde, weshalb er ganz ruhig gehalten werden musste. Zusammen mit dem Vernichtungsgefühl des Kranken, das nicht nur ihm selbst, sondern auch seiner Umgebung den Ernst der Situation zu erkennen gab, kann es sich aus heutiger Sicht bei dieser Erkrankung nur um eine echte akute Pneumonie gehandelt haben, wie er sie in ähnlicher Weise bereits zu Beginn des Jahres 1791 durchgemacht hatte. Man darf sich nicht dadurch irritieren lassen, dass er in den ersten Tagen der Krankheit fast alles erbrochen hat, denn dies war nur die natürliche Folge der im Rezept Dr. Huschkes enthaltenen Brechmittel. Der zunächst eher gleichbleibende Verlauf der Erkrankung, die Huschke als harmloses „Seitenstechfieber" diagnostizierte, ließ Hoffnung aufkommen auf eine glückliche Wendung des Geschehens. Doch schon am sechsten Krankheitstag klagte der Patient über einen heftigen Krampf auf der Brust und einen mit Angst verbundenen Beklemmungszustand; Schiller war unfähig auszuhusten und begann gefährlich zu röcheln, wobei gleichzeitig der Puls nur mehr ganz schwach zu fühlen war. Nach einem warmen Bad war das Röcheln verschwunden und der zu Tage gebrachte Auswurf zeigte eine „missfarbige (vielleicht blutig tingierte oder auch eitrige; Anm. d. Verf.)" Beschaffenheit. Doch schon am nächsten Tag machten sich zunehmend delirante Züge bemerkbar, wie sie am Ende der ersten Krankheitswoche damals bei schwer verlaufenen Pneumonien typisch waren. Das Gleiche gilt für die euphorisch gehobene Stimmungslage, die meist das unmittelbar bevorstehende Ende andeutete. Die Kranken versuchten dabei häufig, gegen den Willen der Pflegeperson aus dem Bette zu springen, wobei sie überraschende Kräfte entwickeln konnten. All diese Symptome kennzeichnen die delirante Phase der Pneumonie, die damals als „Nervenfieber" oder „Nervenschlag" bezeichnet wurde. In dieser Phase zeigten sich nun auch jene Symptome, die in der vorantibiotischen Ära die häufigste zum Tode führende Komplikation anzeigten, nämlich das Herzversagen: Stockende Atmung, heftige Herzbeklemmungen und Zeichen von Kreislaufschwäche bis hin zu Ohnmachtsanfällen. So wie in jener Zeit bei fast allen Patienten, die an einer Pneumonie verstarben, nicht der Lungenprozess selbst etwa durch Atemstillstand den Tod herbeiführte, sondern durch Versagen des toxisch schwer geschädigten Herzens, so starb auch Schiller am Spätnachmittag des neunten Krankheitstages ganz plötzlich nach Art eines Herztodes.

Die diagnostischen Einzelheiten des schweren Leidens, dem Schiller nach einem vierzehn Jahre andauernden unsäglichen Kampf schließlich trotz des unglaublichen Widerstandes, den sein Organismus dabei leistete, erlegen ist, werden ganz klar und eindeutig durch den vorliegenden Sektionsbefund untermauert. Wieso man bis vor kurzer Zeit dieses Leiden immer wieder mit einer tuberkulösen Erkrankung in Zusammenhang zu bringen versucht hat, erscheint dem Mediziner aus heutiger Sicht in Anbetracht der dokumentarisch so hervorragend belegten Krankengeschichte und des Obduktionsbefundes schwer erklärbar. Wolfgang Veil, der als erster eine klare Abgrenzung des Leidens Schillers von der fachlich durch nichts belegbaren Hypothese eines tuberkulösen Geschehens vornahm, hat in einer abschließenden Zusammenfassung die verblüffende Übereinstimmung des Krankheitsverlaufes mit den pathologisch-anatomischen Befunden in einer auch für den medizinisch nicht vorgebildeten Leser fast möchte man sagen synoptisch dargestellt. Die wichtigsten Passagen daraus lauten:

„Der Brustkorb bot das Bild der Verlagerung des Herzens in die durch eine chronische Rippenfell- und Lungenentzündung geschrumpfte rechte Seite hinein. Der Brei, der von der rechten Lunge bei der Sektion übrig war, stellt die erst nach dem Tode entstandene Veränderung der Hohlraumbildung durch Bronchialerweiterung im Gefolge einer sich hinziehenden chronischen Lungenentzündung dar, wie wir sie häufig in Lungen finden, die solchen Prozessen, wie wir sie schilderten, anderthalb Jahrzehnte lang unterlagen (und wie sie den jüngeren Ärztegenerationen unseres Jahrhunderts mit seinen spektakulären chemotherapeutischen und antibiotischen Möglichkeiten nicht mehr zu Gesicht kamen; Anm. d. Verf.). Der akute Vorgang (gemeint ist die letzte tödlich endende Lungenentzündung; Anm. d. Verf.) findet sich an der linken Lunge. Dieselbe ist durch Eiter marmoriert, ohne Hohlraumbildung und ohne Rippenfellverwachsungen. Wir lesen aus dieser Schilderung die eitrige Bronchitis und bronchitisch entstandene Lungenentzündung unmittelbar ab. Nach einem Zeitungsbericht ist es der linke Unterlappen, der bis hinauf zur dritten Rippe eitrig entzündet war. Das stark verzogene und erweiterte Herz war in seinem Muskelfleisch der lange anhaltenden chronischen Infektion erlegen … Die Milz entsprach einer chronischen Infektionsmilz und die Nieren waren völlig verwachsen und in ihrer Substanz aufgelöst, das heißt durch infektiöse Prozesse, die sich an den sogenannten Malpighischen Körperchen der Nieren abgespielt hatten, geschrumpft.

Die chronische Bauchfelleiterung zieht sich vom ‚vorderen konkaven Rand der Leber' nach hinten ‚bis zum Rückgrat'. Hier liegt die Stelle der ursprünglichen Eiteransammlung unter den Zwerchfell. Eine tuberkulöse Bauchfellentzündung würde sich mehr im kleinen Becken und um den Blinddarm herum, in dem Gekröse und im Netz abgespielt haben. Die Bauchfellentzündung, die sich bei Schillers Sektion fand, umfasst die ganze Bursa omentalis (die große Bauchfelltasche hinter dem Magen; Anm. d. Verf.) und hält sich streng an die rechte Seite bis zum Blinddarm herunter."

Schillers Nachruhm setzte rasch ein und erreichte, nicht zuletzt durch die politischen geschichtlichen Ereignisse, eine Dimension, die schlicht als einmalig bezeichnet werden muss. Georg Friedrich Gervinus, der an der Universität in Heidelberg lehrende Geschichtsforscher, Literaturhistoriker und Politiker, dem wegen seiner demokratischen Gesinnung 1853 nach einem Hochverratsverfahren die Lehrbefugnis entzogen wurde, feierte Schiller aus nationalen Motiven, wenn er schrieb: „Die Idee der Freiheit, die Schillers Werke in ihrem vollen Umfang durchdringt, griff die politische Zeit politisch, und jene Dramen von der Befreiung Genuas und der Niederlande, der Schweiz und Frankreichs, schienen ja in der That wie eine absichtlich ausgestreute Saat, aus der so bald über dem Grabe des Dichters die Frucht der Freiheit aufschießen sollte." Diese Betrachtungsweise hat Schiller für mehr als hundert Jahre zum Nationaldichter der Deutschen gemacht. Erst um die Mitte unseres Jahrhunderts wurden die ersten Versuche unternommen, den wahren Schiller mit seinen menschlichen Zügen, den leidenden Künstler und den modernen Artisten „vor dem Marmorbild seiner falschen Freunde und Verächter" zu retten. So schrieb Carl Jacob Burckhardt 1955: „Schiller ist kein Umgang für alle Tage, dieser irrtümlich vertrauliche, ja triviale Umgang hat sein Bild gefälscht, hat sein Wort verbraucht und entstellt." Und im gleichen Jahr entwarf Thomas Mann mit wenigen Worten ein Bild Schillers, das uns in die Tiefen seiner künstlerischen, reinen Seele führt: „Von seinem sanftgewaltigen Willen gehe durch das Fest seiner Grablegung und Auferstehung etwas in uns ein: von seinem Willen zum Schönen, Wahren und Guten, zur Gesittung, zur inneren Freiheit, zur Kunst, zur Liebe, zum Frieden, zu rettender Ehrfurcht des Menschen vor sich selbst." In Schillers berühmtem Gedicht *Das Ideal und das Leben,* in welchem er dem Menschen den Weg des Herakles wies, der die Pflichten des Lebens bestanden und Angst und Begierde durch freie Selbstbestimmung überwunden hat und dadurch zum Gott erhoben werden konnte, gab er auch dem Menschen den Hinweis, wie er schon auf Erden eine Ahnung von dieser letzten überirdischen Harmonie gewinnen kann. Dann gilt auch von ihm:

Froh des neuen ungewohnten Schwebens
Fließt er aufwärts, und des Erdenlebens
Schweres Traumbild sinkt und sinkt und sinkt.

JOHAN AUGUST STRINDBERG

EINLEITUNG

Während der germanische Norden bis zur Mitte des 19. Jahrhunderts kulturell ein eher provinzielles Dasein fristete, kündigte sich im letzten Drittel vor der Jahrhundertwende auf literarischem Gebiet ein Wandel im Zeichen der „skandinavischen Moderne" an. Schon Søren Kierkegaard hatte von Dänemark aus in Europa, in welchem seit den Revolutionen des 19. Jahrhunderts kollektivistische und materialistische Weltanschauungen mit zunehmender Vernachlässigung des Individuums an Bedeutung gewannen, jene philosophische Strömung mit Nachdruck wieder in Gang gesetzt, für die man heute die Bezeichnung „Existenz-Philosophie" verwendet. So wie schon Sokrates und die Sophisten im Altertum beschäftigte sich auch Kierkegaard vornehmlich mit dem Dasein des Einzelindividuums, das er als Typus zum Gegenstand seiner Betrachtungen machte und damit den bereits in der Antike geprägten Existenzialismus mit seiner Frage nach dem Dasein im Sein neu aufleben ließ. Als einer der ersten führte der Norweger Henrik Ibsen mit seinen gesellschaftskritischen Dramen eine siegreiche geistige Offensive für einen radikalen Individualismus, und einer ähnlich realistischen Darstellungsweise bediente sich auch Bjørnstjerne Bjørnson, weshalb beide gerne als die skandinavischen Dioskuren bezeichnet werden.

Der eigentliche intellektuelle Agitator des „Skandinavismus" war aber Georg Brandes, der mit seinem Hauptwerk *Hauptströmungen der Literatur des neunzehnten Jahrhunderts* zur literarischen Großmacht der Zeit wurde und mit seiner glänzenden Analyse der geistig-sozialen Zusammenhänge nicht nur an der Universität in Kopenhagen, sondern auch in den übrigen nordischen Ländern heftige Reaktionen auslöste. Vor allem aber inspirierte er damit eine ganze Generation von Schriftstellern, die eine literarische Diskussion zu führen begannen, deren Ziel es war, den politischen Konservatismus und die christlichen Moralbegriffe als die Stützpfeiler des herrschenden gesellschaftlichen Status quo in ihren Grundfesten zu erschüttern. Systematisch förderte er jene Theorien, die dem realistischen Stil und der naturalistischen Ideologie des französischen philosophischen Positivismus, des englischen Evolutionismus und der deutschen radikalen Bibel-Kritik zugrunde lagen.

Während in Dänemark unter dem Einfluss Georg Brandes' der Naturalismus vorwiegend existenzielle Probleme behandelte, entwickelten die übrigen skandinavischen Länder eher einen sozialen Naturalismus, der seinen Niederschlag in der bevorzugten Gattung des Romans zu finden suchte. Der literarische Begründer des schwedischen Naturalismus war August Strindberg, der mit seinem Durchbruchswerk *Das rote Zimmer* aus dem Jahre 1879 seinen Forderungen nach sozia-

JOHAN AUGUST STRINDBERG

len und politischen Reformen in radikaler Form Ausdruck verlieh. Ausgeklammert blieb nur die Frauenfrage, deren Status quo er nicht zu verändern wünschte. Bezeichnenderweise blieb der „Kampf der Geschlechter" ein immer wiederkehrendes Thema für ihn und in seinen naturalistischen „Triebdramen" kommt die geradezu ekstatische Erregung über das „Ausgeliefertsein der Seele an das Fleisch" mitunter fast peinlich zur Sprache, ohne verbergen zu können, dass der Verabscheuer des Geschlechtstriebes immer wieder dessen „hypnotisch behextes Opfer" wurde.

In den Achtzigerjahren war der deterministische Naturalist Strindberg zum Vorbild für das „Junge Schweden" geworden – einer Gruppe von sozial und politisch radikal denkenden Schriftstellern unter der Führung von Geijerstam. Strindberg forderte, wie man im Vorwort zu *Fräulein Julie* lesen kann, für das naturalistische Theater die „Abschaffung der statischen Personencharakteristik, weil der moderne Mensch kompliziert und unstet sei. Der Dialog müsse gleichfalls natürlich gestaltet und wie in der Alltagssprache durch Einschübe und Assoziationen unterbrochen werden. Schließlich bedürfe das Theaterstück keiner herkömmlichen Intrigenhandlung, sondern müsse das Schwergewicht auf die psychologische Analyse legen." Es ist dem Einfluss des Nietzsche-Anhängers Brandes zuzuschreiben, dass Strindberg ähnlich wie Henrik Ibsen die realistische Beschreibung zu Gunsten einer symbolischen Projektion der Schuldgefühle des Einzelnen über Bord warf. Im Besonderen aber zog ihn bei Nietzsche, mit dem er in einen Briefwechsel eintrat, neben dem Hass gegen das Christentum dessen Philosophie vom Übermenschen an.

Nach einem Streifzug durch Europa begann sich Strindberg 1895 in Paris der Alchemie und dem Okkultismus zuzuwenden, was den theosophischen Strömungen der Zeit entsprach, wohl aber auch dem Einfluss des schwedischen Mystikers Emanuel Swedenborg zuzuschreiben war. Als Folge dieser Studien erlebte er eine Reihe von religiösen Krisen, die in ein undogmatisches Christentum mündeten. In seiner Bekenntnisschrift *Inferno* schildert er diesen Prozess, dessetwegen man ihn etwas spöttisch-denunzierend als einen Bekehrten aus Angst bezeichnete. Hier und noch mehr in seinem Drama *Nach Damaskus* sind alle Personen und Ereignisse bereits abweichend von seinen früheren dramaturgischen Theorien wie durch einen Schleier aus Natürlichem und Unnatürlichem dargestellt. Die große Trilogie *Nach Damaskus* vergegenwärtigt „ein Verlangen nach überpersönlicher Einfügung des Individuellen in die gegenständlichen und doch beseelten Ordnungen des Religiösen, das sich seither als integrale Kraft der zeitgenössischen Literatur erwies". Damit hatte Strindberg zwar sein Empörertum überwunden, seinen kämpferischen Impetus jedoch nicht endgültig eingebüßt. Spürt man doch sowohl in den „Bußdramen" wie auch in seinem *Traumspiel* – dem vielleicht nicht bedeutendsten, so doch kühnsten von allen – seine Urfehde gegen das Verbindliche und Schwächliche noch deutlich heraus. Die Traumfantasie über Resignation und Erlösung verkörpert als eine Art modernen religiösen Mysterienspiels eine einzigartige Mischung aus Traumatmosphäre und grellstem Naturalismus, wobei sich dieser Symbolismus etwa in der *Gespenstersonate* bis zu einem surrealistischen Alptraum steigern kann.

Seinen persönlichen Abschied von der Kunst und der Welt sprach Strindberg in seinem letzten Drama *Die große Landstraße* aus, das einen eher lyrisch-philosophischen Monolog jenseits aller literarischen Formen darstellt. Wie sich Sven Rossel treffend ausdrückte, ist Strindberg die vielgestaltigste und fassettenreichste Erscheinung der nordischen Literatur. Sein Werk vermittelt nämlich sowohl naturalistische Stringenz wie metaphysische Unendlichkeit – Elemente, die auch für seine bedeutendsten Nachfolger O'Neill und Pirandello charakteristisch sind. Gleichzeitig muss Strindberg darüber hinaus als der wohl kühnste Experimentator des modernen Dramas bezeichnet werden.

Mit ihm hebt in der Literaturgeschichte das an, was später den Namen „Ich-Dramatik" trägt, und der Mutterboden, in welchem sie bei Strindberg wurzelt, ist die Autobiografie. Ihr hat er nach den Worten von Thomas Mann mit einer Rücksichtslosigkeit geopfert, wie kaum ein anderer Dichter und Bekenner vor oder nach ihm. Seine Dichtung wurde so Ausdruck der Situation des modernen Menschen schlechthin, seiner Triebhaftigkeit und seiner Angst, aus der sein unruhiges Suchen nach immer wieder neuen Darstellungsmitteln und weltanschaulichen Absicherungen hervorging. Es ist bemerkenswert und erst in jüngster Zeit breiteren Kreisen bekannt geworden, dass sich Strindberg in Phasen literarischer Niederlagen oder seelischer Krisen mit Leidenschaft der Malerei zuwandte, wobei es sich bei seinen künstlerisch durchaus auf anspruchsvollem Niveau befindlichen Produkten fast ausschließlich um „Angst-Bilder" handelt, in denen starke Unruhe bis hin zu chaotischen Bewegungen vorherrschen. Meist sind es Szenen, die ähnlich wie bei William Turner das Wüten des Meeres schildern, das im tobenden Sturm den letzten Rest von Hoffnung raubt. Diese Bilder korrespondieren in auffallender Weise mit dem Gespenstischen und Surrealen in den Gestalten und Situationen seiner letzten Werke, mit denen er so nachhaltig auf den Symbolismus, Expressionismus und Surrealismus Einfluss nahm.

Das zerrissene äußere und innere Leben Strindbergs, seine stark wechselnden Weltanschauungen, die Widersprüche in seinem Leben, die sich in seinen dichterischen Schöpfungen widerspiegeln, sowie schließlich seine okkulten und telepathischen Anwandlungen, seine Verfolgungsideen und die mitunter deutlich megaloman anmutende Selbsteinschätzung hatten zur Folge, dass Strindberg von einigen Ärzten als Psychopath eingestuft wurde. Vor allem seit Erscheinen der Monografien von Jaspers und von Storch verstärkte sich im deutschen Sprachraum der Verdacht, dass der große schwedische Dichter schizophren gewesen ist. Nicht nur schwedische Autoren wie der Arzt Dr. Hedenberg, sondern auch eine Reihe deutscher Biografen lehnten während der vergangenen zwei Jahrzehnte allerdings diese Diagnose ab mit der Begründung, dass sich das auffällige Verhalten und die merkwürdigen Ideen Strindbergs auch ohne Anzeichen einer Geisteskrankheit erklären ließen. Sie vertreten den Standpunkt, dass die Psychiater „aus Strindberg einen pathologischen Fall konstruieren wollen", wie Oberholzer meint, und hegen gemeinsam mit Brandell die Hoffnung, dass neue medizinische Erkenntnisse dafür sorgen, „dass ein Bild Strindbergs als eines schizophrenen Opfers seiner unkontrollierbaren Wahnvorstellungen bald der Vergangenheit angehört". Wenn solche „Entlastungsversuche" von medizinisch nicht versierten Biografen unternommen werden, dann wird damit allerdings nur zu leicht die Problematik verschleiert und das eigentlich angestrebte Ziel verfehlt. Dies gilt auch für die Stellungnahme Olof Lagercrantz', der in seiner umfassenden Monografie Strindberg als einen Menschen vorzustellen versuchte, der bis in seine privatesten Äußerungen hinein ein Dichter gewesen sei und dessen autobiografische Schriften deshalb nicht als objektiv, sondern als literarische Produkte gewertet werden müssten. In seiner bekannten Eitelkeit sei Strindberg eben bestrebt gewesen, mit seinen Werken eine möglichst große Wirkung auf das Publikum auszuüben. Dieses Bestreben konnte allerdings wohl kaum so weit gegangen sein, dass er sich bewusst als wahnkrank darzustellen versucht hätte.

Aus ärztlicher Sicht kann kein Zweifel darüber bestehen, dass Strindberg zumindest zeitweise psychotische Phasen durchgemacht hat. Wenn man seine biografische Anamnese unter Miteinbeziehung seiner Dichtungen zu verschiedenen Zeiten seines Lebens streng analysiert, dann kann man sich den Gedankengängen Jaspers, der eine Schizophrenie diagnostizierte, allerdings nicht anschließen. Um welches Krankheitsbild es sich bei diesem Dichter handelt und warum die Diagnose Schizophrenie abgelehnt werden muss, soll im Folgenden unter Auswertung aller uns heute zur Verfügung stehenden Quellen herausgearbeitet werden. Damit soll dem großartigen Dramatiker und Erzähler Schwedens eine Dankesschuld abgeleistet werden und zugleich sollen jene Autoren, die ihn pauschal als „Perversen und Verrückten" zu denunzieren versuchten, in die gebührenden Schranken verwiesen werden.

BIOGRAFISCHE ANAMNESE

JUGENDJAHRE

Johan August Strindberg wurde am 22. Januar 1849 als Sohn des Carl Oscar Strindberg, der sein Kontor als Kommissionär der Handels- und Passagierschifffahrt im Hafen Alt-Stockholms auf Riddarsholmen hatte, und der Eleonora Norlind, die vor ihrer Verheiratung als Kellnerin und Dienstmädchen in einer Gastwirtschaft gearbeitet hatte, geboren. Der Großvater väterlicherseits, Zacharias Strindberg, war offenbar literarisch interessiert, denn er schrieb einige Theaterstücke für die „Aurora"-Gesellschaft, in der sich die Jugend mit Tanz, Musik und Theateraufführungen amüsierte. Den Vater beschrieb August Strindberg in seinen Erinnerungen als verschlossene Natur und als „Aristokrat von Geburt und Erziehung". In der Familie regierte er, wie damals üblich, als autoritärer „pater familiaris", der stets peinlich sauber gekleidet mit gebührender Strenge auf unbedingten Gehorsam seiner insgesamt sieben Kinder Wert legte, die sich deshalb durch seine zahlreichen Verbote und Reglements gehemmt und unterdrückt fühlten. Von seinem eigenen Vater Zacharias hatte Carl Oscar Strindberg die Liebe

Die Mutter, Eleonora Strindberg

Der Vater, Carl Oscar Strindberg

zum Theater übernommen und er spielte auch gerne Klavier und Violoncello. Von Eleonora Strindberg, der Mutter Augusts, besitzen wir weniger einprägsame Schilderungen. Sie dürfte freundlich und von empfindlichem Gemüt gewesen sein und wird auch dafür gesorgt haben, dass August in seinen Pubertätsjahren so wie sie selbst dem Pietismus anhing. In seiner Autobiografie *Sohn der Magd* legte er großen Wert auf die mindere Abstammung seiner als Magd tätig ge-

Wohnhaus der Strindbergs; Zeichnung des Bruders Axel, 1862

wesenen Mutter, von der er meinte, ihr „Sklavenblut" geerbt zu haben. Sein fast masochistischer Wunsch, ein Spross der unterprivilegierten Gesellschaftsklasse zu sein, brachte ihn dazu, eine Legende über seine von Entbehrungen gezeichnete Jugend zu verbreiten, wonach „Furcht und Hunger seine ersten Wahrnehmungen" gewesen seien. In Wahrheit war sein Vater die überwiegende Zeit hindurch ein wohl situierter Mann, der seine Familie nicht nur redlich ernähren konnte, sondern auch über genügend Mittel verfügte, sich Dienstmädchen und Diener leisten zu können. Der Haushalt entsprach einem bürgerlichen Milieu, in welchem durch regelmäßige Hausmusikabende mit klassischem Programm sogar der Kunst ein bescheidener Raum gewährt wurde.

August selbst wird uns als ein eher schwieriger und verschlossener Junge geschildert, der offenbar „äußerst empfindsam" war. Wie er selbst später berichtete, „weinte er so oft, dass er deshalb einen besonderen Schimpfnamen bekam. Jeder kleine Tadel verletzte ihn; er war in beständiger Unruhe, einen Fehler zu begehen. Er kam erschrocken zur Welt und lebte in beständigem Schreck vor Leben und Menschen. Er empfand Entsetzen davor, Orte zu sehen, wo er gelitten hatte; so abhängig war er von dem Milieu, in dem er sich bewegte." Wie sein Vater interessierte auch er sich schon sehr frühzeitig für Naturwissenschaft, was sich zunächst durch eifriges Sammeln von Blumen zu erkennen gab. Er legte aber auch Insekten- und Mineraliensammlungen an.

Als er fünf Jahre alt war, grassierte in Stockholm eine Cholera-Epidemie, weshalb man auch ihn, einem alten Volksglauben folgend, zum Schutz eine Kupferplatte mit einem blauen Seidenband auf der Brust tragen ließ. Einen gewissen Einfluss auf seine psychische Entwicklung übte der Umstand aus, dass von seinen beiden älteren und ihm körperlich überlegenen Brüdern Axel, der älteste, der Liebling der Mutter und Oscar jener des Vaters waren. Diese Bevorzugung regte schon früh seinen Ehrgeiz an, der ihn bald entdecken ließ, dass er in seiner Familie geistig dominierend wurde und dadurch kompensatorisch ein starkes Selbstwertgefühl entwickeln konnte.

In der Schule erweckte er nach Aussagen seiner Kameraden nicht die geringste Aufmerksamkeit. Vor allem war er kein Draufgänger, sondern eher ruhig und zurückgezogen und wenn er sprach, dann geschah dies mit leiser Stimme. Ansonsten ließ die Schule im Klara-Viertel für die Zöglinge nur die schaudernde Erinnerung zurück, wie ihnen das Wissen und die Disziplin im wahrsten Sinne des Wortes eingebläut worden war. Augusts außergewöhnliche Empfindlichkeit führte schon in seiner Schulzeit zu gesteigerten, die Norm überschreitenden reaktiven Zuständen. Als Beispiel dafür sei sein Bericht über das Erwachen pubertärer sexueller Empfindungen angeführt, die er an sich als Neunjähriger gegenüber der von ihm verehrten gleichaltrigen Tochter des Rektors der Schule beobachtete: „Er wollte nichts von ihr. Aber er fühlte, dass er an einem Geheimnis trug. Das quälte ihn so, dass er litt und sein ganzes Leben dunkel wurde. Eines Tages nahm er zu Hause ein Messer und sagte: Ich schneide mir den Hals ab. Die Mutter glaubte, er sei krank."

Mit dem Wechsel in die Jakobschule im Jahre 1860 fühlte er sich deshalb dort wohler, weil ihn keine Zwänge unter Druck setzten, denn „unter Druck von oben litt er. Im Allgemeinen gehorchte er gern und wollte sich nie hervortun oder befehlen. Er war zu sehr als Sklave geboren." Wieder war es das „sklavische Blut" seiner Mutter, das er zu spüren glaubte, doch merkte er jetzt mitten unter Schulkameraden aus den sozial schwächsten Gesellschaftsschichten, „dass er zumindest nicht ganz unten steht". Mit dem Wechsel in eine private Lehranstalt, das Lyzeum von Stockholm, in das er im Herbst 1861 eintrat, fand er endlich im Kreise von Mitschülern aus den vornehmsten Familien der Stadt ein Gefühl der Geborgenheit und einen Ort der Aussprache mit Gleichaltrigen, was zu Hause unmöglich war, da dort „alle Gefühlsausbrüche als Übertreibungen" abgetan wurden. In diesem Gymnasium interessierten ihn besonders die Naturkunde und die Sprachen mit Bevorzugung des Französischen.

Ein einschneidendes Erlebnis war der Tod seiner Mutter im März 1862, die an den Folgen einer fortschreitenden Lungentuberkulose starb. Im Testament warnte sie ihre Söhne vor den beiden für die „rechte Manneskraft" gefährlichsten Sünden, nämlich dem Laster der Trunksucht und dem Besuch von Hurenhäusern. Im Geiste eines pietistisch erzogenen Jungen berichtete er seinem in einem Pariser Internat studierenden Bruder Oscar: „Nun haben wir keine Mutter mehr. Sie starb in der Nacht von Mittwoch auf Donnerstag, wir alle waren bei ihr, doch sie war bewusstlos und erkannte uns nicht … Weine nicht allzu sehr oder zweifle nicht daran, dass es Gottes Wille war, sondern beruhige dich und tröste dich mit Gottes Wort, so wie wir es getan haben." Durch diesen für die Familie so schmerzlichen Verlust entwickelte sich zum ersten Mal ein herzliches Verhältnis in der bisher so schwierigen Beziehung zu seinem Vater. Doch als dieser schon nach einem knappen Jahr die um dreißig Jahre jüngere bisherige Erzieherin der Kinder, Mamsell Pettersson, zur zweiten Frau nahm – sie war nur vier Jahre älter als ihr ältester Stiefsohn –, blieben intrafamiliäre Spannungen nicht aus. August begann sich gegen seine familiäre Umwelt abzukapseln und flüchtete in ein pietistisches Sektierertum, das ihm unter anderem durch strenge Askese die erwachende Sexualität seiner Pubertätsjahre leichter unter Kontrolle zu bringen verhelfen sollte. In seinem autobiografischen Roman be-

August Strindberg im Alter von dreizehn Jahren; Zeichnung des Bruders Axel, 1862

richtet er, dass er während eines gemeinsam mit einigen Mitschülern verbrachten Sommeraufenthaltes am Mälarensee von einem älteren Kameraden zur Onanie verführt wurde und dieser Versuchung bereitwillig nachgab, „unwissend, ein Kind noch, das als einen von der Natur herzlich gern gewährten Genuss empfängt, was das göttliche Gesetz mit dem Tode bestraft". Dies ist einmal mehr ein Beispiel dafür, wie die christliche Kirche ihre Gläubigen durch ständige Hinweise auf Schuld und Sünde die natürlichsten physiologischen Vorgänge zu verbrecherischen Vergehen zu stempeln bemüht ist mit dem Ziel, die Abhängigkeit von der erlösenden Kirche immer mehr zu festigen. Auch diesmal war es ein verstiegener Heilsprediger, der bekannte deutsche Pietist Karl von Kapff, der die Onanie als „eine verheerende Pest und ein tödliches Gift" bezeichnete, welches das Blut der Opfer erbarmungslos schwäche und die Lebenskraft bedrohe. Nils Norman konnte in Erfahrung bringen, dass der junge Strindberg im Alter von dreizehn Jahren dieses sachlich gesehen geradezu lächerliche Machwerk gelesen hat, wodurch sein Sündenbewusstsein extrem gesteigert worden war. Da er jedoch dem Drang seines sexuellen Erwachens nicht widerstehen konnte, sah er mit Angst und Schrecken dem angeblich unvermeidlichen Schwund seines Rückenmarks entgegen.

Im Sommer 1866 betätigte er sich als Hauslehrer der Kinder eines reichen Gutsbesitzers, der mit einer adeligen Dame verheiratet war. Auf diese Weise gelangte er in die gehobene Gesellschaft, die ihm die Möglichkeit zur Jagd und zum Reiten bot. Eine besondere Auszeichnung wurde ihm zuteil, als man ihn eines Sonntags bat, in der Kirche die Predigt zu halten. Angeblich tat er dies mit solcher Überzeugungskraft und innerer Beteiligung, dass man ihn anschließend mit „Pastor Strindberg" ansprach. Dennoch musste er die kummervolle Erfahrung machen, dass er von der adeligen Gesellschaft trotz seiner geistigen Vorzüge im Grunde doch nur wie ein gemeiner Dienstbote behandelt wurde. Es wäre denkbar, dass sein Übermut beim Predigen zu dieser abwertenden Behandlung beigetragen haben könnte. Wissen wir doch, dass er es sich in einem weiteren Predigtversuch erlaubt hatte, gegen die Gnadenordnung und die Auffassung von der Göttlichkeit Christi Stellung zu nehmen – ein Hinweis dafür, dass er dem Pietismus nicht mehr allzu viel abgewinnen konnte und bereits im Begriff war, auf einen Agnostizismus zuzusteuern.

Im Mai 1867 bestand Strindberg mit Erfolg sein Abitur, um sich schon im Herbst des gleichen Jahres an der Universität in Uppsala zu immatrikulieren. Im dazwischen liegenden Sommer hatte er, der er als Privatlehrer in Stockholm tätig war, vermutlich seine ersten sexuellen Kontakte mit Frauen.

JAHRE DES SUCHENS

Nach einem Semester verdingte er sich im Frühjahr 1868 als Volksschullehrer – immerhin knapp eintausend Reichstaler für ein Jahr –, um sich dann auf das Medizinstudium mit Chemievorlesungen vorzubereiten. Gleichzeitig wirkte er als Statist am Königlichen Theater. In dieser Zeit wohnte er bei dem Arzt Dr. Lamm als Hauslehrer für dessen Söhne. Wie wir aus dem viel später entstandenen *Okkulten Tagebuch* erfahren können, nahm damals Dr. Lamm die operative Entfernung von drei hässlichen Muttermalen am Hals Strindbergs vor. Von größerer Bedeutung war allerdings für ihn sein Misserfolg beim Versuch, als Schauspieler am Theater angenommen zu werden. In seiner Verzweiflung über die ihm zugefügte Demütigung versuchte er sogar, sich mittels einer Opiumkapsel das Leben zu nehmen, was angesichts der zu erwartenden Wirkungslosigkeit derselben eher einer hysterischen Reaktion denn einer wirklichen Selbstmordabsicht gleichkam. In diesen Tagen machte Strindberg jedoch eine sein weiteres Leben bestimmende Entdeckung: Durch einen populären Roman angeregt versuchte er, seine wunde Seele dadurch zu heilen, dass er sein Erlebnis schriftlich in die Form einer Komödie goss. Er arbeitete wie im Fieber und vollendete das Stück in vier Tagen in der freudigen Erkenntnis, sein dichterisches Talent entdeckt zu haben. In diesen Tagen setzte auch im Gefühl seiner Berufung als Dichter seine Tätigkeit als einer der bemerkenswertesten Verfasser von Briefen großen Stils ein, in denen er freimütig seinen – zumeist männlichen – Empfängern intimste Bereiche seines Seelenlebens bekannte.

Bald entstand eine Reihe von Dramen, von denen jenes über den dänischen Bildhauer Thorvaldsen nach der Premiere am 13. September 1870 eine wohlwollende Presse verzeichnen konnte. Schlimm hingegen erging es dem Stück *Der Freidenker,* das eine katastrophale Rezension erhielt. Seine Enttäuschung war grenzenlos. In einem Brief an einen Freund schrieb er: „Urteile nicht zu streng über mich, vorgestern Abend war ich zu der Überzeugung gekommen, dass mein Leben verfehlt wäre und dass ich keine Zukunft hätte – die Giftflasche stand vor mir auf dem Tisch – ich war meiner nicht mehr mächtig – der Tod wäre mir eine Freude." Dieser Giftflasche begegnet man in zahlreichen späteren Briefen und autobiografischen Schriften immer wieder, wie er sich überhaupt in seinem Leben noch unzählige Male selbstmordbereit erklären sollte. Wie Strindberg berichtete, habe er sich im Herbst 1868 im Hause Dr. Lamms eine Ampulle Blausäure hergestellt, die er angeblich immer bei sich trug: „Sie zu besitzen war seltsam reizvoll. Der Tod, das Ende, in ein paar Tropfen unter einem Glasstöpsel." Man sieht, dass er schon damals depressive Anwandlungen hatte, in denen er mit dem Tod zu kokettieren begann. Alle seine Selbstmorddrohungen blieben deshalb, wie Peter Schütze schreibt, immer nur ein Flirt mit der Gefahr, in deren Nähe er sich gerne aufhielt. Vielleicht war dies mit ein Grund, warum er bereits damals von Vermutungen gequält wurde, geistesgestört zu sein. Man darf nicht übersehen, dass Strindberg 1870 den Selbstmord eines ihm persönlich Bekannten erlebte und in diesen Tagen der Tod um ihn herum spukte: „Er wagte nicht mehr, sein Zimmer zu besuchen, sondern schlief bei Kameraden. Eine Nacht lag er bei einem Freund. Der musste das Licht brennen lassen und wurde in der Nacht mehrere Male von Strindberg, der nicht schlafen konnte, geweckt."

Das geeignetste Mittel, ihn zu beruhigen, war das Dramatische Theater, das nur wenige Schritte von seinem Quartier entfernt lag und das er mehrmals in der Woche aufsuchte.

Insgesamt studierte Strindberg knapp sechs Semester in Uppsala. Er bestand zwar einige Prüfungen, doch in seinem Hauptfach Ästhetik fiel er durch, weshalb er sein inzwischen begonnenes Philosophiestudium aufgab und – ohne Abschlussexamen – im März 1872 Uppsala verließ, um sich in Stockholm ausschließlich als Schriftsteller zu betätigen. Trotz des ärmlichen Charakters der Umgebung, in welcher er ein Zimmer gemietet hatte, war er in einer Art „Feststimmung", wie es in seiner Autobiografie heißt: „Er fühlte sich zum ersten Mal frei und erfuhr eine Spannkraft des Geistes, von der er nichts gewusst hatte, weil sie noch nie in Anspruch genommen worden war." Um seinen Lebensunterhalt bestreiten zu können, schrieb er eine Reihe von Beiträgen im Stockholmer *Abendblatt,* doch sein vordringlichstes Interesse beanspruchte jetzt ein schon seit Herbst 1871 geplantes dramatisches Werk, mit dem er auf einen Schlag berühmt zu werden hoffte. Seine Vorbilder – auch wenn er sie später zum Teil wieder entthronen sollte – waren Schiller, Byron und Victor Hugo, dessen Auftreten gegen die Dummheit der Gesellschaft und die Pfaffenreligion ihm besonders imponierte, und in Skandinavien waren es Henrik Ibsen, Bjørnstjerne Bjørnson und Søren Kierkegaard. Strindberg schwebte vor allem ein nationales schwedisches Drama vor, in welchem das Leben und die Geschichte dieses Landes auf die Bühne gebracht werden sollte. Während des Sommers 1872, den er gemeinsam mit Freunden auf Kymmendö verbrachte, schrieb er innerhalb von zwei Monaten seinen *Meister Olof,* ein Drama über Olaus Petri, der als ein Lehrling Martin Luthers gemeinsam mit Gustav Vasas kräftiger Unterstützung in Schweden die Reformation durchgeführt hatte. In diesem Werk bekannte sich Strindberg eindeutig zur nationalen Tat, war jedoch nicht damit einverstanden, dass die Kirche nun zur Staatskirche wurde und auf diese Weise „das konservative Bollwerk aus Protestantismus und Monarchie" zu Stande kam. Deshalb musste er Olof in seinem Drama eine komplementäre weitere Hauptfigur an die Seite stellen, nämlich die eines revolutionären Mitkämpfers und Gegenspielers. In dieser Rolle wird die Idee der Kommune als jene der Zukunft dargestellt, womit sich Strindberg der Meinung der Stockholmer Zeitung *Dagens Nyheter* anschloss, die Welt hätte „dem Pariser Pöbel" 1870/71 den Sieg der freien Ideen zu verdanken. Eine solche Aussage war nicht ungefährlich, weil nicht nur in Schweden, sondern auch im übrigen Europa die Pariser Kommunarden als Mordbrenner und der Sozialismus als Pestepidemie bezeichnet wurden. So darf es nicht Wunder nehmen, dass *Meister Olof* vom Königlichen Theater abgelehnt wurde, umso mehr, als nach dem in diesem Monat erfolgten Ableben König Karls XV., der als aufgeklärter Skeptiker Toleranz und Verständnis modernen Ideen gegenüber an den Tag gelegt hatte, Oscar II. als Nachfolger gekrönt wurde, in dessen Regime „die Frömmelei Staatsreligion werden sollte", wie Strindberg in einem Brief bemerkte. Er unterwarf das Drama mehreren Überarbeitungen, mit denen er dem ersten gelungenen Wurf allerdings nur die Schärfe und die Brillanz nahm. (Das Original sollte erst am 30. Dezember 1881 in Stockholm am Nya Teatern uraufgeführt werden.) Seine Enttäuschung war grenzenlos und in einem Brief an Eugène vom 26. September 1872 nahm er wieder einmal Abschied vom Leben. Er beschrieb sich als geistig zerrissen und dem Wahnsinn nahe und war der ganzen Menschheit überdrüssig, da es „nur die Dummen, die Gewalttätigen und die Reichen seien, die auf der Welt siegen". Er nannte die zwei

Jahre nach *Meister Olof* eine Zeit der Erniedrigung, doch waren diese Jahre in Wahrheit für seine weitere Entwicklung eine Erfahrung von weittragender Bedeutung.

Zunächst begann er zu malen, nachdem ihm der Anschluss an die Stockholmer Bohème – eine Gesellschaft von jungen Malern und Bildhauern – gelungen war. Seine eigenwilligen Bilder mit ihrer unruhigen, kreisenden Pinselführung erregten später in Ausstellungen große Aufmerksamkeit und werden heute zu fast unerschwinglichen Preisen gehandelt. Er betätigte sich aber auch gleichzeitig als Journalist in der neuliberalen *Aftonposten,* wo er zur Literatur, zu gesellschaftspolitischen Fragen und zur Tagespolitik Stellung bezog. Außerdem versuchte er sich als Redakteur eines Versicherungsblattes. Alles in allem war dies der Anfang einer erfolgversprechenden Journalistenlaufbahn. Nach Zerwürfnissen mit dem Chefredakteur bewarb er sich um die Stelle eines „Königlichen Sekretärs" an der Königlichen Bibliothek, die ihm dann auch gewährt wurde. Da er jedoch als Archivar und Bediensteter der Bibliothek nicht genug verdiente, um sein Leben fristen zu können, arbeitete er weiterhin als freier Journalist. Er schloss sich einer Runde von Künstlern, Schriftstellern und Offizieren an, die sich bei ihren abendlichen Zusammenkünften, angeheizt durch reichlich Alkohol, in einem Extrazimmer von „Bern's Café" unverblümt und zynisch ihren Frust über die heuchlerische, frömmelnde und ultrakonservative Gesellschaft unter König Oscar II. und seiner Trabanten von der Seele reden konnten. Diesen „Kneipenraum" verewigte Strindberg später in seinem berühmten Roman *Das rote Zimmer,* das uns einen einzigartigen Einblick in die morsche oscarianische Gesellschaft vermittelt.

SIRI VON ESSEN

Strindberg übertrieb wieder einmal, wenn er mit der Ernennung zum Bibliothekar seinen Aufstieg vom Leben „des untersten Proletariers" in ein sozial angesehenes Milieu vorzugeben versuchte. Erhielt er doch jährlich nur den beschämend geringen Lohn von rund 150 Kronen, der nicht einmal die Jahresmiete seines bescheidenen Zimmers decken konnte. Dementsprechend klagte er in seinen Briefen fortwährend über seine von einem Schuldenkarussell beherrschte finanzielle Misere, weshalb er nicht ohne Grund beteuerte, dass „ihn der Fluch, den ganzen Tag arbeiten zu müssen, um essen zu können, zum entschiedenen Kommunarden gemacht" habe.

Über Strindbergs damaliges Verhältnis zum weiblichen Geschlecht sind wir nur sehr bruchstückhaft unterrichtet, da er im Gegensatz zu den intimen Berichten über seine Ehen von seinen übrigen Beziehungen kaum etwas verlauten ließ. Wie er selbst später schrieb, „beruhten Unruhe und Unlust nicht auf einem unterdrückten Geschlechtstrieb", denn seinen Trieben versagte er jetzt nichts. Neben der Masturbation und gelegentlichen Kontakten zu Prostituierten suchte er sexuelle Befriedigung auch bei Frauen, die, wie Lagercrantz sich ausdrückte, „besseren Herren zur Verfügung standen, ohne die Ehe zu fordern". Eine solche lockere rein erotische Beziehung nahm Strindberg im Dezember 1873 zu Ida Charlotta Olsson, einer Kellnerin, auf, die bis April 1875 seine Geliebte blieb. Als sie schwanger wurde, warf er ihr Untreue vor, nannte sie später eine „Hure" und machte sich auf brutale Weise von ihr los. Nachdem am 19. Dezember 1875 ein Knabe zur Welt kam, der auf den Namen Johan getauft wurde, lehnte er die Vaterschaft strikt ab. Der Vorname Johan, den auch Strindberg trug, spricht allerdings mit großer Wahrscheinlichkeit für seine Vaterschaft, wenngleich ein tatsächlicher Beweis dafür fehlt. Seine Rechtfertigung für die abrupte Trennung von Ida klingt nicht überzeugend, wenn er vorgab, sein Ideal wäre eine Frau, die Madonna und Mutter in einer Person verkörpere. Von seinem Freund Carl Larsson, dem später tonangebenden schwedischen Meister des Jugendstils in der Malerei, erfahren wir nämlich, wie rücksichtslos seine Auffassung von den Rechten und Pflichten des Mannes Frauen gegenüber gewesen ist. Auch Larsson schien wenige Jahre später ein „Dienstmädchen" aus armem Hause geschwängert zu haben, worauf ihm Strindberg einen in seiner Art besonders abstoßenden Ratschlag gab. Er meinte, zur Abfertigung eines solchen Wesens genüge ein „Fünfziger", der für „ein Jahr reicht, falls du dem teuren Kinderheim entgehst, und inzwischen kann das Kind ja auch sterben". Um die Niedertracht dieses zynischen Vorschlages noch zu unterstreichen, ermahnte Strindberg seinen Freund in einem Nachsatz: „Wenn du das nächste Mal ein Mädchen umlegst, vergiss nicht, etwas dazwischen zu legen."

In seiner unterprivilegierten Stellung als Bibliothekar träumte er nach diesem unerfreulichen Zwischenspiel von einer schönen Frau, womöglich aus adeligem Hause, die ihm mütterliche Zuneigung spenden sollte, und das Schicksal wollte es, dass er schon im Juni 1875 diesem Traumbild begegnen sollte. Es handelt sich um Sigrid von Essen, eine Finnlandschwedin, die mit dem schwedischen Offizier Freiherr Wrangel verheiratet war und die ihm von deren finnischer Freundin, der Pianistin Ina Forstèn, vorgestellt wurde. Siri war ein hübsches, verwöhntes Einzelkind, begeisterte Reiterin und in einer Pariser Klosterschule aufgewachsen. Ihre Erscheinung und ihr Auftreten waren eher knabenhaft und demnach weniger anmutig als aktiv auftrumpfend. Sie träumte von einer Karriere als Schauspielerin, was jedoch ihre Familie durchkreuzte. Durch den erhaltenen Briefwechsel erfahren wir von einem pikanten Dreiecksdrama: Hauptmann Wrangel hatte sich nämlich zur gleichen Zeit in Siris hübsche und blutjunge Cousine Sofie verliebt, während sich zwischen Strindberg und Siri eine aufkeimende Liebe entwickelte,

die allerdings zunächst hinter allen möglichen Masken verborgen werden musste. Bei gemeinsamen Ausflügen zu viert, während deren Wrangel Sofie zärtlich
liebkoste, bemerkte Strindberg jedoch bald, dass Wrangel es nur zu gerne sah,
wenn er dessen Frau eifrig hofierte. Um mit der Offiziersehre nicht in Konflikt
zu geraten, versuchte schließlich Strindberg, aus diesem gefährlichen Spiel rechtzeitig auszusteigen. Er beschloss, für einige Zeit nach Paris zu gehen, doch vor der
Abreise am 6. Oktober wurde es nun auch für Siri klar, dass „es nicht nur ein
Freund, sondern ein Geliebter war, von dem sie Abschied nahm". Noch schlimmer erging es Strindberg, der aus Liebeskummer bereits in Dalarö wieder das
Schiff verließ. Er schwamm trotz herbstlicher Temperaturen ins Meer hinaus und
„gedachte mit der Schläue eines Wahnsinnigen, in bester Ordnung ums Leben zu
kommen, indem ich mir eine Lungenentzündung oder etwas Ähnliches zuzog".
Vor Kälte schlotternd erreichte er über Umwege sein Quartier, von wo aus er unverzüglich die Familie Wrangel alarmierte, doch um Himmels willen zu ihm nach
Dalarö herüber zu kommen, um ihrem Freund zu helfen. Beunruhigt traf tatsächlich das Ehepaar Wrangel überstürzt ein, wo die Freifrau dann den bettlägerigen
Strindberg wie eine Mutter umsorgte.

Später schilderte er seine Reaktion während der kurzen, weil überraschend
abgebrochenen Reise auf dem Dampfschiff, das ihn nach Le Havre hätte bringen
sollen: „Ich hatte das Gefühl, dass ich den Boden unter meinen Füßen verlor, und
die Einsamkeit flößte mir eine unbestimmte Furcht vor allem und jedem ein." Er
schlief wie betäubt und „als ich erwachte, erinnerte ich mich nicht an einen Traum,
aber eine fixe Idee verfolgte mich, als sei sie mir während des Schlafes suggeriert
worden: die Baronin wieder sehen oder verrückt werden ... Ich kam zu der Überzeugung, dass ich wenigstens für Augenblicke an krankhafter Geistesstörung leide ... Auf der Höhe der Verzweiflung, in der Heftigkeit des Schmerzes, heulte
ich laut auf, während mir die Tränen unter meinen Augenlidern hervorsprangen.
Eine grenzenlose Sehnsucht, sie wieder zu sehen, ergriff mich. Und jetzt, da alles
zu Ende war, wollte ich sterben. Aber schlau, wie die Verrückten zu sein pflegen,
wollte ich auf eine gute Art umkommen, indem ich mir eine Lungenentzündung
oder etwas Ähnliches zuzog." Offenbar wurden durch den Gedanken, dass er verrückt sei, die Gewissensqualen betäubt und überdies fühlte er sich als Verrückter
nicht mehr verantwortlich. In Wirklichkeit wusste er ganz genau, dass er nicht
verrückt war. Sein Wunsch, sich selbst als geisteskrank zu sehen, entsprach wohl
am ehesten seinem Bedürfnis, sich interessant vorzukommen, vielleicht aber auch
seiner Neigung zu Selbstquälerei. War er doch schon 1872 in Uppsala, wo ihm
„das ganze Leben in dieser Kleinstadt zuwider war", auf den Gedanken gekommen, er sei im Begriff, verrückt zu werden, weshalb er damals an den Vorsteher
einer Privatirrenanstalt auf dem Lande schrieb, der ihn allerdings beruhigen konn-

te. Alles in allem kann man aus dieser Episode in Dalarö jedenfalls den einen Schluss ziehen, dass Strindberg in jenen Tagen eine ernste Seelenkrise durchmachte.

Nachdem es inzwischen Anfang Januar 1876 zu einem vollkommenen Bruch der Beziehung Strindbergs zu seinem Vater gekommen war, der beschlossen hatte, seine Firma zur Gänze seinem Sohn Oscar zu übergeben, und der Freiherr von Wrangel ein festes Verhältnis mit der Cousine seiner Frau eingegangen war, ergriff nun Siri ihrerseits die Initiative, indem sie Strindberg ihre Liebe erklärte. Er hatte nun das für ihn zunächst Unerreichbare doch erreicht, die „schönste Frau in Schweden" mit den „blauesten Augen, den kleinsten Füßen, dem blondesten Haar, der schönsten Stirn und den feinsten Händen" in Zukunft für sich allein zu besitzen. Nach einem bis ins Kleinste vorbereiteten Scheidungsdrama, das zur Wahrung der Offiziersehre Wrangels notwendig erschien, fand schließlich am 30. Dezember 1877 die Heirat Augusts und Sigrids statt. Sie war zu diesem Zeitpunkt bereits hochschwanger, weshalb sie später ihrer Tochter Karin Smirnoff gegenüber ihre damalige Situation als „widerwärtig" beschrieb. Hatten die beiden Eheleute doch vor, das Image der adeligen Abstammung von Siri dadurch über längere Zeit zu wahren,

Strindbergs erste Frau, Siri von Essen

dass sie in „demütigender Verborgenheit als heimlich Liebende" erst später ihre Ehe eingehen wollten. Als Grund ihrer Scheidung hatte Siri die Verwirklichung ihres Wunsches, Schauspielerin zu werden, angegeben. Und in der Tat wurde sie bereits im Juni 1877 für die kommende Spielzeit am Königlichen Theater in Stockholm engagiert. Nicht so günstig gestaltete sich das Schicksal Strindbergs, dessen *Meister Olof* sowohl vom Königlichen Theater wie auch vom Nya Teatern selbst in der nun vorliegenden Versform neuerlich abgelehnt wurde.

Am 21. Januar 1878 kam das Kind zur Welt, ein Ereignis, das Strindberg mit den Worten kommentierte: „Zum Glück bringt die Niederkunft zu verbergen Einigkeit in diesem Punkt, dass nämlich das Neugeborene in Erwartung eines geeigneten Zeitpunkts für die Adoption in Pension gegeben werden muss." Das Kind wurde allerdings, was er schamhaft verschwieg, als Spross unbekannter Eltern in das kirchliche Geburtenregister eingetragen und man darf annehmen, dass der bald darauf erfolgte Tod des Neugeborenen von den scheinheiligen Eltern deshalb eher mit Erleichterung zur Kenntnis genommen wurde. Noch ein Jahr davor, am 13. Januar 1877, hatte sich Siri beim Tod ihrer an Gehirntuberkulose verstorbenen vierjährigen Tochter aus erster Ehe wenigstens noch Vorwürfe gemacht, ihrem im Sterben liegenden Kind infolge ihrer vorbereitenden Arbeiten für ihr Probedebüt an der Schauspielschule nicht die notwendige Zuwendung und Liebe geschenkt zu haben. Angesichts solcher charakterlicher Schwächen wundert man sich nicht, wenn sie von ihrer Tochter Karin Smirnoff in deren lesenswertem Buch über ihre Mutter als „die Schlampe Siri" bezeichnet wurde. Strindberg selbst dürfte bei der Weglegung des Kindes im Januar 1878 doch ein schlechtes Gewissen davongetragen haben, vielleicht in Erinnerung daran, dass seine Eltern ja auch zwei Söhne aus ihrer vorehelichen Beziehung gehabt hatten, sein Vater jedoch keinen Augenblick ein Hehl aus seiner Vaterschaft gemacht hatte. Als ein späterer Rechtfertigungsversuch diente ein Schreiben an seinen Cousin Johan Oscar vom 11. April 1888, in welchem er sein Verhalten zu erklären versuchte: „Das Ziel der Unterbringung des Kindes bei einer Amme war, die heikle Stellung der Mutter und des Vaters als königliche Beamte zu schützen, und die Absicht war, das Kind zu gegebener Zeit aufzunehmen … Es ist wahr, dass dies vom Standpunkt der Courage als feige genannt werden kann, doch es war klug, zuerst die Eltern zu retten, ohne die das Kind nicht die geringste Zukunft gehabt hätte." Wie er das Thema auch zu drehen versuchte: „Weiter kann man sich kaum entfernen von jener Natur, die Strindberg bald als die einzig wahre Richtschnur des Menschen bezeichnen wird." Mit diesem Satz Lagercrantz' ist das Urteil über diese leidige Affäre gesprochen.

Das für Strindbergs literarischen Durchbruch entscheidende Werk, der Roman *Das rote Zimmer,* wurde just in jenem Monat Februar 1879 begonnen, in welchem sein inzwischen angehäufter Schuldenberg nur mehr durch einen Konkurs beseitigt werden konnte. Schon zehn Monate später war dieses Meisterstück der Prosa in den Buchläden zu finden. Mit illusionslosem Sarkasmus und humoristischer Verve entwirft Strindberg darin ein großartiges Mosaik des Lebens im Stockholm der Siebzigerjahre. Warfen ihm auch einige Kritiker seine entlarvende Bosheit und einen destruktiven Nihilismus vor, so wurde seine Darstellung der heuchlerischen, frömmelnden und selbstzufriedenen Moral dieser Epoche von so maßgebenden Beurteilern wie den Brüdern Brandes in Dänemark oder Ibsen in Norwegen als bemerkenswert hervorgehoben. In der angesehenen Zeitung *Afton-*

bladet sprach man von einem „Realismus, der immer mehr in Naturalismus übergeht" und bald einigte man sich, dass mit diesem Roman nun auch der „Naturalismus" des Émile Zola – dem Schöpfer dieses Begriffs – in Schweden Einzug gehalten hatte. Durch diesen Hinweis auf eine geistige Verwandtschaft mit Zola inspiriert, besorgte er sich unverzüglich dessen Roman *Die Schnapsbude* und fand darin gleichsam eine Vorwegnahme dessen, was er im *Roten Zimmer* erreichen wollte. Empfindlich wie er war, fühlte er sich dadurch geradezu desavouiert, weshalb er sich „eine Zeitlang hinter seinen kartografischen und orientalischen Studien versteckte". Man darf allerdings annehmen, dass dies weniger dem geistigen Wettstreit mit Émile Zola, als viel mehr der Scheu vor der Reaktion der schwedischen Gesellschaft anzulasten war. Jedenfalls regten ihn seine Studien in den historischen Archiven der Königlichen Bibliothek dazu an, kulturhistorische Stimmungsbilder in der als eine in Fortsetzung gedachten Sammlung *Alt-Stockholm* zu entwerfen. Schon bald wurde ein Verlag auf diese Serie aufmerksam, der ihm zehntausend Kronen für eine umfassende *Schwedische Kulturgeschichte* anbot. So entstand gemeinsam mit dem befreundeten Maler Larsson, der für die erforderlichen Illustrationen zu sorgen hatte, ein mehrbändiges Werk mit dem Untertitel „Ein Jahrtausend schwedischer Bildungs- und Sittengeschichte". Wenn es auch von Fachgelehrten als ein populärwissenschaftliches Sachbuch abgetan wurde, so stieß es doch rasch bei der Öffentlichkeit auf ein unerwartet großes Echo. Zu seiner freudigen Überraschung wurde Ende 1881 endlich auch sein *Meister Olof* gespielt und allmählich begann sich eine jugendliche Anhängerschaft um ihn zu gruppieren, die ihm als Repräsentanten der Gesinnung einer künftigen Mehrheit des Volkes galten. Zu diesen von Strindberg als das „Junge Schweden" getauften Anhängern zählte auch der junge Hjalmar Branting, welcher der führende Kopf der schwedischen Sozialdemokratie werden sollte. Angefeuert von dieser stürmischen Jugend fühlte sich Strindberg dazu berufen, sich denen anzuschließen, die „mit der Waffe in der Hand von unten kommen" und als ein solcher ideologisch radikaler Bundesgenosse bezog er sich immer häufiger auf die Parolen jener Plattform, die im Dynamit, der Erfindung Alfred Nobels, „die Terroristenwaffe par préférence seiner Zeit" erblickten.

Literarisch eröffnete er den Krieg gegen die konservative Front mit den satirischen Schriften *Das neue Reich,* die in zehn Kapiteln eine moderne schwedische Sittengeschichte in der Art von Voltaires *Candide* darstellen, in welchen er in der Respektlosigkeit eines Mark Twain die schwedische Gesellschaft als eine Ansammlung von Gaunern schildert, die hinter leeren, lügenhaften Worthülsen über Gott und Vaterland ihre ausbeuterische, persönliche Geldgier und ihren Machtrausch verbergen. Kein Wunder, dass dieses Buch mit dem Untertitel „Satirische Schilderungen aus dem Zeitalter der Attentate und Jubelfeste" bei seinem Erscheinen im September 1882 wie ein Blitz in das schwedische Establishment fuhr. Sogar liberale Zeitungen meinten, er habe vielleicht die Grenzen des guten Geschmacks überschritten und der *Figaro* begrüßte deshalb auch den angeblichen Entschluss Strindbergs, sich „auf Grund beginnender Geistesverwirrung" ins Ausland abzusetzen. In jener Zeit sah er sich und seine Familie – die inzwischen um die beiden Töchter Karin und Greta erweitert war – einer Flut von hämischen Zeitungsartikeln und anderer Infamien ausgesetzt. Zum ersten Mal begegnen wir in diesem Oktober 1882 einer fast paranoiden Überreaktion seines maßlos empfindlichen Selbstgefühls auf das an sich ganz reale Geschehen solch aufgebrachter Pressestimmen, indem er sich regelrecht bedroht fühlte. In einem Brief an Edvard Brandes heißt es: „Sie beschimpfen meine kleinen Töchter, wenn sie ausgehen, sie schicken schmutzige Briefe, die besten unter ihnen senden anonyme Post, die schlimmsten intrigieren gegen die Karriere meiner Frau." Aus dem Briefverkehr mit Brandes geht übrigens hervor, dass Strindberg sich schon vor dem Eklat mit seinem *Neuen Reich,* nämlich im Sommer 1882, mit dem Gedanken trug, Schweden zu verlassen, was dem *Figaro* offenbar zugespielt wurde und – zeitversetzt – zu der beleidigenden Notiz in diesem Blatte geführt hatte.

Inzwischen gestaltete sich die Schauspielerlaufbahn Siris nicht nach Wunsch. Schon im Frühjahr 1881 fand ihr Engagement am Königlichen Theater sein Ende. Angeblich bemühte sich Strindberg noch einige Zeit hindurch, ihr geeignete Rollen zu verschaffen, doch laut Aussage seiner Schwester Anna hätte er sich nie mit Leib und Seele für ihre Theaterlaufbahn eingesetzt, „weil er eine fast kindliche Angst um Siri hatte". Als sie zu Beginn des Jahres 1882 zu einem Gastspiel nach Finnland reiste, machte ihm seine Eifersucht so zu schaffen, dass er sie unter Vortäuschung einer ernsten Erkrankung zum vorzeitigen Abbruch ihrer Tätigkeit im Ausland veranlasste. Dass seine Eifersucht nicht ganz unbegründet gewesen sein mag, beweist ein Hinweis in seiner *Beichte eines Toren,* wonach ihm Siri Jahre später in der Tat einen Seitensprung zugegeben hätte. Jedenfalls schrieb er schon unmittelbar nach Beendigung des *Neuen Reiches* für seine Frau sein erstes Ehedrama, *Ritter Bengts Gattin,* mit welchem sein so oft zitierter Kampf gegen „die große Farce, die man Frauenfrage nennt", seinen Anfang nahm. Mit diesem Drama setzte er ein Gegenstück zu Ibsens *Puppenheim,* wobei er die seiner Gattin zugeeignete Rolle durchaus als „Huldigung an die Frau" verstanden wissen wollte. Diese Einstellung bedeutete eine bemerkenswerte Änderung seiner Vorstellungen von Ehe und Familie, für die ohne Zweifel seine beiden Töchter verantwortlich zeichneten. Die Erneuerung des eigenen Lebens erblickte er nun in den Kindern, die durch ihre Existenz der bürgerlichen Ehe deren natürliche Rolle zuwiesen. Im Einklang mit der Gesellschaftskritik Jean-Jacques Rousseaus betrachtete er die Emanzipationsbestrebungen der Frau bloß als eine „Dekadenzerscheinung". Das Aufziehen von Kindern mache die Frau nicht zur Sklavin, sondern im Gegenteil: Sie sei dann die Mutter „und darum ist sie auch die Herrin der Welt. Und die Freiheit, die sie jetzt verlangt, das ist dieselbe Freiheit, die alle Männer verlangen."

Im Herbst 1882 nahm er unter dem Titel *Schwedische Schicksale und Abenteuer* eine Reihe von Novellen in Angriff und im Frühjahr 1883 beschloss er, sein literarisches Œuvre mit einer Sammlung von Gedichten zu bereichern, die vor allem durch das bekannte Gedicht *Lokes Schmähungen* seinen revolutionären Geist verraten. Die Novellensammlung war noch nicht abgeschlossen und auch der Gedichtzyklus stand erst am Beginn seiner Entstehung, als Strind-

Der norwegische Dichter Henrik Ibsen

berg am 12. September 1883 beschloss, mit seiner Frau, den beiden Kindern und der Haushälterin Schweden in Richtung Frankreich zu verlassen. Grund dafür war eine unter einem Pseudonym veröffentlichte Broschüre, in welcher Strindbergs privateste Angelegenheiten – sein vorausgegangener Konkurs, gewinnträchtige Spekulationen im Buchhandel mit seinem *Neuen Reich* und seine Verehelichung mit einer geschiedenen Frau – bis zur Unkenntlichkeit verzerrt in einer besonders miesen Aufmachung einem sensationslüsternen Publikum vorgeführt wurden. Diese hinterhältige „Racheaktion" hatte immerhin auf die Familie Strindberg die beabsichtigte Wirkung.

Ursprünglich war nur geplant, den Winter über im Ausland zu bleiben, um dort in Ruhe die Geburt des dritten Kindes abwarten zu können. Entgegen allen Erwartungen blieb Strindberg bei ausgezeichneter Laune, wie ein brieflicher Bericht vom 18. September 1883 bezeugt: „Ich habe in meiner Eigenschaft als Schmutzautor besonders die Hoteltoiletten studiert." Dort lesen wir auch, dass er Magenschmerzen in Deutschland mit „Austern und Rheinwein im Rathskeller zu Lübeck und dito im guten Rathskeller zu Bremen" rasch zum Verschwinden bringen konnte. Erstes Reiseziel war die Kleinstadt Grez par Nemours südlich von Paris, wo er inmitten einer schwedischen Künstlerkolonie gemeinsam mit Larsson fröhliche und ungezwungene Ferienwochen verbrachte, um dann in die französische Hauptstadt zu übersiedeln, in der er sich bald mit Bjørnstjerne Bjørnson, dem bekannten norwegischen Dichter, anfreundete. Erst im Januar 1884 nahm die Familie in der französischen Schweiz nahe von Lausanne ihren neuen Wohnsitz ein, wo Siri am 3. April von ihrem Sohn Hans entbunden wur-

de. Dieser Aufenthalt in der Schweiz wurde Strindberg ermöglicht durch die Überweisung von zweitausend Kronen, die ihm die Aufführung seines Stücks *Glückspeters Reise* – eine Art Antwort auf Ibsens *Peer Gynt* – einbrachte. Jahre später schilderte er in einem Brief den Aufenthalt in der Schweiz „wie einen jahrelangen Sonntag", und der Geist Rousseaus, der über dieser Region schwebt, beflügelte ihn in jeder Weise. Er nahm angeblich keine stärkeren alkoholischen Getränke als Rotwein zu sich. Er beschloss sogar, Fechtstunden zu nehmen und regelmäßig zu reiten. Vor allem letzteres bereitete ihm unendliches Vergnügen, wie

August und Siri Strindberg

wir einem Bericht nach Schweden entnehmen können: „Was für eine Luft! Ich atme bis in die Hoden hinunter! Hier, weißt du, sitzt man nicht auf einem Pferd und hoppelt im Droschkentempo, sondern hier zu Lande reitet man so, dass das Pferd wie ein Leibriemen über der Landstraße liegt."

Da Strindberg bereits im August 1882 formell den Dienst in der Königlichen Bibliothek quittiert hatte und seither ausschließlich auf die Erträge aus seinen Dichtungen angewiesen war, begann er auch in der Schweiz mit der Abfassung von Artikeln politisch-sozialen Inhalts, mit denen er nach seinen eigenen Worten „das Horoskop der Zeit" aufstellen wollte. Er nahm aber auch intensiven Unterricht in der französischen Sprache, in welcher er später sogar einige seiner Werke zu schreiben vermochte. Seine Pläne überschlugen sich fast, wie er ja überhaupt einen Willen hatte, der stoßweise arbeitete – und dann geradezu fanatisch. Er lebte sozusagen impressionistisch, für den Augenblick, in Schwärmerei. Es ist deshalb auch charakteristisch für Strindberg, dass er zahlreiche Berufe oft schnell nacheinander aufnahm, dann aber wieder fallen ließ, da er in keinem Genugtuung finden konnte. Er war Student, Lehrer, Journalist, Bibliothekar, Schauspieler, doch fand er in diesen Berufen nirgends die lebensformende Erfüllung. Die Geburt seines Sohnes weckte in ihm die Lust zur Versöhnung mit der Gesellschaft, weshalb er schon eine Woche nach diesem freudigen Ereignis mit seinem Novellenzyklus *Heiraten* begann, den er bereits im Herbst abschließen konnte. Es handelt sich dabei um Ehemotive, die er teils seriös, teils satirisch behandelt und die alle dem gleichen Grundtenor folgen. Bei allem Respekt vor der Frau und der Mutter herrscht die Moral vor, „dass die jetzige Bemühung der Frauenemanzipation ein Aufstand gegen die Natur ist, der sich strafen wird". Beim Abfassen dieser Novellen geriet Strindberg in einen Zustand, der ihn selbst beunruhigte, weshalb er an den mit ihm befreundeten norwegischen Schriftsteller Jonas Lie schrieb: „Ich glaube manchmal, dass ich selbst in einem Irrenhaus enden werde, denn ich werde zuweilen völlig wild, wenn ich an die Idiotie der Welt denke." Das Bewusstsein seiner zunehmenden schöpferischen Kräfte begann sein Selbstwertgefühl in unangemessene Regionen zu steigern, wenn er etwa in einem Brief an Bjørnson versichert, dass er sich ein solches Ansehen verschaffen werde, „dass meine Landsleute auf jedes Geräusch meiner gestärkten Hemdbrust lauschen werden und dass man telegrafieren wird, wenn ich niese". Dieses bedenkliche Gehabe Strindbergs blieb auch seiner engeren Umgebung nicht verborgen. Wir besitzen von Helene Welinder, der Schwester des Arztes und Besitzers jenes kleinen Hotels, in welchem die Familie Strindberg untergebracht war, eine Beschreibung, die sie 1912 in Form eines Aufsatzes veröffentlichte. Darin schildert sie, dass sie zwar auch das Misstrauen der Zeitgenossen gegen ihn geteilt hätte, dass sie jedoch ihre Meinung durch die persönliche Bekanntschaft mit ihm revidieren musste: „Ich wurde von einem ungeheuren und, wie mir schien, völlig unmotivierten Mitleid ergriffen. Es kam mir unerklärlich vor, denn belebt vom Spaziergang sah er weder schlecht noch traurig aus." Frau Welinder sprach von der feinen, rücksichtsvollen Art seines Auftretens, von einem wehmütigen Lächeln und etwas Undefinierbarem, was ihr den Eindruck vermittelte, dass „er zu denjenigen gehörte, die gleichsam prädestiniert zu einem mehr als gewöhnlichen Maß von Leiden sind".

Im Herbst 1884 sollten die zwölf Novellen *Heiraten I,* seiner Meinung nach „das bemerkenswerteste Buch, das geschrieben wurde", erscheinen. Gleich zu Beginn steht die stärkste dieser Novellen mit dem Titel *Lohn der Tugend,* die abgeleitet von autobiografischen Erlebnissen den Leidensweg eines Mannes, verursacht durch falsche Erziehungsmaßnahmen und eine unglückselige religiöse Vergewaltigung in seiner Jugend, schildert. Im Grunde waren es Bücher von der Art der Schriften Kapffs, denen er hier den Kampf ansagte; was allerdings weder der Autor noch der Verleger Bonnier erwartete, war die schon wenige Tage nach der Auslieferung erfolgte Beschlagnahme des Buches im Verlag auf Anordnung des Justizministers.

Gleichzeitig wurde gegen Strindberg Anklage erhoben wegen „Gotteslästerung und Verspottung von Gottes Wort und der Sakramente“. Strindberg hatte zunächst nicht vor, sich zur Verhandlung in Stockholm persönlich einzufinden. Vielmehr wollte er seine Antwort auf die Klage in Gestalt einer Broschüre drucken und versenden lassen, da er – wie er Bonnier

Strindberg bei seinem Prozeß in Stockholm

mitteilte – in seinem Kampf gegen die Richter, die Presse und die Päderasten auf aussichtslosem Posten stehen würde. War ihm doch während seiner Tätigkeit in der Königlichen Bibliothek klar geworden, „dass der halbe Oberste Gerichtshof aus Päderasten besteht“. Doch obwohl ihn sein Leben lang die Vorstellung, in einem Gefängnis festgehalten zu werden, wie ein Alptraum verfolgte, willigte er auf Drängen seiner Gattin und seines Verlegers Bonnier Anfang Oktober doch ein, persönlich vor dem Gericht zu erscheinen. Überall wurde Strindberg mit Kundgebungen empfangen, im Nya Teatern, wo ihm zu Ehren *Glückspeter* aufgeführt wurde, spielten sich unbeschreibliche Huldigungsorgien ab und sogar Akademiker von der Universität Uppsala ergriffen für ihn Position. Offenbar vor diesem unerwarteten Hintergrund entschloss sich das Gericht am 17. November nach intensiven Beratungen, Strindberg freizusprechen. Einer der ausschlaggebensten Geschworenen war Sven Hedin, der „Rechtsombudsmann“ des schwedischen Volkes. Schon am folgenden Tag bestieg Strindberg den Nachtzug, um wieder in den Süden, zurück in die Schweiz, zu reisen, wo er Siri krank hatte zurücklassen müssen.

August Strindberg

JOHAN AUGUST STRINDBERG

In der Schweiz angekommen, schrieb er in einem der fingierten *Arrestreise-Briefe* vom Juni 1884: „Schweden gehört nicht zu Europa: es ist ein Annex, eine Kolonie, und alle seine Entwicklungsprodukte sind Importartikel. Das Vaterland ist verschmerzt." Doch wenn er auch von seinem früheren Patriotismus einiges eingebüßt hatte und sich allmählich als Europäer sah, der von einem „europäischen Staatenbund" träumte, blieb Schweden im Grunde seines Herzens sein Heimatland. Sein immer wieder auftauchendes Heimweh galt allerdings dem Land selbst und nicht dessen Bewohnern. Weltanschaulich bekannte er sich mittlerweile offen zum Atheismus und gesellschaftspolitisch begriff er sich als Sozialist, der sich überwiegend an den älteren Sozialisten Jean-Jacques Rousseau, Claude-Henri Saint-Simon und Louis Blanc orientierte, während er dem Industriesozialismus eines Karl Marx eher misstraute. Vollends bestärkt in diesen Ideen wurde er durch das Erlebnis einer wahren „Volksmanifestation" anlässlich des Begräbnisses von Victor Hugo im Mai 1885. Während der für Armenbegräbnisse vorgeschriebene einfache Leichenwagen durch Paris zog, „wurden die Priester im Panthéon an die Luft gesetzt" und – wie Edmond de Goncourt, der Schöpfer des literarischen Impressionismus, in seinem Tagebuch fest hielt – das Ereignis mit „Fruchtbarkeitsorgien auf den Champs-Élysées gefeiert, wo sich auf den Grasflächen alle Huren der Stadt gratis feilboten".

Strindberg stellte das kommende Jahr 1886, in welchem er kritisch Rechenschaft abzulegen beabsichtigte, völlig in den Dienst einer sozialpolitischen Erneuerung. In diesem Sinne sah er sich verpflichtet, auch seine eigene Person schonungslos und mit fast brutaler Offenheit seinen Mitmenschen zu präsentieren. Das Ergebnis dieser Enthüllungen war sein vierteiliger autobiografischer Roman *Der Sohn der Magd,* der im Dezember 1886 fertig gestellt wurde. Mit dieser autobiografischen Abrechnung hoffte er, seine „Sklavennatur" überwinden zu können sowie Sicherheit und Kraft den Frauen gegenüber zu gewinnen, weshalb er zuversichtlich erklärte, „dass ich mich emanzipiert, das heißt, auf meine männliche Würde geachtet habe". Diese Methode der Selbstanalyse übertrug Strindberg nun auch auf das Drama, wie dies an der Tragödie *Der Vater* deutlich zu erkennen ist. Die klassischen dramatischen Ehekonflikte weichen hier dem „modernen Seelenmord und psychischen Selbstmord. Der Kampf um die Macht entwickelte sich aus einem rein körperlichen (Gefängnis, Folter, Tod) allmählich zu einem eher psychischen, der deshalb aber nicht weniger grausam ist." In seiner Novellenreihe *Vivisektionen* beschäftigen ihn die psychischen Möglichkeiten der Beeinflussung einer Person durch eine andere, angefangen von „unbewussten Plänen" bis zum „legalen Mord". Der Dialog wurde so zum Schauplatz psychologischer Streitgespräche.

ENTWICKLUNG EINER EHEKRISE

So wie Strindberg im *Sohn der Magd* an seiner eigenen Person schonungslos manche Indiskretionen bekannt gab, so scheute er sich auch sonst nicht, lebende Zeitgenossen in leicht durchschaubarer Weise zu porträtieren. In seinem Drama *Der Vater* schilderte er Szenen, die sich unverkennbar in seiner eigenen Ehe abgespielt hatten. Eines der Motive in diesem Drama betrifft den Verdacht der Ehefrau, ihr Mann sei geistesgestört. In der Tat hatte nämlich Siri Ende 1886 wegen des auffälligen Verhaltens ihres Gatten einen Arzt konsultiert, was bei Strindberg den Verdacht auslöste, sie wolle ihn in ein Irrenhaus bringen lassen. War ihm doch selbst der Gedanke nicht fremd, wahnsinnig zu werden. Man weiß natürlich nicht, ob er sich tatsächlich so merkwürdig benommen hatte, dass ihn seine Frau für krank hielt, oder ob er sich in einer krankhaften Eigenbeziehung fälschlicherweise als geisteskrank behandelt fühlte. Nach seiner Ankunft am Genfer See im Januar 1884 schrieb er: „Vom ersten Augenblick stellt sie sich als die Wärterin eines ruhigen Irren vor. Sie macht Bekanntschaft mit einem Arzt, unterrichtet Wirt und Wirtin, warnt sogar die Kellnerin, Dienstboten, Pensionäre. Ich versuche es also mit Fremden. Leider schont man mich in der Unterhaltung, wie man einen Irren schont. So schweige ich denn drei Monate hintereinander." Dieses Schweigen unterscheidet sich von seinen bisherigen Gepflogenheiten bei Ehekonflikten. Während er seiner Frau sonst in aggressiver Weise entgegengetreten war, schwieg er jetzt. Wenn auch schon früher Strindbergs Eifersucht zu Ehestreitigkeiten Anlass gegeben hatte, so war dies eben auf seine Überempfindlichkeit gegenüber Kränkungen zurückzuführen, die nichts mit einem psychotischen Zustand zu tun hatte. Diesmal traten jedoch eindeutige Beziehungsideen auf, wenn er von sich sagte: „Ich bin auf dem Punkt, ein Schwachsinniger zu werden und die ersten Zeichen des Verfolgungswahns treten auf." Dieser psychotische Zustand klang zwar wieder ab, sodass er im Herbst 1884 erfolgreich gegen seine Anklage in Stockholm auftreten konnte. Dass er nicht nur wieder völlig gesund gewesen sein musste, sondern auch krankheitseinsichtig war, beweist ein Brief an seinen Freund Jonas Lie vom 30. April 1885: „Die Einsamkeit in der Schweiz schadete mir; ich glaubte mich verfolgt und sah überall Verrat, sah nur Feinde, die mir auflauerten. Durch diese Verhältnisse brach ich alle Verbindungen mit der Welt ab und auch mit dir."

Mit dem Drama *Der Vater* hoffte Strindberg wohl, im Sinne eines selbsttherapeutischen Aktes seinen gefährdeten Zustand auf literarischem Wege unter Kontrolle gebracht zu haben. In diesem Sinne ist der Brief an Edvard Brandes vom Dezember 1886 zu deuten: „So lebe ich nach vielen innerhäuslichen Stürmen mit den Meinen das bezauberndste Familienleben, und das Kurioseste ist, dass unsere Liebe blüht wie in der ersten Zeit unserer Ehe … Doch zuvor musste ich mein Haus von allen diesen verdammten modernen Damen säubern, die meine Ehe eine Zeitlang unerträglich gemacht haben." Mit diesem letzten Satz zielte er auf Marie David, deren Mutter die Geliebte des bekannten dänischen Kritikers Georg Brandes war und die wahrscheinlich dieser Beziehung ihr Dasein verdankte. Ob Strindbergs Anklage in der *Beichte eines Toren,* wonach Siri ein lesbisches Verhältnis mit Marie David unterhalten haben soll, auf Wahrheit beruht, kann natürlich nicht nachgeprüft werden. Fest steht nur, dass Strindberg während des Aufenthaltes der Familie in Grez infolge des engen Kontaktes zur schwedischen Kolonie ein „fast decameronisches" Leben führte und dort neben einigen Tänzerinnen auch die Malerin Sofie Holten sowie die rothaarige junge Marie David kennen lernte. Dort tauchte erstmalig das Gerücht einer lesbischen Beziehung zwischen diesen beiden jungen Damen auf und in einem Brief des Malers Karl Nordström, eines namhaften Vertreters der nordischen symbolistischen Stimmungsmalerei, findet sich auch ein Hinweis auf ein mögliches ähnliches Verhältnis Marie Davids zu Siri. Die entsprechende Stelle in diesem Brief besagt nämlich, dass Nordström „es nicht ertrage, das David-Siri'sche Getatsche mitanzusehen, ohne Brechreiz zu bekommen". Wenn auch Beweise für daraus gezogene Schlussfolgerungen fehlen, so dürfte zweifellos die zweideutige Beziehung zwischen Marie und Siri die Eifersucht Strindbergs weiter angeheizt haben. Man darf aber wohl auch den Einfluss des Alkohols bei Strindbergs Beziehungsideen nicht außer Acht lassen, wie sie in seiner bis zum Wahnhaften gesteigerten Eifersucht beschrieben wurden. Erzeugt doch Alkohol eine Trübung des Bewusstseins und damit eine Bereitschaft zu traumhaften Erlebnissen. Erklärend bestätigte er im Frühjahr 1886, dass er trinke, um die Nerven zu beruhigen, womit er wohl die im März seinem Freund Looström gegenüber geäußerte Mitteilung entschärfen wollte, er trage stets einen Revolver in der Hosentasche und „nähre Misstrauen gegen alle Menschen". Karin Smirnoff, seine Tochter, glaubte deshalb Strindbergs illusionäre Verkennungen in diesem Winter damit erklären zu können, dass ihr Vater nach einer „absoluten Nüchternheitsperiode begonnen hat, Absinth zu trinken".

Im Januar 1887 zog die Familie in eine Villa nahe Lindau am Bodensee. Die Ehe verlief nach außen hin harmonisch, wenn es auch zwischendurch immer wieder Auseinandersetzungen wegen Siris verschwenderischen Ausgaben und ihrem Alkoholkonsum gab. Man darf nicht vergessen, dass für seine Gattin der Aufenthalt im Ausland das Ende ihrer Theaterkarriere bedeutete, was nicht unbedingt zur Beseitigung ihrer inneren Unruhe und Unausgeglichenheit beitrug. Dies erkannte wohl auch Strindberg, der im Mai nach Kopenhagen reiste, um ein eigenes Theater zu gründen, in welchem seine Frau, „die sich in Stockholm als eine große Schauspielerin erwiesen hat", wieder ihre künstlerische Tätigkeit fortsetzen könnte. Dieses Vorhaben konnte allerdings nicht realisiert werden und das weiterhin unerfüllte Versprechen bei der Eheschließung, für ein freies Künstlerdasein seiner Frau zu sorgen, lastete somit unverändert auf seinem Gewissen. Möglicherweise hat Karin Smirnoff recht, wenn sie darin die eigentliche Ursache seiner Einstellung zur Frauenfrage erblickte, wie er sie in *Heiraten* dargelegt hat.

Wie Boethius in seiner Schrift *Strindberg und die Frauenfrage* aufgezeigt hat, hielt Strindberg sexuelle Enthaltsamkeit für bedenklich und es kann kein Zufall sein, dass ausgerechnet ab dem Jahre 1884, in welchem die sexuelle Basis seiner Ehe zu schwanken begann, sexuelle Not zu einem bevorzugten Thema wurde. Schon vor der Veröffentlichung von *Heiraten* gestand er in einem Brief an Looström vom 13. September 1884, dass er von der Frauenfrage besessen sei. Gleichzeitig wies er jedoch auf sein Dilemma hin, bei all seinem Frauenhass nicht ohne eine Frau leben zu können. Die Prostituierten sah er eher als barmherzige Samariter, die den sexuell Notleidenden ihre Hilfe anboten und damit „ihren Teil der Aufopferungsfähigkeit, zu der das weibliche Geschlecht auserwählt ist, verrichten". Nach dem Prozess von Stockholm wurde seine Sprache noch derber und direkter, wobei die Zielscheibe für seine Beleidigungen und Unterstellungen nun für jedermann erkennbar seine eigene Frau wurde. Während der Jahre 1886 und 1887 erreichten seine Hasstiraden den Kulminationspunkt. Im zweiten Teil von *Heiraten* werden die Frauen zugleich als verbrecherisch und wahnsinnig beschrieben und in der abschließenden Novelle schilderte er Siri als talentlos, als Alkoholikerin und als eine rohe, herzlose und zynische Frau, die ihre Kinder vernachlässigte und nicht eine Spur Mitgefühl dem sich für die Familie abrackernden Schriftsteller gegenüber zeigte. Die Freunde der beiden Eheleute waren entsetzt, auf welch ekelhafte Weise Strindberg seine Gattin mit Unflat und Schmutz beworfen hatte und manche hielten diese Schlussnovelle für einen Ausfluss von Wahnsinn. Zu all diesen Beschuldigungen und Ausbrüchen von Eifersucht ließ er sich schließlich sogar – zu seinem eigenen Entsetzen – zu Handgreiflichkeiten hinreißen. In der *Beichte eines Toren* kommentierte er dies 1888 als „ein Sakrileg, einen Mordanschlag, ein Verbrechen wider die Natur, eine Frau zu schlagen, eine Mutter". Neben solchen verbalen und handgreiflichen Angriffen ließ er in seiner krankhaften Eifersucht in Schweden überdies Nachforschungen anstellen, die frühere Seitensprünge seiner Gattin beweisen sollten. So bat er den Journalisten Pehr Staaff, der ihm in den Achtzigerjahren zahlreiche Dienste erwiesen hatte, den Doktor Forrsberg, der Siri mit Massagen behandelt hatte, auszuhorchen, und Beweise erhoffte sich auch durch eine Unterredung mit Mauritz Svedberg, einem Schauspielerkollegen Siris, den er einmal in der Garderobe seiner Frau angetroffen hatte. In einem der Briefe gestand Strindberg auch, dass er Siri handgreiflich insultiert habe. Diese Szene, die in der *Beichte eines Toren* den Höhepunkt bildet, wird uns von Karin Smirnoff als Augenzeugin im Detail geschildert: „Demnach warf Strindberg Siri um und – das eine Knie auf ihrer Brust – als sie auf den Rücken lag, schlug er sie mit der Faust. Ich saß so, dass ich ihr Gesicht direkt unter meinem hatte, erinnerte mich aber nicht, dass sie geschrien hätte, nur, dass sie ihn mit großen, tiefen Augen starr ansah, ohne einen Laut von sich zu geben. Wir begannen zu weinen und zu brüllen Papa! Papa! in hilflosem Entsetzen." Von diesem Augenblick an empfand Siri Angst vor ihrem Gatten und in der Überzeugung, er sei geisteskrank, wandte sie sich dann auch an einen Psychiater, wie bereits weiter oben erwähnt wurde.

Wahrscheinlich um seine Scham zu überdecken, flüchtete Strindberg in ein Gebaren übersteigerter Männlichkeit, indem er Pehr Staaff versicherte, Siri hätte seine Begierde im Anschluss an die Züchtigung leidenschaftlicher erwidert als je zuvor, denn schon immer hätte sie ihn als Schriftsteller gering geschätzt, während sie seiner Männlichkeit stets Bewunderung entgegen brachte. Um diese seine Männlichkeit auch objektiv unter Beweis stellen zu können, begab er sich sogar zu einer Phallusmessung nach Genf, wie er in seinem Brief an Staaff fortfährt: „Gereizt bis in die Geschlechtsdrüsen reiste ich nach Genf und nahm einen Arzt mit in ein Bordell. Legte die Kraftprobe ab, die ich den ,Raub der Proserpina' nennen würde. Untersuchte meinen Samen, der für fruchtbar befunden wurde, und wurde in erregtem Zustand gemessen (= 16 x 4 Zentimeter)." In ähnlicher Weise reagierte er übrigens bereits in seiner Jugend. Nachdem er „lächerlich gemacht" worden war, unterzog er sich in Gegenwart von Zeugen „einer Schwanzmusterung", bei welcher er von „der Hure Vita Björn ,Genügend', doch ,sine laude' erhielt".

Sein Hass gegen die „Lohnhure" Siri steigerte sich in einigen Briefen an Staaff weiter, um schließlich in der erst im Jahre 1973 im Nachlass Edvard Munchs entdeckten Version der *Beichte eines Toren* einen Höhepunkt zu erreichen: „Ich will den Gesetzgebern empfehlen, sorgfältig Konsequenzen zu erwägen, die es mit sich bringen, wenn man Halbaffen, niederen Lebewesen, kranken Kindern, zur Zeit der Menstruation dreizehn mal im Jahr krank und verrückt, während der Schwangerschaft vollkommen wahnsinnig und für den Rest ihres Lebens nicht verantwortlich, unbewussten Verbrechern, Kriminellen aus Instinkt, unwissentlich bösartigen Tieren die Bürgerrechte zugesteht." Wenn er Siri auch gebeten hat, niemals seine Bücher zu lesen, wurde ihr sicher so viel davon zugetragen, dass sie sich nicht nur tief gekränkt fühlen, sondern darüber hinaus für ihn Verachtung empfinden musste und sich verständlicherweise in einen „Eisberg" verwandelte, im täglichen Umgang ebenso wie im Ehebett. Vor allem aber fürchtete sie den vollen Ausbruch eines Wahnsinns.

In dieser stürmischen Ehekrise begannen sich am Horizont auch finanzielle Sorgen abzuzeichnen, nicht zuletzt durch Absatzschwierigkeiten im schwedischen Buchhandel, über die ihn sein Verleger Bonnier im Sommer 1887 schonungslos aufklärte. Er sprach von einer „beispiellosen Unpopularität", an der Strindbergs schriftstellerisches Werk litt und die nicht zuletzt auf die im März 1887 erschienene Schrift des späteren Bischofs in Schweden, John Personne, zurückzuführen war. Dieser angesehene Pädagoge wies unter dem Titel *Die Strindberg-Literatur und die Unsittlichkeit unter der Schuljugend* darauf hin, dass die Jugend sich durch Strindbergs gemeine Erzeugnisse zunehmend mit Onanie und Hurerei betätige, weshalb er ein striktes Verbot einer solchen Literatur forderte. Unter solchen Auspizien sah sich Strindberg veranlasst, Populäres zu verfassen. So entstand im Herbst 1887 sein poetisch besonders hoch eingestufter Roman *Die Hemsöer,* den er seinem Bruder Axel mit den Worten ankündigte: „Ich schreibe am Bodensee mit dem Tod im Herzen meine Sommererinnerungen aus unvergesslichen Tagen in den Stockholmer Schären." Trotz Streichung einiger sex-bezogener Passagen erfreute sich dieses Buch bald einer beachtlichen Verbreitung.

Noch im gleichen Herbst beschloss Strindberg, mit seiner Familie nach Dänemark, zurück in sein heimatliches Skandinavien, zu ziehen. Er trat jedoch in der Öffentlichkeit nicht mehr gemeinsam mit seiner Frau auf, wie er dem schwedischen Schriftsteller Axel Lundegard gestand; er sei zwar nicht rechtskräftig geschieden, betrachte Siri aber nur noch als seine Mätresse. Selbst im Hotel wurden die Mahlzeiten nicht gemeinsam, sondern an getrennten Tischen eingenommen. Auch Siri betrachtete diese Trennung als endgültig. Als sie von einem Zeitungsherausgeber angesprochen wurde, der ihren Mann besuchen wollte, fragte sie ihn erstaunt: „Wissen Sie denn nicht, dass er wahnsinnig ist?" Zeitgenossen meinten, Strindberg „gleiche einem vor sich hin starrenden Gespenst mit düsteren, verlorenen Augen". In einer solchen Verfassung schrieb er knapp vor der Aufführung des *Vater* an Axel Lundegard, er wolle sich das Leben nehmen und bitte ihn, als literarischer Testamentsvollstrecker dafür zu sorgen, dass Siri rehabilitiert und er selbst als geisteskrank erklärt würde: „Ich weiß nicht, ob ,Der Vater' eine Dichtung ist oder ob mein Leben es war: aber es scheint, dass es mir in einem gewiss kurz bevorstehenden Augenblick aufgehen wird, und dann stürze ich vor Gewissensqualen entweder in den Wahnsinn oder in den Selbstmord." Diese Gewissensbisse waren wohl der Anlass für seinen Entschluss, im städtischen Irrenhaus von Roskilde den Arzt Dr. Knud Pontoppidan aufzusuchen, von dem er allerdings vergeblich ein Gesundheitszeugnis erwartete, weil dieser begreiflicherweise ohne vorherige genaue Untersuchung und ohne eine entsprechende Beobachtungszeit ein solches nicht auszustellen bereit war.

Die Beichte eines Toren ist genau genommen ein kraftvoller Liebesroman, den er in französischer Sprache schrieb – angeblich aus Rücksicht auf Siri – und den er zu seinen Lebzeiten nicht veröffentlichen wollte. Wenn er dieses Buch später abwechselnd einen Roman und dann wieder einen objektiven Bericht über seine Ehe mit Siri nannte, dann zeigt dies einmal mehr, wie sehr er in seiner künstlerischen Tätigkeit Dichtung und reale Wirklichkeit mitunter nicht mehr zu trennen vermochte. Vor seinen Augen entstand in diesem Roman seine Frau als Doppelwesen, zu dem er einerseits in Liebe entbrannt war und das ihm andererseits tiefen Abscheu einflößte. Statt sich während des Schreibens abzukühlen, steigerte sich der Hass auf Siri immer mehr, wie einem Brief an Edvard Brandes vom März 1888 zu entnehmen ist: „Und ich bin nicht allein Vater für diese Kinder einer Hündin gewesen, sondern auch Mutter; sie wären vor Schmutz und Ungeziefer eingegangen, wenn ich nicht gewesen wäre, und ihre Mutter hätte im Gefängnis gesessen, wenn mein Schweigen und meine Treue sie nicht gerettet hätten – den Vampir! Jetzt habe ich sie geschlagen, sodass sie eine gewissenhafte Mutter geworden ist, nachdem ich das Mädchen entlassen habe, mit dem sie gesoffen und gehurt hat." Im gleichen Monat richtete er einen ähnlich grauenhaften Brief, der Siris „Gebrechen", nämlich ihre lesbischen Neigungen, zum wesentlichen Inhalt hatte, an Rudolf Wall.

Im Sommer des Jahres 1888 mietete sich Strindberg auf Schloss Skovlyst bei Holte ein, das im Besitz einer Gräfin war und einen unbeschreiblich heruntergekommenen Eindruck machte. Dort begann er mit der sechzehnjährigen Schwester des Hausverwalters mit Namen Martha ein Verhältnis, in welchem er sich unglaubwürdig als das Opfer ihrer verführerischen Anbiederung bezeichnete, wohl um Siri zu besänftigen, die diesen Seitensprung gar nicht mehr zur Kenntnis nahm. Dem befreundeten Dichter Verner Heidenstam berichtete er stolz: „Nach sechs Monaten grässlichen Zölibats bestieg ich ein ausgewachsenes Mädchen von 18 Jahren, dessen Bruder mein Hauswirt und ein Bandit war. Sie wurde nicht schwanger, denn ich hatte Verhütungsmittel." Aus Angst vor Verwicklungen mit dem Hausverwalter floh er jedoch bald in ein Hotel in Holte.

Die literarische Ausbeute dieses Sommers auf Skovlyst war unter anderem sein berühmtestes Drama, *Fräulein Julie,* ein wahres Meisterwerk des naturalistischen Theaters. Wie Peter Schütze hervorhebt, entwickelte Strindberg im Vorwort zu diesem Stück „eine Theorie des Spiels, der Bühnenausstattung und Beleuchtung, die zumindest für den psychologischen Realismus bis heute gültig geblieben ist. Die Asymmetrie der Szene und des Dialogs begründet er mit den Geboten der Wirklichkeit … und beruft sich auf die Modernität der Charaktere und seine psychologischen Erkenntnisse." Um diese seine Ideen auch verwirklichen zu können, schuf er sich im November 1888 ein eigenes „Experimentiertheater". Diese Bühne musste im März 1889 mit seinem Drama *Die Gläubiger* ihren Einstand feiern, da *Fräulein Julie* von der Zensur verboten worden war. So sehr er von diesem neugegründeten Theater die Lösung seiner Probleme – nicht nur der Künstlerischen, sondern auch der ökonomischen und familiären – erhoffte und in seiner Euphorie auch auf seinen Hass gegen Siri, die sogar zur Direktorin des Unternehmens avancierte, zu vergessen schien, fand dieses Abenteuer bereits Ende März 1889 sein unrühmliches Ende. Immerhin wurde durch ein noch zuvor gegebenes Gastspiel in Malmö das Interesse für Strindberg in Schweden wieder wachgerufen. Der Starschauspieler August Lindberg hegte den Plan, den Roman *Die Hemsöer* in Form eines Dramas in Stockholm aufzuführen und verabredete deshalb mit Strindberg eine persönliche Zusammenkunft in Malmö für den kommenden April.

Am 24. April traf Strindberg in Stockholm ein. Die Erinnerung an die glücklichen, gemeinsam mit seiner Frau verbrachten Sommer in den Schären stimmten ihn milder in seiner Haltung Siri gegenüber. Im Brief vom 26. April bat er sie um Verständnis für seine exzentrischen Anfälle, wobei er wahrscheinlich an die von seiner Tochter Karin geschilderte Revolverszene dachte, bei der er tatsächlich den Revolver auf Siri gerichtet hatte. Mit Hinweis auf seine „fatale Lust zum Selbstmord" versicherte er ihr: „Bin ich geisteskrank gewesen, so hat das seine Ursachen gehabt, die ich nicht gelenkt habe." Glaubte man jedoch, eine Sinneswandlung wäre eingetreten, so würde man sich in grobem Irrtum befinden. Nachdem er nämlich soeben versöhnliche Töne angeschlagen hatte, verfiel er bald darauf wieder in hasserfüllte Raserei. So heißt es zunächst in einem Brief vom 5. Mai an die mit ihren Kindern in Dänemark verbliebene Gattin: „Siri, ich sterbe Stück für Stück – und doch kann ich dich nicht hassen! Warum hast du mich neulich nicht erschossen, dann wäre ich jetzt ohne allen Schmerz! Komm her mit den Kindern und erlaube mir, mich noch einmal in die Illusionen des Glücks hineinzuleben. Ich werde für eure Zukunft sorgen und später … mit Freuden von deiner Hand sterben, wenn ich den Augenblick nicht kenne … Ich habe zwei Hütten auf einer Insel, schöner als die grünende Insel unserer Jugend und darin sollen du und Karin und Greta und Putte wohnen und in der anderen ich." Doch schon die kommenden Tage brachten wieder so gehässige Briefe, dass Karin Smirnoff sie wegen ihres diffamierenden Inhalts der Nachwelt vorenthielt und verbrannte. Wörtlich schrieb sie: „Eine Beleidigung jagt die andere, Siri habe ihn zutiefst verdorben. Er bittet sie, ihn vom einzigen zu befreien, das ihn bedrücke, erniedrige, ängstige – von ihr selbst. Sie solle wissen, dass ihr schlechter Ruf feststehe, ihre Umtriebe berüchtigt seien. Und dann endet der merkwürdige Brief, der grauenhaft wäre, läse er sich nicht so parodistisch: ,Hinweg von mir, du böses Weib, dann erst werde ich wieder gut zu allen Menschen, sogar zu dir.'"

Diese launenhaften, abrupten Stimmungsänderungen und die unkontrollierten Hassausbrüche dürften ihn selbst erschreckt haben, denn offenbar, um den Verdacht eines Wahnsinns von sich abzuwenden, schrieb er einem alten Freund die beruhigenden Zeilen: „Ich habe zwei Briefe am Tag an Frau Sg. geschrieben. Sie in einem gebeten, zur Hölle zu gehen, im anderen, nach Runmarö zu kommen. Na und! Wechselnde Gemütsstimmungen zwischen Hass und Liebe sind kein Wahnsinn!"

Überraschenderweise gab Siri seinem Drängen dennoch nach und folgte ihm mit den Kindern nach Schweden, wo die gesamte Familie in einer Vorstadt Stockholms den Winter zubrachte. Doch umsonst, ein harmonisches Familienleben konnte nicht mehr aufkommen. Strindberg zog wieder wie früher einmal durch die Kneipen und begnügte sich damit, „Punsch zu trinken, auf Feste zu gehen und sogar zu tanzen". Bei alledem drohte auch seine dichterische Fantasie zu versiegen, wie sein nicht zu Ende geführter Roman *Am offenen Meer* beweisen mag. „Mein großes Dichter-Euter beginnt zu versiegen", klagte er im September seinem Verleger. Einziger Lichtblick war die erfolgreiche Premiere der Versfassung seines *Meister Olof* am Dramatischen Theater Stockholms, die ihm Beifallsstürme und riesige Lorbeerkränze bescherte.

Dieser Sommer 1889 war der letzte, den er gemeinsam mit der Familie verbrachte. Die schon wiederholt erwogene Scheidung wurde jetzt endgültig in die Wege geleitet. Ursprünglich als eine faire Trennung ohne großes Aufsehen in der Öffentlichkeit geplant, wurde sie zu einem beide Partner erniedrigenden gerichtlichen Prozess. Strindberg gab vor dem Kirchenrat als Scheidungsgrund „Gegensätzlichkeit in der Mentalität" an, doch war damit die Tragödie noch nicht zu Ende. Siri, die mit ihren Kindern in äußerst dürftigen Verhältnissen lebte, bat nämlich ihre Freundin Marie David um ein Darlehen, das diese gewährte, darüber hinaus aber der so bedrängten Freundin Siri auch ihren persönlichen Beistand anbot. Wie Karin Smirnoff erzählt, fuhr Marie David im Schlitten vor, „mit ihrer Bibermütze und einer Zigarette, die tief im hochgeklappten Pelzkragen glühte, einem kleinen Herrn gleichend". Doch so sehr Siri und die Kinder in ihr den „rettenden Engel, wie die Sonne selber" erblickten, so rasend reagierte Strindberg auf diesen Besuch der angeblich lesbischen Freundin. Schon in der *Beichte eines Toren* hatte er Marie als ein alkoholisiertes perverses Mannweib beschrieben und bei ihrem jetzigen Auftreten schien er Dichtung und Wirklichkeit nicht mehr unterscheiden zu können; er war überzeugt, dass Siri und Marie in einer „Tribadenmenage" ein liederliches Leben führten und versuchte durch Bestechung die noch bei der Familie verbliebene Kinderfrau Eva Carlsson als Denunziantin zu gewinnen. Daraufhin klagte Marie Strindberg wegen Verleumdung und – nach einer gewaltsamen tätlichen Szene mit ihm – wegen Gewalttätigkeit, was ihm eine schmerzliche Geldstrafe einbrachte. Lidz glaubt in der Überreaktion Strindbergs angesichts einer möglichen lesbischen Beziehung zwischen den beiden Frauen psychoanalytisch eine latente Homosexualität bei Strindberg erkennen zu können. Fest steht nur, dass in diesem Frühjahr 1891 der junge Freund Birg Mörner Strindberg in einem Zustand „stark ausgeprägten Verfolgungswahns" antraf, nachdem ihm dies schon vorher brieflich angedeutet worden war. Strindberg schrieb nämlich, er habe an sich selbst „bevorstehende Symptome allgemeiner Auflösung, Verfolgungswahn, hysterische Sehnsucht nach den Kindern und Tränenausbruch in der Öffentlichkeit" bemerkt.

Im März 1891 erging jedenfalls das endgültige Urteil. Die Ehe war als geschieden anzusehen, während der von Marie David angestrengte Prozess gegen Strindberg erst für den Januar 1892 anberaumt wurde. Dem Chefredakteur von *Dagens Nyheter* deutete er in einem Schreiben vom 14. Juli 1891 resigniert an, er hätte vom Ehekrieg genug und da er noch nicht „Barbar genug war, um morden zu können, beginne er es vorzuziehen, der Ermordete zu sein". Er sah sich offenbar in seiner Wirklichkeits-Fremdheit tatsächlich als das Opfer. Am 12. August teilte er nämlich seinem Cousin Gotthard mit, dass er den Kampf aufgebe und ihn bitte, den Kindern, falls er sich das Leben nähme, Folgendes mitzuteilen: „Sag ihnen, dass ich während der zehn Jahre, die ich lebte, das heißt Einnahmen hatte, entsagte und für sie arbeitete, auf schöne Kleider verzichtete, auf Vergnügungen im üblichen Sinne, im Begriff war, meine Begabung durch Überproduktion zu ruinieren – und, als ich nichts mehr besaß, weggeworfen wurde." In Wahrheit war er es, der die Frau aus seinem Leben gestoßen hatte, die Mutter seiner Kinder, der er sogar die Unterstützung versagte, die er ihr schuldig war. Dieser Versuch, sich von einem Schuldgefühl zu befreien, zeigt einmal mehr, wie sehr er unter der endgültigen Trennung von seiner Familie in Wahrheit gelitten haben muss. Bedeutete sie doch auch für seine Kunst eine folgenschwere Veränderung, wie seine in dieser Zeit verfassten Schauspiele erkennen lassen, die eher „im Gleichgültigen, Leblosen" enden. Um diese künstlerische Flaute besser überbrücken zu können, wandte er sich im Frühjahr 1892 mit besonderem Eifer der Malerei zu, obwohl die Ausstellung einiger seiner Bilder in Stockholm ein „succés scandale" wurde, wie dies von Lagercrantz bezeichnet wurde. Dieser Misserfolg rief in Strindberg den Gedanken wach, Schweden zu verlassen. Diesmal zog es ihn nach Deutschland, wo Gerhart Hauptmann und einige schwedische Freunde seinen Namen bereits erfolgreich bekannt gemacht hatten. Auslösend dafür war der große Erfolg von *Fräulein Julie* an der Freien Bühne in Berlin, weshalb ihm der Aufenthalt in dieser Stadt erstrebenswert erschien.

VERSUCHE EINES NEUBEGINNS

In Deutschland war es der schwedische Dichter Ola Hansson, der Initiator der neuromantischen Jahrhundertwende in seinem Heimatland, welcher gemeinsam mit seiner Gattin Laura für die Verbreitung der Werke Strindbergs Sorge trug. Es dauerte aber nur wenige Wochen, in denen Laura sozusagen seine Schicksalslenkerin war, denn schon bald rief ihr bevormundendes Verhalten den Verdacht in Strindberg wach, sie wolle ihn und das ganze männliche Geschlecht „fressen". Seinem jungen schwedischen Freund Adolf Paul schrieb er, Laura stehle „die geistigen Samentiere anderer Männer und gibt sie als die Frucht ihrer eigenen Ehe aus … Sie will mich kleinkriegen, um meine ganze Weiberphilosophie als Ausfluss eines Monomanen hinzustellen. Sie will die Welt hindern, selbst zu sehen und zu urteilen, ihr so allmählich meine Verrücktheit ansuggerieren und mich schließlich ins Irrenhaus bringen." So floh er Hals über Kopf aus ihrer Nähe in eine Pension. Endgültig wurde die ursprüngliche Freundschaft mit den Hanssons schließlich zur Feindschaft, als er den dringenden Verdacht hegte, Laura hätte ihm die Briefe Nietzsches gestohlen. In dem Brief an Paul heißt es: „Die Frau ist eine Verbrecherin! Ich weiß es jetzt ganz bestimmt! Sie hat sich gestern verplappert betreffs meiner Nietzsche-Briefe. Es war höchste Zeit, mich da loszureißen, sonst wäre ich, wer weiß wie bald, im Irrenhause." Für Hansson war das Verhalten Strindbergs unbegreiflich und auch andere, die mit Strindberg damals verkehrten, konnten sich auf dessen plötzlichen Sinneswandel keinen Vers machen. Immer mehr zeigte sich, dass es offensichtlich keine Freundschaftsbeziehung geben konnte – wie intim sie zunächst auch scheinen mochte –, hinter der nicht bei ihm das Misstrauen lauerte und sich, meist ganz unvermutet, in hässlichen und unbegründeten Verleumdungen und Verdächtigungen entlud.

In der Nähe seiner Pension entdeckte er ein Weinlokal, in welchem sich regelmäßig ein Kreis von Künstlern und Schriftstellern zu treffen pflegte, die aus den skandinavischen Ländern stammten. In dieser Weinstube, der man den Namen „Zum schwarzen Ferkel" gab, verkehrten auch Persönlichkeiten wie etwa der berühmte Arzt Carl Ludwig Schleich, der Begründer der Lokalanästhesie in der Medizin, die bereit waren, für den Lebensunterhalt und die offenen Hotelrechnungen Strindbergs zu sorgen. In dieser Kneipe wurde auch eine junge Norwegerin, die Musikstudentin Dagny Juel, von einigen Männern als ihre „Aspasia" verehrt. Sie wurde von Edvard Munch auf einem seiner bekanntesten Gemälde als eine Frau zwischen zwei Männern verewigt und diese Rolle schien sie auch im Leben bevorzugt zu haben. Nach Strindbergs Aussage wäre sie drei Wochen lang seine Geliebte gewesen. Anderen Angaben zufolge habe Dagny ihn jedoch wegen seines Alters und seiner Beleibtheit verhöhnt – eine Darstellung, die Strindbergs späteren Abscheu ihr gegenüber erklären würde; beschrieb er sie doch als ein gefährliches Tier, ein Reptil und als eine Hure, weshalb er sie Schleich und dem jungen schwedischen Naturwissenschaftler Bengt Lidforss „überlassen" habe.

Folgenreicher als diese und andere Verliebtheiten in Berlin war die Bekanntschaft mit der zwanzigjährigen Friederike Uhl, die als Kulturkorrespondentin für die *Wiener Abendpost* und die *Wiener Zeitung,* deren Herausgeber ihr Vater war, arbeitete. Frida, die entschieden die intelligenteste von Strindbergs Frauen gewesen ist, war emanzipiert und faszinierte Strindberg infolge ihres teils kühl berechnenden und besitzergreifenden, teils realitätsfernen und anschmiegsamen Wesens so sehr, dass er ihr bereits nach acht Wochen einen schriftlichen Heiratsantrag machte. Die Initiative zu dieser Liebesaffäre ging allerdings nicht von Strindberg, sondern ausschließlich von Frida aus, die ihn aus einer spontanen Eingebung heraus mit einem Kuss förmlich überraschte. Ihre aktive Rolle erhellt aus ihrer eigenen Charakterisierung Strindbergs: „Ich kann ihn mir nur als Treibwild vorstellen, aber nicht als Jäger." Er selbst hatte die dominierende Rolle Fridas in diesem Leidenschaftsspiel zweifellos erkannt und fürchtete, wie er in seinem über seine zweite Ehe berichtenden Roman *Kloster* andeutete, als der Unterlegene verachtet zu werden. Besaß Frida doch ähnlich wie Siri all jene Eigenschaften, die er im Grunde an einer Frau verurteilte. Als Frida im März 1893 für einige Wochen nach München reiste, dürfte der Gedanke, sie entspräche nicht seinem Traumbild einer jungfräulichen, mütterlichen Frau, zur Abkühlung seiner leidenschaftlichen Zuneigung beigetragen haben. Denn obwohl sie ihm das Versprechen abnötigte, während ihrer Abwesenheit nicht im „Ferkel" zu verkehren, suchte der heimlich bereits Verlobte unverzüglich dort wieder seine Freunde auf, um sich mit leichtfertigen Mädchen zu vergnügen. Dabei kam es auch zu der oben erwähnten unerfreulichen Beziehung zu Dagny Juel.

Das Gewissen scheint ihn jedoch gewaltig gedrückt zu haben, denn zerknirscht meldete er Frida nach München am 13. März: „Ich habe Angst vor mir. Ich habe so viele Verbrechen in diesen letzten Tagen, seitdem du verreist bist, auf dem Gewissen, dass ich sterben will." Frida schien dies nicht beeindruckt zu haben; vielmehr drängte sie Strindberg, bei ihrem Vater um ihre Hand anzuhalten, da durch eine Indiskretion in einer Wiener Zeitung seine Verlobung „mit der Tochter des Regierungsrates Friedrich Uhl" bereits aufgedeckt worden war. Mit unverhohlener Skepsis willigte der Vater in die offizielle Verlobung ein und Fridas Schwester Marie, die mit dem bekannten Bildhauer Professor Rudolf Weyr verheiratet war, half bei den Vorbereitungen für die bevorstehende Hochzeit, nicht ohne ihrem Mann zu gestehen: „Ich fürchte, dass Strindbergs Liebe zu ihr mehr sinnlicher Natur ist, denn geistig kann Frida den Mann nicht befriedigen, überhaupt kein Weib", und auf Strindbergs Malereien anspielend, fügte sie hinzu: „Es ist rein, als ob das Talent in ihm nicht wüsste, wo überall hinaus. Aber keine Spur von gesundem fröhlichen Schaffen, eher ein Drang, wie wenn es einen Verbrecher zum Morde treibt. Unheimlich, höchst unheimlich. Ich begreife Frida nicht, dass sie die Courage hat, sich einem solchen Menschen anzuvertrauen." Die Trauung erfolgte am 2. Mai auf der Insel Helgoland, wo die nötigen Formalitäten einfacher und schneller zu beschaffen waren. Intimer Verkehr zwischen den beiden hatte jedoch sicher schon früher stattgefunden, wie man einem Brief vom 17. April entnehmen kann. Darin spricht Strindberg offen von der Bedeutung der Größe des Penis, den er symbolisch mit einer Hand vergleicht und der über die Größe des weiblichen Schosses, symbolisiert als Handschuh, entscheidet.

Wenige Wochen nach der Trauung fuhr das junge Ehepaar nach London, wo man auf einen durchschlagenden Erfolg von Strindbergs Werken hoffte. Ausgerechnet zu dieser Zeit erschien dort seine *Beichte eines Toren,* jenes Buch also, welches Strindbergs erste Ehe bis ins Intimste offen legte und das Frida ihrem Versprechen zufolge nicht lesen sollte. Als sie es dennoch las, befiel sie die ängstliche Vorstellung, ihr Gatte könnte sie später in ähnlicher Weise bloßstellen, wie er dies mit Siri tat. Damals machte sie die bestürzende Beobachtung, dass Strindberg während eines heftigen Gewitters sich hinter dem Bett verbarrikadierte und am Boden schlief, was sie zu der Bemerkung veranlasste, dass er nicht nur ein Mann sei, „der getötet hat", sondern gleichzeitig auch einer, den „man zu töten versucht, immer wieder aufs Neue". Noch waren nicht zwei Monate ehelichen Zusammenseins vorüber, als er sich allein nach Rügen absetzte, wo er einige Kumpane aus dem „Ferkel" zu treffen hoffte. Während Frida in der Zwischenzeit in London ihre Bemühungen fortsetzte, Strindbergs Dramen auf die Bühne zu bringen, Bemühungen, in denen sie sich angeblich „als sein Vormund gebärdete", erhielt er von Fridas Mutter eine Einladung, in dem herrschaftlichen Besitz der Familie in Mondsee während des Sommers ihr Gast zu sein. In diesem Hause, das von Bediensteten geradezu wimmelte und in welchem auch Johannes Brahms sowie Richard Wagner der Gesellschaft aufspielten, fühlte er sich jedoch bald als ein unwillkommener Eindringling, weshalb er Frida in einer Depesche nach London aufforderte, unverzüglich zu ihm zu kommen: „Wenn du in acht Tagen nicht hier bist, so gehe ich nach Berlin und kommst du nicht in vierzehn Tagen dorthin, so suche ich um Ehescheidung an." In Berlin wieder vereinigt erkannte Frida, dass es für ihren Gatten offenbar äußerst schwierig war, „mit Menschen ohne Zusammenstoß zusammenzuleben, weil er die Welt anders empfängt als sie". Auf der anderen Seite entdeckte Strindberg den komplizierten Charakter seiner Frau, als sie im Oktober 1893 schwanger wurde. In einem Anfall von Hysterie drang sie auf eine Schwangerschaftsunterbrechung, verweigerte jede sexuelle Annäherung und plante von Wien aus, wohin sie geflohen war, „wegen körperlicher Misshandlung" die Scheidung einzureichen. Nach einigen Wochen, in denen Beruhigung eintrat, trafen sich die Eheleute Ende Oktober in Brünn, wo Strindberg nach den Worten Fridas „wie ein einfältiger und frommer Mensch auf die Vollendung seines Lebens wartet". Er begann sich als Gefangener und, wie Lagercrantz schreibt, als ein Ausgestoßener zu fühlen, der an der Seite einer unbegreiflichen und fremden Frau für seine sexuellen Gelüste Buße tut. Inzwischen traf eine Einladung von Fridas begüterten Großeltern ein, gemeinsam mit ihrem Gatten auf dem Gut Dornach an der Donau im malerischen Strudengau die Geburt ihres Kindes zu erwarten. Nach der Geburt einer Tochter am 26. Mai 1894, die auf den Namen Kerstin getauft wurde, kam jedoch Unruhe in ihr „Kloster", wie sie das ihnen zugewiesene kleine Häuschen draußen auf dem Grundstück der Großeltern nannten. Frida hatte Stillschwierigkeiten, der Säugling erkrankte und bald drängten sich nicht weniger als sechs Frauen in dem kleinen Häuschen. Um das Maß voll zu machen, traf ausgerechnet jetzt eine Vorladung des Gerichts in Grein ein, sich wegen der in Berlin angedrohten Indizierung der deutschen Übersetzung seiner ursprünglich in französischer Sprache veröffentlichten *Beichte eines Toren* zu verantworten. Strindberg weigerte sich, vor einer österreichischen Behörde Stellung zu nehmen und ließ sich mit einem ärztlichen Attest für sein Nichterscheinen entschuldigen. In dieser bedrückenden Umwelt suchte Strindberg Trost in der Bibliothek von Fridas Großvater, in welcher er durch das Lesen von Schriften über Buddha in eigenartige Stimmung versetzt wurde. Am 22. Juli schrieb er: „Ich bin sogar in Aberglauben zurückgefallen, höre Raben in meinem Garten … träume von alten Zeiten und fühle eine Sehnsucht zu fliegen, durch etwas Halberkaltetes, das halb Luft, halb Wasser ist, weiß gekleidet, ohne die Stimmen der Menschen zu hören." Gleichzeitig hatte er jedoch das Bedürfnis „sich zu besudeln". Er sprach vom „Schwein Buddha" und warf Jesus vor, sich auf der Hochzeit von Kanaan betrunken zu haben. Während er im Handumdrehen wieder Jesus selbst zu sein vorgab, der das Leiden bejaht, entwickelte er in fast manischer Art „Übermenschengedanken", wie sein hochmütiger Brief vom 13. August beweist, in welchem er jede Art von Kunst – die eigene ausgenommen – verdammte und sich in einer megalomanen Anwandlung als „Champion of the Universe" bezeichnete.

In diesem Zusammenhang muss auch das Hervortreten seiner naturwissenschaftlichen Studien, die ihn ja schon in seiner Jugend immer wieder gefesselt hatten, erwähnt werden, da sie ihn nun bis zum Jahre 1897 fast ausschließlich beschäftigen sollten. Diese erneut erwachte Leidenschaft, die zeitweise seine dichterische Tätigkeit weitgehend verdrängte, trug nicht unwesentlich dazu bei, Strindberg als verrückt und als einen von fixen Ideen Besessenen darzustellen. Aufbauend auf Ernst Haeckels monistischer Entwicklungslehre versuchte er, die Urmaterie und deren Metamorphosen aufzufinden. Dabei waren Haeckels Gedanken, dass der uralte Traum der Alchemisten von einer Stoffverwandlung möglicherweise vor seiner Realisierung stehe, für ihn wegleitend. Als Monist, als der er sich bezeichnete, wollte er nun durch eigene Experimente in seinen primitiven Laboratorien, die er sich allerorts einrichtete, beweisen, dass sich die Grundstoffe tatsächlich auflösen lassen. Das Hauptgewicht legte er dabei auf den Schwefel, um dann auf das Jod überzugehen, das er bald synthetisch herzustellen hoffte. Schließlich gelangte er zum Gold und seine diesbezüglichen Aktivitäten als Goldmacher waren es dann auch, die ihn dem Gelächter der Wissenschaftler aussetzten. The Svedberg, Nobelpreisträger auf dem Gebiet der Chemie, fasste Strindbergs chemisches Werk in die Worte: „Strindberg war in seinem innersten Wesen jede wirkliche Forschung fremd. Darum wurden auch seine Bemühungen und Bestrebungen auf diesem Gebiet zu Nichtigkeiten und Scheingefechten." So ist es nicht überraschend, dass er mit dem 1894 veröffentlichten Werk *Antibarbarus,* in welchem er seine bisherigen Erfahrungen als Monist zusammenzufassen versuchte und dabei ein ganzes Konvolut „fixer Ideen" vorlegte, teils als Dilettant und teils als „ein Schelm dargestellt wurde, der nachher zum Narren wurde", wie es in einem Brief von Brandes heißt. Während er überzeugt war, mit den Lehrbriefen seines *Antibarbarus* eine wahre Revolution in der Naturwissenschaft losgetreten zu haben, erfuhr er überall kopfschüttelnde Ablehnung. Selbst sein Freund Bengt Lidforss verriss den *Antibarbarus* in *Dagens Nyheter* in einer vernichtenden Rezension, indem er Strindberg weder als Reformer der Chemie noch als Philosoph, sondern ausschließlich als Dichter gelten ließ. Nach Lidforss sei Strindbergs Wissenschaft von Barbarei, intellektueller Brutalität und Steinmetz-Materialismus geprägt und zeige einen verdächtigen Zug einer Kombination von „Genie und Wahnsinn". Der über die Ausfälle seines Freundes Lidforss entsetzte Strindberg ersuchte sofort seinen treuen Berliner Freund Carl Ludwig Schleich, von Ernst Haeckel ein Attest zu erbitten, dass er nicht verrückt sei. Die etwas verwirrende, zweideutige Antwort Haeckels lautete, dass er in Strindbergs Abhandlung nichts absolut Verkehrtes oder „Wahnsinniges" gefunden habe. Einzig und allein der Theosoph Torsten Hedlund ortete in positiver Weise im *Antibarbarus* okkulte Züge, was Strindberg erfreut zur Kenntnis nahm und mit ihm sofort in einen Briefwechsel zu treten veranlasste. Darin schilderte er seine augenblickliche Situation als „das Anbrechen eines Schöpfungsmorgens", in welchem er erkannt hätte, dass nur die Dichtung seinem Leben einen Sinn zu geben vermöge – ein Satz, der in seiner 1894 entstandenen Novelle *Das Silbermoor* fast wörtlich wiederzufinden ist. In diesem Werk begegnen sich, wie Peter Schütze sich ausdrückt, „Zweifel und Aberglaube, Rationalismus und Mystizismus. Noch siegen klarer Kopf und Analyse, doch stößt der Forscher auf rätselhafte Verbindungen, die er nicht mehr als Zufall aussondern mag. Der Weg, den Strindberg eingeschlagen hat, führt weder zur positiven Naturwissenschaft zurück noch zur aufgeklärten Philosophie, sondern in die Esoterik und in den Okkultismus."

Von der deutschen Rezeption enttäuscht wandte er sich wieder Frankreich zu, wo er Chemiker zu finden glaubte, die entsprechend seinen Ideen zu arbeiten bereit wären. In Frankreich bahnte sich jedoch auch ein Erfolg Strindbergs als Dichter an. Sein Schauspiel *Gläubiger* feierte in Paris Triumphe und französische Ausgaben von *Das rote Zimmer* und *Beichte einer Toren* (in der gekürzten Fassung), befanden sich in Vorbereitung, sodass in ihm der Entschluss reifte, von Dornach nach Paris zu entfliehen. Ausschlaggebend dafür waren auch die zunehmenden ehelichen Auseinandersetzungen, die zur Folge hatten, dass Frida getrennt von ihm mit dem Kind auf der anderen Seite der Donau eine Unterkunft bezog. Als er im August 1894 das Dampfschiff in Richtung Wien bestieg, bedeutete dies gleichzeitig einen Schlussstrich, der unter die Ehe mit Frida gezogen wurde, auch wenn sie im September noch einige Wochen zusammen in Paris verbrachten, wo Frida über den Verleger Albert Langen Frank Wedekind kennen lernte, von dem sie 1896 – noch vor ihrer offiziellen Scheidung – in Berlin ein Kind bekam. Als sie im Oktober 1894 von Paris wieder nach Dornach zurückkehren musste, da die Amme ihres Kindes gekündigt hatte, überhäufte sie Strindberg brieflich mit Vorwürfen, die dazu führten, dass sie über einen Anwalt die Scheidung einleiten ließ, die allerdings erst 1897 für rechtsgültig erklärt wurde.

DIE INFERNO-KRISE

Inferno, begonnen am 3. Mai 1897, ist eine Art moderne Autobiografie, die Strindberg in französischer Sprache abfasste. Es ist ein dokumentarischer Bericht über seine „große Krise im Alter von fünfzig Jahren" oder genauer genommen über sein Leben in der Zeit zwischen Herbst 1894 und Juni 1897. Wenn hier Strindberg über sich selbst schreibt, dann bedeutet das nicht, dass es sich dabei um ein und dieselbe Person handelt. Lagercrantz vergleicht das Buch *Inferno* mit Dantes *Divina Commedia,* der seine Pilgerreise in die Unterwelt in allen Einzelheiten so überzeugend und wirklichkeitsnahe schilderte, dass seine Zeitgenossen glaubten, der Erzähler dieser Reise sei selbst an den beschriebenen Orten gewesen und habe selbst jene Szenen am eigenen Leibe erlebt, die sein Held mit ansehen musste. Ähnlich ist es bei Strindberg, in dessen *Inferno* Opfer und Erzähler in mannigfacher Weise verwoben wird, wobei stets „das Opfer das esoterische Ich, der Erzähler hingegen der esoterische Schriftsteller ist". Ähnlich wie in seinen vorangegangenen Autobiografien *Sohn der Magd* und *Beichte eines Toren* stimmen zwar

paranoiden Wahnvorstellungen zu rationalisieren versuchte. Schütze spricht von einer Dramatisierung der unsichtbaren Welt, die Strindberg „zur Bühne erhebt, auf der ein mythologisches, symbolhaltiges Spektakel abläuft, in das er selbst einbezogen ist". Die ersten Resultate seiner Studien veröffentlichte er im Januar 1896 in der in französischer Sprache erschienenen Schrift *Sylva Sylvarum*. Gleichzeitig teilte er Torsten Hedlund mit, „dass er seinen Glauben an einen persönlichen Gott wieder gefunden habe und dass die Unsterblichkeit der Seele vollkommen selbstverständlich sei". Immer mehr war er davon überzeugt, dass überall die „Mächte" den Menschen beherrschten und alle Sünden und Vergehen von ihnen erbarmungslos mit Strafen belegt würden. Alpträume häuften sich, Zeichen einer Bedrohung selbst durch früher befreundete Personen schienen zuzunehmen und diese Ängste steigerten sich bis zu paranoiden Wahnideen. Dazu kam noch, dass der erhöhte Alkoholkonsum, vor allem jener des Absinths, seine „Empfänglichkeit für Spukerscheinungen" verstärkte. Wissen wir doch, dass gerade der Absinth durch das darin enthaltene Thujon nicht nur krampferregend wirken kann, sondern auch halluzinatorische Sensationen zu fördern im Stande ist. Will man auch einräumen, Strindberg habe schon immer dazu geneigt, in optische Wahrnehmungen Bilder hinein zu illusionieren, so häufte sich dieses Illusionieren jetzt in einem Grade, dass den ihm erscheinenden Gestalten eine besondere Bedeutung beigemessen wurde: Unvollständig verbrannte Kohlen im Kamin bildeten fantastische Formen, in einem zerknüllten Kopfkissen erkannte er einen Kopf „wie von Michelangelo gemeißelt" und ein andermal erschienen ihm Grauen erregende Untiere und einmal sogar der Teufel selbst „in der im Mittelalter bekannten Gestalt mit Bockskopf". Strindbergs Aussehen mit seiner Blässe und den blutunterlaufenen Augen verstärkten bei Besuchern den Eindruck, dass er in dieser Periode in ungewöhnlichem Maße dem Alkohol zugesprochen haben dürfte.

Den Beginn der als „Inferno-Krise" bezeichneten Krankheitsphase kann man mit Februar 1896 ansetzen, in welchem die soeben beschriebenen halluzinatorischen Phänomene das Bild beherrschten und „Anwandlungen von Übermut" hinzutraten. In *Inferno* lesen wir: „Ich glaubte mich im Besitz grenzenloser Kräfte, und der Hochmut flößte mir die tolle Idee ein, zu versuchen, ob ich ein Wunder tun könne." Er dachte dabei an magische Fernwirkung auf abwesende Personen. Schließlich erlebte er in diesem Februar etwas Neues, nämlich eine ihn unmittelbar bedrohende Verfolgung: In seinem Hotel befanden sich neben seinem Zimmer plötzlich drei Klaviere, „offenbar" ein Komplott nebenan wohnender skandinavischer Damen, die er überdies bezichtigte, eines Morgens durch Einschlagen eines Nagels im Nebenzimmer ihn „glauben machen zu wollen, es seien Klopfgeister".

Auguſt Strindberg.

August Strindberg, um 1897

JOHAN AUGUST STRINDBERG

Unter solchen Umständen sah er sich gezwungen, ein anderes Hotel aufzusuchen. Schon tags darauf, den 21. Februar 1896, übersiedelte er ins Hotel Orfila. In dieser anspruchslosen Familienpension – einem Pensionat für studierende Katholiken, in welchem keine Frauen zugelassen wurden – glaubte er die mystische, ruhige Atmosphäre eines Klosters vorzufinden. Aber dieser Gedanke war weit gefehlt, denn nun begann „eine Reihe von Offenbarungen, die ich nicht erklären kann, ohne die Mitwirkung der unbekannten Mächte anzunehmen; und von diesem Augenblick an mache ich Aufzeichnungen, die sich allmählich anhäufen und ein Tagebuch bilden,

„Hôtel Orfila", Paris

aus dem ich hier Auszüge gebe". Bei diesen Aufzeichnungen handelt es sich um das *Okkulte Tagebuch,* das Strindberg bis zum Jahre 1908 fortführte und das für eine Veröffentlichung gesperrt war. Nur in einer Faksimile-Ausgabe wurde es 1977 vollständig herausgegeben. Entsprechend einer okkulten Sprachregelung stellt das esoterische Ich Strindbergs den Schriftsteller dar, als der er den Uneingeweihten allenthalben entgegentritt. Demgegenüber tritt der esoterische Strindberg als ein Eingeweihter, eine für Außenstehende rätselhafte Figur in Erscheinung, denen die Briefe an die okkulten Bundesgenossen weitgehend unverständlich, ja verrückt vorkommen mussten. Vor allem die Serie von Briefen, die er an Torsten Hedlund sandte, zeugen von der Fantasie des Dichters, aber auch von den paranoiden Verfolgungsideen und eigenartigen Verwirrtheitszuständen. Er berichtete ihm von geheimnisvollen Klopfzeichen in der Wand, von Mordanschlägen durch elektrische Ströme, die durch sein Zimmer geleitet würden und von Nachstellungen durch die Polizei, die ihn als Kunstfälscher entlarvt hätten. In der Reihe wunderlicher Einzelerlebnisse spielten Bedeutungsideen eine wichtige Rolle. So entdeckte er in seinem neuen Quartier im Hotel Orfila, dass die „Aborte" ausgerechnet unter seinem Fenster lagen und sich auch gegenüber Aborte befanden, und als zu allem Überfluss der Zimmerkellner mangels eines Tisches das Essen auf das Nachtkästchen stellte, in welchem sich das Nachtgeschirr befand, war ihm angeblich alles klar: „Wäre mir Swedenborg damals schon bekannt gewesen, so hätte ich begriffen, dass mich die Mächte zur Exkrementenhölle verdammt hatten". Im Hotel ereigneten sich aber noch andere Dinge. So erweckte ein Brief am Schlüsselbrett seinen Verdacht, weil er an das Chemische Institut Dr. Eders gerichtet war: „Das bedeutet also, dass man meine Goldsynthese ausspionieren will. Kein Zweifel mehr, hier wird eine Intrige gegen mich gesponnen."

Am 15. Juni machte er wieder eine neuartige Beobachtung: „Der Quai Voltaire schwankt unter seinen Füßen ... heute Morgen setzt sich die Bewegung bis in den Hof der Tuilerien und die Opernstraße fort." Vor allem trat nun etwas in Erscheinung, was man eine Personenverkennung nennt. Gab es schon bisher Beispiele, bei denen er Menschen in die optischen Eindrücke hinein interpretierte, so steigerte sich dies nun in der Art, dass diese Verkennung von paranoiden Verfolgungsideen begleitet wurde. Lagercrantz weist darauf hin, dass jenes esoterische Ich, welches das okkulte Tagebuch führt, nicht allem zu folgen vermag, was mit einem eingeweihten Doppelgänger passiert. Ein besonders illustres Beispiel hiefür ist seine Verknüpfung mit dem polnischen Dichter Stanislaw Przybyszewski, dem Hauptvertreter der modernistischen Bewegung „Junges Polen", mit dem er sich seinerzeit in Berlin angefreundet hatte. Eben dieser Przybyszewski, dem er in *Inferno* das Pseudonym Popoffsky gab, wurde im Juni wegen Mordes an seiner Freundin angeklagt, musste jedoch wieder freigelassen werden, da die Freundin nachgewiesenermaßen Selbstmord verübt hatte. Jetzt begann Strindberg irrational zu fantasieren: Przybyszewski ist seiner Meinung nach zum Feind geworden, „weil es das Schicksal wollte, dass seine jetzige Frau, ehe er sie kennen lernte, meine Geliebte war". Deshalb konnte er sich zwar keinen Vorwurf machen, doch fühlte er sich schuldig, „weil ich ihn in einem Anfall von Raserei gegen die Brust geschlagen habe, leider auf so brutale feige Art, dass ich selbst darunter leiden musste, als hätte ich einen Meuchelmord begangen". Przybyszewski hatte gar nicht die Absicht, nach Paris zu kommen, doch Strindberg vermutete, er sei bereits hier. In seinen Beziehungsideen glaubte er aus den feindlichen Blicken der russischen Gesellschaft schließen zu müssen, dass sie von dieser Feindschaft bereits unterrichtet waren und geschlossen Front gegen ihn machten. „Die Ungewissheit, die beständige Drohung seiner Rache waren mir sechs Monate lang genügende Tortur ... Wenn er jetzt gekommen ist, um mich zu töten, so ist mir das ein Trost, denn nur der Tod kann mich von den Gewissensqualen befreien." Die ungewisse Erwartung und die innere Spannung ließen ihn „wie unter dem Fluidum einer Elektrisiermaschine leiden", heißt es in *Inferno*.

Der psychotische Zustand verschlimmerte sich und dies schien er auch selbst so empfunden zu haben, denn am 1. Juli 1896 schrieb er: „Ich erwarte einen Ausbruch, ein Erdbeben, einen Blitzschlag, ohne zu wissen von welcher Seite. Nervös wie ein Pferd beim Nahen der Wölfe, wittere ich die Gefahr, packe meine Koffer zur Flucht, ohne mich indessen rühren zu können ... Ich erwarte eine Katastrophe, ohne sagen zu können, was für eine." In diesen ersten Julitagen wurde ihm immer deutlicher, dass man ihm „auf den Leib rückte", und als Beweis dafür beschrieb er das merkwürdige Verhalten eines neben ihm eingezogenen Gastes: „Seltsam ist jedenfalls, dass er seinen Stuhl zurückschiebt, wenn ich meinen bewege; dass er meine Bewegungen wiederholt, als wolle er mich durch seine Nachahmung necken." Noch drastischer fiel die Schilderung am 18. Juli aus: „Ich sinke auf den Lehnstuhl nieder; eine ungewohnte Schwere bedrückt meinen Geist, ein magnetisches Fluidum scheint von der Wand auszuströmen, der Schlaf übermannt meine Glieder. Als ich durch den Korridor gehe, höre ich Stimmen, die in dem Zimmer neben meinem Tisch flüstern. Warum flüstern sie? In der Absicht, sich vor mir versteckt zu halten ... Ich schleppe meine Beine. Ich bin von den Hüften bis zu den Füßen gelähmt, ich sinke auf eine Bank. Ich bin vergiftet. Das ist der erste Gedanke, der mir kommt. Und Popoffsky ist hierher gekommen." Jetzt dachte er immer häufiger daran, die Polizei zur Hilfe zu holen, schreckte aber doch mit einer gewissen Krankheitseinsicht immer wieder davor zurück: „Was soll ich tun? Soll ich mich an die Polizei wenden? Nein, denn wenn ich keine Beweise vorbringen kann, werden sie mich als Verrückten einsperren."

In der Nacht zum 19. Juli, einer „Nacht des Grauens", erreichte der psychotische Zustand einen Höhepunkt, wobei nun Beeinflussungserlebnisse mit körperlichen Missempfindungen hinzutraten, die einen hochgradigen Angstzustand auslösten. Strindberg beschrieb dies so: „Ich erwache; eine Pendule schlägt zweimal, eine Tür knallt zu, und ... ich werde von einer Pumpe, die mein Herz aussaugt, aus dem Bett gehoben. Kaum berühren meine Füße den Boden, da ergießt sich auch schon eine elektrische Dusche über meinen Nacken und drückt mich zu Boden. Ich erhebe mich wieder, raffe meine Kleider zusammen und stürze in den Garten, während mein Herz wie verrückt hämmert ... Unter dem Sternengewölbe sitzend denke ich an das, was sich zugetragen hat. Eine Krankheit? Unmöglich, da es mir gut ging, bis ich mein Inkognito lüftete. Ein Attentat? Offenbar, da ich selbst die Vorbereitungen gesehen habe."

Nach jener „Nacht des Grauens" floh Strindberg am 19. Juli aus dem Hotel Orfila, um sich zu Freunden nach Dieppe zu begeben, die, als er ankam, über sein Aussehen und seinen heruntergekommenen Allgemeinzustand erschraken. Leider holten ihn dieselben Ereignisse überall wieder ein: „Nachts zwei Uhr macht sich ein Fluidum, wie ein elektrisches, fühlbar ... Eine Krankheit, veranlasst durch die Furcht vor der zweiten Stunde? Ohne Antwort zu erhalten, in einem endlosen Labyrinth verirrt, zwinge ich mich, einzuschlafen; da aber greift mich eine neue Entladung an, gleich einem Zyklon, reißt mich aus dem Bett, und die Jagd beginnt wieder. Ich ducke mich hinter der Wand, ich lege mich unter das Gesims der Türen, vor die Kamine, überall finden mich die Furien. Die Seelenangst nimmt überhand, der panische Schrecken vor allem und nichts ergreift mich so, dass ich von Zimmer zu Zimmer fliehe; schließlich flüchte ich mich auf den Balkon, wo ich mich zusammenkauere." Und als er sich in Dieppe im Spiegel betrachtete, meinte er: „Es war ein Ausdruck in den Zügen, der mich erschreckte. Das war weder der Tod, noch das Laster, das war etwas anderes … die vom bösen Geist hinterlassene Spur."

Kurze Zeit später war er endlich wieder daheim bei Dr. Eliasson in Ystad und am 23. August meldete er Torsten Hedlund mit einem „Poem in Prosa: genannt ,Inferno'", zu seiner eigenen Befreiung „über das Ganze ein Buch schreiben zu wollen". Er sei nämlich zu der Erkenntnis gelangt, dass seine „Forschungen im Verborgenen" verboten gewesen seien und die erlittenen Verfolgungen als Strafe dafür anzusehen wären. Andererseits spricht der Umstand, bei Dr. Eliasson Zuflucht gesucht zu haben, für eine gewisse Krankheitseinsicht: „Den Gedanken, dass Geisteskräfte ihre Hand im Spiel haben, weise ich noch immer zurück und bilde mir ein, von einer Nervenkrankheit befallen zu sein. Darum beschließe ich, nach Schweden zu fahren und dort einen befreundeten Arzt aufzusuchen." Wie man aus *Inferno* weiter erfährt, geriet allerdings der Arzt bald in Verdacht: „Man wagt mich nur durch heimliche Mittel des Verstandes zu berauben, um mich später in einem Irrenhaus verschwinden zu lassen. Immer stärker spricht der Schein gegen den Doktor."

In dieser Situation kam ihm die Einladung von Fridas Mutter sehr gelegen, zu ihr nach Österreich zu kommen und dort seine Tochter Kerstin zu treffen. Erlöst schrieb er: „Dreißig Tage der Marter! Und jetzt werden sich bald die Türen der Folterkammer öffnen. Ohne Bitterkeit scheide ich von meinem Freund, dem Büttel, der mir eine Geißel der Vorsehung war." In Klam nahe Dornach an

Strindbergs Tochter Kerstin

JOHAN AUGUST STRINDBERG

der Donau wurde er sichtlich ruhiger. Dass Frida, von der er noch immer nicht rechtsgültig geschieden war, inzwischen ein Kind von Frank Wedekind erwartete, verschwieg man ihm geflissentlich. Seine bevorzugte Literatur, in die er sich ganz versenkte, waren neben Dantes *Göttlicher Komödie* die Schriften von Emanuel Swedenborg, den viele heute nur noch durch die Abhandlung *Träume eines Geistersehers* von Immanuel Kant kennen. Der im Jahre 1688 geborene Swedenborg galt in seiner Zeit als ideenreicher Wissenschaftler, der viele technische Erfindungen gemacht hatte und zum Mitglied der Akademie der Wissenschaften ernannt worden war. In der Mitte seines Lebens verließ er seine wissenschaftliche Tätigkeit und begann, von da ab nur mehr Bücher religiösen Inhalts zu schreiben. Bis in den Beginn des 20. Jahrhunderts hat man Swedenborg mit Buddha, Konfuzius und Mohammed, ja selbst mit Jesus verglichen und es gibt noch heute eine Sekte, die sich vorwiegend in England und in Amerika gehalten hat und die sich „Neues Jerusalem" nennt. Auf Strindberg schien vor allem Swedenborgs Werk *Himmel und Hölle* mächtig gewirkt zu haben, in welchem dieser seine unzähligen Begegnungen mit Engeln und Geistern beschrieb. Die wildromantische Gegend, in der er nun lebte, gab Strindberg reichlich Nahrung für seine überreiche Fantasie, denn bald schien sie ihm mit der Hölle übereinzustimmen, über die er soeben bei Swedenborg gelesen hatte. Der berühmte Hohlweg, den er in seinem Tagebuch zeichnerisch festgehalten hat, wurde so zum Abstieg in die Unterwelt und ein am Wege stehender Schweinestall wurde in seiner Fantasie zu einem der glühenden Sarkophage in Dantes Höllenbeschreibung. Es steht wohl außer Zweifel, dass solche Gleichnisse nichts mit krankhaften Bedeutungsideen zu tun hatten, sondern nur symbolhaften Charakter besaßen und für möglichst farbige, dramatische Effekte in seinem Roman dienen sollten.

Während des Aufenthaltes in Klam ereigneten sich aber auch gelegentliche Rückfälle mit Angstzuständen und Beziehungsideen, weshalb ihm seine Schwiegermutter zur Abreise riet. Sie hat ihm mehrmals versichert, psychisch krank zu sein, gab ihm jedoch zuversichtlich die Hoffnung, durch religiöse Umkehr wieder ganz gesund werden zu können. So brach Strindberg am 27. November 1896 seine Zelte in Österreich ab, um über Dänemark zurück nach Schweden zu reisen. In Kopenhagen nahm er kurzen Zwischenaufenthalt, um Georg Brandes wieder zu sehen. Dieser wunderte sich nicht wenig, als ihm bei dieser Gelegenheit Strindberg verriet, wie man die Widersacher durch schwarze Magie unschädlich machen könne – nämlich durch Stiche in die Augen auf einem Konterfei seines Gegners mit Hilfe einer Nadel! Aber über Okkultismus bei einer Flasche Wein zu diskutieren, kann wahrscheinlich schon einmal zu so absurden Auswüchsen führen, die dann nicht immer sofort als Ausdruck eines „Wahnsinns" gedeutet werden dürfen. Vielleicht hat auch Brandes diese „mystischen Verrücktheiten", wie er sich ausdrückte, so aufgefasst. Stand doch in jener Zeit der Okkultismus in voller Blüte.

Strindberg in Lund, 1897

Der nun folgende Aufenthalt in Lund, der bis zum Frühjahr 1899 andauerte, war gekennzeichnet durch eine zunehmende Beruhigung und Ausgeglichenheit, weshalb Strindberg im April 1897 schreiben konnte: „Die Sonne scheint, das tägliche Leben geht seinen gewohnten Gang und der Lärm der Arbeit stimmt freudig." Schon am 25. Juni sandte er das Manuskript des *Inferno* an den Verlag Gernandt, der auch für die deutsche Übersetzung durch den Dichter Christian Morgenstern sorgte. Diese durchaus freundliche Atmosphäre wurde im Sommer verdunkelt durch ein familiäres Drama. Sein Patenkind Nils, der Sohn seines Cousins Oscar Strindberg, wurde als Naturwissenschaftler zur Teilnahme an einer Entdeckungsreise zum Nordpol mittels Ballonfahrt ausgewählt, die am 11. Juli startete. Der Ballon wurde nie mehr gesichtet – erst mehr als drei Jahrzehnte später sollte man im ewigen Eis die von Eisbären zerfleischten Gebeine der Nordpolfahrer entdecken. Unter dem Eindruck dieses Ereignisses schrieb Strindberg die *Legenden,* einen ergänzenden Teil zum *Inferno.* Im zweiten Teil dieser *Legenden,* dem er den Titel *Jakob ringt* gab, versuchte er, sich über seine „religiöse Metamorphose" endgültig Rechenschaft zu geben und sich von seinen seelischen Spannungen zu befreien. Zwar treiben auch hier noch immer Klopfgeister und Dämonen aller Art ihr Unwesen, wie auch seine Kritikfähigkeit sichtlich noch herabgesetzt war, wenn er seine berichteten „Wunder" für objektive Beweisstücke telepathischer Vorgänge hielt. Wie er im zweiten Teil der *Legenden* berichtet, fühlte er sich in Paris, wohin er im August für kurze Zeit reiste, „plötzlich ganz allein". Er rang mit Schuldgefühlen, meinte, für begangene Sünden büßen zu müssen und verlor in kurzer Zeit so sehr an Gewicht, dass er beim Kauf von Hemden die Kragenweite 43 statt wie bisher 47 wählen musste. Auffallend war auch ein Rededrang, der nach einer Phase der Vereinsamung einsetzte. Über einen solchen Redeschwall, mit dem er seine Freunde überraschte, berichtete er selbst mit den Worten: „Man hatte seit sechs Uhr gegessen und getrunken und ich hatte die ganze Zeit so gut wie allein das Gespräch führen müssen." Wenn man auch aus *Jakob ringt* keine genaueren Aufschlüsse über sein Verhalten erfährt, so deuten doch manche Hinweise auf das Fortbestehen von Verkennungen und Verfolgungsideen. So heißt es an einer Stelle: „Ich habe den Gekreuzigten überall gesehen: Im Spielzeugladen, in Kunstgeschäften ... im Theater und in der Literatur. Ich habe ihn auf meinem Kopfkissenbezug gesehen, in den Flammen des Kachelofens, im Schnee oben in Schweden und auf den Klippen an der Küste der Normandie." In harmlosen Erscheinungen erblickte er Bedeutungen für sein Handeln, etwa wenn er „aus dem Schornstein eine zwitschernde Kinderstimme" zu hören glaubte. Mitunter vermeint man in Phasen, in denen er wieder einmal „von Furien gejagt" wurde, eine gewisse Krankheitseinsicht zu vernehmen, wenn sie auch nicht ganz überzeugend klingt: „Ja, obwohl ich mir bereits volle Gewissheit verschafft habe, dass mich niemand verfolgte, peinigt mich wieder der alte Wirbel von Gedanken und Zweifeln: verfolgt mich doch jemand?"

DER DICHTER ERWACHT WIEDER

Mit Anbruch des Jahres 1898 schien Strindberg allmählich frei von ernsteren psychischen Besonderheiten geworden zu sein. Überwältigt von der ihm bewusst gewordenen Rückkehr zu seiner Berufung als Dichter schrieb er im Februar das später zu einer Trilogie ausgebaute Drama *Nach Damaskus,* in welchem er die Erfahrungen seines Lebens und insbesondere jene während der *Inferno*-Zeit in konzentrierter Form poetisch mitzuteilen versuchte. Nach Peter Schütze ist dieses Werk Strindbergs erstes „Traumspiel". Darin sollte gezeigt werden, dass sich „Frieden erst dann einstellen kann, wenn der Mensch sich als Figur im objektiven, sinnvollen Gefüge des göttlichen Kosmos begreift, alle Qual als logische Folge von Schuld anerkennt und falsches Denken und Handeln aufgibt. Bild des Ziels ist meist das konfessionslose Männerkloster, das den Proselyten am Ende seiner Irrtümer, am Ende auch von Verführbarkeit und Sexualität, aufnimmt." Strindberg entwarf mit diesem Drama „sein Dichterleben zum Lebensweg des irrenden Menschen schlechthin" und erblickte darin einen Weg, sich seine gefährliche Neigung zu paranoiden wahnhaften Vorstellungen bewusst zu machen und sein Fehlverhalten, etwa auch in der Frauenfrage, als solches zu erkennen und zu verurteilen. In dieser Erkenntnis erklärt sich auch seine fast „manische Vielschreiberei", da nur sie ihm als probates Mittel erschienen sein dürfte, sich vor psychisch abnormen Reaktionen schützen zu können. In der Tat traten ja die Perioden psychotischer Verwirrtheit und paranoider wahnhafter Ideen immer dann in Erscheinung, wenn eine unproduktive Schaffensphase als Dichter vorlag. Umgekehrt kann man beobachten, dass sich ein Stadium krankhafter psychotischer Veränderungen in der Regel dann verflüchtigte, wenn der Produktionsstau durch einen dichterischen Schaffensrausch abgelöst wurde.

Auch diesmal war es so. Als er im März 1898 das Drama *Nach Damaskus* abschloss, stellte er begeistert fest, dass er „die Gnade zurückgewonnen habe, für das Theater schreiben zu können". Gleichzeitig informierte er Geijerstam, dass nun für ihn „die Religionskämpfe zu Ende sind, und das ganze Inferno-Märchen aus ist". Obwohl ihn auch weiterhin Glaubensfragen und ein okkultes Interesse bis ans Ende seiner Tage begleiteten, beendete er nun mit Einsetzen seiner fruchtbarsten Schaffensperiode jede aktive Beschäftigung mit Okkultismus ebenso wie mit Chemie. In dieser zuversichtlichen seelischen Verfassung beschloss er, Paris den Rücken zu kehren und heim nach Schweden zu ziehen, wo er am 7. April in Lund eintraf. Dort schrieb er während eines einjährigen Aufenthaltes mehrere historische Dramen sowie den Roman *Kloster,* der von seiner zweiten Ehe mit Frida handelt. Die historischen Zeitgemälde stießen an den Stockholmer Bühnen auf großes Interesse; deren beherrschende zentrale Figur war damals Albert Ranft, der mit Strindberg auch sogleich einen Vertrag abschloss. Besondere Huldigungen erfuhr der Dichter aber an seinem fünfzigsten Geburtstag, an welchem ihn die Medien als einen „lebensfrohen Schelm" beschrieben. Als jedoch Hjalmar Branting, der Führer der Sozialdemokraten in Schweden, in seinem Glückwunschtelegramm die Hoffnung aussprach, Strindberg möge so wie seinerzeit auch politisch wieder seine Unterstützung zusagen, erhielt er eine klare Absage: „Ich bin nie etwas anderes als Dichter gewesen … Du darfst mich nicht als politische Person betrachten. Manche Menschen haben ein religiöses Bedürfnis, andere nicht. Ich muss Kontakt mit dem ‚Jenseits' haben, um in meine Gemälde Perspektive und Tiefenschärfe zu bekommen, und in eurem physischen Vakuum kann ich nicht atmen."

Am 20. Juni 1899 kehrte Strindberg endgültig nach Stockholm zurück, nachdem er seit 1883 fast ohne Unterbrechung auf Reisen gewesen war. Fest entschlossen, dort seine Tage auch zu beenden, schrieb er im Juli einem Freund: „Die Wanderjahre scheinen beendet, und jetzt beabsichtige ich, in meinem Lande zu bleiben und mich redlich zu nähren." Man spielte in seinem Heimatland immer häufiger seine Dramen und bald war er in der schwedischen Gesellschaft ein attraktiver Gast, um den man sich bemühte. Eine für ihn entscheidende Bekanntschaft war eine zweiundzwanzigjährige norwegische Schauspielerin, die seit 1899 im „Dramaten" angestellt war und die für Strindberg die „vollkommene okkulte Offenbarung von Anmut, Schalkhaftigkeit und Urpoesie" darstellte: Harriet Bosse. Als der Direktor des Dramatischen Theaters in Stockholm Strindbergs Werk *Nach Damaskus* auf den Spielplan gesetzt hatte und sie die Rolle

Strindberg dritte Frau, Harriet Bosse in
Nach Damaskus

der „Dame" dieses Stücks spielen durfte, war er so begeistert, dass er ihr nach der Premiere am 19. Dezember 1900 einen enthusiastischen Brief übersandte: „Werden Sie jetzt bei uns die Schauspielerin des neuen Jahrhunderts!" Die von Beginn an entstandene erotische Spannung mündete schon im folgenden Frühjahr 1901 in eine leidenschaftliche Liebesgeschichte. Auch Harriet erging es nicht viel anders als Siri oder Frida, denn auch sie sollte eine Rolle in seiner Dichtung einnehmen. Als Eleonora in seinem Drama *Ostern* musste sie das Schicksal seiner Schwester Elisabeth auf der Bühne wiedergeben; diese war seit dem Jahre 1898 immer tiefer in eine Psychose geglitten, welche von paranoiden Ängsten gekennzeichnet war, in denen sie sich von Mordversuchen und Vergiftungsplänen be-

droht fühlte. Lagercrantz sieht im geisteskranken Mädchen Eleonora, der Hauptperson im Drama *Ostern,* eine weibliche Entsprechung zum Opfer in *Inferno.* In seiner Begeisterung und Liebe zu Harriet erwachte sein okkultes Interesse wieder von neuem. Wenn er an sie dachte, glaubte er oft den „Duft des Räucherwerks" wahrzunehmen, der von ihr ausging und in ihrer Abwesenheit vermeinte er, mit ihr in telepathischer Verbindung zu stehen. So vermerkte er in seinem Tagebuch am 13. Januar 1901, dass sie sich in der verflossenen Nacht bei ihm eingefunden habe und er sie auch „besessen" habe, also sexuell mit ihr vereinigt war. Diese nächtlichen telepathischen Besuche Harriets setzten sich fort. Er „lebte in Gedanken nur mit ihr", bezeichnete sie als den Engel, der ihn mit dem Weibe versöhnen sollte, und fürchtete im Geheimen, dass diese Leidenschaft in eine Katastrophe führen könnte. In seinen okkulten Denkspielen verwendete Strindberg den althergebrachten Begriff „Inkubus", der so viel wie erotischer Alptraum oder sexuelle Vereinigung zwischen Dämon und Mensch bedeutet. Seine Fantasie wurde durch Harriet Bosse in ungewöhnlicher Weise beflügelt, wie dies vor allem sein Märchenspiel *Schwanenweiß* bestätigt. Schon am 26. Februar

1901 notierte er in sein Tagebuch: „Lebte den ganzen Tag in einem Rausch durch die Konzeption zu Schwanenweiß", und am 31. März schrieb er an Harriet: „Für mich bis du Schwanenweiß – und als sich gestern Abend meine schwere Globusstirn unter deinem Himmelsglobus ausruhte, spürte ich, dass das Universum in Harmonie zusammengefunden hatte, und merkte, wie mein Erdgeist Himmlisches aus deinem Geist-Geist erhielt." Trotzdem zog ihn der Gedanke, mit Harriet eine dauernde Verbindung einzugehen, nicht nur an, sondern er bereitete ihm gleichzeitig auch ernste Sorgen. Er dachte an die Folgen, wie es in seinem Tagebuch heißt, „wenn ich meine Macht und mein Eigentum, meine Freiheit und Ehre an eine harte, berechnende Frau aus einer feindlichen Nation abtrete". Für solche Überlegungen war es jedoch bereits zu spät, da inzwischen Harriet, wie sie später schrieb, ganz unter seinen Zauber geraten war und sie wahrscheinlich durch eine eheliche Verbindung mit ihm auch Vorteile für ihre Karriere als Schauspielerin erhoffte. Schon am 6. Mai 1901 schloss Strindberg zum dritten Mal in seinem Leben eine Ehe und bezog mit seiner jungen Frau eine komfortable Fünfzimmer-Wohnung in Stockholm. Doch wie zu erwarten bereitete die ungleiche Verbindung schon von Anfang an manche Schwierigkeiten. Die junge Frau litt bald unter dem Eindruck, in einem Käfig festgehalten zu werden, und es half ihr wenig, wenn Strindberg sie zur Ablenkung mit Lektüre und Sprachstudien zu beschäftigen suchte. Sie honorierte dieses aufrichtige Bemühen seinerseits, doch schien es ihr unmöglich sich „von zwanzig Jahren plötzlich auf fünfzig zu versetzen". Dazu kamen noch sexuelle Spannungen, die sich aus dem erheblichen Altersunterschied ergaben, umso mehr, als Strindberg nun die Sexualität innerhalb der Ehe für unwichtig betrachtete. Aber auch er selbst wurde schon in den ersten Tagen seiner neuen Ehe von Zukunftsängsten ergriffen und wünschte sich nichts mehr, als zu „fliehen und eine Dachkammer zu mieten". Beide Ehepartner nahmen sich jedoch ernstlich vor, aufeinander Rücksicht zu nehmen und sich so gut wie möglich anzupassen. Dies dürfte zunächst auch gelungen sein, denn im Tagebuch finden wir unter dem 25. Juni die Eintragung: „Wir sind jetzt überzeugt, dass unsere Verbindung für immer halten wird, denn wir leben in vollkommener Harmonie." Doch schon wenige Tage später kam es zu einem Eklat. Strindberg weigerte sich plötzlich, die geplante Hochzeitsreise nach Deutschland anzutreten mit der Begründung, die „Mächte" hätten es ihm nicht gestattet. Harriet fehlte jedes Verständnis für eine solche Reaktion und sie verließ, ohne sich zu verabschieden, Stockholm, um sich nach Dänemark zu begeben. In „Sehnsucht, Trauer und Verzweiflung" schrieb er ihr am 27. Juni: „Geliebte, geliebte Frau. So viele Tränen, so viele Tränen, und so heiß, dass sie die Augen ausbrennen! Und warum? Weil ich von Gedanken an all die Leiden gequält werde, die ich dir unfreiwillig zugefügt habe … Und diese Nacht – ich glaubte, ich würde vor Weinen ersticken – und ich suchte im Dunkel die kleine Hand, die zu halten mich so sicher machte, wenn die Grauen der Nacht schreckten."

Während der folgenden Wochen beschäftigte er sich mit dem dritten Teil von *Nach Damaskus,* welcher auch sein Verhältnis mit Harriet Bosse beleuchtet. Obwohl zu diesem Zeitpunkt, wie Harriets späterer Gatte Edvin Adolphson, ein hervorragender Schauspieler, berichtete, der jungen Frau bereits vollkommen klar geworden war, dass Strindberg ein Mensch sei, der „sich selbst nicht hingeben konnte und darum zum Fremdling für sie wurde", verbrachte sie mit ihm einige Flitterwochen in Dänemark, wohin er ihr nachgereist war. Schließlich erklärte sich Strindberg auch bereit, mit Harriet nach Berlin zu fahren, wo es am 3. August zu einer Szene kam, die im Tagebuch als „Tag des Grauens" festgehalten wurde: Harriet wünschte ein etwas anrüchiges Lokal kennen zu lernen, was Strindberg nicht nur ablehnte, sondern in seiner Wut beschimpfte er darüber hinaus seine Frau als Hure. Drei Wochen später wollte sie sich zum ersten Mal von ihm trennen und verließ die Stockholmer Wohnung mit dem Hinweis, dass sie sich ein weiteres Zusammenleben nicht mehr vorstellen könne. Sie könne nicht verstehen, „dass ein Mann solche Worte gegen ein dreckiges Straßenmädchen, geschweige denn gegen seine eigene Frau in den Mund nehmen kann", und sie fühle sich durch die Szene, die sich in Berlin abgespielt hatte, „so beschmutzt, dass selbst die liebevollsten Worte von dir sie niemals abwaschen oder fortspülen können". Diese Erschütterung musste seine Frau umso mehr getroffen haben, als zu diesem Zeitpunkt bereits feststand, dass sie von ihm ein Kind erwartete. Harriet kehrte erst nach vierzig Tagen wieder zurück und diese vierzig Tage, die schon in der Heiligen Schrift eine große Bedeutung besaßen, sollten in seinem weiteren Leben eine zentrale Stellung einnehmen.

Strindbergs Reaktion war gespalten. Einerseits bestürmte er Harriet mit reuevollen Briefen, in denen er ihr seinen seelischen Schmerz zu beschreiben versuchte. Andererseits bezeichnete er sie als böse und gemein und verantwortlich dafür, dass ihre bisherige Ehe nichts anderes als eine Spukgeschichte gewesen sei, weil sie sich hartnäckig geweigert habe, jene Rolle zu spielen, die er schreibe. Wie es seine Gewohnheit seit jeher war, drohte er auch in dieser Situation wieder einmal mit Selbstmord. Im September setzte er seinen letzten Willen auf und kündigte den „Tod von eigener Hand" an. Zur gleichen Zeit konzipierte er allerdings bereits ein weiteres historisches Drama und kaum war Harriet am 5. Oktober – nach Beendigung der bedeutsamen vierzig Tage – wieder zu ihm zurückgekehrt, begann er auch schon am *Traumspiel* zu arbeiten, jenem Schauspiel, das er von all seinen Werken am höchsten einschätzte. Mit diesem Stück wollte er zeigen, dass die ganze Welt bloß Schein, Phantom, Traumbild sei, dessen Vernichtung in der

Askese immer wieder durch den Liebestrieb vereitelt wird. Deshalb „ist das End-ergebnis ein unaufhörliches Schwanken zwischen dem Taumel der Wollust und der Qual der Buße: Dies scheint die Lösung des Welträtsels zu sein."

Harriet war nicht bereit, ihre Zukunftspläne als Schauspielerin und ihre per-sönlichen Ansprüche ans Leben Strindberg zu opfern. Fürs Erste trachtete sie, die kommenden Monate bis zur Geburt ihres Kindes gemeinsam in Eintracht und Ausgewogenheit zu verbringen, und angeblich war auch Strindberg nach ihren ei-genen Worten in dieser Zeit „gut und fürsorglich" zu ihr. Erst mit der Geburt der kleinen Anne-Marie am 25. März 1902 kam wieder Unruhe in die eheliche Zwei-samkeit. Nach einem „Krach bei Tisch" reiste Harriet mit dem Kind am 15. Ju-ni aufs Land, um erst im Herbst wieder zurückzukehren. So schleppte sich die Ehe noch über den Winter, bis es im März 1903 nach einer heftigen Auseinan-dersetzung zur Trennung kam. Sie reichte über den Anwalt die Scheidung ein und verließ zusammen mit ihrer Tochter Strindbergs Wohnung. Er empfand zwar zunächst das angenehme Gefühl einer „unbeschreiblichen Ruhe", doch dachte er nicht daran, die sexuelle Verbindung mit ihr aufzugeben. In einem Brief vom 27. Mai zeigte er sich wohl einverstanden mit gelegentlichen Besuchen Harriets und ihrer Tochter, doch wollte er mehr, „denn ich liebe deinen Körper wie dei-ne Seele, und ich weiß, dass unsere Verbindung gewonnen hat". Tatsächlich kam es auch weiterhin zu körperlichen Kontakten zwischen den beiden, wie man ei-ner Notiz im *Okkulten Tagebuch* entnehmen kann: „Als sie nachts mein Bett ver-ließ, war sie sich nicht ähnlich, sondern hatte ein langes ovales Gesicht … und ein Wohlgeruch ging von ihr aus, so stark und lieblich, dass ich in Ekstase geriet und nahe daran war, das Bewusstsein zu verlieren. Das ist übernatürlich, und zu-weilen glaube ich, dass sie von sehr hoch oben kommt, kein gewöhnlicher Mensch ist." Doch Streit und Versöhnung wechselten in zermürbender Weise einander ab, sodass Harriet schließlich froh war, am 27. Oktober 1904 vom Stadtgericht das Scheidungsurteil in Händen halten zu können.

Aber auch nach dieser Annullierung ihrer Ehe hielten die beiden ihre Ver-bindung weiter aufrecht. In seinem Junggesellendasein wandte er sich jetzt der Gesellschaftssatire zu, die in den beiden Romanen *Die Gotischen Zimmer* und *Schwarze Fahnen* ihren wichtigsten Niederschlag fand. Vor allem in letzterem geißel-te er in ätzender Weise die gegenwärtigen Zustände bei den Kulturschaffenden, den Literaten und den Journalisten und man kann heute verstehen, dass sich sämt-liche Verleger weigerten, sie zu verlegen, da dies einem Selbstmord gleichgekom-men wäre. Im Jahre 1906 begann er an seiner umfangreichsten Prosadichtung zu arbeiten, deren vierter Teil erst nach seinem Tode erschien. Es handelt sich dabei um das *Blaubuch, an die Zuständigen übergeben und den Kommentar zu ‚Schwarze Fah-nen' bildend.* Mit diesem *Blaubuch,* welches man auch als eine vergrößerte Ausgabe des *Okkulten Tagebuches* bezeichnen könnte, vermeinte er, „alles gesagt zu haben, was ich zu sagen hatte". Aus der Widmung des 1907 erschienenen ersten Teiles an Emanuel Swedenborg „Dem Lehrer und Führer vom Schüler" erkennt man dessen Bedeutung für Strindbergs Entwurf dieses „Erbauungsbuches für Bekenner aller Religionen", das Schütze eine sehr private, eklektische Enzyklopädie seiner Weltanschauung nannte. Strindberg selbst wollte es wohl als eine Art Testament eines Mannes verstanden wissen, der „(ich) das Interesse am Leben verloren habe und das Ende ahne", wie er sich im April 1907 in einem Brief an Schering ausdrückte.

In *Schwarze Fahnen* bemühte sich Strindberg, die Präsenz von Gespenstern und von Spuk wissenschaftlich an mehreren Stellen des Buches zu untermauern und er versuchte auch, das Fernfühlen sowie die Existenz telepathischer Verbindungen zu erklären: „Wir glauben nicht an klopfende Tische und nicht an Psychosen. Aber wir glauben, dass zwei starke Geister unter gewissen Umständen sich aus der Entfernung vernehmen, sich Gedankenströme senden können." Diese Auffassung geht zunächst nicht über das hinaus, was man bei vielen normalen Menschen eben als „Aberglauben" findet, wobei man bei der ungewöhnlich ausgeprägten Sensibilität Strindbergs bedenken muss, dass manches, was andere Menschen nur denken konnten, bei ihm offensichtlich die sinnliche Deutlichkeit des „Fühlens" annehmen konnte. Auf jeden Fall finden sich in jener Zeit bei ihm keinerlei Anzeichen dafür, psychisch abnorm reagiert zu haben.

Dies änderte sich hingegen abrupt in jenem Augenblick, als sich Harriet am 4. April 1908 mit dem Schauspieler Gunnar Wingard verlobte. Das einstige Paar Strindberg und Harriet Bosse waren noch im Jahr zuvor mehrmals zusammengetroffen, wenngleich er sie damals in seinem Tagebuch bereits auf das Schlimmste beschimpfte. So lesen wir unter dem 24. Mai 1907: „Sie ist der schlechteste und gemeinste Mensch, den ich getroffen habe, der dümmste und hässlichste, in einer Weise; zuweilen aber auch der Gegensatz von alledem." Erkennt man in diesem Nachsatz noch die rasch wechselnden Urteile über seine ehemalige Ehepartnerin, so wurde sie nach Bekanntwerden ihrer Verlobung zum „boshaftesten aller geschaffenen Lebewesen … die nur aus Lüge, Betrug, Bosheit und Brunst besteht. Brunst und Hass!" Da er auf seinen Abschiedsbrief im Juni 1907 eine eher versöhnliche Antwort Harriets erhalten hatte, in welcher er den Satz lesen konnte, „Ich mag dich sehr, was auch geschehen mag", hegte er offenbar die Hoffnung auf eine fortdauernde seelische Verbindung ihrer Herzen. Unmittelbar nach Erhalt ihres Briefes nahm er deshalb seine telepathische Verbindung mit ihr wieder auf und erlebte damit in seiner Fantasie drei Monate lang einen wahren Liebesrausch. Die psychischen Phänomene, die nun zu Tage traten, nahmen jetzt unverkennbar psychotischen Charakter an. Er war überzeugt, dass Harriet fast täglich auf telepathischem Wege nachts zu ihm käme: Er möchte sie oft ablehnen, nimmt sie aber dann doch in seine Arme und verbringt selige Stunden mit ihr. Seiner Meinung nach erlebte er mit ihr das, was sie weit entfernt von ihm tatsächlich zu diesem Zeitpunkt dachte und fühlte. Alles Hässliche zwischen ihnen war bei dieser Verschmelzung ihrer Körper verschwunden und nur das Schöne blieb erhalten. Seine erotisch-sinnlichen Erlebnisse lassen deutlich erkennen, dass er Harriet erotisch ungeheuer entbehrte und dass er nun nicht zur Kenntnis nehmen wollte, dass sie in Wirklichkeit für immer von ihm genommen werden sollte. Immer wieder erwartete er, dass sie doch zu ihm zurückkehren würde. In den *Bekenntnissen an eine Schauspielerin* schrieb er am 8. April 1908: „Als du mir am Sonnabend sagtest, dass du verlobt seiest, wusste ich es beinahe. Aber ich konnte dir nicht Glück wünschen, denn ich glaube nicht daran, da es nicht existiert." Tatsächlich machte er ihr nach der Verlobung in Briefen, die mit Liebesschwüren voll waren, Heiratsanträge. Fantasierte er zunächst davon, mit ihr auf geistigem Wege ein Kind zu zeugen, so bat er sie schließlich, sich mit ihm auch körperlich wieder zu vereinigen, um mit ihm ein Kind zu bekommen. Nichts, weder ablehnende Antworten Harriets noch die Verweigerung der Annahme seiner Briefe oder aber Drohbriefe des Bräutigams konnten ihn von der Überzeugung abbringen, dass sie im Grunde noch immer zu ihm gehöre und deshalb auch zu ihm würde zurückkehren wollen.

Als Harriet Bosse und Gunnar Wingard am 24. Mai den Bund der Ehe schlossen, wurden Strindbergs telepathische Begegnungen mit ihr in steigendem Maße beklemmender: Jede Nacht kommt sie, angekündigt durch Verströmen von Rosenduft, zu ihm, sie überfällt ihn, bestürmt ihn und verursacht ihm kaum zu ertragende Spannungen im Leib. Wahrscheinlich waren es sexuelle Spannungen körperlicher Natur, doch glaubte er eher, an einem Magengeschwür zu leiden. Ein herbeigerufener Arzt konnte diesen Verdacht nicht bestätigen. Hätte ihm der Kranke gebeichtet, dass – laut Tagebuch – in der vergangenen Nacht während der telepathischen Begegnung mit Harriet sie sich einander sechsmal umarmt hatten, dann wären ihm die Zusammenhänge sofort klar geworden. Gewinnt man doch den Eindruck, dass es sich bei manchen seiner Zustände, die er als „entsetzlich" beschrieb, um physische sexuelle Spannungszustände gehandelt haben könnte, die nach einer nächtlichen Pollution wieder gelöst wurden. Als Beispiel sei die Notiz in seinem *Okkulten Tagebuch* angeführt: „Wenn ich jetzt von Harriet angegriffen werde, umarme ich sie sofort, um Ruhe zu finden." Allmählich zeigte sich bei Strindberg eine gewisse Einsicht, mit dieser Art der Aufrechterhaltung seiner Verbindung mit Harriet trotz ihrer Verehelichung mit einem anderen Mann einer Illusion verfallen zu sein: „Beim Lesen von Swedenborg begann ich mich gestern Abend zu fragen, ob Harriet sich unseres Zusammenlebens bewusst ist, oder ob die Persönlichkeit, die ich umarme, ein ‚Double‘ ist, von dem sie nichts weiß – ein Phantom.“

Strindberg erwähnte immer wieder, dass er in seiner Einsamkeit und in seinem seelischen Schmerz vermehrt dem Alkohol zusprach. Am 13. Juni schrieb er: „Nach sechzig Jahren Tortur! bitte ich Gott, aus dem Leben scheiden zu dürfen. Die kleine Freude, die es gab, war illusorisch oder falsch! … Das einzige, was mir die Illusion von Glück gab, war der Wein! Darum trank ich!“ Zwar fand sich in seinem Verhalten nichts Delirantes, doch wissen wir, dass Alkohol auch körperliche Empfindungen auszulösen vermag. Dazu kam noch der Umstand, dass Strindberg zu jener Zeit wenig aß und beträchtlich an Gewicht abnahm. Wie immer überdramatisierend, notierte er in seinem Tagebuch weiter: „Der Selbstmord kommt näher! Aber er scheint nicht nötig zu werden, denn ich werde Hungers sterben. Mein Abscheu vor allem Essen nimmt so stark zu, dass ich unglaublich abnehme. Nach zwölf Tagen ist man tot.“ Diese auffallende Appetitlosigkeit kann in diesem Ausmaß natürlich auch auf das Vorhandensein einer echten psychischen Alteration zurückgeführt werden.

Mit der Bemerkung, dass sich Strindberg aus Sorge vor einem eventuellen Magenkrebs zu einem Arzt begab, endet das telepathische Tagebuch. Auch seine Imaginationen im Zusammenhang mit Harriet fanden ihren Abschluss, nachdem deren Gatte ihm einen groben Brief geschrieben hatte: „Er drohte damit, mich zu erschießen, wenn ich H-t weiter verfolgte.“ Strindberg sollte ihr tatsächlich nie mehr in seinem Leben begegnen. Indes dürfte ihn in dieser qualvollen seelischen Situation die Bekanntschaft mit der siebzehnjährigen Statistin am Intimen Theater Fanny Falkner einigermaßen getröstet haben. Er hielt sie als Schauspielerin für eine große Begabung, der er in Zukunft die ehemaligen Rollen von Harriet zudenken wollte. Am 11. Juli 1908 zog er in den „Blauen Turm“, ein Wohnhaus in der Drottninggatan, in welchem auch Fanny mit ihren Eltern bis zum Jahre 1910 wohnte. Strindberg versuchte, Fanny mit der Beschäftigung als Sekretärin und mit verschiedenen Gratifikationen enger an sich zu binden, und er trug sich sogar mit dem abstrusen Gedanken an eine neue Ehe. Diese Altersliebe

Das Intime Theater, Stockholm

Strindbergs Freundin Fanny Falkner in Der Todestanz

blieb jedoch ein unerfüllter Traum, da die blutjunge Frau seinem Werben eine bestimmte, wenn auch taktvolle Absage erteilte. Als sie 1910 mit ihren Eltern auszog, war Strindberg wieder in die Einsamkeit entlassen.

Sein Interesse für das Theater nahm ab, als im Dezember 1911 das vier Jahre zuvor zusammen mit dem Schauspieler August Falck nach dem Vorbild des „Kleinen Theaters" Max Reinhardts in Berlin gegründete „Intime Theater" geschlossen werden musste. In diesen „Kammerspielen" unternahm er den Versuch, „die Idee der Kammermusik auf das Drama zu übertragen". Wurde doch das Musizieren im engen Freundeskreis mit seinem Bruder Axel als Pianist in den letzten Jahren für ihn zu einer bevorzugten Beschäftigung, wobei Beethoven sein Olympier war. In seiner berühmten *Gespenstersonate* versuchte er die Konzeption von Beethovens Klaviersonate *Der Sturm* aufs Theater zu transponieren. Aber auch als Dichter machte er eine Wandlung durch, indem er seit 1910 als Mitarbeiter bei der neuen Zeitung *Afton-Tidningen* nun vorwiegend Abhandlungen zu kulturellen und politischen Tagesproblemen verfasste. Dabei löste er mit seinem provozierenden Artikel *Pharaonenkult,* der sich gegen das Königshaus und den Hof richtete und in welchem er den Sozialismus zu einer Lehre hochstilisierte, die vom Geist des Christentums beseelt sei, einen veritablen Pressekrieg aus, der als „Strindberg-Fehde" in die Geschichte eingehen sollte. Während er bei der sozialdemokratischen Jugend ein enthusiastisches Echo fand, wurde er auf konservativer Seite deswegen heftig angegriffen – allen voran vom Aristokraten und ehemaligen Freund Verner von Heidenstam sowie vom Asienforscher Sven Hedin. Möglicherweise trugen diese Auseinandersetzungen dazu bei, dass Strindberg bei der Verleihung des Literatur-Nobelpreises, der Selma Lagerlöf zugesprochen wurde, übergangen worden war. Vom sozialdemokratischen Jugendverein wurde deshalb ostentativ eine Sammlung für ihn veranstaltet, die als „Gegen-Nobelpreis" gedacht war und deren Ergebnis von immerhin 45.000 Kronen er an die Arbeitslosen und Opfer der Kinderlähmung weiterleitete. Die Stockholmer Arbeiter dankten ihm am Abend seines dreiundsechzigsten Geburtstages am 22. Januar 1912 mit einem Fackelzug, an dem sich zehntausend Menschen der Stadt beteiligten, um ihm zu huldigen.

Wenn er als Dichter nun schwieg, richtete sich sein Interesse in der Folge auf die Sprachforschung. Ähnlich wie bei seinen früheren chemischen Experimenten fahndete er auch als Sprach-

Fackelzug zu Ehren Strindbergs, 1912

forscher durch vergleichende Untersuchungen der Grammatik und des Wortschatzes nach einer gemeinsamen Wurzel, nach dem Urstoff. In einer ganzen Serie von Artikeln und Büchern glaubte er beweisen zu können, dass im Hebräischen, „der heiligen Sprache", die Mutter aller Sprachen der Welt zu finden sei. Wissenschaftlich betrachtet handelte es sich bei diesen Studien so wie bei seinen „Metamorphosen" chemischer Grundstoffe wieder einmal um spekulative Betrachtungen, die in der magischen Welt einer dichterischen Fantasie beheimatet waren.

DAS ENDE

Die Krankheitssymptome, die sich im Jahre 1908 erstmalig meldeten, sollten nie mehr völlig verschwinden und traten im Sommer 1911 in so verstärktem Maße in Erscheinung, dass Strindberg sich vornahm, für seinen wie er meinte bevorstehenden Abmarsch das Bündel ordnungsgemäß zu schnüren. Teils wohl aus schlechtem Gewissen, teils aus Sehnsucht nach größerer Nähe zu seinen Kindern beschloss er, mit den zweihunderttausend Kronen, die ihm sein Verleger Bonnier für die Überlassung aller Rechte auf die *Gesammelten Werke* überwiesen hatte, für eine sorgenfreie Zukunft seiner Kinder zu sorgen. Wie seine Tochter Karin Smirnoff in ihrem Buch berichtet, lud er seine drei Kinder zu sich in den Blauen Turm und übergab jedem ein Viertel der bereitgestellten Summe. Der vierte Stapel der Geldscheine war für seine erste Frau Siri gedacht – einer alten Schuld wegen, wie er Karin zuflüsterte. Und als im Sommer dieses Jahres die Verehelichung Karins mit Wladimir Smirnoff, Lektor für die russische Sprache an der Universität in Helsingfors, stattfand, ließ es sich Strindberg nicht nehmen, für seine „Erstgeborene, die einmal die erste Freude seines Lebens war", das Arrangement dieses Festes zu übernehmen.

Den Weihnachtsabend feierte er im Kreise der Familie seiner Tochter Greta. Unglücklicherweise zog er sich auf seinem Heimweg, den er zu Fuß angetreten hatte, eine Lungenentzündung zu. Er fasste diese Krankheit als eine Art Vorbote seines Todes auf. Schon im April 1911 erklärte er einem seiner Freunde: „Das Alter ist da; Warnungen und Vorahnungen habe ich schon hinter mir." Was er damit gemeint hatte, beschrieb er im Juni in deutlicherer Weise so: „Seit ein paar Monaten kränklich; wahrscheinlich ein noch unbekanntes, nicht ganz ausgebrochenes inneres Leiden, auf das der Arzt (mein Schwiegersohn) sich nicht versteht. Alle Eingeweide in Aufruhr, toben; finde keinen Platz in meiner Haut, obwohl ich hungere und den regelmäßigen Abendgrog aufgegeben habe. Es ist, als säße die falsche Seele im verkehrten Körper – habe immer so empfunden –, darum ist mir der Wein eine Hilfe gewesen, damit die Seele in die Geleise kam. Doch Fasten und Nüchternheit bringen Kleinmut mit sich, aus reiner Feigheit. Die Selbstprüfung, conscientia scrupulosa, die einem alles vorwirft, auch das, was man nie verbrochen hat. Außerdem, als das letzte große Interesse aufhörte – ‚Die Wurzeln der Weltsprache' –, wurde das Leben flau." Eigenartigerweise hatte er durch Zahlenkombinationen von Daten aus seinem Leben errechnet, dass er im Jahre 1912 sterben müsse.

An den Freund und Musikliebhaber Nils Andersson, der ihm bis an sein Lebensende treu zur Seite stand, schrieb er angesichts der Verschlechterung seines Befindens am 8. November: „Ich bin krank! Lege mich manchmal um sieben Uhr hin, weil ich keinen Platz in meinen Kleidern habe. Am schlimmsten tagsüber! Im Bett und nachts gut. Am besten, wenn ich Besuch habe. Kein Arzt begreift, was es ist. Beinahe die selben Symptome wie 1896 (Inferno). Ich selber glaube, es ist der grässliche Hass der Menschen. Die Gegenwart von Gästen scheint die Hass-Ströme abzuleiten." Mit diesem vermeintlichen Hass der Menschen auf ihn, den er auf einige seiner großen Entdeckungen zurückführte, klangen noch immer Verfolgungsideen nach, unter denen er in früheren Jahren gelitten hatte.

Anfang 1912 war Strindberg infolge der oben erwähnten Lungenentzündung für mehrere Wochen ans Bett gefesselt. Erst Anfang April klagte er dezidiert über Magenschmerzen, die von Erbrechen begleitet wurden. Dem befreundeten Arzt Petrén aus Lund schilderte er seinen Zustand folgendermaßen: „Jetzt schmerzt es den ganzen Tag, unabhängig davon, was ich zu mir nehme; manchmal bohrt es nur, manchmal wird es stärker, doch frei davon bin ich nie. Unabhängig davon, ob ich sitze, gehe oder liege. Zu Bett gehe ich, um die Kleider los zu werden, doch das hilft nichts mehr. Liege ich auf dem Bauch, hört der Schmerz auf; die linke Seite ist besser als die rechte, aber auf dem Rücken ist es am schlimmsten. Der Appetit nimmt ab; Ekel vor allen Speisen hat sich eingestellt; und der Lebensüberdruss nimmt bedenklich zu. Schlaf mag es für ein oder zwei Stunden geben, dann wecken mich die Schmerzen. Eine Nacht von zwölf Stunden ist endlos!" Nach Petrén vermuteten die hinzugezogenen Ärzte Dozent Gunnar Nyström und Henrik Berg „Gallensteine, Magenschleimhautentzündung und gar auch nur Bandwurm". Nachdem man insgesamt dreimal Flüssigkeit aus dem Bauchraum abgesaugt hatte, lautete die Vermutungsdiagnose dann doch „Krebs mit fortgeschrittenen Metastasen".

Obwohl man dem Patienten die volle Wahrheit über seinen Zustand mitgeteilt hatte und die Tageszeitungen laufend über das tödliche, unabwendbare Leiden berichteten, blieb Strindberg ruhig und gefasst, ja selbst zu Scherzen mit befreundeten Besuchern aufgelegt. Zu den ständigen Schmerzen gesellten sich zuletzt immer häufiger Erstickungsanfälle hinzu, sodass sein Zustand wirklich bejammernswert gewesen sein muss. Um ihr diesen grauenvollen Anblick zu ersparen, antwortete er seiner zehnjährigen Tochter Anne-Marie, die ihn besuchen wollte, am 19. April 1912: „Meine liebe kleine Tochter! Danke für deine roten Blumen! Aber du sollst mich nicht besuchen. Hier gibt es so viel Medizinflaschen, Doktoren und Spektakel, dass es nicht gemütlich ist. Freue du dich deiner Jugend mit den Jungen, und traure nicht um den Alten, der sich nichts weiter wünscht, als fortzugehen."

Etwas mehr als drei Wochen vor seinem Ableben erreichte ihn die Nachricht vom Tod seiner ersten Frau Siri. Wir besitzen durch Karin Smirnoff eine Beschreibung, wie Strindberg, selbst vom Tod gezeichnet, diese Hiobsbotschaft aufnahm: „Abgemagert bis zum Äußersten mit der jetzt so dünnen, beinahe weißen Mähne, feucht von der Anstrengung, sich aufrecht zu halten, saß er in seinem alten, braunkarierten Schlafrock da und hörte zu. Der Brief war sachlich, verhalten, beinahe kühl in seiner trockenen Darstellung, doch während des Vorlesens schluchzte er und schnäuzte sich unaufhörlich. Als Greta geendet hatte, ging er in das Zimmer nebenan und kehrte zurück in einem alten schwarzen Schlafrock mit einem weißen Halstuch wie zu einem Frack. Auf seine stille Weise wollte er sie ehren, der er bald in den Tod folgen sollte."

Wenige Tage vor seinem Ableben diktierte er sein letztwilliges Testament, das folgenden Wortlaut hatte: „Mein Körper darf nicht obduziert, nicht ausgestellt, nur den Angehörigen gezeigt werden. Keine Totenmaske darf abgenommen werden, keine Fotografien. Ich will an einem Morgen um acht Uhr zu Grabe getragen werden, um der Ansammlung von Neugierigen zu entgehen. Es darf keine Totenfeier in der Friedhofskapelle stattfinden, schon gar nicht in der Kirche. Auf dem neuen Friedhof will ich liegen, doch nicht im Viertel der Reichen auf dem Markte der Eitelkeit. Am Grab darf nicht gespielt, gesungen oder eine Rede gehalten werden, der Geistliche soll nur den Worten des Katechismus folgen."

August Strindberg hauchte seine Seele am 14. Mai 1912 um halb fünf Uhr Nachmittag aus. In der vorausgegangenen Nacht soll er seiner Krankenpflegerin Hedwig Kistner gesagt haben: „Kümmern Sie sich nicht um mich, mich gibt es nicht mehr." Seinem letzten Wunsch entsprechend legte ihm seine Tochter Greta das Kruzifix von seinem Schreibtisch auf die Brust. Trotz seiner testamentarischen Anweisungen gestalteten

Das letzte Foto, April 1912

sich die Begräbnisfeierlichkeiten unter großer Anteilnahme der Öffentlichkeit glanzvoll. Neben Vertretern aus den Reihen der Literaten und Theaterleute waren auch Mitglieder der Regierung, die sozialdemokratische Fraktion des Reichstages sogar vollzählig erschienen. Den Trauerkondukt durch die Straßen der Stadt aber prägten die herbeigeeilten Organisationen aus der Arbeiterschaft mit ihren mehr als hundert roten Fahnen. Wie Lagercrantz uns erzählt, wurde Strindbergs Sarg auf einem reich geschmückten Leichenwagen mit einem Barockdach zum Friedhof geführt und Nathan Söderblom, der Erzbischof von Schweden, der seinerzeit als schwedischer Pastor von Paris die Sammlung unterstützt hatte, mit der Strindbergs damaliger Krankenhausaufenthalt finanziert werden sollte, hielt die Predigt.

Das Grabmal wird nur von einem schwarzgeteerten Kreuz geschmückt, auf welchem, abgesehen von Strindbergs Namen und seinen Geburts- und Todesdaten, auf Wunsch des Verstorbenen der lateinische Text angebracht wurde:

O CRUX AVE SPES UNICA.

MEDIZINISCHE BEURTEILUNG

Während Strindbergs letzte, zum Tode führende Krankheit trotz fehlenden Obduktionsbefundes diagnostisch mit großer Wahrscheinlichkeit richtig beurteilt werden kann, sorgen seine psychischen Befindlichkeitsstörungen auch heute noch immer für widersprüchliche Diskussionen. Bevor man aus psychiatrischer Sicht dazu Stellung nehmen kann, scheint eine auf psychoanalytischen Erkenntnissen aufgebaute Beschreibung seines Psychogramms unerlässlich zu sein. Lassen sich doch Strindbergs ungewöhnlich komplexe Persönlichkeit sowie die unbewussten Motivationen in seinem Leben in Anbetracht der hervorstechenden Rolle des sexuellen Elements in seinen autobiografischen Schilderungen noch am ehesten unter Heranziehung der fundamentalen Theorien Sigmund Freuds und seiner Schule erklären.

Wie eine von Strindberg im Zuge seiner späteren geschichtlichen Nachforschungen über seinen Stammbaum erwähnte alte genealogische Tafel der Familie erkennen lässt, handelte es sich seit dem 17. Jahrhundert durchwegs um vornehme, psychisch und physisch gesunde Vorfahren, unter denen sein Großvater Zacharias als einziger auch künstlerische Neigungen aufwies. Das schwächste Glied in Strindbergs hereditärer Reihe war zweifellos seine Mutter, die bereits im Alter von nur neununddreißig Jahren an den Folgen einer Lungentuberkulose starb. Sie litt zeitlebens an starken Stimmungsschwankungen, vertrug keinen Widerspruch und besaß ein überaus reizbares Temperament, das Strindberg seiner Meinung nach von ihr geerbt hatte. Sein unstetes, ruheloses Wesen und seine außerordentliche Sensibilität äußeren Reizen gegenüber, die nicht selten fieberhaften Reaktionen glich, glaubte er darauf zurückführen zu müssen. Wie man aus einer mündlichen Mitteilung von Dr. Magnus Westergren in Boston, dem zur Zeit des Biografen Uppvals letzten noch lebenden Mitglied eines gemeinsam mit Strindberg in den Siebzigerjahren des vorigen Jahrhunderts angehörenden Klubs, erfährt, litt Strindberg an einem chronischen schmerzhaften Harndrang, was im Sinne Alfred Adlers als organische Minderwertigkeit gedeutet werden könnte, wie sie dieser bei neurotischen Menschen häufig anzutreffen glaubte. Man muss somit annehmen, dass Strindberg als Kind in nicht unbeträchtlichem Ausmaße einigen hereditären Belastungen ausgesetzt war, die sich einerseits in einer Organminderwertigkeit und andererseits in einer übersteigerten nervösen Reaktionsweise auf äußere Reize manifestiert haben dürften. Da bei einer solchen Prädisposition des Nervensystems eine sehr niedrige Reizschwelle vorliegt, kann ein solches Kind durch ungünstige, feindliche Umweltbedingungen, unter denen es aufwächst, leicht in einen Zustand von Neurose gelangen.

Die Umweltbedingungen waren natürlich zunächst ausschließlich durch das familiäre Umfeld bestimmt, in welchem das Kind aufwuchs. Wie wir aus Strindbergs Ausführungen in seiner Autobiografie *Sohn der Magd* entnehmen können, löste dieses Umfeld bei dem sensiblen Knaben in einem ungewöhnlichen Ausmaß immer wieder Angstzustände aus: Er fürchtete sich vor Dunkelheit, vor möglichen Verletzungen oder Stürzen und vor Bestrafungen jeder Art, sei es die Dienstmagd, die ihn an den Haaren zog, seien es die Fäuste seiner Brüder, die Rügen der Großmutter oder die drohenden Gebärden und Tadel des Hausherrn. Vor allem aber war es die Angst vor dem Rohrstock des Vaters, dessen strenge Erziehung nach Kadavergehorsam verlangte. Er bekam stets nur von seinen Pflichten, nichts aber von seinen Rechten zu hören und begann unter dem Eindruck zu leiden, dass nur die Wünsche der anderen Gehör fanden, während seine eigenen geflissentlich unterdrückt wurden. Alles, was er unternahm, schien falsch zu sein, jedem schien er im Wege zu stehen und von jeder seiner Äußerungen glaubte er, sie störe die anderen. In den Augen des Kindes hatte offenbar jedermann das Recht, Macht über ihn auszuüben, sodass er es zuletzt kaum noch wagte, sich zu bewegen und die wichtigste seiner Pflichten darin erblickte, folgsam auf einem Stuhl sitzend zu verharren und ruhig zu sein. Dieser ständige Druck zum Gehorsam zielte darauf hin, seinen eigenen Willen zu negieren, womit die Basis für die Entwicklung eines schwachen Charakters gelegt worden war. All dies macht es verständlich, dass Strindberg als Kind extrem sensibel war und so häufig weinte, dass man ihm deshalb einen besonderen Spitznamen dafür gab, der unserem Begriff von Heulsuse entspricht. Diese Situation wurde auch mit dem Eintritt in die Schule nicht besser, da hier Disziplin eher mit noch strengeren Maßnahmen erzwungen wurde, weshalb er später seiner Überzeugung Ausdruck gab, dass die Schule eher eine Vorbereitung für die Hölle, nicht aber für das Leben sei.

Unter den verschiedenen Grundelementen, die für eine psychoanalytische Beurteilung Strindbergs von Bedeutung sind wie Genealogie, familiäres Umfeld oder Erfahrungen in der Schule, nimmt sein Verhältnis zu den Eltern die wichtigste Position ein:

Wie aus vielen seiner Schriften hervorgeht, spielte seine Mutter dabei eine herausragende Rolle. Schon in frühester Jugend sehnte er sich mit ungewöhnlicher Intensität nach mütterlicher Zuwendung, was er zunächst damit begründete, dass er niemals Favorit war, während seine beiden Brüder – der ältere von der Mutter, der jüngere vom Vater – eindeutig ihm gegenüber bevorzugt wurden. Wenn die Großmutter diese schmerzliche Kränkung bemerkte und ihn zu trösten versuchte, wies er ihre Teilnahme zurück. Ihre Liebe genügte ihm nicht, er wünschte sich sehnlichst nur jene seiner Mutter herbei, die er auf offenbar mitunter recht ungeschickte Weise zu erzwingen versuchte, um dann mit umso größerer Enttäuschung zurechtgewiesen zu werden. Als er während eines Ferienaufenthaltes auf dem Lande, krank vor Sehnsucht nach seiner Mutter, über Heimweh klagte und zu weinen begann, wurde er von seinen Brüdern ausgelacht und gehänselt. Dieses Gefühl der Sehnsucht nach seiner Mutter und des Alleingelassenseins ohne sie begleitete ihn, wie er selbst berichtet, sein ganzes Leben lang. Er verglich sich mit einer Kletterpflanze, die ohne Mutterstamm nicht lebensfähig ist, und fühlte, dass er auf diese Weise nie völlig frei sein und sich zu einem starken, selbstständigen Individuum würde entwickeln können. In der Tat sehnte er sich, umgeben von den Turbulenzen des Lebens, immer wieder zurück in den sicheren Hafen seiner Kindheit. Wenn auch die Mutter sich ihm gegenüber nicht immer gerecht und liebevoll benahm, so blieb seine Abhängigkeit von ihr und der im Unterbewusstsein fortdauernde brennende Wunsch, in Notsituationen zu ihr zurückkehren zu können, unverändert bestehen und das Unvermögen, diesen Wunsch realisieren zu können, stellte wohl den wichtigsten Verursacher seiner psychischen Konfliktsituation dar.

Die Mutter war aber auch gleichzeitig nicht unwesentlich an der Entstehung schwieriger Krisen während seiner Pubertät beteiligt, die ihn bis ins Mark erschütterten und bleibende Spuren in seinem späteren Leben zurückließen. Die fromme Frau hing dem so genannten Pietismus an, jener im 17. Jahrhundert einsetzenden religiösen Bewegung im Protestantismus, die mit der Erneuerung des frommen Lebens die Kirche zu reformieren versuchte und auf strenge religiöse Jugendunterweisung größten Wert legte. Als sie in seinem dreizehnten Lebensjahr starb, löste ihr Tod bei dem Knaben zunächst eine Art religiöse Krise in Gestalt eines angstgetönten, skrupulösen neurotischen Zustandsbildes aus. Hatte sie ihn doch noch auf ihrem Totenbett ermahnt, auf allen seinen Wegen stets die Nähe Gottes zu suchen und vor allem jede Sünde streng zu meiden. Gerade aus letzterer Forderung heraus entwickelte sich sehr bald ein starkes Schuldbewusstsein, da er feststellen musste, dass er die Wünsche der Mutter nicht in allen Fällen zu erfüllen vermochte. In seinem jugendlichen Alter zu Beginn der Pubertät waren es vor allem der aussichtslose Kampf gegen die erwachende Sexualität und die damit verbundene Masturbation, deren erfolglose Unterdrückung zunehmend Schuldgefühle und heftige Selbstvorwürfe entstehen ließen. Wie Sigmund Freud zeigen konnte, gehen dabei – wie im Falle Strindbergs – frühzeitige intellektuelle Entwicklung und sexuelle Frühreife Hand in Hand. Voller Angst versuchte er, diese Sünde der Selbstbefriedigung durch Überbetonung keuschen Verhaltens zu kompensieren, doch je mehr er sich in pietistische Literatur versenkte, umso stärker fühlte er sich wie ein Krimineller gedemütigt. Der Höhepunkt dieser Krise wurde zur Zeit der Konfirmation erreicht, wo ihn der gemeinsame Unterricht mit anderen Konfirmanden vollends zu Boden drückte. Eingedenk der Ermahnungen seiner Mutter las er nur mehr das Glaubensbekenntnis, die verschiedenen Gebete und erbauende geistliche Bücher. In einer Art Selbstkasteiung sprang er nachts aus dem Bette, um sich wie ein Büßer unbedeckt am kahlen Fußboden niederzulegen. Doch wenn er einschlief, erschienen ihm, wie er berichtet, sofort wieder liebliche Mädchen, die er an sein pochendes Herz zu drücken versuchte. Diese kritische Zeit flaute erst in seiner Gymnasialzeit allmählich ab, wo ihm Bücher wie etwa Renans *Leben Jesu* die Grundlage für seinen aufkommenden Skeptizismus schufen und die dogmatische Orthodoxie seines religiösen Glaubens ins Wanken brachten. Durch den Kontakt mit aufgeklärten Mitschülern wurden schließlich alle seine Skrupel über Bord geworfen und seine düsteren Selbstvorwürfe verjagt. Im letzten Gymnasialjahr machte er sich bereits zum Anführer einiger aufmüpfiger Kameraden, der sich trotz Drohungen des Rektors von nun an standhaft weigerte, an den gemeinsamen Morgengebeten teilzunehmen. So trat er als Freidenker und Rationalist in die Universität ein, wo allerdings sein Konflikt mit sich selbst, mit Gott und der Menschheit eher größer wurde.

In Strindbergs Verhältnis zu seinem Vater standen zwei unterschiedliche Komponenten im Vordergrund: Bewunderung und Angst. Die noble Abstammung des Vaters, sein gepflegtes Äußere und sein vornehm-distanziertes Verhalten den Dienstboten gegenüber verrieten aristokratisches Blut und lösten zusammen mit dem autoritären Auftreten heimliche Bewunderung für den Vater bei dem heranwachsenden Knaben aus. Aber hier endete auch schon die Bewunderung, denn sie wurde zunehmend überschattet von einer unbezwingbaren Angst vor dem unnahbaren und strengen Pater familiaris, zumindest während seiner gesamten präpubertalen Entwicklungsperiode. Dies wird verständlich, wenn man von der harten Disziplin erfährt, die innerhalb der Familie gefordert und vom Vater häufig mit Gewaltmaßnahmen erzwungen wurde. Die bloße Nennung seines Namens versetzte die Kinder in Angst und Schrecken und bei Tisch herrschte in der Regel Totenstille. Als schlimmste Übel galten für den Vater Ungehorsam und Unaufrichtigkeit, wie dies Strindberg in seiner Autobiografie an einem Beispiel aufzuzeigen versuchte: Eines Tages, so heißt es dort, kontrollierte der Vater eine Weinflasche, wobei er feststellen musste, dass sie ohne sein Wissen geleert worden war. Auf die Frage, wer daraus getrunken habe, antwortete niemand. Nur Johan, der bei geringster Erregung rot anzulaufen pflegte, errötete bei dieser Frage. Dies war für den Vater der untrügliche Beweis seiner Schuld, obwohl der Knabe unter Tränen beteuerte, diese Flasche niemals gesehen, geschweige daraus getrunken zu haben. Mit diesem Rechtfertigungsversuch erschien er in den Augen des Vaters jetzt auch noch als Lügner. Bevor der Rohrstock in Aktion trat, drang die Mutter in ihren Sohn, den Vater um Verzeihung zu bitten, was dieser auch tat. Doch deshalb blieb die Strafe nicht aus und nach erfolgter Züchtigung musste er nochmals seinen Peiniger um Vergebung bitten. Voller Verachtung, diesmal auch vor der Mutter, die solches von ihm verlangte, stammelte das Kind zwischen gepressten Lippen einige Worte der Entschuldigung hervor, um anschließend weinend in die Küche zu flüchten und dort der Dienstmagd seine Unschuld zu beteuern. Dies hörte die nachfolgende Mutter, was eine neuerliche Züchtigung zur Folge hatte, die so lange fortgesetzt wurde, bis das Kind die Straftat, die es nie begangen hatte, zugab. Bei der mehr als dreißig Jahre später erfolgten Niederschrift seiner Lebensbeschreibung erinnerte sich Strindberg noch lebhaft an dieses Ereignis in seiner Kindheit. Voller Entrüstung schrieb er, dass in den Familien trotz Vortäuschung tugendhafter Erziehung unschuldige Kinder zur Falschheit gezwungen würden, ihr Wille durch Gewaltherrschaft gebrochen und jede Selbstachtung im Kind durch blanken Egoismus zerstört werde. So würden die Familien zur Brutstätte aller sozialen Teufeleien, eine mildtätige Einrichtung für bequeme Frauen und ein sicherer Hafen für die Väter – für die Kinder jedoch eine Hölle.

Im Anschluss an dieses soeben berichtete Ereignis lebte das Kind in ständiger Angst und weitgehend isoliert, da es überall rund um sich Feinde zu erblicken glaubte. Diese Angst als Ausdruck seiner Schwäche und seiner Hilflosigkeit verwandelte sich aber bald in dem Grade, in welchem auch seine physischen und psychischen Kräfte wuchsen, in blanken Trotz und in Hass. Vor allem nahm die Kälte dem Vater gegenüber zu und er suchte nach Möglichkeiten, ihn und die übrigen Familienmitglieder herausfordern zu können. Sein erster Schritt in die offene Opposition war zunächst die Weigerung, zur Kirche zu gehen. Der Höhepunkt der sich aufbauenden Spannungen zwischen ihm und dem Vater wurde aber erst zwölf Monate nach dem Tod seiner Mutter erreicht, als der Vater seinen Kindern die Vermählung mit der Haushälterin ankündigte. Strindberg weigerte sich, mit den neuen Verwandten in Kontakt zu treten und lehnte es am Tage der Hochzeit im Gegensatz zu seinen Geschwistern ab, die Braut seines Vaters zu küssen. Stattdessen zog er sich in einen Nebenraum zurück, wo er sich betrank. Infolge absichtlicher Demütigungen seitens der Stiefmutter und des Vaters, die sich bis zur Verweigerung finanzieller Unterstützung zur Beschaffung neuer Kleidung oder Textbücher für den Gymnasialunterricht, ja bis zur Kürzung seiner Verpflegungsrationen steigerten, tat sich eine tiefe Kluft zwischen ihm und seiner Familie auf, die in eine regelrechte Feindschaft führte.

Die Pubertät wurde so von erheblichen psychischen Belastungen und krisenhaften Stürmen begleitet, deren Intensität vom familiären und schulischen Umfeld, vor allem aber von der psychosexuellen Abhängigkeit von seiner Mutter und den damit verbundenen angespannten, unnatürlichen Beziehungen zum Vater bestimmt waren. Die Spuren der nicht gelungenen Lösung dieses Problems lassen sich in seinem Sexualleben über die Gymnasialzeit hinaus bis hin zum Zeitpunkt seiner ersten Verehelichung deutlich verfolgen. Immer wieder waren es Probleme der Sexualität, über die er keine ausreichende Kontrolle hatte. Seine Adoleszenz und seine beginnende Mannbarkeit waren deshalb auch gekennzeichnet durch heftige Kämpfe mit all den feindlichen Kräften, die auf ihn einwirkten, vor allem mit jenen, die mit Liebe und Religion – Symbole für die Beziehung zu seinen Eltern – verbunden waren. Auf der Grundlage einer klassischen Konstellation eines Ödipuskomplexes erklären sich die bereits in einem so frühen Alter auftretenden neurotischen Tendenzen durch eine erfolglose Unterdrückung seiner so genannten Libido sexualis, die auch für die psychisch anormalen Verhaltensweisen in Strindbergs späterem Leben weitgehend verantwortlich gemacht werden müssen. In seiner psychoanalytischen Studie über Strindberg wies schon Freschl auf die charakteristische Position des Neurotikers zwischen zwei Extremen hin, innerhalb deren er sich zwar im abgesteckten Feld der äußeren Realität bewegt, tatsächlich jedoch in einer Fantasiewelt lebt, die nichts mit der Realität zu tun hat und aus der er trotz aller Bemühungen nicht herauszutreten vermag. Diese Situation trifft exakt auf Strindberg zu, der bekanntlich bereits in seiner Kindheit an einem alles beherrschenden Gefühl der Inferiorität litt und sein ganzes späteres Leben verzweifelte Anstrengungen unternahm, sich aus dieser Scheinwelt herauszuarbeiten.

Wie schon Freud in seinen psychoanalytischen Studien zeigen konnte, kommt dem Einfluss des Vaters auf das Kind bei einer neurotischen Entwicklung desselben die wichtigste Rolle zu. Bei Strindberg kann die Bedeutung des bewussten und unbewussten Einflusses des Vaters auf sein Leben kaum übersehen werden. Ihm verdankte er – ähnlich wie Schopenhauer seinem Vater – zu einem erheblichen Anteil seinen unausrottbaren Zynismus, seine Aggressivität und seinen Willen zur Macht. Aber auch sein unstillbarer Durst nach Wissen, seine unbestechliche Ehrenhaftigkeit, sein Wahrheitsfanatismus, seine übertriebene Empfindlichkeit gegenüber jedwedem Druck von außen, seinen Gerechtigkeitssinn und schließlich seinen Dualismus, der sich in einem immer während Streit zwischen Geist und Fleisch, religiösem Zweifel und allgemeinem Skeptizismus manifestierte, entwickelte sich unter dem nachhaltigen Einfluss seines Vaters. Strindberg schildert selbst eindringlich den genetischen Prozess seines religiösen Dualismus, der das Ergebnis einer Aufsplitterung seiner Gefühle war, hervorgerufen durch die Gegensätze seiner unbewussten Einstellung zu seinem Vater – ein Konflikt, der sich aufspaltet in das Ormuzd-Arhiman- oder Gott-Teufel-Konzept. So bewirkt der väterliche Einfluss auf den Knaben die erste religiöse Sublimierung, indem im Laufe der Zeit die Fehler und Tugenden des Vaters ver-

blassen und an seine Stelle der Dualismus Gott und Teufel tritt. Im Falle des Neurotikers bedeutet dann Gott das Symbol für vollständige sexuelle Entsagung und
Teufel das Symbol ungehemmter sexueller Lust. Extremer Ausdruck einer Überwindung des Vaters ist schließlich der Atheismus, bei welchem das Individuum
auf jede Hilfe von außen verzichtet und nur mehr auf sich vertraut. Auf Strindberg bezogen bestimmte das Verhältnis zu seinem Vater auch das Verhalten, das
er Gott gegenüber annahm. Er wurde zum Ikonoklasten, zum aktiven Atheisten,
der jede konfessionelle Fessel schmähte. Der hartherzige, unnachgiebige Vater,
der ihn oft ungerechterweise züchtigte, ließ in Strindberg darüber hinaus auch
einen tiefen Hass aufkommen, den er bald auf die gesamte Zivilisation übertrug.
Sein ganzes Leben hindurch bis hin zu *Inferno* lassen sich in eindrucksvoller Weise jene Mechanismen der Übertragung seiner trotzigen und feindlichen Gefühle im Rahmen seines Vaterkomplexes auf Surrogate nachweisen, die er ohne Unterschied auf Universitätsprofessoren, Militärs und nationale Regierungen ebenso
ausdehnte wie auf prominente Persönlichkeiten aus der schwedischen Geschichte, auf religiöse Institutionen, Theatermanager oder Zeitungsherausgeber.
Eine unbewusste Revolte gegen den Vater, den Tyrannen nobler Herkunft, war
auch die unwiderstehliche Anziehung, die aufrührerische Massen auf ihn ausübten, denen er sich durch sein „Sklavenblut" und seine Gesinnungshaltung ver-
wandt fühlte. Und dennoch bedeutet der Versuch einer Emanzipation vom Vater und eine Ablehnung von dessen Autorität keine endgültige Abweisung oder
Negierung der im Unterbewusstsein fortdauernden Liebe und Abhängigkeit vom
Vater, wie dies in Strindbergs späteren religiösen Aktivitäten deutlich zum Ausdruck kommt. Das hervorstechende Charakteristikum des Unbewussten, sein
Gedächtnis unbeschadet durch das ganze Leben zu bewahren, sorgt eben dafür,
dass die elterlichen Einflüsse bei der Entwicklung des Kindes zu einer Individualität zwar unter die Schwelle des Bewusstseins zurückgedrängt, nicht aber völlig eliminiert werden können.

Bevor auf die Bedeutung der Mutter im Leben Strindbergs, vor allem im Hinblick auf die Entwicklung späterer neurotischer Tendenzen näher eingegangen
wird, soll ganz allgemein auf die engen Beziehungen des Kindes zu seinen Eltern
und deren mögliche Bedeutung bei der Entstehung von Neurosen hingewiesen
werden, wie dies Sigmund Freud als erster psychoanalytisch zu klären versuchte.
Diese Studien zeigten, dass abweichend von früheren Vorstellungen das Kind bis
zum Eintritt in die Pubertät keineswegs als asexuell gelten kann. Nach gegenwärtiger Ansicht durchläuft jedes Kind drei Stationen seiner sexuellen Entwicklung
und zu einem nicht unerheblichen Teil hängt seine Zukunft davon ab, wie erfolgreich es diese bewältigt hat. Das erste so genannte präinhibitorische Stadium des
dritten und vierten Lebensjahres ist durch eine infantile Erotik gekennzeichnet,

die sich gar nicht so sehr von der späteren Sexualität des Erwachsenen unterscheidet. Mit Beginn der ernsthaften Entwicklung des kindlichen Sexuallebens lässt das Kind bereits eine eindeutige Präferenz seiner Libido für das entgegengesetzte Geschlecht erkennen, weshalb sich in der Brust des Kindes eine von Laien meist nicht erkannte Eifersucht auf wirkliche oder eingebildete Rivalen regt. Diese frühe Selektion des Liebesobjektes bildet die Grundlage jener familiären Konstellation, die vom Psychoanalytiker als Ödipuskomplex für das männliche und als Elektrakomplex für das weibliche Kind bezeichnet wird. Die zweite, so genannte Latenzperiode ist gekennzeichnet durch eine weitgehende Unterdrückung sexueller Instinkte durch die dem Menschen innewohnenden ethischen und ästhetischen Kräfte einer Hemmung, wie sie dann auch für das spätere Sexualleben vorherrschend ist. Der Prozess dieser Sublimierung primitiver kindlicher Instinkte zu höheren Zielen kann aber auch nur partiell erfolgreich sein, wodurch in diesem Falle das Sexualleben bereits in sehr frühem Alter in endgültige Bahnen gelenkt werden kann. In der Regel sind bei Kindern mit solchen Tendenzen später mit überdurchschnittlicher Häufigkeit Neurosen oder sexuelle Abweichungen zu erwarten. Genau dies traf aber bei Strindberg zu. Auch bei ihm dürfte das Sexualleben schon lange vor seinem Eintritt in die Pubertät eine abnorme Entwicklung genommen haben. Ein erster diesbezüglicher Hinweis ist die Tatsache, dass seine frühesten Kindheitseindrücke durch Angst geprägt waren, denn Angst bedeutet beim Kind nach Freuds Erfahrungen nichts anderes als dass es die geliebte Person missen muss. Auf diese Weise wird ähnlich übrigens wie beim Erwachsenen die Libido des Kindes immer dann in Angst umgewandelt, wenn diese seine Libido nicht befriedigt wird. Deshalb benimmt sich auch der Erwachsene, der wegen unbefriedigter libidinöser Wünsche neurotisch wird, in seiner Ängstlichkeit ähnlich wie ein Kind.

Strindbergs frühe Kindheitsängste, die er übrigens nie mehr ganz ablegen konnte, waren eine Form jener morbiden sexuellen Zuneigung zur Mutter und da seine Fixierung auf die Mutter wahrscheinlich wegen seiner prämaturen sexuellen Entwicklung schon sehr frühzeitig begann, entwickelte sich auch schon frühzeitig sein Ödipuskomplex, indem er seinen Vater als einen Eindringling und gefährlichen Rivalen zu empfinden begann. Entsprach doch die Sage vom König Ödipus, der seinen Vater Laios getötet und seine eigene Mutter geheiratet hatte, ganz dem Wunsch eines frühkindlichen Knaben mit inzestuöser Mutterbindung, wie Rank dies in seinem Werk *Das Inzestmotiv in Dichtung und Sage* am Beispiel dieses repräsentativsten Inzest-Dramas der Weltliteratur ausführlich dargestellt hat. Bei Strindberg hat diese konstitutionelle morbide Mutterbindung wesentlich dazu beigetragen, dass seine Ängste und sein allgemeines Gefühl von Unsicherheit und Inferiorität verstärkt zum Ausdruck kamen. Wie man auf Grund der erwähnten, von Uppval zitierten mündlichen Mitteilung eines Weggefährten Strindbergs annehmen darf, dürfte er in seiner Kindheit auch an einer Enuresis, also an Bettnässen, gelitten haben als sichtbarem Ausdruck einer organischen Minderwertigkeit im Harnwegstrakt im Sinne Alfred Adlers. Wie Adler im Detail ausführt, spiegelt die Ängstlichkeit eines an Enuresis leidenden Kindes seine Hilflosigkeit im Hinblick auf das inferiore Organ wider. Seiner Ansicht nach ist dieser Defekt im Kindesalter nicht selten mit abnormen sexuellen Praktiken verknüpft und da er eine Haupttriebfeder beim Erwachen der Autoerotik darstellt, verleitet er nicht nur zu masturbatorischer Betätigung, sondern unter bestimmten Bedingungen auch zu exhibitionistischen Handlungen oder zu homosexuellen Neigungen.

Im späteren Leben zeigte Strindbergs inzestuöse Mutterbindung natürlich vor allem in seinem Verhältnis zur Weiblichkeit ihren deutlichsten Niederschlag. In jeder jungen Frau, die in seiner Brust Gefühle der Liebe erweckte, erblickte er einen Teil seiner Mutter, weshalb er später selbst erzählte, dass er nie genau sagen konnte, ob er in der betreffenden Frau Mutterliebe oder die Rolle einer Geliebten suchte. Da selbst solche Männer, die sich erfolgreich der inzestuösen Fixierung ihrer Libido entziehen können, nicht vollständig deren Einfluss entkommen, richtet sich häufig die erste ernstliche Liebe eines jungen Mannes auf eine reife Frau, während umgekehrt ein junges Mädchen nicht selten ihre erste starke Zuneigung einem älteren Manne mit autoritativem Auftreten schenkt – in beiden Fällen ein unbewusstes Wiederauftauchen des Bildes der Mutter oder des Vaters.

Eine abstoßende und von vielen nicht verstandene Facette in seiner Beziehung zu Frauen ist die bei Neurotikern häufig anzutreffende Neigung, einer geliebten Frau gleichzeitig mit unwiderstehlichem Charme und mit hässlichen, widerwärtigen Zügen entgegenzutreten. Mit einer solchen Taktik versucht der Neurotiker im Gefühl seiner Inferiorität und Unterlegenheit sich selbst vor der Demütigung einer Niederlage im Kampf gegen das schönere Geschlecht zu schützen. Wenn er die fiktive Frauengestalt, für die er Liebe empfindet, gleichzeitig als ein Monster voller List und Hexerei darstellte, so glaubte Strindberg sich nicht schämen zu müssen, wenn er einer solchen Frau unterlag. Den Schlüssel zum Verständnis für sein so wechselvolles Eheleben glaubte Stekel in seiner nach Adler'schen Prinzipien entworfenen *Philosophie der Liebe* gefunden zu haben. Er erinnert daran, dass es bei Strindberg so etwas wie reine, ungetrübte Liebe offenbar nicht gab und dass qualitativ und quantitativ der Impuls weitgehend von der kindlichen Zuneigung zur Mutter bestimmt wurde. Nach Stekel gibt es keine Erregung ohne Gegenerregung und keine Liebe ohne gleichzeitigen Hass, woraus ein ständiger Kampf zwischen den beiden Geschlechtern resultiert. Grundsätzlich ist jedes Individuum trotz einer langen Evolution noch immer ein Anarchist und ein Rebell gegen die Einschränkungen unserer persönlichen Freiheit durch kulturelle Zwänge, weshalb das Sich-fügen-Müssen stets als ein Opfer empfunden wird. Mit dem Vollzug einer Ehe verzichtet der Mann ganz bewusst auf seine inzestuösen und polygamen Instinkte zu Gunsten einer einzigen Frau, doch unbewusst löst dieser Verzicht häufig auch das Gefühl einer Aufopferung seiner Persönlichkeit aus. Aus diesem Grunde ist für Stekel eine wirklich glückliche Ehe nur denkbar, wenn einer der beiden Kontrahenten vollständig bezwungen werden konnte oder wenn beide Teile sich auf ein Niveau der Indifferenz begeben haben. Sind die Kontrahenten jedoch zu selbstsüchtig und narzisstisch, sodass sich keiner dem anderen unterordnen will, dann sind solche Ehen nach Stekel gefährdet. Genau dies traf bei Strindberg zu, was am besten am Beispiel der Heirat mit der Baroness Siri von Wrangel ersichtlich wird. Schrieb er doch wörtlich in seiner Autobiografie: „Ich hasse sie, weil ich sie liebe."

Es ist klar, dass Strindbergs „Inzestscheu" ihn zum Heiraten geradezu gezwungen haben dürfte, aber nicht mit dem mütterlichen Typ, sondern mit dessen Gegenteil, worin Abraham einen positiven Abwehrmechanismus gegen den Inzest erblickt. Der Neurotiker flieht vom mütterlichen Typ zu einer Frau, die in Aussehen und Charakter der Mutter am unähnlichsten ist. Bei Strindberg war es schon sein sozialer Stand und seine ästhetische Natur, die eine Barriere zwischen ihm und dem mütterlichen Typ einer Frau bildeten. Er konnte keine Frau mit groben Gesichtszügen, hässlichen Fingernägeln und großen Füßen lieben, wie er schrieb. Er wollte aufschauen können zu jener Frau, die er lieben wollte, und da ihn eine Frau an Intelligenz kaum übertreffen konnte, suchte er an ihr Schönheit, Wohlstand und gehobenen Sozialstatus. Ein solches romantisches Ideal war eben Siri von Essen.

Bei der Objektwahl Siris ähnelte Strindberg jenem Typ eines neurotischen Liebhabers, dessen Liebesbedingung primär bestimmt wird durch die von Freud beschriebene Rolle „des geschädigten Dritten", der entweder durch den Ehemann, den Verlobten oder den eng liierten Liebhaber dieser Frau verkörpert wird. Eine zweite Bedingung für einen neurotischen Liebhaber dieses Typs ist die, dass nur eine Frau mit fragwürdiger Reputation und nicht eine keusche, ehrenwerte Partnerin auf ihn eine Anziehungskraft ausüben kann. Diese besondere Art von Liebesobjektwahl resultiert aus einer starken und anhaltenden infantilen Mutterbindung. Verkörpert doch in den Augen des neurotischen Liebhabers der geschädigte Dritte niemand anderen als den Vater, mit dem er um den Besitz des Weibes beziehungsweise der Mutter wetteifert. So versteht man Strindberg, wenn er, wie er selbst beteuerte, ursprünglich die Baroness Siri – die jungfräuliche Madonna mit dem Kind – nur rein und edel verehrte. Er betete sie an als Weib und als Mutter, ohne den Wunsch sie zu besitzen, wozu die Gegenwart ihres Gatten unabdingbare Voraussetzung war. Die Verehrung dieser Frau, schrieb er, ähnelte einer Religion, die er bereits abgelegt hatte: Anbetung, Selbstaufopferung, Leiden. Damals begann sein „Madonna-Kult", für den er seine Mansarde in einen Tempel verwandelte.

Doch, wie Lind-af-Hageby bemerkte, wurde Strindberg bald zwischen der Liebe zu seiner Mutter und der Verachtung wegen ihrer Fehler, die er beim Vergleich des Verhältnisses zwischen ihr und dem Vater entdeckte, hin und her gerissen. Die Mutter war ja für ihn zunächst die fleckenlose Madonna, die Quelle der Liebe und des Trostes in seiner Kindheit. Aber später wurde sie auch die sinnliche, unreine Frau, indem sie sich zur Konkubine seines Vaters herzugeben bereit war. So gesehen stellte seine extreme Idealisierung der Frau, der Ehe, der Mutterschaft und der Familie nur einen Abwehrmechanismus gegen die bewusste und unbewusste Verurteilung seiner eigenen Eltern dar, mit dem er in einer Art Überkompensation die Mängel und Fehler seiner Mutter zu kaschieren versuchte. Dieses dualistische Bild der Mutter konditionierte im Grunde Strindbergs Verhaltensweise dem weiblichen Geschlecht gegenüber. Siri von Essen besaß keines der Merkmale, die er an seiner Mutter bewunderte, jedoch viele jener Qualitäten, die er bei seiner Mutter verabscheute, was letztlich zu dem unaufhörlichen Wechsel zwischen Liebe und Hass führte. Hatte er ihr noch soeben glühende Liebesbriefe geschrieben, so ekelte ihn plötzlich der bloße Gedanke an sie, beherrscht von der Vorstellung, sie sei eine teuflische Kreatur, von der er sich mit aller Macht befreien musste. Er beschloss deshalb aus Schweden zu fliehen, doch zwang ihn die Sehnsucht nach ihr umzukehren. Er überlebte einen Suizidversuch und wurde anschließend von Siri gepflegt: „Sie betreute mich wie ein Kind … sie war ganz Mutter", gestand er später. Ähnliche Episoden ereigneten sich während der Vorbereitungen zur Scheidung. Wieder kam es zum Streit, bei dem er drohte, aus dem Fenster des Eisenbahnwagons springen zu wollen, um sich von der „Hexe" und dem Ehegefängnis, in welchem er von ihr bewacht wird, zu befreien. Doch schon auf der gemeinsamen Fahrt nach Kopenhagen bat er sie wiederum auf den Knien, ihm zu verzeihen. Neuerlich war er überzeugt, nicht ohne sie leben zu können: „Ich liebe sie, und so sehne ich mich leidenschaftlich, sie zur Frau zu haben. Ist dies unnatürlich? Sind meine Gefühle die eines entarteten Menschen, seit ich mich im Besitz meiner Mutter fühlte? Ist dies unbewusster Inzest des Herzens?"

Strindberg musste allerdings während seiner Ehe mit Siri auch ein sexuelles Duell ausführen von dem Augenblick an, als er entdeckte, eine sexuell chronisch unempfindliche Frau mit lesbischen Tendenzen geheiratet zu haben. Zunehmend wurde er von Eifersucht geplagt, in welcher er nicht nur ihren früheren Gatten, sondern auch den Hausarzt verdächtigte. Die Folge von alledem war ein ruheloses Umherziehen in halb Europa, nur um Kontakte mit möglichen Partnern seiner Frau – männlichen und weiblichen – zu vermeiden. Immer von neuem kam es in diesen Jahren zu eruptiven Ausbrüchen glühender Liebe und manischer Anbetung abwechselnd mit Phasen von Abscheu und Hass gegen den „Hermaphroditen", wie er sie nannte. Er weinte mitunter wie ein Kind und wollte in der Überzeugung, von ihr behext zu sein, mehrmals vor ihr fliehen, doch trotz ihrer gelegentlichen Untreue und ihrer lesbischen Neigungen kehrte er immer wieder zu ihr zurück wie ein Kind zu seiner Mutter. In der französischen Schweiz war er überzeugt, an einem echten Verfolgungswahn zu leiden: „Warum diese Manie? Ich falle in meine Kindheit zurück. In meiner Hinfälligkeit verbringe ich die Zeit auf dem Sofa. Mein Kopf ruht im Schoße von Maria, meine Arme umfassen ihre Taille wie im Falle der Pietà von Michelangelo. Ich drücke mich an ihren Busen, nenne mich selbst ihr Kind – der Mann verwandelt sich in ein Kind, das Weib wird zu seiner Mutter … Sie ist die weibliche Spinne, die nach dem Akt ihren männlichen Partner verschlingt."

Die inzestuöse Bindung an seine Mutter wird auch in seinem Drama *Der Vater* offenkundig, in welchem er die Frau, die mit ihrem Gatten um den Besitz der Seele ihres Kindes kämpft, als seine eigene Frau darstellt: den Männerfresser, jenen Typ Frau, den er schon in seiner Jugend fürchtete und der ihn sein ganzes Leben wie ein Fluch verfolgte und der dem genauen Gegenteil seiner Mutter entspricht, wie er sie in den neun Ehegeschichten *Vom Heiraten* schilderte. Auch hier kommt wieder die inzestuöse Mutterbindung zum Vorschein, wenn er an einer Stelle schreibt: „Es ist so süß, an der Brust einer Frau zu schlafen, jener der Mutter oder der Geliebten; aber die der Mutter ist die süßeste." Sigmund Freud betonte, dass eine inzestuöse Mutterbindung eine ganze Schar von anderen psychisch abnormen Neigungen mit sich bringen könne. So versuchte Hall die häufig so unmännliche Art Strindbergs dem anderen Geschlecht gegenüber mit dem Vorliegen einer homosexuellen Neigung in Zusammenhang zu bringen, wenngleich man weder in seinem Leben noch in seinen Werken Anhaltspunkte für eine solche Auslegung finden kann. Eher könnte in diese Richtung Strindbergs Fetischismus weisen, wie er nach Krafft-Ebing und Stekel bei Männern mit homophilen Neigungen nicht selten anzutreffen ist. Wie abscheulich mitunter Strindberg auch zu seiner Frau Siri war, der Anblick ihrer zarten Füße, ihrer kleinen Schuhe oder ein erhaschter Blick auf ihre Strümpfe zwangen ihn regelmäßig in die Knie. Dieser sexuelle Anreiz war wahrscheinlich bereits während seiner infantilen Erotikphase und seiner psychosexuellen Fixierung an seine Mutter konditioniert worden. Ob, wie Stekel meint, extreme Eifersucht, Masturbation sowie Fetischismus der Hände, Füße und Ohren wirklich als Symbole für das Fehlen eines Phallus bei Frauen gelten und so auf eine maskierte homosexuelle Neigung hinweisen, bleibe dahingestellt.

Die logische Folge von Strindbergs Leben, welches nicht mehr länger in den alten Bahnen weitergeführt werden konnte, war zweifellos die „Inferno-Krise". Zum ersten Mal wurden die endlichen Begrenzungen des menschlichen Geistes zu einer unwiderlegbaren Realität und gleichzeitig eine entschuldbare Rechtfertigung für die Einleitung jenes Rückzugsgefechtes, das sein stolzer, grenzenloser Ehrgeiz so viele Jahre aufgeschoben hatte. Wie Uppval resümierte: Sein Schein-ziel war unerreichbar und seine Sicherheit stand auf dem Spiel. Nur auf eine ein-zige Weise konnte er die verbleibenden Brücken abbrechen und eine verheeren-de Niederlage in einen glorreichen Sieg umwandeln, indem er der Welt die „Vanitas vanitatum" des Ecclesiastes verkündete. Ausgehend von Leid, Verzweif-lung, Düsternis und tiefem Skeptizismus begann sein Inferno, indem er von Da-maskus zum Kreuz zu wandern begann. In seiner Trilogie *Nach Damaskus* beschrieb er diese Pilgerwanderung in Form eines mystischen, symbolischen Dramas, in welchem er uns den Endkampf seiner Seele mit sich selbst und mit dem Teufel, die Vergangenheit mit all ihrer Eitelkeit und Leere und die schließliche Entsagung von dieser Welt vor Augen führte. Strindberg beugt sich jetzt vor jenem Gott, den er in seiner Jugend so heftig bekämpft hatte. Die alles beherrschende Thematik der gesamten Szene, in welcher sich sein stürmisch verlaufenes Leben symbolisch verklausuliert vor unseren Augen abspielt, ist die überwältigende Last einer Schuld, die sich wie ein roter Faden durch sein ganzes Leben hindurch verfolgen lässt. Strindbergs wiedererstarkter Glaube war jedoch weit entfernt von jenem ortho-doxer Christen. Seine Konversion war eigentlich in Wirklichkeit ein strategischer Rückzug, ein Kompromiss, ein notwendiger Modus vivendi, wie bei vielen Neu-rotikern bedingt durch die Unfähigkeit, rätselhafte Existenzprobleme sachlich akzeptieren zu können. Daher auch seine Flucht in Alchemie, Magie, Mystizis-mus, Okkultismus und schließlich, als letzten Ausweg, zum Kreuz, dem Symbol für Individuen, welche die Probleme des Lebens alleine nicht zu meistern im Stande sind.

DIE PSYCHOSE STRINDBERGS

In seinem Heimatland hat man immer wieder versucht, sein auffälliges Verhalten und die eigenartigen gedanklichen Konstruktionen in seinen autobiografischen Schriften ausschließlich als literarische Produkte eines überaus fantasiebegabten, neurotisch gefärbten Schriftstellers zu deuten, der mit seiner Enthüllung intims-ter Erlebnisse vorsätzlich krankhaft erscheinende Züge seines Wesens schilderte mit der Absicht, bei seinem Leserpublikum eine größtmögliche Wirkung zu er-zielen. Dieser Ansicht muss jedoch entschieden widersprochen werden, weil derartige Bekenntnisse niemals einer normalen, gesunden Fantasie entspringen könnten. Der bekannte Berliner Psychiater Leonhard äußerte sich zu dieser Frage mit folgenden Worten: „Was Strindberg autobiografisch schildert, gibt es nämlich im Normalen gar nicht, er hätte ohne eigene Erfahrung gar nichts davon gewusst. Wer psychisch immer gesund bleibt, kennt Erlebnisse, wie sie Strindberg beschreibt, nicht – es sei denn, er habe sie durch Berichte von psychisch Kranken kennen gelernt. Da dies nicht der Fall ist, kann er sein Wissen nur aus sich selbst geschöpft haben. Somit besteht gar kein Zweifel, dass er zeitweise psychotisch war."

Eine erste, kurze einleitende Phase machte Strindberg möglicherweise bereits während seiner Studentenzeit durch, als er im Jahre 1870 nach einem aufregenden Erlebnis vorgab, sich mittels Gift das Leben nehmen zu wollen, weshalb sich seine Freunde gezwungen sahen, den von Misstrauen und Angst gepeinigten Kameraden „der Reihe nach nachts zu bewachen, während die Kerzen brannten". Ebenfalls an der Grenze einer Psychose schien er sich befunden zu haben, als er 1875 in „maßloser Glut" von Liebe und Sehnsucht auf seinem Weg nach Paris überstürzt das Schiff verließ, trotz der kalten Wassertemperatur im Oktober im Meer badete und anschließend längere Zeit unbekleidet am Ufer zubrachte in der Absicht, sich eine todbringende Lungenentzündung zuzuziehen. Wenn er dieses dramatische Ereignis mit den Worten beschrieb: „Von diesem Augenblick schickte ich mich an, zu sterben oder den Wahnsinn ausbrechen zu lassen", dann kann eine derartige Überreaktion wohl kaum nur eine „Glut von Liebe" erklären.

Mit Sicherheit psychisch krank war Strindberg jedenfalls zu Beginn des Jahres 1884. Wie wir aus der *Beichte eines Toren* erfahren, behandelte ihn seine erste Frau Siri im Januar, als die Familie an den Genfer See kam, wie einen „Irren": „Vom ersten Augenblick stellt sie sich als die Wärterin eines ruhigen Irren vor." Da er von seiner Umgebung, die Siri, wie er sich einbildete, über seinen Geisteszustand voll informiert hatte, keine wie immer geartete Unterstützung erwarten konnte, beschloss er, volle drei Monate hartnäckig zu schweigen. Aus medizinischer Sicht handelte es sich dabei um das charakteristische Symptom eines Mutismus, also einer Stummheit, die sich in diesem Fall sicher nicht psychologisch deuten lässt, sondern Ausdruck einer schweren Psychose war. In diesem Sinne spricht auch die plötzliche Beendigung dieses Schweigens, wie sie bei einem derartigen Stupor üblich ist: „Drei Monate vergehen. Da erwache ich."

Während dieser Phase schien ihm alles am Verhalten seiner Frau auffällig. So war er überzeugt, sie hätte alle ihre Freundinnen in Schweden mit seinem Wahnsinn bekannt gemacht und wenn sie erst abends aus der Stadt zurückkehrte und er nach ihrem Aufenthalt gefragt wurde, würden alle heimlich und vieldeutig lächeln. Er war immer mehr davon überzeugt, schwachsinnig zu werden: „Die ersten Anzeichen des Verfolgungswahns treten auf. Wahn? Warum dieser Ausdruck? Ich werde verfolgt! Also ist es durchaus logisch, dass ich mich verfolgt fühle."

Eine andere charakteristische Beziehungsidee äußerte Strindberg aus der Zeit, als sich die Familie auf der Reise vom Genfer See nach Paris befand. Damals stieß er in einem Hotel auf ein Album, in welchem karikierte Porträts bekannter Skandinavier enthalten waren, unter denen er auch sich selbst wiederfand. Dieses Porträt „war mit einem Horn geschmückt, das sich verstohlen aus einer Locke meines Haares bildete". Da der Zeichner dieses Porträts zu seinen besten Freunden zählte, schloss er als vermeintlich „Gehörnter" auf die notorische Untreue seiner Frau, die offenbar allen bekannt war. Als er allerdings den Besitzer dieser Sammlung um Aufschluss bat, konnte dieser den angeblichen „Stirnschmuck" auf der Zeichnung gar nicht erkennen.

Im Herbst 1884 schien der akute Schub dieser Psychose abgeklungen zu sein, da er sich gesund und auch krankheitseinsichtig gefühlt haben dürfte, wie einem Brief vom 30. April 1885 an Jonas Lie entnommen werden kann: „Die Einsamkeit in der Schweiz schadete mir; ich glaubte mich verfolgt und sah überall Verrat, sah nur Feinde, die mir auflauerten." Nimmt man an, dass der psychotische Prozess schon 1882 mit einem leichten Schub seinen Anfang genommen hatte, dann kann man doch erst in den Jahren 1886 bis 1888 vom ersten, wirklich schweren Schub dieser Krankheit sprechen. Erst jetzt setzte nämlich die Qual der ungewissen Eifersucht ein als ein Hauptsymptom, das die ganze Persönlichkeit ergriff und von Symptomen anderer Art begleitet wurde. Während der Entwicklungsjahre eines solchen psychotischen Prozesses ist es verständlicherweise nicht immer einfach, normale Eifersucht und krankhaften Eifersuchtswahn oder begreifliches Misstrauen und pathologischen Verfolgungswahn scharf voneinander zu trennen. Es gibt jedoch einige Besonderheiten, die nach Leonhard mit einiger Sicherheit eine Abgrenzung eines echten Wahns erlauben:

Ohne an einem Krankheitsprozess leiden zu müssen, gibt es eifersüchtige Personen, die sich in ihrem Verhalten bis zum Wahnhaften benehmen. Solche abnorm reagierenden, jedoch völlig gesunden Menschen erweisen sich dann in der Regel jeder Frau gegenüber, die sie zu besitzen wünschen, immer wieder extrem eifersüchtig. Ganz anders demgegenüber pflegen sich Personen zu verhalten, die an einer Psychose leiden. Sie entwickeln meist nur einmal in ihrem Leben eine ihre gesamte psychische Existenz bedrohende Eifersucht, die sie niemals korrigieren oder vergessen können und die sie im Falle einer späteren Wiederverheiratung nie mehr mit ähnlicher Intensität erleben. Bei Strindberg konzentrierte sich diese wahnhafte Eifersucht ganz auf seine erste Frau Siri von Essen, die ihm übrigens genügend Gründe dazu geliefert haben dürfte.

In Strindbergs *Beichte eines Toren* findet man die „klassische Selbstschilderung eines psychiatrisch gut bekannten Typus von Eifersuchtswahn", auf die sich auch Jaspers bei seiner Analyse von Strindbergs Krankheit weitgehend stützte. In diesem anschaulichen Bericht stößt man auf zwei charakteristische Merkmale eines Eifersuchtswahns, nämlich die außerordentlich große Zahl von Verdachtsmomenten, denen die auffallende Dürftigkeit des Tatsächlichen gegenübersteht. Die Frau konnte nichts unternehmen, ohne Verdacht aufkommen zu lassen und in ihrem Benehmen aufzufallen. Er zog Erkundigungen ein, beobachtete und belauschte seine Frau, spionierte durch das Schlüsselloch und öffnete Briefe, die an sie gerichtet waren. Doch wie weit auch sein Verdacht gedieh, es blieb mangels handgreiflicher Tatsachen alles unklar. Es blieben, wie er schrieb, „Zweifel an allem, an der Tugend der Gattin, an der ehelichen Geburt der Kinder; Zweifel, die mich unaufhörlich und erbarmungslos überfielen. Ich muss Gewissheit haben oder sterben! Die Wahrheit muss an den Tag! Ein betrogener Gatte sein! Was macht mir das, wenn ich es nur weiß! Dann wäre ich der erste, der darüber lachte … Das ist die Hauptsache: man muss es wissen … Ist das die Monomanie, der Zusammenbruch eines Wahnsinnigen? Darüber habe ich nicht zu urteilen."

Zu diesen psychischen Qualen kamen noch Symptome anderer Art hinzu, die sich in leichterer Form schon Jahre früher gelegentlich eingestellt hatten. Doch Ende 1887 überkam ihn ein besonders heftiger „Anfall", den er in klassischer Weise so schilderte: „Mit der Feder in der Hand am Tisch sitzend, fiel ich um: ein Fieberanfall streckte mich zu Boden. Das Fieber schüttelte mich, wie man ein Federbett schüttelt; packte mich bei der Kehle, um mich zu würgen; setzte mir das Knie auf die Brust; erhitzte mir den Kopf so, dass meine Augen aus ihren Höhlen zu treten schienen. Ich war in meiner Dachkammer allein mit dem Tod. Aber ich wollte nicht sterben! Ich leistete Widerstand, und der Kampf wurde hartnäckig. Mein Gehirn zappelte wie ein Polyp, den man in Essig wirft. Auf einmal war ich überzeugt, dass ich diesem Totentanz unterliegen werde; ich ließ los, fiel nach hinten über und ergab mich den schrecklichen Umarmungen des Ungeheuers. Sogleich bemächtigte sich eine unsagbare Ruhe meines Wesens, eine wollüstige Erschlaffung überlief meine Glieder. Mit welcher Inbrunst wünschte ich, dass es der Tod sei. Nach und nach verging mir der Wille zum Leben. Ich hörte auf, zu prüfen, zu denken. Ich verlor das Bewusstsein." Als er erwachte, saß seine Frau an seinem Bettrand und am nächsten Tag fühlte er sich pudelwohl.

Immer wieder war Strindberg auch von der Idee besessen, dass seine Frau ihn los sein wollte, und er deutete an, dass sie sogar schon 1880 seinen Tod beschlossen hätte. Diese innere Unruhe steigerte sich derart, dass er nur in der Flucht diesem Druck der Umgebung entkommen zu können glaubte. Diese Fluchtgedanken nahmen jedoch erst 1887 den Charakter eines Krankheitssymptomes an. Damals beschloss er, „um der Lächerlichkeit, die den betrogenen Mann umgibt, zu entgehen", nach Wien zu fliehen. Die Sehnsucht trieb ihn jedoch bald wieder zurück und ähnlich erging es ihm bei seinen Fluchtversuchen nach Kopenhagen oder in die Schweiz. Es gelang ihm nicht, sich der magischen Anziehungskraft seiner Frau endgültig zu entwinden.

Nach Abklingen dieser psychotischen Symptome, die 1887 während des Aufenthaltes am Bodensee noch einmal mit den Zeichen eines Eifersuchtswahns aufflackerten, lassen sich nur mehr wenige, auf das Bestehen krankhafter Zustände hinweisende Anhaltspunkte finden. Zurück blieb vor allem der sorgenvolle Gedanke, vielleicht doch an einem psychiatrischen Leiden zu laborieren, das ihn ins Irrenhaus bringen könnte. Diese Angst führte ihn zum Oberarzt des Irrenhauses Bistrup in Roskilde, von dem er sich ein ärztliches Entlassungszeugnis ausstellen lassen wollte und der Verfolgungsgedanke, in ein Irrenhaus gesperrt zu werden, beherrschte ihn auch während seiner Berliner Zeit 1892, wo er sich von seiner damaligen Schicksalslenkerin Laura Marholm hintergangen und bedroht fühlte, ihn in eine Anstalt bringen zu lassen. Die Folge solcher paranoider Komponenten seiner Psychose war, dass es für ihn „keine Freundschaftsbeziehung gab, wie intim sie auch schien, hinter der nicht das Misstrauen lauerte".

DIE INFERNO-KRISE

Das „Inferno" begann im Herbst 1894 in Paris, nachdem seine zweite Frau abgereist war und er in einer Weise zwanghaft an sie erinnert wurde, die man mit Recht wahnhaft nennen kann. In dieser neuen Ehe spielte zwar die Eifersucht keine Rolle mehr, dafür aber eine Art Beeinträchtigungswahn durch die Überlegenheit, die er an ihr zu spüren glaubte. Er fühlte in ihr den Vampir, der sich an seiner Seele festgesaugt hatte und ihn seelisch und körperlich wie eine „schöne Gefängniswärterin" ständig überwachte. Wieder glaubte Strindberg in wahnhafter Weise, von ihr schwersten hintergangen und betrogen worden zu sein.

Zeitlich damit im Zusammenhang begann er neuerlich mit chemischen Experimenten, in denen er die Austauschbarkeit der Elemente untereinander zu entdecken glaubte, die ihn befähigen sollte, Gold zu machen. Da jedoch seine Experimente, die er im *Antibarbarus* und in *Sylva Sylvarum* zusammengefasst hatte, von Vertretern der Naturwissenschaft als dilettantisch und verschroben bezeichnet wurden und man ihn als einen „Schelm darstellte, der nachher zum Narren wurde", begann er wieder, sich um Gesundheitsatteste zu bemühen – ich erinnere an den Brief Haeckels, der ihn vom Verdacht der Verrücktheit befreien sollte. Brachte dieser günstige Bescheid für Strindberg eine Erleichterung, so versetzten ihn die Umstände im Krankenhaus, in welches ihn seine Freunde wegen Verletzung seiner Hände während seines Experimentierens hatten bringen lassen, in eine neuerliche Unruhe. Er spürte ganz deutlich, dass „eine unsichtbare Hand mit unwiderstehlicher Logik das Geschehen lenkt". Bei einem Ausgang vom Krankenhaus erschien ihm alles merkwürdig. Er fühlte sich von verdächtigen Gestalten, die an ihm vorübergingen, verfolgt. Neben dieser Angst befiel ihn eine Art Ratlosigkeit, da ihm niemand verraten konnte, warum dies alles geschah. Dieser Verfolgungswahn machte ihn glauben, dass er von einer unsichtbaren Macht für seine Fehler „mit spitzfindiger Genauigkeit" bestraft würde.

Trotz allem zählte Strindberg den folgenden „Sommer und Herbst 1895 zu den glücklichsten Raststätten" in seinem Leben. Doch zu Beginn des Jahres 1896 setzte eine neue Krankheitsphase ein. Lärmgeräusche über oder neben seinem Hotelzimmer deutete er als gezielte Störangriffe gegen seine Person und im angeblich veränderten Verhalten seiner Tischgenossen bei den Mahlzeiten erblickte er verborgene Feindseligkeit, die sich in „Anspielungen und versteckten Blicken" offenbarte. Er sah sich gezwungen, unverzüglich sein bisheriges Quartier zu verlassen und in ein anderes Hotel zu ziehen. Doch auch in diesem Hotel Orfila erweckten schon am zweiten Tag eigenartige Beobachtungen bei ihm den bösen Verdacht, dass hier Intrigen gegen ihn gesponnen würden. Dieser akuten Phase gesellte sich bald ein anderer abnormer Zustand hinzu, indem er nun überall Ähnlichkeiten zu erblicken glaubte. Hatte er schon früher in seiner künstlerischen Fantasie in optische Wahrnehmungen Bilder hinein illusioniert, so gewannen jetzt die illusionierten Gestalten, die er in glühenden Kohlen oder am zerknüllten Kopfkissen wahrnahm, eine besondere Bedeutung. Dabei empfand er vor diesen Gestalten weder Angst noch die Empfindung eines Misstrauens, weshalb man medizinisch von einer typischen Verkennung sprechen muss, die einem verwirrten Geisteszustand zuzuschreiben ist. Solche Patienten erkennen Ähnlichkeiten, welche gesunde Menschen nicht wahrzunehmen vermögen, wobei es sich dabei meistens um Personenverkennung handelt. Auch Strindberg sah die Ähnlichkeiten am häufigsten in Personen, indem er Menschen in die optischen Wahrnehmungen hineinsah, wie er dies selbst beschrieb: „Von Visionen bin ich nie heimgesucht worden, aber wirkliche Gestalten haben zuweilen menschliche Gestalt angenommen." In dieser Periode der Verkennungen war Strindberg sichtlich froher, ungetrübter Stimmung.

Erst im Juni 1896 kam es zu einer deutlichen Wendung des psychotischen Geschehens. Auslösend dafür dürfte die Nachricht gewesen sein, dass sein früherer polnischer Freund Przybyszewski – den er in *Inferno* Popoffsky nennt – in Paris erwartet wurde. Nun kam aber dieser Freund gar nicht. Nur Strindberg war fest überzeugt, dass er bereits in Paris weilte, und entwickelte deshalb wieder charakteristische Beziehungsideen, die ihn in höchste Angst versetzten. Die „Unsichtbaren", die ihn bedrohten und gegen die er „den Schutz der Vorsehung anrief", waren seiner Meinung nach beauftragt, ihn zu warnen oder zu strafen, damit er sich in Zukunft bessern sollte. In seiner Verwirrtheit, in der wiederholt merkwürdige Dinge erschienen, die nicht auf natürliche Weise zu erklären waren, wird deutlich eine auffallende Ratlosigkeit erkennbar. Der psychotische Zustand, in welchem allmählich an die Stelle der „Unsichtbaren" auch Okkultisten, Hexerei oder Magie traten, nahm solche Formen an, dass Strindberg immer häufiger in Erwägung zog, die Polizei zu seiner Hilfe herbeizuholen. Doch der Gedanke, mangels an Beweisen könnte man ihn als Verrückten einsperren, hielt ihn immer wieder davon ab. In diese Zeit fällt auch der erneute Zustand eines Stupors, in welchem er eine Woche lang seine Stimme nicht mehr vernehmen hatte können.

Seine Bedeutungsideen knüpften sich an die harmlosesten, gewöhnlichsten Vorgänge in seiner Umgebung. Er begriff die vermeintlich so rätselhaften Vorgänge nicht, ahnte jedoch „einen Hinweis auf das Kommende". So saß er eines Tages im Garten eines Cafés, als er durch einen Geruch belästigt wurde. Es war „etwas ganz Natürliches, nur die Öffnung einer Kloake am Rande des Bürgersteiges ... Jetzt erst begreife ich, dass gute Geister mich von einem Laster befreien wollen, das ins Irrenhaus führen kann. Dank sei der Vorsehung, die mich gerettet hat." Zu solchen Bedeutungsideen traten wiederum Beziehungsideen. Beim Mittagessen im Garten des Hotels belästigen ihn „Dirnen, die ihre Zoten herabhageln lassen ... Dazu kommt noch, dass meine beiden Tischnachbarn, als notorische Päderasten bekannt, ein widerliches Gespräch miteinander führen, um mit mir Streit zu suchen." Doch auch Angst gesellte sich zu diesen Bedeutungsideen, wodurch das Krankheitsbild zu einem Höhepunkt gelangte. Es folgten Vergiftungsängste und eine Idee, die man relativ häufig bei solchen Kranken beobachtet: Er war überzeugt, dass giftige Gase durch die Wand in sein Zimmer geleitet wurden – natürlich von Popoffsky! In panischer Furcht vor einem Attentat wagte er nicht, einzuschlafen: „Ich muss aus meinem Bett aufstehen, da ich nur von der Vorstellung besessen bin, ermordet zu werden. Ich will nicht ermordet werden!" Da er auf dem Korridor den Diener nicht auffinden konnte, hielt er ihn für einen gedungenen geheimen Mitschuldigen, den man absichtlich fortgeschickt hatte.

Nach einer Nacht des Grauens floh er aus dem Hotel Orfila, doch die vermeintlichen Nachstellungen begannen bald von neuem. Die Angst, die ihn befiel, löste jetzt auch somatische Missempfindungen aus, die wahrscheinlich durch vegetativ bedingte Störungen am Herz-Kreislaufapparat hervorgerufen wurden. Seine Beschreibungen, wonach sein Herz „wie verrückt hämmerte" oder wie er

„von einer Pumpe, die mein Herz aussaugt, aus dem Bett gehoben wurde", sprechen in diesem Sinne. Bei allem bestand jedoch eine gewisse Krankheitseinsicht: „Den Gedanken, dass Geisteskräfte ihre Hand im Spiele haben, weise ich noch immer zurück und bilde mir ein, von einer Nervenkrankheit befallen zu sein. Darum beschließe ich, nach Schweden zu fahren und dort einen befreundeten Arzt aufzusuchen." Doch auch der Arzt geriet rasch in den Verdacht, sich selbst an den vermeintlichen Nachstellungen zu beteiligen, wenngleich während des dreißigtägigen Aufenthaltes bei ihm eine gewisse Beruhigung zu merken war. Deshalb verabschiedete sich Strindberg von ihm auch wohl „ohne Bitterkeit".

Mit Eintreffen bei seiner Schwiegermutter, die er im Herbst 1896 in Österreich aufsuchte, schien diese psychotische Phase abgeklungen zu sein. Es dauerte jedoch nicht lange, bis sich Rückfälle seiner Angst, seines Misstrauens und seiner Bedeutungs- und Beziehungsideen einstellten, die allerdings nicht heftig und nur von kurzer Dauer waren. Schließlich wurde jedoch sein Zustand doch wieder so bedrohlich, dass ihm die Schwiegermutter im Dezember 1896 zur Rückreise nach Schweden riet. Hier verstärkten sich seine Ängste. Vom Gedanken geplagt, durch elektrische Ströme beeinflusst zu werden, versuchte er, die Beklemmungen und die Ängste mit einem „elektrischen Gürtel" zu erklären, was seine Ärzte mit recht unterschiedlicher Diagnose interpretierten, die zwischen Nervenschwäche, Emphysem, Angina pectoris und Paranoia schwankten. Für Strindberg genügten diese Aussagen, um „gewiss zu sein, dass man mich in ein Irrenhaus sperren will".

Im Frühjahr 1897 waren diese psychotischen Störungen im Abklingen, was möglicherweise mit der Entdeckung von Swedenborgs Schriften in einem Zusammenhang gestanden sein könnte. Mit dem Rat, die Dämonen „in sich selbst aufzusuchen und sie durch Reue zu töten", fand Strindberg endlich seinen von Erziehungs- und Züchtigungsgedanken geprägten Verfolgungswahn durch Swedenborg richtig gedeutet. Es kam zu einer sichtlichen Beruhigung, wie dies in seiner Selbstdarstellung in *Inferno* zum Ausdruck kommt, wo es heißt: „Die Sonne scheint, das tägliche Leben geht seinen gewohnten Gang, und der Lärm der Arbeit stimmt freudig."

In den *Legenden* setzte Strindberg seine Selbstdarstellung fort und wir erfahren daraus, dass zwar noch immer gelegentlich Ängste und auftretende elektrische Ströme, „welche die Brust zusammenklemmen und ins Herz stechen", beobachtet wurden. Solche Rückfälle waren jedoch von kurzer Dauer und wurden von Strindberg mit voller Krankheitseinsicht registriert. Eine weitere psychische Betreuung war dementsprechend auch nicht mehr erforderlich. Merkwürdig im ersten Teil der *Legenden* sind lediglich die als Wunder bezeichneten Erlebnisse, die er selbst und ebenso andere Menschen aus seiner Umgebung erfahren hatten. Würde man glauben, dass es sich dabei nur um Produkte der blumigen Fantasie des Dichters gehandelt hätte, so wird man rasch eines Besseren belehrt, wenn man aus dem Munde des Dichters erfährt, dass durch solche Wunder die Lehren der Okkultisten voll bestätigt würden und die Beweise dafür „Schlag auf Schlag folgen". Indem er mehrmals auch wieder die „Unsichtbaren" als die Schuldigen für solche Vorkommnisse verantwortlich machte, dürfte er wohl eine Erklärung für seine durchgemachten Inferno-Erlebnisse gesucht haben. Auf jeden Fall spricht sein Versuch, die zahlreichen berichteten Wunder als objektive „Beweisstücke für telepathische Vorgänge" gehalten zu haben, für eine beträchtliche Einschränkung seiner Kritikfähigkeit. In diesem Sinne sind auch die neurlichen Berichte über Ähnlichkeiten und Personenverkennungen zu deuten, die er zum Anlass nahm, eigene Theorien um den so genannten „Doppelgänger" zu entwickeln und sich sogar mit dem ominösen „Astralleib" der theosophischen Lehren zu beschäftigen. Für eine solche Deutung des psychotischen Zustandes Strindbergs ist der Rededrang hervorzuheben, der in schroffem Widerspruch zu früher beobachteten Phasen absoluter Schweigsamkeit stand.

Mit Beendigung des Jahres 1897, also nach der Zeit seiner Selbstschilderungen in *Inferno* und in *Legenden* schien Strindberg offensichtlich weitgehend frei von nennenswerten psychischen Auffälligkeiten gewesen zu sein. Die produktive Schaffensphase, die nun einsetzte, dürfte ihn am sichersten vor psychisch krankhaften Reaktionen geschützt haben. Gleichzeitig galt für ihn mit Fertigstellung seines Dramas *Nach Damaskus,* wie er selbst beteuerte, das „ganze Inferno-Märchen" für aus und erledigt. Äußeres Zeichen dafür war die Beendigung seiner okkulten Interessen sowie die Abwendung von jedweden naturwissenschaftlichen Experimenten.

Späte psychotische Wesenszüge

In seiner dritten Ehe, die er 1901 schloss, nahm die Telepathie einen breiten Raum ein, wie aus seinem *Okkulten Tagebuch* entnommen werden kann. Möglicherweise wirkten hierbei noch Bedeutungserlebnisse aus der Zeit seines „Inferno" nach, wenngleich seine Vorstellungen nicht wesentlich über das hinausgingen, was man bei gesunden Menschen als Aberglauben bezeichnet. Seine außergewöhnliche Sensibilität spielte bei diesem „Fernfühlen" zweifellos eine nicht zu unterschätzende Rolle, kann aber nicht darüber hinwegtäuschen, dass Strindberg das Vorkommen von Spuk und Gespenstern so ernst nahm, darüber sogar naturwissenschaftliche Spekulationen anzustellen. In *Schwarze Fahnen* verteidigte er das aktuelle Vorhandensein telepathischer Verbindungen zwischen zwei weit voneinander lebenden

Personen. Eine derartige enge telepathische Verbindung fühlte er mit seiner dritten Frau bis zu deren Wiederverlobung im Jahre 1908, obwohl sie inzwischen bereits getrennt lebten, und als sie nach ihrer Wiederverheiratung endgültig jede Verbindung zu ihm abbrach, nahm diese telepathische Beziehung unverkennbar psychotischen Charakter an. Seine telepathischen Begegnungen mit ihr wurden zunehmend beklemmend und verursachten richtiggehende unerträgliche Spannungen im Leib, die als „Sprengungen im Epigastrion" bezeichnet wurden. Wahrscheinlich handelte es sich dabei um die klinische Manifestation sexueller Spannungen, doch herrschten gleichzeitig auch angstgetönte Beklemmungen vor. Nur so sind Anmerkungen im *Okkulten Tagebuch* wie diese zu verstehen: „Furchtbarer Morgen! Weinte so, dass die Seele im Begriff war, aus dem Leibe zu fahren", oder „Harriet verfolgte mich den ganzen Vormittag erotisch, sodass ich sie schließlich umarmen musste, um nicht zu verbrennen."

Handelte es sich bei diesem Fernfühlen zu Beginn vielleicht nur um ein Wunschdenken oder um den Ausfluss dichterischer Fantasie, so wurden die psychischen Leidenszustände allmählich doch so intensiv und durch auftretende Beziehungsideen verstärkt, dass man eindeutig von einer neuerlichen psychotischen Phase ausgehen muss. In diesem Sinne spricht auch Strindbergs Nahrungsverweigerung, die er angeblich mit einem sich ankündigenden Magenkrebs in einen ursächlichen Zusammenhang gebracht haben soll. Auf jeden Fall sah er sich veranlasst, einen Arzt aufzusuchen.

Über klinisch verwertbare Erscheinungen, die nach dem letzten größeren Schub der Krankheit zurückblieben, sind wir wenig unterrichtet. Hingegen verfügen wir über einige Berichte seiner Zeitgenossen, die uns ein Bild von Strindbergs sonderbarem Benehmen zu vermitteln vermögen. So berichtete Carl Ludwig Schleich, der 1905 den Dichter unangemeldet aufsuchen wollte und klingelte: „Ich hörte seinen schweren Schritt im Flur, die tief liegende Briefkastenklappe wurde gehoben, ich sah seine scharf spähenden Augen, dann tönte ein tiefes: Herr Gott! Schleich!" Eindrucksvoller ist die Schilderung Max Reinhardts, der ihn ein Jahr danach besuchen wollte und nicht vorgelassen wurde. Später trafen sich die beiden jedoch im Grand Hotel Stockholms, wo Strindberg den Grund seiner Weigerung bekannt gab: „Siehst du, es ist der Tisch, an dem ich mit meiner Frau zum letzten Male gesessen habe. Ich wusste, dass du ihn wählen musstest. Darum habe ich mich gesträubt." Sein Mystizismus, so berichtete Reinhardt, ging so weit zu erzählen, er habe durch seine nächtlichen Gebete vor dem Kruzifix einen schlechten Menschen zu Tode gebetet! Auch Hansson stattete im Jahre 1907 Strindberg einen Besuch ab und schilderte das veränderte Aussehen des Dichters so: „Wir blicken in ein Menschengesicht mit rotfleckiger Nasenspitze, kleinen, zwinkernden, tränenden Augen und dem Ausdruck unendlicher Angst." In einer schier endlosen Suada berichtete ihm Strindberg von dem Irrenarzt Dozent Galenius, der so wie andere Kollegen in Lund angeblich hinter ihm her war: „Er wollte mich untersuchen, ob ich verrückt sei … aber ich ließ mir nichts merken. Das war der einzige Ausweg, der mich retten konnte … Ich ließ mir meinen Schädel messen, behandelte sie höflich, sah die Fallen, die sie mir stellten und wich ihnen aus."

In seinem Bericht über die Auffälligkeiten im Verhalten Strindbergs kam Carl Ludwig Schleich aus ärztlicher Sicht zu dem Ergebnis: „Man glaube darum gar nicht, dass Strindberg jemals geistesgestört gewesen ist. Er war stets klar, logisch, denksicher und respektierte alle Einwände mit größter Seelenruhe. Vielleicht neigte er etwas zu Verfolgungsideen, aber diese hatten nie etwas Zwanghaftes, sondern waren stets der Ausfluss eines, wo ich ihn kontrollieren konnte, nur allzu berechtigten Misstrauens." Diese Meinung wurde von Karl Jaspers, dem Arzt und Philosophen, nicht geteilt. Jaspers war vielmehr überzeugt, dass Strindberg „an einem bekannten, charakterisierbaren, mehr als zwei Dezennien in seinem Leben erfüllenden Prozess litt, den man schizophren, paraphren oder Paranoia nennen kann … Der Prozess beginnt in den Achtzigerjahren und schreitet in zwei großen Schüben voran, die ihre Gipfel 1887 und 1896 haben. Der erste Schub bringt neben den charakteristischen subjektiven körperlichen Erscheinungen und anfallsartigen Zuständen den klassischen Eifersuchtswahn, dann die beginnenden Verfolgungs- und Beeinträchtigungsgedanken und die Neigung zu sonderbaren wissenschaftlichen Studien. Der zweite Schub wandelt vor allem seit 1894 seine ganze Weltanschauung und bringt dann eine Fülle halluzinatorischer und paranoischer Erlebnisse, die den Kranken völlig ausfüllen, bis seit 1897 eine größere Ruhe im Endzustand eintritt. In diesem bestehen eine Menge von Symptomen fort, aber ohne ihn so wie früher zu okkupieren. In dem relativ gleichmäßigen Zustande vermag er von neuem eine große Arbeitsamkeit zu entfalten. Es ist das Erstaunliche, dass es solche Krankheitsprozesse gibt, die nicht ‚verwirren', nicht in einem groben Sinn zerstören, sondern die eine eigentliche ‚Verrückung' bringen."

Denkt man an die in *Inferno* von Strindberg selbst beschriebenen Beziehungs- und Bedeutungsideen mit unverkennbar wahnartigen, paranoiden Zügen, dann klingt auf den ersten Blick Jaspers Vermutungsdiagnose einer Schizophrenie durchaus glaubhaft. Und doch sprechen wesentliche klinische Symptome gegen diese Auffassung, wie dies der Psychiater Karl Leonhard in seiner Monografie *Aufteilung der endogenen Psychosen und ihre differenzierte Ätiologie* mit Argumenten belegt, die auch für den Fall Strindberg zutreffen. Demnach unterscheidet sich das Krankheitsbild Strindbergs von einer Schizophrenie schon allein dadurch, dass bei ihm der für eine Schizophrenie so charakteristische und diagnostisch zu fordernde

Persönlichkeitszerfall mit Abflachung des Gefühlslebens zu keinem Zeitpunkt in seinem Leben festzustellen ist. Im Gegenteil, sein Gefühlsleben hat sich zum Ende seines Lebens hin eher noch vertieft, wie uns eine Briefstelle aus dem Jahre 1905 zeigt, in welcher er seine entfernt von ihm lebende dritte Ehefrau anspricht: „Wenn du dich dort in dem fernen Land ängstigst, klopft mein Herz hier oben in meiner Brust, als wäre es das deine. Zuweilen spüre ich deinen warmen Atemhauch an meiner Wange vorbeistreichen." Auch die Absonderung von der Gesellschaft während der späteren Zeit des Dichters entspricht nicht der als Autismus bezeichneten Abschottung der Persönlichkeit eines Schizophrenen. Wie er sich selbst in seiner Dichtung *Einsam* darstellt, tritt er uns nicht mit der emotional abgeflachten Aktivität eines Schizophrenen entgegen, sondern als ein Mensch, der eher noch feinsinniger als früher handelte. Allerdings musste er sich in Acht nehmen, von der Einsamkeit nicht überwältigt zu werden. Auf keinen Fall hatte Strindberg, selbst auf der Höhe seiner Psychose, jemals an „Stimmen" im streng psychiatrischen Sinne gelitten. Wenn er in *Einsam* davon spricht, seine eigenen Gedanken wie gesprochene Worte gehört zu haben, dann handelte es sich hierbei sicher nur um seine bildhafte Fantasie. Ohne Zweifel war Strindberg introvertiert, jedoch nicht autistisch.

Aber wenn es sich bei den auffälligen Bedeutungs- und Beziehungsideen mit paranoidem Charakter in den Krisenjahren, die er in *Inferno* beschrieb und die später in den *Legenden* nochmals in Erscheinung traten, nicht um eine Erkrankung aus dem schizophrenen Formenkreis handelte, welches Leiden war es dann wirklich? Informiert man sich aus den psychiatrischen Abhandlungen Leonhards, dann besteht kaum ein Zweifel, dass es sich bei Strindberg um eine spezielle Form der zykloiden Psychosen handelte, zu deren bekanntesten Vertretern die manisch-depressive Form zählt. Es gibt aber auch eine zykloide Psychose, die in ihrer gehemmten Phase von all jenen Symptomen begleitet wird, die man etwas leichtfertig als spezifisch schizophren betrachtet, nämlich die so genannte Verwirrtheitspsychose.

Bei der Verwirrtheitspsychose liegt eine mitunter bis zu stuporösen Zuständen gehende Denkhemmung vor, auf Grund deren die Kranken ihr Umfeld nicht mehr ausreichend verstehen können. Da ihnen auf diese Weise alles unverständlich vorkommt, suchen sie zwanghaft nach einer Bedeutung der Ereignisse, wodurch die charakteristischen Bedeutungsideen entstehen, die in der Regel mit Beziehungsideen gekoppelt werden. Das Unverständliche, das der Kranke nicht zu durchschauen vermag, wirkt auf ihn nicht nur unheimlich, sondern bedrohlich; daraus erklären sich die verschiedensten paranoiden Wahnideen, wie sie sich am deutlichsten als Eifersuchtswahn oder als Verfolgungswahn manifestieren.

Da die Verwirrtheitspsychose analog der manisch-depressiven Psychose einen typisch zykloiden Verlauf aufweist, also Phasen mit erregter und gehemmter Aktivität abwechseln, stellt sich auch Strindbergs Psychose mit einem solchen zyklischen Ablauf dar. Ein wichtiges Symptom der erregten Phase ist die Personenverkennung, in der diese Kranken in Menschen ihrer unmittelbaren Umgebung Bekannte oder Verwandte zu sehen glauben. Während jedoch die Verkennungen bei Schizophrenen absurden Charakter besitzen, indem sie in ihrem Gegenüber längst verstorbene berühmte Persönlichkeiten wieder erkennen wollen, bleiben die Personenverkennungen bei der Verwirrtheitspsychose stets im Rahmen des Möglichen. Zu den typischen Symptomen der erregten Phase gehört auch der Rededrang des Kranken, der nach einer Periode des Schweigens oft blitzartig einsetzen kann. In den *Legenden* beschrieb Strindberg dies so: „Wenn ich, nachdem ich wochenlang keine Gelegenheit gehabt habe, meine eigene Stimme zu hören, jemanden besuche, überschütte ich den Unglücklichen mit einem Redeschwall, sodass er sich völlig ermattet zurückzieht und mich unfreiwillig verstehen lässt, er wünsche, nie wieder mit mir zusammenzukommen." In solchen Phasen des Rededrangs findet man häufig eine Inkohärenz des Denkens, die sich durch Aneinanderreihung von Sätzen ohne logische Beziehung zueinander zu erkennen gibt. Ähnliches kann man auch bei Schizophrenie beobachten, nur mit dem Unterschied, dass hier Entgleisungen und Vermengungen des Denkens hinzukommen, was für Strindberg in keiner Weise zutrifft. Ohne diese stellt die Inkohärenz des Gedankenganges ein Kardinalsymptom der Verwirrtheitspsychose in der erregten Phase dar, in welcher die Kranken sich nur mit Mühe auf bestimmte Themen fixieren lassen und immer wieder die Tendenz haben, von dem, was eben besprochen wird, auf ein anderes Thema abzulenken. In Strindbergs Dichtung kommt dies etwa in seiner Trilogie *Nach Damaskus* zum Vorschein, wo das Ganze durch die unvorbereitete Aufeinanderfolge von Einzelbildern etwas Traumhaftes annimmt. Seine Bereitschaft zu inkohärentem Denken offenbart sich noch deutlicher, wenn er sich wie in *Traumspiel* auf seine eigenen Träume bezieht. Wie auffällig Strindberg heterogene Vorgänge miteinander zu verbinden im Stande war, zeigt er in seinem Märchenspiel *Die Schlüssel des Himmelreichs oder Sankt Peters Wanderung auf Erden*. Schließlich kann die Inkohärenz der Verwirrtheitspsychose auch als eine solche der Gefühle in Erscheinung treten, womit Leonhard den extremen Wechsel von Strindbergs Weltanschauungen in Zusammenhang bringt, den Jaspers mit den Worten charakterisierte: „In der Zeitfolge ist Strindberg schnell nacheinander und nebeneinander: Sozialist und Individualist, Demokrat und Aristokrat, fortschrittsgläubiger Utilitarier ebenso wie Fortschritt bestreitender Metapysiker. Nach einer gläubigen Jugend wird er Atheist, Materialist, Positivist; dann schließlich theosophischer Mystizist."

In der gehemmten Phase der Verwirrtheitspsychose stehen die Bedeutungs- und Beziehungsideen im Vordergrund, die zu den verschiedensten paranoiden Wesensveränderungen führen können. Neben wahnartigen Ideen, von Unsichtbaren verfolgt oder mit Strafen bedroht zu werden, stand bei Strindberg der Eifersuchtswahn im Vordergrund. Seine niedrige Frustrationstoleranz vermochte Demütigungen in den Ehen nicht ohne bleibende Folgen hinzunehmen, die sich in verschiedensten Beziehungsideen äußerten. Seine paranoiden Reaktionen richteten sich in der weiteren Folge nicht nur gegen seine Ehefrauen, sondern gegen das gesamte weibliche Geschlecht. Hingegen darf man wohl kaum von einem Größenwahn bei Strindberg sprechen, nur deshalb, weil er sich als Goldmacher betätigte oder weil er seiner dritten Frau erklärte, dass „er als Gelehrter größer sei denn als Dichter". Bekanntlich neigt der Mensch dazu, sein Schaffen überzubewerten, wenn er um die Anerkennung seiner Werke kämpfen muss. Sprach doch auch Goethe mit größerem Stolz von seiner, von der Wissenschaft angezweifelten Farbenlehre als von seiner anerkannten Größe als Dichter. Strindbergs Versuche, auf chemischem Wege Gold zu synthetisieren, können allerdings wohl nur im Rahmen seiner Psychose verstanden werden. Schließlich muss bei Strindberg noch auf ein Symptom hingewiesen werden, das uns die gehemmte Phase einer Verwirrtheitspsychose geradezu bestätigt und das er in seiner Dichtung *Am offenen Meer* so eindrucksvoll schilderte, nämlich den Mutismus, also die Stummheit, in welche er auf der Höhe seiner Psychose verfiel.

Wie bei der zyklischen Psychose erwartet der Kliniker nach Abklingen der Phasen eine veritable Krankheitseinsicht. Sie deutet sich bei Strindberg mitunter schon während der Phasen an, klingt allerdings deshalb nicht immer ganz glaubhaft, weil auch im Intervall die Frage weiterhin unterschwellig im Raume stehen blieb, ob er vielleicht nicht doch wirklich „irre" sei. Volle Einsicht hatte er wahrscheinlich nie. Berücksichtigt man den phasenhaften Verlauf der psychischen Erkrankung Strindbergs, die durch die charakteristischen Bedeutungs- und Beziehungsideen bis hin zu paranoiden Wahnvorstellungen, den Wechsel von Mutismus und pathologischem Rededrang sowie durch die Inkohärenz seiner Denkvorgänge gekennzeichnet ist, jedoch keine Anzeichen einer Verflachung seines Gemütslebens erkennen lässt, dann handelte es sich kaum um eine Psychose aus dem schizophrenen Formenkreis, sondern viel eher um die von Leonhard beschriebene zyklische Verwirrtheitspsychose. Wahrscheinlich war auch seine Schwester Elisabeth an diesem Leiden, das nach Angaben von Lagercrantz 1892 seinen Ausgang nahm, erkrankt. Auch sie fühlte sich verfolgt und Mordversuchen durch Vergiftung ausgesetzt und auch bei ihr konnte ein phasenhafter Verlauf ohne Abstumpfung ihres Gefühlslebens festgestellt werden. Heute wissen wir ja, dass zyklische Psychosen zu einem beträchtlichen Prozentsatz erblich sind.

Die Todeskrankheit

Körperliche Beschwerden stellten sich im Juni 1908 erstmals ein. Damals klagte Strindberg über einen auffallenden Ekel vor Speisen und die Appetitlosigkeit führte auch rasch zu einer beunruhigenden Gewichtsabnahme, weshalb er in seinem Tagebuch unter dem 13. Juni dieses Jahres seinen baldigen Hungertod ankündigte. Aus Angst vor einem Krebsleiden suchte er einen Arzt auf, der jedoch keinen Anhaltspunkt für diese Befürchtung finden konnte.

Indessen hielten seine Beschwerden weiter an und traten im Sommer 1911 in so verstärktem Ausmaß in Erscheinung, dass er sein nahes Ende zu fühlen glaubte. Bereits im April dieses Jahres berichtete er, seit einigen Monaten kränklich zu sein, und er beklagte sich auch darüber, dass sich sein ihn ärztlich betreuender Schwiegersohn offenbar nicht auf die Art seines inneren Leidens verstehe. Seine Beschwerden schilderte er als „Aufruhr in allen Eingeweiden" und die Angabe, er finde keinen Platz mehr in seiner Haut und in seinen Kleidern, obwohl er hungere und sogar auf seinen gewohnten abendlichen Grog verzichte, deutet auf eine starke Auftreibung seines Leibes hin.

Im November 1911 hören wir von einer weiteren Verschlechterung seines Zustandes, ohne allerdings dezidierte Andeutungen über die genauere Art seiner Beschwerden zu erfahren. Er betonte lediglich, dass es ihm tagsüber am schlechtesten gehe. Erst zu Beginn des April 1912 wurden Schmerzen angegeben, von Strindberg als „Magenschmerz" gedeutet, die also im mittleren Oberbauch lokalisiert gewesen sein dürften. Gelegentlich bestand auch Brechreiz beziehungsweise kam es zu Erbrechen. Dem behandelnden Arzt berichtete er, dass die Schmerzen nun den ganzen Tag über anhielten und unabhängig von der Nahrungsaufnahme waren. Die in ihrer Intensität wechselnden Schmerzen hielten an, unabhängig davon, ob der Kranke „sitze, gehe oder liege". Diagnostisch bedeutsam ist der Hinweis Strindbergs, wonach in Rückenlage der Schmerz am schlimmsten war, während er in Bauchlage völlig verschwand! Der Umstand, dass man insgesamt dreimal eine Bauchpunktion vornahm, um Flüssigkeit abzusaugen, weist darauf hin, dass der Bauchumfang bereits erheblich gewesen sein muss, was wiederum seine Kurzatmigkeit erklärt. Zuletzt wurden ja regelrechte Erstickungsanfälle erwähnt.

In den Biografien Strindbergs wurde bisher übereinstimmend von einem Magenkrebs als Todeskrankheit gesprochen, obwohl es dafür keine diagnostisch verwertbaren anamnestischen Angaben gibt. Dass es sich hingegen um ein Krebsleiden handelte, steht trotz der spärlich vorhandenen symptomatischen Hinweise und trotz Fehlens eines Autopsiebefundes fest. In diesem Sinne spricht die extreme Abmagerung und die allgemeine Auszehrung, die man in jener Zeit als

Krebsmarasmus bezeichnete, sowie die auffallende Blässe des Kranken infolge einer fortgeschrittenen Anämie. Berücksichtigt man die medizinischen Kenntnisse zu Beginn unseres Jahrhunderts, dann versteht man die Schwierigkeiten, dieses Krebsleiden mit einem bestimmten Organ – in unserem Falle mit dem Magen – in Verbindung zu bringen. Waren doch die hiefür charakteristischen Symptome spärlich und vielfach unbestimmter Natur, wie ein Blick in ein zeitgenössisches Lehrbuch der Medizin zeigt. Im Kapitel „Symptome und Diagnose eines Magenkrebses" steht auszugsweise geschrieben: „Die Symptome eines Magenkrebses sind teils lokaler, teils allgemeiner Natur. Die letzteren äußern sich in den Erscheinungen des Krebsmarasmus. Man wird bei zunehmender Abmagerung, stärker werdendem Erblassen der Haut und dem Auftreten kachektischer Ödeme vielleicht den Verdacht eines verborgenen inneren Krebses aussprechen, als Sitz des letzteren den Magen aber nur dann vermuten dürfen, wenn sich Magenstörungen bemerkbar gemacht haben. Unter allen lokalen Veränderungen steht der Nachweis einer Magengeschwulst diagnostisch an Wichtigkeit obenan. Bei fettarmen und dünnen Bauchdecken kann man nicht selten die Magengeschwulst als eine rundlich-höckerige Masse sehen. Bei der Betastung ist die Geschwulst aus festem Gefüge und uneben höckerig. Fast immer ist sie auch bei geringem Drucke empfindlich. Personen mit Magenkrebs klagen meist über heftigen Magenschmerz, der sich nicht selten gerade zur Nachtzeit einstellt und die Nachtruhe raubt. Oft kommt es zu Aufstoßen oder Erbrechen. Für die Diagnose wichtig ist, ob sich eine krebsige Verhärtung und Vergrößerung supraclavicularer Lymphdrüsen linkerseits nachweisen lässt. (Diese in der linken Schlüsselbeingrube befindlichen vergrößerten und derben Lymphknoten, die auch heute noch als pathognomonisch für ein Magenkarzinom gelten, bezeichnet man nach ihrem Erstbeschreiber als Virchow'sche Drüsen; Anm. d. Verf.) Unter den Komplikationen ist in erster Linie die Magenblutung zu nennen, die oft zu Bluterbrechen führt. Am häufigsten handelt es sich bei dem Erbrochenen um Kaffeesatz-ähnliche Massen. Mitunter bilden sich sekundäre Krebse in anderen Organen, wobei namentlich der sekundäre Leberkrebs (also Lebermetastasen; Anm. d. Verf.) zu nennen ist. Der Magenkrebs hat stets eine ungünstige Prognose; das Leben wird spätestens in wenigen Monaten zu Ende gehen." Sieht man von den allgemeinen Symptomen eines Krebsleidens ab, dann finden wir aus dieser Aufzählung der Symptome bei Magenkrebs im Falle Strindbergs nur einen unbestimmten Leibschmerz sowie gelegentliches Erbrechen uncharakteristischer Art bestätigt.

Ein Schlaglicht auf die wahrscheinliche Lokalisation des Krebses vermag nun ein bisher wohl übersehenes Detail zu werfen, das sich aus der posthumen *Phantasie* aus dem Nachlass August Strindbergs in der Übersetzung von Emil Schering herauslesen lässt. Emil Schering, der 1893 Strindberg in Berlin kennen gelernt hatte und später „Strindbergs sprachlicher Gesandter in Deutschland" wurde, veröffentlichte diese Novelle vor rund siebzig Jahren, obwohl ihm klar sein musste, dass der Autor dies wohl deshalb unterlassen hatte, weil sie ihm zu dürftig und absurd oder aus sonstigen Motiven seiner nicht würdig zu sein schien. Die medizinisch wichtigste Passage aus dieser Novelle „von den stuhlganglosen, bereits halbverklärten und fast zu Engeln gewordenen Dahingeschiedenen" lautet folgendermaßen:

„In dieser reinen Welt lebten göttergleiche Menschenwesen in Unschuld, Wahrheit, Gerechtigkeit, Freude. Die äthergleiche Luft, welche sie atmeten, besaß die Eigenschaft, langsame, aber völlige Verbrennung der Nahrungsmittel zu bewirken, sodass der Stoffwechsel des Körpers gerade aufging. Die Erneuerung geschah auf reinliche Art, indem die Lungen das Verbrauchte durch die ausgeatmete Luft ausschieden. Um aber das Gleichgewicht zwischen Einnahme und Ausgabe zu halten, musste die Nahrung gewählt und genau abgewogen werden. Jede Unmäßigkeit bestrafte sich selbst: der Schlemmer oder Trinker wurde unrein, und als solcher wurde er sofort auf eine andere Insel ausgesetzt."

Die katamnestische Auswertung dieser kaum bekannten posthumen Novelle könnte auf das Vorliegen eines Dickdarmkrebses hindeuten, der ja unter anderem infolge Behinderung normaler Stuhlentleerungen in jener Zeit durch Darmverschluss häufig den Tod solcher Patienten herbeiführte. Man darf nicht vergessen, wie schwierig die Diagnose in der Zeit vor der Röntgenära noch war, wie eine Beschreibung im ärztlichen Handbuch von Professor Eichhorst in Wien aus dem Jahre 1890 zeigt. Dort heißt es auszugsweise: „Die Symptome eines Darmkrebses sind mitunter so unbestimmter Natur, dass eine Diagnose während des Lebens unmöglich ist. Die Patienten klagen über Schmerz im Leibe, welcher oft an eine ganz bestimmte Stelle verlegt wird; sie leiden an Unregelmäßigkeit des Stuhlganges, meist an Verstopfung, seltener an Durchfall, oder es wechseln vielfach Obstipation und Diarrhoe miteinander ab; es gesellen sich Abmagerung und Marasmus hinzu. In anderen Fällen tritt plötzlich Ileus auf. Bei Krebs im unteren Abschnitte des Dickdarms sind häufig die ersten Beschwerden unerträglicher Schmerz in der Kreuzbeingegend. Manche Kranke sterben durch Kräfteverfall und zunehmenden Marasmus. Auch beobachtet man, dass mitunter sekundäre krebsige Veränderungen in der Leber oder in anderen Organen zur eigentlichen Todesursache werden. Die Dauer des Leidens beträgt bis zu vier Jahren, in seltenen Fällen bis zu fünf Jahren."

Aus dieser Beschreibung erfährt man, dass um die Jahrhundertwende die Diagnose eines Dickdarmkrebses zu Lebzeiten der Patienten mitunter gar nicht gestellt werden konnte und, was heute undenkbar erscheint, dass ein solches Krebsleiden sich mehrere Jahre hinziehen konnte. Auch bei Strindberg traten die ersten wegleitenden Beschwerden bereits vier Jahre vor seinem Tod in Erscheinung, ohne von den Ärzten richtig interpretiert werden zu können. Obwohl wir aus den Biografien nichts über die Darmtätigkeit während der Todeskrankheit Strindbergs erfahren, gibt es einen Hinweis des Neurologen W. H. Becker aus dem Jahre 1932 – der übrigens offen vom Vorliegen eines Mastdarmkrebses spricht –, wonach Strindberg wegen der blockierten Stuhlentleerung in seinen letzten Lebenswochen einen telegrafischen Hilferuf an seinen Freund Dr. Schleich absandte. Becker vermutete deshalb, dass ihn die schon länger bestehende, zunehmende Obstipation, also die erschwerte Stuhlentleerung, zu jener Vorstellung eines jenseitigen Lebens, in welchem man ohne Defäkation auskommt, inspiriert hatte, die in der besagten Novelle ausgemalt wurde.

Im Sinne des Vorliegens eines Mastdarmkrebses würden auch die überaus heftigen, andauernden und von jeder Nahrungszufuhr unabhängigen Schmerzen sprechen, die in diesem Falle durch Infiltration des Karzinoms in das retroperitoneale, vor dem Kreuzbein gelegene Gewebe zustandekommen und typischerweise in Rückenlage am schlimmsten empfunden werden, während Bauchlage rasch eine Erleichterung verschafft. Ein weiteres Indiz für das mögliche Vorliegen eines Dickdarmkarzinoms ist die Auftreibung des Leibes infolge Rückstauung von Darminhalt und vor allem von Darmgasen oberhalb des Hindernisses, also der Stenose. Sollte bei den Bauchpunktionen tatsächlich Flüssigkeit abgesaugt worden sein, dann würde dies auf die Entwicklung einer karzinomatösen Bauchfellentzündung im Sinne einer Metastasierung über die Lymphbahnen hinweisen, welche eine der Komplikationsmöglichkeiten im Endzustand eines unbehandelten Dickdarmkarzinoms darstellt. In einem solchen Falle bildet sich ein maligner Aszites (Bauchwassersucht) aus, der gemeinsam mit der starken Auftreibung der Darmschlingen zu einem massiven Zwerchfellhochstand und damit zu extremer Atemnot führt.

Mangels objektiver Beweise muss die Annahme eines Dickdarmkarzinoms mit Infiltration ins Retroperitoneum und diffuser Metastasierung ins Bauchfell eine Vermutungsdiagnose bleiben. Sie besitzt jedoch eindeutig gegenüber der Verdachtsdiagnose eines Magenkarzinoms die höhere Wahrscheinlichkeit.

Seiner kleinen Tochter Kerstin schrieb er einst einen rührenden, zärtlichen Brief, in welchem er ihr versicherte, sie nie in seinem Leben zu vergessen. In diesem Brief hieß es unter anderem: „In allen Dramen kommen Szenenveränderungen und auch Personenwechsel vor, aber im letzten Akt tauchen alle wieder auf und der Autor vergisst nicht einen einzigen. Das ist das ewige Gesetz des Dramas und des Lebens." Wir wissen nicht, resümierte Lagercrantz, ob sich Strindberg auf seinem Sterbebett an diesen Gedankengang erinnerte. Ist es aber in der

Tat ein Gesetz des Dramas und des Lebens, dass sich der Autor im Schlussakt an alle erinnern muss, dann war er in diesen Tagen jedenfalls mit Bestimmtheit nicht allein.

GEORG TRAKL

GEORG TRAKL

EINLEITUNG

Trakls Dichtung erscheint uns auch heute noch ähnlich wie seinen Zeitgenossen rätselhaft und in ein geheimnisumwittertes Dunkel gehüllt. Nach den Worten von Josef Leitgeb vermittelt sie den Eindruck einer völlig geschlossenen, in sich selbst beruhenden Welt, die mit keiner anderen im Bereich der deutschsprachigen Dichtung vergleichbar ist. Sie „liegt inselhaft in der deutschen Dichtung und ist weder mit der älteren noch mit der gleichzeitigen Lyrik wirklich verbunden". Wenn die Nachwelt Trakl zögernd den Dichtern des Expressionismus zuzurechnen versuchte, dann deshalb, weil sie in der poetischen Kreativität in den Jahren zwischen 1910 und 1920 ganz allgemein eine überpersönliche Antwort auf die dramatische Wende eines Zeitalters zu erblicken glaubt und das „schreckliche Dunkel", das sich über Trakl senkte, als pathognomonisch für die Krankengeschichte des Zeitalters hält. Damit wird allerdings seine im Halbdunkel erkennbare Kontur nicht schärfer, auch dann nicht, wenn man auf erkennbare Nachbildungen von poetischen Eigentümlichkeiten in den Dichtungen von Baudelaire, Rimbaud oder Hölderlin hinweist – Existenzen, denen nach Trakls eigenen Worten auf Erden nicht zu helfen war. Auch Rainer Maria Rilke stand den Dichtungen Trakls „ergriffen, staunend, ahnend und ratlos" gegenüber, was er damit zu erklären versuchte, dass eben „selbst der Nahstehende immer noch wie an Scheiben gepresst diese Aussichten und Einblicke als ein Ausgeschlossener erfährt: denn Trakls Erleben geht wie in Spiegelbildern und füllt seinen ganzen Raum, der unbetretbar ist, wie der Raum im Spiegel."

Solche und ähnliche Deutungen erklären, warum über kaum einen anderen Poeten dieses Jahrhunderts aus so verschiedenen Perspektiven heraus herumgerätselt wurde, wobei sich am Versuch einer Erklärung und Erforschung der Traumwelt Trakls nicht nur Schriftsteller und psychiatrisch oder psychoanalytisch geschulte Mediziner, sondern auch Theologen beteiligten. Vor allem letztere nahmen sich dieser Aufgabe mit einer solchen Hingabe an, dass man mit Otto Basil glauben könnte, man müsse „noch die Seele des Toten vor der ewigen Verdammnis retten". Traditionsgemäß beanspruchte die orthodoxe Glaubensgemeinschaft dieser so genannten „Trakl-Kirche" nicht nur den wissenschaftlichen Primat, sondern zugleich auch die Unfehlbarkeit ihrer Forschungsergebnisse. Derartige dogmatische Sektenmitglieder bedienten sich natürlich unterschiedlicher Sichtweisen, je nachdem, ob sie Trakl als Protestanten, als einen zweiten Martin Luther – wie sich Else Lasker-Schüler ausdrückte – oder als einen mystischen Katholiken zu schildern versuchten. In beiden Fällen lag es aus Gründen der Pietät nahe, nicht nur sein irdisches Dasein, sondern auch das Pathologische in seinem dichterischen Werk nach Tunlichkeit zu sublimieren und wenn nötig durch einen Schleier jeglicher klarer Konturen zu berauben. Wenn Trakl auch fraglos ein religiöser Mensch war, so meldete bereits kein Geringerer als Martin Heidegger berechtigte Zweifel an, ob „Trakls Dichtung, inwieweit sie und in welchem Sinne sie christlich spricht, auf welche Art der Dichter Christ war". Wenn sich nämlich das Leben eines Christen dadurch auszeichnet, dass er als Angehöriger einer Konfession dem Dogma und dem Brauch seiner Kirche gemäß lebt, dann war nach Auffassung Friedrich Jüngers Trakl kein Christ. „Christ war er als Nachkomme christlicher Ahnen, Christ wie jeder, der im Abendland aufgewachsen und durch die Schule des Christentums hindurchgegangen ist. Mit der Taufe und der Konfirmation endete seine Beziehung zur Kirche und er mied fortan alles, was in Glauben und Leben bürgerliche Gegenwart geworden ist und schloss sich damit aus der Gegenwart aus. In dieser Gegenwart schweigt Gott." So gesehen stimmte Trakl mit dem Dichterphilosophen Carl Dallago überein, den er in seinen letzten beiden Lebensjahren kennen lernte und der ihn auch mit den Schriften Kierkegaards versorgte. Dallago war Mitarbeiter des *Brenner,* jener streitbaren Zeitschrift der expressionistischen künstlerischen Avantgarde, die als leidenschaftliche Verfechterin eines „ethisch revolutionär gesinnten Christentums" und als erbitterte Gegnerin des erzreaktionären, verweltlichten Kirchenchristentums römischer Prägung auftrat.

Ohne Frage war Trakl ein religiöser Fantast und Träumer, dem auf Grund seiner Erziehung im Elternhaus die ungeheure Sprachgewalt der Lutherbibel zeitlebens vertraut blieb, dem daher auch in seiner poetischen Bilderwelt die Verwendung biblischer Vorstellungen immer wieder zuflogen. Deshalb aber das Schuldgefühl Trakls theologisch verallgemeinern zu wollen, wie dies Dr. Eduard Lachmann versucht hat, indem er das Verhältnis der Geschlechter zueinander als Abfall von Gott und die Urschuld des Menschengeschlechts im Paradies zum Zentralthema der unentrinnbaren Schuld beim Dichter machen wollte, ist wohl absurd. Trakls Verfehlung durch eine inzestuöse Bindung an seine jüngere Schwester hat mit der „Erbsünde" überhaupt nichts zu tun, nicht einmal im metaphorischen Sinn, weshalb es unangebracht erscheint, aus pietätischen Gründen die wahren Zusammenhänge unter den Tisch kehren zu wollen. Trakl war eben auch ein rauschgiftsüchtiger Psychopath und Alkoholiker mit vielen daraus resultierenden Verirrungen und Verfehlungen, was nach den Worten Walter Muschgs in jene ausweglose Verdammnis mündete, in welcher der unglückliche Dichter hauste. „Der Alkohol, die Rauschgifte, die Geißel des Geschlechts, der Wahnsinn verwüsten ihn. Auch die Liebe ist für diesen Gezeichneten eine Form der Verwesung, die ihn seit der Blutschande mit der Schwester als Bewusstsein einer unentrinnbaren Schuld verfolgte. Aus diesem Abgrund der Verworfenheit und der Sehnsucht nach dem Reinen steigt die monotone Musik seiner Lyrik."

Dieses nach seiner Pubertät entstandene übermächtige Schuldgefühl, das mit einem unbefriedigten Sühne- und Kasteiungsbedürfnis gepaart war und seine düstere Melancholie überlagerte, war fraglos die Hauptwurzel des Pathos im poetischen Werk Trakls und vorwiegend durch die inzestuöse Bindung an seine Schwester verursacht. Dennoch darf man diesen Inzest „nicht zum alleinigen Angelpunkt machen, um den sich die Trakl-Welt dreht". Es wird nämlich vielfach übersehen, dass an dem Zustandekommen des überwältigenden Schuldgefühls noch andere Faktoren mitgewirkt haben. Nicht unwesentlich trug dazu zweifellos das durch seine Mutter und die erzkonservative k.u.k. Übungsschule geprägte Klima der katholischen Sündenlehre bei, die ihn zeitlebens nie mehr ganz losließ, und dieses Klima wurde durch das spezifische Milieu der Stadt Salzburg, in der er aufwuchs, noch verschärft. Noch um die Jahrhundertwende war die erzbischöfliche Macht ungebrochen und unverändert blieb nach wie vor der Mantel des Schweigens über die Schandtaten der brutal regierenden geistlichen Landesherren ausgebreitet — die grausame Vertreibung der Juden, die unvorstellbaren Gräuel nach Beendigung des Bauernaufstandes oder der mitleidlose Exodus der Anhänger des protestantischen Glaubens, um nur einige der gröbsten Menschenrechtsverletzungen mit Missachtung menschlichen Lebens durch Fürsterzbischöfe zu nennen. Diese zur Zeit Trakls in Salzburg noch immer herrschende „institutionale Unterdrückungsgewalt" der Kirche hat zweifellos auch dem Dichter „die Kehle zugeschnürt", weshalb Schünemann mit Recht darauf hingewiesen hat, dass die Sündenordnung dieser Kirche „deren gewalttätige Selbstherrlichkeit dem der ‚Todsünde' Verfallenen seine Unerlösbarkeit einredet, die furchtbare Schwermut dieses Mannes vertieft, ja Teil an seiner Paranoia gehabt hat". Hätte man ihm auch nur einen Funken aufklärerischer Tradition in seiner Jugend eingeimpft, so hätte Trakl wahrscheinlich mit seiner Schuld leben können.

So aber begleiteten ihn sein ganzes, kurzes Leben hindurch unbeschreibliche Ängste und Schuldgefühle, die im Verlauf der Jahre mit der „begründbaren" monotonen Wiederholung des immer Gleichen in den Bild- und Versfolgen seines Spätwerkes jene „ewige Wiederkehr" erkennen lässt, von welcher der von ihm so verehrte Friedrich Nietzsche in seinen Schriften spricht. Dass diese Erkenntnis Nietzsches tatsächlich tiefe Schatten auf Trakls Gemüt geworfen haben dürfte, zeigt seine Bemerkung zu diesem Thema: „Denken wir diesen Gedanken in seiner furchtbarsten Form: Das Dasein, so wie es ist, ohne Sinn und Ziel, aber unvermeidlich wiederkehrend, ohne ein Finale ins Nichts: die ewige Wiederkehr." Und an einer anderen Stelle schrieb der Einundzwanzigjährige: „Ich glaube, es müsste furchtbar sein, immer so zu leben, im Vollgefühl all der animalischen Triebe, die das Leben durch die Zeiten wälzen. Ich habe die fürchterlichsten Möglichkeiten in mir gefühlt, getastet und im Blute die Dämonen heulen hören, die tausend Teufel mit ihren Stacheln, die das Fleisch wahnsinnig machen." Schünemann erblickt in eben diesem „mönchisch immer gleichen Einerlei der Wiederholungen" eine Gefahr für jene, die das „steinerne Haus" von Trakls Spätwerk betreten, weil ihnen damit der Blick auf den Abgrund der Sprachlosigkeit verwehrt wird, der letztlich nichts anderes mehr als ein Fortstammeln zuließ.

Trakls Themen sind die dunklen Schicksale des Lebens – Leid und Schmerz, Vergänglichkeit, Verwesung, Untergang und Tod –, die sich ihm in schwer zugänglichen Bildern, teils Traum und teils Wirklichkeit, voll düsterer Farbensymphonie offenbarten und die er in „assoziativen Impressionen unter Lockerung der logischen und syntaktischen Ordnung in Versen voll dunkler Schönheit fixierte". Philologen, Psychologen und Psychiater beschäftigen sich seit Jahren mit der Frage, ob die Schönheit seines in Sprachbilder gebannten Todesernstes enträtselt werden kann und wer dazu den passenderen Schlüssel besitzt. Otto Basil vertrat dabei den Standpunkt, dass Trakls mit Mythen vergleichbare Fantasien in der Geschlossenheit ihres Symbolgehaltes nahezu das Idealbild eines neurotischen Systems darstellen, eines Systems, das seiner Meinung nach im Wesentlichen auf zwei Säulen ruht, nämlich seiner Genialität und seiner sexuellen Jugendsünde. Jeder geniale Mensch, legt man die Gedanken Otto Weiningers zu Grunde, verfügt über ein überhöhtes Ichbewusstsein, welches ihm das Gefühl vermittelt, in einer höheren Bewusstseinslage zu leben, was das überwertige Verhalten seiner Umwelt gegenüber gerechtfertigt erscheinen lässt. Dies würde Trakls Haltung innerhalb der Gesellschaft, aber auch sein eigenartiges Verhältnis zum Tode, das in seinen späteren Jahren durch eine aufkommende Angstneurose gekennzeichnet war, erklären, wobei Basil eine frappante Ähnlichkeit mit dem von Trakl so geschätzten Dichter Fjodor Dostojevskij zu entdecken glaubte. Seiner Ansicht nach habe Trakl einige Romangestalten dieses Dichters selbst durchlaufen, die im Übrigen fast durchwegs neurotische, in ein besonderes Angst- und Abhängigkeitsverhältnis gepresste Personen verkörpern, die durch Psychosen gefährdet sind und infolge ihrer „intimen Beziehung zum Tod" diesen auch viel intensiver fürchten als unbelastete Menschen. Im Rahmen der depressiven Grundstimmung war bei Trakl zweifellos die Lebensangst noch stärker ausgeprägt, da der depressive geniale Mensch, wie Basil hervorhebt, die Todesgewissheit ungleich schrecklicher empfindet als der gewöhnliche Neurotiker. In diesem Sinne spricht ein Brief an Adolf Loos, in welchem er nach einem Bericht von Ludwig von Ficker, Trakls treuestem Freund und Förderer, aus Besorgnis, er könne einmal als Scheintoter begraben werden, den Wunsch aussprach, es möge gegebenenfalls an seiner Leiche der Herzstich vorgenommen werden.

Trakls frühexpressionistische Lyrik entsprang aber auch der unheilschwangeren Welt vor dem Ersten Weltkrieg und auch seine Prosa wird durch eine Art Untergangsstimmung überschattet, wie dies in seinen prophetischen Prosavisionen seiner letzten Schaffensperiode deutlich zum Ausdruck kommt, die uns durch dunkle Andeutungen des kommenden Unheils in erschütternder Weise das Grauen vor dem Tod vor Augen führen. „Alle Straßen münden in schwarze Verwesung", heißt es an einer Stelle und Trakls letzte Zeile in der Dichtung *Im Osten* aus dem Jahre 1914 kann geradezu als Grundmetapher des „kataklysmischen" Anfangs unserer Gegenwart dienen, wenn er mit den Worten schloss: „Wilde Wölfe brachen durchs Tor."

Die kaum zu übertreffende Vollkommenheit seiner Gedichte, von denen Albert Ehrenstein 1919 schrieb, dass keiner in Österreich je schönere Verse geschrieben hat als Georg Trakl, und das Erlebnis des „Tremendum" in seiner späten Prosa haben dazu geführt, dass schon wenige Jahre nach seinem Tod die literarische Welt das Außergewöhnliche, ja Faszinierende an diesem Dichter entdeckte. Noch während des Ersten Weltkrieges erschien ein Gedichtband in tschechischer Sprache und bald begann sich um das verblichene Haupt dieser singulären dichterischen Begabung weit über die Grenzen des deutschsprachigen Raumes ein Ruhmeskranz zu bilden. Noch in den Zwanzigerjahren erschienen die ersten Biografien, deren Aufsehen erregender Inhalt zu einer Reihe fremdsprachiger Übersetzungen seines Werkes führte. Waren es zunächst Literaturwissenschaftler, Philosophen und Theologen, die sich um die Enthüllung des Geheimnisvollen im poetischen Werk Trakls bemühten, so begann man sich bald auch mit den psychopathologischen Eigenheiten des Dichters zu beschäftigen, um auf diese Weise nähere Einblicke in die Bezüge des poetischen Schaffens zum Leben Trakls gewinnen zu können. Bei diesem Bemühen wurde den damit befassten psychiatrisch geschulten Wissenschaftlern, von denen neben Neumann und Theodor Spoerri vor allem Francis Sharp hervorgehoben zu werden verdienen, vorgeworfen, mit ihren analytischen Aufarbeitungen von Trakls Biografie – natürlich besonders im Hinblick auf die Rolle des Inzests – ein heiliges Tabu verletzt zu haben. Ignaz Zangerle sprach sogar von einer ungeheuerlichen „Aufgipfelung der Indiskretion" und von einer schändlichen „Ausweidung des schöpferischen Menschen". Aber gerade weil sich Georg Trakl durch eine „elliptische Syntax" auch heute noch einer eindeutigen Interpretation entzieht, darf man es wohl wagen, seine zugegebenermaßen außergewöhnliche, ja exzentrische Biografie auch im Spiegel der Medizin noch einmal einer objektiven, kritischen Analyse zu unterwerfen, weil durch die Herausarbeitung einer glaubhaft gesicherten Diagnose manch aufhellende Schlaglichter auf sein so rätselhaftes dichterisches Schaffen erwartet werden können.

BIOGRAFISCHE ANAMNESE

KINDHEIT

Im Geist damaliger gesellschaftlicher Normen war die Familiengeschichte schon vor der Geburt Georgs von einem Schatten überzogen. Seine Mutter, Maria Halik, wurde von ihrem ersten Gatten geschieden und heiratete in der Folge den 1837 in Ödenburg geborenen Kaufmann Tobias Trakl, dessen Vorfahren Donauschwaben aus der Ulmer Gegend waren. Auch Tobias war in Ödenburg bereits mit einer Frau, deren Schicksal uns weitgehend unbekannt ist, verheiratet gewesen. Wir wissen nur, dass diese ihm nach Übersiedlung der Familie nach Wiener Neustadt einen Sohn mit Namen Wilhelm gebar, den Tobias Trakl nach ihrem frühen Tod in die zweite, zu Wiener Neustadt geschlossene Ehe mitbrachte. Maria Halik wurde als Tochter tschechischer Eltern nach deren Übersiedlung von Prag nach Wiener Neustadt 1852 ebenda geboren. Anlässlich ihrer Verehelichung mit dem protestantisch getauften Tobias Trakl trat die katholische Maria Halik zum evangelischen Glauben augsburgischer Konfession über. Wie die Erkundigungen von Francis Sharp ergaben, war aus der Verbindung der beiden schon vor ihrer Vermählung ein Kind hervorgegangen, über dessen Schicksal jedoch nichts überliefert ist. Wahrscheinlich starb es bereits in frühestem Kindesalter, bevor noch das erste legitime Kind ihrer beider zweiter Ehe geboren wurde.

Bald nach der Eheschließung übersiedelte das Paar von Wiener Neustadt nach Salzburg, wo es zunächst in der Schwarzstraße Quartier bezog, um schließlich 1883 in das so genannte „Schaffnerhaus" am Waagplatz – dem heute schön restaurierten „Trakl Geburtshaus" – zu übersiedeln. In diesem Haus kam am 3. Februar 1887 als viertes der insgesamt sechs Kinder Georg zur Welt. Schon sechs Jahre später erwarb der geschäftlich erfolgreiche Vater Tobias jenes gegenüberliegende große Haus, an dessen Hauptfront zum Mozartplatz sich heute das Café Glockenspiel befindet. Damals machte Tobias im Erdgeschoß eine große Eisenhandlung auf, während den gesamten ersten Stock mit seinen mehr als zehn Zimmern die Familie bewohnte. In diesem komfortablen Heim verlief Georgs Kindheit wohl behütet in einem familiären Milieu, das sein jüngerer Bruder Fritz, k.u.k. Major der Kaiserschützen, später mit den Worten beschrieb: „Wir hatten eine große Wohnung und lebten in jener behaglichen und selbstverständlichen Aisance, die sich heute niemand mehr vorstellen kann." Es war dies jene Atmosphäre, wie sie Stefan Zweig in seiner *Welt von gestern* beschrieben hat und wie sie dem großbürgerlichen Charakter der Familie Trakl zugeordnet werden muss. Ein reicher Geschäftsmann und Hausbesitzer wie Tobias Trakl konnte sich damals eben Ammen, zahlreiches Dienstpersonal, ja sogar eine fremdsprachige Gouvernante für die Kinder ohne weiteres leisten. Materielle Krisen waren in dieser kaisertreuen Familie unbekannt.

Diese Prosperität verdankte die Familie dem ungewöhnlich geschäftstüchtigen und emsigen Vater, der die Vorteile jener einem materiellen Aufstieg günstigen Epoche nützte und als Kleinbürger sich in die angesehenste Bürgerschicht Salzburgs emporarbeitete. Er wird als „die Güte selbst" geschildert, besaß ein fröhliches Naturell und blieb zeitlebens im Gegensatz zu seinen Familienangehörigen ein genügsamer und bescheidener Mann, der nach den Recherchen Theodor Spoerris vom Leben „neben dem beruflichen Erfolg nicht mehr als etwa ein Tarockspiel im Café oder ein Glas Wein des Abends verlangte". Infolge seines ausgeglichenen Wesens kam es trotz seines patriarchalischen Führungsstils innerhalb der Familie anscheinend zu keinen erwähnenswerten Reibungen. Major Fritz Trakl erzählte später, dass seine Eltern wohl „Respektspersonen mit unbeschränkter Autorität waren", die Erziehung jedoch alles andere als streng gehandhabt wurde, denn „mein Vater war ein gütiger Mann und so fröhlich, wie es nur ein Österreicher sein kann. Unser Vater war Österreich-Ungar und im Hause herrschten die schwarz-gelben Farben." Und wie Erwin Mahrholdt ergänzt, stammte Tobias Trakl von Schwaben ab und war „voll deutscher Innigkeit und voll Sinns für das Heim". Er war Protestant und seine Gesichtszüge sollen nach den Worten Wolfgang Schneditz' mit den geschlitzten Augen und dem lang herabreichenden Bart an die eines chinesischen Weisen erinnert haben. Umso überraschender ist es, dass dieses grundsolide und Respekt einflößende Familienoberhaupt in Georgs emotionalem Leben nur eine schattenhafte Rolle spielte. Weder in den Briefen des Sohnes noch in verschiedenen Schilderungen über dessen schon früh von der Norm abweichenden Lebensstil lässt sich ein Hinweis dafür finden, dass der Vater in irgendeiner Form auf das zunehmend bohémienhafte Betragen Georgs reagiert hätte. Erich Neumann hat in diesem Zusammenhang Trakls Biografen den Vorwurf nicht erspart, sie hätten als Erklärung dafür viel zu sehr das reibungslose Zusammenleben im Kreis der Seinen in den Vordergrund gestellt, während sie die „katastrophale und geradezu lebensgefährliche" familiäre Atmosphäre sowie das Ausbleiben jeder aktiven Intervention des Vaters in das krisengefährdete Leben seines Sohnes weitgehend ignoriert hätten. Zweifellos spielte natürlich auch der große Altersunterschied zwischen Tobias und Georg dabei eine nicht unerhebliche Rolle; war der Vater doch bereits fünfzig Jahre alt, als Georg zur Welt kam. Georg fühlte sich zwar eindeutig mehr zum Vater als zur Mutter hingezogen, da er sich mit ihm wesensverwandter fühlte und ihn wegen seiner mutigen Entscheidungsfähigkeit und seiner imponierenden Überlegenheit in allen Fragen des praktischen

Lebens bewunderte. Doch das Gefühl der Sicherheit und Geborgenheit in seiner Nähe sowie die Stille, die den Vater umgab, war auch mit einer gewissen Teilnahmslosigkeit an den Problemen eines unter ungewöhnlichen Spannungen aufwachsenden Knaben vergesellschaftet, die bei Georg das Gefühl einer distanzierten und indifferenten Haltung ausgelöst zu haben schien. Diese scheinbare Teilnahmslosigkeit des Vaters an den schwierigen Entwicklungsphasen Georgs war sicher der Grund dafür, dass die Figur des Vaters in seinen Dichtungen eine recht untergeordnete Rolle spielte und dass der übliche ödipale Konflikt beinahe ausgeblieben zu sein schien. Im Gegenteil, der Vater erscheint in Trakls lyrischem Werk fast durchwegs in einem milden und Güte ausstrahlenden Licht. Sein Tod, der am 18. Juni 1910 den erst dreiundzwanzigjährigen Georg überraschte, bedeutete deshalb für ihn den Verlust seiner wichtigsten und verlässlichsten Stütze in seinem zunehmend von Krisen geschüttelten Leben.

Maria Trakl, die zweite und um fünfzehn Jahre jüngere Frau von Tobias, war, verglichen mit dem ausgeglichenen und anpassungsbereiten Naturell ihres Gatten, das schlagende Gegenteil. Nach außen hin war sie zwar bei der Eheschließung vom Katholizismus zum protestantischen Glauben konvertiert, doch ließ sie ihren wahren Glauben ihrer Umgebung, ja selbst ihren Kindern gegenüber im Unklaren, was bereits bezeichnend für ihr reserviertes und in ihr ureigenstes Privatleben zurückgezogenes Wesen ist. Dieses „Glaubensschisma" in seiner Familie bekam Georg, der als Protestant getauft war, schon in seinen ersten Schultagen in der grundkatholischen k.u.k. Übungsschule zu spüren. Sieht man von der strengen Überwachung des Musikunterrichtes ihrer Kinder ab, so nahm die Mutter am Familienleben kaum teil, sondern führte ein Leben für sich. Ihr Hauptinteresse galt dem Sammeln von kostbaren barocken Stilmöbeln, Bildern und ausgesuchten Gläsern sowie Porzellan. In diese museale Welt zog sie sich mitunter tagelang vor den Augen ihrer Angehörigen verborgen zurück, um dann plötzlich wieder im Kreise ihrer Familie zu erscheinen. Fritz Trakl, der jüngste ihrer Söhne, berichtet: „Wir Kinder waren etwas unglücklich darüber, denn je länger ihre Leidenschaft dauerte, desto mehr Zimmer wurden für uns tabu. Wir hingen sehr an unserer französischen Gouvernante und an unserem Vater. Die Mutter sorgte sich mehr um ihre Sammlung von Antiquitäten als um uns Kinder. Sie war eine kühle, sehr reservierte Frau, die zwar gut für uns sorgte, der aber die Wärme fehlte. Sie fühlte sich immer unverstanden – von ihrem Gatten, ihren Kindern und der ganzen Welt. Sie war nur dann vollkommen glücklich, wenn sie allein mit ihrer Sammlung sein konnte – sie schloss sich dann für Tage in ihren Zimmern ein." So interessant diese schöngeistigen Beschäftigungen und die Musikliebe dieser eigenwilligen und introvertierten Frau ihrem gesellschaftlichen Kreis auch erschienen sein mögen, so wenig vermochte sie mütterliche Wärme auszustrahlen. Ihr schlecht ausgebildeter Mutterinstinkt führte auch dazu, dass sie mit Ausnahme ihrer Tochter Grete nicht bereit war, ihre übrigen fünf Kinder nach deren Geburt zu stillen, sondern dies einer dafür bezahlten Amme überließ. Dem ganz in seinem beruflichen Leben aufgegangenen Vater fiel all dies weniger auf als seinen Kindern und hier wieder vor allem Georg mit seinen überwachen Sinnen, dem „dieser Riss im Gefüge der Familie" die Seele durchbohrte und der bei seiner verzweifelten Suche nach der fehlenden Mutterliebe schon in jungen Jahren nach Ersatzmüttern suchte. Diese fand er zunächst in der elsässischen Gouvernante Maria Boring, einer strengen Katholikin, die den Kindern nicht nur die französische Sprache lehrte – im Hause Trakl sprachen die Kinder untereinander französisch –, sondern die sie auch in die Theater- und Konzertveranstaltungen begleitete. Später, mit beginnender Pubertät waren es dann Kellnerinnen und Prostituierte, die er gemeinsam mit Freunden in verschiedenen Lokalen und bald auch bei regelmäßigen Bordellbesuchen in Salzburg kennen lernte. Der Psychiater Theodor Spoerri wies in diesem Zusammenhang auf Trakls Bevorzugung der ältesten Dirne in einem solchen Etablissement hin, was er als eine Mutterbindung deutete, „wobei die Erniedrigung des Mutterbildes eindeutig im Vordergrund steht". In der Tat wissen wir aus brieflichen Andeutungen, dass Georgs Gefühle seiner Mutter gegenüber ausgesprochen ambivalenter Natur waren und am ehesten dem Begriff einer Hassliebe entsprachen. Bewunderte er einerseits die noble und kultivierte Art, in der sie sich fast ausschließlich mit ästhetischen, schönen Dingen umgab, so bekannte er einmal freimütig gegenüber Ludwig von Ficker, dass er mitunter seine Mutter so sehr hasse, dass er sie mit seinen eigenen Händen ermorden könnte – in dieser Form ein typisches Beispiel dafür, wie sehr er durch seine inneren Konflikte hin und her geworfen wurde. Für ihn war das Mutterbildnis, wie sich Otto Basil ausdrückte, das, was die Vater-Imago für Franz Kafka war. In seinen Gedichten erscheint die Mutter vor seinem Gewissen wie eine griechische Rachegöttin, die um all seine verbrecherischen Begierden weiß – eine Vision seines schlechten Gewissens, das ihm bei ihrem Anblick Furcht einflößte. In seinem Gedicht *Traum und Umnachtung* weicht er voller Schrecken vor der „Klagegestalt der Mutter" zurück und er erbebt schuldbewusst vor ihrem Gesicht: „Das blaue Rauschen eines Frauengewandes ließ ihn zur Säule erstarren und in der Tür stand die mächtige Gestalt seiner Mutter." Eigenartig, dass auch Spoerri von dem bohrenden, eigenwilligen Ausdruck des Porträts dieser undurchsichtigen Frau eigentümlich beeindruckt war – er sprach von triebhaft unberechenbaren Zügen, was zusammen mit ihrer Drogenabhängigkeit das Bild abrundet.

Aus den Erinnerungen von Georgs Verwandten oder frühesten Spielkameraden lässt sich leider kein klares Bild über seine frühe Kindheit gewinnen. Sein Schulfreund Erhard Buschbeck hatte ihn bei ihrer ersten Begegnung als scheu und gehemmt empfunden, doch schilderten ihn andere wiederum als einen robusten, fast vierschrötigen Kameraden, der sich bereitwilligst an allen jugendlichen Schelmenstreichen beteiligte. Darin stimmten auch seine Geschwister Fritz Trakl und Maria Geipel überein, wenn sie meinten, „Georg war ein Kind wie wir andern auch, fröhlich, wild und gesund." Demgegenüber bemerkte wiederum der anthropografisch geschulte Theodor Spoerri beim Anblick einer Fotografie des zweijährigen Georg, dass er „auffallend und nicht wie ein anderes Kind seines Alters aussah; rötlich-blonde Locken umrahmen ein mädchenhaftes, dickes und verquollenes Gesicht, aus dem stumpfe und irgendwie tierhaft traurige Augen blicken", ein Eindruck, den ihm im gleichen Sinne ein Porträt vermittelte, das ein Jahr später angefertigt wurde. Neben den Spielen an Turngeräten mit seinen Freunden in dem geräumigen Gartengrundstück, das der Vater in der Pfeifergasse erworben hatte, zeigte Georg aber auch eine besondere Vorliebe für allerlei Erzählungen, die ihm die Gouvernante vorlas und die er förmlich in sich aufsog.

Die Geschwister Fritz, Georg und Grete Trakl, um 1897

Drei obskure und unterschiedlich interpretierte Ereignisse in seiner Kindheit werden von den Biografen in der Regel angeführt, die auf ein von der Norm abweichendes Verhalten des Knaben hinweisen. Einmal soll er versucht haben, sich einem aufgescheuchten Pferd entgegenzustellen und ein anderes Mal, scheinbar wiederum wegen seiner Abneigung gegen rasche Bewegungsabläufe, wollte er den Fuß auf das Geleise setzen, um einem herannahenden Zug Einhalt zu gebieten. Nähere Hinweise für die Erklärung dieser Ereignisse und deren Folgen lassen sich nicht auffinden. Der dritte eigenartige Vorfall wurde von Spoerri sowohl als Geistesabwesenheit wie auch als bezeichnender Hinweis für eine echte psychotische Situation interpretiert. Irgendwann vor oder knapp nach Beginn des

Schulalters schritt nämlich Georg schnurstracks in einen Teich, so weit, dass schließlich nur mehr sein auf der Wasseroberfläche schwimmender Hut den Rettern die Stelle verriet, an der man ihn dann herauszog – ein wahrlich eigenartiges Verhalten, welches auch Neumann veranlasste, diese Kindheitsaberrationen als Keim einer späteren Psychose zu sehen.

Der gehobene Mittelstand der Salzburger Bevölkerung bevorzugte für seine Kinder die einer Privatschule mit Öffentlichkeitsrecht ähnliche katholische „Übungsschule" am Universitätsplatz und in diese Schule trat im Herbst 1892 auch Georg Trakl ein. Wegen seines protestantischen Glaubens wurde ihm der Religionsunterricht an zwei Nachmittagen der Woche vom evangelischen Pfarrer Aumüller erteilt, ein „wunderbar gütiger Mensch, dem Trakl sehr anhänglich gewesen ist". Von seinem Mitschüler und späteren treuen Freund Erhard Buschbeck, der ebenfalls protestantisch getauft war, besitzen wir eine farbige Schilderung aus dieser Zeit: „Ich sehe ihn noch vor mir, wie er am Salzach-Quai vor der protestantischen Schule, die ich besuchte, stand, um dort mit seiner Schwester den Religionsunterricht zu haben: ein kleiner gut gepflegter Bub mit langen blonden Haaren, von einer französischen Bonne begleitet. Für uns Normalschüler hatten diejenigen, die bloß an manchen Nachmittagen zum Reli-

Georg Trakl, um 1898

Das „Salettl" im Garten der Trakls

gionsunterricht kamen, wohl immer etwas besonders ‚Feines', aber bei Trakl trat
überdies noch ein Sichfernhalten von den anderen, ein scheues Absonderungs-
bedürfnis zutage. Irgendwie kamen wir damals doch zusammen, sprachen miteinander und kannten uns." In dieser Schilderung wird uns Georg Trakl eindeutig bereits als ein scheuer, sich selbst isolierender und introvertiert wirkender
Mitschüler vorgestellt, was darauf hindeutet, dass er bereits im frühen Kindesalter
die ersten Kontaktschwierigkeiten erkennen ließ. Dem Lehrkörper gegenüber
machte er hingegen einen unauffälligen, indifferenten Eindruck. Dies änderte sich
auch nicht nach seinem Eintritt in das humanistische Gymnasium. Doch über seine Zeit im Untergymnasium erfahren wir von zwei Mitschülern, dass mit beginnendem Eintritt ins Pubertätsalter der schon von jeher eher verschlossen wirkende
Trakl eine bedeutsame seelische Veränderung zeigte, wie sie ansatzweise von
Buschbeck bereits im Kindesalter beobachtet worden war. Hand in Hand damit
ging ein Nachlassen seiner schulischen Leistungen, was dazu führte, dass er zur
Enttäuschung seiner Eltern die vierte Klasse wiederholen musste. Doch seine

Gleichgültigkeit der Schule gegenüber steigerte sich zu einer unverblümt zur Schau gestellten, hochmütigen Verachtung den Forderungen der Professoren gegenüber, bis er schließlich in der siebten Klasse neuerlich versagte und gezwungen war, das Gymnasium ohne das für ein Universitätsstudium erforderliche Abitur zu verlassen. Von Bedeutung – auch aus medizinischer Sicht – ist eine Bemerkung, die er in einem Brief vom Spätsommer 1905 einem Klassenkameraden mitteilte, wonach er, durch die Anstrengungen während der Vorbereitungen für die Examen völlig erschöpft, zur Beruhigung seines Nervenzustandes „leider wieder einmal" zum Chloroform Zuflucht hatte nehmen müssen. Damit scheint es als erwiesen, dass seine Drogenabhängigkeit bereits zum Zeitpunkt des Austritts aus dem Gymnasium fest verankert war. Und tatsächlich wissen wir, dass er schon seit seinem fünfzehnten Lebensjahr stets ein Fläschchen Chloroform mit sich führte und regelmäßig seine Zigaretten in einer Opiumlösung tränkte. Möglicherweise beabsichtigte er mit dieser selbstzerstörerischen Angewohnheit den französischen Dichter Baudelaire nachzuahmen, dessen drogeninduzierte „paradis artificiels" Teil jener modischen Dekadenz waren, die der emporstrebende angehende Poet bewunderte – wurde er doch von der elsässischen Gouvernante nachweislich mit der französischen Literatur vertraut gemacht, weshalb man mit guter Begründung annehmen darf, dass Georg bereits im Untergymnasium als jugendlicher Lyriker unter anderem auch Baudelaires *Les Fleurs du Mal* sowie manch andere schwüle Passagen bestimmter Symbolisten im Original gelesen hat. Manche „Exotismen" in seinen frühen lyrischen Versuchen weisen jedenfalls, wie Otto Basil mit Recht vermutet, in diese Richtung. Angeblich war es der Sohn eines Apothekers gleichen Alters wie Georg, der ihn erstmals mit Betäubungsmitteln versorgte, und manche Biografen halten es für möglich, dass er mit diesem unkonventionellen bohèmehaften Treiben im Grunde gegen das Spießerhafte der Salzburger, ja vielleicht sogar gegen das eigene Elternhaus mit seinem traditionellen, untadeligen Lebensstil der gehobenen Mittelklasse rebellieren wollte. Man kann sich vorstellen, welches Entsetzen die Familie ergriffen haben muss, als man ihn eines Tages tief betäubt auf einem Sofa liegend vorfand und auf diese Weise schockartig erkannte, dass es sich bei seinem oft als exzentrisch empfundenen Verhalten nicht nur um die Launen eines harmlosen „Wurschtikus", wie ihn seine Mitschüler nannten, handelte. Liest man das Vorwort der *Fleurs du Mal,* dann könnte man annehmen, dass er auch deshalb schon so frühzeitig zu Psychodrogen Zuflucht nahm, weil er damit ein unsühnbares Schuldgefühl wenigstens vorübergehend betäuben wollte und in der unausweichlichen Drogenabhängigkeit einen seinem Vernichtungstrieb adäquaten Ausweg aus seiner hoffnungslosen Schuldverstrickung erblickt haben mag. Schon damals wies er unter Freunden in Gesprächen darauf hin, dass der Tod im Ätherrausch geradezu herrlich sein müsse. Man weiß allerdings, dass seine zu jener Zeit häufig angedrohten Selbstmordabsichten, die er niemals auch nur im Ansatz in die Tat umsetzte, wegen seiner lebenslang vorhandenen Angst vor dem Sterben nicht ernst zu nehmen waren.

Früher als seine Familie erkannten seine Mitschüler im Gymnasium die Andersartigkeit und seine bohémienhaften Manieren, wie uns Grimm berichtet: „Nicht dass er nachlässig gekleidet gewesen wäre, aber er hatte etwas Besonderes an sich – er war anders als wir. Auch ging er meist vorgeneigt, wie gebeugt, und sein Blick war nachdenklich und grüblerisch, manchmal auch forschend oder verloren." Allgemein fiel seine Frühreife in intellektueller Hinsicht auf: „In der Einstellung zur Welt, in der geistigen Entwicklung, war Trakl den Gleichaltrigen überlegen, und das wurde auch allseits respektiert. Er ist viel vifer gewesen als wir alle und uns weit voraus." Einigen ausgewählten Mitschülern las er gelegentlich seine dichterischen Versuche vor und „die Gespräche, die wir führten, galten stets einem Fragen nach dem Weltbild, das sich in uns formte". Mit einigen wenigen kam er „in unzähligen Literaturfragen und -diskussionen" näher in Kontakt, wobei sich Buschbeck an jene „oft entbrennenden Gespräche über Dostojevskij" erinnerte, dessen religiöse und mystisch verbrämte revolutionäre Einstellung gegenüber dem saturierten Bürgertum ihn besonders beeindruckte. Mit ähnlicher Begeisterung, ja Verehrung hing er der Gedankenwelt Nietzsches an. Seine eigenen frühesten poetischen Ergüsse fallen in das Jahr 1904. Wie Schneditz uns berichtet, trug Trakl seine fremdartig und exzentrisch anmutenden ersten Gedichte bei den monatlich stattfindenden Lesungen und Diskussionen in einem literarischen Klub vor, der sich zunächst „Apollo", später „Minerva" benannte. Neben Dostojevskij und Nietzsche fanden in diesem illustren Kreis auch Baudelaire, George und Hofmannsthal großes Interesse. Franz Bruckbauer, der einige – durch die Kriegsereignisse verloren gegangene – Manuskripte aus der Feder Trakls besessen hatte, wies auf den Kontrast zwischen der Individualität dieser Prosastücke und einem erhalten gebliebenen Gedicht hin, das durch ein modisch dekadentes Gemisch aus Leidenschaft und Schuldsühne gekennzeichnet war. Auch Grimm entsinnt sich eines Gedichts mit dem Titel *Der Mönch,* das sich durch die darin verwendeten „brünstigen Bilder" und manch gewagte Ausdrücke von der damals gängigen Lyrik deutlich unterschied.

Als Heranwachsender verbrachte Trakl viele Stunden auch am Klavier. Dieses Klavierspiel wurde später überwacht durch einen älteren Freund, den Gymnasialprofessor und Komponisten August Brunetti-Pisano, der unter anderem eine Ouvertüre zu Gerhart Hauptmanns *Versunkene Glocke* sowie eine Oper zu Chamissos *Peter Schlehmil* verfasst hat. Auch mein erster Lehrmeister im Klavierfach war 1925 durch Zufall Brunetti-Pisano, der mir ein Jahr später sechs *Kinderstücke* widmete und an meiner weiteren Ausbildung am Mozarteum bis zu seinem Tode lebhaften Anteil nahm. Brunetti war es auch, der Georgs Schwester Grete, die große Musikbegabung in der Familie Trakl, zum Komponieren anregte. Sie überflügelte ihren Lieblingsbruder bald „spielend", was ihn jedoch statt mit Neid mit grenzenloser Bewunderung erfüllte. Überhaupt begann sie schon sehr frühzeitig eine dominierende Rolle in seinem Leben zu spielen.

Grete war, obwohl ohne vergleichbare kreative Qualitäten, möglicherweise die Genialere von den beiden, wenngleich diese Genialität schon in ihren Wurzeln krankhaft angelegt war. Sie wird uns als leidenschaftlich, unbezähmbar, hysterisch und pathologisch exzentrisch geschildert. Mit ihrem wilden und finsteren Gesichtsausdruck auf einem Foto aus ihrer Kindheit wirkte sie auf Theodor Spoerri „in der unmädchenhaften Sicherheit ihrer Haltung" ausgesprochen aggressiv und aus den Zügen ihres groben und breiten Antlitzes, das Vitalität und Sinnlichkeit verrät, glaubte Spoerri „neben dem Ausdruck des problematisch Verlorenen einen virilen Zug" zu erkennen. Schon als Kind zeigte sie eine frappante Ähnlichkeit mit Georg, der übrigens aus ihrem trotzigen und herben Antlitz den virilen Kern ihres Wesens erkannt haben dürfte, denn anders könnte man sich kaum, wie Basil bemerkte, seine eigens für sie ausgedachten weiblichen Transfigurationen männlicher Gestalten – Fremdlingin, Möndin, Dämonin, Mönchin – erklären. Otto Basil kleidete diese singuläre Rolle im Leben Georg Trakls in die Worte: „Der dunkle Glanz ihres Geschlechts erhellte – oder verfinsterte – die Seele des Dichters. Sie ist die Hauptakteurin auf der Bühne seines Lebens und in seiner Phantasie, er hat sie in eine Sagengestalt verwandelt, er mythisierte sie und verbarg im dichterischen Gleichnis ihrer beider dämonische Sinnlichkeit, indem er sich und sie zu einem Zweiwesen verschmolz, das von allem Geschlechtlichen entschlackt ist: Jüngling und Jünglingin, Fremdling und Fremdlingin, Mönch und Mönchin. Bis zum Tod hat er ihr die Treue gehalten – noch die allerletzten Gedichte rufen sie an, beschwören sie … Er hat die Schwester in die Spiegelwelt seiner Gedichte hineingenommen, er hat sie sich einverwandelt zu einer Art unio mystica, die die beiden verbindet, verkörpert, verfleischlicht und zugleich vergeistigt."

Alle Biografen Trakls wurden mehr oder weniger von der peinlichen Frage gequält, ob es sich bei den Geschwistern tatsächlich um ein inzestuöses Verhältnis handelte oder ob ihr „Inzest" nur eine literarische Fiktion war. Viel von dem, was für ein originäres biografisches Faktum gehalten wurde, stammte ja letztlich nur aus Passagen, die losgelöst vom Ganzen entnommen wurden. Trotzdem waren die Herausgeber der ersten Auflage von Trakls Gesammelten Werken aus dem Jahre 1919 so überzeugt davon, dass die betreffenden Passagen in seinem poetischen Vermächtnis einer offenen Beichte des Geschehenen gleichzusetzen wären, dass sie aus Pietät sein frühes Gedicht *Blutschuld* wegen des direkten Hinweises auf eine begangene Inzesthandlung aus der veröffentlichten Sammlung aus-geklammert haben. Eine Wahrheitsfindung war dadurch erschwert, dass die ver-lässlichsten Quellen zur Klärung der Inzestfrage, nämlich der Briefwechsel zwi-schen den beiden Geschwistern entweder verloren ging oder vernichtet wurde. Das absolute Stillschweigen der überlebenden Verwandten und die hartnäckige Leugnung eines solchen Sachverhaltes durch Georgs Freund Buschbeck – der übrigens selbst eine kurze, aber leidenschaftliche Liaison mit Grete eingegangen ist – wurde natürlich nur als ängstlicher Versuch gewertet, das Andenken an Ge-org frei von einem Inzest-Stigma zu bewahren. Zu sehr galt ein möglicher Inzest als absolutes Tabu, mit dem übrigens auch Georg Trakl selbst in seinem Leben ebenso wie in seiner Dichtung bis zu seinem Tode zu kämpfen hatte. War doch die Anziehungskraft und der Reiz seiner Schwester Grete für ihn als Poet ein nicht wegzudenkendes körperliches und spirituelles Faktum, das ihn schon in seinen jungen Gymnasialjahren beherrschte. Nach den Worten seines Freundes Bruckbauer sprach er von Grete stets nur als von dem „schönsten Mädchen, der größten Künstlerin und der ungewöhnlichsten weiblichen Erscheinung". Und in der Tat gab es in seinem Leben keine andere Frau als seine Schwester – sieht man von einigen Bordellbesuchen in seiner Jugend und von dem platonischen Ver-hältnis zu jener bereits erwähnten gealterten Prostituierten ab, die für ihn eine Art Mutterersatz mit negativem Vorzeichen war. Heute wissen wir durch die Nachforschungen von Theodor Spoerri, dass zwischen Georg und Grete echte inzestuöse Beziehungen unterhalten wurden. In seinem 1954 veröffentlichten Buch verriet er aus Rücksicht auf noch lebende Verwandte die Quelle nicht, die alle Vertuschungsversuche entkräften konnte und jede Ungewissheit beseitigte. Spoerri weist in diesem Zusammenhang darauf hin, dass Trakls „auffallende und rätselvolle Persönlichkeit naturgemäß zu Legendenbildungen Anlass gegeben hat; einerseits kursieren wilde Gerüchte über seinen ausschweifenden Lebenswan-del, andererseits aber bestehen Tendenzen, sein Leben zur Hagiografie umzu-biegen. Beide Richtungen bedeuten eine Verfälschung des Dichters, der man nur durch eine vorurteilslose Darstellung seiner wirklichen Eigenart begegnen kann." Heute jedoch sieht Spoerri keine Veranlassung mehr, über den Verstorbenen durch Vertuschung oder Verdrehung von Tatsachen, die nun einmal gegeben sind, einen Mantel des Schweigens auszubreiten. Trakl war nun einmal alles andere als ein Heiliger, wie wir den Bemerkungen einiger seiner Schulkameraden entneh-men können, die auf „eine überaus starke Sinnlichkeit, ja auf Hemmungslosig-keit und Daseinsverfallenheit des Dichters gerade in grobsexuellen Dingen" hin-weisen. Eine brutale Szene, die nicht wiedergegeben werden kann und an der er gemeinsam mit Kumpanen in einem Bordell teilgenommen hatte, sowie porno-grafische Zeichnungen aus seiner Hand unterstreichen dies in eindrucksvoller

Das Bordell in der Salzburger Judengasse

Weise. Spoerri geht auf obige Szene expressis verbis ein, die „in ihrer Abwegigkeit für Trakl charakteristisch und psychiatrisch aufschlussreich ist". In ähnlicher Weise beschreibt er „voyeur-ähnliche Vorkommnisse und von Aggressionen nicht freie Verhältnisse mit Kellnerinnen und Dienstmädchen". Wie vor allem aus den Gedichten *Sonja* und *Afra* hervorgeht – letztere gilt als Schutzheilige der reuigen Dirnen –, „waren ihm die Dirnen über das Sexuelle hinaus ein Symbol für die ‚Erniedrigten und Beleidigten', und so ist es auch zu verstehen, dass er einmal zur Fastnachtszeit, als er im Café Tomaselli Faschingskrapfen aß, plötzlich aufstand, um auch den Dirnen in der Judengasse von dem Gebäck zu bringen". Bezeichnenderweise sprach er später auch von den käuflichen Frauen stets nur mit Hochachtung.

DIE ZEIT DER ADOLESZENZ

Die sechs Klassen Gymnasium reichten für ein Studium der Pharmazie – ein Gebiet, das seinen Interessen entgegenkam. Zudem gestattete ihm ein solches Studium, als Einjährig-Freiwilliger den Militärdienst rasch hinter sich zu bringen. So begann er am 18. September 1905 in der Apotheke „Zum weißen Engel" in der Linzergasse seine dreijährige praktische Ausbildung als Lehrling. Von seinen ehemaligen Mitschülern etwas geringschätzig eingestuft, zeichnete er sich in der Apotheke durch Pflichtbewusstsein und Fleiß aus, sehr im Gegensatz zu seiner Gymnasialzeit. Außerhalb seiner Dienstzeiten gab er sich ganz bewusst einem zügellosen Treiben hin und suchte ostentativ jene Etablissements auf, in denen er schon nach Aussage einiger Schulkameraden im Obergymnasium Stammgast gewesen sein soll. Er ließ sich das Haar lang wachsen, trug weit herabreichende Koteletten, rauchte und trank unmäßig und begann sich in einem modischen Dandy-ähnlichen Stil zu kleiden. Auf seinen Freund Bruckbauer machte er in jener Zeit einen „mürrischen, reizbaren, arroganten, dabei aber gehemmten und lebensmüden" Eindruck. Er kapselte sich mehr und mehr ein und fiel durch plötzlichen Stimmungswechsel auf, der den normalen Rahmen eines psychisch noch unausgegorenen jungen Mannes bei weitem überschritt. Falsches Pathos oder Andeutungen suizidaler Absichten dienten wohl hauptsächlich dazu, eine bankrotte Erziehung zu verbergen und sich die Maske des „poète maudit" zuzulegen. Schneditz spricht von einer „erschreckenden Zäsur", mit der eine tief greifende psychische Wandlung in Form einer Verdüsterung seines Gemütes einsetzte, die Kontaktbereitschaft zur Umwelt eine spürbare Einbuße erlitt und seine innere Zerrüttung verbunden mit Enttäuschungen vielerlei Art durch ein blasiertes Benehmen und ein weithin sichtbar verändertes Äußeres verdeckt werden sollten.

Der Dichterkreis „Minerva"; Trakl sitzend, links

Er wurde auf diese Weise innerhalb des Kreises gleichgesinnter Bohémiens im Klub „Minerva" einer der absurdesten Sonderlinge, womit er die ersten Aufnahmebedingungen in diesem exzentrischen Dichterzirkel erfüllte, in welchem es, wie Spoerri berichtet, so verrückt zuging, dass sich ein junger Mann dieser Gruppe aus religiösen Gründen sogar selbst entmannte. Auch Trakl wurde immer sonderbarer. Wie seine Freunde erzählten, konnte er leidenschaftlich an langen Diskursen teilnehmen, um dann ohne ersichtlichen Grund plötzlich für längere Zeit völlig zu verstummen. Nach übertriebenen Lobpreisungen des Lebens und vor allem des Eros konnte seine Stimmung abrupt umschlagen in ein Philosophieren über den Verfall und die Verwesung der Welt und in depressive Andeutungen über sein bevorstehendes frühes Ende.

In dieser gefährlichen postpubertalen Krise mit ihren Frustrationsängsten verbarg sich bereits der Keim zu seinen späteren entsetzlichen Depressionen. Seine damals verfasste Lyrik spiegelt mit ihren „rauschhaften, ambivalent getönten exzessiven Bildern" deutlich seine innere Zerrissenheit wider, vor der man mitunter förmlich erschrickt. Im Jahre 1905 versuchte sich Trakl aber auch als Dramatiker, angeregt von dem lokalen Dichter Gustav Streicher, der wegen seiner „lockeren Neigungen" und seiner revolutionären Einstellung dem satten Bürgertum gegenüber den wesentlich jüngeren Trakl unwillkürlich in seinen Bann gezogen haben dürfte. Es entstanden zwei Einakter, die durch Vermittlung Streichers im Salzburger Stadttheater 1906 an zwei verschiedenen Abenden aufgeführt wurden. Im ersten Stück, *Totentag,* wurde der Hauptdarsteller, der blind und in das treulose Mädchen Grete unsterblich verliebt war, durch ihren tragischen Verrat in den Wahnsinn getrieben und beging schließlich Selbstmord. Dieses thematisch für Trakl bezeichnende, an Henrik Ibsen gemahnende unbedeutende Stück wurde überraschenderweise vom Publikum recht freundlich aufgenommen, während sein zweites Drama, *Fata Morgana,* das zwar nichts mehr mit Eifersucht zu tun hatte, jedoch wiederum das Selbstmordmotiv aus enttäuschter Liebe zur Grundlage hatte, vor allem von den katholischen Rezensenten des klerikalen Blattes *Salzburger Chronik* in Grund und Boden verdammt wurde – ließ Trakl doch einen der Schauspieler sagen, „dass nur ein einfältiges Kind noch an die Bibel glauben könne". Doch auch das liberale, ihm eher gut gesinnte *Salzburger Volksblatt*

Totentag, *Theaterzettel der Uraufführung von Trakls erstem Drama*

ließ durchblicken, dass dem jungen Dramatiker noch die nötige Reife fehle. In seinem Ehrgeiz und Geltungsdrang tief verletzt und in seinem Selbstvertrauen schwer angeschlagen, nahm er von weiteren ähnlichen Versuchen Abstand und vernichtete alle Spuren, die später an diese blamable Affäre erinnern könnten. Dass er jedoch die dramatischen Versuche nicht endgültig aufzugeben beabsichtigte, beweist wenige Jahre später eine Bühnendichtung mit dem Titel *Blaubart,* handschriftlich mit Februar 1910 datiert und erst in seinem Nachlass aufgefunden. Es ist dies ein wahrlich blutrünstiges „Dramolett", in dessen sadomasochistischem Exzess mit deutlich exhibitionistischen Strebungen Otto Basil eine enge Verwandtschaft mit Trakls Jugendgedichten erblickt: „Wieder trifft uns der Atem zurückgestauter, in falsche Bahnen gelenkter Sexualität … Ein Zeichen, dass Trakl 1910, als von den frühesten reifen Gedichten schon etliche geschrieben waren, sich noch immer pubertären Weltanschauungs- und Sexualfantasien hingab." Und Schneditz drückte sich noch deutlicher aus, wenn er Trakl in diesen Jahren als einen platonischen Kriminellen bezeichnete mit mörderischen Fantasien, die in Verbrechertum und perversen Gedanken schwelgten. In der einfühlsamen Studie Dr. Erwin Mahrholdts über den Menschen und Dichter Georg Trakl, in welcher er dessen Dichtungen aus religiöser Sicht auszudeuten versuchte, wurde der Überzeugung Ausdruck verliehen, dass „Trakl beide Gefahren des Genies in sich trug, von denen Weininger spricht: Das Verbrecherische bezwang er früh, wenn es sich auch oft noch aufbäumte in seinem herben Gesichte, gleichsam versteinert die Menschen abschreckte; bis zum Tode aber fürchtete er sich vor dem gänzlichen Verfall in den Wahnsinn, der den unendlich Schwermütigen schon manchmal angefasst hatte."

BERUF UND BERUFUNG

Nach Ableistung seiner Lehrlingszeit in der Salzburger Apotheke inskribierte Trakl sich für das vier Semester dauernde Studium der Pharmazie an der Universität in Wien. In diesem Jahr 1908 beschäftigte er sich nach einer länger dauernden künstlerischen Flaute wieder verstärkt neben einer nicht erhalten gebliebenen Prosadichtung zum Thema *Don Juans Tod* mit lyrischem Schaffen, wenngleich diese Jugendgedichte künstlerisch eher unbedeutend gewesen sein dürften, wie die von Buschbeck zurückbehaltenen und erst 1939 unter dem Titel *Aus goldenem Kelch* publizierten jugendlichen Erzeugnisse erkennen lassen. Als Buschbeck 1909 ebenfalls in Wien sein Jusstudium an der Universität aufnahm, war es schon damals dieser Freund, der mit allen Mitteln versuchte, Trakl mit den wichtigsten Künstlern und Schriftstellern in der Metropole des Kaiserreiches bekannt zu machen, was nicht immer leicht war, da Trakl in dieser Kaiserstadt einen den geistigen ebenso wie den künstlerischen Bestrebungen feindlichen Ort zu erblicken glaubte, „wo kalt und böse ein verwesend Geschlecht wohnt". Am aufschlussreichsten enthüllt diese Stimmung ein Brief, den er schon wenige Tage nach seiner Ankunft in Wien seiner Schwester Minna nach Salzburg schrieb: „Als ich hier ankam, war es mir, als sähe ich zum ersten Mal das Leben so klar wie es ist, ohne alle persönliche Deutung, nackt, voraussetzungslos, als vernähme ich alle jene Stimmen, die die Wirklichkeit spricht, die grausamen, peinlich vernehmbaren. Ich glaube, es müsste furchtbar sein, immer so zu leben, im Vollgefühl all der animalischen Triebe … Vorbei! Heute ist diese Vision der Wirklichkeit wieder in nichts versunken … ich lausche, ganz beseeltes Ohr, wieder auf die Melodien, die in mir sind … Ich bin bei mir, bin meine Welt! Meine ganze schöne Welt, voll unendlichen Wohllauts." Dieser Brief zeigt deutlich, welche Qual es ihn kostete, diese ihm voll bewussten animalischen Triebe zu bewältigen und zu verdrängen und wie klar er auch erkannte, dass es für ihn immer unmöglicher wurde, dieses unerlaubte triebhafte Verlangen durch gewaltsame Unterdrückung seiner eigentlichen Natur erfolgreich überwinden zu können. Hilflos sah er sich den unausbleiblichen Belastungen der Wirklichkeit ausgesetzt. Es hatte ihn panische Weltangst erfasst, in welcher die Angst vor seinen Triebwünschen und den absonderlichsten abwegigen Ausschweifungen aus seiner Veranlagung heraus mit inbegriffen war und in Eins zusammenfloss.

Der Schriftsteller Hermann Bahr

Ein erster Erfolg Buschbecks war die Einführung Trakls bei Hermann Bahr, der seit den Neunzigerjahren als Kritiker der Wiener Literaturszene eine gewichtige Stellung einnahm. Von dessen Urteil erhoffte sich Trakl, „dass seine geklärte und selbstsichere Art meine ununterbrochen schwankende und an allem verzweifelnde Natur um etliches festigt und klärt". Diese Hoffnungen wurden dadurch gedämpft, dass Bahrs ursprüngliches Interesse an den dichterischen Erzeugnissen Trakls bald erlahmte und dazu führte, dass letztendlich nur drei seiner Gedichte in dem respektablen *Neuen Wiener Journal* zum Abdruck kamen. Noch Jahre später, als Hermann Bahr Direktor am Burgtheater in Wien wurde, machte Trakls Schwester

Grete sich Luft über das kränkende und blasierte Verhalten, das er seinerzeit ihrem Bruder gegenüber an den Tag gelegt hatte, indem sie dem als dramaturgischen Sekretär an diesem Theater tätigen Freund Buschbeck mitteilte: „Über deinen Freund Bahr wirst du wohl von anderer Seite Nachricht erhalten. Er macht hier zu meinem Ärger alle Kirchen unsicher; schon um halb acht rutscht er auf den Knien in der Pfarrkirche herum."

Dennoch erfolgte in den beiden ersten Wiener Jahren in Trakls poetischem Schaffen ein Reifeprozess mit Herausbildung einer persönlichen, nur ihm eigenen Form. Am Beginn seines eigentlichen, reifen Werkes stehen jene Gedichte, die 1919, wenige Jahre nach seinem Tode, in dem Band *Die Dichtungen* erschienen sind. Otto Basil weist darauf hin, dass etwa im Gedicht *Gewitterabend* bereits Trakls „charakteristische Traum-Technik der alogisch nebeneinander gesetzten Bilder" angedeutet ist. Hier ist der Ausgangspunkt zu sehen für die später entwickelte realitätsfremde, „rein autistische Ausdruckswelt, die etwas Anorganisches hat. Aus der Gedankenflucht wird Bilderflucht, aus der noch halbwegs verstehbaren Mitteilung ekstatisches, delirantes Gestammel." Wenn Trakl damals an Buschbeck schrieb, dass er sich „immer und immer wieder berichtigen müsse, um der Wahrheit zu geben, was der Wahrheit ist", dann verstand er mit dieser Wahrheit ein von der realen Außenwelt losgelöstes, aus seiner ureigensten Innenwelt erfolgendes Betrachten der Dinge, bei dem selbst das absolut Schöne in den Hintergrund treten musste.

Trotz der verschiedenen neuen Kontakte, die ihm Buschbeck mit Dichtern und Journalisten in Wien verschaffte, verbrachte Trakl den Großteil der Jahre 1909 und 1910 mit seiner geliebten Schwester Grete, die im September 1909 zum Studium an der Musikakademie und zur pianistischen Ausbildung bei Paul de Conne in der Kaiserstadt eingetroffen war. Sie wohnte zwar von ihrem Bruder getrennt, doch das Leben in der Großstadt gestattete im Unterschied zu Salzburg dem Geschwisterpaar jene Anonymität, die ihren persönlichen Kontakten und ihren triebhaften Wünschen freien Raum gewährte. Wie die Schwester Maria Geipel später berichtete, war dies jene Zeit, in welcher Georg seiner Grete nach Bedarf Rauschmittel verschaffte, die sie bereits in Salzburg kennen gelernt haben dürfte. Jetzt aber gerieten beide rasch in eine gesteigerte Drogenabhängigkeit, wobei die leidenschaftlichere und exzentrische Schwester diesem Laster auch in Zukunft noch mehr erliegen sollte als ihr Bruder. In ihrer Not wandte sie sich sogar an Dritte mit dem dringenden Ersuchen, ihr Narkotika zu verschaffen, wie uns einer ihrer an Buschbeck gerichteten Briefe zeigt, aus dem zugleich ihre große Sorge um das Wohl ihres Bruders hervorgeht: „Ich komme nicht, Sie wegen des Opiums zu belästigen, obwohl ich von ganzer Seele hoffe, dass Sie es mir in den nächsten Tagen beschaffen werden. Mir ist etwas Entsetzliches geschehen. An Georgs Gesicht und Laune sehen Sie einen ganz schwachen Abglanz eines Teiles meiner Schmerzen." Doch nicht nur Grete, sondern auch Georg litt unter dieser aufreibenden, die Nerven bis zum Zerreißen angespannten Beziehung, was seiner Umgebung nicht verborgen bleiben konnte. Wechselten doch abrupt Zustände eines euphorischen Hochgefühls mit entsetzlicher Niedergeschlagenheit in den nüchternen Phasen. Sicher trugen dazu auch die Saufgelage bei, die gemeinsam mit seinen Salzburger Kumpanen Franz Schwab und Karl Minnich unternommen

Georg Trakl, um 1909   *Erhard Buschbeck, Frau Minnich, Georg Trakl*

wurden und die mitunter zu einem wahren „Sauf-Marathon" ausarten konnten. So schrieb Trakl am 20. Mai 1911: „Schwab war vierzehn Tage in Wien und wir haben niemals zuvor die Nächte hindurch so absurd gezecht. Ich glaube, wir waren beide völlig verrückt." Diese üble Angewohnheit hielt den Rest seines Lebens hindurch an. In späteren Jahren konnte es sogar vorkommen, dass er mit dem Trinken bereits in den Nachmittagsstunden begann und dann im Schnee schlafend vor dem Hause eines Freundes vorgefunden wurde. Doch obwohl Trakl gewaltige Mengen von Alkohol zu konsumieren pflegte, war er nach Aussage seiner Freunde niemals wirklich betrunken; Karl Borromäus Heinrich erinnerte sich daran, dass er bei solchen Gelagen stets der Nüchternste von allen gewesen sei. In diesem Sinne spricht auch ein Schreiben an Karl Kraus vom Dezember

1913, dem er eines seiner zartesten Gedichte mit der Bemerkung übersandte, dass es während „Tagen deliranter Trunkenheit und krimineller Melancholie" entstanden sei. All diese Hinweise berechtigen zu der Annahme, dass an den auffälligen Stimmungsschwankungen während der ersten zwei Jahre in Wien überwiegend die traumatischen Erlebnisse seiner unerlaubten Triebe und die Angst vor ihrer Entdeckung durch Andere die Hauptschuld trugen. Zu dieser auf seiner Seele lastenden Inzestschuld kamen aber noch die quälenden Gewissensbisse, seine Grete, die er nach den Worten Buschbecks stets „mit zärtlicher wie zorniger Strenge" zu behüten versuchte, zu dem Verderben bringenden Laster der Rauschgiftsucht verführt zu haben. Wenn auch die sexuelle Hörigkeit, der beide zueinander in annähernd gleicher Heftigkeit verfallen waren, zumindest zur Hälfte aus der hemmungslosen Veranlagung Gretes mit geschaffen wurde, so fühlte sich Trakl doch als der eigentliche Verführer der um fünf Jahre jüngeren Schwester und als der Initiator ihrer Drogensucht. Ludwig von Ficker, der väterliche Freund und Protektor des Dichters, hat diese Zusammenhänge wohl am einfühlsamsten in die Worte gekleidet, indem er von dem „Opferbild der Schwester, diesem Kreuzigungsschatten seiner selbst" sprach. Ob sich diese Gewissensschuld und Selbstanklage tatsächlich auch in seinem Äußeren zu erkennen gab und das in jener Zeit angefertigte ovale Detailfoto, welches nur Kopf und obere Halspartie zeigt, seinem inneren aufgewühlten Seelenzustand entspricht, kann nur spekulativ beantwortet werden. Unzweifelhaft wirkt es, wie Spoerri schreibt, „Grauen erregend, wobei der brutale Gesamteindruck durch den nackten Hals und Schulteransatz noch erhöht wird", und auch Erwin Mahrholdt erinnert es an „das Antlitz eines Verbrechers." Vermutlich hat Hans Falkenberg die plausibelste Erklärung dafür abgegeben, wenn er meinte, dass Trakl zum Zeitpunkt der fotografischen Aufnahme – deren Urheber übrigens nicht bekannt ist – unter der Nachwirkung von Drogen gestanden haben dürfte.

Das Jahr 1910, in welches am 18. Juni der Tod seines Vater fiel, markierte auch das Datum seiner erfolgreichen Promotion an der Universität. Trakl beschloss aber noch ein weiteres Jahr in der Reichshauptstadt zu bleiben, um vom Herbst an seinen aktiven Militärdienst als Einjährig-Freiwilliger abzuleisten. In dieser Zeit kündigten sich erste finanzielle Schwierigkeiten im Zusammenhang mit seinen exorbitanten Trinkgewohnheiten sowie mit der ständig notwendigen Beschaffung von Rauschgiften an, die nicht zuletzt durch den Tod seines Vaters noch verschärft wurden. Immer deutlicher wurde ihm klar, dass er schleunigst eine finanzielle Unabhängigkeit anstreben müsse, auch deshalb, weil infolge der Übersiedlung Gretes nach Berlin und des dadurch bedingten Trennungsschmerzes sein Konsum von Alkohol und Drogen beängstigend anstieg. Obwohl die regelmäßigen Zuwendungen von zu Hause, wo inzwischen sein Stiefbruder Wilhelm die Geschäftsführung übernommen hatte, nicht gerade kärglich gewesen sein dürften, reichten sie für seine Bedürfnisse nicht aus, sodass er sich gezwungenermaßen Beträge von seinen Freunden leihen musste, deren Rückerstattung zusätzliche Mittel von zu Hause erforderten. In einem dieser Bittbriefe vom Herbst 1911 heißt es: „Meine Verhältnisse haben sich noch immer nicht geklärt, und ich warte so zwischen Hangen und Bangen. Welch ein widerlicher Zustand."

Trakl als Einjährigfreiwilliger, 1910

Diese chronische finanzielle Misere veranlassten Trakl, nach Ablauf seines Präsenzdienstes bei der k.u.k. Sanitätsabteilung Nr. 2 in Wien, sich um eine berufliche Tätigkeit umzusehen, weshalb er zunächst seine ehemalige Beschäftigung bei dem kautzigen, alten Magister Hinterhuber in der Apotheke „Zum weißen Engel" in Salzburg wiederaufzunehmen versuchte. In seiner Heimatstadt wurde er unverzüglich von seinem älteren Freund August Brunetti-Pisano in die „Salzburger Literatur- und Kunstgesellschaft Pan" eingeführt, wo er sich vor allem dem um zwölf Jahre älteren, schwindsüchtigen Bohémien Karl Hauer anschloss. Mit diesem brillanten, geistesbegabten Menschen, der auch Mitarbeiter an der *Fackel* von Karl Kraus war und der heftig gegen die spießige und ungerechte soziale Gesellschaftsstruktur polemisierte, verband ihn ein Verhältnis, das Otto Basil geradezu an die Hörigkeit zur Schwester erinnert. Ganz in diesem Sinne äußert sich auch Schneditz, wenn er schreibt: „Beide geben sich in diesen Monaten der Bekanntschaft und Ablehnung der übrigen Welt wilden Ausschweifungen, hemmungslosem Alkoholgenuss und vermutlich auch sexuellen Orgien hin." Wiederum zeigte sich Trakls schwankendes Naturell und sein ambivalentes Verhalten, das zwischen „mönchischer" Askese und zügellosen Zechgelagen hin und herpendelte.

Seine Arbeit in der „Engels-Apotheke" als Rezeptarius, die eine ständige Konfrontation mit den Kunden mit sich brachte, stellte bald eine derartige Belastung seines fragilen Nervenkostüms dar, dass er sich gezwungen sah, schon am 20. Dezember 1911 – also neun Wochen nach Beginn seiner dortigen Beschäftigung – seinen Dienst zu quittieren. Als einzigen Ausweg sah er die Reaktivierung in die militärische Laufbahn, die er nun unverzüglich in die Wege leitete. Schon Ende März 1912 erhielt er eine positive Antwort auf sein Gesuch; er wurde als „k.u.k. Medikamentenbeamter" in den Aktivstand übernommen und zur Absolvierung einer sechsmonatigen Probezeit am 1. April an die Apotheke des k.u.k. Garnisonsspitals Nr. 10 in Innsbruck abkommandiert.

Ein neues Kapitel beginnt

Der erste Eindruck seines neuen Domizils „in einem kommunen neuen Haus, das zwischen seinen Feuermauern allein, ohne Nachbarschaft, dastand mit Ausblick auf ein Maisfeld", war niederschmetternd und wurde durch die dienstlichen Anforderungen in der Militärapotheke noch verschlimmert, wie er Buschbeck nach Wien berichtete: „Ich glaube nicht, dass ich hier jemanden treffen könnte, der mir gefiele, und die Stadt und Umgebung wird mich, ich bin dessen sicher, immer abstoßen. Allerdings glaube auch ich, dass Ihr mich eher in Wien aufscheinen sehen werdet, wohl früher als ich selber will. Vielleicht gehe ich auch nach Borneo. Irgendwie wird sich das Gewitter, das sich in mir ansammelt, schon entladen." Es war wieder einmal Buschbeck, der ihn in dieser niedergeschlagenen Stimmung aufrichtete, indem er seine Gedichte an Ludwig von Ficker, dem Begründer und Herausgeber des *Brenner* mit der Bitte um Veröffentlichung in diesem damals „besten österreichischen Blatt" übersandte. Als Helfershelfer bemühte Buschbeck den jungen Robert Müller, der als revolutionärer Expressionist vor dem Ersten Weltkrieg Mitarbeiter dieser Zeitschrift war und dem es tatsächlich gelang, Herrn von Fickers Interesse an der Dichtung Trakls zu wecken. Schon in der Mai-Ausgabe erschien das bemerkenswerte Gedicht *Vorstadt im Föhn* und gleichzeitig ließ von Ficker wissen, dass Trakl sich bei ihm melden möge. Das bald darauf erfolgte erste Zusammentreffen der beiden wurde zur bedeutsamsten Begebenheit im Leben des Dichters, der von nun an bis ans Ende seiner Tage den treuesten Freund und uneigennützigen Beschützer an seiner Seite wusste und in dessen Heim, der „Rauch-Villa", sowie in dem von Fickers Bruder Rudolf gehörenden Schloss Hohenburg bei Igls er immer Zuflucht finden durfte. In seinen 1959 neu herausgegebenen *Erinnerungen an Georg Trakl* erzählt Ludwig von Ficker den Ablauf dieser ersten Begegnung im Café Maximilian in Innsbruck, wo er von

Der Publizist Karl Kraus

Dämmerung und Verfall, bei dem bekannten Münchener Verlag Albert Langen zur Veröffentlichung einzureichen, blieb erfolglos. Hingegen brachte Trakl wenigstens das im *Brenner* im Oktober 1912 abgedruckte Gedicht *Psalm,* das er Karl Kraus zueignete und der ihm zum Dank dafür in der *Fackel* antwortete, eine wohltuende Anerkennung: „… Es sind die Vollkommenen, die fertig wurden, als es zu spät war. Sie sind mit dem Schrei der Scham auf eine Welt gekommen, die ihnen nur das eine, erste, letzte Gefühl belässt: Zurück in deinen Leib, O Mutter, wo es gut war." Mit dieser verständnisvollen Sicht in die geistige Welt des Dichters überwältigte ihn Karl Kraus so, dass er ihm zutiefst bewegt telegrafierte: „Ich danke Ihnen einen Augenblick schmerzlichster Helle. In tiefster Verehrung Ihr ergebener G. Trakl."

Durch die von Trakl selbst erwirkte Rückversetzung aus dem aktiven Wehrdienst in die Reserve war er bar jeder finanziellen Basis, weshalb er sich um einen Posten im Arbeitsministerium in Wien bemühte. Schon mit 1. Dezember 1912 hätte er als Schreiber seinen Dienst dort antreten sollen, doch ersuchte der stets unschlüssige Dichter wieder einmal um einen vierwöchigen Aufschub, der ihm auch gewährt wurde, und diese Zeitspanne nützte er zur Abfassung seines bedeutendsten Gedichts überhaupt, des *Helian,* den er bereits in Innsbruck in Angriff genommen hatte und den er nun während seines Zwischenaufenthaltes in Salzburg vollenden wollte. Von dort erhielt sein Freund Röck eine Mitteilung folgenden Wortlautes: „Das Edle hat hier schon den Lorbeer um die weiße Schläfe, aber der Ergriffene folgt dem Lebenden nach, denn auch da ist Güte und Gerechtigkeit." Endlich, am 31. Dezember, meldete er sich zum Dienstantritt im Ministerium, doch schon am darauf folgenden Tag reichte er, offenbar nach einem plötzlichen Gesinnungswechsel, wieder sein Entlassungsgesuch ein. Wie Karl Heinrich dies kommentierte, trieb ihn „die Unmöglichkeit, in Wien seinen ‚Helian‘ zu vollenden, wieder nach Innsbruck zurück". Dort angekommen, schrieb er an Buschbeck: „Ich bin wie ein Toter an Hall vorbeigefahren, an einer schwarzen Stadt, die durch mich hindurchgestürzt ist, wie ein Inferno durch einen Verfluchten. Ich geh in Mühlau durch lauter schöne Sonne und bin noch sehr taumelnd. Das Veronal hat mir einigen Schlaf vergönnt." Und in der Geborgenheit der Rauch-Villa in Mühlau fand er nun endlich auch die Ruhe, den *Helian,* eine der glanzvollsten Dichtungen im deutschen Sprachraum, fertigzustellen.

Unmittelbar anschließend reiste Trakl nach Salzburg, um seiner Mutter bei der leider notwendig gewordenen Auflösung des Geschäftes zur Seite zu stehen.

In dieser tristen Lage gab ihm ein Schreiben Ludwig von Fickers wieder Auftrieb und neue Zuversicht, in welchem er ihm von der begeisterten Aufnahme seines letzten Gedichts durch seine Freunde berichtete: „Je tiefer sich mir der ‚Helian‘ erschließt und je mehr ich ihm auf den Grund zu blicken glaube, desto inniger fühle ich ihn als eine der erschütterndsten Offenbarungen, welche die deutsche Lyrik aufzuweisen hat. Die Gestalt dieser Dichtung mutet wie erstarrte Ewigkeit an." Gleichzeitig bot er Trakl an: „Sollte Ihnen die Last der Verhältnisse, die Sie zu Hause vorfanden, zu drückend werden … so wissen Sie ja, dass Sie sich nicht erst anzumelden brauchen." Tief beeindruckt und voll Dankbarkeit für den Beweis einer solchen Freundschaft antwortete Trakl umgehend: „Immer tiefer empfinde ich, was der ‚Brenner‘ für mich bedeutet, Heimat und Zuflucht im Kreise einer edlen Menschlichkeit. Heimgesucht von unsäglichen Erschütterungen, von denen ich nicht weiß, ob sie mich zerstören oder voll-

Trakls Freund und Förderer Ludwig von Ficker

GEORG TRAKL

enden wollen, zweifelnd an allem meinem Beginnen und im Angesicht einer lächerlich ungewissen Zukunft, fühle ich tiefer, als ich es sagen kann, das Glück Ihrer Großmut und Güte, das verzeihende Verständnis Ihrer Freundschaft. – Es erschreckt mich, wie sehr sich in der jüngsten Zeit ein unerklärlicher Hass gegen mich mehrt und in den kleinsten Geschehnissen des täglichen Lebens in fratzenhafte Erscheinung tritt. Der Aufenthalt hier ist mir bis zum Überdruss verleidet, ohne dass ich Kraft zu dem Entschluss aufbringe, fortzugehen."

Das generöse freundschaftliche Patronat Ludwig von Fickers kontrastierte scharf mit dem abweisenden, ja fast feindlichen Verhalten seiner Familie in Salzburg, da vor allem die Brüder offensichtlich Verdacht schöpften an dem plötzlichen Interesse Georgs an den Familienangelegenheiten gerade zu jener Zeit, als das elterliche Unternehmen liquidiert wurde. Umso mehr fühlte er sich gezwungen, sich finanziell durch eine berufliche Tätigkeit abzusichern. Zunächst streckte er seine Fühler wieder in die Salzburger Apotheke „Zum weißen Engel" aus, wo ihn Magister Hinterhuber offenbar als Rezeptuarius aufzunehmen bereit war. In diesem Sinne ist die Nachricht Trakls zu deuten: „Ich werde zwar kaum nach Wien kommen können, da ich von den dreißig Kronen, die ich für den Apothekerdienst erhalten habe, fünf Kronen für Dringliches verausgabt habe." Zur gleichen Zeit holte er bei Buschbeck und seinem Freund Schwab im Februar 1913 Informationen ein, ob nicht eventuell eine Anstellung als Apotheker im Wiener Allgemeinen Krankenhaus möglich wäre und im gleichen Frühjahr fragte er an der diplomatischen Vertretung von Albanien und bei der holländischen Kolonialverwaltung an, ob dort eine Verwendung in seinem Fach denkbar wäre. Schließlich versuchte er es auch im Juli und August 1913 als Schreiber im Kriegsministerium in Wien, doch auch diesmal brach er seinen Dienst schon nach wenigen Wochen wieder ab. Dieses sprunghafte, unstete und launenhafte Verhalten Trakls wird wenigstens teilweise verständlich, wenn man es im Lichte seiner poetischen Impulse betrachtet. Dieses unschlüssige Schwanken hing nämlich zweifellos mit seiner ambivalenten Gesamtverfassung eng zusammen: Die eine Facette seiner Persönlichkeit drängte ihn zur Suche nach Stabilität, was möglicherweise gleichzeitig aus einer Flucht vor den schmerzhaften Belastungen seiner schriftstellerischen Tätigkeiten resultierte, während ihn die andere Facette unentwegt von einer solchen Stabilität forttrieb in der sicheren instinktiven Überzeugung, dass eine solche Stabilität mit seinem dichterischen Schaffen inkompatibel, also unverträglich sein müsse. In diese unruhige Zeit fiel noch die herbe Enttäuschung, dass der für Juni 1913 angesagte Besuch seiner geliebten Schwester Grete in Salzburg abgesagt wurde. Fast als ein „gebrochener Mann" in der Sorge, ihr in der tristen Lage ihrer zerrütteten Ehe seelisch keinen Beistand leisten zu können, begab er sich wieder einmal in die sichere Zuflucht auf Schloss Hohenburg bei Innsbruck, von wo aus er sich bei Buschbeck neuerlich über den Verbleib seiner Schwester erkundigte.

Einziger Lichtblick für Trakl waren die neu erworbenen Sympathien seitens der „Brenner-Gruppe", mit der er seit Ende Mai 1912 den größten Teil seiner Zeit verbrachte. Seine Kontakte wurden aber auch über diesen Zirkel hinaus ausgeweitet mit Männern, welche die damalige österreichische Kulturszene beherrschten – Karl Kraus, Adolf Loos, Oskar Kokoschka und Peter Altenberg, um einige der wichtigsten dieser Persönlichkeiten zu nennen. Während Trakls ambivalentes Bemühen um berufliche Positionen fehlschlug, sorgte das von Karl Kraus als das einzige seriöse Journal im deutschsprachigen Raum bezeichnete Blatt *Der Brenner* dafür, dass der bis dato weithin unbekannte junge Dichter bald größeren Bekanntheitsgrad erreichte. Vor allem aber zog die Dichtung im *Brenner* auch die Aufmerksamkeit von Franz Werfel an, der alsbald Trakl ersuchte, ihm eine Sammlung von Gedichten zuzusenden, von denen er die für eine Veröffentlichung im Verlag Kurt Wolff geeignetsten in Buchform herausbringen wollte. Nachdem unter Mithilfe von Fickers anfängliche Schwierigkeiten hinsichtlich der Auswahl überwunden waren, erschien im Juli 1913 ein Band mit dem Titel *Gedichte.* Ein zweiter geplanter Band, den Trakl noch penibel genau revidierte, wurde unter dem Titel *Sebastian im Traum* erst 1915 nach dem Tode des Dichters herausgegeben. Wie energisch Trakl bei den initialen Verhandlungen dem Verleger gegenüber auftrat, der zunächst nur eine sehr kleine Anzahl der Gedichte abdrucken wollte, zeigt seine telegrafische Antwort auf die versuchte Eigenmächtigkeit des Verlagslektors: „Sie machen mir darin – und zwar mit einer Nonchalance, die meine Zustimmung als nebensächlich vorauszusetzen scheint – die Mitteilung, dass Sie zunächst eine Auswahl-Publikation meiner Gedichte in einer Sammlung ‚Der jüngste Tag' vorbereiten und dass dieses Heft voraussichtlich in vier Wochen erscheinen wird. Damit bin ich selbstverständlich in keiner Weise einverstanden und ich verbitte mir, dass vor Erscheinen des Gesamtbandes meiner Gedichte, der allein Gegenstand unserer Vereinbarungen war, irgendeine Teilausgabe erscheint, die von mir nie vorgesehen war."

In schroffem Gegensatz zu dieser stolzen, selbstbewussten Haltung stand seine depressive, verzweifelte und mit Selbstvorwürfen einhergehende Stimmungslage, die teils aus dem Fernbleiben seiner Schwester Grete in Berlin und teils aus der bedrückenden finanziellen Abhängigkeit von seiner Familie herrührte. Am ergreifendsten beichtete er dies seinem treuen und mitfühlenden Freund und Beschützer Ludwig von Ficker in einem Brief vom 26. Juni 1913: „Zu wenig Liebe, zu wenig Gerechtigkeit und Erbarmen, und immer zu wenig Liebe; allzu viel Härte, Hochmut und allerlei Verbrechertum – das bin ich. Ich bin gewiss, dass ich das Böse nur aus Schwäche und Feigheit unterlasse und damit meine Bosheit noch schände. Ich sehne den Tag herbei, an dem die Seele in diesem armseligen, von Schwermut verpesteten Körper nicht mehr wird wohnen wollen und können, an dem sie diese Spottgestalt aus Kot und Fäulnis verlassen wird, die ein nur allzu getreues Spiegelbild eines gottlosen verfluchten Jahrhunderts ist. Gott, nur einen kleinen Funken reiner Freude – und man wäre gerettet, Liebe – und man wäre erlöst." Ich habe diese von Otto Basil in dieser Länge zitierte Briefstelle deshalb vollständig wiedergegeben, weil sie einen psychologisch höchst aufschlussreichen Blick in den Abgrund der unglücklichen Seele Trakls erlaubt.

Nur kurz konnte diese düstere Grundstimmung durch eine Urlaubsreise nach Venedig im August 1913 aufgehellt werden, die er gemeinsam mit von Ficker, Kraus, Altenberg und dem Ehepaar Loos antrat und die er schon nach zwölf Tagen wieder unterbrach. Nach Wien zurückgekehrt, wo er erst wenige Wochen zuvor seine am 15. Juli angetretene Tätigkeit im Kriegsministerium wieder aufgegeben hatte, fiel seiner Umgebung zunehmend sein mehr als eigenartiges Verhalten auf, wie uns der Zeitzeuge Franz Zeis in einem Brief an eine Freundin berichtet: „Trakl ist ein liebenswerter Mensch, still, zurückgezogen, scheu und vollkommen introvertiert. Er erscheint kräftig und stark, zur selben Zeit aber auch sensibel und leidend. Wie Schwab erzählt, leidet er an Halluzinationen und irren Phantasien." Wenige Zeilen später erwähnt auch Zeis jenes merkwürdige Verhalten Trakls bei zwischenmenschlichen ungewollten Kontakten. So zog er es lieber vor, im Gang eines Eisenbahnwagons zu stehen, bevor er in einem Abteil gezwungen wäre, dem forschenden Blick einer ihm gegenüber sitzenden fremden Person ausgesetzt zu sein, wie ihm überhaupt nach Aussage Buschbecks ein unerwünschter physischer Kontakt ein Gräuel gewesen sei.

Es konnte bis heute nicht geklärt werden, welches Ereignis für die plötzlich hereingebrochene seelische Krise verantwortlich war, die den Dichter völlig zu Boden drückte und neuerliche Alkoholexzesse zur Folge hatte, bei denen er nach eigenen Angaben „ein Meer von Wein, Schnaps und Bier" verschlungen hat. Als erster erfuhr davon Ludwig von Ficker, dem er am 11. November 1913 folgende Zeilen schickte: „Meine Angelegenheiten sind ganz ungeklärt. Ich habe jetzt zwei Tage und zwei Nächte geschlafen und habe heute noch eine recht arge Veronalvergiftung. In meiner Wirrnis und all der Verzweiflung der letzten Zeit weiß ich nun gar nicht mehr, wie ich noch leben soll." Doch noch erschütternder klingt sein aufheulender seelischer Schmerz zwei Tage später aus einem Schreiben an den gleichen Adressaten heraus, der einen heraufdämmernden geistigen Zerfall erahnen lässt: „. . . es haben sich sonst in den letzten Tagen für mich so furchtbare Dinge ereignet, dass ich deren Schatten mein Lebtag nicht mehr loswerden kann. Ja, verehrter Freund, mein Leben ist in wenigen Tagen unsäglich zerbrochen worden und es bleibt nur mehr ein sprachloser Schmerz, dem selbst die Bitternis versagt ist … Vielleicht schreiben Sie mir zwei Worte; ich weiß nicht mehr ein und aus. Es ist ein so namenloses Unglück, wenn einem die Welt entzwei bricht … Sagen Sie mir, dass ich nicht irre bin …" Das Geheimnis dieses Ausbruchs tiefster Verzweiflung und dieser Angst, den Verstand verlieren zu können, wurde von Trakl niemals gelüftet, weshalb nur spekulative Äußerungen dazu gemacht werden können. Von Ficker hielt es am wahrscheinlichsten, dass dieser völlige Zusammenbruch mit der zerbrochenen Ehe seiner Schwester Grete und ihrer Schwangerschaft in einem Zusammenhang gestanden haben dürfte. Peter Schünemann spricht sogar den Verdacht aus, dass aus der Verbindung mit Grete, die seit 1905 seine Geliebte war und dies bis in ihre Ehe hinein geblieben ist, ein gemeinsames Kind zu erwarten gewesen wäre. Mangels schlüssiger Beweise müssen solche Zuweisungen natürlich reine Spekulation bleiben.

Den Versuch, seinen „sprachlosen Schmerz" mit einsamen Alkohologien und Rausch- oder Betäubungsmitteln wenigstens vorübergehend zu lindern, setzten seine engsten Freunde von Ficker und Heinrich sowie der im „Brenner-Zirkel" tätige Verfechter eines ethisch revolutionären Christentums Carl Dallago auf die Hoffnung, Trakl wieder dem Jahre hindurch verdrängten Christentum näher zu bringen. War der Dichter doch nach den Worten Wilhelm Grasshoffs ein Mensch, für den sich „der Gott, den er sucht, verborgen hat und seinen Hilferufen das Schweigen eines leeren Himmels entgegensetzt" und dessen schauerliche Aggressionsakte, insbesondere auch gegen sich selbst, „die Chiffren eines altchristlichen Schuld- und Sündenbewusstseins" darstellen. Aus einer solchen Sicht erklärt sich auch Trakls Satz: „Ich habe kein Recht, mich der Hölle zu entziehen", der ganz seiner Selbstbestrafungstendenz entsprach und den er im Verlaufe einer religiösen Diskussion mit von Ficker und Dallago ausgesprochen hat.

Der Philosoph Carl Dallago

Das letzte Lebensjahr

Bald nach seiner endgültigen Rückkehr nach Innsbruck Ende November 1913 machte sich Trakl an die Ausarbeitung des „in Form und Aussage echt schizophrenen Halluzinationen verwandten" Prosastückes *Traum und Umnachtung.* Nach den Worten Otto Basils stellt es eine kritische Auseinandersetzung mit dem verfluchten Geschlecht dar, wie einige auszugsweise wiedergegebene Sätze dies erkennen lassen, wenn es darin heißt: „… In dunklen Zimmern versteinerte das Antlitz der Mutter und auf dem Knaben lastete der Fluch des entarteten Geschlechts. Manchmal erinnerte er sich seiner Kindheit, erfüllt von Krankheit, Schrecken und Finsternis, verschwiegener Spiele im Sternengarten … Aus blauem Spiegel trat die schmale Gestalt der Schwester und er stürzt wie tot ins Dunkel … Wenn er in seinem kühlen Bette lag, überkamen ihn unsägliche Tränen. Aber es war niemand, der die Hand auf seine Stirn gelegt hätte … O des verfluchten Geschlechts. Wenn in befleckten Zimmern jegliches Schicksal vollendet ist, tritt mit modernden Schritten der Tod in das Haus … Also erloschen die Lampen im kühlen Gemach und aus purpurnen Masken sahen schweigend sich die leidenden Menschen an … Purpurne Wolke umwölkte sein Haupt, dass er schweigend über sein eigenes Blut und Bildnis herfiel, ein mondenes Antlitz, steinern ins Leere hinsank, da in zerbrochenem Spiegel, ein sterbender Jüngling, die Schwester erschien; die Nacht das verfluchte Geschlecht verschlang." Wir erkennen aus diesen Worten verschwommen die Schwester als Zerrbild ihres Bruders, weshalb Erwin Mahrholdt schon in seiner 1924 erschienenen Biografie zu dem einleuchtenden Schluss kam: „Trakl sah in ihr sein Abbild, nur ganz ins haltlose Weibliche verschoben; darum schrickt er zusammen, wenn sie im Spiegel auftaucht, oder er ist hingerissen, wenn sie, ein flammender Dämon, in seinem Herbst erscheint." Aus dieser Prosaschrift kann man aber auch herauslesen, dass die inzestuöse Beziehung mit seiner Schwester nicht erst aus der Zeit der Pubertät oder kurz danach datiert, sondern dass sie bis in die Kindheit zurückreicht. Die oben zitierten Zeilen in der Prosadichtung *Traum und Umnachtung* oder das förmliche Bekenntnis, „Wollust, da er im grünenden Sommergarten dem schweigenden Kind Gewalt tat, in dem strahlenden sein umnachtetes Antlitz erkannte", sprechen dafür eine allzu eindeutige Sprache. Über all diesen Kindheitserinnerungen schwebt aber auch eindringlich immer wieder die Sehnsucht nach Zuwendung und Zärtlichkeit, wenn er später die Klage des Knaben aufklingen ließ: „Niemand liebte ihn."

Man darf sich nicht wundern, wenn die Veröffentlichung dieser Traumdichtung in Prosa in der *Brenner*-Ausgabe vom Februar 1914 Erschütterung auslöste und auf grauenhafte Vorgänge im Inneren des unglücklichen Dichters schließen ließ. Wie um seinen verzweifelten seelischen Konflikt auch äußerlich sichtbar für die Nachwelt festzuhalten, verfertigte Trakl in jenen Wochen jenes erschreckende Selbstporträt, welches er nach Aussage von Fickers so gemalt habe, wie er sich einmal nachts, aus dem Schlaf aufschreckend, im Spiegel gesehen hatte. Wenn es zutrifft, dass dieses Bild Ende März 1914 entstanden ist, dann träfe die Vermutung von Fickers ins Schwarze, dass uns bis heute nicht bekannte mysteriöse schreckliche Erlebnisse Trakls anlässlich seines überstürzt angetretenen Kurzbe

suches bei seiner Schwester in Berlin damit in einem unmittelbaren ursächlichen Zusammenhang gestanden sein mussten. Was sich Mitte März dieses Jahres in Berlin wirklich ereignete, wird wohl auch in Zukunft nicht mehr zu eruieren sein. Wir wissen nur, dass die Schwester in jenen Tagen eine Fehlgeburt – des nach Schünemann wahrscheinlich gemeinsamen Kindes – erlitt und dass der dabei erfolgte Blutverlust sie offenbar in eine gefährliche Situation gebracht haben dürfte. Lassen wir den Dichter selbst sprechen, wie sich ihm laut einer brieflichen Mitteilung aus Berlin an seinen Freund Heinrich vom 19. März die Situation darstellte: „Meine Schwester hat vor wenigen Tagen eine Fehlgeburt gehabt, die mit außerordentlich vehementen Blutungen

Trakl Lieblingsschwester Grete, um 1912

verbunden war. Ihr Zustand ist ein so Besorgnis erregender, umso mehr, als sie seit fünf Tagen keine Nahrung zu sich genommen hat, dass vorläufig nicht daran zu denken ist, dass sie nach Innsbruck kommt." Zwei Tage später berichtete er auch Ludwig von Ficker über seinen Eindruck: „Meine arme Schwester ist noch immer sehr leidend. Ihr Leben ist von einer so herzzerreißenden Traurigkeit und zugleich braven Tapferkeit, dass ich mir bisweilen sehr gering davor erscheine; und sie verdiente es wohl tausend Mal mehr als ich, im Kreise guter und edler Menschen zu leben, wie es mir in solch übergroßem Maße in schwerer Zeit vergönnt war. Ich gedenke wohl noch etliche Tage in Berlin zu bleiben, denn meine Schwester ist den ganzen Tag allein und meine Gegenwart für sie doch von einigem Nutzen." Diese Zeilen zeigen, dass ihm sein eigenes Schicksal weniger bedeutete als jenes seiner geliebten Schwester, die er zutiefst bemitleidete.

Kurze Zeit später hatte sich Trakl wegen seiner prekären Geldsituation dazu überwunden, einen ehemaligen, sehr begüterten Schulfreund um Geld zu bitten, mit dem er seine Not leidende Schwester in Berlin unterstützen wollte. Zu seiner großen Enttäuschung wurde dieses Ansuchen glattweg abgelehnt, was seine düstere, melancholische Stimmung weiter verschlechterte. Doch wenige Wochen später schien sich seine finanzielle Situation schlagartig zum Besseren zu wenden. Mitte Juli erhielt nämlich von Ficker von einem ihm damals noch völlig unbekannten Spender eine großzügige Subvention von hunderttausend Kronen für Not leidende österreichische Künstler mit der Bitte, diese Summe nach seinem Gutdünken zu verteilen. Von Ficker beschloss, von diesem Betrag je zwanzigtausend Kronen an Rainer Maria Rilke und Georg Trakl zu überweisen. Wie sich herausstellte, handelte es sich bei diesem edelmütigen Wohltäter um Ludwig Wittgenstein, den bekannten Philosophen, der mit seinem 1921 verfassten *Tractatus logico-philosophicus* im so genannten „Wiener Kreis" eine einflussreiche Stellung einnahm; später baute er auf der Grundlage, Philosophie sei Sprachkritik, eine eigene Theorie der Mathematik und der Psychologie auf, die er 1956 unter dem Titel *Remarks on the foundations of mathematics* in Oxford veröffentlichte. Dieser bedeutende Philosoph, der in Wien geboren wurde, hatte einen immens reichen Vater, nach dessen Tod ihm ein beträchtlicher Teil des Vermögens zugefallen war und von dem der Familientradition entsprechend eine größere Summe für wohltätige Zwecke abgezweigt werden sollte. Leider war es Trakl nicht gegönnt, dieses kleine Vermögen auch zu nützen. Schon beim Versuch, in Begleitung von Fickers einen Teil des Geldes bei einer Bank in Innsbruck abzuheben, geriet er in eine derartige Panikattacke, dass er schweißgebadet aus dem Gebäude fortrannte. Erst später, wenige Tage vor seinem Ende, erfüllte dieses Geld doch noch einen guten Zweck, indem er im Brief vom 27. Oktober 1914 an Ludwig von Ficker diese Spende seiner Schwester zu vermachen gedachte: „Zum Schlusse will ich noch beifügen, dass im Falle meines Ablebens es mein Wunsch und Wille ist, dass meine liebe Schwester Grete alles, was ich an Geld und sonstigen Gegenständen besitze, zu eigen haben soll." Doch auch sie konnte aus diesem Vermögen keinen großen Nutzen mehr ziehen, da sie sich schon drei Jahre nach dem Tod ihres Bruders in Berlin erschießen sollte.

Wie viele andere junge Männer wurde auch Georg Trakl vom allgemeinen Enthusiasmus erfasst, als am 28. Juli 1914 Österreich-Ungarn dem unbotmäßigen Serbien den Krieg erklärte. Diese Haltung entsprach vollkommen dem kaisertreuen Milieu seines Elternhauses, dessen drei Söhne mit Begeisterung der Mobilmachung Folge leisteten. Georg meldete sich unverzüglich als Freiwilliger bei der Garnison in Innsbruck, von wo aus er am 24. August in seinem angestammten Rang als Medikamentenakzessist mit seiner Sanitätseinheit ins Feld zog. Kurz

Trakl als Medikamentenakzessist

vorher übergab er von Ficker ein Gedicht mit der erklärenden Bemerkung: „Freilich kann kein Gedicht Sühne sein für eine Schuld", was die Vermutung aufkommen lässt, dass er als Soldat im Krieg vielleicht sogar die Chance erblickte, durch einen Heldentod endgültig seine drückende Schuld tilgen zu können. Aus einer Feldpostnachricht erfahren wir, dass seine Einheit in Richtung Galizien unterwegs war: „Heute geht es nach Galizien. In unserer ursprünglichen Bestimmungsstation hatten wir kaum eine Stunde Aufenthalt. Die Fahrt war außerordentlich schön. Wir werden wahrscheinlich noch drei Tage auf der Bahn verbringen müssen." Dort war inzwischen der österreichische Angriff nicht zuletzt durch die Unfähigkeit mancher Generäle fehlgeschlagen, sodass die Einheiten unter dem Druck der russischen Armeen bis über Lemberg hinaus zurückgedrängt wurden. Der Generalstabschef Freiherr von Hötzendorf verschlimmerte die Situation noch weiter durch strategisch angeordnete sinnlose Alibioperationen, die nur unzähligen Soldaten den Tod brachten, den weiteren Rückzug der österreichischen Armeen jedoch in keiner Weise verhindern konnten. In diese Rückzugsbewegungen war auch die Einheit Trakls involviert, wie seine letzte Feldpostnachricht an seine Mutter in Salzburg verrät: „Seit einer Woche reisen wir kreuz und quer in Galizien herum und haben bis jetzt noch nichts zu tun gehabt." Etwas realistischer schilderte Trakl seine Lage Ludwig von Ficker: „Wir haben vier Wochen angestrengtester Märsche durch ganz Galizien hinter uns … Morgen oder übermorgen marschieren wir weiter. Es scheint sich eine neue große Schlacht vorzubereiten. Wolle der Himmel uns diesmal gnädig sein." Ein als Militärarzt tätiger Dr. Plahl aus Tirol berichtete später von einem flüchtigen Zusammentreffen in Limanowa, offenbar in einem der Feldspitäler in der Etappe, wo er ihn in heiterer Stimmung antraf: „Er schien etwas gedunsen und unstet. Die Stimme heiser. Er wohnte nicht bei seinem Feldspital, sondern hatte ein Privatzimmer gemietet … Es sind mir keine Einzelheiten geblieben, nur eine allgemeine warme Gesamtstimmung."

Gegen Ende Oktober hatte seine Einheit, wie wir seinem letzten Gedicht entnehmen können, den ersten grausigen Feindkontakt bei Grodek. Trakls Sanitätskolonne war während der Schlacht um Grodek überfordert. Mehr als hundert Schwerstverwundete musste er ohne ärztliche Beratung betreuen, ohne entsprechende Erfahrung und bar jeder dazu erforderlichen Ausrüstung, sodass er die Schmerzen und das Leiden der stöhnenden Kameraden kaum lindern konnte und hilflos dem Jammern und Schreien der schrecklich Zugerichteten gegenüberstand. Als einer der besonders schmerzhaft Getroffenen – eine Kugel hatte ihm die Harnblase zerfetzt – seiner unerträglichen Qual durch einen Schuss in den Mund ein Ende bereitete und Trakl die bei einer derartigen Selbsttötung an die Wand gejagten Hirnteile erblickte, war die Grenze seiner Belastbarkeit erreicht. Er stürzte aus der Scheune, in welcher die Verwundeten unter unvorstellbaren Umständen untergebracht

Vor dem Lazarett

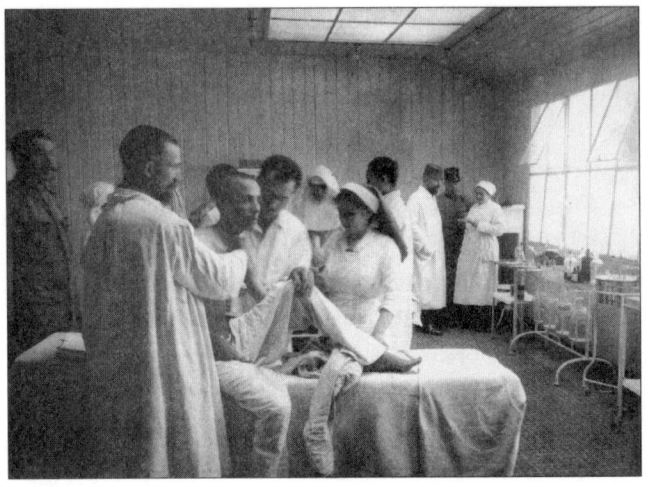

Lazarett

waren, ins Freie, wo durch eine weitere makabre Szene sein Horror noch zusätzlich gesteigert wurde. Er erblickte nämlich auf den Ästen mehrerer Bäume in seiner Umgebung eine Anzahl gehängter Partisanen, ein Totentanz, der mit den denkbar schrecklichsten expressionistischen Visionen wetteiferte: Es handelte sich um echte oder angebliche Spione, von denen der letzte zum Tod durch Erhängen Verurteilte sich angeblich selbst den Strick um den Hals hatte legen müssen.

Wenige Tage später während des chaotischen Rückzugs kündigte Trakl plötzlich nach dem Verzehr seiner Abendration seinen Kameraden an, dass er so nicht länger mehr leben könne und er sich erschießen müsse. Er stürzte davon, wurde jedoch eingeholt und mit Gewalt entwaffnet. Vierzehn Tage später wurde er in das Garnisonsspital nach Krakau abkommandiert, allerdings nicht in seiner Funktion als Armee-Apotheker, sondern als Patient in die psychiatrische Abteilung, wo sein Geisteszustand observiert werden sollte. Von dort erhielt von Ficker eine Karte, auf welcher Trakl ihm folgendes mitteilte: „Verehrter Freund! Ich bin seit fünf Tagen hier im Garnisonsspital zur Beobachtung meines Geisteszustandes. Meine Gesundheit ist wohl etwas angegriffen und ich verfalle recht oft in eine unsägliche Traurigkeit. Hoffentlich sind diese Tage der Niedergeschlagenheit bald vorüber ... Bitte telegrafieren Sie mir einige Worte. Ich wäre so froh, von Ihnen Nachricht zu bekommen."

Statt einiger Worte machte sich von Ficker unverzüglich auf, um nach Krakau zu reisen, wo er Trakl einen zweitägigen Besuch abstattete. Dort erfuhr er von seinem Schützling, dass dieser unter den Folgen eines durch grausige Fronterlebnisse ausgelösten Schocks leide und einen Suizidversuch unternommen habe, der jedoch durch seine Kriegskameraden vereitelt worden war. Von Ficker versuchte daraufhin, ihn aus der beklemmenden Atmosphäre seines Krankenzimmers, die seine Depression unweigerlich verschlimmern musste, zu befreien. Musste er doch sein Zimmer mit einem unangenehmen Leutnant teilen, der an einem Delirium tremens litt. Aber auch aus den darüberliegenden Stockwerken vernahm man

GEORG TRAKL

immer wieder unartikulierte Schreie irrer Patienten. Dazu kam noch die eigenartige Bekleidung der Kranken, die an Gefängnisinsassen erinnerte, und dieser Eindruck wurde dadurch verstärkt, dass das schmale Krankenzimmer mit seinen vergitterten Fenstern in fataler Weise einer Gefängniszelle glich. Was aber am schlimmsten war, war die Angst Trakls, dass er sich durch sein Verhalten der Desertion schuldig gemacht hätte, wie er Ficker anvertraute: „Ich fürchte wegen jenes Vorfalls vor ein Kriegsgericht gestellt und hingerichtet zu werden. Verzagtheit, wissen Sie, Mutlosigkeit vor dem Feind. Ich muss darauf gefasst sein." Von diesen neurotischen Ängsten war er nicht abzubringen, umso weniger, als die Ärzte einer Erklärung des wahren Sachverhaltes, der eine längere Beobachtungszeit notwendig erscheinen ließ, beständig auswichen. Ludwig von Ficker hegte den Verdacht, dass einer der Ärzte, der in der zensurierten Post Trakls einige seiner Gedichte gelesen hatte, gesteigertes Interesse an dem Problem „Genie und Wahnsinn" verspürte und aus diesem Grunde den Patienten länger beobachten wollte. Was immer dieser Mutmaßung Wahres anhaftete, von Ficker war jedenfalls überzeugt, dass Trakl das Opfer einer erzwungenen Therapie war, wodurch sein geistiges Leiden ungünstig beeinflusst würde. Die einzige Möglichkeit, seinen Schützling zu retten, sah er in einer Befreiung aus der Gefängnis-Atmosphäre dieser psychiatrischen Abteilung. Leider verweigerten sowohl der tschechische Spitalskommandant wie auch der behandelnde polnische Assistenzarzt, dem die Dichtung Trakls nicht recht geheuer vorkam, die Herausgabe des Patienten.

Am folgenden Tag war Trakl sehr niedergeschlagen. Dennoch las er von Ficker mit den Worten „Wollen Sie hören, was ich im Feld geschrieben – es ist blutwenig" seine letzten zwei Gedichte vor: *Klage* und *Grodek.* Aber auch einige Strophen des Spätbarockdichters Johann Christian Günther rezitierte er aus einem Reclamheft. Auch dieser Vorfahre litt nicht nur an derselben Lebenstrauer, sondern auch er hatte in seiner Dichtung allein von sich selbst gesprochen mit einer tiefen Klage über das eigene zerbrochene Dasein. Von Ficker tröstete Trakl mit der Aussicht, er werde unverzüglich von Wien aus seine Versetzung nach Innsbruck in die Wege leiten. Beim Abschied fragte er den Kranken noch besorgt, ob er etwa Rauschgift bei sich hätte. Lächelnd antwortete Trakl: „Würde ich sonst noch am Leben sein?" Bei der Verabschiedung blieb Trakl regungslos liegen, ohne auch nur ein einziges Wort zu sprechen. Von Ficker schreibt: „Er sah mich nur noch an … Nie werde ich diesen Blick vergessen." Neben einer Feldpostkarte erreichten Ende Oktober Ludwig von Ficker noch zwei Briefe aus Krakau, in deren letzterem Trakl ihn wissen ließ: „Seit Ihrem Besuch im Spital ist mir doppelt traurig zu Mute. Ich fühle mich fast schon jenseits der Welt."

Es mutet fast wie eine Laune des Schicksals an, dass Trakl um ein Haar seinem wohltätigen Mäzen Ludwig Wittgenstein begegnet wäre, der als Kriegsfreiwilliger ebenfalls in Krakau Militärdienst leistete. Ludwig von Ficker, der davon unterrichtet war, kündigte Trakl den möglichen Besuch des Philosophen an, der umgehend schriftlich gebeten wurde, ihn im Garnisonsspital aufzusuchen. Unglücklicherweise hatte Wittgenstein gerade zu diesem Zeitpunkt eine Erkundungsaufgabe zu erfüllen und als er wieder nach Krakau zurückgekehrt war, erfuhr er zu seinem Schrecken, dass Trakl drei Tage zuvor verstorben und inzwischen auch bereits begraben worden war.

Als die Familie von Georgs Tod am 3. November erfahren hatte, wandte sich der Stiefbruder Wilhelm an die Leitung des Krakauer Garnisonsspitals mit dem Ersuchen um Mitteilung der näheren Umstände, die zu diesem unerwarteten Ableben geführt hätten. Daraufhin antwortete der leitende Stabsarzt mit Datum vom 15. November 1914, „dass Ihr Bruder Medik.-akzessist Georg Trakl im hiesigen Spitale wegen Geistesstörung (Dement. praec.) in Behandlung stand, am 2. November nachts einen Selbstmordversuch durch Kokainvergiftung (das Medikament hat er wahrscheinlich von der Feldapotheke, wo er früher tätig war, mitgebracht und so aufbewahrt, dass trotz sorgfältiger Untersuchung bei ihm nichts gefunden wurde) unternommen hat und trotz aller möglichen ärztlichen Hilfe nicht mehr gerettet werden konnte. Derselbe starb am 3. November um 9 Uhr abends und wurde im hiesigen Rakoviczer Friedhofe beerdigt." Auf Trakls letztem Weg be-

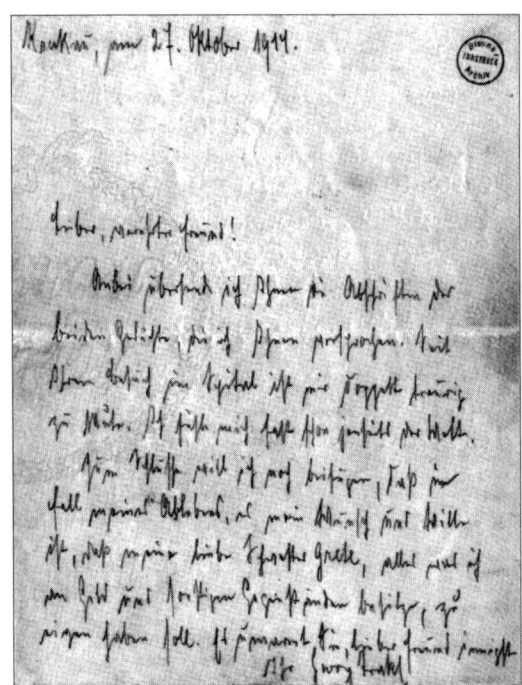

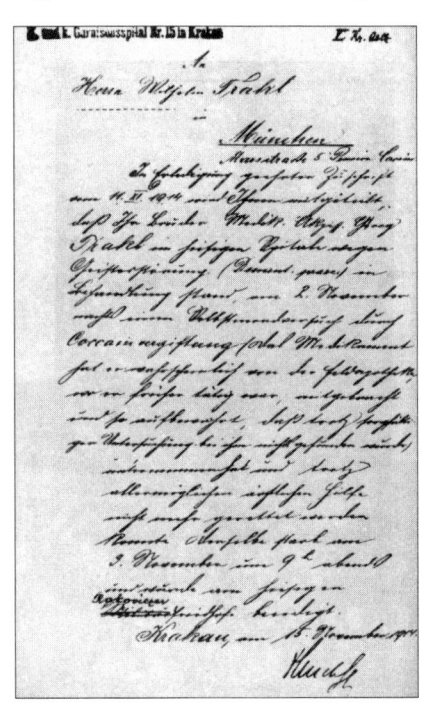

Trakls letzter Brief aus dem Krakauer Garnisonsspital   *Offizielle Todesnachricht*

gleitete ihn nur sein treuer Bursche Matthias Roth, ein einfacher Bergarbeiter, den er – wie man in einem Brief, den Roth an von Ficker schickte, erfährt – schon am 2. November aus seinen Diensten entlassen hatte. „Ich denke immer und immer an meinen Werthen lieben guten Herrn dass er so elendig und auf Solche Weise zu Grunde gehen musste", schrieb die gute Seele mit ungelenker Schrift und mit zahlreichen orthografischen Fehlern. Und Trakls Schwester Grete Langen sandte Ludwig von Ficker am 19. November die Zeilen: „Furchtbar ist der Tod meines Bruders, Gott gebe mir bald die Erlösung, auf die ich harre."

Erst im Jahre 1925 wurden die sterblichen Überreste Trakls von Krakau nach Tirol überführt, wo sie auf dem kleinen Gottesacker der Gemeinde Mühlau bei Innsbruck ihre bleibende Ruhe fanden. Otto Basil schloss seine Ausführungen über Leben und Werk des Dichters mit den ergreifenden Zeilen aus dem im Nachlass entdeckten Gedicht *An Novalis,* das wohl nicht ohne Absicht auf sein eigenes Scheiden aus dieser Welt hindeuten sollte:

In dunkler Erde ruht der heilige Fremdling.
Es nahm von sanftem Munde ihm die Klage der Gott,
Da er in seiner Blüte hinsank.
Eine blaue Blume
Fortlebt sein Lied im nächtlichen Haus der Schmerzen.

In ähnlicher Weise deutete Trakl seinen bevorstehenden Heimgang in die Ewigkeit in seinem letzten Gedicht *Klage* an, das seinen Adressaten Ludwig von Ficker noch in einem Feldpostschreiben erreichte und welches mit den Worten endet:

Schwester stürmischer Schwermut
Sieh ein ängstlicher Kahn versinkt
Unter Sternen,
Dem schweigenden Antlitz der Nacht.

TRAKL IM SPIEGEL DER MEDIZIN

Wenn auch Theodor Spoerri in seinem Traktat die Meinung vertritt, dass eine rein pathografische Beschreibung einer genialen Persönlichkeit, bei der das Krankheitsschema mit entsprechender psychiatrischer Klassifizierung im Vordergrund steht oder die Diagnose von körperlichen Leiden herauszuarbeiten versucht wird, kaum dazu beitragen könne, das Wesentliche einer genialen Kreativität zu erklären, so dient in der Regel doch eine Erörterung physischer und vor allem seelischer Abweichungen von der Norm als einer der Schlüssel, der uns das Tor zum Inneren des Menschen und Künstlers, wenigstens einen Spalt breit zu öffnen vermag. Man wird auf diese Weise sowohl das Verhalten eines genialen Menschen im Leben, das nur zu oft mit dem eines „Spinners" gleichgesetzt wird, besser verstehen und meist auch den Zugang zu seinen mitunter schwer verständlichen Werken erleichtern. Dazu ist es notwendig, Leben, Persönlichkeit und Werk vorurteilsfrei zu untersuchen durch die Erstellung einer biografischen Anamnese, die uns nicht durch voreilige diagnostische Benennungen das Blickfeld auf spätere Schlussfolgerungen einengt.

PERSÖNLICHKEIT UND CHARAKTER

Voraussetzung für eine Gesamtbetrachtung ist eine kritische Untersuchung der einzelnen Äußerungsformen von Trakls Persönlichkeit. In seinem Körperbau entsprach er nach der Klassifizierung Kretschmers dem athletischen Typ, dem auch „gewisse Eigentümlichkeiten des viskösen Temperaments" entsprachen. Das betraf sowohl seine verlangsamte Psychomotorik wie seinen Horror vor raschen Bewegungen. Man erinnere sich nur daran, wie er sich einmal als Kind vor einen scheu gewordenen Rappen oder vor die Eisenbahn zu werfen versuchte. Schon in früher Jugend neigte er zu verträumter Stimmung, in der er mitunter wie abwesend wirkte und offenbar gar nicht bemerkte, wohin ihn gerade der Weg führte. Eine besonders auffällige Episode war in diesem Zusammenhang das angeblich von ihm als Achtjährigem nicht wahrgenommene Hineinwaten in einen Teich, bis er den Boden unter den Füßen verlor. Es erhebt sich hier die Frage, ob dieses Ereignis wirklich unbewusst in einer träumerisch-weltverlorenen Stimmung erfolgte oder ob er sich nicht bereits damals zum ersten Male absichtlich in jene gefährliche Zone begeben hat, in welcher er es — auf der Schneide zwischen Leben und Tod schwebend — auch später wiederholt mit passiver Ergebenheit einem anderen anheim stellte, an welches Ufer es ihn treiben würde. Wissen wir doch aus

seiner biografischen Anamnese, dass er in jungen Jahren mit Vorliebe mit dem Tode spielte und nicht davor zurückschreckte, im Freundeskreis geradezu vom
Selbstmord zu schwärmen. Man denke nur an die Versuche des Fünfzehnjähri-
gen, sich in angeblich suizidaler Absicht mittels Chloroform in einen narkose-
ähnlichen Zustand zu versetzen, aus dem er dann natürlich wieder unbeschadet
erwachte. Diese Tendenz zur Selbstzerstörung im persönlichen Verhalten des
Dichters ist schwer eindeutig zu interpretieren. Es kann sich dabei ebenso um einen triebhaften Aggressionsakt gegen sich selbst handeln, der sadomasochistische
Lustgefühle in ihm weckte, wie auch im Sinne von Spoerri um eine Ausschal-
tungstendenz in Gestalt einer Selbstbestrafung aus Schuldbewusstsein.

Neben einer allgemeinen Beharrlichkeit und einer auffälligen bedächtigen
Psychomotorik lässt sich bei Trakl jedoch auch eine für die Polarität seines Wesens charakteristische Neigung zu überschießenden, plötzlich eintretenden Reaktionen feststellen. Ein solcher abrupter Stimmungswechsel wird uns schon aus
seiner Kindheit berichtet, wo er sich gelegentlich aus wildem Trotz zornig auf dem
Boden wälzte oder sein Essen, wenn es ihm nicht zusagte, gemeinsam mit Teller
und Besteck aus dem Fenster geworfen haben soll. Derartige für sein in Gegensätzen strukturiertes Persönlichkeitsprofil typische explosionsartige Reaktionen zeigten sich auch in seinem späteren Leben. So konnte er mit steinernem Gesicht lange Zeit vor sich hinbrüten, um dann grundlos plötzlich aufzulachen oder,
ohne seinen Partner anzusehen, aus unbewegtem Grübeln unvermittelt einen langen, stoßweise vorgetragenen Monolog zu beginnen. Es konnte sogar vorkommen,
dass er in der Art einer aufschießenden Affekthandlung überraschend aus einem
dumpfen Nachsinnen heraus im Wirtshaus einen Gast gewaltsam vor die Tür setzte. Diese Ambiguität fand auch in seiner Mimik ihre Entsprechung, die sich nach
Aussage seiner Freunde in einem „tiger- und zugleich nachtigallenhaften" Gesichtsausdruck manifestierte, wie ja auch seine allgemeine Stimmungslage nach
zwei Polen hin zu schwanken pflegte, indem Phasen düsterer Melancholie mit
überschäumender dionysischer Lebensfreude abwechseln konnten.

Durch all diese Verhaltensweisen musste Trakl seiner Umgebung, wie Röck
sich ausdrückt, „irgendwie fremd und andersartig" erschienen sein, umso mehr,
als „seine Erscheinung keine Anknüpfungspunkte bot." Keiner wagte es, den ver-
schlossenen Schulkameraden nach persönlichen oder gar intimen Angelegenheiten auszufragen, da man ihm – nach den Worten von Heinrich – mit wachsender
Ehrfurcht begegnete. Außerdem konnte man bei seiner Verletzlichkeit nie vor-
aussagen, wie er auf solche Fragen reagieren würde. Röck berichtet über ein be-
zeichnendes Ereignis: Als er bei einer nächtlichen Auseinandersetzung in einem
Gasthof einen Schlag erhielt, drohte Trakl „wahnsinnig zu werden … Seine Empfindlichkeit steigerte sich bis zum Gefühl der Unberührbarkeit seines Körpers."

Unter dem Eindruck der Missachtung der „Heiligkeit" seines Leibes „warf er sich gegen die Mauer, Verzweiflung und Weinen stürzte aus ihm, er zitterte in Scham, verdeckte sich vor Ekel und heulte aus Erbitterung".

Aber auch den realen Begebenheiten im Alltag gegenüber fühlte er sich hilflos ausgeliefert, wobei ihn vor allem die Anwesenheit vieler Menschen unsicher und ängstlich machte. Deshalb bevorzugte er auch meist menschenleere Lokale und vermied beispielsweise bei Bahnreisen jeglichen allzu nahen Kontakt mit Menschen. Kein Wunder, dass er sich als ein Fremdling fühlte und sich mit jenem Findelkind rätselhafter Herkunft namens Kaspar Hauser verglich, der 1828 im Alter von sechzehn Jahren in Nürnberg plötzlich auftauchte und bei seiner Vernehmung erklärte, er habe allein in einem dunklen Behältnis gesessen, solange er denken könne. Otto Basil sieht in diesem Kaspar Hauser ein Ego-Phänomen, das ebenso wie Novalis den Vexationen des Trakl-Ich zugeordnet werden muss.

Doch so verletzlich er selbst auch war, so unsensibel und rücksichtslos konnte er anderen gegenüber auftreten. Selbst seinem uneigennützigsten und treuesten Gönner und Freund Ludwig von Ficker – den man auch gerne mit der Rolle des Isaac Sinclair im Leben Hölderlins vergleicht – begegnete er mitunter mit derart ungerechten und aufgebrachten Vorwürfen, dass nach den Worten von Fickers ein „Feindliches, schwer unterdrückt, in mir aufstehen wollte". Aber auch nach dem Urteil seines Freundes Röck kannte Trakl „keine Art von Gefühlen" und Zeitgenossen berichten, dass der Dichter manchmal geradezu einen dämonisch aggressiven Eindruck hinterließ. Wahrscheinlich war er sich seines heftigen Aggressionstriebes selbst bewusst, wie man aus mehreren blutrünstigen Gestalten in seinen Dichtungen und aus manchen sadistischen Fantasien schließen könnte, und dieser aggressive Trieb in ihm dürfte auch für manche verallgemeinernde und stark übertriebene Urteile über andere Menschen verantwortlich gewesen sein. Äußerte er doch Röck gegenüber einmal, dass alle Kaufleute Verbrecher wären und alle Deutschen durch das Henkerbeil gerichtet werden müssten.

Trakls ausgesprochene Suchtneigung zeigte sich bereits in frühester Jugend in einem übertriebenen Verlangen nach Süßigkeiten und Schleckereien, das so stark ausgeprägt war, dass er sich angeblich bei einer Verweigerung das Leben nehmen wollte, wie Spoerri berichtet. Mit Eintritt in die Pubertät mussten die Süßigkeiten dem Zigarettenkonsum weichen, der ihn bald zum Kettenraucher machte und dazu führte, dass nach einer Erzählung Bruckbauers sich bald „der blonde Bartflaum wie Meerschaum goldbraun färbte". Diese Sucht nach der Zigarette weist ebenso wie jene nach Süßigkeiten nach der Lehre Freuds auf eine orale Befriedigungstendenz hin, deren tiefere Ursache wohl die schmerzlich entbehrte Mutterliebe und das Fehlen wohligen Geborgenseins gewesen sein dürfte. Ebenfalls

Was das sexuelle Verhalten Georg Trakls betrifft, lässt sich nichts aus seiner biografischen Anamnese herauslesen darüber, ob er jemals in seinem kurzen Leben in aller Natürlichkeit verliebt war. Auch in seinem gesamten dichterischen Werk findet man kein eigentliches Liebesgedicht. Dieses Fehlen einer das Konventionelle überschreitenden Bindung an ein weibliches Wesen veranlasste Bayerthal ebenso wie Riese schon in den frühen Zwanzigerjahren zu der Feststellung, dass Trakl offenbar „keinem ausgesprochen männlichen Prinzip" zugeordnet werden könne, ja dass er sogar „hermaphroditische Züge" habe erkennen lassen. Tatsache bleibt, dass Trakl bereits am Ende seiner Pubertätszeit enge Bekanntschaft mit Prostituierten hatte, wobei er sich in besonderem Maße zu einer älteren Dirne hingezogen gefühlt haben soll. Es ist anzunehmen, dass es dabei zu keiner eigentlichen sexuellen Beziehung kam, denn es wird berichtet, dass er bei dieser offensichtlich äußerlich bereits recht wenig attraktiven Frau, die möglicherweise für ihn ein mütterliches Surrogat war, stundenlang schweigend dasaß, reichlich Wein genoss oder aufgeregte Monologe hielt. Seine später wiederholt bekundete Achtung, ja Ehrerbietung vor käuflichen Liebesdienerinnen unterstreicht die Annahme, dass er in ihrem Kreise weniger den sexuellen Verkehr, als vielmehr Ablenkung und Befriedigung – möglicherweise perverser Wünsche – anstrebte. In diesem Sinne spricht auch die von Spoerri erwähnte Freudenhausszene, „einer Szene, die in ihrer Abwegigkeit für Trakl charakteristisch und psychiatrisch aufschlussreich ist." Nähere Einzelheiten darüber wollte Spoerri nicht weitergeben, doch wies er ausdrücklich auf Voyeur-ähnliche Vorkommnisse und auf Verhältnisse mit Kellnerinnen und Dienstmädchen hin, die durch aggressive Handlungen gekennzeichnet waren. Als ihn ein Freund einmal zur Vorsicht mit unbedachtem Umgang in sexuellen Beziehungen zu ihm völlig unbekannten weiblichen Lustobjekten mahnte, soll er mit einem „dämonisch überlegenen Lächeln" erklärt haben, dass er sich gegen jede Ansteckung mit einer Geschlechtskrankheit gefeit fühle. Wie aus den legendären oder literarischen Dirnengestalten in seinen Gedichten *Afra* und *Sonja* zu erkennen ist, waren ihm die käuflichen Dirnen über das rein Sexuelle hinaus ein Symbol für die „Erniedrigten und Beleidigten".

Der so frühzeitig einsetzende Umgang mit Dirnen stand wahrscheinlich mit Trakls gestörtem Verhältnis zu seiner Mutter, die ja eindeutig pathologische Züge aufwies, in einem engen Zusammenhang, wobei zusätzliche traumatisierende Erziehungsmethoden nicht ausgeschlossen werden können. Wie Spoerri vermutet, entwickelte Trakl bei dieser „triebhaft aussehenden, kontaktarmen und egozentrischen Frau, die ebenso wie drei (recte: vier; Anm. d. Verf.) ihrer Kinder süchtig war, ein Mutterbild, in welchem Aggressionen gegenüber den normalen kindlichen Regungen die Oberhand hatten". Der Hinweis aus psychoanalytischer Sicht, dass Säuglinge, die nicht von der Mutter gestillt werden, suchtgefährdet seien und Georg zu diesen Kindern zählte, wird dadurch weitgehend entkräftet, dass ausgerechnet seine Schwester Grete, die sich wegen ihrer schweren Rauschgiftsucht sogar einer – allerdings erfolglosen – Entwöhnungskur unterziehen musste, als einzige von allen Geschwistern ein Brustkind war. Trotzdem ist der Gedanke nicht abwegig, dass Georg die Stillverweigerung seiner Mutter unbewusst als ein Zeichen mangelnder Liebe und Zuneigung auffasste und die Gefühlskälte der Mutter jede Geborgenheit in ihrem Schoße und jeden Rückhalt innerhalb der Familie vermissen ließ.

Die Überlegung ist deshalb naheliegend, dass der hochsensible, von jeher kontaktscheue und der Wirklichkeit im Alltag hilflos gegenüberstehende junge Trakl sich von der Mutter indifferent behandelt, ja abgestoßen fühlte und die fehlende mütterliche Zuneigung und Wärme schon während der spätpubertalen Entwicklungsphase bei käuflichen Frauen unabhängig von deren Äußerem zu finden suchte. Ähnliche Überlegungen treffen für die den Normenkatalog sprengende intensive geistige und körperliche Beziehung Trakls zu seiner Schwester Grete zu, die ihm im Wesen und im Aussehen ungemein ähnlich war und die er am wenigsten als „fremde Außenwelt" betrachtete. Man hat sie geradezu als sein „ins Haltlose verzerrtes Ebenbild" bezeichnet. Sie soll leidenschaftlich, heftig aufbrausend und unbezähmbar in all ihren Verhaltensweisen gewesen sein, was sich für ihre künstlerischen Ziele als begabte Pianistin – zunächst bei dem Salzburger Musiklehrer Brunetti-Pisano und später bei Ernst Dohnany in Berlin – ausgesprochen positiv, für ihre extravaganten Schrullen und Launen im Alltag hingegen nachteilig auswirkte. Schon als Gymnasiast war Grete für den Bruder, wie Bruckbauer erzählt, „aus innerer Notwendigkeit hymnisch und das schönste Mädchen, die größte Künstlerin, das seltenste Weib". Vermutlich sind die ersten intimen Beziehungen zwischen den beiden in die Zeit der Pubertät zu datieren, jene Zeit, in welcher seine Schulfreunde eine merkliche Veränderung seines ganzen Wesens bemerkten und von der Trakl selbst die vielsagende Andeutung machte, er sei zuvor erst halb geboren gewesen. Aus verschiedenen Bildern in seinen Gedichten muss man fast zwangsweise auf ein inzestuöses sexuelles Verhältnis zwischen den beiden Geschwistern schließen und zwar nicht nur als Ausdruck eines Wunsches, sondern als eines schuldhaft Erlebten. Nicht umsonst wurde in der ersten Gesamtausgabe auf das Gedicht *Blutschuld* aus verständlichen Gründen verzichtet und auch später versuchte man durch die Vernichtung aller Briefe der Schwester an Georg und durch angebliche Nichtauffindung seiner Briefe an Grete im Nachlass von Trakls Schwager Langen in Berlin jedes diesbezügliche Beweismaterial zu beseitigen. Erst den Bemühungen Theodor Spoerris gelang, wie bereits erwähnt, in gewisser Weise die Beweisführung des tatsächlich erfolgten sexuellen Verkehrs zwischen den Geschwistern. Vermutlich dürfte die sexuelle inzestuöse Beziehung in der Art eines Gewaltaktes erfolgt sein, wenn auch kaum in Form einer richtigen Vergewaltigung. Dazu schien es auch nicht notwendig gewesen zu sein, da eine versteckte Aufforderung durch die Schwester spürbar ist. Wie zwei Freunde mehrere Jahre nach dem Tode des Dichters berichteten, schien Grete – zweifellos unter dem Einfluss von reichlich Alkohol und Rauschgift – später zunehmend hemmungslos geworden zu sein, sodass sich die beiden nur mit Mühe und unter Vorspiegelung zwingender Gründe ihrem Wunsch, sie sexuell zu befriedigen, entziehen konnten. Sie wurde aber auch immer mehr hysterisch, wie aus ihrer eigenen Schilderung hysteriformer Anfälle hervorgeht: „Ich habe wahre Tobsuchtsanfälle und falle bisweilen hin beinah ohne Bewusstsein, sodass Fickers mich tragen müssen." Ihre psychopathisch bedingte Haltlosigkeit und ihre Schuldgefühle im Zusammenhang mit den gemeinsamen ekstatischen Erlebnissen mit ihrem Bruder gestatteten es ihr nicht mehr, die Wirklichkeit zu bewältigen. Als sie 1917 mit dem bekannten deutschen Expressionisten Herwarth Walden einen Abend in einer Gesellschaft verbrachte, ging sie ohne Vorankündigung in ein Nebenzimmer, um sich ihrem qualvoll empfundenen Schicksal durch Erschießen für immer zu entwinden. Bis heute konnte noch nicht eindeutig geklärt werden, was sich im November 1913 anlässlich des Besuches Trakls bei seiner Schwester in Berlin ereignet und nach seinen eigenen Worten „sein Leben unsäglich zerbrochen" hat. Der äußere Anlass dürfte ziemlich sicher eine ihn bis ins Mark treffende Erfahrung in diesen Tagen gewesen sein, die mit seiner Schwester im Zusammenhang gestanden sein dürfte, wie man aus zwei Briefen entnehmen kann, die er vier Monate später aus Berlin an seinen Freund Heinrich und an Ludwig von Ficker absandte und in denen er über eine Fehlgeburt seiner Schwester Grete, die durch schwere Nachblutungen anscheinend ernstlich kompliziert wurde, berichtet. Es ist wohl müßig, darüber zu spekulieren, ob diese Fehlgeburt unsachgemäß von nichtärztlicher Seite eingeleitet worden war und ob es sich dabei, wie Schünemann munkelt, möglicherweise um ein gemeinsames Kind von ihm selbst gehandelt hat.

Um Trakl als Menschen und Künstler beurteilen zu können, erscheint es angebracht, die Auffassungen über das Wesen des Inzests, dessen Verherrlichung er in Richard Wagners *Walküre* vorbehaltlos befürwortete, näher zu beleuchten. Spoerri erinnert daran, dass nämlich die Genese der so genannten Inzestschranke ein recht kompliziertes Problem darstellt, das keineswegs nur mit einer Verdrängung auf Grund sittlicher Gebote zu erklären ist. Schon Sigmund Freud hat im Verlaufe der individuellen Entwicklung des Menschen das Vorhandensein inzestuöser Tendenzen beim Kind aufzuzeigen versucht, Tendenzen, die beim Erwachsenen normalerweise durch die Inzestschranke verhindert werden, jedoch als infantile Fixierung fortbestehen und zu psychischen Fehlleistungen Anlass geben können. In ähnlicher Weise fasste Freud auch die Perversionen als Persistenz von Partialtrieben auf, die „durch fixierte infantile Neigungen oder Regressionsvorgänge infolge von Ödipus- oder Kastrationskomplexen" entstehen. Damit allein können die Triebstörungen Trakls allerdings nicht erklärt werden, umso weniger, als bei ihm weder ein Ödipus- noch ein Kastrationskomplex aufgedeckt werden kann. Spoerri vermutet mit Recht, dass für den Bruder-Schwester-Inzest, der wesentlich seltener beobachtet wird als etwa jener zwischen Vater und Tochter, eine abnorme Persönlichkeit unabdingbare Voraussetzung zu sein scheint, vor allem dann, wenn es sich um äußerlich so geordnete bürgerliche Verhältnisse handelt, wie sie in der Familie Trakl herrschten. Im Falle Georg Trakls kann eine solche abnorme Persönlichkeit mit Fug und Recht vorausgesetzt werden. Spoerri verweist in diesem Zusammenhang ausdrücklich auf die im Leben und Werk des Dichters anzutreffenden Aggressionstendenzen, die in seinen Jugendgedichten als exquisit sadistisch-masochistische Fantasien widergespiegelt werden: „Es ist in diesen Bluträuschen die grausame Lust spürbar, das Schrecklichste zu tun und allen Werten und Gefühlen bei gleichzeitiger schuldbewusster Selbstanklage frevelnd ins Gesicht zu schlagen. Ebenfalls lagen sicherlich den nur halb ernst gemeinten Selbstmordversuchen dieser Periode gegen die eigene Person gerichtete Aggressionen zu Grunde, und es ist nicht ausgeschlossen, dass eine masochistisch-sexuelle Komponente mit im Spiel war."

Es lassen sich bei Trakl aber auch infantile Züge feststellen, die sich in der starken Bindung an seine Lieblingsschwester und in seiner ablehnenden, negativen Einstellung zur Mutter zu erkennen geben. In gleicher Weise ähnelt seine geradezu idealistische Verehrung der Liebenden ganz und gar der Erlebnisweise eines Knaben im Pubertätsalter, der in der Regel sentimentale Erotik und grobe Sexualität als zwei getrennte Ebenen erlebt. Wenn Trakl zeit seines Lebens nur mit Prostituierten und leichten Mädchen verkehrte, dann beweist dies einmal mehr die bewusste Abspaltung der Sexualität von seiner übrigen Persönlichkeit. Schließlich zeigen uns seine häufigen Bordellbesuche während seiner Spätpubertät, dass es ihm dabei weniger um die Möglichkeit eines Geschlechtsverkehrs gegangen sein dürfte. Vielmehr dienten sie teilweise der Kompensation seiner schmerzlich vermissten mütterlichen Zuneigung und teilweise der absichtlichen Erniedrigung des Mutterbildes.

Zur Diagnose des Krankheitsbildes

Aus den biografisch-anamnestischen Angaben und der Darstellung des Persönlichkeitsbildes Trakls muss man zwangsläufig zu der Überzeugung gelangen, dass sein Wesen und seine Verhaltensweisen im Leben ebenso wie sein dichterisches

Werk nicht den Maßstäben des durchschnittlichen Normenkatalogs entsprechen. Die Frage bleibt zunächst nur offen, ob es sich beim Dichter um eine genetisch bedingte abnorme Charakteranlage handelte oder ob es sich um psychiatrisch-diagnostische Entitäten wie etwa eine neurotische Störung oder eine Geisteskrankheit gehandelt haben könnte.

Eine genetische Komponente muss deshalb in Erwägung gezogen werden, weil nicht nur Georg selbst, sondern auch die übrigen Familienangehörigen seiner Generation mit ihrem doch etwas auffälligen Verhalten den gewohnten Rahmen des Alltäglichen und Normalen überschritten. Spoerri wies darauf hin, dass von den Verwandten Georgs noch von einem „großen Geheimnis" um Trakl gesprochen wurde, was auf eventuelle Unsicherheiten in der Abstammung hindeuten könnte. Leider konnte über Chraktereigentümlichkeiten, Begabungen oder auffällige Schicksalsverläufe in der Aszendenz nur sehr Weniges, und selbst dies nur ungenau, in Erfahrung gebracht werden. Über die väterlichen Vorfahren ist so gut wie gar nichts bekannt. Der Vater Tobias wurde jedenfalls von den Zeitgenossen einhellig als eine bedächtig lebensfrohe und ausgeglichene Natur geschildert. Von den mütterlichen Ahnen wissen wir nur über das Schicksal der Großmutter, einer geborenen Schod, Bescheid, die viele Jahre gemeinsam mit der Familie in Salzburg wohnte und dort in hohem Alter mit den Symptomen einer vermutlichen postapoplektischen Demenz, also eines geistigen Abbaues infolge zahlreicher arteriosklerotisch bedingter Ausfälle innerhalb des Großhirnes, starb. Einzig Trakls Mutter machte einen recht auffallenden, „triebhaft unberechenbaren" Eindruck. Man bezeichnete sie als äußerst eigenwillig, kühl und ihren Mitmenschen gegenüber reserviert und auch innerhalb der Familie ließ sie selbst ihren Kindern die eigentliche mütterliche Wärme fehlen, um sich mit übertrieben egozentrischem Eifer bevorzugt ihrer schrulligen Sammelleidenschaft für Antiquitäten zu widmen. Ob sie auch bei der Entwicklung der Süchtigkeit Georgs und Gretes indirekt eine Mitverantwortung trug, kann nur vermutet, aber nicht bewiesen werden. Doch dürfte eine genetische Komponente mütterlicherseits deshalb von Bedeutung sein, weil die Mutter, wie bereits an anderer Stelle erwähnt, eindeutig selbst rauschgiftsüchtig gewesen ist. Darüber hinaus muss zur Erklärung des auffälligen Verhaltens Georg Trakls neben der Möglichkeit einer von der Mutter vererbten Disposition auch milieubedingten Faktoren Bedeutung beigemessen werden, umso mehr, als es keineswegs so sicher ist, ob man wirklich von der Annahme einer echten psychischen Veranlagung ausgehen kann. Vertreten doch viele Genetiker die Ansicht, dass sich die endogenen Psychosen nicht durch ein einziges, sondern durch eine ganze Reihe von Genen weitervererben, die ihrerseits wiederum einen teils rezessiven, teils dominanten Erbgang aufweisen. Die sich daraus ergebende Fülle von Möglichkeiten macht klar, dass aus genetischen Spekulationen bei endogenen Psychosen für eine sichere Diagnose und Prognose nicht viel gewonnen wird. Anders wäre die Situation, wenn man in der Aszendenz des Dichters rudimentär vorhandene Anlagen ausmachen könnte, was aber deshalb nicht möglich ist, weil bereits von seinen Großeltern der Nachwelt nicht viel mehr bekannt wurde, als ihr Name und ihre äußeren Lebensdaten.

Was Trakls Angstzustände betrifft, ist die Annahme ihrer Entstehung im Rahmen einer neurotischen Konstitution durchaus berechtigt. Neurosen sind ja generell fast immer mit Angst verbundene, strukturell begründete krankhafte Störungen der Persönlichkeitsdynamik, die sich aus Abweichungen von einer harmonischen Selbstfindung in der Regel schon während der Kindheit herausbilden und von den Primärbeziehungen zu den Eltern weitgehend bestimmt werden. Entscheidend sind die symbiotischen Grunderfahrungen zwischen Mutter und Kind, denn sind diese am frühesten Beginn des Lebens mangelhaft ausgestattet, so fühlt sich das Kind nicht im Schoße der Mutter getragen und gewärmt und es empfindet Angst, in der Welt verloren zu gehen. Durch den Versuch eines „abgelehnten" Kindes, die Welt mit Gewalt festzuhalten, entsteht eine Zwangsstruktur, die sich mit dem psychoanalytisch geprägten Begriff „Oralität" deckt, die bei Trakl in Gestalt einer Sucht nach Süßigkeiten zum Ausdruck kam. Bleibt in den ersten Lebensjahren auch die Ausbildung einer positiven Identifizierung mit der Mutter aus, dann gewinnt das „Ich" des Kindes kein festes Fundament und mit den unbefriedigten Identifizierungswünschen entwickelt sich aus Angst vor totaler Isolierung eine „schizoide" Struktur mit Kontaktabwehr und Angst vor Gefühlen. Bleibt schließlich noch die sexuelle „Erweckungsphase" in der ödipalen Beziehung des Kindes zu den Eltern aus, dann wird in der Folge die Darstellung von Sexualität in der Regel kompensierend überbetont und das Kind kann sich dann leicht in die Inszenierungswünsche der Lebenspartner verlieren und zu echt hysterischen, überschießenden Reaktionen neigen, wie dies nicht nur bei Georg, sondern und vor allem auch bei seiner Schwester Grete der Fall war. Da bei Trakl heftige, zum Teil verdrängte Aggressionstriebe nachgewiesen werden können, darf überdies davon ausgegangen werden, dass seine Angstzustände auch das Resultat der Scheu vor jenen Trieben war, deren Entdeckung für ihn gefährliche Konsequenzen hätten nach sich ziehen können. Wie die biografische Anamnese des Dichters erkennen lässt, müssen wesentliche Wurzeln zur Erklärung seiner neurotischen Verhaltensweisen im Milieu der Familie Trakl und hier wieder in besonderem Maße in seiner fragwürdigen Beziehung zu seiner Mutter vermutet werden. Das Gleiche gilt für verschiedene Protesthaltungen noch während seiner ausklingenden Pubertätsjahre, also sein mutwillig verändertes Äußeres, sein Kettenrauchen, sein süchtiges Verlangen nach Alkohol und Rauschgiften oder seine allzu frühen Bordellbesuche.

Kann Trakls Angst bei Anwesenheit vieler Menschen in einer Situation des Beengtseins, wie dies wiederholt beschrieben wurde, ohne weiteres noch im Rahmen einer neurotischen Verhaltensweise erklärt werden, so entsprechen Angstzustände beim bloßen Anblick einer kahlen Mauerwand oder beim Begegnen eines Menschen im Walde in der Annahme, einen Mörder vor sich zu haben, eindeutig jenen unmotiviert auftretenden Angstreaktionen, wie man sie bei Vorliegen einer echten Psychose antrifft. Trakls aus diesen Beispielen erkennbares, wenig an der Außenwelt sich orientierendes Erleben sowie der von seiner Umgebung oft beobachtete sprunghafte Wechsel seiner Stimmung muss eindeutig als schizoide Reaktionsweise aufgefasst werden, deren affektive Verhaltung sich weitgehend mit dem Begriff des Autismus deckt. Beim Autismus handelt es sich um ein unsachliches, selbstbezogenes und affektbestimmtes Denken, das Bleuler gemeinsam mit dem Kontaktverlust der Wirklichkeit und deren Ersatz durch die eingebildete Welt eines Wahns als charakteristisch für das Vorliegen einer schizophrenen Psychose hielt. Außerdem findet man beim Dichter eine für das Verhalten Schizophrener typische Ambivalenz, also ein gleichzeitiges Nebeneinanderbestehen bei normalerweise sich ausschließenden Gegensätzen. Diese Ambitendenz findet sich auch in seinen Dichtungen, wie Spoerri schreibt: „Bei Trakl ist diese Strukturierung in Gegensatzpaare eine der hervorstechendsten Eigentümlichkeiten seines Wesens, und wie im letzten Lebensjahr die Zwiespältigkeit seine Aktivität immer mehr blockiert, so nehmen auch in seinem Werk die gleichzeitigen, stimmungsmäßig Grauen erregenden Gegensätzlichkeiten zu, die aber wie mechanisch zwanghaft und kaum noch voll erlebt wirken."

Da eine solche Ambivalenz in stark gefühlsbesetzten Vorkommnissen auch bei geistig als normal bezeichneten Personen beobachtet und auch eine „springende Temperamentskurve" mitunter noch nacherlebbar aufgefasst werden kann, war man bei Trakl bemüht, sich mit der Diagnose einer Schizophrenie nicht voreilig festzulegen und nach weiteren symptomatisch verwertbaren Vorkommnissen im Leben und Werk des Dichters zu forschen. Ein solches so gut wie ausschließlich nur bei Schizophrenen anzutreffendes Verhalten ließ auch Spoerri klinisch gelten, wenn er es nicht mehr als einfühlbar bezeichnete, als Trakl einmal mitten in einem festlichen Treiben in nüchternem Zustande „plötzlich aufsprang und am ganzen Leibe zitternd einen als Siegerpreis ausgesetzten Kalbskopf laut als ‚unseren Herrn Christus' bezeichnete. Ganz abgesehen davon, dass ein solcher Vergleich bereits abwegig wirkt, war eine derartige öffentliche Äußerung … den damals Anwesenden als der Situation keineswegs angepasst." Dieses inadäquate Verhalten, das urplötzlich unangepasst an die äußere Situation auftrat, zeigt die Unstimmigkeiten in Bezug auf die Einordnung des Menschen in sein Lebensgehäuse, in das eigene Ich und in die Welt, wie dies für eine schizophrene Psychose zutrifft.

Aber auch der Verlauf von Trakls Leben lässt Besonderheiten erkennen, die von einer normalen Entwicklung abweichen. Wenn auch zugegebenermaßen bei Jugendlichen in der Spätpubertät krisenhafte Störungen des psychischen Gleichgewichts relativ oft angetroffen werden, so ist die Veränderung Trakls in dieser Entwicklungsphase mehr als auffallend. Kann man doch seine frühen – unechten – Selbstmordversuche, seine Chloroformnarkosen, das häufige Aufsuchen von Bordellen und seine inzestuöse Beziehung mit seiner Schwester Grete nicht mehr nur mit einer Pubertätskrise abtun. Die vorübergehende Aufhellung seiner Stimmung in den nachfolgenden Jahren kann nicht darüber hinweg täuschen, dass etwa von seinem zwanzigsten Lebensjahr an ein merklicher Stimmungswandel sich abzuzeichnen begann. Seine Stimmung wurde zusehends düsterer, depressiver und unausgeglichener und man gewinnt den Eindruck, dass ein zerstörender Prozess allmählich die festen Konturen seiner Gestalt zu verwischen begann. Sein Seelenzustand wurde immer chaotischer, und so wie er in seinem Leben immer unfassbarer wurde, so schwächte sich auch in seinem dichterischen Werk die Beziehung zur realen Außenwelt mehr und mehr ab. Parallel zum Desinteresse an seinem Leben und zu seiner immer häufigeren Flucht in die Betäubungen verlieren auch seine Gedichte zusehends die festen Bezüge zur Wirklichkeit. Die Symbolik kann verstandesmäßig kaum mehr enträtselt werden, es häufen sich Verschmelzungen und Identifizierungen und Spoerri weist mit Nachdruck darauf hin, wie Ausdrücke für Starres, Lebloses wechseln mit Formulierungen des Gewalttätigen, des Zerbrechens und Fallens und Stürzens. Zu der immer mehr in den Vordergrund tretenden Passivität der letzten Jahre und dem steigenden Verlust, die Wirklichkeit zu erfassen, gesellte sich schließlich noch die Unfähigkeit zur Selbstgestaltung, also den Verdüsterungen in seinem Inneren formend entgegenzuwirken.

Eigenartig sind bei Trakl auch Gefühlsstörungen, wie sie bereits bei seinen unangepassten Affekthandlungen angeklungen sind. Aber auch ambivalente Gefühlsstörungen fallen auf, wenn er etwa auf der einen Seite Tieren gegenüber ein übergroßes Mitleid empfand und auch auf reale oder vermeintliche Verletzungen seiner eigenen Person überempfindlich reagierte, während er anderen Menschen gegenüber einen Sensibilitätsmangel und eine unerklärliche Rücksichtslosigkeit an den Tag legen konnte. Röck apostrophierte diese Art von seelischer Taubheit mit den Worten: „Er kannte keine Art von Gefühlen", und meinte damit Trakls Mangel an Gefühlskontakt. Solche Gefühlsstörungen spielen im schizophrenen Seelenleben eine bedeutende Rolle und manche Psychiater wie etwa Klaesi machen sie sogar für die bei dieser Psychose so charakteristischen Denkstörungen primär verantwortlich. Tatsächlich gewinnt man bei Trakl den Eindruck, dass die logische Entwicklung eines Gedankenganges dadurch vermisst wird, dass er beim Versuch, ein bestimmtes Grundgefühl zu beschreiben, immer wieder aufs Neue die verschiedensten Eindrücke kaleidoskopartig aneinander reihen zu müssen glaubte. Dabei können die Gedanken in ihrer Reihenfolge auseinander fallen und das Denken sperren, verdrehen und verfremden. Das Denken wiederholt sich und wendet sich im Extremfall auf die schizophrene Person zurück, sodass sie im Sinne eines Autismus nicht mehr zu kommunizieren imstande ist. Bei Trakl entwickelte sich aber auch eine Störung des inneren Wollens verbunden mit deutlichen Zeichen einer Antriebsstörung, wodurch es zu einer zunehmenden Lahmheit der inneren Motorik und zu einem Abfall der Vitalität kam. Sprach er doch selbst davon, dass ihn nicht einmal seine eigenen Angelegenheiten mehr interessieren würden: „Alles ist so anders geworden. Man schaut und schaut – und die geringsten Dinge sind ohne Ende." Wenn dies alles zunächst noch immer nicht stichhaltig für eine sichere Diagnose einer schizoiden Psychose im Falle Trakls ist, so ist es doch bemerkenswert, dass ihm seine Selbstverfremdung und die gestörte Konkordanz zwischen seinem Ich und der äußeren Welt – eine direkte Widerspiegelung des eigentlichen schizophrenen Grundgeschehens – offenbar mehr und mehr selbst bewusst wurde, denn er äußerte nachweislich seine Furcht vor dem Irrsinnigwerden.

Aus all diesen geschilderten Anzeichen – Autismus, Ambivalenz, Gefühlsstörungen, Assoziationsstörung – glaubte sich Spoerri schon 1954 berechtigt, bei Trakl eine Schizophrenia simplex diagnostizieren zu können, da ihm hiefür die Grundsymptome und die prozesshafte, langsame Neigung seiner Lebenslinie ausreichend erschienen. Was ihn jedoch noch immer unsicher machte, war das Fehlen der so wichtigen Sekundärsymptome wie Wahnideen und Halluzinationen. Sind doch Bedeutungsveränderungen, bei denen Zeichen und Worte als Verfolgung oder Verführung aufgefasst werden, ein Kardinalsymptom für die Diagnose einer Schizophrenie. Zwar wurde Trakls Furcht, wegen Mutlosigkeit vor dem Feind durch ein Kriegsgericht möglicherweise hingerichtet zu werden, von Freunden, die ihn im Garnisonsspital in Krakau trafen, als Wahn gedeutet. Doch wenn man auch definitionsgemäß diese Angstvorstellung nicht als einen wirklichen Wahn, also einen pathologisch entstandenen nicht korrigierbaren Irrtum, deuten konnte, sondern bestenfalls von einer wahnhaften Idee im Sinne Jaspers gesprochen werden durfte, so schien Spoerri mit Recht der Inhalt dieses „Wahns" nicht uneinfühlbar oder unverständlich, weshalb er ihm zur Erstellung einer sicheren Diagnose nicht ausreichte. Konnte es sich doch nur um einen extremen Erregungszustand gehandelt haben, der bei einem so empfindsamen Menschen wie Trakl angesichts der schrecklichen Erlebnisse bei der Betreuung der furchtbar zugerichteten Verwundeten ausreichend motiviert wäre.

Erst 1967 brachten neue Einzelheiten über Trakls Lazarettaufenthalt und Tod in Galizien, die Johann Adam Stupp in Erfahrung bringen konnte, Licht in diese obskure Theorie, wonach sein versuchter Selbstmord nach der Schlacht bei Grodek von Trakl als Zeichen einer Feigheit vor dem Feind ausgelegt worden sein soll und dies in seinen Augen ausreichte, vor ein Kriegsgericht gestellt zu werden. Einer der drei Ärzte, die Trakl während seiner letzten Lebenswochen betreuten, schilderte nämlich einen Vorfall, über den Trakl Ludwig von Ficker anlässlich von dessen Besuch im Krakauer Garnisonsspital nichts berichtet hatte, der aber schlagartig die ängstliche Atmosphäre einer drohenden Straffälligkeit des „Delinquenten" Trakl zu erklären vermag, die von Ficker vorfand und als eine Wahnvorstellung deutete. Trakl machte nämlich während seines Transportes auf die psychiatrische Abteilung des Garnisonsspitals nach Krakau den Versuch, zu fliehen, was als Desertierung aufgefasst werden konnte und berechtigterweise seine Furcht vor einer möglichen Hinrichtung auslöste. Es handelte sich somit eindeutig um keine Wahnvorstellung. Hingegen berichtete einer der drei Ärzte von anderen, diesmal echten Wahnideen, die Trakl geäußert hatte. Letzterer behauptete nämlich, dass Tobias Trakl nicht sein wirklicher Vater gewesen sei, sondern dass er vermutlich von einem Kardinal abstamme. Wiederholt soll er auch beteuert haben, dass er zukünftig eine große Persönlichkeit werden würde. Hier handelt es sich eindeutig um illusionäre Wahnideen, wie sie für schizophrene Menschen typisch sind, wobei im vorliegenden Fall Anklänge an Größenwahn zu erkennen sind.

Den entscheidenden Schlussstein beim Aufbau der endgültigen Diagnose einer Schizophrenie bildet aber in diesem erst 1967 veröffentlichen ärztlichen Bericht die folgende Aussage: „Von Zeit zu Zeit hatte Trakl seit seiner Kindheit optische Halluzinationen. Er hatte die Vorstellung, ein Mann mit gezücktem Messer stünde hinter seinem Rücken. Zwischen seinem zwölften und vierundzwanzigsten Jahr hatte er keine derartigen Erscheinungen. Erst seit drei Jahren begann er wieder unter solchen optischen Illusionen zu leiden und darüber hinaus hörte er nun auch des öfteren Glocken läuten." Während akustische Halluzinationen relativ häufig bei Schizophrenen angetroffen werden, wird über optische Halluzinationen seltener berichtet. Sie bedienen sich in der Regel optischer Wahrnehmungskerne – wie bei Fieberdelirien sind Tapetenmuster und Wandnischen geeignete Objekte. Wenn derartige optische und akustische Halluzinationen nun auch bei Georg Trakl ausgeforscht werden konnten, dann sind gemeinsam mit seinen geschilderten echten Wahnideen so gut wie alle Kardinalsymptome einer Schizophrenie in mehr oder weniger deutlicher Ausprägung zuletzt vorhanden gewesen, sodass an dieser Diagnose heute wohl kaum mehr gezweifelt werden kann. Man darf mit hoher Wahrscheinlichkeit annehmen, dass seine Psychose unter dem vernichtenden Eindruck seiner Erlebnisse am Kriegsschauplatz ausgebrochen sein dürfte. Diese Diagnose, der sich auch Spoerri 1968 vollinhaltlich anschloss, wurde bereits von den Ärzten des Garnisonsspitals in Krakau gestellt, wenn im Sterberegister „Dementia praecox" als Grundkrankheit und im ärztlichen Protokoll vom 4. November 1914 als Todesursache „Suizid durch Cocainintoxikation" angeführt wurde. Die seinerzeit von Kraepelin eingeführte Bezeichnung Dementia präcox umschrieb ja früher jenes psychiatrische Syndrom, das heute unter dem Begriff Schizophrenie subsumiert wird.

Wie schwierig gerade im Falle Trakls die diagnostische Zuordnung seines Lebensverlaufes und seines Werkes zu dem weiten Spektrum einer schizophrenen Psychose ist, da klares Bewusstsein und intellektuelle Kapazität oft lange Zeit erhalten bleiben können, möge die Beschreibung der Symptome dieser Krankheit zeigen, wie sie 1999, im „Jahr des Gehirns", bei der internationalen Klassifikation ICD 10 vorgenommen wurde. Dort heißt es: „Die schizophrenen Störungen beinhalten eine grundlegende und charakteristische Störung des Denkens und Wahrnehmens sowie inadäquate und verflachte Affektivität. Klares Bewusstsein und intellektuelle Kapazität werden für gewöhnlich beibehalten, obwohl sich mit der Zeit kognitive Defizite entwickeln können. Die Störung betrifft die grundlegenden Funktionen, die einer normalen Person ein Gefühl der Individualität, Einzigartigkeit und Selbststeuerung geben. Die intimsten Gedanken, Gefühle und Handlungen werden oft so wahrgenommen, als wüssten andere davon oder teilten sie. Erklärungswahn kann dazu führen, dass die Person der Überzeugung ist, es seien natürliche oder überirdische Kräfte am Werk, die die Gedanken und Handlungen auf bizarre Art und Weise beeinflussen. Die Person kann sich auch als Angelpunkt allen Geschehens sehen. Halluzinationen, besonders akustische, sind häufig und können das Verhalten und die Gedanken der Personen kommentieren. Die Wahrnehmung ist häufig derart verändert, dass Farben und Klänge ungewöhnlich intensiv oder anders erscheinen und irrelevante Züge eines gewöhnlichen Gegenstandes wichtiger erscheinen als das gesamte Objekt oder die Situation. Häufig kommt auch eine gewisse Ratlosigkeit vor und führt zu dem Glauben, alltägliche Situationen hätten eine besondere, meist unheimliche Bedeutung, die nur für die eigene Person bestimmt sei. Zusätzliche Symptome, wie sozialer Rückzug, Antriebslosigkeit, Energielosigkeit und flacher Affekt sind häufig und oft vorherrschend. Sie werden auch als Negativsymptome im Gegensatz zu den oben genannten Positivsymptomen bezeichnet."

In dieser Zusammenfassung findet sich eine ganze Reihe von Symptomen angeführt, die sich auch bei Trakl nachweisen lassen. Manche davon erscheinen in seinem Fall erst in den allerletzten Jahren seines so kurzen Lebens, wenngleich sie sich vielfach bereits in der so genannten Prodromalphase der Krankheit, die den akuten Symptomen vorauszugehen pflegt und oft Monate oder Jahre andauern kann, andeutungsweise manifestiert haben. Deren richtige Deutung wird dadurch erschwert, dass sie recht unspezifischen Charakter aufweisen und uns nur als Veränderungen im Befinden und Verhalten, in Ängsten, depressiven Prägungen der Stimmungslage, in Interessensverlust oder Rückzug aus Arbeit und sozialen Aktivitäten entgegentreten. Dazu kommen noch die facettenreichen Formen der Schizophrenie, die den rohen, vereinfachten alten Begriff der Dementia präcox heute aufgliedern und eine unterschiedliche Symptomatologie aufweisen. Wenn einige Psychiater in der Mitte des Jahrhunderts sich bei Trakl zunächst vorsichtig im Sinne einer „Schizophrenia simplex" äußerten, dann stützte sich diese Vermutungsdiagnose vorwiegend auf die negativen Symptome sowie auf Eigenheiten im Denken und Verhalten und auf Wahrnehmungsabnormitäten des Dichters. Aus den heute vorliegenden Dokumenten ist aber zweifellos auch eine paranoide Komponente mit Verfolgungsideen und Halluzinationen erkennbar und die nachweisbaren inadäquaten Affekthandlungen sowie die Anzeichen von Denkstörungen bis hin zur Denkzerschlagung könnten sogar das Vorliegen einer so genannten desorganisierten Schizophrenie, die auch als Hebephrenie bezeichnet wird, vermuten lassen.

Die Ursachen für die Entstehung einer Schizophrenie sind uns auch heute noch nicht genau bekannt. Wahrscheinlich sind für die Auslösung dieser Krankheit mehrere Risikofaktoren verantwortlich. Sicher haben wir es nicht mit einem einfach vererbbaren Leiden zu tun, doch könnten gewisse Erbfaktoren nach gegenwärtiger Ansicht kompetenter Fachleute auf dem Gebiete der Psychiatrie bei der Ausformung einer Prädisposition des Neugeborenen eine gewisse Rolle spielen. Als gesichert gilt die Auffassung, dass die Auslösung und der Verlauf der Krankheit von äußeren Faktoren beeinflusst werden kann. Im abschließenden Bericht über den Psychiatrie-Kongress 1999 in Wien heißt es hiezu: „Die Zeit des Beginns der Krankheit im späteren Leben hängt vom Ausmaß der Vulnerabilität (der psychischen Verletzlichkeit; Anm. d. Verf.) und der Auslösung durch Stresssituationen ab. Der Stress kann biologischer (etwa durch Missbrauch halluzinogener Rauschgifte) oder sozialer Art (etwa Eintritt in den Militärdienst) sein." Auch hier erkennt man sofort Bezugspunkte zur biografischen Anamnese Trakls. Man denke nur an seine Rauschgiftsucht, seine schwer auf ihm lastende Inzestschuld mit einer Kulmination anlässlich des Besuches bei seiner Schwester in Berlin oder an die traumatischen Erlebnisse nach der Schlacht bei Grodek im Feldlazarett.

Würde Trakl in unserer Gegenwart gelebt haben, so wären seine schizophrenen Störungen – wie heute bei den allermeisten Patienten – zweifellos erfolgreich einer Behandlung zugänglich gewesen. Neben den uns gegenwärtig zur Verfügung stehenden psychosozialen Therapiemaßnahmen gelingt es durch die Verabreichung hochwirksamer moderner Antipsychotika, die nur mehr geringfügige Nebenwirkungen aufweisen, nicht nur, mit einer Erfolgsquote von mehr als neunzig Prozent eine vollständige Remission eines akuten Schubes zu erreichen, sondern auch durch eine konsequente Langzeitbehandlung im Ambulanzbereich die Prognose dieses für den Betroffenen so entsetzlichen Leidens signifikant zu verbessern.

Zur Pathologie seiner Dichtung

Die Pathologie von Trakls Leben wurde nur vereinzelt mit seinem dichterischen Werk gemeinsam betrachtet, hauptsächlich deshalb, weil der Mediziner nicht über die dazu notwendige literaturkritische Kompetenz verfügt. Bedenkt man den weiten Rahmen der psychiatrischen Abgrenzung der schizophrenen Krankheitsbilder und die gegenwärtige Zurückhaltung, Biografie und Textinterpretation in Einklang zu bringen, dann versteht man, dass nur wenige Versuche unternommen wurden, die Schizophrenie mit Trakls poetischen Produktionen in eine direkte Beziehung zu setzen. Zu jenen, die auf eine solche unmittelbare Verkettung hingewiesen haben, zählt Erich Neumann aus der Jung'schen Schule, der die Dichtung als das Ergebnis eines heroischen kreativen Bemühens sah, das Trakl trotz seines krankhaften und gefährdeten Daseins zuwege brachte. Spoerri wiederum war als Anhänger der Schule Sigmund Freuds nicht bereit, den Ablauf des Lebens und die schöpferische Tätigkeit als gegensätzlich wirkende Kräfte zu verstehen, sondern er erblickte in beiden eine zunehmende Loslösung von der empirischen Realität. Beim Versuch, die Untrennbarkeit von Trakls Geisteskrankheit und seiner Dichtung zu unterstreichen, wies Maire Kurrik darauf hin, die poetische Sprache in letzter Konsequenz auf einen „rein primären Prozess zurückzuführen, bei welchem es keinen Steuerungsmechanismus mehr gibt, der den Ablauf ungewollter pathologischer Assoziationen unter Kontrolle zu halten vermag".

Häufiger trifft man auf versteckte Hinweise für das Vorliegen krankhafter Eigentümlichkeiten in Trakls Dichtungen von Seiten der Literaturkritiker. Dabei wird in manchen Kommentaren die Übersetzung des psychiatrischen Vokabulars in die Sprachwelt des Kritikers übertrieben vereinfacht, wie etwa bei Emil Staiger, der schreibt: „Es besteht kein Zweifel, dass dieser Dichter nicht mehr begreift, wie die einzelnen Dinge zusammengehören … Georg Trakl steht mit Sicherheit außerhalb jenes Kreises, der die Welt der menschlichen Gemeinschaft umschließt." Solche Feststellungen beschreiben mit anderen Worten das, was Spoerri als Bruch mit der Realität und als letzten Abschnitt einer schizophrenen Verfremdung bezeichnete. Am deutlichsten charakterisierte Trakls Werk Rainer Maria Rilke, wenn er 1915 meinte: „… Trakls Erleben geht wie in Spiegelbildern und füllt seinen ganzen Raum, der unbetretbar ist, wie der Raum im Spiegel. Wer mag er gewesen sein?" Eine solche dichterische Sicht unterstreicht die Vorstellung, dass Trakls poetische Welt in sich geschlossen ist und seine Dichtungen ein schier unlösbares Rätsel darstellen in jener merkwürdigen Parallele zu der Abgeschlossenheit seines Lebens im psychiatrischen Sinne.

Dieser Gedankengang wurde ein halbes Jahrhundert später durch Walther Killy, den Ko-Editor der historisch-kritischen Ausgabe der Werke Trakls, in seinen interpretatorischen Beiträgen zu einem logischen Abschluss gebracht, indem er die Trakl-Anhänger mit ihren theologisch und philosophisch orientierten Studien zu überzeugen versuchte, dass die Deutung der Gedichte nicht einfach mit begrifflichen Gedanken möglich sei. Killy kam zu der Erkenntnis, dass die Genese von Trakls dichterischen Schöpfungen ebenso unergründbar sei wie das entstandene endgültige Produkt unbegreiflich bleibt: „Trakls Dichtungen wurden nicht geschaffen, um inhaltlich auch verstanden zu werden." Diese Interpretation Killys beherrschte während der vergangenen Jahrzehnte maßgeblich die kritische Sekundärliteratur, die sich seither mehr auf formal und ästhetisch orientierte Studien beschränkt hat. Killys These, wonach Trakl nicht versucht hat, begriffliche Gedanken in eine Versform zu gießen, brachte die um Trakl bemühten Philologen zu dem Schluss, die Gedichte mehr als abstrakte Sprachkonstruktionen zu betrachten. Engt man die Dichtung in dieser Weise auf ihren musikalischen Klang ein oder charakterisiert man sie als „kaleidoskopische, mosaikartige Bildfolgen", dann reduziert man sie auf den kleinsten sprachwissenschaftlichen Nenner, was bei einer solchen kritischen Perspektive eine psychopathologische Entsprechung in dem so genannten „Wortsalat" der akuten Phase einer Schizophrenie findet. Diese wirr durcheinander gewürfelten und offensichtlich bedeutungslosen und stoßweise vorgebrachten Äußerungen weisen auf gestörte Assoziationsprozesse hin, die eine zentrale Rolle bei der schizophrenen Zerrüttung des Geistes spielen, weshalb seit den Untersuchungen von Eugen Bleuler die reine Freude am Verbalisieren für den Psychiater diagnostisch das wichtigste Kennzeichen für das Vorliegen einer schizophrenen Sprache darstellt.

Das so augenscheinliche Fehlen eines Ordnungsprinzips in den Gedichten Trakls steht mit seinen immer wiederkehrenden Themen des Verfalls, der Verwesung und der Zersetzung in Einklang, die in seinen Bildern vorherrschen. Diese desintegrierenden Begriffe durchdringen die Dichtung Trakls im gleichen Maße, wie das Gefühl des Fallens ihn unerbittlich während seines ganzen Lebens begleitete. Hans Georg Kemper wies in Trakls späten Gedichten, besonders in der Prosadichtung seiner beiden letzten Lebensjahre, auf die Entwicklung dieser Zerfallserscheinungen hin, wie das Vorherrschen überwiegend negativer Bildfolgen – Verfall, Elend, Schrecken und Schmerz – in seiner Dichtung *Sebastian im Traum* erkennen lässt.

Es steht außer Zweifel, dass in der Dichtung Trakls vor allem in seinen letzten Lebensjahren allenthalben Spuren des Wahnsinns zu finden sind, dessen ganz eigene Gedankengänge mit dem gesamten Arsenal der modernen Psychiatrie schwer zu fassen sind, geschweige denn erschöpfend analysiert werden können. Es wird immer wieder darauf hingewiesen, dass Dichtkunst und Wahnsinn sich nicht selten an einem Knotenpunkt treffen, wobei gerne Hölderlin und die deutschen Romantiker sowie die französischen Symbolisten als Beispiele dafür angeführt werden, Dichter, die oft auf vertrautem Fuß mit verschiedenartig induzierten Veränderungen ihrer Bewusstseinslage standen. Rimbaud betrachtete die verwirrende Unordnung sensorischer Eindrücke geradezu als eine entscheidende Voraussetzung für seine poetische Arbeit. Nun führt man allerdings in der Regel ins Treffen, dass sich der Dichter dadurch von einem Geisteskranken unterscheidet, indem er wenigstens zu einem minimalen sozialen Status am Rande der menschlichen Gemeinschaft jederzeit zurückkehren kann. Die Kunst geisteskranker Menschen weist aber ganz offensichtlich ebenfalls dieses Verlangen zur Rückkehr auf. Die Psychiatrie bemüht sich deshalb schon seit langer Zeit, eine Grenzlinie zwischen gesunder und geisteskranker Kunst zu ziehen, wobei die Auffassungen oft weit auseinander klaffen. Versuchte Lombroso das Genie generell mit Irrsinn gleichzusetzen, lehnte Binswanger jede derartige Vereinbarkeit entschieden ab. Leo Navratil hat in seinen ausgedehnten Studien über *Schizophrenie und Sprache* den Eindruck gewonnen, dass die fraglichen Beziehungen zwischen Psychopathologie und Kunst, die zur Frage Psychopathologie *oder* Kunst zu erstarren drohten, in einem neueren Licht gesehen werden müssten, da er herausfand, dass wesentliche Charakteristika der so genannten schizophrenen Kunst mit den Werken gewisser manieristischer Perioden gesunder Künstler überraschend übereinstimmen können. Er sieht deshalb auch keine grundlegenden Unterschiede zwischen schizophrenen und geistig gesunden Künstlern, sei es in ihrem kreativen Schöpfungsprozess oder in ihren fertigen Kunstwerken. Auch bei der Kunst geistig kranker Menschen spürt man, dass die Entfremdung von der geistigen Welt der Allgemeinheit nicht endgültig und irreversibel empfunden wird, sondern dass sie auch den Versuch einer Wiederaufrichtung der zerbrochenen Welt der Psychose signalisiert. Aus einer solchen Perspektive betrachtet erscheinen selbst die unzusammenhängenden sprachlichen Äußerungen, die man bisher mit dem Begriff „Wortsalat" bedacht hat, als nichts anderes denn mühsam verschlungene kommunikative Umwege zur Rückkehr in die reale Wirklichkeit. Bei diesem Versuch wird neuerdings verstärkt auf eventuell vorhandene familiäre, soziale oder gar institutionelle Faktoren geachtet, die den natürlichen Verlauf jenes Prozesses blockieren, der letztlich den seinerzeit erfolgten initialen Bruch mit der Wirklichkeit in Richtung einer psychischen Reintegration wieder in Gang setzen kann.

Wenn in der Dichtung Trakls tatsächlich seine Psychose allgegenwärtig uns entgegentritt, dann ist es ebenso klar ersichtlich, dass sein künstlerisches Schaffen seine Psychose selbst überflutet. In dieser ineinander greifenden Abhängigkeit erscheint jeder Versuch einer Trennung zwischen Psychopathologie und Kunst unangebracht, wobei die Psychiatrie beachtliche Schritte in Richtung eines Verständnisses der schizophrenen Sprache als gültige Ausdrucksform psychotischer äußerer Erfahrungswerte unternommen hat. Unter anderem hat sie bei der Kritik Trakls darauf aufmerksam gemacht, dass unter den linguistischen Aspekten bei der Interpretation seiner Gedichte, wie dies bei Eckhard Philipp zu lesen ist, die negativen Komponenten als eine Art Kontrollsystem verwertet wurden, mit welchem dann das jeweilige Werk abgeurteilt wurde. Angesichts des offensichtlichen Missbrauchs dieser Kategorien haben diese Kritiker aber dann übersehen, dass dazu eine intakte metaphysische Order unabdingbare Voraussetzung ist, worauf Francis Sharp ausdrücklich hingewiesen hat: „Trakls Dichtung stellt eine einzigartige Koinzidenz von ästhetischen und psychopathologischen Impulsen dar, die charakteristisch ist für eine Art dynamischer Dichtung, die eher auf eine Suche anstelle einer Nachahmung der Realität ausgeht. Sie gehört zu jener poetischen Modalität, der Paul Celan die Aufgabe zuschrieb, die Realität nicht zu reflektieren, sondern sie anzustreben und schließlich zu erreichen." Trakls Zwang zur ständigen Revision und Verfeinerung seiner Texte ist das äußerlich sichtbarste Zeichen für seine ständige Suche nach Ausdrucksmöglichkeiten, indem er mit seinem Vermeiden der tief ausgefahrenen Bahnen traditioneller poetischer Abhandlungen versuchte, einzigartige Erfahrungsbilder in einer widerspenstigen Sprache zu entwerfen.

Lässt man Trakls Dichtungen bis zum Jahr 1912 Revue passieren, dann fällt auf, dass seine frühesten Erzeugnisse, von denen viele in den Band *Aus goldenem Kelch* 1939 aufgenommen wurden, als Ganzes noch recht konventionell, mitunter sogar mit „schwülstig orgiastischen Übertreibungen" ausgefallen sind. Vor allem werden hier traditionelle Bindungen erkennbar, wie aus der ganz bewussten Darstellung als „poète maudit", die nach den Vorbildern Rimbauds oder Verlaines den Drang nach bohémienhaften Elementen im Leben sowohl wie in der lyrischen Ausdrückskraft verrät, zu ersehen ist. Durchgehend findet man aber in den ersten drei Gedichtkreisen entsprechend der Gliederung des Gesamtwerkes in drei große Abschnitte nach Röck eine fast melancholisch anmutende behutsame Schilderung der Natur mit wirklichkeitsgetreu wiedergegebenen Eindrücken, weshalb sie von Spoerri der impressionistischen Schaffensperiode zugerechnet wurden. Um dies zu belegen, wählte Spoerri einen ruhig dahin fließenden Reim aus:

> *Weihrauch duftet süß und Birne*
> *Und es dämmern Glas und Truh.*
> *Langsam beugt die heiße Stirne*
> *Sich den weißen Sternen zu.*

Doch schon bald entstehen auch Gedichte, die mit ihrem dramatischen Inhalt ein drastisches Gegenbild darstellen, wie etwa das frühe Sonett *Das Grauen* erkennen lässt:

> *Ich sah mich durch verlass'ne Zimmer gehn.*
> *Die Sterne tanzten irr auf blauem Grunde,*
> *Und auf den Feldern heulten laut die Hunde,*
> *Und in den Wipfeln wühlte wild der Föhn.*
>
> *Doch plötzlich: Stille! Dumpfe Fieberglut*
> *Läßt giftige Blumen blühn aus meinem Munde,*
> *Aus dem Geäst fällt wie aus einer Wunde*
> *Blaß schimmernd Tau, und fällt, und fällt wie Blut.*
>
> *Aus eines Spiegels trügerischer Leere*
> *Hebt langsam sich, und wie ins Ungefähre*
> *Aus Graun und Finsternis ein Antlitz: Kain!*
>
> *Sehr leise rauscht die samtene Portiere,*
> *Durchs Fenster schaut der Mond gleichwie ins Leere,*
> *Da bin mit meinem Mörder ich allein.*

Mit einer deutlichen Anspielung an Baudelaires *Fleurs du Mal* motiviert Trakl hier das innere Geschehen des Gedichts mit einem Fieber, das physisch die Halluzinationen erklären sollte. Bereits im Zyklus *Die Bauern* weicht dann die bisher eher impressionistische Haltung einer zunehmend expressionistischen Gestaltung. Neben der bedächtigen Erfassung der Naturbilder, wie der Beginn des Gedichts

Rondell mit den Worten „Verflossen ist das Gold der Tage, des Abends braun und blaue Farben" zeigt, kommt es allmählich und ohne scharfen Trennungsstrich zum Aufscheinen widerlicher, aufwühlender Szenen, von denen die folgenden zwei Strophen eine Vorstellung geben:

> *Am Kehricht pfeift verliebt ein Rattenchor.*
> *In Körben tragen Frauen Eingeweide,*
> *Ein ekelhafter Zug voll Schmutz und Räude,*
> *Kommen sie aus der Dämmerung hervor.*

> *Und ein Kanal speit plötzlich feistes Blut*
> *Vom Schlachthaus in den stillen Fluß hinunter.*
> *Die Föhne färben karge Stauden bunter*
> *Und langsam kriecht die Röte durch die Flut.*

Dieses mit dem Titel *Vorstadt im Föhn* versehene Gedicht wirkt für die Frühepoche seiner Dichtungen etwas eigentümlich und befremdend, indem es ähnlich wie das Sonett *Sabbath* aus dieser Zeit nach den Worten von Basil wie eine perverse Amalgamierung von Religiosität und Brunst auf uns wirkt. Besondere Bedeutung kommt aber innerhalb der Jugendgedichte jenen Schöpfungen zu, die den geschwisterlichen Inzest zum Thema haben, weil sie häufig und verständlicherweise im Lichte seiner Biografie gesehen wurden und als indirekter Beweis für inzestuöse Handlungen galten. In seinem Sonett *Traum des Bösen,* vor allem aber in seinem Gedicht *Blutschuld* wird seine blutmäßige Verstrickung mit dem Schuldhaften und der Sünde deutlich ausgedrückt. Die Sünde wider das Blut der eigenen Sippe fasste er als ein fluchwürdiges Geschehen auf, was Mahrholdt mit den Worten beschrieb: „Vielleicht hat Trakl in diesem Hingezogensein zur Schwester, der ‚dunklen Liebe eines wilden Geschlechts‘, zum ersten Mal krass den Fluch der Entartung gespürt, der ihn immer bedrückte." Das Wehklagen der Schuld und die wiederholten Bitten um Vergebung dieser Schuld unter Anrufung Marias in den letzten Zeilen jeder Strophe steigert den Grad seiner Emotionen, wobei das unerhörte Ausmaß des Verbrechens noch dadurch unterstrichen wird, dass die Anrufung Marias unbeantwortet bleibt. Während die versinnbildlichte Nacht die unerlaubt Liebenden mit einer ungewissen Bestrafung bedroht, dient sie in Wahrheit dazu, das erotische Vergnügen zu steigern, ein Vergnügen, das durch das Tabu der Handlung und die drohende Vergeltung noch intensiviert wird. Die verbotene Liaison empfinden beide alles andere als mit zerknirschter Reue, wenn sie ermattend noch immer „die Süße der verruchten Wollust" genießen, wie es in dem Gedicht *Blutschuld* heißt:

Es dräut die Nacht am Lager unsrer Küsse.
Es flüstert wo: Wer nimmt von euch die Schuld?
Noch bebend von verruchter Wollust Süße
Wir beten: Verzeih uns, Maria, in deiner Huld!

Aus Blumenschalen steigen gierige Düfte,
Umschmeicheln unsere Stirnen bleich von Schuld.
Ermattend unterm Hauch der schwülen Lüfte
Wir träumen: Verzeih uns, Maria, in deiner Huld!

Doch lauter rauscht der Brunnen der Sirenen
Und dunkler ragt die Sphinx vor unserer Schuld,
Daß unsre Herzen sündiger wieder tönen
Wir schluchzen: Verzeih uns, Maria, in deiner Huld!

In einem anderen Gedicht aus der gleichen Periode, betitelt *Metamorphose,* wird Maria in einer Art Metamorphose von ihrer Heiligkeit in weltliche Leidenschaft und schließlich in die Mutterschaft verwandelt. In diesem Gedicht wird die blasphemische Tendenz aus dem Gedicht *Blutschuld* noch weitergesponnen, wie die drei Strophen zeigen:

Ein ewiges Licht glüht düsterrot,
Ein Herz so rot, in Sündennot!
Gegrüßt seist du, o Maria!

Dein bleiches Bildnis ist erblüht
Und dein verhüllter Leib erglüht,
O Fraue du, Maria!

In süßen Qualen brennt dein Schoß,
Da lächelt dein Auge schmerzlich und groß,
O Mutter du, Maria!

Hier scheint ein weltliches Element den Weg in die Figur der Maria im Gedicht *Blutschuld* gefunden zu haben, da eine Bezugnahme zu Trakls eigener Mutter mehr als wahrscheinlich gilt, die mit der heiligen Maria den Namen ebenso wie die unerreichbare Ferne teilt.

Im Jahre 1910, dem Todesjahr seines Vaters, entstanden die ersten Fassungen seines Spätwerkes, mit denen er hoffte, wie er in einem Brief andeutete, dass er „seine heiß errungene Manier festigen und vielleicht das infernalische Chaos von Rhythmen und Bildern" bewältigen könne. Noch wirkte er in seinem wunderschönen Gedicht *Die schöne Stadt,* in welchem er seine Geburtsstadt Salzburg besingt, im „Blau" der Mutterbindung und im „Gold" der frühkindlichen Tage tief versponnen, wie Schünemann dies ausdrückt. Man versinkt selbst förmlich in die zauberhaften Reize dieser alten Stadt, wie die beiden ersten Strophen dieses Gedichtes erahnen lassen:

> *Alte Plätze sonnig schweigen*
> *Tief in Blau und Gold versponnen*
> *Traumhaft hasten sanfte Nonnen*
> *Unter schwüler Buchen Schweigen.*

> *Aus den braun erhellten Kirchen*
> *Schaun des Todes reine Bilder,*
> *Großer Fürsten schöne Schilder,*
> *Kronen schimmern in den Kirchen.*

Doch schon bald sollte diese Erinnerung an eine besonnte Jugendzeit von der Zukunft überschattet werden, von der „Luft von gräulichem Gestank durchzogen ...", wie man aus seinem Kontrastgedicht zur *Schönen Stadt,* betitelt *Vorstadt im Föhn,* herauslesen kann.

In den Wiener Jahren begann sein poetischer Reifungsprozess, in welchem er modische und traditionelle literarische Elemente in seine nur ihm eigenen Perspektiven einzugießen versuchte. Es erfolgte ein Wandel im methodischen Aufbau des Gedichtes, seiner Form und seiner strukturellen Elemente, wie man seiner Dichtung *Klagelied* entnehmen kann, die er im Herbst 1911 seinem Freund Buschbeck übersandte. Das Gedicht durchzieht familiäre Untergründe – eine verbotene Liebe, eine bunte Mischung von exotischen, erotischen und religiösen Bildern und eine schweigende höhere Autorität, welche als Richter die Verdammnis über all das Treiben ausspricht. Wieder, wenn auch in anderer Form, verrät sich der Dichter selbst ähnlich wie in *Blutschuld.*

Bei den während der letzten Lebensjahre entstandenen Werken Trakls wurde Arthur Rimbaud fast zur Schlüsselfigur, da er in diesem Dichter immer mehr durch dessen extremen Bruch mit vergangenen und gegenwärtigen Konventionen, sei es im Leben oder in der Kunst, einen Vorläufer seines eigenen Weges zu erblicken glaubte, wenngleich Rimbaud für Trakl weniger die Funktion einer Vaterfigur als vielmehr jene eines Katalysators ausübte. Am deutlichsten spürt man Trakls Verpflichtung diesem großen französischen Dichter gegenüber in seiner

Dichtung *Psalm,* die er im September 1912 abschloss, indem hier das von Rimbaud vorgezeichnete strukturelle Satzgefüge zu einer Art Charakteristikum seiner eigenen Dichtungen wurde, nämlich einer serienmäßigen Aneinanderreihung von anscheinend unzusammenhängenden Einzelbildern. Stärker als im Gedicht *Blutschuld* wird indirekt, gleichzeitig, aber auch authentischer auf den Inzest hingewiesen, allerdings nicht mehr als einen in Wollust empfundenen sündigen Akt, sondern eher als eine ambivalent erlebte Leidenschaft.

Ende Januar 1913 kündigte Trakl seinem Freund Buschbeck brieflich an: „In den nächsten Tagen werde ich dir eine Kopie des ‚Helian' übersenden. Es ist das wertvollste und zugleich schmerzlichste Ding, das ich jemals schrieb." In den frei gelösten Rhythmen des *Helian,* mit dem nach den Worten Basils in der deutschsprachigen Dichtung eine ihrer größten Sternstunden geschlagen hatte und der, wie Ludwig von Ficker schrieb, eine der erschütterndsten Offenbarungen darstellt, welche die deutsche Lyrik aufzuweisen hat, verliert sich zusehends das zusammenhängend Gegenständliche. Nur schwer versucht man den Gehalt der aneinander gereihten einzelstehenden Bilder zu enträtseln und nach darin verschlüsselten inneren Verknüpfungen zu suchen. Besonders im dritten Teil dieses Werkes finden sich bereits deutlich die späteren Verdichtungen, Verkürzungen und Beziehungssetzungen. Mit dem *Helian* versuchte Trakl offenbar dem Wesen seines Ich auf den Grund zu gehen:

In schwarzen Wassern spiegeln sich Aussätzige:
Oder sie öffnen die kotbefleckten Gewänder
Weinend dem balsamischen Wind, der vom rosigen Hügel weht.

Lasset das Lied auch des Knaben gedenken,
Seines Wahnsinns, und weißer Brauen und seines Hingangs,
Des Verwesten, der bläulich die Augen aufschlägt.
O wie traurig ist dieses Wiedersehn.

Diese Assoziation von Lepra und Irrsinn verbindet nicht nur den *Helian* mit jenen Aussätzigen, die ihr Heil durch Selbstreflektion in den „schwarzen Wassern" suchen, sondern sie stellt zugleich eine Verknüpfung mit historischen Fakten dar. Erblickt doch Michel Foucault im Geisteskranken unserer Zeit den unglücklichen Erben jener moralischen Stigmata und jener schrecklichen Isolierung, wie sie im Mittelalter den Leprakranken zuteil wurden. Darüber hinaus bietet diese Dichtung aber auch einen wenn auch schwachen Einblick in die regenerativen Möglichkeiten eines Geisteskranken, der es vorzieht, tiefer in sein Inneres vorzudringen, anstatt den einfacheren Weg zu wählen, durch eine „offene Tür" seiner Dunkelheit zu entfliehen. Mit dieser Wahlmöglichkeit für eine zwar schmerzliche, jedoch möglicherweise heilsame Reise in seine Innenwelt, zu seinem wahren Ich, wurde Trakl in die Lage versetzt, es nach seinen eigenen Worten „zu einer Krise kommen zu lassen". Die Hauptquelle beim Zustandekommen des *Helian* waren zweifellos die Schwankungen und zitternden Erregungen seiner eigenen Persönlichkeitsstruktur mit ihren mannigfachen Auslösungsfaktoren. Dieses Phänomen der „Multifokalität" wird in der Psychiatrie als eines der führenden Zeichen schizophrenen Denkens gewertet, wie Arieti in seinen *Interpretationen der Schizophrenie* ausführt: „Die schizophrene Gedankenwelt strotzt mitunter geradezu vor den verschiedensten Gedankenebenen und ist, wie ich es nenne, multifokal, da sie zur gleichen Zeit verschiedene Deutungen mit ihren unterschiedlichen objektiven Gegebenheiten in Einklang bringen muss." Wenn Trakl im November 1912 seinem Freund Buschbeck andeutete, dass er in Wien die „Krise" ihrem Höhepunkt zustreben fühlte, sie aber dennoch nicht ausbrechen ließ, dann beweist dies, dass er seinen gefährdeten Geisteszustand, wie der *Helian* dies demonstriert, zumindest noch schwach unter Kontrolle zu halten imstande war. Seine extrem gefährdete Persönlichkeitsstruktur kommt in ähnlicher Weise ja auch in seiner fast gleichzeitig erschienenen Dichtung *Untergang* sowie im *Abendlied* zum Ausdruck.

Obwohl Trakl Ende März 1913 durch den Selbstmordversuch seines Freundes Karl Borromäus Heinrich tief erschüttert wurde und von Selbstvorwürfen geplagt war, da er ihm bereits wiederholt wunschgemäß Schlafmittel besorgt hatte, versprachen die kommenden Monate eher rosige Aussichten. Zwischen April und Dezember 1913 erschien jener Zyklus, der sich an *Sebastian im Traum* anschließt, und im November 1913 entwarf er jene ihm ähnlich erscheinende Figur im *Kaspar Hauser Lied*. Die ersten beiden Strophen zeigen deutlich, wie Trakl das Schicksal des historischen Kaspar Hauser, wie ihn 1832 als erster Georg Friedrich Daumer beschrieb, in seine eigene Interpretation umgoss als „ein lebendes Beispiel dafür, dass der Mensch edel geboren, hingegen durch die Gesellschaft in das Verderbnis gestürzt wird". Man erkennt darin aber auch eine gewisse Selbstidentifizierung. Gemäß eines seiner Aussprüche „Ich war nur halbgeboren" bedeutete – wie für Kaspar Hauser – auch für ihn die Geburt zunächst nur den physischen Eintritt in die Welt, während der gleichzeitige Eintritt in das Netzwerk menschlicher Gemeinschaft, mit dem der Aufbau einer Ich-Identität erst möglich wird, ausblieb. Die Affinität dieser Geschichte zum Schicksal Trakls ist klar ersichtlich: Für ihn wurde in diesem Netzwerk eine Persönlichkeitsstruktur gewaltsam geschaffen, die den Keim zur eigenen Zerstörung bereits in sich trug.

Der zu Beginn des Jahres 1914 veröffentlichte *Siebengesang des Todes* wird von zwei Prosastücken eingerahmt, der *Verwandlung des Bösen* und der *Winternacht,* deren abgerissene Sätze „bis zur Unverständlichkeit verdichtete Bilder wie Felsblöcke nebeneinander stellen". Trakls Sprache klingt hart und lapidar, wie „des Menschen verweste Gestalt, gefügt aus kalten Metallen". Trotzdem findet man auch in diesem schwermütigen Zyklus sanft verströmende Gebilde. Vergleicht man frühere Fassungen mit der endgültigen, dann bemerkt man, dass manches von dem, was uns dunkel und sinnverschlossen erscheint, zunächst keineswegs unverständlich war, sondern erst durch spätere Verkürzungen, Verdichtungen und Verschmelzungen von uns nicht mehr so recht begriffen werden kann.

Wenige Monate später entstanden zwei lange Prosadichtungen, die stark autobiografisch gefärbt sind. In *Traum und Umnachtung* wird Trakls Jugenderlebnis widergespiegelt, wobei der Leser durch die fast in jedem Satz enthaltene Gegensätzlichkeit fortwährend zwischen Extremen hin- und hergerissen wird; ist soeben noch die Rede von Leichen, Ratten und Verwesung, so folgt auf den Fuß „feurige Frömmigkeit" oder das „blaue Rauschen eines Frauengewandes." Kossat spricht wörtlich von den letzten Erschütterungen der immer mehr dem Verfall preisgegebenen Dichterseele und der Hinwendung zum durchaus Chaotischen der eigenen Seele. In *Traum und Umnachtung* steht gegen den Hintergrund seiner Entfremdung von den elterlichen Figuren wieder die Schwester im Vordergrund, deren schmale Gestalt aus blauem Spiegel hervortritt. Sigmund Freud interpretierte diese Phänomene des Doubles und vor allem das Spiegelmotiv mit seinem Konzept des Narzissmus, dessen berühmtestes Beispiel aus der Weltliteratur das *Bildnis des Dorian Gray* von Oscar Wilde darstellt und in welchem die krankhafte Eigenliebe eines Menschen geschildert wird. In den Prosadichtungen Trakls finden sich jedoch keine Hinweise für das Vorliegen einer entzückten Selbstbespiegelung. Für Trakls Hauptfigur ist der Spiegel vielmehr eine Quelle der existenziellen Bestätigung und nicht so sehr das Frönen eines Narzissmus. Darauf hatte schon Rudolf Kassner hingewiesen, wenn er schrieb: „Das Ich benötigt den Spiegel und zwar für die Bestätigung seiner Existenz und für die Erfassung von deren Dimension." Die spätere existenzielle Psychiatrie drückte das Bedürfnis von Trakls Protagonisten in Gestalt seiner Schwester mit dem Begriff einer komplementären Rolle aus: „Alle Identitäten benötigen zur Aktualisierung ihrer eigenen Identität eine Beziehung zu einer anderen." Dieser Akt der Kompensation stellt eine Form der Selbsterhaltung dar, eine Bewahrung jenes Selbst, welches um die tief greifende Affinität zur Schwester weiß, die jedoch vor der Familie geheim gehalten werden musste.

In beiden Prosadichtungen findet man Anspielungen auf die Figur der Mutter, verbunden mit dem Erwachen eines Schuldgefühls. In *Traum und Umnach-*

tung schien sie die beiden Kinder eben in jenem Augenblick überrascht zu haben, in welchem sich ein inzestuöser Akt abgespielt hatte: „Sein Haupt verbrannte Lüge und Unzucht in dämmernden Zimmern. Das blaue Rauschen eines Frauengewandes ließ ihn zur Säule erstarren und in der Tür stand die mächtige Gestalt seiner Mutter. Zu seinen Häupten erhob sich der Schatten des Bösen." Die Hauptfigur in diesem Prosawerk befindet sich sozusagen in einer „Schachmatt-Position" zwischen dem Erlebnis und der durch das gesellschaftliche Tabu geforderten Leugnung desselben, wie Sharp sich ausdrückt, ein Widerspruch zwischen Neigung und Pflicht, der verheerende Auswirkungen nach sich zog. Die Aktionen des auf diese Weise schwer verletzten Knaben wurden ihrerseits gewalttätig, indem „der Schatten des Mörders über ihn kam." Wörtlich heißt es weiter: „Hass verbrannte sein Herz, Wollust, da er im grünenden Sommergarten dem schweigenden Kind Gewalt tat und in dem strahlenden sein umnachtetes Antlitz erkannte." Aber die Schwester war nicht das einzige Opfer dieser Gewalttat. Seit der Spiegel die vollkommene Identität der beiden widerspiegelte, verletzte der Knabe sich selbst in gleicher Weise wie sie, wodurch eine Spaltung zwischen Aggressor und Opfer im Knaben entstand.

In der Prosadichtung *Offenbarung und Untergang* empfindet er beim Anblick des Bildes seiner Schwester nicht mehr Begierde oder Schuld, sondern sein neu erstandenes schuldloses „Ich" erblickte in der Schwester, wie Sharp meint, jetzt ein komplementäres Wesen im Sinne eines Teils seiner Selbstidentität. Das Inzest-Tabu fällt, wodurch es ihm jetzt möglich wird, die lange und schmerzvoll unterdrückte Wahrheit über die Beziehung zu seiner Schwester offen kundzutun, wodurch er nicht nur den Weg zu ihr, sondern zugleich auch zurück zu sich selbst wieder findet.

Die Gedichte der letzten Schaffensperiode Trakls wurden hinsichtlich ihrer Aussage zunehmend karger und im Gebrauch der Worte härter, fast metallisch und „unmenschlich". Auch in seiner Prosa zerfallen allmählich die gebräuchlichen Gesetzmäßigkeiten: Spoerri spricht von „einzelnen Worten – da wie Felsblöcke, die verbindenden Satzteile fallen weg. Jeder Vers klingt mit eigener Melodie", und Kossat ergänzt diese Aussage mit den Worten: „Adäquat dieser Zersetzung des äußeren Sprachgebildes zerfällt auch der Inhalt." Andere kritische Bemerkungen vermissen „den unsichtbaren, aber umschließenden Faden" oder sprechen von einem „poetischen alogischen in lose angedeuteten Rhythmen schwindenden Stammeln".

Als Trakl die schreckliche Realität des Krieges nach der Schlacht bei Grodek hautnah erleben musste, ließ er im gleichnamigen Gedicht den Schatten seiner Schwester über die geschundenen Leiber am Schlachtfeld gefallener oder schwerstverwundeter Krieger schweben:

Am Abend tönen die herbstlichen Wälder
Von tödlichen Waffen, die goldnen Ebenen
Und blauen Seen, darüber die Sonne
Düstrer hinrollt; umfängt die Nacht
Sterbende Krieger, die wilde Klage
Ihrer zerbrochenen Münder.
Doch stille sammelt im Weidengrund
Rotes Gewölk, darin ein zürnender Gott wohnt
Das vergoßne Blut sich, mondne Kühle;
Alle Straßen münden in schwarze Verwesung.
Unter goldnem Gezweig der Nacht und Sternen
Es schwankt der Schwester Schatten durch den schweigenden Hain,
Zu grüßen die Geister der Helden, die blutenden Häupter;
Und leise tönen im Rohr die dunkeln Flöten des Herbstes.
O stolzere Trauer! ihr ehernen Altäre
Die heiße Flamme des Geistes nährt heute ein gewaltiger Schmerz,
Die ungebornen Enkel.

In diesem Gedicht wuchs das Bild seiner Schwester zu fast messianischer Größe und ihre hier beinahe religiöse Bedeutung kontrastiert eindrucksvoll mit der sündigen und erotischen Färbung, die sie in Trakls Frühwerken kennzeichnete.

Im Zusammenhang mit Spoerris psychiatrischer Analyse über Georg Trakl schrieb Gustav Kars zwanzig Jahre später: „Die Symptome, die für das Vorliegen einer Schizophrenie sprechen, sind so unsicher und mehrdeutig verwertbar, dass die Frage berechtigt erscheint, ob der Versuch einer Interpretation Trakls sich wirklich der Mühe lohnt und ob eine literarische oder intellektuelle Konfrontation mit ihm tatsächlich möglich ist, da die Forderung einer Interpretation seiner Produktionen im Sinne einer geistesgestörten Vorstellungswelt von vornherein unerfüllt bleiben müsste." Auch Sharp wies in seiner ungewöhnlich sorgfältigen Studie darauf hin, dass die Zeit vorüber ist, Schizophrenie automatisch mit Unverständlichkeit in literarischen Schöpfungen gleichzusetzen. Die moderne Dichtkunst scheint in linguistischer Selbstgenügsamkeit zu existieren und vorwiegend durch Wortmuster faszinieren zu wollen, doch ist es offenbar nicht die Faszination der sterilen Sprache, die den Leser von Trakls Werken in den Bann zieht, was sein Freund Heinrich mit den Worten erklärte: „Dieser Dichter erobert jedermanns Seele, Auge und Ohr." Damit wollte Heinrich wohl auf die synästhetischen Visionen in Trakls Dichtung hinweisen, die er mit vielen Schizophrenen teilt. Der rasche, oft unmotiviert auftretende Stimmungsumschwung schien den äußerlichen willkürlichen Wechsel einer pathologisch labilen Persönlichkeit von einer Bewusstseinsebene in eine andere zu imitieren. Die eigentliche Wurzel für den rätselhaften so genannten Wortsalat des Schizophrenikers dürfte in der Unfähigkeit zu suchen sein, seine Fantasiebereiche auf dem Wege einer Kommunikation seinem Gegenüber mitzuteilen. Trakls Neologismen und sein verworrener Stil ähneln der Prägung neuer Worte beim Schizophrenen und seinen unzusammenhängenden gedanklichen Bildern. Letzteres ist aber zugleich auch charakteristisch für die expressionistische Dichtkunst im Allgemeinen.

Trakls düstere Ankündigung einer kulturellen Katastrophe in Gedichten wie *Helian* gleichen stark den schizophrenen umstürzlerischen Visionen, wie sie infolge der Übertragungen eines inneren Umbruchs auf äußere Umstände zu verstehen sind. Der Schizophrene erlebt das, was man gemeiniglich als eine Vision vom Zugrundegehen der Welt bezeichnet, ein chaotisches Gemenge von Schreckensvorstellungen und Katastrophenstimmung mit einer Vorahnung von etwas völlig Neuem, von in ihren Ausmaßen noch nie da gewesenen Ereignissen, einem dunkel verspürten Heraufdämmern der Auferstehung des Herrn oder der Apokalypse. In ähnlicher Weise muss man auch im *Helian* die tieferen Ursachen in einem psychischen Aufruhr und weniger in einem drohenden politischen Erdbeben suchen.

Viele den Trakl'schen Dichtungen anhaftende Aspekte können somit mit schizophrenen Erlebnissen in einen Zusammenhang gebracht werden unter jenem gemeinsamen Nenner, den die Psychiatrie mit Ego-Verlust bezeichnet und mit dem sie den Verlust jenes „fokussierenden Zentrums" eines Individuums versteht, welches es einer Person ermöglicht, mit der Welt aus einer festen Position heraus in Beziehung zu treten. In Trakls frühesten Gedichten fand sein zersplittertes Ich noch Eingang in den Aufbau des Textes, wobei er die poetische Landschaft durch mehrere Augen betrachtete. Sowohl die Thematik wie auch die formale Technik lehnten sich zu diesem Zeitpunkt noch sichtbar an die weithin gültigen zeitgenössischen Strömungen an. Spätestens aber zu jener Zeit, in welcher der *Helian* entstand, nahm der bruchstückhafte Blick für die relative Bedeutung der Dinge einen Charakter an, der zumindest als eine milde Form der Schizophrenie bezeichnet werden muss. Die Gesamtheit der veränderten Beziehungen zu sich selbst und zur Außenwelt manifestierte sich mehr und mehr als Depersonalisation und Realitätsentfremdung, wodurch seine Dichtung letztendlich die entscheidende Bruchstelle zur krankhaften Wirklichkeit und zur Verfälschung seines Selbst widerspiegelt:

Die Stufen des Wahnsinns in schwarzen Zimmern,
Die Schatten der Alten unter der offenen Tür,
Da Helians Seele sich im rosigen Spiegel beschaut
Und Schnee und Aussatz von seiner Stirne sinken

O ihr zerbrochenen Augen in schwarzen Mündern,
Da der Enkel in sanfter Umnachtung
Einsam dem dunkleren Ende nachsinnt,
Der stille Gott die blauen Lider über ihn senkt.

ZEITTAFELN

Jean-Jacques Rousseau

1712   Am 28. Juni als Sohn des Isaac und der Suzanne Rousseau in Genf geboren. Am 4. Juli Tod der Mutter an Kindbettfieber.

1722   Vater verlässt Genf. Nach längerem Aufenthalt in Konstantinopel lässt er sich in Nyon nieder. – Jean-Jacques wird der Obhut des Onkels Gabriel Bernard anvertraut. Erziehung beim Pfarrer Lambercier.

1724   Schreiberlehrling beim Genfer Stadtgericht.

1725   Lehrling beim Graviermeister Ducommun.

1728   Beginn der Vagabunden-Jahre. Kurzer Aufenthalt in Annecy bei Madame de Warens. – Aufnahme in ein Hospiz für Katechumenen in Turin. Am 23. April zum katholischen Glauben übergetreten. Vorübergehend als Lakai in Adelshäusern tätig.

1729   Rückkehr nach Annecy zu Mme de Warens. Besuch eines Priesterseminars erfolglos abgebrochen. Unterricht in Chorgesang und Musiktheorie.

1730   Als Vagabund unterwegs. Versuche, sich als Dirigent und Musiklehrer einen Broterwerb zu finden.

1731   Vom Juni bis August Aufenthalt in Paris. – Rückkehr zu Mme de Warens nach Chambéry.

1732   Wird als Musiklehrer und Hausangestellter bei Mme de Warens aufgenommen.

1734   Erotischer Einführungsunterricht bei Mme de Warens.

1735   Längerdauernde fieberhafte Erkrankung, Blutspucken. Zur Erholung Übersiedlung in das idyllische Landhaus der Warens, benannt Les Charmettes. Muße zur autodidaktischen Weiterbildung seines Wissens.

1737   Unfall beim Experimentieren im Laboratorium von Mme de Warens.

1738   Dreiecksverhältnis von Mme de Warens, Rousseau und einem Schweizer Hausgehilfen.

1740   Tätigkeit als Hauslehrer in Lyon. – Dort Entwurf eines *Projekts für die Erziehung* des Sohnes der Familie de Mably.

1742   Übersiedlung nach Paris. – Erfindung eines Notensystems mittels Zahlen und Vorlagen dieses Projekts bei der Akademie.

1743   Nach Ablehnung dieses Projekts Veröffentlichung dieser Dissertation in Buchform mit dem Titel *Abhandlung über die moderne Musik*. Über Vermittlung adeliger Freunde, besonders der Familie Dupin-Francueil, Entsendung als Sekretär zum französischen Botschafter nach Venedig. – Entwurf der *Depeschen aus Venedig.*

1744 Nach Zerwürfnis mit dem Botschafter Rückkehr nach Paris.

1745 Lernt seine spätere Frau, Thérèse Levasseur, kennen. – Kontaktaufnahme mit Diderot und verschiedenen Schriftstellern. Komposition der Singoper *Die galanten Musen* und Transposition des von Rameau und Voltaire ausgearbeiteten Festspiels *Die Prinzessin von Navarra* zu einem Singspiel *Die Feste Ramiros,* das am königlichen Hof mit Erfolg aufgeführt wird.

1746 Wird Sekretär und Vertrauter bei Dupin-Francueil. – Geburt des ersten Sohnes, der wie die folgenden vier Kinder ins Findelhaus von Paris abgegeben wird.

1747 Am 9. Mai stirbt sein Vater in Nyon.

1748 Beginn einer intimen Bekanntschaft mit Madame d'Épinay.

1749 Mitarbeit an der *Encyclopédie Française* mit Beiträgen über Musik.

1750 Sein Discours *Über die Wissenschaften und Künste* wird von der Akademie zu Dijon preisgekrönt.

1752 Komposition des Singspiels *Der Dorfwahrsager,* das vor König Louis XV. mit Erfolg aufgeführt wird.

1753 Provokation der Musikwelt von Paris durch seinen *Brief über die französische Musik.* Ausarbeitung des von der Akademie zu Dijon ausgeschriebenen Discours *Über den Ursprung und die Grundlagen der Ungleichheit unter den Menschen.*

1754 Während eines Aufenthaltes in Genf im August Wiedereintritt in die calvinistische Glaubensgemeinschaft.

1755 Sein zweiter Discours wird in Amsterdam veröffentlicht.

1756 Im April überläßt ihm Madame d'Épinay ihr Gartenhaus „Eremitage" bei Montmorency.

1757 Leidenschaftliche Zuneigung zur Comtesse d'Houdetot. Bricht seine Beziehung zu Madame d'Épinay ebenso wie zu Diderot und Grimm ab und übersiedelt in das Gartenhaus Mont-Louis in Montmorency.

1759 Im Mai Übersiedlung in das „Kleine Schloss" des Herzogs von Luxembourg in Montmorency.

1761 Sein Roman *Die neue Heloise* bringt ihm einen überwältigenden Erfolg in Paris. – Fertigstellung des Erziehungsromans *Émile* und des brisanten *Contrat social.*

1762 Konfiskation des Buches *Émile* und Erlass eines Haftbefehls gegen Rousseau durch das Pariser Parlament. Verlässt Montmorency und flüchtet in die Schweiz. Doch auch die Republik von Genf verdammt und verbrennt den *Émile* sowie den *Gesellschaftsvertrag* und verweist ihn des Landes. Erhält Aufenthaltsgenehmigung in Neuchâtel, das dem preußischen König Friedrich dem Großen untersteht.

1763 Erhält das Bürgerrecht des zu Preußen zählenden Fürstentums Neuchâtel. Verzichtet in der Folge auf das Bürgerrecht von Genf.

1764 *Briefe vom Berg.* Ausarbeitung einer Verfassung für Korsika. – Erste Entwürfe für den Beginn der *Bekenntnisse.*

1765 Flucht vor Verfolgung durch die Bevölkerung auf die Insel St. Peter im Bieler See. Letztlich auch dort von der Berner Regierung ausgewiesen.

1766 Flucht nach England am 4. Januar, begleitet von David Hume. Verlässt schon bald London, um im März in Wootton im Hause des Grafen Davenport Aufnahme zu finden. Ausbruch seiner Krankheit, die ihn vor allem wegen seines Verfolgungswahnes von den Menschen völlig isoliert.

1767 Rückkehr nach Frankreich mit Aufenthalt im Schloss Trye des Prinzen Conti. Übersiedlung nach Bourgoin in Südfrankreich.

1768 Am 30. August in Bourgoin Ehe mit seiner langjährigen Lebensgefährtin Thérèse Levasseur ohne zivile oder kirchliche Trauung geschlossen.

1770 Endgültige Rückkehr nach Paris. Lebensunterhalt mit Kopieren von Noten bestritten, ähnlich wie in jungen Jahren. – Seine *Bekenntnisse* werden abgeschlossen.

1771 Aus Angst vor Kompromittierung veranlasst Mme d'Épinay ein polizeiliches Verbot, aus den *Bekenntnissen* vorzulesen.

1772 Entwurf einer Verfassung für Polen. Beginnt mit den autobiographischen Dialogen *Rousseau als Richter von Jean-Jacques.* Zunahme seiner Geisteskrankheit.

1776 Autobiografische Berichte in den *Träumereien des einsamen Spaziergängers.*

1778 Am 20. Mai stellt ihm der Marquis de Girardin sein Gut in Ermenonville zur Verfügung. – Am 2. Juli plötzlicher Tod infolge eines Schlaganfalls. Beisetzung auf der kleinen Insel im See des Parks von Ermenonville.

1794 Am 11. Oktober Überführung des Sarges in das Pariser Panthéon. Letzte Ruhestätte neben seinem langjährigen Widersacher Voltaire.

FRIEDRICH SCHILLER

1759 Am 10. November wird Johann Christoph Friedrich Schiller als zweites Kind von Johann Kaspar und Elisabeth Schiller in Marbach am Neckar geboren.

1764 Nach Rückkehr des Vaters aus dem Krieg zieht die Familie ab 1760 mehrmals um und lässt sich schließlich in Lorch nieder. Dort zweijähriger Elementarunterricht des Sohnes bei Pfarrer Moser.

1766 Der Vater wird in die Garnison zurückversetzt. Die Familie siedelt nach Ludwigsburg um.

1767 Bis 1772 in der Ludwigsburger Lateinschule.

1768 Strenger Unterricht bei Professor Jahn bis 1771. Vorbereitung zum Land-examen.

1773 Eintritt in die militärische Pflanzschule (später Karlsschule) des Herzogs Karl Eugen, zunächst auf der Solitude, dann ab 1775 in Stuttgart.

1775 Beginnt das Medizinstudium.

1777 Die ersten Szenen der *Räuber* sind im Entstehen. Verhaftung Schubarts auf der Festung Hohenasperg.

1779 Lateinische Dissertation *Philosophie der Physiologie* wird nicht angenommen.

1780 Ausarbeitung der *Räuber*. Die zweite Dissertation wird nun akzeptiert und gedruckt. Entlassung aus der Karlsschule.

1781 Schiller arbeitet als Regimentsmedikus beim Grenadierregiment d'Augé in Stuttgart. – Die *Räuber* im Selbstverlag anonym herausgegeben. Bald darauf Umarbeitung für die Bühne. – Die *Laura-Oden* entstehen.

1782 Uraufführung der *Räuber* in Mannheim am 13. Januar, der Schiller ohne Urlaubsgenehmigung beiwohnt. – *Anthologie auf das Jahr 1782* (Gedicht-sammlung) erscheint. – Im Juli 14 Tage Arrest wegen erneuter unerlaub-ter Reise nach Mannheim. Der Herzog verbietet weiteres „Komödien-schreiben". Am 22. September Flucht aus Stuttgart. Über Mannheim und Frankfurt gemeinsam mit seinem Freund Andreas Streicher Einquartierung incognito in Oggersheim. – Der *Fiesko* wird umgearbeitet.

1783 Vom 7. Dezember 1782 bis 24. Juli 1783 in Bauerbach auf Einladung von Henriette von Wolzogen. – Im Mai Erkrankung an der „russischen Grip-pe". – *Kabale und Liebe* beendet. Arbeit am *Don Carlos*. – Ende Juli überra-schender Aufbruch nach Mannheim. Dort Erkrankung an Malaria, die un-ter Chininbehandlung allmählich abklingt, jedoch im November nochmals rezidiviert. Schillers Gesundheitszustand ist stark angeschlagen.

1784 *Fiesko* sowie *Kabale und Liebe* uraufgeführt, letzteres mit großem Erfolg. Be-kanntschaft mit Charlotte von Kalb. – Herzog Karl August von Weimar ver-leiht Schiller den Titel eines Rates.

1785 Unglückliche Liebe zu Charlotte von Kalb. Reist von Mannheim nach Leip-zig. Bleibt bis Juli 1787 als Gast Körners in Dresden bzw. in Körners Wein-berghaus bei Loschwitz an der Elbe.

1786 Beginnt mit dem Geschichtsstudium. – Arbeit am *Geisterseher*.

1787 Leidenschaft zu Henriette von Arnim. – Von Juli bis Mai 1788 Aufenthalt Schillers in Weimar. Dort Verkehr mit Charlotte von Kalb, Herder, Wieland. – Im Dezember erster Besuch bei der Familie Lengefeld in Rudolstadt.

1788 Arbeitet intensiv an der *Geschichte des Abfalls der Vereinigten Niederlande von der Spanischen Regierung*. – Mai bis August in Volkstädt bei Rudolstadt, dann bis

November in Rudolstadt. – Im September erste Begegnung mit Goethe. – Am 15. Dezember wird Schiller an der Universität in Jena Professor für Geschichte.

1789 Schiller übersiedelt nach Jena. – Im August Verlobung mit Charlotte von Lengefeld. – Im Dezember Beginn der Freundschaft mit Wilhelm von Humboldt.

1790 Schiller erhält im Januar den Titel Hofrat. – Am 22. Februar Vermählung mit Charlotte. – Die *Geschichte des Dreißigjährigen Krieges* beginnt zu erscheinen.

1791 Nach Neujahr wird Schiller in Erfurt Mitglied der „Kurfürstlichen Akademie nützlicher Wissenschaften". – Am 3. Januar Erkrankung an lebensgefährlicher Lungenentzündung, an die sich komplizierend eine eitrige Rippenfellentzündung anschließt. – Plant das Trauerspiel *Wallenstein* und beschäftigt sich mit Kants *Kritik der Urteilskraft.*

1791 Im Mai neuerlich schwer erkrankt mit Schmerzen in der Zwerchfellgegend und heftigen Darmkrämpfen. Im Juli Kur in Karlsbad. Gerüchte von Schillers Tod dringen bis Dänemark. – Auf Veranlassung des Dichters Jens Baggesen bietet Prinz Christian von Augustenburg dem Dichter eine dreijährige Pension an.

1792 Im April und Mai neuerlich heftige Krampfanfälle im Unterbauch. – Vier Wochen als Gast bei Körner. – Am 26. August wird Schiller das Bürgerrecht der Republik Frankreich von der Nationalversammlung erteilt.

1793 Im März neuerlich Krankheitsanfall. – Im April Besuch Wilhelm von Humboldts, Gespräche über ästhetische Fragen; *Über Anmuth und Würde.* – Im August Reise nach Württemberg, wo Schiller bis Mai 1794 bleibt. – Am 14. September in Ludwigsburg ältester Sohn Karl geboren.

1794 Verkehr mit Eltern, Geschwistern und Freunden aus früherer Zeit. – Verlagsbeziehungen zu Cotta geknüpft. September Aufenthalt Schillers bei Goethe in Weimar.

1795 Briefe *Über die ästhetische Erziehung des Menschen* erscheinen in der ersten Nummer der *Horen.* – *Über naive und sentimentalische Dichtung.*

1796 Schiller und Goethe besuchen sich wechselseitig in Weimar und Jena. Gemeinsame Arbeit an den *Xenien.* – Im März Wiederaufnahme der Arbeit am *Wallenstein.* – Am 11. Juli wird sein Sohn Ernst geboren. Am 7. September stirbt der Vater. – Schlechter Gesundheitszustand Schillers.

1797 Balladenjahr (*Der Taucher, Der Handschuh* etc.), Umdichtung des *Wallenstein* in Jamben.

1798 Im April wieder Fieber und Darmkrämpfe. – Am 12. Oktober Aufführung von *Wallensteins Lager.*

1799 Wallenstein beendet. Beginn der Arbeit an *Maria Stuart*. – Am 11. Oktober Geburt der Tochter Caroline, anschließend Erkrankung seiner Frau an einem schweren „Nervenfieber". – Im Dezember Übersiedlung nach Weimar.

1800 Am 14. Juni Uraufführung von *Maria Stuart*, im Juli Beginn der Arbeit an der *Jungfrau von Orleans*.

1801 Am 11. September Erstaufführung der *Jungfrau von Orleans*. – Im Dezember an einer heftigen „Cholera" erkrankt.

1802 Arbeit an der *Braut von Messina*. – Am 29. April, dem Todestag der Mutter, Bezug des neu erworbenen Hauses an der Esplanade in Weimar. – Am 16. November wird Schiller geadelt.

1803 Am 19. März Erstaufführung der *Braut von Messina*. Arbeitet bereits am *Wilhelm Tell*.

1804 Am 17. März Uraufführung des *Wilhelm Tell*, Beginn der Arbeit am *Demetrius*. Im Mai Berliner Reise. – Treffen mit Iffland und der Königin Luise. Trotz verlockender Angebote behält Schiller seinen Wohnsitz in Weimar. – Am 25. Juli Geburt seiner zweiten Tochter, Emilie. – Im Juli und August heftige Kolikanfälle.

1805 Lungenentzündung. – Am 29. April letztes Zusammentreffen mit Goethe. Im Theater Schüttelfrost und hohes Fieber. – Am 9. Mai zwischen 5 und 6 Uhr nachmittags Tod Schillers. Am 12. Mai Beisetzung um Mitternacht im Kassengewölbe auf dem alten Friedhof der St. Jacobskirche. Am 10. August Totenfeier in Lauchstädt mit Goethes berühmtem Gedicht *Epilog zu Schillers Glocke*.

1826 Schillers vermeintlicher Schädel wird auf Wunsch des Herzogs Karl August im Postament von Danneckers Büste in der Weimarer Bibliothek aufbewahrt.

1827 Auf Veranlassung König Ludwigs I. von Bayern werden die Schiller zugeschriebenen Gebeine wieder mit dem in der Bibliothek aufbewahrten Schädel vereinigt und in der herzoglichen Familiengruft auf dem neuen Weimarer Friedhof beigesetzt, wo Schiller neben Goethe liegend seine letzte Ruhestätte findet.

JOHAN AUGUST STRINDBERG

1849 Am 22. Januar als viertes Kind von Carl Oscar und Nora Strindberg auf Riddarholmen geboren.

1856 Besuch der Clara-Schule.

1861 Eintritt in das private Stockholmer Lyceum.

1862 Die Mutter stirbt am 20. März an Lungentuberkulose.

1867 Abitur. Privatlehrer in Stockholm. – Vermutlich erste sexuelle Kontakte. – Immatrikulation an der Universität in Uppsala.

1868 Tätigkeit als Volksschullehrer. – Erste Erfahrungen im chemischen Laboratorium.

1869 Ausscheiden aus den Studien in Uppsala. Versucht sich als Schauspieler.

1870 Aufführung seines ersten Stückes *Thorwaldsen in Rom* im Dramatischen Theater.

1872 *Meister Olof* in Prosa für die Bühne entworfen.

1873 Tätigkeit als Journalist.

1874 bis 1876 Königlicher Bibliothekar. – Lernt Siri von Essen kennen.

1877 Heiratet Siri von Essen.

1879 Es erscheint *Das rote Zimmer*. Beginn mit der als Sammlung gedachten Reihe *Alt-Stockholm*.

1882 Märchenspiel *Glückspeters Reise*.

1883 Tod des Vaters. – Beginn eines mehrjährigen Auslandsaufenthaltes. Paris.

1884 Novellenzyklus *Heiraten*. – Wegen Gotteslästerung und Verspottung der Heiligen Schrift angeklagt. Reise von Lausanne nach Stockholm zum Gerichtsprozess. Freispruch, Reise nach Paris. – Erste Anzeichen seiner beginnenden Psychose, Zeichen von Verfolgungswahn.

1886 Aufenthalt in der Schweiz. – Die Autobiografie *Der Sohn der Magd* entsteht. – Akuter Schub seiner Psychose mit einem Eifersuchtswahn im Vordergrund.

1888 *Die Beichte eines Toren* fertiggestellt (erscheint 1893 zuerst auf französisch). Der Einakter *Julia* entsteht. – Abklingen des ersten Krankheitsschubes.

1889 Bis 1892 in Schweden („Blitztournee durch dieses ganze große Land Schweden"). – Erzählung *Am offenen Meer; Tschandala*.

1892 Scheidung seiner ersten Ehe. – Ab November in Berlin, bis April 1893.

1893 Zweite Heirat mit Frida Uhl. – Helgoland, London, Mondsee, Berlin.

1894 *Antibarbarus* entsteht. – Herbst in Paris, wo ihn seine Frau verlässt. – Beginn der Inferno-Krise mit Beziehungs- und Bedeutungsideen sowie paranoiden Zuständen.

1895 Scheidung der zweiten Ehe. – *Sylva Sylvarum* entsteht.

1896 Im Hotel Orfila in Paris. Verläßt Paris fluchtartig Richtung Dieppe, dann zu den Eltern seiner zweiten Frau in den Strudengau und im Herbst nach Schweden. – Allmähliche Besserung seines psychischen Zustands.

1897 *Inferno* und *Legenden I* niedergeschrieben. – Durch die Entdeckung der Schriften von Swedenborg Abklingen der psychotischen Phase.

1898 In Schweden. – *Legenden II (Jakob ringt)* und *Nach Damaskus* entstehen.

1899 Von jetzt an bis zum Tode in Stockholm. – Historische Dramen.

1901 Heiratet zum dritten Mal (Harriet Bosse). – Die Telepathie nimmt einen beherrschenden Platz in seinem Leben ein.

1902 *Einsam.*

1904 Scheidung der dritten Ehe. – *Schwarze Fahnen.*

1907 Ein neues *Blaubuch.* Historische Dramen.

1908 Erstmals Äußerungen über körperliche Beschwerden. Appetitlosigkeit, beträchtliche Gewichtsabnahme.

1911 *Die Ahnen unserer Weltsprache.* – „Aufruhr in allen Eingeweiden", starke Auftreibung des Bauches, Atembehinderung.

1912 Heftige Schmerzen im mittleren Oberbauch verschlimmern sich; mehrmalige Punktionen zur Entleerung der Bauchflüssigkeit. Strindberg stirbt am 14. Mai an Krebs (vermutlich an Rektumkarzinom).

GEORG TRAKL

1887 Am 3. Februar als Sohn des Eisenhändlers Tobias und dessen Frau Maria, geb. Halik, in Salzburg geboren.

1892 Trakls schicksalsträchtige Lieblingsschwester Grete wird am 8. August in Salzburg geboren. – Übungsschule der katholischen Lehrerbildungsanstalt, erhält extern protestantischen Religionsunterricht.

1897 Eintritt in das k.k. Staatsgymnasium.

1900 Wiederholung der 4. Klasse wegen schlechter Leistungen.

1904 Mitglied im Künstlerverein „Apollo", der später in „Minverva" umgetauft wird. Lernt die Dichtungen Verlaines und Baudelaires sowie Hofmannsthals kennen. Verehrung von Richard Wagner, Nietzsche und Dostojevskij. Über einige Jahre Musikunterricht bei dem Salzburger Komponisten August Brunetti-Pisano. – Erste Betäubungsversuche mit Chloroform.

1905 Aufstieg in die Maturaklasse wegen unzureichender schulischer Leistungen unmöglich. Verlässt das Gymnasium und tritt am 18. September als Lehrling in die Salzburger Apotheke „Zum weißen Engel" zwecks Ableistung der Praktikantenzeit im Rahmen einer Ausbildung zum Pharmazeuten. – Bekanntschaft mit dem Dichter Gustav Streicher.

1906 Aufführung von zwei Einaktern Trakls im Salzburger Stadttheater mit wenig Erfolg.

1907 Neben Chloroform wird allmählich auch Morphium und Veronal zu Suchtzwecken verwendet.

1908 Erfolgreicher Abschluss des „Triciniums" und Übersiedlung nach Wien, um dort das viersemestrige Pharmaziestudium an der Universität aufzunehmen.

1909 Zusammenstellung der ersten Gedichtsammlung. – Erfolgreiche Ablegung der Vorexamina. Ab September weilt auch seine Schwester Grete in Wien, um an der dortigen Musikakademie bei Paul de Conne zur Pianistin ausgebildet zu werden.

1910 Am 10. Juni stirbt der Vater. – Durchbruch zu reifen Dichtungen. Im Sommer Sponsion zum Magister der Pharmazie. – Grete übersiedelt zum weiteren Studium nach Berlin. – Am 1. Oktober Aufnahme des militärischen Präsenzdienstes als Einjährig-Freiwilliger bei der k.u.k. Sanitätsabteilung in Wien.

1911 Beendigung des Militärdienstes. – Im Herbst vorübergehend Tätigkeit als Magister in der Salzburger Apotheke „Zum weißen Engel." – Am 1. Dezember in nichtaktivem Verhältnis als titl. Korporal-Pharmazeut in der Garnison Innsbruck zum Landwehr-Medikamentenakzessisten ernannt. Gesuch um Aktivierung.

1912 Einberufung zum Probedienst in der Apotheke des Garnisonsspitals No. 10 in Innsbruck. Bekanntschaft mit Ludwig von Ficker, dem Herausgeber des *Brenner,* in welchem bereits wenige Wochen vorher sein erstes Gedicht *Vorstadt im Föhn* veröffentlicht wurde. Enge lebenslange Freundschaft mit Heinrich und Röck. Im Sommer erste Bekanntschaft mit Karl Kraus. – Am 1. Oktober Übernahme in den Aktivstand als Medikamentenakzessist. – Platzangst und Depersonalisationszustände kündigen die kommende Erkrankung an. Unmotivierte Stimmungsschwankungen. – Am 31. Dezember Antritt einer Praktikantenstelle im Ministerium für öffentliche Arbeit in Wien.

1913 Tags darauf, am 1. Januar, Entlassungsgesuch aus der Stellung, um die er Wochen vorher angesucht hatte. Rückkehr nach Innsbruck und Bewerbung beim Kriegsministerium in Wien, wo er im Juli den Probedienst als Rechnungspraktikant antritt. – Im Juli erscheint der Band *Gedichte* bei Kurt Wolff. Reise nach Venedig mit von Ficker, Karl Kraus und Altenberg. In Innsbruck Vollendung des *Helian.* Im Oktober erscheint *Sebastian im Traum.* – Nach neuerlichem Gesuch um Anstellung im Arbeitsministerium in Wien am 12. Dezember ablehnender Bescheid.

1914 Im März Reise nach Berlin zu seiner Schwester Grete. Im April Rückkehr nach Innsbruck, wo er im Atelier von Max von Esterle sein Selbstbildnis malt. – Im Juni Anfrage beim Niederländischen Kolonialamt wegen einer Anstellungsmöglichkeit im Kolonialdienst. Schon Wochen vorher Versuch, als Militärapotheker in Albanien unterzukommen. Im Juli billigt Wittgenstein den Vorschlag von Fickers, von der durch diesen Mäzen dem *Brenner* zur Verfügung gestellten hohen Geldsumme Georg Trakl 20.000 Kronen zukommen zu lassen. – Am 28. Juli Kriegserklärung Österreich-Ungarns an Serbien. Am 24. August rückt Trakl als Medikamentenakzessist mit einer Sanitätsabteilung aus Innsbruck ins Feld ein. Stationierung in Galizien. Versorgung der Schwerstverwundeten im Feldlazarett nach der verlustreichen Schlacht bei Grodek. – Am 7. Oktober Einweisung in das Garnisonsspital in Krakau „zur Beobachtung des Geisteszustandes". Am 24. und 25. Oktober Besuch Ludwig von Fickers in der Psychiatrischen Abteilung des Krakauer Garnisonsspitals. – Am 3. November abends um neun Uhr stirbt Trakl an einer Überdosis von Kokain. Beisetzung auf dem Rakowiczer Friedhof in Krakau.

1911 Überführung seiner Gebeine nach Tirol. Beisetzung auf dem Friedhof von Mühlau bei Innsbruck.

Ebstein, E., Schiller als Arzt. Zeitschrift für Medizinische Chemie 6, 1926

Ebstein, E., Schillers Krankheiten. Archiv für Geschichte der Medizin 19, 1927

Ebstein, E., Schillers Krankheiten. Jahrbuch der Sammlung Kippenberg, Bd 6, Leipzig 1927: 129–233

Fischer, A., Medizingeschichtliche Betrachtungen zum 175. Geburtstage Schillers. Die Medizinische Welt 45, 1934

Froriep, A. v., Der Schädel Friedrich von Schillers und des Dichters Begräbnisstätte. Wiener Klinische Wochenschrift 27, 1914

Gerasimow, M., Das verlorene Antlitz. Freie Welt 5, 1964

Gottlieb. J., Konstitutionelle Anmerkungen zu Goethe und Schiller. Hessisches Ärzteblatt 12, 1979

Greeff, R., Schiller als Arzt. Ein Kulturbild. Berliner klinische Wochenschrift 21, 1905

Hecker, M., Schillers Tod und Bestattung. Leipzig 1935

Hellwig, E. (Ps. f. Hugo Meyer), Die Wahrheit über Schillers Tod. Berlin 1913

Herrlinger, R., Schillers Krankheit. Die Pharmazie 10, 396, 1955

Hildebrandt, L., Die zwei Schiller-Schädel zu Weimar. Zahnärztliche Mitteilungen 537, 1955

Kerner, D., Arzt–Dichter. Stuttgart 1967

Kloppe, W., Medizinische Miniaturen. Berlin 1966

Koopmann, H., Schiller. Eine Einführung. München–Zürich 1988

Kortenhaus, F., Beitrag zur Geschichte der Malaria in den Rheinlanden. Münchner Medizinische Wochenschrift 11, 1928

Laaths, E., Geschichte der Weltliteratur, München 1953

Ludendorff, M., Der ungesühnte Frevel an Mozart und Schiller. München 1936

Magnus, H., Schiller als Arzt. Leipzig 1905

Mann, G., Schiller als Geschichtsschreiber. In: Zeiten und Figuren. Schriften aus vier Jahreszeiten. Frankfurt/M. 1979

Mann, Th., Versuch über Schiller. Frankfurt/M. 1955

Mayer, H., Friedrich Schiller. Skizzen zu einem Portrait. Königstein 1982

Miller, N., Europäischer Philhellenismus zwischen Winckelmann und Byron. In: Propyläen Geschichte der Literatur. Frankfurt/M.–Berlin–Wien 1983

Müller, E., Der junge Schiller. Tübingen–Stuttgart 1947

Müller, O., Schiller als Arzt. Petersburger Ärztekolleg. 1859

Neuburger, M., Schillers Beziehungen zur Medizin. Wiener Klinische Wochenschrift 19, 1905

Neuhaus, R., Über Schillers Schädel und Totenmaske. Zur Ethnologie 44, 1912: 668

Petersen, J., Schillers Gespräche. Leipzig 1911

Polenz, P. v., Der Weg zur klassischen Literatursprache in Deutschland. In: Propyläen Geschichte der Literatur. Frankfurt/M.–Berlin–Wien 1983

Rath, G., Friedrich Schiller, Ciba-Symposium 7, 1950/60

Schaaffhausen, H.; Hermann Welcker, Schillers Schädel und Todtenmaske nebst Mittheilungen über Schädel und Todtenmaske Kants. Arch. Anthropol. 15, 1885: 170

Scharf, J. H., Der Anatomenstreit um Schillers Schädel. Nova Acta Leopoldina. Leipzig 1964

Schiller, F., Medizinische Schriften. Miesbach 1959

Schmitt, F., Krankheit und Schaffen bei Friedrich v. Schiller. Allgemeine Zeitschrift für Psychiatrie und psychisch-gerichtliche Medizin 105, 1937

Schwabe, J., Schillers Beerdigung und die Aufsuchung und Beisetzung seiner Gebeine. Leipzig 1852

Siekmann, A., Friedrich Schiller privat. Winsen/Luhe–Weimar 1993

Steudel, J., Schillers Krankheitsbegriff. Münchner Medizinische Wochenschrift 97, 1955

Sutermeister, H., Schiller als Arzt. Bern 1955

Sutermeister, H., Schiller als Arzt, sein Beitrag zur psychosomatischen Medizin. Praxis 33, 1953

Teller, L., Wechselbeziehungen von psychischem Konflikt und körperlichen Leiden bei Schiller. In: Imago VII/2, 1921

Theopold, W., Schiller. Sein Leben und die Medizin im 18. Jahrhundert. Stuttgart 1964

Ueding, G., Friedrich Schiller. München 1990

Ullrich, H., Neue wissenschaftliche Untersuchungen über die Echtheit des Schillerschädels. Urania 52, 1962: 198

Ullrich, H., Zur Frage nach dem echten Schiller-Schädel. Wissenschaft und Forschung 12, 1962: 214

Veil, W. H., Schillers Krankheit. Studie über das Krankheitsgeschehen in Schillers Leben. Naumburg 1945

Vorwahl, H., Schiller und die Medizin. Pharma-Medico 5, 1935: 92

Welcker, H., Der Schädel Dantes. Jahrbuch der deutschen Dante-Gesellschaft 1, 1867: 35

Welcker, H., Der Schädel Rafaels und die Rafaelportraits. Arch. Anthropol. 15, 1884: 417

Welcker, H., Schillers Schädel und Todtenmaske. Braunschweig 1883

Wiese, B. v., Schiller. Einführung in Leben und Werk, Stuttgart 1966

Wilpert, G. v., Schiller-Chronik, Stuttgart 1958

Wolzogen, C. v., Schillers Leben. Stuttgart–Berlin 1903

Zeller, B., Schiller. Eine Bildbiographie. München 1958

Zimmermann, B., Ideen ästhetischer Erziehung und die Ausbildung des Bildungs-
romans. In: Propyläen Geschichte der Literatur. Frankfurt/M.–Berlin–Wien 1983

Zmegac, V., Der Aufstieg des Historismus in Geschichtsphilosophie, Ästhetik
und Literatur. In: Propyläen Geschichte der Literatur. Frankfurt/M.–Berlin–Wien 1983

JOHAN AUGUST STRINDBERG

Abraham, K., Bemerkungen zur Psychoanalyse eines Fuß- und Korsett Fetischismus. Jahrbuch für psychoanalytische und psychopathologische Forschungen 3, 1912: 557

Bachler, K., August Strindberg. Psychoanalytische Studie. Wien 1931

Becker, W. H., Zur letzten Krankheit Strindbergs. Münchner Medizinische Wochenschrift 1932: 1880

Berendsohn, W. A., August Strindberg. Amsterdam 1974

Bjerre, P., The History and Practice of Psychoanalysis. Boston 1916

Börge, V. A., Strindberg. Prometheus des Theaters. Wien 1974

Brandell, G., Stand und Aufgaben der heutigen Strindbergforschung. In: Inter-
nationale Beiträge zum Strindberg-Symposion, März 1977, Hg. v. W. Friese.
Basel–Stuttgart 1979

Brett, A., Psychological Abnormalities in A. Strindberg. Zit. n. Uppval 1970.

Carlsson, A., Ibsen, Strindberg, Hamsun. Essays zur skandinavischen Literatur.
Kronberg 1978

Freud, S., Über einen besonderen Typus der Objektwahl beim Manne. Jahrbuch
für psychoanalytische und psychopathologische Forschungen 1910, 2: 389

Hedén, E., Strindberg. Leben und Dichtung. München 1926

Jaspers, K., Strindberg und van Gogh. Versuch einer vergleichenden pathogra-
phischen Analyse. München 1977

Johnson, W., August Strindberg. Boston 1976

Krafft-Ebing, R., Psychopathia sexualis. Stuttgart 1907

Laaths, E., Geschichte der Weltliteratur. München 1953: 645

Lagercrantz, O., Strindberg. Frankfurt/M. 1980

Leonhard, K., Akzentuierte Persönlichkeiten. Berlin 1976

Leonhard, K., Aufteilung der endogenen Psychosen und ihre differenzierte
Ätiologie. Berlin 1986

Leonhard, K., Bedeutende Persönlichkeiten in ihren psychischen Krankheiten.
Berlin 1988

Lidz, Th., August Strindberg. Eine Untersuchung über die Beziehung zwischen seiner Schöpferkraft und seiner Schizophrenie. In: Psychopathographien I. Hg.: Alexander Mitscherlich. Frankfurt/M. 1972

Lind-af-Hageby, L. , August Strindberg. The Spirit of Revolt. New York 1913

Meyer, M., Strindberg. A biography. New York 1987

Morgen, M., August Strindberg. London 1985

Paul, F., August Strindberg. Stuttgart 1979

Rahmer, S., August Strindberg. Eine pathologische Studie. München 1907

Rank, O., Das Inzestmotiv in Dichtung und Sage. Wien 1912

Rossel, S. H., Skandinavische Literatur: Romantische Idealisierung, Problemdiskussion, radikale Wirklichkeitserfahrung, Wiederentdeckung der Seele. In: Propyläen Geschichte der Literatur. Berlin 1984, Bd. V: 279 ff

Schleich, C. L., Besonnte Vergangenheit. Berlin 1922

Schütze, P., August Strindberg. Reinbek b. Hamburg 1997

Stekel, W., Das liebe Ich. Grundriß einer neuen Diätetik der Seele. Berlin 1913

Storch, A., Strindberg im Licht seiner Selbstbiographie. Eine psychopathologische Persönlichkeitsanalyse. München 1921

Strecker, K., Nietzsche und Strindberg. München 1921

Uppval, A. J., August Strindberg. A psychoanalytic study with special reference to the Oedipus complex. New York 1970

GEORG TRAKL

Arieti, S., Interpretation of Schizophrenia. New York 1974

Basil, O., Georg Trakl in Selbstzeugnissen und Bilddokumenten. Hamburg 1992

Binswanger, L., Drei Formen mißglückten Daseins: Verstiegenheit, Verschrobenheit, Manieriertheit. Tübingen 1956

Bleisch, E. G., Georg Trakl. Genius der Deutschen. Mühlacker 1964

Born, W., The Art of Insane. Ciba Symposia 7, 1946

Boyers, R. (ed.), Laing and Anti-Psychiatry. New York 1971

Buschbeck, E., Erinnerung an Georg Trakl. Salzburg 1959

Deleuze, G.; F. Guattari, Anti Oedipus: Capitalism and Schizophrenia. New York 1977

Falk, W., Leid und Verwandlung. Rilke, Kafka, Trakl und der Epochenstil des Impressionismus und Expressionismus. Salzburg 1961

Ficker, L. v., Erinnerungen an Georg Trakl. Etudes Germaniques 15, 1960

Ficker, L. v., Georg Trakl. Salzburg 1959

Foucault, M., Madness and Civilisation: A History of Insanity in the Age of Reason. New York 1973

Goldmann, H., Katabasis. Eine tiefenpsychologische Studie zur Symbolik der Dichtungen Georg Trakls. Salzburg 1957

Gumtau, H., Georg Trakl. Berlin 1975

Hanisch, E., Im Schatten berühmter Zeiten: Salzburg in den Jahren Georg Trakls. Salzburg 1986

Heidegger, M., Georg Trakl: Eine Erörterung seines Gedichts. Merkur 7, 1953

Heinrich, K. B., Erinnerung an Georg Trakl. Salzburg 1959

Jaspers, K., Georg Trakl. Hamburg 1947

Kars, G., Georg Trakl in wechselnder Deutung (1975). Zit. nach F. Sharp

Kassner, R., Narziß oder Mythos und Einbildungskraft. Leipzig 1928

Kaufmann, H. J., Fallender Mensch und entgleitende Wirklichkeit bei Georg Trakl. Zürich 1957

Kemper, H. G., Trakl-Forschung der sechziger Jahre: Korrekturen über Korrekturen. Deutsche Vierteljahrsschrift 45, Sonderheft 1971

Killy, W. (Hg.), Georg Trakl. Dichtungen und Briefe. Salzburg 1987

Killy, W., Über Georg Trakl. Göttingen 1967

Klier, H., Als Militär-Apotheker an der Front (Begegnung mit Georg Trakl in Galizien). Salzburger Volksblatt, 28. Dezember 1914

Kraus, K., Aus Redaktion und Irrenhaus. Die Fackel, Nr. 781–786, 1928

Kudszus, W., Literatur und Schizophrenie: Theorie und Interpretation eines Grenzgebiets. Tübingen 1977

Kurrik, M., Georg Trakl. New York 1974

Limbach, H., Erinnerung an Georg Trakl. Salzburg 1959

Lindenberger, H. S., Georg Trakl. New York 1971

Loidl, M., Arthur Rimbaud und Georg Trakl. Linz 1955

Lombroso, C., The Man of Genius. London 1891

Marcuse, H., Eros and Civilisation: A Philosophical Inquiry into Freud. New York 1962

Muschg, W., Tragische Literaturgeschichte. Bern 1953

Navratil, L., a + b leuchten im Klee: Psychopathologische Texte. München 1971

Navratil, L., Schizophrenie und Sprache: Zur Psychologie des Gestaltens. München 1968

Neumann, E., Georg Trakl: Person und Mythos. Der schöpferische Mensch. Zürich 1959

Palmier, J. M., Situation de Georg Trakl. Paris 1972

Philipp, E., Die Funktion der Worte in den Gedichten Georg Trakls. Linguistische Aspekte ihrer Interpretation. Tübingen 1971

Rank, O., Das Inzest-Motiv in Dichtung und Sage: Grundzüge einer Psychologie des dichterischen Schaffens. Leipzig 1912

Riese, W., Das Sinnesleben eines Dichters. Georg Trakl. Stuttgart 1958

Ritzer, W., Trakl-Bibliographie. Salzburg 1956

Saas, Ch., Georg Trakl. Stuttgart 1974

Schneditz, W., Georg Trakl. Nachlaß und Biographie. Salzburg 1949

Schneditz, W. (Hg.), Georg Trakl in Zeugnissen der Freunde. Salzburg 1951

Schünemann, P., Georg Trakl. München 1988

Schweckendiek, A., Dichter und Krankheit. Zum Leben und Werk Georg Trakls. Psychobiologie 15, 1967

Sharp, F. M., The Poet's Madness. A Reading of Georg Trakl. Ithaca–London 1981

Spoerri, Th., Georg Trakl. Strukturen in Persönlichkeit und Werk. Bern 1954

Stieg, G., Der Brenner und die Fackel. Salzburg 1976

Stupp, J. A., Neues über Georg Trakls Lazarettaufenthalt und Tod in Galizien. Südostdeutsche Semesterblätter 19, 1967

Weininger, O., Geschlecht und Charakter. Wien 1903

Weiss, W., Weichselbaum H., Salzburger Trakl-Symposion. Salzburg 1978

Wunberg, G., Der frühe Hofmannsthal: Schizophrenie als dichterische Struktur. Stuttgart 1965

Zweig, St., Die Welt von gestern. New York 1943

NAMENREGISTER

Haeckel, Ernst 242 f., 285
Haen de 119
Halik, Maria 386, 307
Hall 280
Haller, Albrecht von 118
Hamsun, Knut 245
Hannibal 187
Hansson, Laura 239
Hansson, Ola 239, 290
Harbaur, Joseph 165
Hauer, Karl 327
Hauptmann, Gerhart 238, 315
Hauser, Kaspar 348, 372
Hedenberg 209
Hedin, Sven 227, 264
Hedlund, Torsten 243, 246 f., 249, 252
Heidegger, Martin 303
Heidenhain, A. J. 16
Heidenstam, Verner von 235, 264
Heine, Heinrich 7
Heinrich, Karl Borromäus 325, 332,
      336, 338, 347, 353, 372, 375, 387
Heinse, Wilhelm 131
Heloise 42
Helvétius, Claude-Adrien 42, 47, 66
Herakles 202
Herder, Johann Gottfried 137 f., 145,
      157, 178 f., 382
Hiller, Johann Christian 117, 185
Hinterhuber, Carl 327, 333
Hippokrates 191
Hitler, Adolf 107
Hobbes, Thomas 44
Hofmannsthal, Hugo 102, 315, 386
Holbach, Paul, Baron von 16, 31, 35,
      47, 53
Hölderlin, Friedrich 7, 13, 15, 157,
      302, 348, 365
Holmsten, Georg 29 f., 34, 46, 56, 58,
      82
Holten, Sofie 231
Hötzendorf, Franz, Graf Conrad von 341
Houdetot, Graf d' 39
Houdetot, Sophie d', Comtesse 39 f.,
      380
Hoven, von 111, 115 f., 122, 174
Huber, Ludwig Ferdinand 132, 134,
      137, 146
Hugo, Victor 216, 229
Humboldt, Brüder 157
Humboldt, Wilhelm von 146, 155,
      158 f., 161, 383
Hume, David 53 f., 56 f., 83–89, 91, 381
Huschke, Wolfgang 175 f., 178, 180
      f., 198 ff.

Ibsen, Henrik 206 f., 221, 223 ff., 321
Iffland, August Wilhelm 127 f., 169 f.,
      384
Ingrim, Robert 46

Jahn 382
Jaspers, Karl 209, 245, 284, 291, 293,
      359
Jesus Christus 242, 253
Johnson, Samuel 17
Joseph II. 125
Judas 7
Juel, Dagny 239 f.
Jung, C. G. 363
Jünger, Friedrich 303

Kafka, Franz 310
Kalb, Charlotte von 133, 137 f., 141,
      382
Kant, Immanuel 12 f., 15 f., 46, 103,
      105 f., 154 ff., 253
Kapff, Karl von 213, 227
Karl August, Herzog von Weimar 133,
      143 ff., 153, 182, 198, 382, 384

Karl Eugen, Herzog 112 f., 156, 382
Karl II. 188
Karl XV. 216
Kars, Gustav 375
Kassner, Rudolf 330, 373
Kauffmann, P. 182
Keith, George 49
Kemnitz-Ludendorff, Mathilde von 184
Kemper, Hans Georg 365
Kempnerer, Felix 186
Kerner 108
Kernstock, W. 78 f.
Kierkegaard, Søren 206, 216, 303
Killy, Walther 364
Kistner, Hedwig 268
Klaesi 349, 358
Kleist, Heinrich von 105
Klopstock, Friedrich Gottlieb 105
Koch, Robert 187
Kokoschka, Oskar 334
Konfuzius 253
Körner, Christian Gottfried 132, 134–
      140, 143, 145, 151–154, 157 ff.,
      162 ff., 166, 168, 170, 172, 174,
      185, 189 f., 192 f., 196, 382 f.
Kortenhaus, F. 131
Kossat, Ernst 373 f.
Kraepelin, Emil 96, 361
Krafft-Ebing 280
Kraus, Karl 325, 327, 331, 334 f., 387
Kretschmer, Ernst 16
Kurrik, Maire 363

Laaths, E. 13, 15
Lachmann, Eduard 303
Lagercrantz, Olof 209, 218, 221, 238,
      242, 244, 250, 257, 268, 294, 298
Lagerlöf, Selma 264
Lambercier, Gabrielle 21 f., 74
Lambercier, Jean-Jacques 73 f., 379
Lamm 214 f.
Lange 16
Lange-Eichbaum, Wilhelm 185
Langen, Albert 244, 331, 352
Langen, Grete 345
Larnage, Suzanne de 65
Larsson, Carl 218, 222, 225
Lasker-Schüler, Else 302
Laveran, Alphonse 186
Le Béue de Presle 68
Leitgeb, Josef 302
Lengefeld, Charlotte von (siehe Schiller,
      Charlotte)
Lengefeld, Luise von 140 f.
Leonhard, Karl 16, 82, 85, 94, 96, 98 f.,
      282 f., 291–294
Lessing, Gotthold Ephraim 184
Levasseur, Thérèse 30, 70, 380 f.
Lidforss, Bengt 240, 243
Lidz, Th. 238
Lie, Jonas 226, 230, 245, 283
Limbach, Hans 330
Lind-af-Hageby, L. 279
Lindberg, August 236
Lombroso, Cesare 365
Loos, Adolf 305, 334 f.
Looström 231 f.
Louis Ferdinand, Prinz 170
Ludendorff, Erich 107
Ludwig I. von Bayern 180, 384
Ludwig XIV. 188
Ludwig XV. 33, 53, 66, 112
Ludwig XVI. 42, 155
Luise, Königin von Preußen 384
Lundegard, Axel 234
Luther, Martin 99, 184, 216, 302
Luxemburg, Charles François Frédéric,
      Herzog von 41, 43, 53, 86
Luxemburg, Madeleine-Angélique,
      Herzogin von 31, 77

Mably de 28, 379
Mahrholdt, Erwin 308, 322, 326, 337,
      368
Malesherbes, Chrétien-Guillaume de
      43, 46, 97
Mann, Thomas 102, 119, 202, 208
Marholm, Laura 285
Marie-Antoinette, Königin von Frank-
      reich 92
Marius 187
Marmontel, Jean-François 35, 81 f.
Martial 105
Marx, Karl 12
Matthisson, Friedrich von 157
Maurois, André 80
May, Franz Anton 130
Melouin 66
Meyer, Hugo 107
Meyer, Nikolaus 179
Meyer, Wilhelm Christian Dietrich 130
Michelangelo 247, 280
Minnich, Karl 325
Mirabeau, Victor, Marquis de 91
Möbius, Paul 16, 81, 97
Mohammed 253
Montaigu, Comte de 29
Montesquieu, Charles de 139
Moor, Karl 15
Morgagni, Giovanni Battista 67
Morgenstern, Christian 254
Mörner, Birg 238
Moser, Pfarrer 112, 381
Mozart, Wolfgang Amadeus 8, 108,
      180, 184
Müller, Robert 328
Munch, Edvard 233, 239
Muschg, Walter 303

Napoleon I. 132
Navratil, Leo 365
Nero 67
Neumann, Erich 306, 308, 312, 363
Newton, Isaac 15
Nicolai 115
Niebuhr, Barthold Georg 139
Nietzsche, Friedrich 16, 44 f., 102,
      207, 239, 304, 315, 386
Nobel, Alfred 222
Nordström, Karl 231
Norlind, Eleonora 210
Norman, Nils 213
Novalis 150, 345, 348
Nyström, Gunnar 267

O'Neill, Eugene 208
Oberholzer 209
Oberkofler, Josef 330
Olsson, Ida Charlotta 218
Orford, Earl of 84
Oribasios 67
Oscar II. 211 f., 216 f., 220
Oscar, Carl 384

Padoana 69
Pansophe, Jean-Jacques 54
Paoli, Pascuale 53
Paul, Adolf 239
Paul, Jean 141
Paulssen, Arnold 183
Paulssen, Carl 182
Paulssen, Christian 183
Personne, John 234
Pestalozzi, Johann Heinrich 15
Petersen, Johann Wilhelm 123 f.
Petrén 266 f.
Petri, Olaus 216
Pettersson, Emma Charlotta 213
Peyrou de 90
Philipp, Eckhard 366
Pirandello, Luigi 208

BILDNACHWEIS

Aus: Hermann Esswein: August Strindberg. München und Leipzig 1909: 252

Aus: Der andere Strindberg: Hg. v. Angelika Gundlach u. a., Frankfurt/M. 1981: 227, 265

Aus: Georg Holmsten: Jean-Jacques Rousseau. rowohlts monographien 50191, Reinbek 1972: 34

Bibliothèque de Genève: 20 li., 45

Bibliothèque nationale de France: 40

Brenner-Archiv, Universität Innsbruck: 329, 330, 332, 336, 344 li.

Georg Holmsten, Berlin: 20 re., 25, 27, 36 re., 41, 46, 52, 56, 60, 61 li. und re., 62

Georg Trakl-Forschungs- und Gedenkstätte, Salzburg: 311

Landesbildstelle Salzburg: 313, 318

Österreichische Nationalbibliothek: 11, 36 li., 50, 55, 144, 147, 173, 177, 181 li. und re., 205, 224, 228, 248, 301, 312, 323, 327, 331

Österreichisches Kriegsarchiv, Wien: 341, 342

Otto-Müller-Verlag, Salzburg: 320, 321, 325 li. und re., 338, 340, 344 re.

Schiller-Nationalmuseum: 101, 114, 119, 121, 125, 133, 135 o. und u., 138 o. und u., 139, 140, 141, 157, 158, 164, 167 o. und u., 170

Strindbergsmuseet, Stockholm: 210 li. und re., 211, 213, 220, 225, 249, 254, 257, 263, 264, 268